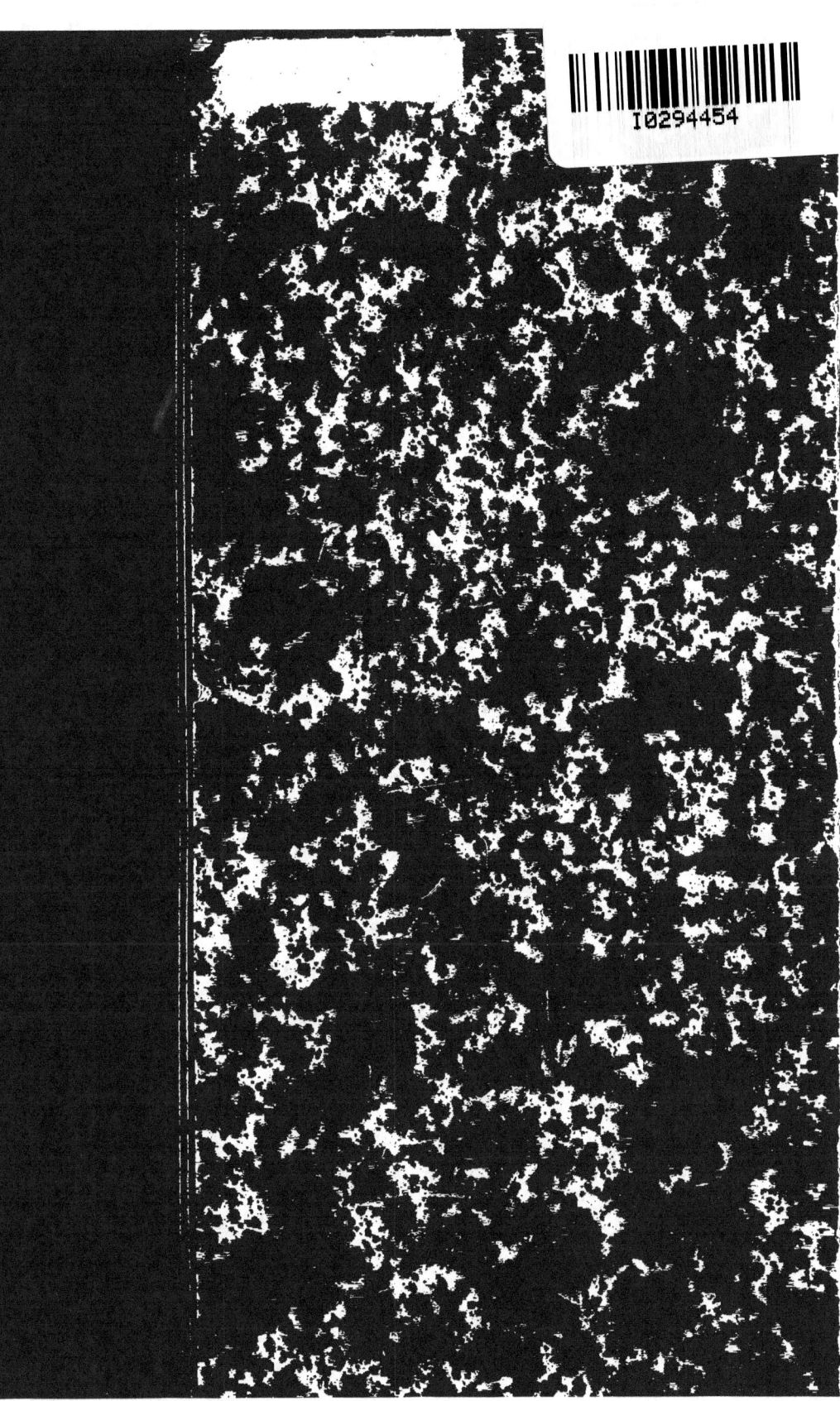

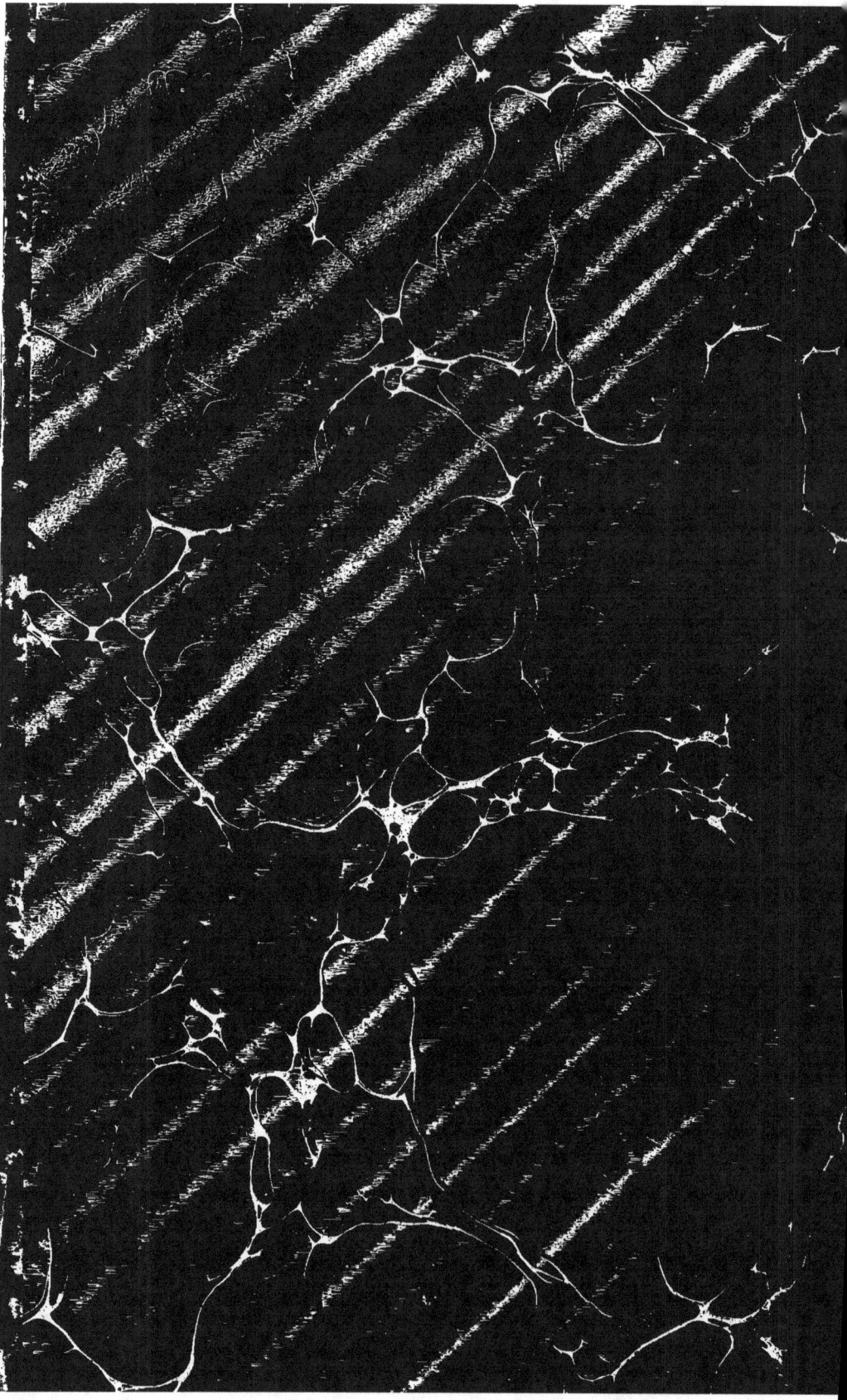

HISTOIRE
DE
NAPOLÉON IER

PARIS. TYPOGRAPHIE DE HENRI PLON
IMPRIMEUR DE L'EMPEREUR
RUE GARANCIÈRE, 8.

HISTOIRE

DE

NAPOLÉON Ier

PAR

P. M. LAURENT (DE L'ARDÈCHE)

ILLUSTRÉE

PAR HORACE VERNET

TYPES ET COSTUMES MILITAIRES PAR HIPPOLYTE BELLANGÉ

PARIS

HENRI PLON, IMPRIMEUR-ÉDITEUR

10, RUE GARANCIÈRE

1870

PRÉFACE.

Napoléon, aux beaux jours de sa toute-puissance, n'avait trouvé devant lui que des admirateurs et des courtisans. Jamais le prestige du génie n'avait excité autant d'enthousiasme, jamais le pouvoir n'avait obtenu autant de soumission et de respect. C'était une fascination universelle; et le peuple, qui avait vu sortir de ses rangs l'idole qu'encensaient à l'envi les illustrations antiques et les célébrités nouvelles, le peuple prenait sa part des hommages que recevait la majestueuse personnification de sa volonté et de sa pensée.

Cette prosternation générale laissa des traces ineffaçables dans le *Moniteur*, d'où il fut facile de les extraire, en 1814, pour en composer un recueil fort piquant, sous ce titre : *Oraison funèbre de Bonaparte, par une société de gens de lettres, prononcée au Luxembourg, au Palais-Bourbon, au Palais-Royal et aux Tuileries.*

Là se trouvaient rapprochés et coordonnés, pour former une curieuse mosaïque, les passages les plus remarquables d'une foule de discours exaltant la gloire du héros législateur, et émanant tous de personnages considérables appartenant aux grands corps de l'État, aux sciences, aux lettres, à la magistrature et à l'Église[1].

[1] Parmi les personnages cités dans ce recueil, on remarque : MM. de Champagny, — de Fontanes, — Lacépède, — Monge, — Cuvier, — Laplace, — Séguier, — François de Neufchâteau, — Portalis, — Chabot de l'Allier, — Regnault de Saint-Jean d'Angély, — Daru, — Defermon, — Montalivet, — Barbé-Marbois, — Chaptal, — Chabrol, — de Ségur, — Molé, — Lacretelle aîné, — Lacretelle jeune, — Étienne, — et les archevêques et évêques : Lecoz, — Buronzo, — Jacoupy, — Rohan Chabot, etc., etc.

Deux phrases empruntées à cette apologie collective suffiront pour résumer éloquemment la pensée admirative qui s'y trouve exprimée sous mille formes différentes :

« Grâce à son génie, avait dit Laplace en 1813, l'Europe entière ne formera bientôt qu'une immense famille, unie par la même religion, le même code de lois et les mêmes mesures; et la postérité, qui jouira pleinement de ces avantages, ne prononcera qu'avec admiration le nom du héros son bienfaiteur. »

« Si un homme du siècle des Médicis ou du siècle de Louis XIV revenait sur la terre, disait à la même époque M. le comte Molé, et qu'à la vue de tant de merveilles il demandât combien de règnes glorieux, de siècles de paix il a fallu pour les produire, vous répondriez qu'il a suffi de douze années de guerre et d'un seul homme. »

Et quand l'illustre savant et l'éminent homme d'État réfutaient ainsi d'avance les futurs détracteurs de Napoléon qui devaient un demi-siècle plus tard tenter, par un excès d'audace, d'abriter leur dénigrement systématique derrière l'autorité des grandes renommées contemporaines, un

PRÉFACE.

Mais les jours d'enthousiasme et d'adoration passèrent. La fortune ayant trahi nos armes, tout défectionna avec la fortune; tout..... excepté le peuple. Le peuple! pour qui Napoléon sur le trône et Napoléon dans l'exil n'étaient pas deux personnages différents, mais toujours l'homme unique dont la fibre répondait à la sienne, le Verbe de l'égalité et le Messie de la Révolution française en Europe.

Les jours néfastes où le peuple resta seul fidèle au culte de son idole, tandis que le double fléau des invasions et des restaurations pesait sur la France, ces mauvais jours seraient-ils revenus? Serions-nous condamnés, après les deux grandes révolutions de 1830 et de 1848, après la solennité nationale de 1840, après tant de manifestations où le suffrage universel a sanctionné l'apothéose du martyr de Sainte-Hélène, serions-nous condamnés à entendre appeler encore Napoléon *l'ogre de Corse* et les nobles débris des armées de la République et de l'Empire les *brigands de la Loire?* On le dirait, à lire certains discours et certains écrits auxquels nous nous contenterons d'opposer ces quelques lignes de Chateaubriand :

« Vaines paroles! dit l'illustre pamphlétaire de 1814 à la suite d'un éloquent résumé de ses griefs contre Bonaparte; vaines paroles! mieux que personne j'en sens l'inutilité..... Le monde appartient à Bonaparte; ce que le ravageur n'avait pu achever de conquérir, sa renommée l'usurpe; vivant, il a manqué le monde; mort, il le possède. Vous avez beau réclamer, les générations passent sans vous écouter..... Le soldat et le citoyen, le républicain et le monarchiste, le riche et le pauvre, placent également les bustes et les portraits de Napoléon à leurs foyers, dans leurs palais ou dans leurs chaumières; les anciens vaincus sont d'accord avec les anciens vainqueurs; on ne peut faire un pas en Italie qu'on ne le

---

jeune poëte, destiné à monter au premier rang des orateurs de ce siècle, Berryer, venait de traduire en vers héroïques l'enthousiasme des sénateurs, des ministres, des tribuns, des académiciens et des évêques. On lisait dans cet essai poétique la strophe suivante :

> Favorisé des dieux, armé de leur puissance,
> Un héros à jamais l'idole de la France,
> Un héros le modèle et le vengeur des rois,
> Au bruit de son courroux, au bruit de ses exploits,
> *Des enfants d'Érinnys chassant l'indigne horde* [*],
> A son char triomphal enchaîna la Discorde.
> Guerrier législateur, les peuples, à sa voix,
> Ont reconnu leur maître, ont adopté ses loix...
> Vivez, prince, vivez, pour faire des heureux;
> Tige en héros féconde, arbre majestueux,
> Déployez vos rameaux, et croissant d'âge en âge,
> Protégez l'univers sous votre auguste ombrage.
>
> (Quérard, *Litt. franç.*, t. I, p. 366, 367.)

[*] Au 18 brumaire, Napoléon Ier avait expulsé une majorité républicaine, M. Berryer l'en glorifie; M. le duc de Broglie en a fait autant dans son discours de réception à l'Académie française. Au 2 décembre, c'est une majorité royaliste que Napoléon III expulsa; M. de Broglie et M. Berryer en ont gardé un ressentiment implacable.

retrouve; on ne pénètre pas en Allemagne qu'on ne le rencontre, car dans ce pays la jeune génération qui le repoussa est passée. Les siècles s'asseyent d'ordinaire devant le portrait d'un grand homme; ils l'achèvent par un travail long et successif. *Le genre humain cette fois n'a pas voulu attendre;* peut-être s'est-il trop hâté d'estomper un pastel. Il est temps de placer en regard de la partie défectueuse de l'idole la partie achevée.

» Bonaparte n'est point grand par ses paroles, ses discours, ses écrits, par l'amour des libertés, qu'il n'a jamais eu et n'a jamais prétendu établir; il est grand pour avoir créé un gouvernement régulier et puissant, un code de lois adopté en divers pays, des cours de justice, des écoles, une administration forte, active, intelligente, et sur laquelle nous vivons encore; il est grand pour avoir ressuscité, éclairé et géré supérieurement l'Italie; il est grand pour avoir fait renaître en France l'ordre du sein du chaos, pour avoir relevé les autels, pour avoir réduit de furieux démagogues, d'orgueilleux savants, des littérateurs anarchiques, des athées voltairiens, des orateurs de carrefours, des égorgeurs de prisons et de rues, des claque-dents de tribunes, de clubs et d'échafauds; pour les avoir réduits à servir sous lui..... Il est grand surtout pour être né de lui seul, pour avoir su, sans autre autorité que celle de son génie, pour avoir su, lui, se faire obéir par trente-six millions de sujets à l'époque où aucune illusion n'environne les trônes; il est grand pour avoir abattu tous les rois ses opposants, pour avoir défait toutes les armées, quelle qu'ait été la différence de leur discipline et de leur valeur; pour avoir appris son nom aux peuples sauvages comme aux peuples civilisés; pour avoir surpassé tous les vainqueurs qui le précédèrent, pour avoir rempli dix années de tels prodiges qu'on a peine aujourd'hui à les comprendre [1]. »

Ainsi le superbe, l'implacable adversaire qui servit avec tant d'éclat les haines étrangères et les trahisons domestiques combinées à l'heure fatale contre Napoléon, s'est incliné à son tour devant la grandeur prestigieuse de l'idole qu'il s'était en vain efforcé de briser; ainsi Chateaubriand se trouve avoir confondu lui-même d'avance ses plagiaires malavisés quand ils essayent de mettre sous le patronage de toutes les illustrations littéraires de notre temps leur révolte isolée autant qu'insensée contre le cri universel des générations qui s'en vont et des générations qui arrivent.

Et cette condamnation à l'impuissance prononcée avec tant d'entraînement par l'incomparable pamphlétaire de 1814 contre tous les libellistes de toutes les nations acharnés à rapetisser Napoléon, cette condamnation anticipée a été surabondamment confirmée par les autres grandes renommées de ce siècle, par Byron, Lamennais, Lamartine, Henri Heine, Balzac, V. Hugo, de Vigny, Louis Blanc, Armand Carrel; par le poëte national, Béranger, dont les chants ne périront pas plus que la mémoire de son héros; par l'historien national, M. Thiers,

---

[1] *Mémoires d'outre-tombe*, t. VII, p. 125 et suivantes.

qui a dit de Napoléon qu'il fut *le plus grand de tous les hommes;* par le plus ancien adversaire politique de Napoléon, M. Guizot, lequel, bien loin d'avoir jamais, dans son hostilité persévérante contre les traditions de l'Empire, laissé échapper un mot qui pût le rendre solidaire des insensés appliqués de nos jours à escalader le ciel des demi-dieux pour en chasser le César moderne, qu'ils accusent de s'y être introduit par surprise à la faveur d'une aberration universelle; par M. Guizot, disons-nous, lequel a loyalement reconnu dans ses Mémoires, qu'*entre les grands hommes ses pareils, Napoléon a été le plus nécessaire à son temps, car nul n'a fait si promptement ni avec tant d'éclat succéder l'ordre à l'anarchie.*

Que le génie de ce grand homme n'ait pas été exempt d'erreur ou de faiblesse; qu'il n'ait pas toujours suivi correctement, dans ses plans de réorganisation politique et sociale, la grande ligne tracée en 1789 à la liberté et à l'égalité; qu'il ait payé son tribut à la faillibilité humaine, c'est ce que nous sommes loin de méconnaître dans le livre que nous réimprimons aujourd'hui, c'est ce que nous nous sommes appliqué au contraire à signaler et à blâmer toutes les fois que le soldat législateur, en qui la Révolution s'était incarnée, nous a paru avoir trop flatté les préjugés de l'ancien régime et leur avoir fait d'imprudentes concessions.

Mais si c'est le droit et le devoir de l'histoire de se montrer sévère dans le jugement des puissants de la terre, il est indispensable aussi que cette sévérité se maintienne dans les limites de la plus rigoureuse impartialité, et que l'historien, loin de se laisser entraîner à nier le bien qu'il rencontre à côté du mal, et à rabaisser les caractères et les actes dont la grandeur est incontestable, s'attache plutôt à en faire ressortir l'influence salutaire sur la destinée des nations et sur la marche de la civilisation universelle.

C'est de cette justice impartiale que nous nous sommes efforcé de nous inspirer, il y a trente ans, en écrivant l'histoire de CELUI que nous appelâmes alors L'HOMME-PEUPLE, LE VERBE GLORIEUX DE LA RÉVOLUTION FRANÇAISE : qualification que nous maintenons d'autant plus aujourd'hui que la puissance légendaire du nom de cet HOMME, incessamment ravivée par le vote du seul souverain impérissable, le PEUPLE, et sagement combinée avec le développement des libertés publiques et des améliorations sociales, nous apparaît toujours comme le meilleur préservatif pour la France nouvelle contre la périodicité des révolutions et les irruptions de l'anarchie, dont le règne éphémère conduirait inévitablement à quelque restauration de l'oligarchie, au très-grand préjudice de la grandeur nationale et de la démocratie européenne.

LAURENT (DE L'ARDÈCHE).

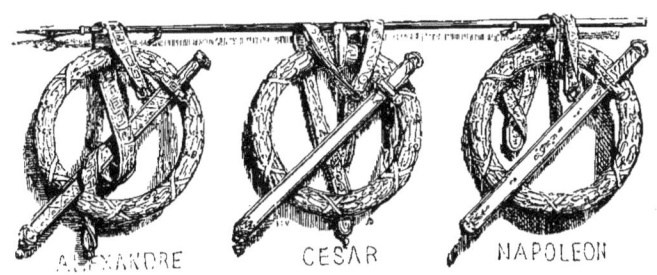

INTRODUCTION.

 Es hommes ne manquent jamais aux circonstances, a dit Montesquieu. Toutes les fois que le monde a eu besoin d'une pensée nouvelle, pour ne pas périr avec les croyances, les institutions et les empires dont la vitalité était épuisée et la destinée accomplie, il s'est trouvé des spéculateurs transcendants, dont on a fait, suivant les temps et suivant la profondeur ou l'élévation de leur génie, des dieux, des prophètes ou des sages ; il s'est trouvé des penseurs sublimes pour concevoir l'idée génératrice, dans l'isolement et le mystère de l'inspiration ; des philosophes pour l'enseigner dans les écoles, des tribuns pour la porter sur la place publique, des législateurs pour lui donner la consécration politique, et des conquérants pour étendre la sphère de sa propagation et de sa puissance.

Jusqu'à présent, ce n'est guère, il est vrai, pour cette coopération, souvent involontaire, à l'œuvre de la civilisation universelle, que les grands capitaines de l'antiquité et des temps modernes ont obtenu l'admiration de leurs contemporains et de la postérité. Le nombre ou l'éclat des triomphes, l'art de gagner des batailles, la science des retraites, le mérite des difficultés vaincues et des dangers bravés, les gigantesques expéditions et les vastes conquêtes, tout ce qui relève le génie et donne l'illustration militaire, voilà ce que l'histoire a surtout mis en relief, et ce qui éblouit encore les peuples, dans la vie des hommes extraordinaires qui ruinent ou fondent des empires par la puissance des armes. Aussi, à défaut de comprendre la valeur philosophique de leur propagande meurtrière, et pour ne savoir reconnaître en eux que de magnifiques dévastateurs, combien d'écrivains célèbres, affectant le paradoxe et bravant l'engouement et le préjugé classiques, ont-ils essayé de renverser le piédestal de leurs statues et de fronder l'autorité des siècles! C'est ainsi que Rousseau le lyrique a refusé *d'admirer dans Alexandre ce qu'il abhorre en Attila ;* et que Boileau, si prodigue d'encens envers Louis XIV, n'a voulu voir dans le disciple d'Aristote, vainqueur de Darius, qu'*un écervelé qui mit l'Asie en cendres.*

Cette réprobation absolue, de si haut qu'elle vienne, manque de raison et d'équité. Si l'on n'a pas assez songé aux désastres de la guerre, dans l'apothéose des guerriers ; si, en exaltant l'héroïsme du soldat, on ne s'est pas assez souvenu que,

> Près de la borne où chaque État commence,
> Aucun épi n'est pur de sang humain ;
> BÉRANGER.

ce serait combattre cette exagération apologétique par une autre exagération, plus injuste et moins excusable peut-être, que de nier complètement la légitimité de la gloire militaire, que de ne considérer l'immortelle renommée des conquérants que comme une longue surprise faite à l'humanité, comme le produit d'un prestige funeste et d'une fascination séculaire.

Que l'on proclame, à bon droit, la supériorité rationnelle de notre époque sur les âges antérieurs, ce n'est pas nous, sectateurs zélés et persévérants de la perfectibilité humaine, qui hésiterons à la reconnaître. Mais il y aurait par trop d'orgueil, au temps présent, à supposer que le monde n'est raisonnable que d'hier, et à taxer le temps passé d'aberration et d'insanie dans ses jugements historiques et ses opinions rationnelles le plus universellement et le plus anciennement accrédités. Quand les peuples ont accordé, avec tant de constance et d'unanimité, au grand homme de guerre, l'ovation pendant sa vie, et les honneurs du Panthéon à sa mort, ce n'est pas la séduction de la gloire qui les a poussés toute seule à cette admiration et à cette reconnaissance inaltérables. A l'influence du prodige sur les nobles cœurs et les imaginations ardentes, se joignait la prévision instinctive que les hauts faits et les événements immenses, qui enflammaient les âmes généreuses et recevaient partout la sanction de l'enthousiasme populaire, loin d'être perdus pour la sainte cause du progrès social, et de ne jeter qu'un stérile éclat sur la carrière de quelques nations ou de quelques hommes, auraient nécessairement des conséquences non moins utiles à la famille humaine tout entière que glorieuses pour quelques-uns de ses membres.

En effet, que le peuple d'Égypte déborde sur l'Asie, ou qu'il établisse ses colonies victorieuses dans les îles et sur le continent de la Grèce, c'est la civilisation de Thèbes et de Memphis qui marche à la suite de Sésostris ou de Cécrops.

Que l'épée d'Alexandre brise le trône de Cyrus et soumette l'Orient jusqu'à l'Inde, c'est la civilisation d'Athènes qui triomphe sous le nom et par le bras de l'élève du Stagyrite ; c'est le siècle de Périclès dont la conquête traîne après elle la trace lumineuse ; c'est l'art et la science de l'Attique, c'est la philosophie de l'Académie et du Lycée, dont la victoire étend le reflet dans des contrées lointaines et de vastes empires.

Que César subjugue le Parthe et le Germain, qu'il plante les aigles romaines du sommet du Caucase aux monts de la Calédonie; qu'il passe des Gaules en Italie, de Rome en Macédoine, des plaines de Pharsale aux côtes d'Afrique, des ruines de Carthage aux bords du Nil et de l'Euxin; qu'il franchisse tour à tour le Bosphore et le Rhin, le Taurus et les Alpes, l'Atlas et les Pyrénées; dans toutes ces courses triomphales, il ne fait que promener, sous la protection de sa gloire personnelle, le nom, la langue, les mœurs, la civilisation de Rome; il porte avec lui le siècle d'Auguste, qui est près d'éclore; il initie les peuples idolâtres à ce scepticisme qui ne permet plus aux augures romains de se regarder sans rire; il fonde la plus grande unité politique que la terre ait connue, et prépare, par la fusion de vingt royaumes en un seul empire, l'établissement de l'immense association que l'Église chrétienne doit former dans l'ordre spirituel. Jaloux d'égaler ou de surpasser Alexandre, qu'il admire, et de continuer l'œuvre des tribuns dont il a recueilli l'héritage, il agrandit, par les prodiges du glaive, la sphère où va se développer pacifiquement une doctrine qui, mieux que les Gracques et Marius, saura relever les humbles et abaisser les superbes.

Eh bien! de tous ces magnifiques conquérants, nul n'a autant secondé que Napoléon, par ses armes victorieuses, les grands enseignements, les initiations pratiques et toutes les communications civilisatrices que la guerre établit entre les peuples. Si Alexandre porte avec lui le siècle de Périclès, et César celui d'Auguste; s'ils sont accompagnés l'un et l'autre dans leurs triomphes par le génie d'Homère et de Sophocle, de Platon et d'Aristote, de Cicéron et de Lucrèce, de Virgile et d'Horace, Napoléon porte avec lui trois siècles que les arts, les sciences et la philosophie ont également illustrés, et son entourage n'est pas moins brillant que celui de ses devanciers. Il traverse l'Europe avec Montaigne et Descartes, avec Corneille et Racine, avec Voltaire et Rousseau. Son quartier général forme une véritable université ambulante, où préside l'esprit du dix-huitième siècle, et qui visite les nations arriérées du Septentrion et du Midi pour les soumettre à l'influence des mœurs et des doctrines de la nation que le monde policé reconnaît pour sa REINE. Il a beau caresser en France les souvenirs de l'aristocratie et flatter les préjugés monarchiques par un replâtrage éphémère d'institutions croulées sous le poids de la vétusté, il n'en est pas moins le plus puissant des démocrates, le plus redoutable des novateurs, le propagandiste le plus dangereux pour la vieille Europe, le représentant et le *verbe* de cette grande révolution dont Mirabeau donna le signal avec les foudres de l'éloquence, que le comité de salut public défendit avec les foudres de la terreur, et que lui, Napoléon, doit raffermir et propager avec les foudres de la guerre; révolution qu'on appela *française* à son berceau, mais qui a déjà suffisamment montré, en grandissant, qu'elle était destinée à devenir UNIVERSELLE.

Voilà l'homme prodigieux dans lequel les gens de cour, les oisifs de salon et les oligarques de village ne savaient et ne voulaient voir qu'un despote odieux et un conquérant insatiable, tandis que l'artisan, le laboureur et le soldat, dont l'instinct était plus sûr que le rationalisme de ces vains et impuissants critiques, voyaient et voient encore en lui l'*homme-peuple*, l'envoyé ou le protégé de Dieu, le produit le plus glorieux de l'émancipation politique du mérite et du génie, la personnification de l'esprit d'égalité qui régnait dans l'administration et dans les camps, et qui travaille aujourd'hui la société européenne tout entière.

Voilà l'homme dont le souvenir sera gardé religieusement sous le chaume, selon l'expression du plus populaire de nos poëtes.

Voilà l'homme dont nous essayons de refaire succinctement l'histoire et de résumer la vie, après tant d'histoires, de biographies et de mémoires, dans lesquels l'esprit de parti a épuisé toutes les formules hyperboliques de la louange ou de la haine.

HISTOIRE
DE
L'EMPEREUR NAPOLÉON

CHAPITRE PREMIER.

Origine et enfance de Napoléon.

Tandis que Voltaire et Rousseau, inclinés vers la tombe, allaient être enlevés au siècle qu'ils avaient rempli du bruit de leur nom, et que Mirabeau, destiné à faire passer de la philosophie à l'éloquence politique le sceptre de l'opinion, se rendait fameux par ses excès et ses désordres de jeunesse, en attendant d'obtenir pour son âge mûr la célébrité et la gloire de l'orateur et de l'homme d'État; la Providence, qui, par des voies dont elle seule a le secret, mène toujours le monde aux fins qu'elle a conçues; la Providence, qui, dans la suc-

cession des générations et des empires, a merveilleusement tout disposé pour le progrès des idées et le succès des grandes révolutions; la Providence fait naître, dans un coin obscur de la Méditerranée, l'homme qui devait mettre le génie de la guerre au service de l'esprit de réforme, et clore le dix-huitième siècle, déjà si orgueilleux de ses conquêtes rationnelles et de ses triomphes du forum, par des prodiges militaires plus éclatants que tout ce qui avait frappé d'étonnement l'antiquité et le moyen âge.

Napoléon Bonaparte naquit à Ajaccio (île de Corse), le 15 août 1769, de Charles

Bonaparte et de Lætitia Ramolino. Si nous eussions vécu en des temps plus favorables au merveilleux, les prédictions populaires et les signes célestes n'auraient pas manqué à cet événement. « Sa mère, femme forte au moral et au physique, et qui avait fait la guerre, grosse de lui, voulut, dit M. de Las-Cases, aller à la messe à cause de la solennité du jour; elle fut obligée de revenir en toute hâte, ne put atteindre sa chambre à coucher, et déposa son enfant sur un de ces vieux tapis antiques, à grandes figures de ces héros de la fable ou de l'Iliade peut-être : c'était Napoléon. »

Quelques écrivains, profitant de la noblesse incontestable de la famille Bonaparte, imaginèrent, sous le consulat et à la veille du rétablissement de la monarchie, de fabriquer une généalogie de prince pour le futur empereur, et de lui trouver des aïeux parmi d'anciens rois du Nord. Mais le soldat, qui sentait vivre en lui la révolution française, et qui n'oubliait point que son mérite seul l'avait porté, sous le règne de l'égalité, des grades inférieurs de l'armée au rang suprême, fit répondre par ses journaux que sa noblesse ne reposait que sur les services qu'il avait rendus à son pays, et qu'elle ne datait que de *Montenotte*.

Le père de Napoléon avait étudié à Pise et à Rome. C'était un homme instruit et disert, qui montra aussi beaucoup de chaleur et d'énergie en diverses circonstances fort importantes, et notamment à la consulte extraordinaire de Corse, relative à la soumission de cette île à la France. Charles Bonaparte parut plus tard à Versailles, à la tête de la députation de sa province et à l'occasion des différends qui s'étaient élevés entre les deux généraux français qui commandaient en Corse, M. de Marbeuf et M. de Narbonne Pelez.

Le crédit de ce dernier, si puissant à la cour, échoua contre la franchise et l'autorité du témoignage de Charles Bonaparte, qui, pour rester fidèle à la vérité et à la justice, plaida éloquemment pour M. de Marbeuf.

C'est là l'origine et la cause unique de la protection que ce seigneur accorda depuis à la famille Bonaparte.

Quoique Napoléon ne fût que le second des fils de Charles Bonaparte, il était considéré comme le chef de la famille. Son grand-oncle, l'archidiacre Lucien, qui avait été le guide et l'appui de tous les siens, lui avait donné ce titre au lit de mort, en recommandant à l'aîné (Joseph) de ne pas l'oublier; ce qui fit dire ensuite à Napoléon *que c'était un vrai déshéritage, la scène de Jacob et d'Esaü.*

Il devait cette distinction remarquable au caractère grave et réfléchi, au sens droit et à la haute raison qu'il avait montrés de bonne heure.

Placé, en 1777, à l'école de Brienne, il s'y appliqua surtout à l'étude de l'histoire, de la géographie et des sciences exactes. Il y eut pour répétiteur Pichegru, et pour camarade M. de Bourrienne. Il réussit principalement dans les mathématiques. Son goût pour les matières politiques fut dès lors remarqué. Passionné pour l'indépendance de sa patrie, il voua une espèce de culte à Paoli, qu'il défendait avec chaleur contre l'opinion même de son père.

Il n'est point vrai qu'il fût au collége, comme on l'a imprimé souvent, solitaire et taciturne, sans égaux et sans amis. Il n'est pas plus exact, quoi qu'en ait dit M. de Bourrienne, en courtisan disgracié, qu'il se montrât *aigre dans ses propos et très-peu aimant*. C'est sa gravité précoce et ses manières brusques et sévères qui l'ont fait accuser à tort de misanthropie et de sécheresse d'âme. Napoléon était au contraire naturellement doux et affectueux. Ce ne fut qu'à l'époque de sa puberté qu'il se manifesta quelque changement dans son caractère, et qu'il devint sombre et morose. Tel est du moins le témoignage qu'il a porté sur lui-même dans ses dictées à Sainte-Hélène.

On a prétendu aussi que son goût pour la retraite, et son penchant aussi exclusif que précoce pour l'art militaire, l'avaient fait se reléguer en quelque sorte dans son jardin, et s'y fortifier contre les attaques de ses camarades. L'un de ces derniers s'est chargé de démentir cette histoire, et de raconter ce qui a pu y donner lieu : c'est la

fameuse anecdote de la forteresse construite en neige, et assiégée et défendue avec des boules de neige.

« Dans l'hiver de 1783 à 1784, dit-il, si mémorable par la quantité de neige qui s'amoncelait sur les routes, dans les cours, etc., Napoléon fut singulièrement contrarié; plus de petits jardins, plus de ces isolements heureux qu'il recherchait. Au moment de ses récréations, il était forcé de se mêler à la foule de ses camarades, et de se promener avec eux en long et en large dans une salle immense. Pour s'arracher à cette monotonie de promenade, Napoléon sut remuer toute l'école, en faisant sentir à ses camarades qu'ils s'amuseraient bien autrement, s'ils voulaient, avec des pelles, se frayer différents passages au milieu des neiges, faire des ouvrages à cornes, creuser des tranchées, élever des parapets, des cavaliers, etc. — Le premier travail fini, nous pourrons, dit-il, nous diviser en pelotons, faire une espèce de siège; et, comme l'inventeur de ce nouveau plaisir, je me charge de diriger les attaques. — La troupe joyeuse accueillit ce projet avec enthousiasme; il fut exécuté, et cette petite guerre

simulée dura l'espace de quinze jours; elle ne cessa que lorsque des graviers ou de petites pierres s'étant mêlés à la neige dont on se servait pour faire des boules, il en résulta que plusieurs pensionnaires, soit assiégeants, soit assiégés, furent assez grièvement blessés. Je me rappelle même que je fus un des élèves les plus maltraités par cette mitraille. »

Pour remuer ainsi toute l'école, il fallait bien que le jeune Bonaparte, malgré ses habitudes de méditation solitaire, eût conservé une certaine influence sur la masse des élèves, et qu'il n'eût pas donné à ses relations avec eux le caractère de sauvagerie, de rudesse ou d'aigreur qu'on s'est plu à lui attribuer, sur la foi de quelques biographes prévenus ou mal informés.

Non-seulement il jouissait de l'estime de ses camarades, mais il possédait au plus haut degré celle de ses professeurs. La plupart d'entre eux ont prétendu depuis lui avoir prédit de grandes destinées. M. de l'Éguille, son maître d'histoire, assurait, sous l'empire, que l'on trouverait dans les archives de l'École militaire une note où il avait pressenti et tracé en peu de mots tout l'avenir de son élève : « Corse de nation et de caractère, avait-il dit, ira loin si les circonstances le favorisent. »

Son professeur de belles-lettres, qui a pris un rang assez distingué parmi les rhéteurs, Domairon, appelait ses amplifications *du granit chauffé au volcan*.

Au concours de 1785, il fut choisi, par le chevalier de Kéralio, pour l'École militaire de Paris. En vain on objecta à cet officier général, qui remplissait les fonctions d'inspecteur, que le jeune élève n'avait pas l'âge requis, et qu'il n'était fort que sur

CHAPITRE PREMIER.

les mathématiques. « Je sais ce que je fais, dit-il : si je passe ici par-dessus la règle, ce n'est point une faveur de famille ; je ne connais pas celle de cet enfant ; c'est tout à cause de lui-même ; j'aperçois ici une étincelle qu'on ne saurait trop cultiver. »

En entrant dans cette nouvelle école, Napoléon ne tarda pas à se montrer surpris et affligé de l'éducation molle et luxueuse qu'on y donnait à des jeunes gens que l'on destinait pourtant à la vie dure des camps et au pénible métier des armes. Ce fut pour lui le sujet d'un mémoire qu'il adressa à son principal, M. Berton, et dans lequel il représenta « que les élèves du roi, tous pauvres gentilshommes, ne pouvaient puiser, au lieu des qualités du cœur, que l'amour de la *gloriole,* ou plutôt des sentiments de suffisance et de vanité tels, qu'en regagnant leurs pénates, loin de partager avec plaisir la modique aisance de leur famille, ils rougiraient peut-être des auteurs de leurs jours, et dédaigneraient leur modeste manoir. Au lieu, disait-il, d'entretenir un nombreux domestique autour de ces élèves, de leur donner journellement des repas à deux services, de faire parade d'un manége très-coûteux, tant pour les chevaux que pour les écuyers, ne vaudrait-il pas mieux, sans toutefois interrompre le cours de leurs études, les astreindre à se suffire à eux-mêmes ? Puisqu'ils sont loin d'être riches, et que tous sont destinés au service militaire, n'est-ce pas la seule et véritable éducation qu'il faudrait leur donner ? Assujettis à une vie

sobre, à soigner leur tenue, ils en deviendraient plus robustes, sauraient braver les intempéries des saisons, supporter avec courage les fatigues de la guerre, et inspirer le respect et un dévouement aveugle aux soldats qui seraient sous leurs ordres. »

Ainsi Napoléon, encore enfant, jetait dans un mémoire d'écolier les fondements d'une institution qu'il devait réaliser un jour dans sa toute-puissance.

Les examens brillants qu'il soutint le firent, du reste, distinguer à Paris, comme il l'avait été à Brienne. Il sortit de l'École militaire en 1787, et passa, en qualité de lieutenant en second, au régiment d'artillerie de La Fère, alors en garnison à Grenoble.

CHAPITRE DEUXIÈME.

Depuis l'entrée de Napoléon au service jusqu'au siége de Toulon.

PENDANT son séjour à Paris, Napoléon, à peine âgé de dix-huit ans, fut admis dans la familiarité de l'abbé Raynal, avec lequel il traitait, sans trop d'infériorité, les plus hautes questions d'histoire, de législation et de politique.

Envoyé à Valence, où se trouvait alors une partie de son régiment, il y fut bientôt introduit dans les meilleures sociétés, et particulièrement dans celle de madame du Colombier, femme d'un rare mérite, et qui donnait le ton à la bonne compagnie. Ce fut là qu'il connut M. de Montalivet, dont il fit depuis son ministre de l'intérieur.

Madame du Colombier avait une fille [1], qui inspira au jeune officier d'artillerie les premiers sentiments d'amour qu'il ait éprouvés en sa vie. Cette inclination, aussi tendre qu'innocente, fut heureusement partagée par celle qui en était l'objet; elle amena de petits rendez-vous, dans lesquels, au dire de Napoléon, tout le bonheur des deux amants se réduisait à manger des cerises ensemble.

[1] Napoléon revit plus tard mademoiselle du Colombier à Lyon, où elle était mariée à M. de Bressieux. L'empereur la plaça, comme dame d'honneur, chez une de ses sœurs, et donna un emploi avantageux au mari.

CHAPITRE DEUXIÈME.

Il ne fut, du reste, jamais question de les unir. La mère, malgré son estime et son attachement pour le jeune homme, ne songea point à cette alliance, comme on l'a prétendu. En revanche, elle lui prédit souvent de hautes destinées, et renouvela même ses prédictions au lit de mort, alors que la révolution française venait d'ouvrir la carrière où elles devaient s'accomplir.

Ses préoccupations de cœur et ses succès dans le monde n'empêchèrent pourtant pas Napoléon de continuer ses graves études et de se livrer à l'examen des problèmes les plus difficiles de l'économie sociale. Il remporta, sous le voile de l'anonyme, le prix que l'académie de Lyon avait proposé sur cette question, posée par l'abbé Raynal : « Quels sont les principes et les institutions à inculquer aux hommes pour les » rendre le plus heureux possible ? » Napoléon répondit en disciple du dix-huitième siècle ; mais il n'est pas vrai, comme on l'a dit, qu'il ait remporté le prix. Au surplus, ce souvenir ne lui parut pas très-flatteur dans la suite, puisque son mémoire lui ayant été présenté sous l'empire par M. de Talleyrand, il s'empressa de le jeter au feu.

La révolution française éclata ; toute la jeunesse éclairée y applaudit avec transport. Ce n'était pour elle que l'heureuse application des doctrines philosophiques dont elle était imbue. Les gentilshommes infatués de leurs priviléges et de leurs titres, et il s'en trouvait un grand nombre dans l'armée, ne partagèrent pas cet enthousiasme. Mais cet esprit de caste ne pouvait pas faire manquer à son génie et à son siècle un officier dont Paoli avait dit avec tant de raison et de vérité, « qu'il était taillé à l'antique, que c'était un homme de Plutarque. » Napoléon n'imita donc pas la plupart de ses camarades qui allèrent bouder, à l'étranger, la régénération de leur patrie. Sans doute, la considération de sa fortune et de sa gloire aida ici l'influence de ses opinions et de ses principes, et il put dire à son capitaine, en se jetant dans le parti des novateurs, « que les révolutions étaient un bon temps pour les militaires qui avaient du courage et de l'esprit ; » mais est-ce une raison de n'attribuer qu'à un calcul mesquin et de dépouiller de toute moralité politique le patriotisme ardent qu'il avait manifesté, avant l'explosion même de la crise, et dans ses conversations et dans ses écrits ? Ce n'est pas avec la nullité contemplative d'un idéologue ou avec l'abnégation ascétique d'un moine qu'il faut entrer dans les affaires publiques, si l'on veut agir puissamment sur les hommes, et contribuer à améliorer le sort des peuples ; ce n'est pas avec le désintéressement absolu de l'impuissance que l'on fait de grandes choses et que l'on pousse le monde en avant. Il fut heureux pour la France que, parmi les législateurs et les soldats dévoués à la réforme de 1789, il se trouvât des âmes avides de la gloire qui s'acquiert par d'éminents services, ou ambitieuses du pouvoir qui facilite au génie la réalisation de ses plans. Il fut surtout heureux pour elle que parmi ces ambitieux, sans lesquels le drame révolutionnaire, privé de mouvement et de vie, n'aurait présenté que le froid et terrible spectacle d'un congrès de quakers ou d'un concile de jansénistes, il se soit rencontré un soldat-législateur, capable d'aspirer et de s'élever à une renommée et à une autorité immenses, par d'immenses travaux au profit de la civilisation européenne.

Napoléon obéit donc à la fois à ses convictions et au pressentiment de sa destinée en embrassant avec chaleur le parti populaire. Mais cet ardent patriotisme ne l'empêcha pas de nourrir en son âme une aversion instinctive pour l'anarchie, et d'assister avec indignation et douleur aux orgies démagogiques qui marquèrent l'agonie d'un pouvoir dont la succession devait un jour lui revenir. C'est ainsi qu'au

20 juin 1792, se trouvant sur la terrasse du bord de l'eau, aux Tuileries, et voyant Louis XVI coiffé d'un bonnet rouge par un homme du peuple, il s'écria, après une apostrophe aussi triviale qu'énergique : « Comment a-t-on pu laisser entrer cette canaille? Il fallait en balayer quatre ou cinq cents avec du canon, et le reste courrait encore. »

Témoin du 10 août, qu'il avait prévu comme une conséquence inévitable et prochaine du 20 juin, Napoléon, toujours partisan zélé de la révolution française, mais toujours attaché par pressentiment ou par raison aux idées d'ordre et à la considération du pouvoir, abandonna la capitale de la France pour se rendre en Corse. Paoli intriguait alors dans cette île en faveur de l'Angleterre. Le jeune patriote français, profondément affligé de cette conduite, brisa, dès ce moment, l'idole de son enfance. Il prit un commandement dans les gardes nationales, et combattit à outrance le vieillard pour lequel il avait montré jusque-là tant de respect, de sympathie et d'admiration.

Le parti anglais l'ayant emporté, et l'incendie d'Ajaccio ayant signalé ce triomphe, la famille Bonaparte, dont la maison avait été brûlée, se réfugia en France et s'établit à Marseille. Napoléon ne séjourna pas longtemps dans cette ville ; il se hâta de retourner à Paris, où les événements se pressaient avec tant de violence et de rapidité, que chaque jour et chaque heure y donnaient le signal d'une nouvelle crise.

Le Midi venait d'arborer l'étendard du fédéralisme, et la trahison avait livré Toulon aux Anglais. Le général Cartaux fut chargé par la Convention d'aller rétablir la Provence sous les lois de la république, et d'y activer la défaite et la punition des rebelles et des traîtres.

Dès que la victoire eut conduit ce général dans Marseille, le siège de Toulon fut ordonné. Napoléon s'y rendit en qualité de commandant d'artillerie. C'est à cette époque qu'il publia, sous le titre de *Souper de Beaucaire*, un opuscule dont le *Mémorial de Sainte-Hélène* ne dit rien, mais que M. de Bourrienne déclare avoir reçu de Bonaparte lui-même à son retour de Toulon. Cet écrit porte, du reste, le cachet des opinions qu'il devait professer alors comme patriote énergique et comme militaire habile ; il renferme, sur les troubles du Midi et sur l'épisode du fédéralisme, un jugement qui décèle chez le simple officier d'artillerie la haute raison et le sens droit que l'on admira plus tard dans l'empereur.

CHAPITRE TROISIÈME.

Siége et prise de Toulon. — Commencement des campagnes d'Italie. — Destitution.

orsque Napoléon arriva sous les murs de Toulon, il y trouva une armée de volontaires intrépides, mais pas un chef digne de les commander. Le général Cartaux, qui affectait un luxe et une magnificence peu compatibles avec l'austérité des principes républicains, avait encore plus d'ignorance que de faste. La conquête de Toulon était une tâche au-dessus de ses forces, mais il était loin de reconnaître cette incapacité désespérante.

Il s'attribuait au contraire exclusivement la puissance de conception et d'exécution que réclamait une pareille entreprise. Ce fut cette ridicule confiance en lui-même qui lui inspira le fameux plan qui provoqua son rappel, et qui était conçu en ces termes :

« Le général d'artillerie foudroiera Toulon pendant trois jours, au bout desquels je l'attaquerai sur trois colonnes, et l'enlèverai. »

Heureusement qu'à côté de ce singulier et laconique tacticien, il se trouva un officier subalterne aussi élevé par sa science et ses talents militaires qu'il était inférieur par son grade. C'était un jeune homme de vingt-quatre ans. Quoique simple et modeste encore, il ne put cacher le mépris qu'il ressentait pour la plupart des hommes que la hiérarchie et la discipline lui faisaient un devoir de regarder comme ses supérieurs, mais dont l'ineptie pouvait devenir si funeste à la république. Ce mépris trop légitime et la conscience de sa supériorité sur tout ce qui l'entourait l'enhardirent à brusquer ses chefs eux-mêmes, plutôt que de les laisser exécuter sans contradiction des mesures qu'il jugeait désastreuses. Dans ses démêlés journaliers avec Cartaux, il arriva à la femme du général en chef de dire à son mari : « Mais laisse donc faire ce jeune homme ; il en sait plus que toi ; il ne te demande rien : ne rends-tu pas compte ? La gloire te reste. »

Dès son arrivée au camp, Napoléon, avec ce coup d'œil prompt et sûr qui a si bien servi son génie sur les champs de bataille, avait compris que pour reprendre Toulon il fallait l'attaquer à l'issue de la rade, et il avait dit, en montrant ce point sur la carte : *Que c'était là qu'était Toulon*. Mais il fit pendant longtemps de vains efforts pour que son avis fût suivi. Le commandant du génie seul le partageait ; et cet appui d'un officier éclairé ne pouvait vaincre le stupide entêtement du général en chef. Enfin, il se trouva parmi les représentants du peuple un homme doué d'assez de pénétration et de perspicacité pour deviner ou pressentir le grand capitaine sous l'uniforme du simple commandant d'artillerie. Napoléon obtint toute la latitude de pouvoir dont il avait besoin pour assurer le succès de ses plans; Cartaux fut rappelé, l'étranger chassé de Toulon, et le vainqueur, se rappelant plus tard ce premier triomphe qu'il dut en partie à la confiance du représentant du peuple, disait avec reconnaissance *que c'était Gasparin qui avait ouvert sa carrière.*

Pendant le siége, Napoléon donna l'exemple du plus grand sang-froid et de la plus rare bravoure; car ce n'était pas seulement dans le conseil qu'il montrait son savoir et son habileté, il les portait aussi au milieu de l'action et faisait autant admirer du soldat son calme héroïque, qu'il forçait les généraux à s'étonner de l'étendue et de la rapidité de son intelligence. Cette intrépidité lui valut d'avoir plusieurs chevaux tués sous lui, et d'être blessé lui-même à la cuisse gauche, avec menace d'amputation.

Il était si peu disposé, par tempérament, à la théorie pure, et dédaignait tellement la supériorité et la science exclusivement spéculatives, qu'il ne put jamais s'en contenter et s'y borner. Concevoir et exécuter étaient pour lui deux choses étroitement liées, et il eût été embarrassé de sa vaste pensée s'il ne se fût pas senti une âme et un bras pour se dévouer avec courage et persévérance à sa réalisation. Ce besoin d'agir l'a suivi partout; il l'éprouva de bonne heure; il l'a conservé dans toutes les phases de sa fortune, et il est mort dès qu'il n'a plus eu l'occasion de le satisfaire, dès qu'il a été obligé de replier sur elle-même cette puissance d'imagination qui avait rempli l'Europe de ses créations gigantesques.

Ce n'était pas seulement aux grandes choses qu'il appliquait cette activité incessante; quand les circonstances l'exigeaient, il mettait la main à tout, et ne craignait

pas d'exposer son esprit transcendant à la dérogeance, en se faisant, selon l'exigence du moment, praticien de détail. Ainsi, pendant le siége de Toulon, se trouvant un jour dans une batterie où l'un des chargeurs fut tué, il s'empara aussitôt du refouloir et chargea lui-même une douzaine de coups. Il y gagna une gale maligne dont l'artilleur était infecté, et qui, après avoir mis en danger la vie du commandant, lui causa l'extrême maigreur qu'il conserva pendant les guerres d'Égypte et d'Italie. Sa guérison radicale ne fut opérée que sous l'empire, par les soins de Corvisart.

Tous ses chefs ne furent pas aussi jaloux et aussi ineptes que Cartaux. Les généraux Dutheil et Dugommier lui témoignèrent au contraire une haute estime et une déférence qu'on n'a pas d'ordinaire pour des inférieurs. C'était le résultat de son immense et incontestable supériorité de savoir et de talent. Dugommier fut étonné de l'entendre, après la prise du Petit-Gibraltar, lui dire avec une assurance qui fut pro-

CHAPITRE TROISIÈME.

phétique : « Allez vous reposer ; nous venons de prendre Toulon ; vous pourrez y coucher après-demain. » Mais l'étonnement fit place à la plus vive admiration et à un véritable engouement lorsque la prédiction fut ponctuellement et pleinement accomplie. Napoléon, dans son testament, s'est souvenu des généraux Dutheil et Dugommier, comme de Gasparin. Dugommier écrivit alors au comité de salut public, en lui demandant le grade de général de brigade pour le commandant Bonaparte : « Récompensez et avancez ce jeune homme, *car, si l'on était ingrat envers lui, il s'avancerait tout seul.* »

Les représentants du peuple firent droit à cette demande. Le nouveau général fut employé à l'armée d'Italie, sous Dumerbion, et contribua puissamment à la prise de Saorgio, aux succès du Tanaro et d'Oneille.

Quoique attaché au système des républicains ardents qui sauvaient alors le pays par une énergie souvent accompagnée de

Infanterie de ligne. — 1793 à 1806.

mesures terribles, Napoléon, de la hauteur de son génie, dominait trop les passions et les opinions qui se heurtaient si violemment, pour ne pas conserver, sous l'influence même de la fièvre révolutionnaire, un caractère de modération et d'impartialité philosophique, inaccessible aux atteintes des exagérations du jour. Aussi n'usa-t-il de son crédit et de son pouvoir que pour protéger ses adversaires politiques contre la persécution, et pour sauver les émigrés que la tempête avait jetés sur la côte de France et parmi lesquels se trouvait la famille de Chabrillant. Lorsque les vengeances de la Convention sur les fédéralistes du Midi vinrent frapper le doyen et le plus riche des négociants de Marseille, M. Hugues, vieillard de quatre-vingt-quatre ans, il fut atterré par cette immolation, qui lui a fait dire depuis : « Alors vraiment, à un tel spectacle, je me crus à la fin du monde. »

Malgré l'horreur que lui inspiraient ces actes de barbarie, Napoléon jugeait avec calme et sans prévention les sanglants dominateurs de cette époque. « L'empereur, dit le *Mémorial de Sainte-Hélène,* rendait à Robespierre la justice de dire qu'il avait vu de longues lettres de lui à son frère, Robespierre jeune, alors représentant à l'armée du Midi, où il combattait et désavouait avec chaleur ces excès, disant qu'ils déshonoraient la révolution et la tueraient. »

Robespierre jeune, comme Gasparin, avait compris et admiré le grand homme naissant. Il fit tous ses efforts pour l'amener à Paris, lors de son rappel, et peu de temps avant le 9 thermidor. « Si je n'eusse inflexiblement refusé, dit Napoléon, sait-on où pouvait me conduire un premier pas, et quelles autres destinées m'attendaient ? »

Ce fut au siège de Toulon qu'il rencontra et s'attacha Duroc et Junot : Duroc, qui a possédé seul son intimité et son entière confiance, et Junot, qu'il distingua par le trait suivant :

Le commandant d'artillerie, à son arrivée à Toulon, faisant construire une batte-

rie, eut besoin d'écrire sur le terrain même, et il demanda un sergent ou un caporal qui pût lui servir de secrétaire. Il s'en présenta un aussitôt, et la lettre était à peine terminée qu'un boulet la couvrit de terre. « *Bien,* dit le soldat écrivain, *je n'aurai pas besoin de sable.* » C'était Junot ; et cette preuve de courage et de sang-froid suffit pour le recommander à son commandant, qui le poussa depuis aux premiers grades de l'armée.

La conquête de Toulon, due au jeune Bonaparte, ne put cependant le mettre à l'abri des tracasseries et des poursuites qu'éprouvaient alors trop souvent les chefs militaires de la part des commissaires de la Convention. Un décret, qui resta sans exécution, le manda à la barre pour y répondre de quelques mesures qu'il avait ordonnées relativement aux fortifications de Marseille. Un représentant, mécontent de la roideur de son caractère et irrité de le trouver peu docile à ses exigences, prononça contre lui la formule si souvent meurtrière, et cette fois heureusement illusoire et vaine, de la *mise hors la loi*.

Tous les représentants à l'armée du Midi ne montrèrent pas, comme nous l'avons dit précédemment, des sentiments hostiles à l'égard de Napoléon. L'un d'eux, entre autres, marié à une femme fort aimable et belle, le combla d'égards et de prévenances, et lui laissa dans sa maison tous les droits d'une familiarité dont profita ou abusa le général d'artillerie, s'il faut s'en rapporter aux indiscrétions du *Mémorial de Sainte-Hélène*, d'après lequel l'épouse partageait la bienveillance et l'engouement du mari, qui fut un des premiers à appeler l'attention de la Convention sur le vainqueur de Toulon, à l'époque du 13 vendémiaire.

Napoléon, devenu empereur, revit sa jolie hôtesse de Nice. Le temps, les malheurs avaient altéré, ou plutôt détruit entièrement ce qui avait charmé autrefois Napoléon.

« Comment, dit l'empereur à cette dame, ne vous êtes-vous pas servie de nos connaissances de l'armée de Nice pour arriver jusqu'à moi ? il en est plusieurs qui sont des personnages et en perpétuel rapport avec moi. — Hélas ! Sire, répondit-elle, nous ne nous sommes plus connus dès qu'ils ont été grands et que je suis devenue malheureuse. » Elle était veuve alors et plongée dans la plus affreuse misère : Napoléon lui accorda tout ce qu'elle demandait.

Se reportant à l'époque de cette *bonne fortune*, comme cela s'appelle dans le style du monde, sinon dans la langue de la morale, Napoléon a dit à ce sujet : « J'étais bien jeune alors ; j'étais heureux et fier de mon petit succès ; aussi cherchai-je à le reconnaître par toutes les attentions en mon pouvoir ; et vous allez voir quel peut être l'abus de l'autorité, à quoi peut tenir le sort des hommes, car je ne suis pas pire qu'un autre. Me promenant un jour avec elle au milieu de nos positions, dans les environs du col de Tende, à titre de reconnaissance comme chef de l'artillerie, il me vint subitement  à l'idée de lui donner le spectacle d'une petite guerre, et j'ordonnai une attaque d'avant-poste. Nous fûmes vainqueurs, il est vrai ; mais évidemment il ne pouvait y avoir de résultat ; l'attaque était une pure fantaisie, et pourtant quelques hommes y restèrent. Aussi, plus tard, toutes les fois que le souvenir m'en est revenu à l'esprit, je me le suis fort reproché. »

Les événements du 9 thermidor arrêtèrent momentanément Napoléon dans la carrière où il venait de débuter avec tant de succès et d'éclat. Soit que ses liaisons avec Robespierre jeune l'eussent rendu suspect aux réacteurs, soit que les envieux de sa gloire naissante eussent pris ce prétexte ou tout autre pour le perdre, il fut suspendu de ses fonctions, et mis en état d'arrestation par ordre d'Albitte, de Laporte et de Salicetti, qui lui firent un crime du voyage qu'il avait fait à Gênes, d'après un arrêté et les instructions mêmes de leur collègue Ricord, qu'ils avaient remplacé.

Déclaré indigne de la confiance de l'armée, et renvoyé par-devant le comité de salut public, le général Bonaparte n'accepta point silencieusement cette déchéance et cette accusation. Il rédigea aussitôt une note qu'il adressa aux représentants qui l'avaient fait arrêter, et dans laquelle on trouve déjà le style hautain, énergique et concis qu'on a si facilement reconnu depuis et admiré dans tous ses discours et ses écrits. Voici quelques fragments de cette pièce remarquable :

« Vous m'avez suspendu de mes fonctions, arrêté et déclaré suspect.

» Me voilà flétri sans avoir été jugé, ou bien jugé sans avoir été entendu.

» Dans un état révolutionnaire, il y a deux classes : les suspects et les patriotes....

» Dans quelle classe veut-on me placer ?

» Depuis l'origine de la révolution, n'ai-je pas toujours été attaché aux principes ?

» Ne m'a-t-on pas toujours vu dans la lutte, soit contre les ennemis internes, soit, comme militaire, contre les étrangers ?

» J'ai sacrifié le séjour de mon département, j'ai abandonné mes biens, j'ai tout perdu pour la république.

» Depuis, j'ai servi sous Toulon avec quelque distinction, et j'ai mérité à l'armée d'Italie la part des lauriers qu'elle a acquis à la prise de Saorgio, d'Oneille et du Tanaro....

» A la découverte de la conspiration de Robespierre, ma conduite a été celle d'un homme accoutumé à ne voir que les principes.

» L'on ne peut donc pas me contester le titre de patriote.

» Pourquoi me déclare-t-on suspect sans m'entendre ?

» Innocent, patriote, calomnié, quelles que soient les mesures que prenne le comité, je ne pourrai pas me plaindre de lui.

» Si trois hommes déclaraient que j'ai commis un délit, je ne pourrais me plaindre du jury qui me condamnerait.

» Des représentants doivent-ils mettre le gouvernement dans la nécessité d'être injuste ou impolitique ?

» Entendez-moi, détruisez l'oppression qui m'environne, et restituez-moi l'estime des patriotes.

» Une heure après, si les méchants veulent ma vie, je l'estime si peu, je l'ai si souvent méprisée.... Oui, la seule idée qu'elle peut être encore utile à la patrie me fait en soutenir le fardeau avec courage. »

Cette protestation, noble et fière dans sa simplicité, amena les représentants à réfléchir qu'ils avaient affaire à un homme de haute capacité et de grand caractère, et qu'ils devaient désespérer par conséquent de le courber sous l'arbitraire et la persécution sans s'exposer à une vigoureuse et longue résistance de sa part. Conciliant donc les exigences de l'amour-propre et les avertissements de la prudence, Albitte et Salicetti, d'accord avec le général Dumerbion, révoquèrent *provisoirement* leur arrêté, et prononcèrent la mise en liberté du général Bonaparte, « dont les connaissances militaires et locales, disaient-ils, pouvaient être utiles à la république ».

Sur ces entrefaites, la réaction thermidorienne ayant livré la direction du comité militaire à un ancien capitaine d'artillerie, nommé Aubry, Napoléon fut enlevé à son arme, et désigné comme général d'infanterie pour aller servir dans la Vendée. Indigné d'une mutation aussi injurieuse, et peu disposé à consacrer le talent qu'il se reconnaissait à une guerre aussi ingrate, il s'empressa, en arrivant à Paris, de porter ses réclamations au comité militaire, au sein duquel il s'exprima avec beaucoup de chaleur et de véhémence. Aubry fut inflexible ; il dit à Napoléon « qu'il était jeune, et qu'il fallait laisser passer les anciens » ; à quoi Napoléon répondit « qu'on vieillissait vite sur le champ de bataille, et qu'il en arrivait ». Le président du comité n'avait jamais vu le feu.

Mais cette vive et ardente repartie était plus faite pour aigrir que pour persuader Aubry. Il s'obstina dans la mesure qu'il avait prise, et le jeune officier, non moins opiniâtre dans ses résolutions, aima mieux se laisser destituer que de céder à l'injustice.

CHAPITRE QUATRIÈME.

Destitution. — Treize vendémiaire. — Joséphine. — Mariage.

L est curieux de voir le dominateur futur de l'Europe arrêté dans sa carrière, frappé de destitution et rayé de la liste des généraux français en activité, par une mesure signée de Merlin de Douai, de Berlier, de Boissy-d'Anglas et de Cambacérès, qui devaient tous un jour rivaliser de zèle et de démonstrations adulatrices pour obtenir un sourire approbateur du jeune officier qu'ils traitaient alors avec si peu de ménagements et d'égards.

Mais il se trouva parmi les réacteurs de thermidor un homme qui ne voulut pas laisser absolument oisifs les talents militaires que Bonaparte avait montrés à Toulon. Ce fut Pontécoulant, successeur d'Aubry, qui, sans se mettre en peine des reproches de la faction dominante, employa Napoléon à la confection des plans de campagne.

Cette position obscure, qui allait si mal au caractère d'un guerrier pour lequel le mouvement, la gloire et le bruit étaient des conditions nécessaires d'existence, fut bientôt considérée comme trop avantageuse et trop honorable pour le jeune officier dont on avait voulu ruiner la destinée et briser les armes. Letourneur, de la Manche, qui remplaça Pontécoulant dans la présidence du comité militaire, reprit les vieilles rancunes d'Aubry, et Napoléon perdit toute espèce d'emploi.

Ce fut alors que, désespérant de vaincre les jalousies, les préventions et les haines puissantes dont il était l'objet, et que ne voulant pas néanmoins laisser étouffer sous les coups de l'impéritie et d'un arbitraire tracassier tout ce qu'il sentait en lui-même de capacité politique et guerrière, il détourna un instant ses regards de la terre d'Europe, pour les porter sur l'Orient. Il lui fallait, à tout prix, de grandes destinées; la

nature l'avait formé pour y prétendre et pour les accomplir; et si la France les lui refusait, l'Orient devait les lui offrir.

Plein de cette pensée, il rédigea une note pour faire comprendre au gouvernement français qu'il était de l'intérêt de la république d'accroître les moyens défensifs de la Porte contre les vues ambitieuses et les tentatives envahissantes des monarchies européennes. « Le général Bonaparte, disait-il, qui depuis sa jeunesse sert dans l'artillerie, qui l'a commandée au siège de Toulon et pendant deux campagnes à l'armée d'Italie, s'offre au gouvernement pour passer en Turquie, avec une mission du gouvernement...

» Il sera utile à sa patrie dans cette nouvelle carrière; s'il peut rendre plus redoutable la force des Turcs, perfectionner la défense de leurs principales forteresses et en construire, il aura rendu un vrai service à son pays. » — « Si un commis de la guerre, dit M. de Bourrienne, eût mis au bas de cette note *accordé*, ce mot changeait peut-être la face de l'Europe. » Mais ce mot ne fut pas mis. La préoccupation que la politique intérieure et les luttes de partis causaient au gouvernement l'empêchèrent de donner son attention à des plans militaires dont le résultat était aussi incertain qu'éloigné; et Napoléon continua de demeurer oisif dans Paris, condamné à l'inaction par le pouvoir, mais retenu en disponibilité par la Providence, aux ordres de la révolution.

La révolution ne le fit pas trop attendre. Les royalistes, réveillés et enhardis par la réaction thermidorienne, se glissèrent dans les sections parisiennes et les poussèrent à la révolte contre la Convention. Les premiers succès furent pour les insurgés. Le général Menou, soupçonné de trahison, et certainement coupable de mollesse et convaincu d'incapacité, facilita cette victoire aux sectionnaires, qu'il était chargé de disperser et de soumettre. Les meneurs de la Convention, trop compromis avec le royalisme, malgré leur fureur contre les jacobins, pour ne pas s'alarmer du triomphe de la contre-révolution, se souvinrent alors qu'ils avaient proscrit, désarmé et emprisonné une foule d'ardents patriotes qui pouvaient devenir, en des conjonctures périlleuses, d'intrépides auxiliaires. Les républicains persécutés entendirent l'appel de leurs persécuteurs, et coururent aux armes pour conjurer le danger commun. Mais il fallait un général à cette armée improvisée, après l'é-  chec et l'arrestation de Menou; et Barras, désigné pour en être le chef, ne pouvait guère exercer qu'un commandement nominal. Il eut le bon esprit de le comprendre et de se faire donner un adjudant qui connût mieux que lui le métier de la guerre. Il proposa le général Bonaparte, et la Convention confirma ce choix par un décret, que Bonaparte put entendre des tribunes publiques, où il s'était empressé de se rendre pour observer de plus près la conduite de l'assemblée qui tenait en ses mains les destinées de la république.

D'après le *Mémorial de Sainte-Hélène*, Napoléon aurait délibéré près d'une demi-heure avec lui-même sur l'acceptation ou le refus du poste important auquel on l'appelait. Il n'avait pas voulu se battre contre la Vendée, il ne devait pas se décider sans hésitation à mitrailler les Parisiens. « Mais si la Convention succombe, se dit-il à lui-même, que deviennent les grandes vérités de notre révolution ? Nos nombreuses victoires, notre sang si souvent versé, ne sont plus que des actions honteuses. L'étranger, que nous avons tant vaincu, triomphe et nous accable de son mépris... Ainsi la défaite de la Convention ceindrait le front de l'étranger, et scellerait la honte et l'esclavage de la patrie. » Ce sentiment, vingt-cinq ans, la confiance en ses forces, sa destinée, l'emportèrent. Il se décida, et se rendit au comité.

Cette résolution fut fatale aux insurgés. Napoléon prit si bien ses mesures, qu'en peu d'heures de combat l'armée parisienne fut chassée de toutes ses positions et la révolte complétement étouffée.

La Convention récompensa son libérateur en le nommant général en chef de l'armée de l'intérieur.

Dès ce jour, Napoléon put prévoir qu'il disposerait bientôt des forces militaires de la France, et il monta réellement le premier degré du trône en prenant le commandement suprême de la capitale.

Quel changement dans sa fortune en vingt-quatre heures ! Le 12 vendémiaire, il végétait dans la disgrâce, désespéré d'être obligé de replier sur lui-même l'activité de son esprit, poussé par les obstacles et les traverses à douter de son avenir, et tellement fatigué des entraves qu'il rencontrait sur la scène politique, que la douceur et le repos de la vie privée finissaient par le tenter, et lui faisaient dire, en apprenant le mariage de son frère Joseph avec la fille du premier négociant de Marseille : « Qu'il est heureux ce coquin de Joseph ! »

Le 14 vendémiaire, au contraire, toutes ces velléités bourgeoises avaient disparu. Le disgracié de la veille se trouvait le dominateur du lendemain. Il était devenu le centre de toutes les intrigues et de toutes les ambitions, comme il était l'âme de tous les mouvements. En présence du royalisme, dont le génie de la France repoussait le drapeau, et n'ayant au-dessus de lui qu'une assemblée rapidement vieillie dans la carrière des coups d'état et dans les luttes d'échafaud, le jeune vainqueur des sections parisiennes attacha à son étoile naissante les destinées de la révolution, que l'étoile pâlie de la Convention ne pouvait plus conduire avec l'éclat des premiers ans de la liberté.

Le premier usage que fit Napoléon de son crédit et de son pouvoir fut de sauver Menou, dont les comités voulaient la perte.

Malgré toute sa modération, les vaincus ne purent lui pardonner leur défaite; mais leur vengeance se borna à un sobriquet, et ils ne purent rien de plus contre lui que de l'appeler *le Mitrailleur*.

La population parisienne était profondément blessée et humiliée; la disette vint mettre le comble à son mécontentement et à l'impopularité des gens de guerre qui

l'avaient foudroyée et réduite. « Un jour que la distribution du pain avait manqué, dit M. de Las-Cases, et qu'il s'était formé des attroupements nombreux à la porte des boulangers, Napoléon passait, avec une partie de son état-major, pour veiller à la tranquillité publique; un gros de la populace, les femmes surtout, le pressent, demandant du pain à grands cris; la foule s'augmente, les menaces s'accroissent, et la situation devient des plus critiques. Une femme monstrueusement grosse et grasse se fait particulièrement remarquer par ses gestes et par ses paroles : « Tout ce tas d'épaulettiers, crie-t-elle en apostrophant ce groupe d'officiers, se moquent de nous; pourvu qu'ils mangent et qu'ils s'engraissent bien, il leur est fort égal que le peuple meure de faim. » Napoléon l'interpelle : « La bonne, regarde-moi bien : quel est le plus gras de nous deux? » Or, Napoléon était alors extrêmement maigre. « J'étais un vrai parchemin », disait-il. Un rire universel désarme la populace, et l'état-major continue sa route.

Cependant la gravité du mouvement insurrectionnel de vendémiaire et la presque universalité des récriminations qui s'élevaient, du sein de tous les partis, contre la Convention, avaient fait ordonner le désarmement général des sections. Tandis qu'on exécutait cette mesure, un jeune homme de dix à douze ans vint supplier le général en chef de lui faire rendre l'épée de son père, qui avait commandé les armées de la république. C'était Eugène de Beauharnais. Napoléon accueillit sa prière et le traita avec beaucoup de bonté. Le jeune homme pleura d'attendrissement, et parla de la bienveillance du général à sa mère, qui se crut obligée d'aller l'en remercier.

Madame de Beauharnais, jeune encore, ne chercha pas sans doute à voiler, dans cette visite, la grâce et les attraits qui la faisaient remarquer dans les plus élégantes sociétés de la capitale. Napoléon en fut assez touché pour désirer de suivre des relations que le hasard venait de lui ouvrir. Il passa toutes ses soirées chez Joséphine. Quelques débris de l'ancienne aristocratie s'y rencontraient, et ne s'y trouvaient pas trop mal de la compagnie du petit mitrailleur, comme on avait affecté de l'appeler dans les salons. Quand la société s'était retirée, il restait quelques intimes, tels que le vieux M. de Montesquiou et le duc de Nivernais, pour causer, à portes fermées, de l'ancienne cour, « pour faire

un tour à Versailles ». On trouverait aujourd'hui le vainqueur de vendémiaire bien étrangement placé au milieu de ces vétérans de l'Œil-de-bœuf, si l'on ne savait ce qu'il a fait depuis pour l'étiquette et le blason, quoiqu'il ne se soit jamais départi pour lui-même du dédain philosophique que ces choses lui inspiraient, et bien qu'il dût être le représentant quand même de la révolution française et l'effroi des aristocraties européennes.

Ce n'était pas du reste une simple connaissance ou une liaison éphémère que Napoléon avait formée avec madame

de Beauharnais. L'amour le plus vif et le plus tendre était entré dans son âme, et il mit son bonheur à épouser celle qu'il adorait. Ce mariage eut lieu le 9 mars 1796.

Une négresse avait prédit à Joséphine qu'elle serait reine : c'était du moins ce qu'elle aimait à raconter, sans paraître trop incrédule. Son union avec Bonaparte fut un premier pas vers l'accomplissement de la prophétie.

CHAPITRE CINQUIÈME.

Première campagne d'Italie.

CHÉRER, général en chef de l'armée d'Italie, avait compromis les armes et l'honneur de la république par son incapacité militaire et par les désordres de son administration. Il avait laissé périr ses propres chevaux faute de subsistance. L'armée manquait de tout, et ne pouvait plus tenir dans la rivière de Gênes. Le Directoire, pour faire cesser ce dénûment complet, et à défaut d'argent et de vivres, lui envoya un nouveau général. Heureusement ce général était Bonaparte : son génie tint lieu de tout.

Bonaparte partit de Paris le 21 mars 1796, laissant le commandement de l'armée de l'intérieur à un vieux général nommé Hatri. Son plan de campagne était tout fait. Il avait résolu de pénétrer en Italie par la vallée qui sépare les derniers mamelons des Alpes et des Apennins, et de désunir l'armée austro-sarde, en forçant les impériaux à couvrir Milan, et les Piémontais à garantir leur capitale. Il arriva à Nice à la fin de mars. Le quartier général, qui n'avait pas quitté cette ville depuis le commencement de la campagne, fut porté à Albenga. « Soldats, dit Napoléon en passant la première revue des troupes, vous êtes nus, mal nourris; on nous doit beaucoup, on ne peut rien nous donner. Votre patience, le courage que vous montrez au milieu de ces rochers sont admirables; mais ils ne vous procurent aucune gloire. Je viens vous conduire dans les plus fertiles plaines du monde. De riches provinces, de grandes villes seront en notre pouvoir; et là, vous aurez richesses, honneur et gloire. Soldats d'Italie! manqueriez-vous de courage? »

Ce langage fut accueilli avec enthousiasme et rendit l'espoir à l'armée. Le général

en chef en profita pour parler haut au sénat de Gênes, auquel il fit demander le passage de la Bocchetta et les clefs de Gavi.

Il écrivit, le 8 avril, au Directoire : « J'ai trouvé cette armée non-seulement dénuée de tout, mais sans discipline, dans une insubordination perpétuelle. Le mécontentement était tel, que les malveillants s'en étaient emparés : l'on avait formé une compagnie du *Dauphin*, et l'on chantait des chansons contre-révolutionnaires... Soyez sûrs que la paix et l'ordre s'y rétabliront... Lorsque vous lirez cette lettre, nous serons déjà battus. » Tout se passa ainsi que Bonaparte l'avait prévu et assuré.

L'armée ennemie était commandée par Beaulieu, officier distingué, qui avait acquis de la réputation dans les campagnes du Nord. En apprenant que l'armée française, qui s'était maintenue péniblement jusque-là sur la défensive, venait de passer tout à coup à l'ordre offensif et s'apprêtait audacieusement à franchir les portes de l'Italie, il s'empressa de quitter Milan et de voler au secours de Gênes. Posté à Novi, où il établit son quartier général, il distribua son armée en trois corps, et publia un manifeste que le général français envoya au Directoire, en disant qu'il y répondrait « le lendemain de la bataille ».

Cette bataille eut lieu le 11, à Montenotte : en signalant par un coup d'éclat l'ouverture de la campagne, elle procura au général républicain la première victoire dont il ait voulu dater depuis *l'origine de sa noblesse*.

De nouveaux combats ne furent pour lui que l'occasion de nouveaux succès; Bonaparte, vainqueur le 14 à Millésimo et le 16 à Dégo, se trouva avoir répondu, non pas le lendemain de la bataille, mais par trois triomphes en quatre jours, au manifeste de Beaulieu; et le soir même du combat de Dégo, il rendit compte au Directoire de ses rapides et glorieuses opérations, en s'appliquant à faire ressortir la part qu'avaient prise à ces brillantes journées les chefs sous ses ordres : Joubert, Masséna, Augereau, Ménard, Laharpe, Rampon, Lannes, etc.

« Nous avons, dans cette journée, fait de sept à neuf mille prisonniers, parmi lesquels un lieutenant général, vingt ou trente colonels ou lieutenants-colonels.

» L'ennemi a eu deux mille à deux mille cinq cents hommes tués.

» Je vous ferai part le plus tôt qu'il me sera possible des détails de cette affaire glorieuse et des hommes qui s'y sont particulièrement distingués. »

Ce fut vers ce temps que le général Colli, commandant la droite, écrivit à Bonaparte pour lui réclamer un parlementaire nommé Moulin, émigré français, qu'on avait retenu à Murseco, et pour le menacer d'user de représailles sur la personne du chef de brigade Barthélemy, devenu prisonnier des Autrichiens. Le général français répondit : « Monsieur, un émigré est un enfant parricide qu'aucun caractère ne peut rendre sacré. L'on a manqué à l'honneur, aux égards dus au peuple français lorsque l'on a envoyé M. Moulin pour parlementer. Vous connaissez les lois de la guerre, et je ne crois pas à la représaille dont vous menacez M. le chef de brigade Barthélemy. Si, contre toutes les lois de la guerre, vous vous permettiez un tel acte de barbarie, tous vos prisonniers m'en répondraient de suite, avec la plus cruelle vengeance; car j'ai pour les officiers de votre nation l'estime que l'on doit à de braves militaires. » Et Bonaparte ne faisait pas une vaine menace; il tenait déjà en son pouvoir un grand nombre de prisonniers; c'était le 18 avril qu'il répondait ainsi à Colli.

Le résultat des brillantes journées où les noms de Joubert, de Masséna et d'Augereau furent pour la première fois glorieusement révélés à la France, fut de couper l'arrière-garde ennemie, commandée par Provera, et de lui faire poser les armes; de préparer la disjonction des Autrichiens et des Piémontais, et d'ouvrir aux troupes républicaines le double chemin de Milan et de Turin.

Parvenu sur les hauteurs de Montezemoto, qu'Augereau avait occupées le jour même que Serrurier avait forcé Colli d'évacuer son camp retranché de Ceva, le général en chef montra de là à son armée les pics orgueilleux que la neige signalait au loin, et qui s'élevaient comme de magnifiques cascades de glace sur les riches plaines du Piémont. « Annibal a forcé les Alpes, dit-il à ses soldats en fixant ses regards sur ces montagnes; nous, nous les aurons tournées. »

Le 22, nouvelle victoire. Le Tanaro était passé, la redoute de la Bicoque enlevée, Mondovi et ses magasins au pouvoir de l'armée républicaine. Le 25, Chérasque fut prise. Elle avait du canon, on s'occupa activement de la fortifier. Un armistice y fut signé le 28.

Quelques jours auparavant, le 24, Bonaparte avait répondu en ces termes à une lettre du général Colli : « Le Directoire exécutif s'est réservé le droit de traiter de la paix : il faut donc que les plénipotentiaires du roi votre maître se rendent à Paris, ou attendent à Gênes les plénipotentiaires que le gouvernement français pourrait y envoyer.

» La position militaire et morale des deux armées rend toute suspension pure et simple impossible. Quoique je sois en particulier convaincu que le gouvernement accordera des conditions de paix honorables à votre roi, je ne puis, sur des présomptions vagues, arrêter ma marche. Il est cependant un moyen de parvenir à votre but, conforme aux vrais intérêts de votre cour, et qui épargnerait une effusion de sang inutile et dès lors contraire à la raison et aux lois de la guerre : c'est de mettre en mon pouvoir deux des trois forteresses de Coni, d'Alexandrie, de Tortone, à votre choix... »

Les forteresses de Coni et de Tortone furent livrées aux républicains ; on y ajouta même celle de Ceva, et l'armistice fut conclu.

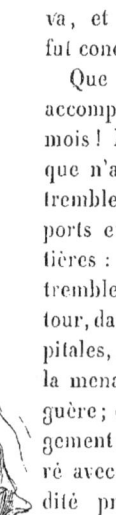

Que de choses accomplies en un mois ! la république n'avait plus à trembler pour ses ports et ses frontières : elle faisait trembler, à son tour, dans leurs capitales, les rois qui la menaçaient naguère ; et ce changement s'était opéré avec une rapidité prodigieuse, sans nouvelles ressources, avec une armée épuisée, qui manquait à la fois de subsistances, d'artillerie et de cavalerie. Ce miracle était le double produit du génie d'un grand homme, et du génie de la liberté, qui lui donnait des soldats et des lieutenants dignes de lui.

Les étrangers étaient frappés de stupeur. L'armée française, pleine d'admiration pour son jeune chef, s'inquiétait néanmoins de son avenir, au milieu de ses succès inouïs, en songeant à la faiblesse des moyens qu'elle possédait pour suivre le cours

CHAPITRE CINQUIÈME. 29

de cette brillante fortune, et pour tenter une entreprise aussi difficile que la conquête de l'Italie. Pour dissiper cette inquiétude et réchauffer de plus en plus l'enthousiasme des troupes, Napoléon leur adressa, de Chérasque, la proclamation suivante :

« Soldats! vous avez en quinze jours remporté six victoires, pris vingt et un drapeaux, cinquante-cinq pièces de canon, plusieurs places fortes, et conquis la partie

la plus riche du Piémont; vous avez fait quinze mille prisonniers, tué ou blessé plus de dix mille hommes. Vous vous étiez jusqu'ici battus pour des rochers stériles, illustrés par votre courage, mais inutiles à la patrie. Vous égalez aujourd'hui par vos services l'armée conquérante de la Hollande et du Rhin. Dénués de tout, vous avez suppléé à tout. Vous avez gagné des batailles sans canons, passé des rivières sans ponts, fait des marches forcées sans souliers, bivouaqué sans eau-de-vie et souvent sans pain. Les phalanges républicaines, les soldats de la liberté étaient seuls capables de souffrir ce que vous avez souffert! La patrie reconnaissante vous devra en partie sa prospérité; et si, vainqueurs de Toulon, vous présageâtes l'immortelle campagne de 1793, vos victoires actuelles en présagent une plus belle encore.

» Les deux armées qui naguère vous attaquaient avec audace fuient épouvantées devant vous; les hommes pervers qui riaient de votre misère, se réjouissaient, dans leurs pensées, des triomphes de nos ennemis, sont confondus et tremblants. Mais, soldats! il ne faut pas vous le dissimuler, vous n'avez rien fait, puisqu'il vous reste encore à faire. Ni Turin, ni Milan ne sont à vous; les cendres des vainqueurs de Tarquin sont encore foulées par les assassins de Basseville! Vous étiez dénués de tout au commencement de la campagne; vous êtes aujourd'hui abondamment pourvus. Les magasins pris à vos ennemis sont nombreux; l'artillerie de siége et de campagne est arrivée. Soldats! la patrie a droit d'attendre de vous de grandes choses. Justifierez-vous son attente? Les plus grands obstacles sont franchis sans doute; mais vous avez encore des combats à livrer, des villes à prendre, des rivières à passer. En est-il entre nous dont le courage s'amollisse? en est-il qui préféreraient retourner sur le sommet de l'Apennin et des Alpes essuyer patiemment les injures de cette soldatesque esclave? Non! il n'en est pas parmi les vainqueurs de Montenotte, de Millésimo, de Dégo, de Mondovi. Tous brûlent de porter au loin la gloire du peuple français. Tous veulent humilier ces rois orgueilleux qui osaient méditer de nous donner des fers. Tous veulent dicter une paix glorieuse, et qui indemnise la patrie des sacrifices immenses qu'elle a faits. Amis! je vous la promets cette conquête; mais il est une condition qu'il faut que vous juriez de remplir : c'est de respecter les peuples que vous délivrez, c'est de réprimer les pillages horribles auxquels se portent des scélérats suscités par vos ennemis. Sans cela vous ne seriez point les libérateurs des peuples, vous en seriez les fléaux; vous ne seriez pas l'honneur du peuple français, il vous désavouerait. Vos victoires, votre courage, vos succès, le sang de nos frères morts aux combats, tout serait perdu, même l'honneur et la gloire. Quant à moi et aux généraux qui ont votre confiance, nous rougirions de commander à une armée sans discipline, sans frein, qui ne connaîtrait de loi que la force. Mais, investi de l'autorité nationale, fort de la justice et par la loi, je saurai faire respecter à ce petit nombre d'hommes sans courage, sans cœur, les lois de l'humanité et de l'honneur, qu'ils foulent aux pieds. Je ne souffrirai pas que des brigands souillent vos lauriers. Je ferai exécuter à la rigueur le règlement que j'ai fait mettre à l'ordre. Les pillards seront impitoyablement fusillés; déjà plusieurs l'ont été. J'ai eu lieu de remarquer avec plaisir l'empressement avec lequel les bons soldats de l'armée se sont portés à faire exécuter les ordres.

» Peuples d'Italie! l'armée française vient pour rompre vos chaînes : le peuple français est l'ami de tous les peuples; venez avec confiance au-devant d'elle. Vos propriétés, votre religion et vos usages seront respectés. Nous faisons la guerre en ennemis généreux, et nous n'en voulons qu'aux tyrans qui vous asservissent. »

Ce langage annonçait dans Napoléon plus que le grand capitaine. On y voit déjà l'homme d'État et le politique habile, qui semble pressentir sa destinée de conquérant-législateur, et qui s'efforce d'exciter la sympathie non moins que l'admiration des peuples, en leur annonçant leur délivrance, la punition des pillards et le respect scrupuleux de leur religion et de leurs mœurs.

C'était à dix lieues seulement de Turin que Napoléon parlait avec tant d'assurance, et prenait, pour ainsi dire, possession de l'Italie. Le roi de Sardaigne s'en émut; il activa les négociations ouvertes. Les premières conférences eurent lieu chez son maître d'hôtel Salmatoris, qui fut depuis préfet du palais de Napoléon, sous l'empire ; et l'armistice que nous avons annoncé plus haut ayant été conclu à Chérasque, sous cette condition, entre autres, que le roi de Sardaigne abandonnerait immédiatement la coalition, et qu'il enverrait un plénipotentiaire à Paris pour y traiter de la paix définitive, tout cela fut ponctuellement exécuté. Le monarque sarde était serré de trop près par l'armée républicaine pour songer à manquer de parole. Il expédia le comte Revel à Paris avec les instructions les plus pacifiques. De son côté, Napoléon

Général républicain et son guide.

avait déjà fait partir pour cette capitale le chef d'escadron Murat, chargé de porter la nouvelle des victoires qui avaient signalé l'ouverture de la campagne. « Vous pouvez, écrivait-il au Directoire, dicter en maîtres la paix au roi de Sardaigne.... Si votre projet est de le détrôner, il faut que vous l'amusiez quelques décades et que vous me préveniez de suite ; je m'empare de Valence et je marche sur Turin.

» J'enverrai douze mille hommes sur Rome lorsque j'aurai battu Beaulieu.... »

Les représentants de la nation accueillirent ce message en décrétant, pour la cinquième fois en six jours, que l'armée d'Italie avait bien mérité de la patrie. La paix avec le roi de Sardaigne vint ajouter bientôt à l'allégresse publique. Elle fut signée le 15 mai, et aux conditions les plus avantageuses pour la France.

Bonaparte n'ayant plus à combattre que les impériaux, se demanda s'il devait garder la ligne du Tésin, ou se porter sur l'Adige avec l'audacieuse célérité qui l'avait rendu maître en quelques jours des plus belles provinces de la monarchie sarde. Il nous a conservé lui-même, dans une note que le *Mémorial de Sainte-Hélène* a recueillie, les raisons qui militaient pour l'un et l'autre parti. Le premier, tout de prudence et de réserve, ne convenait ni à la position de la république naissante, qui avait besoin d'intimider la coalition par des coups redoublés et des prodiges incessants, ni au jeune général, que son caractère et son ambition poussaient aux résolutions qui exigeaient le plus d'activité et d'audace, et qui offraient le plus de chances de difficulté et d'éclat. Bonaparte se porta donc en avant, après avoir écrit au Directoire : « Je marche demain sur Beaulieu ; je l'oblige à repasser le Pô ; je le passe immédiatement après ; je m'empare de toute la Lombardie, et, avant un mois, j'espère être sur les montagnes du Tyrol, trouver l'armée du Rhin, et porter de concert la guerre dans la Bavière. »

Le 9 mai, il écrivait au directeur Carnot :

« Nous avons enfin passé le Pô. La seconde campagne est commencée, Beaulieu est déconcerté ; il calcule assez mal, et il donne constamment dans les piéges qu'on lui tend ; peut-être voudra-t-il livrer une bataille, car cet homme a l'audace de la fureur et non celle du génie.... Encore une victoire et nous sommes maîtres de l'Italie.... Ce que nous avons pris à l'ennemi est incalculable.... Je vous fais passer vingt tableaux des premiers maîtres, du Corrége et de Michel-Ange.

» Je vous dois des remercîments particuliers pour les attentions que vous voulez bien avoir pour ma femme ; je vous la recommande ; elle est patriote et sincère, et je l'aime à la folie. »

Le lendemain même de cette lettre, la victoire nouvelle dont Bonaparte attendait la possession de l'Italie fut acquise à l'histoire. Elle a rendu célèbre le nom de Lodi, que les républicains emportèrent.

Le gain de cette bataille fut le prélude de la conquête de la Lombardie. En peu de jours, Pizzighitone, Crémone et toutes les villes principales du Milanais tombèrent au pouvoir de l'armée française.

Du milieu des bivouacs et à travers le fracas des armes, Napoléon, que l'on aurait pu croire accablé sous ses préoccupations guerrières et politiques, montrait de la sollicitude pour les arts, et demandait au Directoire une commission d'artistes pour recueillir les objets précieux que la conquête mettait à sa disposition. On l'a vu plus tard refuser des trésors dont il aurait pu faire sa propriété particulière, pour conserver un tableau du Corrége dont il voulait enrichir le musée national.

Et ce n'était pas seulement pour le progrès et la prospérité des beaux-arts qu'il manifestait de l'intérêt et de la sollicitude ; tout ce qui se rattachait au domaine de l'intelligence, à la culture des lettres ou des sciences, à la cause de la civilisation moderne, trouvait place dans sa vaste pensée. Quinze jours après le passage du Pô, entre le bruit du canon de Lodi et la fumée du camp de Mantoue, il se dérobait à l'empressement universel dont il était l'objet à son quartier général de Milan, pour écrire à un célèbre géomètre, au savant Oriani, cette lettre remarquable :

« AU CITOYEN ORIANI.

» Les sciences, qui honorent l'esprit humain, les arts, qui embellissent la vie et transmettent les grandes actions à la postérité, doivent être spécialement honorés dans les gouvernements libres. Tous les hommes de génie, et tous ceux qui ont obtenu un rang dans la république des lettres, sont frères, quel que soit le pays qui les ait vus naître.

» Les savants, dans Milan, n'y jouissaient pas de la considération qu'ils devaient avoir. Retirés dans le fond de leurs laboratoires, ils s'estimaient heureux que les rois et les prêtres voulussent bien ne pas leur faire de mal. Il n'en est pas ainsi aujourd'hui : la pensée est devenue libre dans l'Italie ; il n'y a plus ni inquisition, ni intolérance, ni despotes. J'invite les savants à se réunir et à me proposer leurs vues sur les moyens qu'il y aurait à prendre, ou les besoins qu'ils auraient pour donner aux sciences et aux beaux-arts une nouvelle vie et une nouvelle existence. Tous ceux qui voudront aller en France y seront accueillis avec distinction par le gouvernement. Le peuple français ajoute plus de prix à l'acquisition d'un savant mathématicien, d'un peintre en réputation, d'un homme distingué, quel que soit l'état qu'il professe, que de la ville la plus riche et la plus abondante.

» Soyez donc, citoyen, l'organe de ces sentiments auprès des savants distingués qui se trouvent dans le Milanais.

» BONAPARTE. »

Mais ce tact, ce goût, cette aptitude et cette activité qui s'appliquaient à tout et qui décelaient l'universalité du génie, s'ils remplissaient d'étonnement et d'admiration les amis et les ennemis de la France, ne laissaient pas que d'inspirer quelques alarmes au gouvernement ombrageux qui régissait alors la République. Le Directoire pressentait son successeur dans le vainqueur de Montenotte et de Lodi, et il voulait éloigner autant que possible l'ouverture de la succession. A cette fin, il essaya de donner un second à celui qui avait prouvé par une série de victoires inespérées qu'il savait agir et vaincre tout seul. Bonaparte ne se trompa point sur le sentiment qui lui faisait adjoindre Kellermann, et dans une lettre il confia son mécontentement à celui des directeurs dont le caractère, les services et les connaissances lui inspiraient de l'estime. « Je crois, écrivait-il à Carnot, que réunir Kellermann à moi en Italie, c'est vouloir tout perdre. Je ne puis pas servir volontiers avec un homme qui se croit le premier général de l'Europe, et d'ailleurs je crois qu'un mauvais général vaut mieux que deux bons. La guerre est comme le gouvernement, c'est une affaire de tact. »

Cette lettre envoyée, Napoléon avait continué d'agir selon ses propres vues et d'exécuter son plan. Il avait fait son entrée triomphale à Milan le 15 mai, pendant qu'on signait à Paris la paix qu'il avait lui-même imposée à la Sardaigne, à Montenotte, à Dego, à Millesimo et à Mondovi.

Le Directoire n'osa pas réaliser son projet d'adjonction. Kellermann fut nommé gouverneur général des pays cédés à la France par le dernier traité avec Sa Majesté Sarde, et Bonaparte conserva sans partage le commandement en chef de l'armée d'Italie.

Son premier soin fut de porter le centre des opérations sur l'Adige et d'établir le blocus de Mantoue. L'armée française ne comptait guère pourtant que trente mille hommes. L'audace de son général n'en jeta pas moins l'alarme dans le conseil aulique. On songea de suite, à Vienne, à retirer Wurmser des bords du Rhin, et à l'envoyer en Italie avec un renfort de trente mille hommes de ses meilleures troupes.

De son côté, Napoléon ne se dissimulait pas que les combats journaliers et les maladies pouvaient finir par réduire son armée, déjà si faible, à une trop grande infériorité de nombre vis-à-vis des Impériaux, et il ne cessait de réclamer auprès du Directoire pour qu'on lui envoyât des recrues, et que l'armée du Rhin opérât une puissante diversion en reprenant activement les hostilités. « Je m'imagine qu'on se bat sur le Rhin, avait-il écrit à Carnot peu de jours après le succès de Lodi ; si l'armistice continuait, l'armée d'Italie serait écrasée ; il serait digne de la République d'aller signer le traité de paix, avec les trois armées réunies, dans le cœur de la Bavière ou de l'Autriche étonnée. »

Napoléon avait d'autant plus de raison de demander la coopération des armées du Rhin et de Sambre-et-Meuse, qu'elle lui avait été formellement promise, à son départ de Paris, pour la mi-avril, tandis que ces armées ne se mirent en mouvement qu'à la fin de juin, lorsque Wurmser, qu'une diversion moins tardive aurait pu retenir en Allemagne, arrivait en Italie avec ses renforts.

Ceux que réclamait le général français ne furent pas aussi prompts : le Directoire, soit impossibilité, soit malveillance, resta sourd à ses instances. Ainsi obligé de faire face avec trente mille hommes à une armée composée de près de cent mille, Napoléon cherche alors en lui-même les moyens d'atténuer la supériorité numérique des Impériaux. Son génie et sa fortune ne l'abandonneront pas en cette circonstance. Il imagine un plan de marches et de contre-marches, de fausses attaques et de retraites simulées, de manœuvres hardies et de mouvements rapides, à la faveur desquels il espère diviser et isoler les trois corps ennemis, et venir ensuite, au pas de course, toutes ses forces réunies, les attaquer séparément et les battre l'un après l'autre. Le succès le plus complet justifie la pensée et l'espoir du grand capitaine, qui est puissamment secondé par l'intelligence et la bravoure des généraux et des soldats républicains. Tandis que Wurmser le croit occupé devant Mantoue, il s'échappe pour ainsi dire du siège de cette place, et se portant, avec la rapidité de l'éclair, du Pô sur l'Adige, de la Chiesa au Mincio, il semble se multiplier pour se trouver presque en même temps à la rencontre de toutes les divisions ennemies, qu'il culbute, disperse et ruine dans une suite de combats qu'on appelle *la campagne des cinq jours*, et qui se donnèrent à Salo, à Lonado, à Castiglione, etc. Quosnadowich commandait les Autrichiens dans la plupart de ces défaites ; mais Wurmser fut battu en personne dans la plus désastreuse de toutes, celle de Castiglione.

Dans le résumé de cette prodigieuse campagne, que le général victorieux rédigea sur le champ de bataille, et qu'il envoya au Directoire le 19 thermidor an IV (6 août 1796), on trouve les détails qui suivent :

« Depuis plusieurs jours les vingt mille hommes de renfort que l'armée autrichienne du Rhin avait envoyés à l'armée d'Italie étaient arrivés, ce qui, joint à un nombre considérable de recrues et à un grand nombre de bataillons venus de l'intérieur de l'Autriche, rendait cette armée extrêmement redoutable : l'opinion générale était que bientôt les Autrichiens seraient dans Milan...

» L'ennemi, en descendant du Tyrol par Brescia et l'Adige, me mettait au milieu. Si l'armée républicaine était trop faible pour faire face aux divisions de l'ennemi, elle pouvait battre chacune d'elles séparément, et par ma position je me trouvais entre elles. Il m'était donc possible, en rétrogradant rapidement, d'envelopper la division ennemie descendue de Brescia, la prendre prisonnière et la battre complétement, et de là revenir sur le Mincio attaquer Wurmser et l'obliger à repasser dans le Tyrol;

mais pour exécuter ce projet il fallait dans vingt-quatre heures lever le siége de Mantoue, qui était sur le point d'être pris, car il n'y avait pas moyen de retarder six heures. Il fallait, pour l'exécution de ce projet, repasser sur-le-champ le Mincio, et ne pas donner le temps aux divisions ennemies de m'envelopper. La fortune a souri à ce projet, et le combat de Dezenzano, les deux combats de Salo, la bataille de Lonado, celle de Castiglione, en sont les résultats...

» Le 16, à la pointe du jour, nous nous trouvâmes en présence : le général Guieux, qui était à notre gauche, devait attaquer Salo; le général Masséna était au centre et devait attaquer Lonado; le général Augereau, qui était à la droite, devait attaquer par Castiglione. L'ennemi, au lieu d'être attaqué, attaqua l'avant-garde de Masséna, qui était à Lonado; déjà elle était enveloppée et le général Digeon prisonnier; l'ennemi nous avait enlevé trois pièces d'artillerie à cheval. Je fis aussitôt former la 18ᵉ demi-brigade et la 32ᵉ en colonne serrée par bataillons, et pendant le temps qu'au pas de charge nous cherchions à percer l'ennemi, celui-ci s'étendait davantage pour nous envelopper; sa manœuvre me parut un sûr garant de la victoire. Masséna envoya seulement quelques tirailleurs sur les ailes des ennemis, pour retarder leur marche; la première colonne arrivée à Lonado força les ennemis; le 15e régiment de dragons chargea les houlans et reprit nos pièces.

» Dans un instant l'ennemi se trouva éparpillé et disséminé. Il voulait opérer sa retraite sur le Mincio; j'ordonnai à mon aide de camp, chef de brigade, Junot, de se mettre à la tête de ma compagnie des guides, de poursuivre l'ennemi, de le gagner de vitesse à Dezenzano; il rencontra le colonel Bender avec une partie de son régiment de houlans, qu'il chargea; mais Junot, ne voulant pas s'amuser à charger la queue, fit un détour par la droite, prit en front le régiment, blessa le colonel, qu'il voulait prendre prisonnier, lorsqu'il fut lui-même entouré; et après en avoir tué six de sa propre main, il fut culbuté, renversé dans un fossé, et blessé de six coups de sabre, dont on me fait espérer qu'aucun ne sera mortel.

» L'ennemi opérait sa retraite sur Salo : Salo se trouvant à nous, cette division errante dans les montagnes a été presque toute prisonnière. Pendant ce temps Augereau marchait sur Castiglione, s'emparait de ce village; toute la journée il livra et soutint des combats opiniâtres contre des forces doubles des siennes : artillerie, infanterie, cavalerie, tout a fait parfaitement son devoir; et l'ennemi, dans cette journée mémorable, a été complétement battu de tous les côtés.

» Il a perdu dans cette journée vingt pièces de canon, deux à trois mille hommes tués ou blessés et quatre mille prisonniers, parmi lesquels trois généraux...

» Pendant toute la journée du 17, Wurmser s'occupa à rassembler les débris de son armée, à faire arriver sa réserve, à tirer de Mantoue tout ce qui était possible, à les ranger en bataille dans la plaine, entre le village Scancello, où il appuya sa droite, et la Chiesa, où il appuya sa gauche.

» Le sort de l'Italie n'était pas encore décidé. Il réunit un corps de vingt-cinq mille hommes, une cavalerie nombreuse, et sentit pouvoir encore balancer le destin. De mon côté, je donnai des ordres pour réunir toutes les colonnes de l'armée.

» Je me rendis moi-même à Lonado, pour voir les troupes que je pouvais en tirer; mais quelle fut ma surprise, en entrant dans cette place, d'y recevoir un parlementaire qui sommait le commandant de Lonado de se rendre, parce que, disait-il, il était cerné de tous côtés! Effectivement, les différentes vedettes de cavalerie m'annonçaient que plusieurs colonnes touchaient nos grand'gardes, et que déjà la route de Brescia à Lonado était interceptée au pont San-Marco. Je sentis alors que ce ne pouvait être que les débris de la division coupée, qui, après avoir erré et s'être réunis, cherchaient à se faire passage.

» La circonstance était assez embarrassante : je n'avais à Lonado qu'à peu près

douze cents hommes; je fis venir le parlementaire; je lui fis débander les yeux; je lui dis que si son général avait la présomption de prendre le général en chef de l'armée d'Italie, il n'avait qu'à avancer; qu'il devait savoir que j'étais à Lonado, puisque tout le monde savait que l'armée républicaine y était; que tous les officiers généraux et officiers supérieurs de la division seraient responsables de l'insulte personnelle qu'il

m'avait faite; je lui déclarai que si sous huit minutes toute sa division n'avait pas posé les armes, je ne ferais grâce à aucun.

» Le parlementaire parut fort étonné de me voir là, et un instant après toute cette colonne posa les armes. Elle était forte de quatre mille hommes, deux pièces de canon et cinquante hommes de cavalerie; elle venait de Gavardo, et cherchait une issue pour se sauver. N'ayant pas pu se faire jour le matin par Salo, elle cherchait à le faire par Lonado.

» Le 18, à la pointe du jour, nous nous trouvâmes en présence; cependant il était six heures du matin et rien ne bougeait encore. Je fis faire un mouvement rétrograde à toute l'armée pour attirer l'ennemi à nous, du temps que le général Serrurier, que j'attendais à chaque instant, venait de Marcario, et dès lors tournait toute la gauche de Wurmser. Ce mouvement eut en partie l'effet qu'on en attendait. Wurmser se prolongeait sur sa droite pour observer.

» Dès l'instant que nous aperçûmes la division du général Serrurier, commandée par le général Fiorella, qui attaquait la gauche, j'ordonnai à l'adjudant général Verdière d'attaquer une redoute qu'avaient faite les ennemis dans le milieu de la plaine pour soutenir leur gauche. Je chargeai mon aide de camp, chef de bataillon, Marmont, de diriger vingt pièces d'artillerie légère, et d'obliger par ce seul feu l'ennemi à nous abandonner ce poste intéressant. Après une vive canonnade, la gauche de l'ennemi se mit en pleine retraite.

Grosse cavalerie. — 1792-1802.

» Augereau attaqua le centre de l'ennemi, appuyé à la tour de Solferino; Masséna attaqua la droite; l'adjudant général Leclerc, à la tête de la 5ᵉ demi-brigade, marcha au secours de la 4ᵉ demi-brigade.

» Toute la cavalerie, aux ordres du général Beaumont, marcha sur la droite, pour soutenir l'artillerie légère et l'infanterie. Nous fûmes partout victorieux, partout nous obtînmes les succès les plus complets.

» Nous avons pris à l'ennemi dix-huit pièces de canon, cent vingt caissons de munitions : sa perte va à deux mille hommes tant tués que prisonniers. Il a été dans une déroute complète ; mais nos troupes, harassées de fatigue, n'ont pu le poursuivre que l'espace de trois lieues. L'adjudant général Frontin a été tué : ce brave homme est mort en face de l'ennemi.

» Voilà donc en cinq jours une autre campagne finie. Wurmser a perdu dans ces cinq jours soixante-dix pièces de canon de campagne, tous ses caissons d'infanterie, douze à quinze mille prisonniers, six mille tués ou blessés, et presque toutes les troupes venant du Rhin. Indépendamment de cela, une grande partie est encore éparpillée, et nous les ramassons en poursuivant l'ennemi. Tous les officiers, soldats et généraux ont déployé dans cette circonstance difficile un grand caractère de bravoure.... »

Ces événements merveilleux excitèrent au plus haut degré l'enthousiasme des peuples d'Italie qui avaient manifesté de la sympathie pour la révolution française. Les partisans de l'Autriche furent atterrés ; ils avaient eu l'imprudence de montrer leur joie en voyant arriver Wurmser, et de s'associer à la jactance des Impériaux, qui, à raison de leur immense supériorité de nombre, célébraient d'avance la déroute des Français et leur expulsion de la Péninsule. Le cardinal Mattei, archevêque de Ferrare, avait été un de ces imprudents. Il avait fait plus que de se réjouir de l'approche des Autrichiens et de nos revers éventuels, il avait poussé la population sur laquelle s'exerçait son autorité pacifique à des actes d'hostilité contre l'armée française. Après la bataille de Castiglione, Napoléon le fit arrêter et conduire à Brescia. Le prêtre italien, converti par l'insuccès de ses manœuvres insurrectionnelles et par la déroute de ses amis, ne craignit pas de s'humilier devant le vain-

queur, et de lui dire : *Peccavi*. Cette contrition apparente lui réussit. Napoléon se contenta de le faire enfermer pour trois mois dans un séminaire. Il était né prince romain, et fut depuis chargé des pleins pouvoirs du Saint-Siège, à Tolentino.

Mais le haut sacerdoce était loin de représenter l'esprit et les dispositions de la nation italienne à l'égard de la France. En Piémont, dans la Lombardie et les Légations, la propagande révolutionnaire avait trouvé de nombreux prosélytes. Les Milanais surtout s'étaient montrés favorables au drapeau républicain; le général en chef leur en témoigna hautement sa reconnaissance. « Lorsque l'armée battait en retraite, leur écrivait-il, quelques partisans de l'Autriche et les ennemis de la liberté la croyaient perdue sans ressource; lorsqu'il était impossible à vous-mêmes de soupçonner que cette retraite n'était qu'une ruse, vous avez montré de l'attachement pour la France, de l'amour pour la liberté; vous avez déployé un zèle et un caractère qui vous ont mérité l'estime de l'armée, et vous mériteront la protection de la république française.

« Chaque jour votre peuple se rend davantage digne de la liberté; il acquiert chaque jour de l'énergie. Il paraîtra sans doute un jour avec gloire sur la scène du monde. Recevez le témoignage de ma satisfaction, et le vœu sincère que fait le peuple français pour vous voir libres et heureux. »

Napoléon ne s'en tint pas, avec ces peuples, à de simples félicitations. Il mit à profit leurs bonnes dispositions, et pour eux-mêmes, et pour la république française, et pour la cause de l'émancipation universelle, en organisant la révolution au delà des Alpes, par la fondation des républiques transpadane et cispadane. Ces créations importantes, qu'il improvisait en quelque sorte, en courant d'un champ de bataille à l'autre, ne l'empêchaient pas de pousser la guerre avec vigueur. A peine délivré de l'armée formidable que le cabinet de Vienne avait chargée de chasser les Français de l'Italie, il se remit à presser le siège de Mantoue, où Wurmser ne parvint à se jeter avec quelques troupes et des provisions que le jour même de la prise de Legnago (13 septembre), et après avoir été battu dans dix combats, savoir : le 6 août, à Peschiera; le 11, à la Corona; le 24, à Borgo-Forte et à Governalo; le 3 septembre, à Serravalle; le 4, à Roveredo; le 5, à Trente, qui fut prise; le 7, à Covolo; le 8, à Bassano, et le 12, à Cerca.

Le lendemain de son entrée dans Mantoue, les débris de son armée furent encore mis en déroute à *Due Castelli*, et le surlendemain, 15, le combat de Saint-Georges compléta la ruine de l'armée impériale.

Mais Wurmser ne fut point abandonné par sa cour dans cette position difficile. L'empereur d'Autriche le considérait comme le plus expérimenté et le plus habile de ses capitaines; il savait ensuite que Mantoue était la clef de ses États. De nouveaux efforts furent donc tentés à Vienne pour réparer les désastres de la première expédition, et pour préparer, par la délivrance de Mantoue et de Wurmser, ce que les rois et les aristocrates européens appelaient la délivrance de l'Italie.

Une nouvelle armée impériale, forte d'environ soixante mille hommes, sous les ordres du maréchal d'Alvinzi, accourut donc au secours de Mantoue.

Au premier bruit de la marche de cette armée, Napoléon dut se plaindre amèrement de ce que ses avis n'avaient pas été suivis sur le Rhin, où les forces républicaines étaient suffisantes pour opérer une diversion salutaire. Il avait demandé instamment des secours, et on ne lui en avait envoyé aucun. Quoique toujours confiant en lui-même et dans ses troupes, il crut devoir manifester au Directoire des craintes sur l'issue de la nouvelle campagne, afin de faire comprendre au gouvernement français l'énormité de ses torts envers l'armée d'Italie, qu'il avait négligée au milieu de ses innombrables triomphes.

Officier d'infanterie légère. — 1795-1798.

« Je vous dois compte des opérations qui se sont passées depuis le 21 de ce mois. S'il n'est pas satisfaisant, vous n'en attribuerez pas la faute à l'armée : son infériorité et l'épuisement où elle est des hommes les plus braves me font tout craindre pour elle. Peut-être sommes-nous à la veille de perdre l'Italie. Aucun des secours attendus n'est arrivé; la 83ᵉ demi-brigade ne part pas; tous les secours venant des départements sont arrêtés à Lyon et surtout à Marseille. On croit qu'il est indifférent de les arrêter huit ou dix jours; on ne songe pas que les destinées de l'Italie et de l'Europe se décident ici pendant ce temps-là. Tout l'Empire a été en mouvement et y est encore. L'activité de notre gouvernement, au commencement de la guerre, peut seule donner

CHAPITRE CINQUIÈME. 43

une idée de la manière dont on se conduit à Vienne. Il n'est pas de jour où il n'arrive cinq mille hommes; et, depuis deux mois qu'il est évident qu'il faut des secours ici, il n'est encore arrivé qu'un bataillon de la 40°, mauvaise troupe et non accoutumée au feu¦, tandis que toutes nos vieilles milices de l'armée d'Italie languissent en repos dans la 8° division. Je fais mon devoir, l'armée fait le sien : mon âme est déchirée,

mais ma conscience est en repos. Des secours! envoyez-moi des secours! mais il ne faut plus s'en faire un jeu : il faut, non de l'effectif, mais du présent sous les armes. Annoncez-vous six mille hommes, le ministre de la guerre annonce six mille hommes effectifs et trois mille hommes présents sous les armes; arrivés à Milan, ils sont réduits à quinze cents hommes; ce n'est donc que quinze cents hommes que reçoit l'armée.

» Les blessés sont l'élite de l'armée : tous nos officiers supérieurs, tous nos généraux d'élite sont hors de combat; tout ce qui m'arrive est si inepte! et ils n'ont pas la confiance du soldat. L'armée d'Italie, réduite à une poignée de monde, est épuisée.

Les héros de Lodi, de Millesimo, de Castiglione et de Bassano sont morts pour leur patrie ou sont à l'hôpital; il ne reste plus aux corps que leur réputation et leur orgueil. Joubert, Lannes, Lanusse, Victor, Murat, Charlot, Dupuis, Rampon, Pigeon, Ménard, Chabran, sont blessés; nous sommes abandonnés au fond de l'Italie. La présomption de mes forces nous était utile; on publie à Paris, dans des discours officiels, que nous ne sommes que trente mille hommes.

» J'ai perdu dans cette guerre peu de monde, mais tous des hommes d'élite qu'il est impossible de remplacer. Ce qui me reste de braves voit la mort infaillible, au milieu de chances si continuelles et avec des forces si inférieures; peut-être l'heure du brave Augereau, de l'intrépide Masséna, de Berthier, de. . . . est près de sonner: alors! alors! que deviendront ces braves gens? Cette idée me rend réservé; je n'ose plus affronter la mort, qui serait un sujet de découragement et de malheur pour qui est l'objet de mes sollicitudes.

» Sous peu de jours nous essayerons un dernier effort: si la fortune nous sourit, Mantoue sera pris, et avec lui l'Italie. Renforcé par mon armée de siége, il n'est rien que je ne puisse tenter. Si j'avais reçu la 83ᵉ, forte de trois mille cinq cents hommes connus à l'armée, j'eusse répondu de tout! peut-être, sous peu de jours, ne sera-ce pas assez de quarante mille hommes. »

Les funestes pressentiments de Bonaparte, qu'il n'éprouvait peut-être pas aussi profondément qu'il affectait de le dire, ne se réalisèrent pas, et la fortune sourit encore à nos armes.

Il ne fallut que quelques jours au vainqueur de Lodi pour renverser toutes les espérances que la coalition avait pu fonder sur la réputation d'Alvinzi et sur la force numérique de ses troupes. Une bataille de trois jours, qui se termina par la mémorable victoire d'Arcole, acheva de donner et de faire reconnaître aux armes françaises l'incontestable supériorité contre laquelle luttaient en vain les vieux généraux et les vieux soldats de l'Autriche. C'est à cette bataille que Napoléon, voyant ses grenadiers hésiter un instant sous le feu terrible de l'ennemi qui occupait des positions formidables, sauta à terre, prit un drapeau, et s'élança sur le pont d'Arcole, où les cadavres étaient entassés, en s'écriant: « Soldats, n'êtes-vous plus les braves de Lodi? Suivez-moi! » Augereau en fit autant. Ces héroïques exemples ne furent pas sans influence sur le résultat de la bataille. Elle fit perdre trente pièces de canon, cinq mille prisonniers et six mille morts à d'Alvinzi; Davidowich regagna le Tyrol et Wurmser rentra dans Mantoue.

Voici comment l'heureux vainqueur de tous ces guerriers allemands épanchait sa satisfaction et sa joie les plus intimes, comment il se délassait de ses fatigues et de ses triomphes, par l'effusion de la plus vive tendresse pour sa femme. Il écrit de Vérone à Joséphine: « Enfin, mon adorable Joséphine, je renais. La mort n'est plus devant mes yeux, et la gloire et l'honneur sont encore dans mon cœur. L'ennemi est battu à Arcole. Demain nous réparons la sottise de Vaubois, qui a abandonné Rivoli; Mantoue dans huit jours sera à nous, et je pourrai bientôt, dans tes bras, te donner mille preuves de l'ardent amour de ton mari. Dès l'instant que je le pourrai, je me rendrai à Milan. Je suis un peu fatigué. J'ai reçu une lettre d'Eugène et d'Hortense; ces enfants sont charmants. Comme toute ma maison est un peu dispersée, du moment que tout m'aura rejoint, je te les enverrai.

» Nous avons fait cinq mille prisonniers, et tué au moins six mille hommes aux ennemis. Adieu, mon adorable Joséphine, pense à moi souvent. Si tu cessais d'aimer

CHAPITRE CINQUIÈME.

ton Achille, ou si ton cœur se refroidissait pour lui, tu serais bien affreuse, bien injuste ; mais je suis sûr que tu seras toujours mon amante, comme je serai toujours ton tendre ami. La mort, elle seule, pourra rompre l'union que la sympathie, l'amour et le sentiment ont formée. Donne-moi des nouvelles du petit ventre ; mille et mille baisers tendres et amoureux. »

Le même jour, 29 brumaire (19 novembre), c'est-à-dire le surlendemain de la bataille d'Arcole, le général victorieux rendait compte au Directoire de cette mémorable journée.

« On avait jugé à propos, écrivait-il, d'évacuer le village d'Arcole, et nous nous attendions à la pointe du jour à être attaqués par toute l'armée ennemie, qui se trouvait avoir eu le temps de faire filer ses bagages et ses parcs d'artillerie, et de se porter en arrière pour nous recevoir.

» A la petite pointe du jour, le combat s'engagea partout avec la plus grande vivacité. Masséna, qui était sur la gauche, mit en déroute l'ennemi et le poursuivit jusqu'aux portes de Caldero. Le général Robert, qui était sur la chaussée du centre,

avec la 63e, culbuta l'ennemi à la baïonnette et couvrit le champ de bataille de cadavres. J'ordonnai à l'adjudant Vial de longer l'Adige avec une demi-brigade, pour tourner toute la gauche de l'ennemi ; mais ce pays offre des obstacles invincibles ; c'est en vain que ce brave adjudant général se précipite dans l'eau jusqu'au cou, il ne peut pas faire une diversion suffisante. Je fis, pendant la nuit du 26 au 27, jeter des ponts sur les canaux et les marais : le général Augereau y passa avec sa division. A dix heures du matin, nous fûmes en présence : le général Masséna à la gauche, le général Robert au centre, le général Augereau à la droite. L'ennemi attaqua vigoureusement le centre, qu'il fit plier. Je retirai alors la 32e de la gauche, je la plaçai en embuscade dans les bois, et au moment où l'ennemi, poussant vigoureusement le centre, était sur le point de tourner notre droite, le général Gardanne sortit de son embuscade, prit l'ennemi en flanc et en fit un carnage horrible. La gauche de l'ennemi, étant appuyée à des marais, et par la supériorité du nombre, imposait à notre droite : j'ordonnai au citoyen Hercule, officier de mes guides, de choisir vingt-cinq hommes dans sa compagnie, de longer l'Adige d'une demi-lieue, de tourner tous les marais qui appuyaient la gauche des ennemis, et de tomber ensuite au grand galop sur le dos de l'ennemi en faisant sonner plusieurs trompettes. Cette manœuvre réussit

complétement : l'infanterie se trouva ébranlée; le général Augereau sut profiter du moment. Cependant elle résiste encore, quoique battant en retraite, lorsqu'une petite colonne de huit à neuf cents hommes, avec quatre pièces de canon que j'avais fait filer de Porto-Legnago pour prendre une position en arrière de l'ennemi, acheva de le mettre en déroute. Le général Masséna, qui s'était reporté au centre, marcha droit au village d'Arcole, dont il s'empara, et poursuivit l'ennemi jusqu'au village de San-Bonifacio; mais la nuit nous empêcha d'aller plus avant...

» Les généraux et officiers de l'état-major ont montré une activité et une bravoure sans exemple, douze ou quinze ont été tués; c'était véritablement un combat à mort : pas un d'eux qui n'ait ses habits criblés de balles. »

D'Alvinzi essaya néanmoins de se relever de sa défaite; il revint, avec Provera, par les gorges du Tyrol, et cette nouvelle agression ne fut qu'une occasion de nouveaux triomphes pour l'armée française et pour son chef. La bataille de Rivoli, les combats de Saint-Georges et de la Favorite, où la victoire resta constamment fidèle au drapeau républicain, réduisirent Provera à se rendre avec son corps d'armée, et presque sous les yeux de Wurmser, qui capitula lui-même bientôt après dans Mantoue.

On lit dans les bulletins dictés par Bonaparte à son quartier général de Roverbello, les 28 et 29 nivôse an V (17 et 18 janvier 1797), et renfermant les détails de ces nouvelles victoires :

« Le 24, l'ennemi jeta brusquement un pont à Anghiari, et y fit passer son avant-garde, à une lieue de Porto-Legnago; en même temps le général Joubert m'instruisit qu'une colonne assez considérable filait par Montagna, et menaçait de tourner son avant-garde à la Corona. Différents indices me firent connaître le véritable projet de l'ennemi, et je ne doutai plus qu'il n'eût envie d'attaquer, avec ses principales forces, ma ligne de Rivoli, et par là arriver à Mantoue. Je fis partir dans la nuit la plus grande partie de la division du général Masséna, et je me rendis moi-même à Rivoli, où j'arrivai à deux heures après minuit.

» Je fis aussitôt reprendre au général Joubert la position intéressante de San-Marco;

je fis garnir le plateau de Rivoli d'artillerie, et je disposai tout afin de prendre, à la pointe du jour, une offensive redoutable, et de marcher moi-même à l'ennemi.

» A la pointe du jour, notre aile droite et l'aile gauche de l'ennemi se rencontrèrent sur les hauteurs de San Marco : le combat fut terrible et opiniâtre.

» Cependant il y avait déjà trois heures que l'on se battait, et l'ennemi ne nous avait pas encore présenté toutes ses forces; une colonne ennemie, qui avait longé l'Adige, sous la protection d'un grand nombre de pièces, marche droit au plateau de Rivoli pour l'enlever, et par là menace de tourner la droite et le centre. J'ordonnai au général de cavalerie Leclerc de se porter pour charger l'ennemi s'il parvenait à s'emparer du plateau de Rivoli, et j'envoyai le chef d'escadron Lasalle, avec cinquante dragons, prendre en flanc l'infanterie, qui attaquait le centre, et la charger vigoureusement. Au même instant, le général Joubert avait fait descendre des hauteurs de San-Marco quelques bataillons qui plongeaient le plateau de Rivoli. L'ennemi, qui avait déjà pénétré sur le plateau, attaqué vivement et de tous côtés, laisse un grand nombre de morts, une partie de son artillerie, et rentre dans la vallée de l'Adige. A peu près au même moment, la colonne qui était déjà depuis longtemps en marche pour nous tourner et nous couper toute retraite se rangea en bataille sur des pitons derrière nous. J'avais laissé la 75ᵉ en réserve, qui non-seulement tint cette colonne en respect, mais encore en attaqua la gauche, qui s'était avancée, et la mit sur-le-champ en déroute. La 18ᵉ demi-brigade arriva sur ces entrefaites, dans le temps que le général Rey avait pris position derrière la colonne qui nous tournait : je fis aussitôt canonner l'ennemi avec quelques pièces de 12; j'ordonnai l'attaque, et, en moins d'un quart d'heure, toute cette colonne, composée de plus de quatre mille hommes, fut faite prisonnière.

» L'ennemi, partout en déroute, fut partout poursuivi, et pendant toute la nuit on nous amena des prisonniers. Quinze cents hommes qui se sauvaient par Guarda furent arrêtés par cinquante hommes de la 18ᵉ, qui, du moment qu'ils les eurent reconnus, marchèrent sur eux avec confiance et leur ordonnèrent de poser les armes.

» L'ennemi était encore maître de la Corona, mais ne pouvait plus être dangereux. Il fallait s'empresser de marcher contre la division du général Provera, qui avait passé l'Adige le 24, à Anghiari. Je fis filer le général Victor avec la brave 57ᵉ, et rétrograder le général Masséna, qui, avec une partie de sa division, arriva à Roverbello le 25.

» Je laissai l'ordre, en partant, au général Joubert d'attaquer, à la pointe du jour, l'ennemi, s'il était assez téméraire pour rester encore à la Corona.

» Le général Murat avait marché toute la nuit avec une demi-brigade d'infanterie

légère, et devait paraître dans la matinée sur les hauteurs de Montebaldo, qui dominent la Corona : effectivement, après une résistance assez vive, l'ennemi fut mis en déroute, et ce qui était échappé à la journée de la veille fut fait prisonnier. La cavalerie ne put se sauver qu'en traversant l'Adige à la nage, et il s'en noya beaucoup.

» Nous avons fait, dans les deux journées de Rivoli, treize mille prisonniers et pris neuf pièces de canon. »

La suite du bulletin est consacrée au récit des combats de Saint-Georges, d'Anghiari et de la Favorite, soutenus contre le général Provera. Au deuxième combat d'Anghiari, un commandant des hulans se présente devant un escadron du 9º régiment de dragons, et, par une de ces fanfaronnades communes aux Autrichiens : « Rendez-vous ! » crie-t-il au régiment. Le citoyen Duvivier fait arrêter son escadron :

« Si tu es brave, viens me prendre, » crie-t-il au commandant ennemi. Les deux corps s'arrêtent, et les deux chefs donnèrent un exemple de ces combats que nous décrit avec tant d'agrément le Tasse. Le commandant des hulans fut blessé de deux coups de sabre : ces troupes alors se chargèrent, et les hulans furent faits prisonniers...

« Le 27, à une heure avant le jour, les ennemis attaquèrent la Favorite dans le temps que Wurmser fit une sortie et attaqua les lignes du blocus par Saint-Antoine. Le général Victor, à la tête de la 57º demi-brigade, culbuta tout ce qui se trouva devant lui. Wurmser fut obligé de rentrer dans Mantoue presque aussitôt qu'il en était sorti, et laissa le champ de bataille couvert de morts et de prisonniers de guerre. Serrurier fit avancer alors le général Victor avec la 57º demi-brigade, afin d'acculer Provera au faubourg de Saint-Georges, et par là le tenir bloqué. Effectivement, la confusion et le désordre étaient dans les rangs ennemis : cavalerie, infanterie, artillerie, tout était pêle-mêle. La terrible 57º demi-brigade n'était arrêtée par rien : d'un côté elle prenait trois pièces de canon, d'un autre elle mettait à pied le régiment de hussards de Herdendy. Dans ce moment le respectable général Provera demanda à capituler ; il compta sur notre générosité, et ne se trompa pas. Nous lui accordâmes la capitulation dont je vous enverrai les articles : six mille prisonniers, parmi lesquels tous les volontaires de Vienne, vingt pièces de canon, furent le fruit de cette journée mémorable.

» L'armée de la république a donc, en quatre jours, gagné deux batailles rangées et six combats, fait près de vingt-cinq mille prisonniers, parmi lesquels un lieutenant général et deux généraux, douze à quinze colonels, etc.; pris vingt drapeaux, soixante pièces de canon, et tué ou blessé au moins six mille hommes. »

Tant de revers devaient préparer Wurmser à une capitulation inévitable, et lui faire comprendre que le siège de Mantoue allait finir comme toutes les autres entreprises de l'armée républicaine.

Lorsqu'il fut question de la reddition, il envoya le général Klenau, son premier aide de camp, au quartier général de Serrurier, qui était à Roverbello, et qui ne voulut entendre aucune proposition sans en avoir référé au général en chef.

Napoléon eut fantaisie d'assister incognito aux conférences. Il vint à Roverbello, s'enveloppa dans sa capote et se mit à écrire, tandis que Klenau et Serrurier discutaient. Il donnait ses conditions en marge même des propositions de Wurmser, et quand il eut fini, il dit au général autrichien, qui l'avait pris sans doute pour un simple scribe d'état-major : « Si Wurmser avait seulement pour dix-huit ou vingt jours de vivres et qu'il parlât de se rendre, il ne mériterait aucune capitulation honorable. Voici les conditions que je lui accorde, ajouta-t-il en remettant le papier à Serrurier.

Vous y lirez surtout qu'il sera libre de sa personne, parce que j'honore son grand âge et ses mérites, et que je ne veux pas qu'il devienne la victime des intrigants qui voudraient le perdre à Vienne. S'il ouvre ses portes demain, il aura les conditions que je viens d'écrire ; s'il tarde quinze jours, un mois, deux, il aura encore les mêmes conditions. Il peut donc désormais attendre jusqu'au dernier morceau de pain. Je pars à l'instant pour passer le Pô ; je marche sur Rome. Vous connaissez mes intentions, allez les dire à votre général. »

Surpris de se trouver en présence du général en chef, et plein d'admiration et de reconnaissance pour tout ce qu'il venait d'entendre, Klenau avoua que Wurmser n'avait plus de vivres que pour trois jours. Le vieux maréchal ne fut pas moins ému que son aide de camp en apprenant ce qui s'était passé aux pourparlers de Roverbello. Il en témoigna sa gratitude à Napoléon, en le prévenant d'une tentative d'empoisonnement qui se tramait alors contre lui en Romagne. Du reste, ce fut Serrurier qui, en l'absence du général en chef, présida à la reddition de Mantoue (1er février 1797).

Trois jours après la capitulation de Mantoue, Bonaparte, mécontent de la conduite du pape, dirigea une colonne de l'armée française sur Rome, et publia, le 6 février 1797, de son quartier général de Bologne, une proclamation dont voici le début :

« L'armée française va entrer sur le territoire du pape ; elle protégera la religion et le peuple.

» Le soldat français porte d'une main la baïonnette, sûr garant de la victoire, et offre, de l'autre, aux différentes villes et villages, paix, protection et sûreté.... Malheur à ceux qui la dédaigneraient, et qui, de gaieté de cœur, séduits par des hommes profondément hypocrites et scélérats, attireraient dans leurs maisons la guerre et ses horreurs, et la vengeance d'une armée qui a, dans six mois, fait cent mille prisonniers des meilleures troupes de l'empereur, pris quatre cents pièces de canon, cent dix drapeaux, et détruit cinq armées.... »

La résistance du Saint-Siége ne pouvait être sérieuse.

Pie VI, menacé dans sa capitale, fit taire ses répugnances et ses dispositions hostiles, et se hâta de demander la paix au général républicain, qui la lui accorda par un traité du 19 février, et sous les conditions qui suivent : 1° le pape renonce à toutes ses prétentions sur Avignon et le comtat Venaissin ; 2° il cède à perpétuité à la république française Bologne, Ferrare et la Romagne ; 3° il cède en outre tous les objets d'art demandés par Bonaparte, tels que l'Apollon du Belvédère, la Transfiguration de Raphaël, etc. ; 4° il rétablit l'école française à Rome, et paye à titre de contribution militaire 13 millions en argent ou en effets précieux. A ce traité, Pie VI ajouta, le 22 février, un bref remarquable dans lequel il donne à Bonaparte le titre de *son cher fils*.

Cependant les revers si multipliés des armées autrichiennes avaient humilié et consterné le conseil aulique, sans vaincre sa haine opiniâtre contre la révolution française, et sans lui inspirer des idées pacifiques. Épuisé par la guerre, il s'entêta à braver la fortune, et à lutter, avec les débris de ses formidables armées, contre la puissance victorieuse qui les avait si facilement dispersées et détruites quand elles étaient à l'apogée de leur confiance et de leur force. L'archiduc Charles fut envoyé en Italie pour y prendre le commandement en chef des troupes impériales, et pour essayer de réparer les désastres de ses prédécesseurs. Croyant d'abord que Bonaparte, alors occupé à punir le pape de la violation du traité de Bologne, avait emmené avec lui une bonne partie de son armée, il voulut profiter de cette absence pour presser son attaque, et fit repasser la Brenta au général Guyeux. Mais il s'aperçut bientôt de son erreur. Napoléon, qui n'avait conduit à Rome que quatre ou cinq mille hommes, reparut sur la Brenta, et porta, au commencement de mars, son quartier général à Bassano, où il publia la proclamation suivante :

« Soldats !

» La prise de Mantoue vient de finir une campagne qui vous a donné des titres éternels à la reconnaissance de la patrie.

» Vous avez remporté la victoire dans quatorze batailles rangées et soixante-dix combats; vous avez fait plus de cent mille prisonniers, pris à l'ennemi cinq cents pièces de campagne, deux mille de gros calibre, quatre équipages de ponts.

» Les contributions mises sur les pays que vous avez conquis ont nourri, entretenu, soldé l'armée pendant toute la campagne; vous avez en outre envoyé trente millions au ministère des finances pour le soulagement du trésor public.

» Vous avez enrichi le Muséum de Paris de plus de trois cents objets, chefs-d'œuvre de l'ancienne et nouvelle Italie, et qu'il a fallu trente siècles pour produire.

» Vous avez conquis à la république les plus belles contrées de l'Europe. Les républiques lombarde et transpadane vous doivent leur liberté; les couleurs françaises flottent pour la première fois sur les bords de l'Adriatique, en face et à vingt-quatre heures de navigation de l'ancienne Macédoine; les rois de Sardaigne, de Naples, le pape, le duc de Parme, se sont détachés de la coalition de nos ennemis, et ont brigué notre amitié; vous avez chassé les Anglais de Livourne, de Gênes, de la Corse.... Mais vous n'avez pas encore tout achevé; une grande destinée vous est réservée; c'est en vous que la patrie met ses plus chères espérances; vous continuerez à en être dignes.

» De tant d'ennemis qui se coalisèrent pour étouffer la république à sa naissance, l'empereur seul reste devant nous. Se dégradant lui-même du rang d'une grande puissance, ce prince s'est mis à la solde des marchands de Londres; il n'a plus de volonté, de politique, que celle de ces insulaires perfides qui, étrangers aux malheurs de la guerre, sourient avec plaisir aux maux du continent.

» Le directoire exécutif n'a rien épargné pour donner la paix à l'Europe; la modération de ses propositions ne se ressentait pas de la force de ses armées; il n'avait pas consulté votre courage, mais l'humanité et l'envie de vous faire rentrer dans vos familles; il n'a pas été écouté à Vienne. Il n'est donc plus d'espérance pour la paix qu'en allant la chercher dans le cœur des États héréditaires de la maison d'Autriche. Vous y trouverez un brave peuple, accablé par la guerre qu'il a eue contre les Turcs, et par la guerre actuelle. Les habitants de Vienne et des États d'Autriche gémissent sur l'aveuglement et l'arbitraire de leur gouvernement. Il n'en est pas un qui ne soit convaincu que l'or de l'Angleterre a corrompu les ministres de l'empereur. Vous respecterez leur religion et leurs mœurs; vous protégerez leurs propriétés; c'est la liberté que vous apporterez à la brave nation hongroise.

» La maison d'Autriche, qui, depuis trois siècles, va perdant, à chaque guerre, une partie de sa puissance, qui mécontente ses peuples en les dépouillant de leurs priviléges, se trouvera réduite, à la fin de cette sixième campagne (puisqu'elle nous contraint à la faire), à accepter la paix que nous lui accorderons, et à descendre, dans la réalité, au rang des puissances secondaires, où elle s'est déjà placée en se mettant aux gages et à la disposition de l'Angleterre. »

CHAPITRE CINQUIÈME.

Napoléon, fatigué de vaincre l'empereur en Italie, sans pouvoir l'amener à négocier, avait en effet résolu de porter la guerre en Autriche même, afin que la vue du drapeau tricolore, sous les murs de Vienne, produisît sur la chancellerie autrichienne une impression plus vive et plus profonde que n'avaient pu le faire les revers lointains de Beaulieu, de Provera, d'Alvinzi et de Wurmser. Son projet était de pénétrer en Allemagne par la chaussée de la Carinthie, et d'aller prendre position sur le Simmering. Il fit occuper les gorges d'Osopo et de la Ponteba par Masséna, qui, après

avoir passé la Piave et le Tagliamento, dans les montagnes, battit le prince Charles (10 mars 1797), le poursuivit, l'épée dans les reins, s'empara de Feltre, de Cadore et de Belluno, et fit un grand nombre de prisonniers, parmi lesquels un émigré français, le général de Lusignan, qui avait insulté ses compatriotes malades dans les hôpitaux de Brescia, à l'époque de la retraite simulée de l'armée républicaine. Le 16, la bataille du Tagliamento acheva de faire perdre à l'archiduc les belles espérances qu'il avait apportées en Italie, et que son commandement avait pu inspirer à sa cour.

Le prince Charles, ainsi battu et humilié, se décida alors à la retraite, et ne parvint à l'effectuer, depuis le Tagliamento jusqu'à la Muer, qu'après avoir essuyé des défaites journalières, dans les combats de Lavis, Tramins, Clausen, Tarvis, Gradisca, Villach, Palma-Nova, etc., etc. Le 31, Napoléon était à Clagenfurt, capitale de la Carinthie. En entrant dans cette province, il avait adressé une proclamation à ses habitants, pour les engager à regarder les Français comme des libérateurs et non point comme des ennemis. « La nation française, disait-il, est l'amie de toutes les nations, et particulièrement des braves peuples de la Germanie... Vous détestez autant que nous, je le sais, et les Anglais, qui, seuls, gagnent à la guerre actuelle, et votre ministère, qui leur est vendu. »

Au milieu de ces triomphes, Napoléon guettait un ennemi secret, qui, depuis longtemps, n'attendait qu'une occasion favorable pour éclater : c'était le sénat de Venise. Ce corps, essentiellement aristocratique et dévoué à la coalition des rois contre la révolution française, fomentait l'insurrection et poussait à l'assassinat, dans la haute

Italie et le territoire vénitien, contre l'armée républicaine. L'heure de son châtiment ne pouvait être retardée.

Bonaparte écrivit au doge :

« Toute la terre ferme de la sérénissime république de Venise est en armes. De tous côtés le cri de ralliement des paysans que vous avez armés est : « Mort aux Français ! » Plusieurs centaines de soldats de l'armée d'Italie en ont déjà été les

Hussard. — 1793-1797.

victimes. Vous désavouez vainement des rassemblements que vous avez organisés ; croiriez-vous que dans un moment où je suis au cœur de l'Allemagne, je sois impuissant pour faire respecter le premier peuple de l'univers ? Croyez-vous que les légions d'Italie souffriront le massacre que vous excitez ? Le sang de mes frères d'armes sera vengé, et il n'est aucun des bataillons français qui, chargé d'un si noble ministère, ne sente redoubler son courage et tripler ses moyens. Le sénat de Venise a répondu par la perfidie la plus noire aux procédés généreux que nous avons toujours eus avec lui. Je vous envoie mon premier aide de camp, pour être porteur de la présente lettre. La guerre ou la paix. Si vous ne prenez pas sur-le-champ les moyens de dissiper les rassemblements ; si vous ne faites pas arrêter et livrer en mes mains les auteurs des assassinats qui viennent de se commettre, la guerre est déclarée. Le Turc n'est pas sur vos frontières; aucun ennemi ne vous menace; vous avez fait à dessein naître des prétextes, pour avoir l'air de justifier un rassemblement dirigé contre l'armée : il sera dissous dans vingt-quatre heures. Nous ne sommes plus au temps de Charles VIII. Si, contre le vœu bien manifesté du gouvernement français, vous me réduisez au parti de faire la guerre, ne pensez cependant, qu'à l'exemple des soldats que vous avez armés, les soldats français ravagent les campagnes du peuple innocent et infortuné de la terre ferme; je le protégerai, et il bénira un jour jusqu'aux crimes qui auront obligé l'armée française à le soustraire à votre gouvernement tyrannique. »

Le 7 avril, un armistice fut conclu à Judenburg. Quand le prince Charles se vit tout à fait hors d'état de tenir la campagne, les défilés de Neuwmark et la position d'Hundmark occupés par Masséna, il commença à comprendre que l'inflexibilité monarchique du cabinet autrichien n'était plus de saison. De son côté, Napoléon, qui avait compté sur le concours de l'armée de Sambre-et-Meuse, et qui venait d'apprendre que cette armée n'avait pas bougé et ne bougerait pas, n'osait dépasser le Simmering, de peur de s'engager isolément, sans appui sur ses flancs, dans l'intérieur de l'Allemagne. Aussi, dès qu'il eut reçu le message du Directoire qui lui annonçait officiellement que les armées du Rhin et de Sambre-et-Meuse n'opéraient pas la diversion dont il avait fait sentir l'importance et la nécessité, il s'empressa d'écrire à l'archiduc pour lui offrir de partager la gloire de pacifier l'Europe, et de faire cesser les sacrifices immenses que la guerre coûtait à l'Autriche et à la France. « Les braves militaires, lui dit-il, font la guerre et désirent la paix. Avons-nous assez tué de monde et assez causé de maux à la triste humanité?... Vous qui, par votre naissance, approchez si près du trône, et êtes au-dessus de toutes les petites passions qui animent souvent les ministres et les gouvernements, êtes-vous décidé à mériter le titre de bienfaiteur de l'humanité entière et de vrai sauveur de l'Allemagne?... Quant à moi, monsieur le général en chef, si l'ouverture que je viens de vous faire peut sauver la vie à un seul homme, je me trouverai plus fier de la couronne civique que je me trouverais avoir méritée, que de la triste gloire qui peut revenir des succès militaires. »

Les dispositions pacifiques que cette lettre renfermait furent bientôt connues à Vienne, où elles calmèrent un peu la consternation que l'approche du drapeau républicain y avait répandue. L'empereur s'empressa d'envoyer l'ambassadeur napolitain Gallo auprès de Bonaparte, et l'armistice de Judenburg fut le résultat de cette démarche.

Napoléon profita des loisirs que lui laissait la suspension d'armes pour se plaindre au Directoire de l'espèce d'*arme au bras* dans lequel les armées d'Allemagne avaient persisté à se tenir pendant qu'il luttait en Italie, avec de faibles ressources, contre toutes les forces de la monarchie autrichienne. Peu soucieux d'ailleurs du passé, vers lequel il pouvait se tourner sans regret, il s'occupait de l'avenir, et réclamait plus vivement que jamais la coopération de Moreau, pour obtenir de meilleures conditions dans le traité de paix, ou de plus grandes chances de succès en cas de reprise des hostilités. « Quand on a bonne envie d'entrer en campagne, dit-il au Directoire, il n'y a rien qui arrête; et jamais, depuis que l'histoire nous retrace des opérations militaires, une rivière n'a pu être un obstacle réel. Si Moreau veut passer le Rhin, il le passera, et, s'il l'avait déjà passé, nous serions dans un état à pouvoir dicter les conditions de la paix, d'une manière impérieuse, et sans courir aucune chance; mais qui craint de perdre la gloire est sûr de la perdre. J'ai passé les Alpes Juliennes et les Alpes Noriques sur trois pieds de glace, etc. Si je n'eusse vu que la tranquillité de l'armée et mon intérêt particulier, je me serais arrêté au delà de l'Isonzo; je me suis précipité dans l'Allemagne, pour dégager les armées du Rhin et empêcher l'ennemi d'y prendre l'offensive. Je suis aux portes de Vienne, et cette cour insolente et orgueilleuse a ses plénipotentiaires à mon quartier général. Il faut que les armées du Rhin n'aient point de sang dans les veines : si elles me laissent seul, alors je m'en retournerai en Italie. L'Europe entière jugera la différence de conduite des deux armées. »

C'était le 26 germinal que les négociations avaient été ouvertes à Léoben; les préliminaires de la paix y furent signés le 29. Bonaparte, s'entretenant avec les plénipotentiaires autrichiens, leur dit : « Votre gouvernement a envoyé contre moi quatre armées sans généraux, et cette fois un général sans armée. » Et comme ces commissaires lui montraient, en tête du traité projeté, que l'empereur reconnaissait la république française : « Effacez! s'écria vivement Napoléon; l'existence de la république est aussi visible que le soleil; un pareil article ne pourrait convenir qu'à des aveugles. »

Le moment de songer à Venise était venu. Cette république courut elle-même au-devant du danger qui la menaçait. Ses nobles, liés à l'Autriche, qui semblait attendre

à l'abri de la convention de Léoben que de lâches sicaires vinssent à son secours, et la délivrassent d'un vainqueur qui avait triomphé de la bravoure de ses vieux soldats; les nobles de Venise, dis-je, unis au sacerdoce italien, soulevèrent les populations ignorantes des bords de l'Adriatique, et firent égorger dans Vérone, au milieu des fêtes de Pâques, un grand nombre de Français. Les ministres de la religion, oubliant leur mission de paix et de charité, prêchaient, en furieux, « qu'il était permis et même méritoire de tuer les jacobins. »

Bonaparte accourut aussitôt pour faire cesser la révolte et l'assassinat dans le Véronais, et pour aller tirer vengeance des *vêpres vénitiennes*. Le soir même de l'insurrection, il dit à son ancien camarade Bourrienne, dont il avait fait son secrétaire particulier, et qui avait failli périr sous les poignards en venant le rejoindre : « Sois tranquille, ces coquins-là me le payeront. *Leur république a vécu.* » Peu de jours après il écrivit au Directoire « que le seul parti qu'on pût prendre était de détruire ce gouvernement féroce et sanguinaire; d'effacer le nom vénitien de dessus la surface du globe. »

En vain les provéditeurs de Brescia, de Bergame et de Crémone rédigèrent-ils leurs procès-verbaux de manière à insinuer et à faire croire que les Français avaient provoqué les excès dont ils avaient été victimes : Bonaparte leur donna un démenti solennel, dans un manifeste qui fut l'arrêt de mort de l'aristocratie vénitienne, et qui se terminait par les dispositions suivantes :

« Le général en chef requiert le ministre de France près la république de Venise de sortir de ladite ville; ordonne aux différents agents de la république de Venise dans la Lombardie et dans la terre ferme vénitienne de l'évacuer dans les vingt-quatre heures ;

» Ordonne aux différents généraux de division de traiter en ennemies les troupes de la république de Venise ; de faire abattre dans toutes les villes de la terre ferme le lion de Saint-Marc. »

Cet ordre du jour fut ponctuellement exécuté. La terreur s'empara du grand conseil de Venise. Il se démit du pouvoir, et rendit la souveraineté au peuple, qui confia l'exercice de l'autorité à une municipalité. Le 16 mai, le drapeau tricolore fut planté sur la place Saint-Marc par le général Baraguay d'Hilliers. La révolution démocratique la plus complète s'opéra dans toute l'étendue des États vénitiens. Dandolo, avocat de Venise, l'un des deux seuls hommes de mérite que Napoléon déclara avoir rencontrés en Italie, fut porté, par la faveur populaire, à la direction de ce mouvement. Le lion de Saint-Marc et les chevaux de Corinthe, qui ont depuis servi à orner l'arc de triomphe de la place du Carrousel, furent transportés à Paris.

Tandis que les négociations se poursuivaient avec l'Autriche, Napoléon apprit que Hoche et Moreau avaient passé le Rhin. Il n'y avait que peu de jours que le Directoire lui avait annoncé que ce passage n'aurait pas lieu ; et quand le refus de cette coopération puissante l'avait seul déterminé à suspendre les hostilités et à s'arrêter aux portes de Vienne, il se voyait condamné à assister, l'épée dans le fourreau, et lié par un armistice, aux mouvements militaires qu'il avait réclamés et sollicités en vain pendant deux mois, alors qu'ils pouvaient l'aider à arborer l'étendard républicain sur la capitale de l'Autriche. Il était évident que ses succès trop rapides avaient alarmé le Directoire, et que les pentarques pressentaient l'empereur dans le conquérant de l'Italie. Il a confessé lui-même, à Sainte-Hélène, qu'en effet, *depuis Lodi*, il lui était venu dans l'idée qu'il pourrait bien devenir un acteur décisif sur la scène politique. « Alors naquit, disait-il, la première étincelle de la haute ambition. »

Les directeurs, qui avaient aperçu cette étincelle, et qui craignaient qu'elle n'embrasât l'édifice républicain, dont ils occupaient le faîte, en contrariaient donc les progrès et le développement, poussés qu'ils étaient par leur jalousie personnelle et par l'instinct ombrageux de la démocratie. Ils voyaient avec peine que la reconnaissance nationale et l'admiration de l'Europe tendissent à se concentrer sur un seul homme, et ils ne voulaient pas fournir à cet homme les moyens de mettre le comble à l'engouement dont il était l'objet, en entrant triomphalement dans Vienne, à la tête de toutes les armées républicaines. Napoléon les devina comme ils l'avaient deviné lui-même, ce qui ne l'empêcha pas de témoigner vivement son mécontentement dans toutes ses lettres et ses conversations. Mais le Directoire put d'autant mieux dissimuler les véritables motifs de son étrange conduite, que le général Bonaparte, commandant de l'armée de l'intérieur après vendémiaire, avait conçu et laissé lui-même dans les archives de la guerre un plan de campagne qui fixait le terme des hostilités et la pacification sur la crête du Simmering. Il avait ainsi posé lui-même la barrière qu'il brûlait maintenant de franchir. Mais le vainqueur du prince Charles devait avoir nécessairement des pensées plus vastes et des vues moins modestes que le vainqueur des bourgeois parisiens.

Bonaparte était dans une île du Tagliamento lorsqu'il reçut le courrier qui lui

apportait la nouvelle du passage du Rhin par Moreau. « Rien, dit M. de Bourrienne, ne pourrait peindre l'émotion du général à la lecture de ces dépêches... Le bouleversement de ses pensées fut tel, qu'il conçut un moment l'idée de repasser sur la rive gauche du Tagliamento et de tout rompre sous un prétexte quelconque... Il disait : « Quelle différence dans les préliminaires, si toutefois ils eussent eu lieu ! » Il est certain que Napoléon n'aurait pas montré les dispositions pacifiques qu'il manifesta dans sa lettre au prince Charles, s'il eût pu compter sur la coopération des armées d'Allemagne. La conquête de Vienne lui souriait autant que celle de Rome l'avait peu tenté. La duplicité jalouse et soupçonneuse du Directoire ne lui permit pas cette fois de satisfaire son ambition.

Les négociations traînaient en longueur. Le général en chef profita des loisirs que lui laissait l'armistice pour visiter la Lombardie et les États de Venise, et pour y organiser un gouvernement. Il lui fallait pour cela des hommes, et il les cherchait vainement. « Bon Dieu, disait-il, que les hommes sont rares! Il y a en Italie dix-huit millions d'hommes, et j'en trouve à peine deux, Dandolo et Melzi. »

A la fin, fatigué des entraves que les meneurs de la république avaient apportées à l'exécution de ses plans, et dégoûté des lenteurs des diplomates autrichiens, Bonaparte parla de se démettre du commandement de l'armée d'Italie, et d'aller prendre dans la retraite et la solitude le repos dont il prétendait avoir besoin. Ce n'était sans doute qu'une menace qu'il n'avait nulle envie de réaliser. Il ne croyait pas que l'on pût se passer de lui, après les services qu'il avait rendus, les talents prodigieux dont il avait fait preuve et l'immense popularité qu'il avait acquise. L'annonce de sa démission lui paraissait, à juste titre, un événement politique assez important pour compromettre vis-à-vis de la nation le gouvernement qui l'aurait provoquée par ses injustices, et acceptée par excès d'ingratitude et d'envie. Mais ce ne fut qu'une fausse alarme. Il se contenta de se plaindre amèrement et de prendre de plus en plus le ton haut et fier dans sa correspondance officielle. Après avoir déclaré que, « vu la position des choses, les négociations mêmes avec l'empereur étaient devenues une opération militaire, » ce qui le rendait l'arbitre de la paix et de la guerre, et le préparait à le devenir du sort même de la république, il affecta de se montrer rassasié de gloire, pour bien convaincre ses admirateurs, ses rivaux et ses ennemis, que les intérêts de la France, et non les siens propres, étaient les seuls mobiles de la grande activité qu'il déployait. « Je me suis lancé sur Vienne, dit-il dans une de ses lettres, ayant acquis plus de gloire qu'il n'en faut pour être heureux, et ayant derrière moi les superbes plaines de l'Italie, comme j'avais fait au commencement de la campagne dernière, en cherchant du pain pour l'armée que la république ne pouvait plus nourrir. »

Le Directoire fut aidé, du reste, dans sa basse jalousie et dans sa peur, par les excitations de la politique intérieure. La réaction thermidorienne avait ranimé le royalisme qui venait de se relever, dans les élections, de sa défaite de vendémiaire. Il était naturel que le parti de la contre-révolution redoutât l'influence du général qui avait sauvé la république par cinquante victoires, et dont la renommée, la gloire et l'existence étaient attachées au salut et au progrès de la révolution. Les orateurs et les écrivains de ce parti profitèrent de la liberté illimitée de la tribune et de la presse, pour répandre toutes sortes de bruits et accréditer les soupçons les plus injurieux sur le caractère et les projets de Napoléon. Le Directoire, malgré son état de lutte acharnée à l'égard des Clichyens, les laissa dire et faire tout ce qu'ils voulurent et osèrent contre le héros d'Arcole et de Lodi, dont l'illustration rapide l'offusquait. On imprima dans les journaux et les pamphlets, on proclama dans les conseils et dans les clubs, que le gouvernement de Venise avait été victime des perfidies et des provocations souterraines du général français, et que tous ces assassinats, dont on s'était plaint à la face du monde, et dont on avait tiré une vengeance si éclatante, n'avaient été que des événements prévus et machiavéliquement combinés au quartier général de l'armée républicaine. Dumolard, l'un des coryphées du royalisme, fit une motion dans laquelle il glissa une phrase qui mentionnait expressément les doutes élevés, au conseil des Anciens, sur les causes et la gravité des violations du droit des gens commises à Venise. Napoléon, instruit de toutes ces attaques et insinuations malveillantes, en écrivit au Directoire : « J'avais le droit, lui dit-il, après avoir conclu cinq paix et donné un coup de massue à la coalition, sinon à des triomphes civiques, du moins à vivre tranquille, et à la protection des premiers magistrats de la république. Aujourd'hui je me vois desservi, persécuté, décrié par tous les moyens honteux que la politique apporte à la persécution....

» Eh quoi! nous avons été assassinés par des traîtres ; plus de quatre cents hommes ont péri, et les premiers magistrats de la république lui feront un crime de l'avoir cru un moment!

» Je sais bien qu'il y a des sociétés où l'on dit : « Ce sang est-il donc si pur?... »

» Que des hommes lâches et qui sont morts au sentiment de la patrie et de la gloire nationale l'aient dit, je ne m'en plaindrais pas, je n'y eusse pas fait attention ; mais j'ai le droit de me plaindre de l'avilissement dans lequel les premiers magistrats de la république traînent ceux qui ont agrandi et porté si haut la gloire du nom français.

» Je vous réitère, citoyens directeurs, la demande que je vous ai faite de ma démission. J'ai besoin de vivre tranquille, si les poignards de Clichy veulent me laisser vivre.

» Vous m'avez chargé de négociations, j'y suis peu propre. »

Peu de temps auparavant il avait écrit en particulier à Carnot :

« J'ai reçu votre lettre, mon cher directeur, sur le champ de bataille de Rivoli. J'ai vu dans le temps avec pitié tout ce que l'on débite sur mon compte. L'on me fait parler chacun suivant sa passion. Je crois que vous me connaissez trop pour imaginer que je puisse être influencé par qui que ce soit ; j'ai toujours eu à me louer des marques d'amitié que vous m'avez données, à moi et aux miens, et je vous en conserverai toujours une vraie reconnaissance. Il est des hommes pour qui la haine est un besoin, et qui, ne pouvant bouleverser la république, s'en consolent en semant la dissension et la discorde partout où ils peuvent arriver. Quant à moi, quelque chose qu'ils disent, ils ne m'atteignent plus : l'estime d'un petit nombre de personnes comme vous, celle de mes camarades et des soldats, quelquefois aussi l'opinion de la postérité, et par-dessus tout le sentiment de ma conscience et la prospérité de ma patrie, m'intéressent uniquement. »

Napoléon se chargea aussi de répondre lui-même aux calomnies de la faction clichyenne, au sujet de Venise, et il fit répandre à cet effet dans l'armée, sous le voile de l'anonyme, une note qui réfutait toutes les assertions mensongères du royalisme et qui rétablissait la vérité dans tous ses droits.

Il y avait moins de sincérité, comme je l'ai déjà fait remarquer, dans l'offre de sa démission. Quant à cette modestie qui le portait à se déclarer peu propre aux travaux diplomatiques, on peut juger de la valeur de sa déclaration par le trait suivant, qui se rapporte aux négociations de Campo-Formio, et qu'il a raconté lui-même à Sainte-Hélène.

« M. de Cobentzel, disait-il, était l'homme de la monarchie autrichienne, l'âme de ses projets, le directeur de sa diplomatie. Il avait occupé les premières ambassades de l'Europe, et s'était trouvé longtemps auprès de Catherine, dont il avait capté la bienveillance particulière. Fier de son rang et de son importance, il ne doutait pas que la dignité de ses manières et son habitude des cours ne pussent écraser facilement un général sorti des camps révolutionnaires : aussi aborda-t-il le général français avec une certaine légèreté ; mais il suffit de l'attitude et des premières paroles de celui-ci pour le remettre aussitôt à sa place, dont, au demeurant, il ne chercha jamais plus à sortir. — Les conférences, ajoute M. de Las Cases, languirent d'abord beaucoup. M. de Cobentzel, suivant la coutume du cabinet autrichien, se montra fort habile à traîner les choses en longueur. Cependant le général français résolut d'en finir. La conférence qu'il s'était dit devoir être la dernière fut des plus vives ; il en arriva à mettre le marché à la main ; il fut refusé. Se levant alors avec une espèce de fureur, il s'écria très-énergiquement : « Vous voulez la guerre ? eh bien ! vous l'aurez. » Et saisissant un magnifique cabaret de porcelaine, que M. de Cobentzel répétait chaque jour avec complaisance lui avoir été donné par la grande Catherine, il le jeta de toutes ses forces sur le plancher, où il vola en mille éclats. « Voyez, s'écria-t-il encore ; eh bien ! telle sera votre monarchie autrichienne avant trois mois ; je vous le promets. » Et il s'élança précipitamment hors de la salle. M. de Cobentzel demeura pétrifié, disait l'empereur ; mais M. de Gallo, son second, et beaucoup plus conciliant, accompagna le général français jusqu'à sa voiture, essayant de le retenir, « me tirant force  coups de chapeau, ajoutait l'empereur, et dans une attitude si piteuse, qu'en dépit de ma colère ostensible, je ne pouvais m'empêcher d'en rire intérieurement beaucoup. »

Cette manière de négocier, qui semblait justifier ce que Napoléon avait dit de son peu d'aptitude pour la diplomatie, ne laissa pas néanmoins d'obtenir l'effet qu'il s'en était promis. En cette occasion, la brusquerie pouvait passer pour de l'adresse et de l'habileté. Il fallait en finir avec les lenteurs calculées et les hésitations perfides du cabinet autrichien. Napoléon contribua à amener cette fin tardive en brisant l'élégant cadeau de Catherine. Sa violence servit mieux cette fois les intérêts de la France que n'aurait pu le faire la ruse polie d'un vétéran de cour. Il sut s'emporter à propos, et l'on peut dire que, s'il manqua à l'étiquette et aux convenances, ce fut pour bien mériter de son pays et de l'humanité en accélérant la conclusion de la paix.

Mais, tandis que Napoléon s'irritait, en Italie, des longueurs interminables des conférences diplomatiques et de l'inaction que lui avait imposée le mauvais vouloir du Directoire, et des outrages que les factions de l'intérieur lui adressaient de tous les points de l'Europe, par l'intermédiaire des émigrés et des correspondants à gages, le Directoire fut menacé dans son existence par la majorité royaliste des deux conseils; le 18 fructidor approchait.

L'armée d'Italie, qui avait vaincu dans tant de batailles, sous le drapeau républicain, et le chef illustre qui l'avait menée, au pas de course, de victoire en victoire, devaient fixer l'attention des deux partis, les craintes de l'un et les espérances de l'autre. Napoléon, naguère calomnié ouvertement ou en secret par les Clichyens et le Directoire, se vit tout à coup recherché et flatté de tout côté. Tronçon-Ducoudray, l'un des orateurs les plus influents de la majorité monarchique, ne craignit pas de donner le titre de *héros* au mitrailleur du 13 vendémiaire, en disant de lui « qu'il s'était distingué par les talents du négociateur, après avoir égalé en huit mois les hommes les plus illustres dans l'art militaire. »

Mais ces louanges intéressées d'un homme habile ne pouvaient pas couvrir la haine que son parti nourrissait et exhalait, dans ses journaux et dans ses clubs, contre le général en chef de l'armée d'Italie. Aubry, ce vieil ennemi de Bonaparte, était un des meneurs de la réunion de Clichy. Soutenu par quelques orateurs furibonds, il demandait à grands cris la destitution et l'arrestation de Napoléon. C'en était assez pour que ce dernier ne dût pas balancer entre le Directoire et les conseils. Mais Napoléon méprisait le Directoire, dans le sein duquel il n'y avait qu'un homme dont il estimât le caractère, et dont il reconnût les services et la capacité, et cet homme, Carnot, s'était séparé de la majorité directoriale par des scrupules constitutionnels qui le faisaient répugner à repousser les envahissements du royalisme par un coup d'État. Cependant l'influence de ses antécédents, de ses souvenirs et aussi de ses prévisions l'emporta sur son mépris pour Barras, et sur son estime pour Carnot.

Un instant, il fut décidé à marcher sur Paris, en traversant Lyon, à la tête de vingt-cinq mille hommes; et il eût réalisé ce projet, si les chances de succès fussent restées aux Clichyens dans la capitale. Ce qui le détermina surtout à mettre sa puissante épée du côté des directeurs contre la majorité des conseils, ce fut la découverte de la trahison de Pichegru, qui dirigeait cette majorité, et dont les intelligences criminelles avec l'étranger furent dévoilées par la saisie et le dépouillement des papiers du fameux comte d'Antraigues, intrigant royaliste, surpris et arrêté dans les États de Venise, laissé libre, sur parole, dans Milan, et qui s'évada en Suisse, où il publia un libelle infâme contre Napoléon, dont il n'avait eu qu'à se louer.

L'indignation de Bonaparte contre le parti de l'étranger éclata dans l'adresse qu'il envoya, au nom de l'armée d'Italie, pour intimider les conseils et rassurer le Directoire. « La route de Paris, fit-il dire à ses compagnons d'armes, offre-t-elle plus d'ob-

CHAPITRE CINQUIÈME.

stacles que celle de Vienne? non ; elle nous sera ouverte par les républicains restés fidèles à la liberté. Réunis, nous la défendrons, et nos ennemis auront vécu.

» Des hommes couverts d'ignominie, avides de vengeance, saturés de crimes, s'agitent et complotent au milieu de Paris, quand nous avons triomphé aux portes de Vienne... Vous qui avait fait, du mépris, de l'infamie, de l'outrage et de la mort, le partage des défenseurs de la république, tremblez! de l'Adige ou Rhin et à la Seine, il n'y a qu'un pas; tremblez! vos iniquités sont comptées, et le prix en est au bout de nos baïonnettes. »

Napoléon choisit, pour porter cette adresse, Augereau, celui de ses lieutenants qui pouvait le moins aspirer au premier rôle, et faire oublier le général en chef, par sa consistance personnelle au milieu des circonstances qui se préparaient. Quant à l'argent que Barras avait demandé par l'intermédiaire de son secrétaire Bottot, pour faire réussir la journée préméditée, Napoléon se contenta de le promettre, et ne le livra jamais. Il expédia, du reste, son aide de camp Lavallette, à Paris, comptant sur son zèle et sa perspicacité pour être instruit de tout, et à même d'agir selon l'exigence des événements.

La liaison de Bonaparte avec Desaix date de cette époque. Desaix, employé à l'armée du Rhin, suivait de loin avec admiration les triomphes du général en chef de l'armée d'Italie. Il profita des loisirs que lui laissa l'armistice de Léoben pour venir admirer de plus près le grand capitaine. Ces deux hommes se comprirent et s'aimèrent en se voyant. Dans un de leurs entretiens, Napoléon ayant voulu confier à son nouvel ami le secret de la trahison de Pichegru : « Mais nous le savions sur le Rhin il y a plus

de trois mois, répondit Desaix. Un fourgon enlevé au général Klinglin nous a livré toute la correspondance de Pichegru avec les ennemis de la république. — Mais Moreau n'en a-t-il donné aucune connaissance au Directoire? — Non. — Eh bien!

c'est un crime; quand il s'agit de la perte de la patrie, le silence est une complicité. » Après le 18 fructidor, lorsque Pichegru se trouva frappé par un décret de déportation, Moreau le dénonça ignominieusement. « En ne parlant pas plus tôt, a dit Napoléon, il a trahi la patrie; en parlant aussi tard, il a accablé un malheureux. »

Bonaparte apprit avec une joie extrême la défaite et la proscription des Clichyens, qu'Augereau lui annonça en ces termes : « Enfin, mon général, ma mission est accomplie, et les promesses de l'armée d'Italie ont été accomplies cette nuit. »

Mais le Directoire, une fois débarrassé des royalistes, revint à sa jalousie secrète et opiniâtre contre Napoléon. Quoiqu'il connût bien la pensée du général sur le 18 fructidor, après toutes les dépêches qu'il en avait reçues, et qui toutes réclamaient le coup d'État avec une énergie voisine de la violence, il répandit le bruit dans Paris, pour le faire propager de là dans l'armée, que l'opinion de Bonaparte sur cette journée était douteuse; et, pour donner plus de poids à ce soupçon, il chargea Augereau d'adresser lui-même à tous les généraux de division la circulaire que le général en chef seul aurait dû naturellement leur envoyer. Averti de toutes ces manœuvres, Napoléon s'empressa d'en témoigner son mécontentement et son indignation.

« Il est constant, écrivait-il au Directoire, que le gouvernement a agi envers moi à peu près comme envers Pichegru après vendémiaire an IV.

» Je vous prie de me remplacer et de m'accorder ma démission. Aucune puissance sur la terre ne sera capable de me faire continuer de servir, après cette marque horrible de l'ingratitude du gouvernement, à laquelle j'étais bien loin de m'attendre. Ma santé, considérablement affectée, demande impérieusement du repos et de la tranquillité.

» La situation de mon âme a aussi besoin de se retremper dans la masse des citoyens. Depuis trop longtemps un grand pouvoir est confié dans mes mains. Je m'en suis servi dans toutes les circonstances pour le bien de la patrie; tant pis pour ceux qui ne croient pas à la vertu, et qui pourraient avoir suspecté la mienne! Ma récompense est dans ma conscience et dans l'opinion de la postérité....

» Croyez que, s'il y avait un moment de péril, je serais au premier rang pour défendre la liberté et la constitution de l'an III. »

Le Directoire, qui ne se sentait pas assez fort pour soutenir une lutte directe et ostensible avec l'illustre guerrier, continua de dissimuler. Il se hâta de lui faire parvenir des explications et des excuses pour calmer son ressentiment. « Craignez, lui dit-il, que les conspirateurs royaux, au moment peut-être où ils empoisonnaient Hoche, n'aient essayé de jeter dans votre âme des dégoûts et des défiances capables de priver votre patrie des efforts de votre génie. »

Bonaparte n'était pas aussi profondément dégoûté de son commandement en chef qu'il voulait le paraître; il fit donc semblant d'accepter les explications flatteuses qu'on lui donnait, et se mit à correspondre particulièrement avec des membres et des ministres du Directoire sur les éventualités de la guerre, les conditions de la paix, et les plus graves questions de la politique générale. Les dangers de la république momentanément conjurés à l'extérieur et à l'intérieur, il penchait désormais à la modération et à la clémence. « Le sort de l'Europe, écrivit-il à François de Neufchâteau, est dans l'union, la sagesse et la force du gouvernement. Il est une petite partie de la nation qu'il faut vaincre par un bon gouvernement.... Un arrêté du Directoire exécutif écroule les trônes; faites que des écrivains stipendiés ou d'ambitieux fanatiques, déguisés sous toute espèce de masques, ne nous replongent plus dans le torrent révolutionnaire. »

C'est à cette époque qu'un homme, fameux dès l'Assemblée constituante, et dont la renommée n'a fait que s'étendre depuis par une active participation à l'établissement et à la chute de tous les régimes qui ont poussé la France de réaction en réaction jusqu'à sa situation présente, c'est à cette époque, dis-je, que Talleyrand, toujours prompt à saluer le soleil levant, chercha à ouvrir des relations suivies et des rapports confidentiels avec Bonaparte. Il lui écrivit plusieurs lettres sur le 18 fructidor, et dans toutes il s'exprima avec la véhémence d'un ardent révolutionnaire. Il est curieux de le voir, lui qui a si puissamment contribué dans la suite à faire monter sur le trône les deux branches de la maison de Bourbon, et dont les dernières affections politiques ont été définitivement acquises, du moins en apparence, à la dynastie d'Orléans; il est curieux de le voir annoncer avec enthousiasme à son futur empereur, à l'idole qu'il devait tour à tour encenser et briser, « qu'une mort prompte a été prononcée contre quiconque rappellerait la royauté, la constitution de 93 ou d'ORLÉANS! »

Napoléon reçut ces avances du chef de la faction qu'on appelait dans le temps « les constitutionnistes et les diplomates, » en homme pressé de donner des étais et de préparer des instruments à la grande ambition dont il était animé. Il sentait que son heure n'était pas venue, mais qu'elle viendrait, et il tâchait de se concilier les hommes pour les faire mouvoir à son gré quand les circonstances l'exigeraient. Lorsqu'on pense à l'anarchie qui régnait en France avant et après le 18 fructidor, à la déconsidération des dépositaires du pouvoir, à la corruption des uns et à l'ineptie des autres, il est permis de croire que Napoléon fut trop réservé ou trop timide, et qu'il ne présuma pas assez de l'influence de son nom et de la lassitude des partis, en reculant devant le coup d'État qu'il méditait, et qu'il exécuta plus tard avec tant de succès. Mais il lui parut qu'il fallait agrandir encore sa renommée par de nouveaux prodiges, et laisser s'accroître le dégoût de la masse de la nation pour les tourmentes de la démocratie. Peut-être songea-t-il dès lors à l'expédition d'Égypte; c'est ce que beaucoup de gens ont pensé, après avoir lu la proclamation qu'il adressa, le 16 septembre 1797, aux marins de l'escadre de l'amiral Brueix, et dans laquelle, célébrant le triomphe du Directoire sur les « traîtres et les émigrés qui s'étaient emparés de la tribune nationale », il dit à ces braves : « Sans vous, nous ne pouvons porter la gloire du nom français que dans un petit coin de l'Europe; avec vous, nous traverserons les mers, et porterons l'étendard de la république dans les contrées les plus éloignées. »

Pour réaliser ce vaste projet, il fallut d'abord conclure la paix en Europe. L'Autriche, dont le 18 fructidor avait détruit les espérances, fondées sur une révolution intérieure en France, n'avait plus les mêmes raisons de retarder la marche des négociations; mais le Directoire, enflé de sa victoire sur les royalistes, alliés de l'Empereur, montrait des dispositions guerrières. « Il ne faut plus ménager l'Autriche, écrivait-il à Bonaparte; sa perfidie, son intelligence avec les conspirateurs de l'intérieur sont manifestes. » Ces ordres belliqueux n'entraient point dans les vues du général en chef. L'approche de l'hiver le détermina à presser les conclusions de la paix. « Il faut plus d'un mois pour que les armées du Rhin me secondent si elles sont en mesure, dit-il à son secrétaire, et dans quinze jours les neiges encombreront les routes et les passages. C'est fini, je fais la paix. Venise payera les frais de la guerre et la limite du Rhin. Le Directoire et les avocats diront ce qu'ils voudront. »

La paix fut en effet signée à Campo-Formio, le 26 vendémiaire an VI (17 octobre 1797). La délivrance des prisonniers d'Olmutz, La Fayette, Latour-Maubourg et Bureau de Puzy, fut une des premières conditions du traité. Napoléon y tint avec persévérance, et l'exigea avec chaleur. Il est juste de dire qu'il agissait en cela selon les instructions du Directoire.

CHAPITRE SIXIÈME.

Voyage à Rastadt. — Retour à Paris. — Départ pour l'Égypte.

A guerre et les négociations ne le retenant plus sur les frontières de l'Autriche, Napoléon se mit à visiter ses conquêtes et à parcourir la Lombardie, qui l'accueillit en libérateur. Les acclamations populaires le suivirent partout, et, lorsqu'un ordre de Paris l'obligea de se rendre à Rastadt pour y présider la légation française, il rencontra la même admiration et le même enthousiasme dans toute la Suisse, qu'il traversa de Genève à Bâle. Avant de quitter Milan, il envoya au Directoire, par Joubert, LE DRAPEAU DE L'ARMÉE D'ITALIE, lequel offrait sur l'une de ses faces le résumé de toutes les merveilles que cette armée avait accomplies; sur l'autre, ces mots : A L'ARMÉE D'ITALIE, LA PATRIE RECONNAISSANTE. Lors de son dernier passage à Mantoue, il avait fait célébrer un service funèbre en l'honneur de Hoche, qui venait de mourir, et il avait pressé l'achèvement du monument élevé à la mémoire de Virgile.

Parmi les admirateurs et les curieux qui se portèrent sur son passage, à cette époque, se trouva un observateur plein d'esprit et de pénétration, et dont les remarques, envoyées à Paris, furent insérées dans un journal en décembre 1797. On y lisait : « J'ai vu avec un vif intérêt et une extrême attention cet homme extraordinaire qui a fait de si grandes choses, et qui semble annoncer que sa carrière n'est pas terminée. Je l'ai trouvé fort ressemblant à son portrait, petit, mince, pâle, ayant l'air fatigué, mais non malade, comme on l'a dit. Il m'a paru qu'il écoutait avec plus de distraction que d'intérêt, et qu'il était plus occupé de ce qu'il pensait que de ce qu'on

CHAPITRE SIXIEME.

lui disait. Il y a beaucoup d'esprit dans sa physionomie ; on y remarque un air de méditation habituelle qui ne révèle rien de ce qui se passe dans l'intérieur. Dans cette tête pensante, dans cette âme forte, il est impossible de ne pas supposer quelques pensées hardies, qui influeront sur la destinée de l'Europe. »

En traversant la plaine de Morat, où les Suisses exterminèrent l'armée de Charles le Téméraire en 1456, Lannes voulut dire que les Français d'aujourd'hui combattaient mieux que cela. « Dans ce temps-là, interrompit brusquement Napoléon, les Bourguignons n'étaient pas des Français. »

Arrivé à Rastadt, Napoléon s'aperçut bientôt que son nouveau poste ne lui convenait nullement. C'était à Paris, au centre du mouvement politique, ou à la tête de son armée, que cet homme prodigieux pouvait désormais trouver une place digne de lui. Mais il n'eut pas besoin de réclamer son retour dans la capitale ; une lettre du Directoire l'y appela. M. de Bourrienne, son secrétaire, qui ne connaissait pas encore sa radiation de la liste des émigrés, craignait de l'accompagner et voulait rester en Allemagne. « Venez, lui dit Bonaparte, passez le Rhin sans crainte ; ils ne vous arracheront pas d'auprès de moi ; je réponds de vous. »

La réception de Napoléon à Paris fut telle qu'il devait l'attendre de la faveur universelle que ses hauts faits avaient acquise à son nom. Le Directoire, organe officiel et obligé de la reconnaissance nationale, dissimula ses craintes et sa jalousie, pour donner une fête brillante au conquérant de l'Italie dans l'enceinte du Luxembourg. Ce fut Talleyrand qui présenta le héros aux directeurs, et il prononça, à cette occasion, un discours qui respirait le plus ardent et le plus pur républicanisme. « On doit remarquer, dit-il, et peut-être avec quelque surprise, tous mes efforts en ce moment pour expliquer, pour atténuer presque la gloire de Bonaparte ; il ne s'en offensera pas. Le dirai-je ? j'ai craint un instant pour lui cette ombrageuse inquiétude qui, dans une république naissante, s'alarme de tout ce qui semble porter une atteinte quelconque à l'égalité ; mais je m'abusais : la grandeur personnelle, loin de porter atteinte à l'égalité, en est le plus beau triomphe, et dans cette journée même les républicains français doivent tous se trouver plus grands. »

Napoléon répondit, et, donnant pour la première fois à la nation française le titre de GRANDE, il s'exprima en ces termes :

« CITOYENS DIRECTEURS,

» Le peuple français, pour être libre, avait les rois à combattre.

» Pour obtenir une constitution fondée sur la raison, il avait dix-huit siècles de préjugés à vaincre.

» La constitution de l'an III, et vous avez triomphé de tous ces obstacles.

» La religion, la féodalité et le royalisme ont successivement depuis vingt siècles gouverné l'Europe; mais de la paix que vous venez de conclure date l'ère des gouvernements représentatifs.

» Vous êtes parvenus à organiser la GRANDE NATION, dont le territoire n'est circonscrit que parce que la nature en a posé elle-même les limites.

» Vous avez fait plus.

» Les deux plus belles parties de l'Europe, jadis si célèbres par les sciences, les arts et les grands hommes, dont elles furent le berceau, voient avec les plus grandes espérances le génie de la liberté sortir des tombeaux de leurs ancêtres.

» J'ai l'honneur de vous remettre le traité signé à Campo-Formio, et ratifié par Sa Majesté l'Empereur.

» Lorsque le bonheur du peuple français sera assis sur les meilleures lois organiques, l'Europe entière deviendra libre. »

Il y avait quelque modestie, de la part du négociateur de Passeriano, à faire ainsi honneur au Directoire de la conclusion de la paix. Mais les convenances exigeaient cet hommage officiel, et ceux qui le reçurent n'en furent pas plus dupes que celui qui se crut obligé de le rendre. Napoléon, dès cette époque, s'était mis, de fait, à la place du gouvernement de la république, vis-à-vis de la diplomatie européenne. Il personnifiait déjà l'État en lui, et il prêtait à la France l'attitude et le langage que sa noble ambition et sa haute raison, et non les instructions du Directoire, lui indiquaient comme les plus dignes du GRAND PEUPLE, et les plus favorables aux vues ultérieures du grand homme. Depuis son entrée en Italie, et surtout DEPUIS LODI, il s'était appliqué à faire perdre à la politique française le caractère farouche que la lutte terrible de 93 lui avait nécessairement imprimé. Ce n'était pas au nom d'une démagogie furibonde et implacable qu'il voulait conquérir une paix glorieuse pour son pays et une renommée immense pour lui-même. Il lui parut que le temps était venu d'apaiser le fanatisme révolutionnaire dont il avait compris autrefois la nécessité et ressenti les inspirations. Dans les négociations avec le roi de Sardaigne, avec le Pape, avec l'Empereur, il se montra animé de cet esprit de conciliation et de tolérance qui distingue les hommes supérieurs aux exigences et aux passions des partis. Mais ce fut surtout dans les conférences qui amenèrent le traité de Campo-Formio qu'il s'efforça de présenter aux rois de l'Europe la république française comme un ennemi généreux, qui n'avait point de haines aveugles, et dont les principes et les conseils n'auraient rien de menaçant désormais pour les gouvernements étrangers. Il l'a déclaré lui-même à Sainte-Hélène : « Les principes qui devaient régler la république, a-t-il dit, avaient été déterminés à Campo-Formio : le Directoire y était étranger. » Et telle était la puissance réelle qu'exerçait cet homme, que le Directoire, dont il avait ainsi méconnu l'autorité suprême et usurpé les fonctions, n'osa pas lui demander compte de ses mépris et de son audace, et qu'il lui adressa solennellement, par l'organe de son président, les flatteries les plus pompeuses. « La nature, avare de ses prodiges, dit Barras en répondant au général, ne donne que de loin en loin de grands hommes à la terre; mais elle dut être jalouse de marquer l'aurore de la liberté par un de ces phénomènes, et la sublime révolution du peuple français, nouvelle dans l'histoire des nations, devait présenter un génie nouveau dans l'histoire des hommes célèbres. »

Cette adulation, imposée à l'envie par l'influence de l'opinion publique, indique toute la hauteur de la position que Napoléon avait conquise; et il est remarquable que le chef du gouvernement républicain se soit cru obligé de parler à un simple général, son subordonné, comme lui parla plus tard, dans le même lieu, le président de son sénat, ou le premier de ses serviteurs.

Les Parisiens se montrèrent oublieux; le vainqueur d'Arcole avait effacé le mitrailleur de vendémiaire. Partout où Napoléon paraissait, il était l'objet des plus vives acclamations. Au théâtre, le parterre et les loges le demandaient à grands cris, dès qu'on le savait dans la salle. Ces démonstrations, si flatteuses pour son amour-propre, paraissaient cependant le gêner. Il dit une fois : « Si j'avais su que les loges fussent ainsi découvertes, je ne serais pas venu. » Ayant eu le désir de voir un opéra-comique qui attirait alors la foule, et dans lequel jouaient madame Saint-Aubin et Elleviou, il en fit demander la représentation, sous cette modeste formule : « Si cela était possible; » et le directeur répondit adroitement qu'il n'y avait rien d'impossible 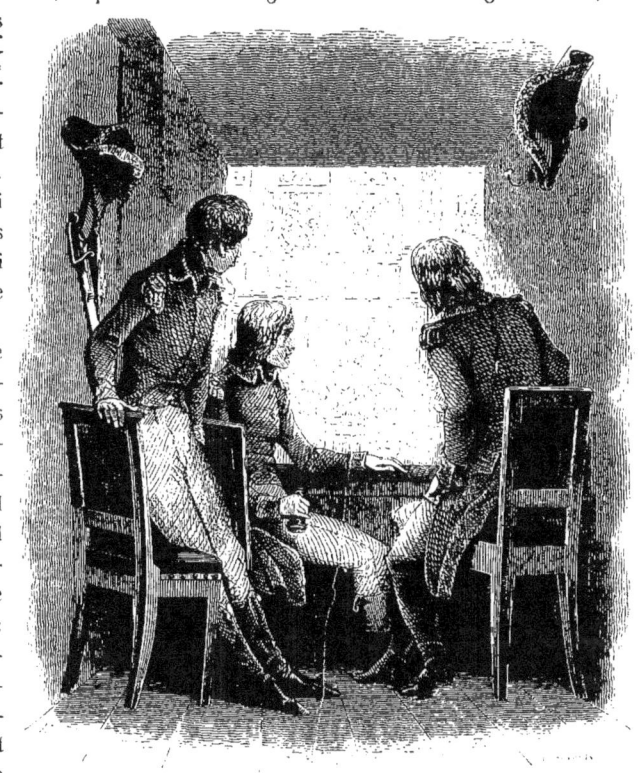 pour le vainqueur d'Italie, qui depuis longtemps avait fait rayer ce mot du dictionnaire.

Malgré l'empressement universel dont il était l'objet, Napoléon, sans se laisser enivrer par l'encens qu'on lui prodiguait, et jugeant sa position avec calme et sang-froid, craignit qu'une trop longue inaction ne fît perdre le souvenir de ses anciens services et n'attiédît l'exaltation de ses admirateurs. « On ne conserve à Paris le souvenir de rien, disait-il. Si je reste longtemps sans rien faire, je suis perdu. Une renommée dans cette grande Babylone en remplace une autre; on ne m'aura pas vu trois fois au spectacle qu'on ne me regardera plus : aussi n'irai-je que rarement. » Puis il répétait le mot de Cromwell, quand on lui faisait remarquer combien sa présence excitait l'enthousiasme : « Bah! le peuple se porterait avec autant d'empressement au-devant de moi, si j'allais à l'échafaud. » Il refusa une représentation d'apparat que lui offrit l'administration de l'Opéra; il n'allait plus au spectacle qu'en loge grillée.

Il y eut dès cette époque des complots contre sa personne. Une femme le fit prévenir qu'on voulait l'empoisonner : on arrêta l'individu qui vint lui donner cet avis, et on le conduisit, accompagné du juge de paix de l'arrondissement, chez la femme d'où l'avertissement était parti. On trouva cette malheureuse baignée dans son sang; les assassins, instruits qu'elle avait entendu et dénoncé leurs infâmes projets, tentèrent de se débarrasser de son témoignage par un nouveau crime.

Écarté du Directoire, Bonaparte voulut se faire admettre dans l'Institut, quoiqu'il lui fallût tout autre chose que des occupations scientifiques ou des passe-temps littéraires. Il fut reçu en remplacement de Carnot, que le 18 fructidor avait atteint, et il fit partie de la classe des sciences et des arts. La lettre qu'il écrivit au président Camus est trop remarquable pour que nous ne la donnions pas ici en entier.

« Citoyen président,

» Le suffrage des hommes distingués qui composent l'Institut m'honore.

» Je sens bien qu'avant d'être leur égal je serai longtemps leur écolier.

» S'il était une manière plus expressive de leur faire connaître l'estime que j'ai pour vous, je m'en servirais.

» Les vraies conquêtes, les seules qui ne donnent aucun regret, sont celles que l'on fait sur l'ignorance.

» L'occupation la plus honorable comme la plus utile pour les nations, c'est de contribuer à l'extension des idées humaines.

» La vraie puissance de la république française doit consister désormais à ne pas permettre qu'il existe une seule idée nouvelle qui ne lui appartienne.

» Bonaparte. »

Ce langage était admirable dans la bouche d'un homme qui était parvenu au sommet de la gloire par des travaux purement militaires. Mais Napoléon était jaloux de montrer qu'il n'était pas aveuglé par la fortune et par l'engouement du métier. Pour arriver à l'élévation que son génie ambitieux avait aperçue, et vers laquelle il portait sa pensée avec ardeur et persévérance, il avait besoin de laisser voir en lui plus qu'un grand capitaine infatué de ses succès, et disposé à n'apprécier que l'art de la guerre, la science et le courage des camps. Il lui importait que la grande nation, cette reine du monde sur laquelle il voulait régner lui-même, s'accoutumât à le regarder comme le plus capable non-seulement de la défendre par les armes, mais aussi de protéger le développement de ses richesses intellectuelles et l'exercice du patronage universel qu'elle exerçait autant par sa supériorité morale que par sa prépondérance militaire.

Mais le moment était-il venu de faire éclater les prétentions secrètes qu'il nourrissait depuis la campagne d'Italie? Napoléon ne le pensa pas, et dès lors il dut songer à sortir au plus vite de l'oisiveté qui risquait de compromettre, sinon de dévorer rapidement sa vaste renommée.

Le départ pour l'Égypte fut donc résolu. Le Directoire s'y prêta, parce que sa prévoyance peu lointaine, et qui n'embrassait que les dangers du lendemain, lui faisait désirer l'éloignement de l'illustre guerrier, sans réfléchir que de nouveaux triomphes ne feraient qu'éblouir de plus en plus la nation, et qu'accroître, par conséquent, la popularité qu'il redoutait. Bonaparte, qui avait conçu le plan, en prépara seul l'exécution, et se chargea d'organiser toute l'armée expéditionnaire. Ce fut lui aussi qui forma et choisit les diverses commissions de savants et d'artistes qui devaient suivre nos troupes pour faire servir les succès de nos armes aux progrès de la civilisation. Quand on lui demanda s'il resterait longtemps en Égypte, il répondit : « Peu de mois, ou six ans; tout dépend des événements. » Il emporta avec lui une bibliothèque de camp, composée de volumes in-dix-huit, en livres de sciences et arts, géographie et voyages, histoire, poésie, romans et politique. On trouve dans son catalogue : Plutarque, Polybe, Thucydide, Tite-Live, Tacite, Raynal, Voltaire, Frédéric II, Homère, le Tasse, Ossian, Virgile, Fénelon, La Fontaine, Rousseau, Marmontel, Le Sage, Gœthe, le Vieux Testament, le Nouveau, le Coran, le Védam, l'Esprit des Lois, la Mythologie.

A la veille de quitter Paris, un démêlé de Bernadotte avec le cabinet autrichien, au sujet du drapeau tricolore que l'ambassadeur français avait arboré sur son hôtel, et qui avait été insulté par la populace de Vienne, faillit retenir Bonaparte en Europe. Le Directoire voulait obtenir vengeance de cet outrage au prix d'une nouvelle guerre, que le vainqueur de l'Italie aurait conduite. Mais celui-ci, dont cette nouvelle direction dérangeait les vues, fit remarquer avec raison « que c'était à la politique à gouverner les incidents, et non pas aux incidents à gouverner la politique. » Le Directoire dut céder à une observation aussi frappante de justesse, et Napoléon s'achemina vers Toulon.

Arrivé, le 8 mai 1799, dans cette ville qui fut le berceau de sa renommée et de sa gloire, Bonaparte apprit que la législation draconienne que l'émigration avait provoquée contre elle, et que le 18 fructidor avait remise en vigueur, répandait encore le deuil dans la neuvième division militaire. N'ayant point d'ordres à donner, comme général, dans un pays qui n'était pas sous son commandement, il écrivit, comme membre de l'Institut national, aux commissions militaires du Midi, pour les exhorter à prendre conseil de la clémence et de l'humanité dans leurs arrêts. « J'ai appris avec la plus grande douleur, leur dit-il, que des vieillards âgés de soixante-dix à quatre-vingts ans, de misérables femmes enceintes environnées d'enfants en bas âge, avaient été fusillés comme prévenus d'émigration.

» Les soldats de la liberté seraient-ils donc devenus des bourreaux?

» La pitié qu'ils ont portée jusqu'au milieu des combats serait-elle donc morte dans leurs cœurs?

» La loi du 19 fructidor a été une mesure de salut public. Son intention a été d'atteindre les conspirateurs, et non de misérables femmes et des vieillards caducs.

» Je vous exhorte donc, citoyens, toutes les fois que la loi présentera à votre tribunal des vieillards de plus de soixante ans, ou des femmes, de déclarer qu'au milieu des combats vous avez respecté les vieillards et les femmes de vos ennemis.

» Le militaire qui signe une sentence contre une personne incapable de porter les armes est un lâche. »

Cette généreuse démarche sauva la vie à un vieil émigré que la commission toulonnaise allait envoyer à la mort. Il est beau de voir ainsi un soldat, habitué à faire couler le sang humain sur les champs de bataille, recommander à des soldats de respecter ce sang dans la faiblesse inoffensive de la vieillesse et de la femme; il est beau de le voir, lui, le premier des guerriers, rappeler les gens de guerre à l'humanité, et s'appuyer, dans ses exhortations philanthropiques, non sur son pouvoir ou sa célébrité militaire, mais sur les titres que sa capacité rationnelle, que ses talents, ses connaissances et ses travaux pacifiques lui ont fait obtenir. Il y a dans cette lettre de Bonaparte, membre de l'Institut, aux commissions militaires du Midi, un sentiment bien profond de la subordination nécessaire du glaive à la pensée, dans la grande œuvre du progrès social.

Lorsque tout fut prêt pour l'embarquement, et que le départ parut prochain, Napoléon adressa à son armée la harangue suivante :

« Officiers et soldats,

» Il y a deux ans que je vins vous commander : à cette époque, vous étiez dans la

rivière de Gênes, dans la plus grande misère, manquant de tout, ayant sacrifié jusqu'à vos montres pour votre subsistance réciproque; je vous promis de faire cesser vos misères; je vous conduisis en Italie; là, tout vous fut accordé.... Ne vous ai-je pas tenu parole? ».

CHAPITRE SIXIÈME.

Les soldats répondirent par le cri général : « Oui ! »

Napoléon reprit : « Eh bien ! apprenez que vous n'avez point encore assez fait pour la patrie, et que la patrie n'a point encore fait assez pour vous.

» Je vais actuellement vous mener dans un pays où, par vos exploits futurs, vous surpasserez ceux qui étonnent aujourd'hui vos admirateurs, et rendrez à la patrie des services qu'elle a droit d'attendre d'une armée d'invincibles.

» Je promets à chaque soldat qu'au retour de cette expédition il aura de quoi acheter six arpents de terre.

» Vous allez courir de nouveaux dangers, vous les partagerez avec vos frères les marins. Cette arme, jusqu'ici, ne s'est pas rendue redoutable à nos ennemis ; leurs exploits n'ont point égalé les vôtres, les occasions leur ont manqué ; mais le courage des marins est égal au vôtre : leur volonté est celle de triompher ; ils y parviendront avec vous.

» Communiquez-leur cet espoir invincible qui partout vous rendit victorieux ; secondez leurs efforts ; vivez à bord avec cette intelligence qui caractérise des hommes purement animés et voués au bien de la même cause ; ils ont, comme vous, acquis des droits à la reconnaissance nationale, dans l'art difficile de la marine.

» Habituez-vous aux manœuvres du bord ; devenez la terreur de vos ennemis de terre et de mer ; imitez en cela les soldats romains, qui surent à la fois battre Carthage en plaine et les Carthaginois sur leurs flottes. »

Les cris de « Vive la république ! » furent la réponse de l'armée.

Joséphine avait accompagné son mari à Toulon. Joséphine l'aimait avec passion. Leurs adieux furent des plus touchants. Ils pouvaient craindre que leur séparation ne fût éternelle, en songeant aux hasards que le général allait courir. L'escadre mit à la voile le 19 mai.

CHAPITRE SEPTIÈME.

Conquête de l'Égypte.

N sortant de Toulon, l'escadre se dirigea vers Malte. Un soir que l'on voguait sur la mer de Sicile, le secrétaire du général en chef crut apercevoir, par un beau soleil couchant, la cime des Alpes. Il fit part de sa découverte à Bonaparte, qui ne répondit que par un geste d'incrédulité. Mais l'amiral Brueyx, ayant pris sa lorgnette, déclara que Bourrienne avait très-bien vu. Alors Bonaparte de s'écrier : « Les Alpes! » Et, après un moment de profonde méditation et de rêverie, il ajouta : « Non, je ne puis voir sans émotion la terre de l'Italie! Voilà l'Orient; j'y vais. Une entreprise périlleuse m'appelle. Ces monts dominent les plaines où j'ai eu le bonheur de conduire tant de fois les Français à la victoire. Avec eux, nous vaincrons encore. »

Pendant la traversée il se plaisait beaucoup à converser avec les savants et les généraux qui l'accompagnaient, parlant à chacun de l'objet de ses goûts et de ses études.

Avec Monge et Berthollet, qu'il appelait souvent auprès de lui, il s'entretenait des sciences exactes et même de métaphysique ou de politique. Le général Cafarelli Dufalga, qu'il estimait et affectionnait d'une manière particulière, lui procurait aussi de journalières distractions par la vivacité de son esprit et le charme de sa conversation. Après le diner, il aimait à poser des questions difficiles sur les plus graves matières, et à lancer les uns contre les autres des interlocuteurs qu'il désignait, soit pour apprendre à les juger, soit pour s'instruire lui-même, et

c'était toujours au plus habile, à celui qui soutenait le plus ingénieusement le paradoxal et l'absurde, qu'il donnait la préférence. Ces discussions n'avaient donc pour lui qu'une valeur d'exercice rationnel ou de gymnastique intellectuelle. Il aimait aussi à mettre en jeu le double problème de l'âge du monde et de sa destruction probable. Son imagination et sa pensée ne se trouvaient à l'aise que sur de larges ou de sublimes données.

Après une navigation tranquille de vingt jours, l'escadre française parut, le 10 juin, devant Malte, qui se laissa occuper sans résistance; ce qui fit dire par Cafarelli à Bonaparte, après la visite des fortifications : « Ma foi, mon général, nous sommes bien heureux qu'il y ait eu quelqu'un dans la ville pour nous ouvrir les portes. » Napoléon a pourtant nié à Sainte-Hélène qu'il eût été redevable de cette conquête à des intelligences particulières. « C'est dans Mantoue, a-t-il dit, que je pris Malte; c'est le généreux traitement employé sur Wurmser qui me valut la soumission du grand maître et des chevaliers. M. de Bourrienne affirme au contraire que les chevaliers furent livrés.

Quoi qu'il en soit, Bonaparte ne s'arrêta que peu de jours à Malte. La flotte cingla vers Candie, qui fut reconnue le 25 juin, et ce fut ce détour qui trompa Nelson et qui l'empêcha de rencontrer l'expédition française devant Alexandrie, comme il l'avait calculé. Ce fut très-heureux pour l'armée française, car Brueyx déclarait qu'avec dix vaisseaux seulement l'amiral anglais aurait pour lui toutes les chances de succès. « Dieu veuille, disait-il souvent avec un profond soupir, que nous passions sans rencontrer les Anglais! »

Avant de toucher la côte africaine, Bonaparte voulut s'adresser une fois encore à ses soldats, pour réchauffer leur enthousiasme par la perspective d'une prochaine et vaste conquête, et pour les prémunir contre les dangers du découragement et de l'indiscipline. Voici la fameuse proclamation qu'il leur fit en cette circonstance :

« BONAPARTE, MEMBRE DE L'INSTITUT NATIONAL, GÉNÉRAL EN CHEF.

» A bord du LORIENT, le 4 messidor an VI

» Soldats,

» Vous allez entreprendre une conquête dont les effets sur la civilisation et le commerce du monde sont incalculables. Vous porterez à l'Angleterre le coup le plus sûr et le plus sensible, en attendant que vous puissiez lui donner le coup de mort.

» Nous ferons quelques marches fatigantes; nous livrerons plusieurs combats; nous réussirons dans toutes nos entreprises; les destins sont pour nous. Les beys mamelucks, qui favorisent exclusivement le commerce anglais, qui ont couvert d'avanies nos négociants, et qui tyrannisent les malheureux habitants du Nil, quelques jours après notre arrivée n'existeront plus.

» Les peuples avec lesquels nous allons vivre sont mahométans : leur premier article de foi est celui-ci : « Il n'y a pas d'autre Dieu que Dieu, et Mahomet est son prophète. » Ne les contredisez pas; agissez avec eux comme nous avons agi avec les juifs, avec les Italiens; ayez des égards pour leurs muphtis, pour leurs imans, comme vous en avez eu pour les rabbins et les évêques; ayez pour les cérémonies que prescrit l'Alcoran, pour les mosquées, la même tolérance que vous avez eue pour les couvents, pour les synagogues, pour la religion de Moïse et de Jésus-Christ.

» Les légions romaines protégeaient toutes les religions. Vous trouverez ici des usages différents de ceux de l'Europe : il faut vous y accoutumer.

» Les peuples chez lesquels nous allons entrer traitent les femmes différemment que nous; mais, dans tous les pays, celui qui viole est un monstre.

» Le pillage n'enrichit qu'un petit nombre d'hommes, il nous déshonore, il détruit nos ressources, il nous rend ennemis des peuples qu'il est de notre intérêt d'avoir pour amis.

» La première ville que nous allons rencontrer a été bâtie par Alexandre; nous trouverons à chaque pas de grands souvenirs dignes d'exciter l'émulation des Français. »

A la suite de cette proclamation, Bonaparte publia un ordre du jour qui portait peine de mort contre tout individu de l'armée qui pillerait, violerait, mettrait des contributions, ou commettrait des extorsions quelconques. Il rendait les corps responsables des excès de ceux de leurs membres que la camaraderie militaire aurait voulu soustraire à l'application de cette redoutable pénalité. Les chefs étaient aussi soumis à une responsabilité qui devait activer leur surveillance et stimuler leur sévérité.

Toute cette rigidité prudente était d'ailleurs imitée des Romains, que Bonaparte rappelle si justement dans sa proclamation. Mais ce qu'il y a de vraiment nouveau dans cette pièce remarquable, comme dans la plupart de celles que l'expédition d'Égypte inspira au grand homme qui la dirigeait, c'est le spectacle d'un conquérant qui, toutes les fois qu'il a besoin de faire entendre une parole solennelle à ses soldats ou aux peuples dont il envahit le territoire, ne va point, sur les traces de ses devanciers, rechercher dans des titres pompeux ou terribles l'appui de la superstition, de la vanité ou de la peur, mais qui affecte au contraire de considérer comme son premier titre au respect et à la confiance des nations sa qualité de membre d'une institution académique, dont l'autorité ne repose que sur l'influence pacifique de la pensée et de la raison humaine. Alexandre s'était annoncé, en Égypte même, comme fils de Jupiter; César avait voulu descendre aussi des dieux par Ascagne; Mahomet s'était présenté en prophète, tout en agissant, dans l'exercice de son apostolat, comme un soldat farouche, et en donnant au plus redoutable de ses lieutenants le surnom de l'Épée de Dieu. Attila se fit appeler le fléau de Dieu; et la Divinité elle-même, dans le moyen âge chrétien, comme dans l'antiquité païenne, reçut pour principal attribut, de la part des théologiens et des poëtes, le dépôt de la foudre, le commandement des armées et la direction des batailles. Bonaparte comprenait trop bien le siècle dont il était la plus brillante expression, et sur lequel il devait exercer l'omnipotence du génie, pour s'entourer d'autres prestiges que ceux que de grands talents et de grands succès peuvent enfanter; et comme s'il eût voulu témoigner d'une manière éclatante et par son propre exemple que le progrès social, annoncé par les philosophes et accueilli par les peuples, consistait dans la subordination progressive du glaive à la puissance civilisatrice des arts, du commerce et de la science, il place, lui, le premier des guerriers, chez la nation la plus belliqueuse de la terre, sa qualité de général en chef après celle de simple académicien; il met en tête de ses lettres officielles et de ses proclamations : Bonaparte, MEMBRE DE L'INSTITUT NATIONAL.

La flotte arriva le 1er juillet devant Alexandrie. Nelson y était deux jours auparavant, et, surpris de n'y pas rencontrer l'expédition française, il supposa qu'elle avait gagné les côtes de Syrie, pour débarquer à Alexandrette. Bonaparte, instruit de son apparition, et prévoyant son prochain retour, résolut d'effectuer immédiatement le débarquement de son armée. L'amiral Brueyx y trouvait des inconvénients et s'y oppo-

CHAPITRE SEPTIÈME.

sait de toutes ses forces. Bonaparte insista et fit valoir son commandement suprême. « Amiral, dit-il à Brueys, qui demandait un retard de douze heures seulement, nous n'avons pas de temps à perdre ; la Fortune ne me donne que trois jours ; si je n'en profite pas, nous sommes perdus. »

L'amiral dut céder, heureusement pour son escadre ; car Nelson, ne l'ayant pas trouvée dans les parages où il l'avait cherchée, ne tarda pas à revenir vers Alexandrie. Mais c'était trop tard ; la ténacité et la promptitude de Bonaparte avaient sauvé l'armée française, qui était alors entièrement à terre.

Le débarquement eut lieu dans la nuit du 1ᵉʳ au 2 juillet, à une heure du matin, au Marabout, à trois lieues d'Alexandrie. On marcha aussitôt sur cette ville, dont les remparts furent escaladés. Kléber, qui commandait l'attaque, fut blessé à la tête. Cette conquête ne coûta du reste que peu d'efforts et ne fut suivie d'aucun excès : il n'y eut ni pillage, ni meurtre dans Alexandrie.

Au moment de mettre pied à terre, Bonaparte écrivit la lettre suivante au pacha d'Égypte :

« Le directoire exécutif de la république française s'est adressé plusieurs fois à la Sublime Porte pour demander le châtiment des beys d'Égypte qui accablaient d'avanies les commerçants français.

» Mais la Sublime Porte a déclaré que les beys, gens capricieux et avides, n'écoutaient pas les principes de la justice, et que non-seulement elle n'autorisait pas les insultes qu'ils faisaient à ses bons et anciens amis les Français, mais que même elle leur ôtait sa protection.

» La république française s'est décidée à envoyer une puissante armée pour mettre fin aux brigandages des beys d'Égypte, ainsi qu'elle a été obligée de le faire plusieurs fois dans ce siècle contre les beys de Tunis et d'Alger.

» Toi, qui devrais être le maître des beys, et que cependant ils tiennent au Caire sans autorité et sans pouvoir, tu dois voir mon arrivée avec plaisir.

» Tu es sans doute déjà instruit que je ne viens point pour rien faire contre le Coran ni le sultan ; tu sais que la nation française est la seule et unique alliée qu'ait en Europe le sultan.

» Viens donc à ma rencontre, et maudis avec moi la race impie des beys. »

En entrant dans Alexandrie, il s'empressa de publier une proclamation aux habitants ; elle était ainsi conçue :

« BONAPARTE, MEMBRE DE L'INSTITUT NATIONAL, GÉNÉRAL EN CHEF DE L'ARMÉE FRANÇAISE.

» Depuis assez longtemps les beys qui gouvernent l'Égypte insultent à la nation française et couvrent ses négociants d'avanies; l'heure du châtiment est arrivée.

» Depuis longtemps ces ramassis d'esclaves, achetés dans le Caucase et la Géorgie, tyrannisent la plus belle partie du monde; mais Dieu, de qui dépend tout, a ordonné que leur empire finît.

» Peuples de l'Égypte, on dira que je viens pour détruire votre religion; ne le croyez pas! Répondez que je viens vous restituer vos droits, punir les usurpateurs, et que je respecte plus que les mameluks Dieu, son prophète et le Coran. Dites-leur que tous les hommes sont égaux devant Dieu; la sagesse, les talents et les vertus mettent seuls de la différence entre eux. Or, quelle sagesse, quels talents, quelles vertus distinguent les mameluks, pour qu'ils aient exclusivement tout ce qui rend la vie aimable et douce?

» Si l'Égypte est leur ferme, qu'ils montrent le bail que Dieu leur en a fait. Mais Dieu est juste et miséricordieux pour le peuple.

CHAPITRE SEPTIÈME.

» Tous les Égyptiens seront appelés à gérer toutes les places; les plus sages, les plus instruits, les plus vertueux gouverneront, et le peuple sera heureux.

» Il y avait jadis parmi vous de grandes villes, de grands canaux, un grand commerce; qui a tout détruit, si ce n'est l'avarice, les injustices et la tyrannie des mameluks?

» Cadis, cheiks, imans, schorbadgis, dites au peuple que nous sommes amis des vrais musulmans. N'est-ce pas nous qui avons détruit le pape, qui disait qu'il fallait faire la guerre aux musulmans? N'est-ce pas nous qui avons détruit les chevaliers de Malte, parce que ces insensés croyaient que Dieu voulait qu'ils fissent la guerre aux musulmans? N'est-ce pas nous qui avons été dans tous les siècles les amis du Grand Seigneur (que Dieu accomplisse ses désirs!) et l'ennemi de ses ennemis? Les mameluks, au contraire, ne se sont-ils pas révoltés contre l'autorité du Grand Seigneur, qu'ils méconnaissent encore? ils ne suivent que leurs caprices.

» Trois fois heureux ceux qui seront avec nous! ils prospéreront dans leur fortune et leur rang. Heureux ceux qui seront neutres! ils auront le temps d'apprendre à nous connaître, et ils se rangeront avec nous. Mais malheur, trois fois malheur à ceux qui s'armeront pour les mameluks et combattront contre nous! Il n'y aura pas d'espérance pour eux : ils périront. »

Bonaparte, après avoir confié à Kléber le commandement d'Alexandrie, quitta cette place le 7 juillet, prenant la route de Damanhour, à travers le désert, où la faim, la soif et une chaleur accablante firent éprouver à l'armée des souffrances inouïes auxquelles beaucoup de soldats succombèrent. On trouva quelques soulagements à Damanhour, où Bonaparte établit son quartier général chez le cheik, vieillard qui affectait la pauvreté pour se mettre à couvert des exactions que les apparences de la richesse lui auraient attirées. Il continua à marcher sur le Caire, et en quatre jours il eut battu les mameluks à Ramanieh, et détruit la flottille et la cavalerie des beys à Chebreiss. Dans ce dernier combat, le général en chef avait adopté l'ordre de bataille en carrés, contre lesquels la cavalerie ennemie vint se briser malgré l'audace de son attaque et l'impétuosité de son courage. Au commencement de cette affaire, où le chef de division Pérée, attaqué par une force supérieure, et dans une position périlleuse, obtint un succès éclatant,

les savants Monge et Berthollet rendirent des services essentiels en combattant en personne l'ennemi.

Ces divers avantages remportés sur les Arabes ne furent que le prélude d'un triomphe plus complet, qui ouvrit les portes du Caire à l'armée française. Vers la fin de juillet, elle se trouva en présence de Mourad-Bey, et au pied des pyramides. C'est là que Bonaparte, inspiré à la vue de ces antiques et gigantesques monuments, s'écria, au moment de livrer la bataille : « Soldats, vous allez combattre les dominateurs de l'Égypte; songez que du haut de ces monuments quarante siècles vous contemplent! »

Quarante siècles contemplaient en effet les Français du haut des pyramides! quarante siècles, dont le premier avait vu jeter les fondements de ces immenses tombes royales par les mains serviles des castes égyptiennes, et dont le dernier voyait conquérir, au profit de la civilisation, ces monuments de la servitude antique par les mains libres des citoyens français! La courte harangue de Napoléon indiquait la distance qui séparait les fondateurs des conquérants : les uns, tyrans ou esclaves par la naissance; les autres, tous libres et égaux, chefs ou soldats, selon leur mérite. Des Pharaons, maîtres absolus et oppresseurs des tribus héréditairement soumises aux travaux les plus durs et à l'existence la plus abjecte, au général qui vient dire aux Égyptiens « que tous les hommes sont égaux devant Dieu », et qui leur annonce le règne exclusif des talents et des vertus, il y a une chaîne non interrompue de progrès lents et pénibles, dont le premier anneau touche à la première pierre des pyramides, posée par la misère héréditaire, et le dernier à la proclamation du guerrier qui ne reconnaît qu'à la sagesse et à la capacité le droit de commander aux hommes, et qui se montre plus jaloux et plus fier de la prépondérance de ses lumières que de la puissance de son épée. En disant aux soldats de la république que quarante siècles les contemplent, alors qu'ils ont en face et qu'ils vont combattre les tribus qui ont recueilli les débris de l'esclavage antique, Bonaparte excite vivement l'ardeur de ses troupes à conserver et à étendre les bienfaits d'une civilisation qui a coûté à l'humanité quatre

CHAPITRE SEPTIÈME. 81

mille ans d'efforts et de sacrifices. Du reste, ces témoins imposants et mystérieux ne furent pas attestés en vain : l'armée française répondit par une victoire complète à l'invocation éloquente de son général.

La bataille a reçu le nom d'Embabeh, du village près duquel elle se donna. Les mameluks y furent écrasés après un combat opiniâtre, qui dura dix-neuf heures.

ARMÉE D'ÉGYPTE. — Régiment des Dromadaires, 1798.

Voici le récit de cette lutte acharnée et terrible, tel que le vainqueur se chargea de l'écrire lui-même.

« BATAILLE DES PYRAMIDES.

» Le 3, à la pointe du jour, nous rencontrâmes les avant-gardes, que nous repoussâmes de village en village.

» A deux heures après midi, nous nous trouvâmes en présence des retranchements de l'armée ennemie.

» J'ordonnai aux divisions des généraux Desaix et Reynier de prendre position sur la droite entre Djyzeh et Embabeh, de manière à couper à l'ennemi la communication de la haute Égypte, qui était sa retraite naturelle. L'armée était rangée de la même manière qu'à la bataille de Chebreïss.

» Dès l'instant que Mourad-Bey s'aperçut du mouvement du général Desaix, il se résolut à le charger, et il envoya un de ses beys les plus braves avec un corps d'élite qui, avec la rapidité de l'éclair, chargea les deux divisions. On le laissa approcher jusqu'à cinquante pas, et on l'accueillit par une grêle de balles et de mitraille, qui en fit tomber un grand nombre sur le champ de bataille. Ils se jetèrent dans l'intervalle que formaient les deux divisions, où ils furent reçus par un double feu qui acheva leur défaite.

» Je saisis l'instant, et j'ordonnai à la division du général Bon, qui était sur le Nil, de se porter à l'attaque des retranchements, et au général Vial, qui commande la division du général Menou, de se porter entre le corps qui venait de le charger et les retranchements, de manière à remplir le triple but, d'empêcher le corps d'y rentrer, de couper la retraite à celui qui les occupait, et enfin, s'il était nécessaire, d'attaquer ces retranchements par la gauche.

» Dès l'instant que les généraux Vial et Bon furent à portée, ils ordonnèrent aux première et troisième divisions de chaque bataillon de se ranger en colonnes d'attaque, tandis que les deuxième et quatrième conserveraient leur même position, formant toujours le bataillon carré, qui ne se trouvait plus que sur trois de hauteur, et s'avançait pour soutenir les colonnes d'attaque.

» Les colonnes d'attaque du général Bon, commandées par le brave général Rampon, se jetèrent sur les retranchements avec leur impétuosité ordinaire, malgré le feu d'une assez grande quantité d'artillerie, lorsque les mameluks firent une charge; ils sortirent des retranchements au grand galop. Nos colonnes eurent le temps de faire halte, de faire front de tous côtés, et de les recevoir la baïonnette au bout du fusil, et par une grêle de balles. A l'instant même le champ de bataille en fut jonché. Nos troupes eurent bientôt enlevé les retranchements. Les mameluks en fuite se précipitèrent aussitôt en foule sur leur gauche, mais un bataillon de carabiniers, sous le feu duquel ils furent obligés de passer à cinq pas, en fit une boucherie effroyable. Un très-grand nombre se jeta dans le Nil et s'y noya.

» Plus de quatre cents chameaux chargés de bagage, cinquante pièces d'artillerie, sont tombés en notre pouvoir. J'évalue la perte des mameluks à deux mille hommes de cavalerie d'élite. Une grande partie des beys a été blessée ou tuée. Mourad-Bey a été blessé à la joue. Notre perte se monte à vingt ou trente hommes tués et à cent vingt blessés. Dans la nuit même, la ville du Caire a été évacuée. Toutes leurs chaloupes canonnières, corvettes, bricks, et même une frégate, ont été brûlés, et le 4 nos troupes sont entrées au Caire. Pendant la nuit, la populace a brûlé les maisons des beys et commis plusieurs excès. Le Caire, qui a plus de trois cent mille habitants, a la plus vilaine populace du monde.

» Après le grand nombre de combats et de batailles que les troupes que je commande ont livrés contre des forces supérieures, je ne m'aviserais point de louer leur contenance et leur sang-froid dans cette occasion, si véritablement ce genre tout nouveau n'avait exigé de leur part une patience qui contraste avec l'impétuosité française. S'ils se fussent livrés à leur ardeur, ils n'auraient point eu la victoire, qui ne pouvait s'obtenir que par un grand sang-froid et une grande patience.

» La cavalerie des mameluks a montré une grande bravoure. Ils défendaient leur fortune, et il n'y a pas un d'eux sur lequel nos soldats n'aient trouvé trois, quatre et cinq cents louis d'or.

» Tout le luxe de ces gens-ci était dans leurs chevaux et leur armement. Leurs maisons sont pitoyables. Il est difficile de voir une terre plus fertile et un peuple plus misérable, plus ignorant et plus abruti. Ils préfèrent un bouton de nos soldats à un écu de six francs ; dans les villages, ils ne connaissent pas même une paire de ciseaux. Leurs maisons sont d'un peu de boue. Ils n'ont pour tout meuble qu'une natte de paille et deux ou trois pots de terre. Ils mangent et consomment en général fort peu de chose. Ils ne connaissent point l'usage des moulins, de sorte que nous avons bivouaqué sur des tas immenses de blé, sans pouvoir avoir de farine. Nous ne nous nourrissons que de légumes et de bestiaux. Le peu de grains qu'ils convertissent en farine, ils le font avec des pierres, et dans quelques gros villages, il y a des moulins que font tourner des bœufs.

» Nous avons été continuellement harcelés par des nuées d'Arabes, qui sont les plus grands voleurs et les plus grands scélérats de la terre, assassinant les Turcs comme les Français, tout ce qui leur tombe dans les mains. Le général de brigade Muireur et plusieurs autres aides de camp et officiers de l'état-major ont été assassinés par ces misérables, embusqués derrière des digues et dans des fossés, sur leurs excellents petits chevaux : malheur à celui qui s'éloigne à cent pas des colonnes. Le général Muireur, malgré les représentations de la grande garde, seul, par une fatalité que j'ai souvent remarqué accompagner ceux qui sont arrivés à leur dernière heure, a voulu monter sur un monticule à deux cents pas du camp ; derrière étaient trois bédouins qui l'ont assassiné. La république fait une perte réelle : c'était un des généraux les plus braves que je connusse.

» La république ne peut avoir une colonie plus à sa portée et d'un sol plus riche que l'Égypte. Le climat est très-sain, parce que les nuits sont fraîches. Malgré quinze jours de marche, de fatigues de toute espèce, la privation du vin, et même de tout ce qui peut alléger la fatigue, nous n'avons point de malades. Le soldat a trouvé une grande ressource dans les pastèques, espèce de melons d'eau qui sont en très-grande quantité.....

» L'artillerie s'est spécialement distinguée. Je vous demande le grade de général de division pour le général de brigade Dommartin. J'ai promu au grade de général de brigade le chef de brigade Destaing, commandant la quatrième demi-brigade. Le général Zayonscheck s'est fort bien conduit dans plusieurs missions importantes que je lui ai confiées. L'ordonnateur Sucy s'était embarqué sur notre flottille du Nil pour être plus à portée de nous faire passer des vivres du Delta. Voyant que je redoublais de marche, et désirant être à mes côtés lors de la bataille, il se jeta dans une chaloupe canonnière, et, malgré les périls qu'il avait à courir, il se sépara de la flottille. La chaloupe échoua ; il fut assailli par une grande quantité d'ennemis ; il montra le plus grand courage ; blessé très-dangereusement au bras, il parvint, par son exemple, à ranimer l'équipage et à tirer la chaloupe du mauvais pas où elle s'était engagée.

» Nous sommes sans aucune nouvelle de France depuis notre départ.....

» Je vous prie de faire payer une gratification de 1,200 fr. à la femme du citoyen Larrey, chirurgien en chef de l'armée. Il nous a rendu, au milieu du désert, les plus grands services par son activité et son zèle. C'est l'officier de santé que je connaisse le plus fait pour être à la tête des ambulances d'une armée. »

6.

Le lendemain 4 thermidor (22 juillet), Bonaparte s'approcha du Caire et publia la proclamation suivante :

« Peuple du Caire, je suis content de votre conduite; vous avez bien fait de ne pas prendre parti contre moi. Je suis venu pour détruire la race des mameluks, protéger le commerce et les naturels du pays. Que tous ceux qui ont peur se tranquillisent; que ceux qui se sont éloignés rentrent dans leurs maisons; que la prière ait lieu aujourd'hui comme à l'ordinaire, comme je veux qu'elle continue toujours. Ne craignez rien pour vos familles, vos maisons, vos propriétés, et surtout pour la religion du prophète que j'aime. Comme il est urgent qu'il y ait des hommes chargés de la police, afin que la tranquillité ne soit point troublée, il y aura un divan, composé de sept personnes, qui se réuniront à la mosquée de Ver; il y en aura toujours deux près du commandant de la place, et quatre seront occupées à maintenir la tranquillité publique et à veiller à la police. »

Bonaparte entra, le 24 juillet, dans la capitale de l'Égypte. Le 25, il écrivit à son frère Joseph, membre du conseil des Cinq-Cents :

« Tu verras dans les papiers publics, lui dit-il, les bulletins des batailles et de la conquête de l'Égypte, qui a été assez disputée pour ajouter encore une feuille à la gloire militaire de cette armée. L'Égypte est le pays le plus riche en blé, riz, légumes, viande, qui existe sur la terre. La barbarie est à son comble. Il n'y a point d'argent, pas même pour solder les troupes. Je peux être en France dans deux mois.

» Fais en sorte que j'aie une campagne à mon arrivée, soit près de Paris, soit en Bourgogne. J'y compte passer l'hiver. »

Cette lettre prouve que Napoléon croyait sa conquête assez assurée pour pouvoir en confier la conservation, sans danger, à la prudence et à l'habileté de ses lieutenants. Mais pourquoi ce retour inopiné en France? venait-il y chercher de nouvelles ressources militaires et des éléments de colonisation, comme quelques-uns l'ont pensé?

ou bien n'avait-il d'autre but que de se rapprocher du théâtre où son destin l'appelait à jouer le premier rôle, et regardait-il comme prochains les événements qu'il avait prévus et souhaités depuis longtemps, dans l'intérêt de son élévation? Il nous semble que la dernière supposition est la plus vraisemblable.

CHAPITRE HUITIÈME.

Désastre d'Aboukir — Établissements et institutions de Bonaparte en Égypte. — Campagne de Syrie. — Retour en Égypte. — Bataille d'Aboukir. — Départ pour la France.

ANDIS que Desaix poursuivait Mourad-Bey dans la haute Égypte, Napoléon s'occupait, au Caire, de donner une administration régulière aux provinces égyptiennes. Mais Ibrahim-Bey, qui s'était porté en Syrie, obligea, par ses mouvements, le conquérant législateur de quitter ses travaux de pacification pour retourner au combat. Bonaparte le rencontra et le battit à Salehey'h. Le brave Sulkowsky fut blessé dans cette affaire.

La joie de ce nouveau triomphe fut bientôt troublée par une nouvelle déplorable. Kléber annonça par une dépêche à Bonaparte que Nelson venait de détruire la flotte française à Aboukir, après une lutte désespérée. Dès que le bruit de cette catastrophe se fut répandu dans l'armée, le mécontentement et la consternation furent au comble. Les soldats et les généraux, que le dégoût et l'inquiétude avaient saisis aux premiers jours du débarquement, ressentirent plus vivement que jamais les atteintes de la nostalgie, et exhalèrent souvent leur désenchantement en murmures. Napoléon, mesurant d'un coup d'œil toute l'énormité de ce désastre, en parut d'abord accablé; et comme on lui disait que le Directoire s'empresserait sans doute de le réparer, il interrompit vivement : « Votre Directoire! dit-il, c'est un tas de..... Ils m'envient et me haïssent; ils me laisseront périr ici. Et puis, ajouta-t-il en désignant son état-major, ne voyez-vous pas toutes ces figures? c'est à qui ne restera pas. »

Mais l'abattement n'allait pas à sa grande âme, et il s'en releva bientôt pour s'écrier avec l'accent d'une héroïque résignation : « Eh bien! nous resterons ici, ou nous en sortirons grands comme les anciens!!! »

Dès ce moment Bonaparte s'occupa, avec une ardeur et une activité infatigables, à l'organisation civile de l'Égypte. Plus que jamais il sentit le besoin de se concilier les habitants du pays, et d'y former des établissements durables. L'une de ses premières et principales créations fut celle d'un institut sur le modèle de celui de Paris. Il le

divisa en quatre classes : mathématiques, physique, économie politique, littérature et beaux-arts. La présidence en fut donnée à Monge, et Bonaparte s'honora lui-même

du titre de vice-président. L'installation de ce corps eut lieu avec solennité. C'est là que l'immortel guerrier confirma ses belles paroles au chef de l'Institut de France, lors de son admission, en ne se montrant jaloux de ses conquêtes qu'autant qu'il les faisait sur la barbarie, et que le progrès de ses armes n'était pas autre que le progrès des lumières.

Bonaparte, déjà populaire parmi les musulmans, qui l'appelaient le sultan Kébir (père du feu), fut admis et invité par eux à toutes leurs fêtes.

C'est ainsi qu'il assista, mais sans y présider, comme on l'a cru, à celles du débordement du Nil et de l'anniversaire de la naissance de Mahomet. Les égards qu'il témoigna pour la religion du prophète, en toute occasion, ne contribuèrent pas peu à faire respecter son nom et son autorité parmi les Égyptiens. On a voulu voir dans cette conduite une espèce de sympathie pour l'islamisme, quand il n'y avait que de l'habileté politique [1]. Bonaparte n'était ni musulman ni chrétien; lui et son armée représentaient en Égypte la philosophie française, le scepticisme tolérant, l'indifférence religieuse du dix-huitième siècle. Seulement, à défaut de religion positive dans sa tête, il nourrissait un fonds de vague religiosité dans son âme. Mais cette disposition, qui le préserva de l'hiérophobie de son temps, et qui lui permit de conserver sérieusement et d'entretenir des relations de bienveillance avec les imans et les cheiks, comme il a pu le faire, en d'autres circonstances, avec les ministres du christianisme ou du

judaïsme; cette disposition ne le rapprochait pas plus du Coran que de l'Évangile.

L'anniversaire de la fondation de la République fut célébré au Caire le 1er vendémiaire an VII. Bonaparte présida à cette solennité patriotique. « Soldats, dit-il à ses compagnons d'armes, il y a cinq ans, l'indépendance du peuple était menacée; vous reprîtes Toulon, ce fut le présage de la ruine de vos ennemis. Un an après, vous battiez les Autrichiens à Dégo; l'année suivante, vous étiez sur le sommet des Alpes. Vous luttiez contre Mantoue, il y a deux ans, et nous remportions la célèbre bataille de Saint-Georges. L'an passé, vous étiez aux sources de la Drave et de l'Isonzo, de retour de l'Allemagne. Qui eût dit alors que vous seriez aujourd'hui sur les bords du Nil, au centre de l'ancien continent? Depuis l'Anglais, célèbre dans les arts et le com-

---

[1] M. de Bourrienne, témoin oculaire, dément tout ce que Walter Scott et d'autres écrivains ont avancé sur la participation solennelle de Bonaparte aux cérémonies musulmanes. Il affirme qu'il n'y parut qu'en simple spectateur, et toujours avec le costume français.

merce, jusqu'au hideux et féroce bédouin, vous fixez les regards du monde. Soldats ! votre destinée est belle, parce que vous êtes dignes de ce que vous avez fait et de l'opinion que l'on a de vous. Vous mourrez avec honneur comme les braves dont les noms sont inscrits sur cette pyramide [1], ou vous retournerez dans votre patrie couverts de lauriers et de l'admiration de tous les peuples.

» Depuis cinq mois que nous sommes éloignés de l'Europe, nous avons été l'objet perpétuel des sollicitudes de nos compatriotes. Dans ce jour, quarante millions de citoyens célèbrent l'ère du gouvernement représentatif ; quarante millions de citoyens pensent à vous ; tous disent : « C'est à leurs travaux, à leur sang que nous devons la paix générale, le repos, la prospérité du commerce et les bienfaits de la liberté civile. »

De leur côté, les cheiks, en reconnaissance de la part que Bonaparte avait prise à leurs fêtes [2], s'associèrent, du moins en apparence, aux réjouissances de l'armée

[1] Il avait fait graver sur la colonne de Pompée le nom des quarante premiers soldats morts en Égypte.
[2] Ce fut chez le cheik El-Bekri que Napoléon participa à la célébration de l'anniversaire de Mahomet. Il y trouva deux jeunes mameluks, Ibrahim et Roustan, dont il fit la demande au cheik, qui les lui céda. Il ne portait, du reste, ni turban, ni aucun autre insigne de mahométisme. Il avait fait faire, à la vérité, un costume turc, mais par pure fantaisie et pour s'en amuser avec ses familiers. Comme on lui déclara franchement qu'il n'allait pas à sa physionomie et à ses allures, il ne l'essaya pas deux fois.

française; ils firent retentir la grande mosquée de chants d'allégresse, ils prièrent le grand Allah « de bénir le favori de la victoire[1], et de faire prospérer l'armée des braves de l'Occident. »

Au milieu de ces démonstrations amicales, les chefs des mameluks, alliés de l'Angleterre, Ibrahim et Mourad-Bey, fomentaient une insurrection qui ne tarda pas d'éclater dans la capitale même de l'Égypte. Bonaparte était alors au Vieux-Caire : dès qu'il fut instruit de ce qui se passait, il se hâta de revenir à son quartier général. Les rues du Caire furent vite balayées par les troupes françaises, qui réduisirent les révoltés à se jeter dans la grande mosquée, où ils furent bientôt foudroyés par l'artillerie. Ils avaient refusé de capituler : le bruit du tonnerre qui vint frapper leur imagination superstitieuse les rendit plus traitables. Mais Napoléon repoussa leurs propositions tardives. « L'heure de la clémence est passée, leur dit-il; vous avez commencé, c'est à moi de finir. » Les portes de la mosquée furent aussitôt forcées, et le sang des Turcs coula en abondance. Bonaparte avait à venger, entre autres, la mort du général Dupuis, commandant de la place, et celle du brave Sulkowsky, pour lequel il avait autant d'affection que d'estime.

L'influence anglaise, qui avait provoqué la sédition du Caire et le soulèvement de toute l'Égypte, parvint aussi à déterminer le divan de Constantinople à des actes d'hostilité contre la France. Un manifeste du Grand Seigneur, rempli d'imprécations et d'invectives, vouait les drapeaux de la république à l'ignominie, et ses soldats à l'extermination. Bonaparte répondit à ces outrages et à ces provocations homicides par une proclamation qui se terminait ainsi : « Le plus religieux des prophètes a dit : La sédition est endormie; maudit soit celui qui la réveillera ! »

Il se rendit peu après à Suez pour visiter les traces de l'ancien canal qui joignait les eaux du Nil à la mer Rouge. Monge et Berthollet l'accompagnèrent; ayant eu le désir

---

[1] Napoléon a laissé en Égypte autant qu'en Europe des traces impérissables de son passage; son nom est en vénération chez les barbares comme chez les peuples civilisés qu'il soumit à ses armes. Le célèbre orientaliste Champollion jeune, qu'une mort prématurée a enlevé à la science et à ses amis, nous a raconté qu'ayant été accueilli par un bey de la Thébaïde, dans son voyage aux ruines égyptiennes, et que se trouvant à dîner chez lui, il se crut obligé de porter un toast au vice-roi, persuadé que son hôte

de voir les sources de Moïse, il faillit devenir victime de sa curiosité, en s'égarant, par l'effet de la nuit, à travers la marée montante. « Je courus le danger de périr comme Pharaon, a-t-il dit lui-même ; ce qui n'eût pas manqué de fournir à tous les prédicateurs de la chrétienté un texte magnifique contre moi. »

Les moines du mont Sinaï, le sachant dans leur voisinage, lui envoyèrent une députation pour lui demander de s'inscrire sur leur registre, à la suite d'Ali, de Saladin, d'Ibrahim, etc. Napoléon ne leur refusa pas cette faveur qui flattait sa propre passion pour la célébrité.

Cependant Djezzar-Pacha s'était emparé du fort d'El-Arish, en Syrie. Napoléon, qui méditait depuis quelque temps une campagne dans cette province, résolut aussitôt d'exécuter son dessein. La nouvelle des succès de Djezzar lui était arrivée à Suez ; il s'empressa de retourner au Caire pour y prendre les troupes dont il avait besoin pour son expédition, et, après avoir assuré la tranquillité et la soumission de cette capitale par le supplice nocturne des chefs du peuple qui avaient figuré dans la dernière révolte, il quitta l'Égypte et entra en Asie. Le désert était devant lui ; il le traversa, monté le plus souvent sur un dromadaire, qui résistait mieux que ses chevaux à la chaleur et aux fatigues. L'avant-garde s'étant égarée, il ne la retrouva qu'au moment où elle se livrait au désespoir, près de succomber de lassitude ou de mourir de soif. Bonaparte annonça de l'eau et des vivres à ces malheureux soldats : « Mais quand tout cela eût tardé davantage, leur dit-il,

lui rendrait cette politesse purement officielle en buvant au roi de France, alors Charles X. Mais le bey laissa de côté les convenances diplomatiques, et s'abandonnant à un sentiment d'admiration que partageait bien certainement notre illustre ami, il lui dit avec l'accent du plus vif enthousiasme : « Je vais te proposer un toast que tu ne refuseras pas : *Au grand Bonaparte !* »

CHAPITRE HUITIÈME.

serait-ce une raison de murmurer et de manquer de courage? Non, soldats, apprenez à mourir avec honneur. »

Cependant les privations et les souffrances physiques devenaient telles quelquefois, que la hiérarchie et la discipline en étaient gravement altérées. Il arriva à un soldat français, sur les sables brûlants de l'Arabie, de céder avec peine à ses chefs quelques

gouttes d'eau bourbeuse ou l'ombre de quelques pans de vieux mur, comme il leur disputa plus tard, au milieu des glaces de la Russie, le coin d'un mauvais foyer ou des lambeaux de cheval. Un jour que le général en chef se sentait suffoqué par l'ardeur du soleil, il obtint comme une grâce de mettre sa tête à l'ombre sous un débris de porte. « Et l'on me faisait là, a dit Napoléon, une immense concession. » En soulevant du pied quelques pierres, il découvrit un camée d'Auguste, auquel les savants ont attaché beaucoup de prix, et que Napoléon donna d'abord à Andréossy, pour le reprendre ensuite et en gratifier Joséphine. Ce fut sur les ruines de Péluse que cette belle découverte eut lieu.

En allant chercher l'armée turque en Syrie, Bonaparte se proposait de pousser plus loin ses attaques indirectes contre la puissance britannique. Le projet d'une expédition dans l'Inde, à travers la Perse, était arrêté dans son esprit, et il avait écrit à Tippo-Saïb une lettre ainsi conçue : « Vous aurez déjà été instruit de mon arrivée sur les bords de la mer Rouge, avec une armée innombrable et invincible, remplie du désir de vous délivrer du joug de fer de l'Angleterre.

» Je m'empresse de vous faire connaître le désir que j'ai que vous me donniez, par la voie de Mascate ou de Moka, des nouvelles de la situation politique où vous vous trouvez. Je désirerais même que vous pussiez envoyer à Suez ou au grand Caire quelque homme adroit qui eût votre confiance, avec lequel je pusse conférer. »

Cette lettre resta sans réponse. Elle avait été écrite le 25 janvier 1799, et l'empire de Tippo-Saïb tomba peu de temps après.

Bonaparte arriva devant El-Arish au milieu de février.

Ce fort capitula dès le 16 de ce mois, après une déroute complète des mameluks. Six jours après, Gaza ouvrit ses portes. Quand on fut près de Jérusalem, Bonaparte, à qui l'on demandait s'il n'avait pas le désir de passer par cette ville, répondit vivement : « Oh! pour cela, non! Jérusalem n'est point dans ma ligne d'opérations; je ne veux pas avoir affaire à des montagnards dans des chemins difficiles. Et puis, de l'autre côté du moins, je serai assailli par une nombreuse cavalerie. Je n'ambitionne pas le sort de Cassius.

Le 6 mars, Jaffa fut emporté d'assaut et abandonné au pillage et au massacre. Bonaparte envoya ses aides de camp Beauharnais et Croisier pour apaiser la fureur du soldat. Ils arrivèrent à temps pour accorder la vie sauve à quatre mille Arnautes ou Albanais, qui faisaient partie de la garnison, et qui avaient échappé au carnage en se réfugiant dans de vastes caravansérails. Lorsque le général en chef aperçut cette masse de prisonniers qu'on lui amenait, il s'écria d'un ton pénétré : « Que veulent-ils que j'en fasse ? Ai-je des vivres pour les nourrir, des bâtiments pour les transporter en France ou en Égypte ? Que diable m'ont-ils fait là ? » Les aides de camp s'excusèrent sur le danger qu'ils auraient couru à refuser la capitulation, en rappelant d'ailleurs à Bonaparte la mission d'humanité qu'il leur avait confiée. « Oui, sans doute, répliqua-t-il vivement, pour les

femmes, les enfants et les vieillards, mais non pas pour des soldats armés ; il fallait mourir et ne pas m'amener ces malheureux. Que voulez-vous que j'en fasse ? » Il délibéra pendant trois jours sur le sort de ces malheureux, attendant que la mer et les vents lui amenassent une voile hospitalière pour le débarrasser de ses prisonniers, sans le réduire à faire couler encore des flots de sang. Mais les murmures de l'armée ne lui permirent pas de retarder davantage une mesure qui lui inspirait la plus grande répugnance. L'ordre de fusiller les Arnautes et les Albanais fut donné le 10 mars.

CHAPITRE HUITIÈME.

La prise de Jaffa fut annoncée au Caire par la proclamation suivante :

« Au nom de Dieu, miséricordieux, clément, très-saint, maître du monde, qui fait de sa propriété ce qu'il veut, qui dispose de la victoire, voici le récit des grâces que Dieu très-haut a accordées à la république française ; aussi nous nous sommes emparés de Jaffa, en Syrie.

» Djezzar avait l'intention de se rendre en Égypte, la demeure des pauvres, avec les brigands arabes. Mais les décrets de Dieu détruisent les ruses des hommes. Il voulait faire couler le sang, selon son usage barbare, à cause de son orgueil et des mauvais principes qu'il a reçus des mameluks et de son peu d'esprit ; il n'a pas pensé que tout vient de Dieu.

» Le 26 de ramazan, l'armée française cerna Jaffa. Le 27, le général en chef fit faire des fossés, parce qu'il vit que la ville était garnie de canons et renfermait beaucoup de monde. Le 29, le fossé était d'environ cent pieds de longueur. Le général en chef fit placer les canons, les mortiers et des batteries du côté de la mer pour arrêter ceux qui voudraient sortir.

» Le jeudi, dernier jour de ramazan, le général en chef eut pitié des habitants de Jaffa ; il fit sommer le gouverneur ; pour toute réponse, on arrêta l'envoyé, contre toutes les lois de la guerre et de Mahomet.

» A l'instant la colère de Bonaparte éclata ; il fit tirer le canon et les bombes. En peu d'instants, le canon de Jaffa fut démonté. A midi, la muraille avait une brèche ; on donna l'assaut, et en moins d'une heure les Français eurent pris la ville et les forts. Les deux armées commencèrent à se battre. Les Français furent vainqueurs ; le pillage dura toute la nuit. Le vendredi, le général eut compassion des Égyptiens qui se trouvaient à Jaffa ; pauvres et riches, il leur accorda le pardon et les fit retourner avec honneur dans leur pays. Il en agit de même à l'égard de ceux de Damas et d'Alep.

» Dans le combat, plus de quatre mille hommes de Djezzar furent tués par la fusillade et l'arme blanche. Les Français perdirent peu de monde. Il y eut peu de blessés ; ils pénétrèrent par le chemin du pont sans être vus. O adorateurs de Dieu ! soumettez-vous à ses décrets ; ne vous opposez pas à sa volonté ; observez ses commandements. Sachez que le monde est sa propriété, et qu'il la donne à qui il veut. Sur ce, le salut et la miséricorde de Dieu. »

L'armée française avait apporté en Syrie les germes de la peste ; elle se développa au siége de Jaffa, et devint chaque jour plus intense. Bonaparte dit de l'adjudant général Grésieux, qui ne voulait toucher personne, pour se garantir de la contagion : « S'il a peur de la peste, il en mourra. » Sa prédiction s'accomplit au siége d'Acre.

Ce fut le 16 mars que Bonaparte arriva devant cette place. Il y rencontra une résistance plus vigoureuse qu'il ne l'avait supposé. Le général Cafarelli y reçut une blessure mortelle ; avant de rendre le dernier soupir, il se fit lire la préface de Voltaire à l'*Esprit des lois,* ce qui ne parut pas peu singulier au général en chef, qui fut d'ailleurs profondément affligé de cette perte.

Des nouvelles de la haute Égypte arrivèrent au quartier général. Desaix annonçait, entre autres, que la djerme *l'Italie* avait échoué sur la rive occidentale du Nil, après un combat sanglant. Napoléon, dont le génie fut quelquefois accessible aux inspirations superstitieuses [1], s'écria en apprenant ce funeste événement : « L'Italie est perdue pour la France : c'en est fait ; mes pressentiments ne me trompent jamais. »

Pendant le siége de Saint-Jean-d'Acre, l'armée française gagna la célèbre bataille  du mont Thabor, où Kléber, attaqué et enveloppé par douze mille cavaliers et autant d'hommes de pied, leur opposa avec trois mille fantassins la plus héroïque résistance. Bonaparte, instruit de la force de l'ennemi, se détacha avec une division pour soutenir Kléber. Arrivé sur le champ de bataille, il partagea sa division en deux carrés, et la disposa de manière à former un triangle équilatéral avec le carré de Kléber, mettant ainsi l'ennemi au milieu d'eux. Le feu terrible qui partit alors des extrémités de ce triangle fit tourbillonner les mameluks sur eux-mêmes et les dispersa dans toutes les directions, laissant la plaine couverte de cadavres. Cette armée, que les habitants disaient innombrable comme les étoiles du ciel et les sables de la mer, avait été détruite par six mille Français.

Après deux mois de siége, Napoléon, voyant sa petite armée s'affaiblir chaque jour par les ravages de la peste et par les combats fréquents qu'il fallait soutenir contre une garnison intrépide, que commandait un chef opiniâtre, se décida à retourner en Égypte. Tous ses vastes projets sur l'Orient, qui le faisaient promener son imagina-

---

[1] Il refusa cependant, au Caire, de se prêter aux jongleries de l'un de ces prophètes vagabonds qui parcourent l'Orient, et qui voulait lui dire sa bonne fortune.

CHAPITRE HUITIÈME.

tion ambitieuse tantôt sur l'Indus, tantôt sur le Bosphore, l'abandonnèrent en ce moment; ce qui lui a fait dire plus tard que « si Saint-Jean-d'Acre fût tombé, il changeait la face du monde; que le sort de l'Orient était dans cette bicoque. »

Voici la proclamation qu'il publia à son quartier général d'Acre, pour annoncer et justifier son retour en Égypte :

« Soldats,

» Vous avez traversé le désert qui sépare l'Afrique de l'Asie avec plus de rapidité qu'une armée arabe.

» L'armée arabe qui était en marche pour envahir l'Égypte est détruite; vous avez pris son général, ses équipages de campagne, ses bagages, ses outres, ses chameaux.

» Vous vous êtes emparés de toutes les places fortes qui défendent les puits du désert.

» Vous avez dispersé aux champs du mont Thabor cette nuée d'hommes accourus de toutes les parties de l'Asie, dans l'espoir de piller l'Égypte.

» Les trente vaisseaux que vous avez vus arriver dans Acre, il y a douze jours, portaient l'armée qui devait assiéger Alexandrie; mais, obligée d'accourir à Acre, elle y a fini ses destins : une partie de ses drapeaux orneront votre entrée en Égypte.

» Enfin, après avoir, avec une poignée d'hommes, nourri la guerre pendant trois mois dans le cœur de la Syrie, pris quarante pièces de campagne, cinquante drapeaux, fait six mille prisonniers, rasé les fortifications de Gaza, Jaffa, Caïffa, Acre, nous allons rentrer en Égypte : la saison des débarquements m'y appelle.

» Encore quelques jours, et vous aviez l'espoir de prendre le pacha même au milieu de son palais; mais, dans cette saison, la prise du château d'Acre ne vaut pas la perte de quelques jours : les braves que je devrais y perdre sont aujourd'hui nécessaires pour des opérations plus essentielles. »

Le signal de la retraite fut donné le 20 mai. Bonaparte voulut que tout le monde se mît à pied, pour laisser les chevaux à la disposition des blessés et des pestiférés. Quand son écuyer vint lui demander quel cheval il se réservait pour lui-même, il le renvoya avec colère en lui criant : « Que tout le monde aille à pied!... moi le premier; ne connaissez-vous pas l'ordre? Sortez. »

A Jaffa, où l'on arriva le 24, les malades encombraient les hôpitaux; la fièvre y sévissait avec la plus grande intensité. Le général en chef visita ces malheureux : il compatit vivement à leurs souffrances, et se montra douloureusement affecté d'un aussi triste spectacle. L'ordre de les évacuer fut donné. Mais il y avait parmi eux des pestiférés, dont le nombre s'élevait à soixante, selon M. de Bourrienne, et, entre ceux-ci, sept à huit étaient tellement malades, dit le *Mémorial de Sainte-Hélène*, qu'ils ne pouvaient vivre au delà de vingt-quatre heures. Que faire de ces moribonds? Bonaparte consulta : on lui répondit que plusieurs demandaient instamment la mort; que leur contact pourrait être funeste à l'armée, et que ce serait à la fois un acte de prudence et de charité d'avancer leur mort de quelques heures. Il est à peu près certain qu'une potion soporifique leur fut administrée.

En s'approchant du Caire, Bonaparte eut soin d'ordonner qu'on lui préparât une réception triomphale dans cette capitale pour détruire ou atténuer les fâcheuses impressions que l'issue de l'expédition de Syrie pouvait faire sur l'esprit des habitants et des soldats. Il fallait prévenir le découragement des uns et contenir les dispositions séditieuses des autres. La politique lui faisait un besoin, et nous dirons même un devoir, de dissimuler ses pertes et d'exagérer ses avantages.

Le divan du Caire répondit aux vues de Bonaparte; il ordonna des fêtes et publia une proclamation où se trouvent les passages suivants :

« Il est arrivé au Caire, le bien gardé, le chef de l'armée française, le général Bonaparte, qui aime la religion de Mahomet.... Il est entré au Caire par la porte de la Victoire.... Ce jour est un grand jour, on n'en a jamais vu de pareil.... il fut à Gaza et à Jaffa : il a protégé les habitants de Gaza; mais ceux de Jaffa, égarés, n'ayant pas voulu se rendre, il les livra tous, dans sa colère, au pillage et à la mort. Il a détruit tous les remparts et fait périr tout ce qui s'y trouvait. »

Pendant son séjour au Caire, Napoléon s'occupa de travaux de statistique sur l'Égypte. Les notes qu'il rédigea ont été publiées dans les mémoires de son secrétaire.

Une nouvelle incursion de Mourad-Bey dans la basse Égypte l'arracha bientôt à ses paisibles occupations. Il quitta le Caire le 14 juillet et s'achemina vers les Pyramides.

Mais un message de Marmont, qui commandait à Alexandrie, lui apporta, le 5 au soir, la nouvelle que les Turcs, protégés par les Anglais, avaient opéré un débarquement à Aboukir, dans la journée du 11. Le général en chef vola aussitôt au-devant de l'armée musulmane, commandée par Mustapha-Pacha; il lui tardait de venger le désastre d'Aboukir dans Aboukir

même. Cette vengeance fut complète. Dix mille hommes furent rejetés dans la mer, le reste fut pris ou tué. Laissons parler Bonaparte lui-même écrivant au Directoire sur cette grande journée.

« Je vous ai annoncé, par ma dépêche du 21 floréal, que la saison des débarquements me déterminait à quitter la Syrie.

» Le 23 messidor, cent voiles, dont plusieurs de guerre, se présentent devant Alexandrie, et mouillent à Aboukir. Le 27, l'ennemi débarque, prend d'assaut, et avec une intrépidité singulière, la redoute palissadée d'Aboukir. Le fort capitule;

l'ennemi débarque son artillerie de campagne, et, renforcé par cinquante voiles, il prend position, sa droite appuyée à la mer, sa gauche au lac Maadieh, sur de hautes collines de sable.

» Je pars de mon camp des Pyramides le 27, j'arrive le 1ᵉʳ thermidor à Rahmanieh, je choisis Birket pour le centre de mes opérations, et, le 7 thermidor, à sept heures du matin, je me trouve en présence de l'ennemi.

» Le général Lannes marche le long du lac, et se range en bataille vis-à-vis la gauche de l'ennemi, dans le temps que le général Murat, qui commande l'avant-garde, fait attaquer la droite par le général Destaings; il est soutenu par le général Lanusse.

» Une belle plaine de quatre cents toises sépare les ailes de l'armée ennemie : notre cavalerie y pénètre, et, avec la rapidité de la pensée, se trouve sur les derrières de la gauche et de la droite de l'ennemi, qui, sabré, culbuté, se noie dans la mer : pas un n'échappe. Si c'eût été une armée européenne, nous faisions trois mille prisonniers : ici ce furent trois mille morts.

» La seconde ligne de l'ennemi, située à cinq ou six cents toises, occupe une position formidable. L'isthme est là extrêmement étroit; il était retranché avec le plus grand soin, flanqué de trente chaloupes canonnières : en avant de cette position, l'ennemi occupait le village d'Aboukir, qu'il avait crénelé et barricadé. Le général Murat force le village; le général Lannes, avec la 22e et une partie de la 69e, se porte sur la gauche de l'ennemi; le général Fugières, en colonnes serrées, attaque la droite. La défense et l'attaque sont également vives; mais l'intrépide cavalerie du général Murat a résolu d'avoir le principal honneur de cette journée; elle charge l'ennemi sur sa gauche, se porte sur les derrières de la droite, la surprend à un mauvais passage, et en fait une horrible boucherie. Le citoyen Bernard, chef de bataillon de la 69e, et le citoyen Bayle, capitaine de grenadiers de cette demi-brigade, entrent les premiers dans la redoute, et par là se couvrent de gloire.

» Toute la seconde ligne de l'ennemi, comme la première, reste sur le champ de bataille ou se noie.

» Il reste à l'ennemi trois mille hommes de réserve qu'il a placés dans le fort d'Aboukir, situé à quatre cents toises derrière la seconde ligne; le général Lanusse l'investit : on le bombarde avec six mortiers.

» Le rivage, où, l'année dernière, les courants ont porté les cadavres anglais et français, est aujourd'hui couvert de ceux de nos ennemis : on en a compté plusieurs milliers : pas un seul homme de cette armée ne s'est échappé.

» Mustapha, pacha de Romélie, général en chef de l'armée, et cousin germain de l'ambassadeur turc à Paris, est prisonnier avec tous ses officiers : je vous envoie ses trois queues....

» Le gain de cette bataille est dû principalement au général Murat : je vous demande pour ce général le grade de général de division, sa brigade de cavalerie a fait l'impossible....

» J'ai fait présent au général Berthier, de la part du Directoire exécutif, d'un poignard d'un beau travail, comme marque de satisfaction des services qu'il n'a cessé de rendre pendant toute la campagne.... »

Bonaparte profita de ce succès pour envoyer un parlementaire à l'amiral anglais. Celui-ci lui fit passer la gazette française de Francfort du 10 juin 1799. Le général français, qui se plaignait depuis longtemps de ce qu'on le laissait sans nouvelles d'Europe, parcourut cette feuille avec avidité. Il y vit la triste situation des affaires de France et les revers de nos armées : « Eh bien! s'écria-t-il, mon pressentiment ne m'a pas trompé; l'Italie est perdue!!! Les misérables! Tout le fruit de nos victoires a disparu! il faut que je parte. »

Sa résolution fut prise dès cet instant; il la confia à Berthier et à l'amiral Gantheaume, qui fut chargé de préparer deux frégates, *la Muiron* et *la Carrère*, et deux petits bâtiments, *la Revanche* et *la Fortune*, pour transporter le général et sa suite en France.

Il s'agissait de laisser le commandement en chef de l'armée aux mains les plus dignes. Bonaparte avait à choisir entre Desaix et Kléber. Jaloux d'emmener le premier avec lui, il se décida à désigner le second pour son successeur, quoiqu'ils ne fussent pas très-bien ensemble[1]. Il lui écrivit pour lui faire part de son dessein et pour lui

---

[1] Bonaparte avait écrit à Kléber, en 1798 : « Croyez au prix que j'attache à votre estime et à votre amitié. Je crains que nous ne soyons un peu brouillés. Vous seriez injuste si vous doutiez de la peine que j'en éprouverais. Sur le sol de l'Égypte, les nuages, quand il y en a, passent dans six heures; de mon côté, s'il y en avait, ils seraient passés dans trois. » Tout cela témoigne de la crainte d'une rupture

CHAPITRE HUITIÈME.

transmettre le pouvoir dont il le chargeait. Parmi les instructions qu'il lui donna nous trouvons cette phrase : « Les chrétiens seront toujours nos amis : il faut les empêcher d'être trop insolents, afin que les Turcs n'aient pas contre nous le même fanatisme que contre les chrétiens, ce qui nous les rendrait irréconciliables. »

Le retour de Bonaparte fut-il désiré et sollicité par le Directoire[1], qui l'avait vu partir avec une joie secrète que le guerrier n'ignorait pas lui-même? On a cité une lettre signée de Treilhard, Lareveillère-Lépaux et Barras, et par laquelle Napoléon aurait été particulièrement déterminé à quitter l'Égypte. Il est difficile de dire, au milieu de versions contradictoires, comment lui vint cette résolution; ce qui nous paraît certain, c'est que, dégoûté de ses vues sur l'Orient par le mauvais succès de sa campagne de Syrie, et instruit de l'état des choses et des esprits en France, il crut que le moment était venu de laisser apparaître ses idées ambitieuses et de les tourner

---

plus que d'une sympathie mutuelle. Les deux guerriers pouvaient et devaient s'estimer, mais il était évident qu'ils ne s'aimaient pas.

[1] On a parlé aussi de missives que Bonaparte aurait reçues de ses frères au siége d'Acre, par l'intermédiaire d'un officier nommé Bourbaki, et qui l'auraient engagé à abandonner ce siége pour retourner en France. Cela n'est pas vraisemblable. Bonaparte se plaignait de l'ignorance complète où il était des affaires d'Europe, jusqu'au moment de son départ.

vers l'Occident. « Les nouvelles d'Europe, dit-il dans une proclamation datée d'Alexandrie, m'ont décidé à partir pour la France. Je laisse le commandement de l'armée au général Kléber. L'armée aura bientôt de mes nouvelles. Il me coûte de quitter des soldats auxquels je suis le plus attaché ; ce ne sera que momentanément, et le général que je laisse a la confiance du gouvernement et la mienne. »

Bonaparte mit à la voile à la fin d'août, emmenant avec lui Berthier, Marmont, Murat, Lannes, Andréossy, Monge, Berthollet, etc. Il évita la croisière anglaise, qui s'était éloignée de la côte africaine pour aller se ravitailler dans un port de Chypre. Ayant ainsi échappé à Sidney-Smith, il débarqua à Fréjus le 6 octobre.

CHAPITRE NEUVIÈME.

Retour en France. — 18 brumaire.

La traversée d'Alexandrie à Fréjus n'avait pas été effectuée sans contre-temps et sans dangers. Pour sortir des eaux de l'Égypte, la flottille avait eu à lutter contre des vents tellement contraires que l'amiral avait proposé de rentrer dans le port ; et ce parti, conseillé ou désiré par tout l'équipage, aurait été suivi sans le ferme vouloir et la résolution inébranlable de Bonaparte, qui était décidé à tout braver et à tout risquer pour accomplir les hautes destinées qui l'attendaient en Europe. Il rencontra les mêmes obstacles et les mêmes conseils au départ d'Ajaccio, et il y opposa la même ténacité. Cette puissance de résolution et l'itinéraire étrange qu'il traça à l'amiral Gantheaume, le long des côtes d'Afrique, pour venir gagner ensuite la pointe de la Sardaigne, le firent échapper probablement aux croisières anglaises. La perspective des ennuis de la quarantaine le contrariait beaucoup, en même temps que la plus petite voile aperçue en mer lui causait les plus vives inquiétudes. Il avait appris à Ajaccio la funeste issue de la bataille de Novi, et il ne cessait de dire : « Sans cette maudite quarantaine, à peine à terre j'irais me

mettre à la tête de l'armée d'Italie. Il y a encore de la ressource. Je suis sûr qu'il n'y a pas un général qui me refusât le commandement. La nouvelle d'une victoire remportée par moi arriverait aussitôt à Paris que celle d'Aboukir. Cela ferait bien. »

On voit que Bonaparte sentait le besoin d'atténuer par quelque chose d'éclatant et d'extraordinaire les fâcheuses impressions que pouvait produire son départ de l'Égypte; départ solitaire et tellement inopiné, qu'il devait exposer le général au reproche d'avoir abandonné son armée. Mais, lorsqu'il connut toute l'étendue des revers qu'avaient essuyés les armes françaises au delà des monts, il perdit l'espoir de réaliser les rapides triomphes qu'il avait rêvés, et il tomba dans un état d'affliction qui a fait dire qu'il semblait porter le deuil de l'Italie. Au reste, l'empressement des habitants de Fréjus le préserva des anxiétés de la quarantaine. Dès qu'ils furent instruits de l'entrée du général Bonaparte dans leur port, ils couvrirent la mer de bateaux, et se portèrent en foule autour du vaisseau qui avait le grand homme à son bord, en criant : « Nous aimons mieux la peste que les Autrichiens. » Les précautions sanitaires devinrent ainsi impossibles à observer, et Bonaparte en profita pour accélérer son retour à Paris.

Il avait fait annoncer son arrivée à ses frères et à sa femme, qui coururent à sa rencontre sur la route de Bourgogne, par où il devait passer d'après l'itinéraire qu'il leur avait envoyé. Mais à Lyon, il changea d'avis, et prit la route du Bourbonnais. Joséphine et ses beaux-frères, ne l'ayant pas trouvé à Lyon, revinrent en toute hâte à Paris.

Quelque opinion qu'on pût se former du brusque retour d'un général en chef laissant son armée au delà des mers, sous un ciel brûlant et sur une terre insalubre, la grande majorité de la nation le reçut comme un libérateur. La démocratie, après avoir donné à la France ses immenses ressources contre l'étranger, avait fini par produire à l'intérieur une lassitude universelle à force de vicissitudes, de réactions et de tiraillements. La révolution, qui avait trouvé de si dignes et de si puissants organes dans l'Assemblée constituante, la Législative, la Convention et le Comité de salut public, n'avait rien à attendre des institutions et des dominateurs de cette époque, parce qu'ils laissaient déconsidérer le pouvoir sans profit pour la liberté, et remplacer l'omnipotence populaire par la tyrannie alternative des factions. Si l'on ajoute à cela que la république, dans les mains où elle était tombée et sous les formes qu'elle avait prises, n'avait pas pu retenir la victoire sous nos drapeaux, et que des revers multipliés avaient fait perdre le fruit de nos premières et immortelles campagnes, on concevra aisément que les esprits fussent généralement disposés pour un grand changement politique. Mais de quelle nature serait ce changement, et quel homme ou quels hommes l'accompliraient? Voilà ce que l'on se demandait, et ce qui donnait lieu à mille conjectures, à des espérances ou à des craintes, suivant les opinions et les intérêts de ceux qui étaient préoccupés de ces questions.

Le coup d'État ne pouvait pas se faire au profit de la république, qui portait alors tout le poids des souvenirs et des préventions dont elle n'est pas encore entièrement délivrée, et qui était exclusivement accusée du désordre et de l'anarchie dont tout le monde attendait impatiemment la fin. Il ne pouvait pas tourner non plus en faveur du royalisme, parce que la masse de la nation n'avait pas cessé de vouloir les résultats de la révolution, tout en se fatiguant des tourmentes du régime républicain, et que l'armée entière, comme fructidor l'avait prouvé, se serait d'ailleurs soulevée contre toute tentative pour ramener les Bourbons.

C'était donc seulement vers une concentration des pouvoirs publics en des mains vigoureuses que l'opinion nationale manifestait sa tendance, mais toujours dans le sens et l'intérêt de la révolution, et non point contre elle. Dans une telle situation, entre la répugnance invincible du peuple et de l'armée pour une réaction bourbonienne, et la crainte non moins vive d'une recrudescence ochlocratique, la nécessité appelait au timon des affaires un homme qui pût préserver la réforme sociale de 89 des dangers que lui avait fait courir le relâchement croissant des ressorts de l'autorité, et qui empêchât la disposition des esprits, si universellement prononcés pour la force et l'unité de la puissance administrative, de tourner au profit du parti royaliste. Pour remplir sa haute mission, cet homme ne devait détrôner passagèrement la démocratie qu'au profit de la révolution elle-même, et que rendre individuelle la dictature collective que les assemblées nationales avaient exercée au nom du peuple. Il fallait donc qu'il fût intimement révolutionnaire, dévoué sans réserve aux intérêts nouveaux, profondément imbu de l'esprit de son siècle, élevé sur une gloire acquise au service de la France régénérée, et capable de triompher, par l'ascendant de sa renommée et de son génie, de la fidélité et de l'attachement que l'exaltation patriotique nourrissait dans quelques âmes républicaines pour la constitution de l'an III. Il fallait aussi que son bras offrît une garantie puissante contre l'étranger, et que son nom n'eût pas figuré parmi les hommes d'État impitoyables de cette terreur qui avait sauvé le pays sans laisser aux libérateurs d'autre récompense que la flétrissure de leur mémoire. C'était un soldat de la révolution qui pouvait seul dompter le lion populaire et renverser le système républicain, sans atteindre au fond les créations révolutionnaires, qui étaient toujours chères à la France. Il y avait longtemps que ce soldat avait pressenti cette grande tâche, et que son ambition guettait le moment de la saisir, parce que la conscience de sa nature, de sa position et de ses forces lui avait dit de bonne heure qu'il réunissait toutes les conditions nécessaires pour la remplir avec succès.

Ce que Bonaparte avait prévu et désiré concordait trop avec les vœux et les besoins publics, pour que sa présence ne devînt pas le signe précurseur de l'événement qui devait commencer une phase nouvelle dans le cours irrésistible de la révolution française. Aussi, dès que son retour fut connu, tous les partis songèrent-ils à se serrer autour de lui, à se faire un appui de sa réputation et de son génie, et à le faire servir à la réussite de leurs combinaisons et de leurs plans.

La majorité du Directoire, formée de Barras, Gohier et Moulins, voulait conserver la constitution de l'an III : Barras, parce qu'il trouvait en elle un moyen de se perpétuer au pouvoir ; Gohier et Moulins, parce qu'ils croyaient sincèrement à la possibilité de maintenir le régime républicain sous sa forme actuelle. Sieyès, au contraire, qui avait toujours nourri au fond du cœur une prédisposition monarchique et une répugnance dédaigneuse pour les formes populaires, Sieyès attendait impatiemment une occasion de manifester et de satisfaire son penchant secret. On l'accusait même d'avoir pensé à trahir la république au profit d'un prince de la maison de Brunswick, comme on soupçonnait Barras d'avoir, en désespoir de cause et lassé par tant de vicissitudes, ouvert des relations avec la maison de Bourbon. Sieyès était donc acquis d'avance à celui qui oserait tenter un coup d'État contre les hommes et les institutions démocratiques; et Roger-Ducos, son collègue, ne pensait et n'agissait guère que par lui. Cependant Bonaparte méconnut d'abord ce complice inévitable; il affecta même à son égard un dédain insultant, dans un dîner que Gohier lui offrit le lendemain de la première entrevue que le général eut avec le Directoire, et dans laquelle tout se passa avec une réserve et une froideur respectives. Ce fut à la suite de ce dîner que Sieyès dit avec humeur : « Voyez comme ce petit insolent traite un membre d'une autorité qui aurait dû le faire fusiller! »

Mais cet éloignement réciproque qu'éprouvaient le métaphysicien et le guerrier céda bientôt au désir commun de changer l'ordre politique établi en France. Quelqu'un ayant dit un jour devant Bonaparte : « Cherchez un appui dans les personnes qui traitent de jacobins les amis de la république, et soyez convaincu que Sieyès est à la tête de ces gens-là, » le général sentit sa répugnance s'affaiblir, ou il s'efforça du moins de la dissimuler, pour faire concourir à l'exécution de ses desseins l'homme qu'il avait d'abord accueilli dédaigneusement et que certainement il n'aimait pas. Le Directoire, pour se débarrasser d'un voisinage dangereux, voulait exiler Bonaparte dans le commandement de l'armée qui lui conviendrait le mieux. Mais cette offre, brillante pour tout autre général, n'était pas faite pour tenter le futur souverain de la France. « Je n'ai pas voulu refuser, dit-il, mais je leur ai demandé du temps pour rétablir ma santé; et pour éviter d'autres offres embarrassantes, je me suis retiré. Je ne retournerai plus à leurs séances; je me décide pour le parti Sieyès; il se compose de plus d'opinions que celui du débauché Barras. »

Les combinaisons qui amenèrent le 18 brumaire furent ourdies principalement par Lucien Bonaparte dans les conseils, et par Sieyès, Talleyrand, Fouché, Réal, Regnault de Saint-Jean d'Angély et quelques autres. Fouché, surtout, se montra impatient de détruire le système républicain, dont il avait servi autrefois les exigences les plus cruelles; il dit au secrétaire de Bonaparte : « Que votre général se hâte; s'il tarde, il est perdu. »

Cambacérès et Lebrun furent plus lents à se décider. Le rôle de conspirateur n'allait pas à la circonspection de l'un et à la modération de l'autre. Bonaparte, instruit de leur hésitation, s'écria, comme s'il disposait déjà des destinées de la France : « Je ne veux point de tergiversation; qu'ils ne pensent pas que j'aie besoin d'eux; qu'ils se décident aujourd'hui, sinon demain il sera trop tard; je me sens assez fort maintenant pour être seul. »

Presque tous les généraux de renom présents à Paris entrèrent dans les vues de Bonaparte; Moreau lui-même se mit à sa disposition, et nous verrons bientôt quelle fonction il consentit à remplir dans la journée qui se préparait. Mais il manquait à l'illustre conspirateur l'appui de celui de ses compagnons d'armes dont il redoutait le plus l'opposition, les talents et le caractère : Bernadotte s'opiniâtrait à défendre la république et la constitution de l'an III. Joseph Bonaparte, son parent, l'amena pourtant chez son frère dans la matinée du 18 brumaire. Tous les officiers généraux s'y trouvaient en uniforme; Bernadotte y était venu en habit bourgeois. Bonaparte s'en offusqua, lui témoigna vivement sa surprise, et l'entraîna dans un cabinet, où il s'expliqua sur ses projets avec la plus entière franchise. « Votre Directoire est détesté, lui dit-il, votre Constitution usée; il faut faire maison nette et donner une autre direction au gouvernement. Allez mettre votre uniforme, je ne puis vous attendre plus longtemps ; vous me retrouverez aux Tuileries au milieu de tous nos camarades. Ne comptez ni sur Moreau, ni sur Beurnonville, ni sur les généraux de votre bord. Quand vous connaitrez mieux les hommes, vous verrez qu'ils promettent beaucoup et tiennent peu. Ne vous y fiez pas. » Bernadotte répondit qu'il ne voulait pas prendre part à une rébellion, et Bona-

parte exigea alors de lui la promesse d'une neutralité complète, qu'il n'obtint d'abord qu'à demi. « Je resterai tranquille comme citoyen, répondit l'austère républicain qui depuis s'est laissé faire roi ; mais si le Directoire me donne des ordres d'agir, je marcherai contre tous les perturbateurs. » A ces mots, Bonaparte, au lieu de se livrer à la fougue de son caractère, s'efforça de maitriser son irritation, pour conjurer, par des promesses et des flatteries, l'intervention hostile d'un homme d'esprit et de courage qui pouvait faire échouer la conspiration.

Pendant que tout cela se passait dans une petite maison de la rue de la Victoire, où logeait le vainqueur d'Arcole et des Pyramides, le conseil des Anciens lui envoyait, par un message, le décret suivant :

« Art. 1. Le Corps législatif est transféré dans la commune de Saint-Cloud.

» Art. 2. Les conseils y seront rendus demain 19, à midi.

» Art. 3. Le général Bonaparte est chargé de l'exécution du présent décret. Il prendra toutes les mesures nécessaires pour la sûreté de la représentation nationale. Le général commandant la 17ᵉ division militaire, la garde du Corps législatif, les gardes nationales sédentaires, les troupes de ligne qui se trouvent dans la commune de Paris et dans l'arrondissement constitutionnel et dans toute l'étendue de la 17ᵉ division militaire, sont mis immédiatement sous ses ordres, etc.

» Art. 4. Le général Bonaparte est appelé dans le sein du conseil pour y recevoir une expédition du présent décret et prêter serment. Il se concertera avec les commissaires-inspecteurs des deux conseils. »

Le général s'attendait à ce décret, convenu entre lui et ses partisans dans le conseil. Après en avoir donné lecture aux troupes, il ajouta :

« Soldats,

» Le décret extraordinaire du conseil des Anciens est conforme aux articles 102 et 103 de l'acte constitutionnel. Il m'a remis le commandement de la ville et de l'armée.

» Je l'ai accepté pour seconder les mesures qu'il va prendre, et qui sont tout entières en faveur du peuple.

» La république est mal gouvernée depuis deux ans. Vous avez espéré que mon retour mettrait un terme à tant de maux[1]; vous l'avez célébré avec une union qui m'impose des obligations que je remplis; vous remplirez les vôtres, et vous seconderez votre général avec l'énergie, la fermeté et la confiance que j'ai toujours vues en vous.

» La liberté, la victoire et la paix replaceront la république française au rang qu'elle occupait en Europe, et que l'ineptie ou la trahison a pu seule lui faire perdre. »

Le décret des Anciens fut publié et la générale battue dans tous les quartiers de Paris. Bonaparte fit ensuite afficher la proclamation suivante :

« Citoyens,

» Le conseil des Anciens, dépositaire de la sagesse nationale, vient de rendre le décret ci-joint. Il est autorisé par les articles 102 et 103 de l'acte constitutionnel.

» Je me charge de prendre des mesures pour la sûreté de la représentation nationale. La translation est nécessaire et momentanée. Le Corps législatif se trouvera à même de tirer la représentation du danger imminent où la désorganisation de toutes les parties de l'administration nous conduit.

» Il a besoin, dans cette circonstance essentielle, de l'union et de la confiance des patriotes. Ralliez-vous autour de lui, c'est le seul moyen d'asseoir la république sur les bases de la liberté civile, du bonheur intérieur, de la victoire et de la paix. »

Tandis que Bonaparte se trouvait ainsi investi de fait, et avec une apparence de

---

[1] Bonaparte avait intérêt à exagérer les malheurs publics, pour justifier la révolution qu'il méditait dans les formes gouvernementales; mais, quelque déplorable que fût la situation de la république, les affaires militaires ne donnaient plus les mêmes inquiétudes qu'après la bataille de Novi : les succès de Masséna avaient réparé une partie de nos désastres. Aussi, lorsque le général en chef de l'armée d'Égypte dit au Directoire qu'il était venu, conduit par ses alarmes patriotiques, pour partager les périls du gouvernement républicain, Gohier se hâta de lui répondre : « Général, ils étaient grands, mais nous en sommes glorieusement sortis. Vous arrivez à propos pour célébrer avec nous les nombreux triomphes de vos compagnons d'armes, et nous consoler de la perte du jeune guerrier (Joubert) qui près de vous apprit à combattre et à vaincre. » Bonaparte avait exagéré le danger; Gohier exagérait à son tour la sécurité.

CHAPITRE NEUVIÈME.

légalité, du commandement suprême de la capitale, le Directoire ne faisait rien, et, il faut le dire pour sa justification, ne pouvait rien faire pour déjouer les intrigues qui l'entouraient, et pour maintenir à la fois son autorité et la constitution. Gohier attendait bonnement chez lui, au Luxembourg, le chef des conjurés qui s'y était familièrement invité lui-même à dîner, et il n'aurait pas osé soupçonner son glorieux convive d'avoir voulu, par cette invitation, consigner le président de la république dans sa salle à manger, pour lui laisser ignorer ce qui se tramait ou s'exécutait contre le gouvernement directorial. Moulins exhalait son indignation en protestations solitaires et impuissantes; Barras apprenait que le coup d'État dont on lui avait fait espérer qu'il partagerait les profits s'accomplirait sans lui[1], et qu'il n'avait qu'à se résigner à la nullité qui allait lui échoir. Sieyès et Roger-Ducos étaient décidés à se démettre de leurs fonctions, et figuraient, le premier surtout, parmi les meneurs du complot. Les obstacles que Bonaparte pouvait rencontrer n'existaient donc que dans le conseil.

Il s'y rendit le 19, à une heure après midi, après avoir fait occuper toutes les positions importantes par ses troupes, sous les ordres de généraux dévoués, en emme-

nant avec lui Berthier, Lefèvre, Murat, Lannes, etc. Quant à Moreau, il en fit le geôlier des directeurs récalcitrants, Gohier et Moulins, dont on publia néanmoins la démission, par un de ces mensonges dont on ne se fit pas faute en cette journée. Sieyès

---

[1] Bonaparte avait promis à Barras de s'entendre avec lui sur ses projets, et il lui avait annoncé une visite pour le 17 brumaire au soir, dans cette intention. Mais il se contenta de lui envoyer son secrétaire, ce qui dénotait que le général avait son temps pris ailleurs, et qu'il avait donné une autre direction à ses confidences. Barras le comprit; dès qu'il vit entrer M. de Bourrienne, il se regarda comme un homme perdu, et il lui dit en le reconduisant : « Je vois que Bonaparte me trompe; il ne reviendra pas, c'est fini; c'est pourtant à moi qu'il doit tout. » L'assurance que le secrétaire voulut lui donner de la visite de son général pour le lendemain n'inspira pas plus de confiance au directeur.

La veille, Bonaparte n'avait pas été aussi embarrassé, aux Tuileries, avec le secrétaire de Barras, Botot, qu'il avait pris pour le représentant du Directoire, et auquel il adressa une vive apostrophe qu'il comet Roger-Ducos envoyèrent réellement la leur : Sieyès, toujours soigneux de se ménager une issue à tout événement, eut la précaution de se faire mettre en arrestation chez lui. Barras, instruit par Talleyrand de ce que lui avait fait pressentir la visite de Bourrienne, abdiqua entre les mains du fameux négociateur, et partit incontinent pour Grosbois, laissant une lettre pour le président du conseil des Anciens, dans laquelle, après avoir protesté de son désintéressement et de son amour exclusif pour la patrie et la liberté, il déclarait « qu'il rentrait avec joie dans les rangs de simple citoyen, heureux, après tant d'orages, de remettre entiers, et plus respectables que jamais, les destins de la république dont il avait partagé le dépôt. »

Quoique les conjurés se crussent maîtres du conseil des Anciens, Bonaparte rencontra dans cette assemblée plus d'opposition qu'il n'en avait prévu. Sa présence y devint le signal des plus vives interpellations, et comme il était habitué à parler à des masses obéissantes, l'attitude hostile de quelques républicains sévères ou exaltés, qui se couvraient du titre sacré de représentant du peuple, lui causa une émotion et un trouble qui faillirent compromettre le succès de la journée. Des phrases coupées, des mots sans suite, des exclamations interrompues par les murmures de l'auditoire, furent tout ce qu'il put faire entendre à la barre. Tantôt il adressait des apostrophes et des accusations au parti démocratique, tantôt il prenait le ton apologétique et cherchait à justifier sa conduite par le souvenir de ses services passés. A la fin, il invoqua la liberté et l'égalité, et comme Lenglet en prit occasion de lui rappeler la constitution, il s'écria avec plus d'assurance : « La constitution ! vous l'avez violée au 18 fructidor, au 22 floréal, au 30 prairial. La constitution ! elle est invoquée par toutes les factions, et elle a été violée par toutes..... et, aujourd'hui encore, c'est en son nom que l'on conspire. S'il faut s'expliquer tout à fait, s'il faut nommer les hommes, je les nommerai. Je dirai que les directeurs Barras et Moulins m'ont proposé de me mettre à la tête d'un parti tendant à renverser tous les hommes à idées libérales. »

Ces derniers mots soulevèrent toutes les passions qui s'agitaient dans le conseil. On demanda le comité secret, mais la majorité s'y opposa, et Bonaparte fut sommé de s'expliquer nettement à la face de la nation. Son embarras fut alors plus grand que jamais ; et au milieu de la plus vive agitation, il termina par ce cri, qu'il prononça en se retirant : « Qui m'aime, me suive ! »

L'orage grondait avec plus de violence encore au conseil des Cinq-Cents, dont la majorité restait inébranlable dans son dévouement à la république et à la constitution. La lecture de la lettre de Barras, confirmant tout ce que les événements de la veille faisaient présager, avait provoqué les propositions les plus énergiques contre quiconque attenterait à l'ordre existant. Sur la motion de Delbrel, les représentants renouvelaient leur serment, lorsque Bonaparte parut dans l'assemblée avec une escorte de grenadiers. A cette vue, une indignation presque universelle se manifesta dans la salle.

---

mença par ces mots : « Qu'avez-vous fait de la France ?... » Un témoin oculaire, M. Collot, a raconté ainsi cette scène mémorable :

« Je ne sais quel génie l'inspirait en ce moment. Des expressions et des images sublimes coulèrent de sa bouche en torrent d'éloquence. Il peignit la France telle qu'il l'avait laissée, ses arsenaux remplis, son territoire agrandi, ses troupes bien vêtues, bien nourries, partout victorieuses, etc., etc. ; puis, se transportant tout à coup sur nos derniers champs de bataille, il y montra encore ses soldats, ne connaissant sous lui que la victoire, vaincus, couchés morts au champ de la défaite ; il peignit leurs débris humiliés, etc., etc... Tout cela fut tracé en traits si larges, si profonds, et prononcé avec une véhémence, avec un ton d'autorité et de douleur si imposant, que tous ceux qui étaient présents furent pénétrés d'indignation contre le Directoire. »

On cria de toutes parts : « A bas le dictateur ! à bas le Cromwell ! Bonaparte hors la loi ! » Quelques députés s'élancèrent de leurs siéges, et se portèrent à la rencontre du général pour lui reprocher cette profanation du temple des lois. « Que faites-vous, téméraire, lui dit Bigonnet, retirez-vous ! » Et comme cette démonstration paraissait unanime, Bonaparte, encore tout ému de la résistance inattendue qu'il avait rencontrée aux Anciens, se vit impuissant à lutter contre le nouveau tumulte parlementaire, plus menaçant que le premier, et regagna promptement son escorte, qui le ramena au milieu des troupes[1]. Là il se sentit mieux à l'aise, et sa confiance et son audace

lui revinrent tout à fait quand Lucien, qui avait été contraint d'abandonner la présidence pour n'avoir pas voulu mettre aux voix la proscription de son frère, lui apporta non-seulement l'appui de l'autorité dont il venait de se dépouiller dans le sein de l'assemblée, et dont il persistait néanmoins à s'étayer au dehors, mais encore le secours de son éloquence, de son courage et de son activité.

Lucien monta à cheval, parcourut les rangs des soldats, et avec l'accent d'un homme qui semblait avoir encore devant les yeux des poignards et des assassins, il s'écria :

« CITOYENS, SOLDATS !

» Le président du conseil des Cinq-Cents vous déclare que l'immense majorité de ce

---

[1] Il est inutile de rappeler ici la version officielle, qui voulut transformer en assassins les représentants du peuple, et qui recommanda aux faveurs du premier consul le grenadier Thomé et un autre de ses camarades, pour prétendues blessures que ni l'un ni l'autre n'avaient reçues. Tout le monde sait aujourd'hui que la fable des poignards ne fut inventée que pour légitimer l'intervention des baïonnettes et pour exciter l'animadversion nationale contre les républicains. Quelque opinion que l'on adopte sur le 18 brumaire, il est impossible de ne pas flétrir, au nom de la morale publique, toutes les impostures et les calomnies dont firent usage ceux qui se proclamèrent ensuite les libérateurs du pays, quand le succès eut couronné leurs efforts. La terreur aussi sauva la France, et plus d'un terroriste employa des moyens ou commit des actes que leur résultat ne saurait justifier. C'est dans la même balance que l'histoire doit peser les actes et les paroles de Lucien Bonaparte et de ses complices.

conseil est dans ce moment sous la terreur de quelques représentants du peuple à stylet, qui assiégent la tribune, présentent la mort à leurs collègues, et enlèvent les délibérations les plus affreuses.

» Je vous déclare que ces audacieux brigands, sans doute soldés par l'Angleterre, se sont mis en rébellion contre le conseil des Anciens, et ont osé parler de mettre hors la loi le général chargé de l'exécution de son décret; comme si nous étions encore à ces temps affreux de leur règne, où ce mot, hors la loi, suffisait pour faire tomber les têtes les plus chères à la patrie.

» Je vous déclare que ce petit nombre de furieux se sont mis eux-mêmes hors la loi par leurs attentats contre la liberté de ce conseil.

» Au nom du peuple, qui depuis tant d'années est le jouet de ces misérables enfants de la terreur, je confie aux guerriers le soin de délivrer la majorité de leurs représentants, afin que, délivrée des stylets par les baïonnettes, elle puisse délibérer sur le sort de la république.

» Général, et vous, soldats, et vous tous, citoyens, vous ne reconnaîtrez pour législateurs de la France que ceux qui vont se rendre auprès de moi; quant à ceux qui resteront dans l'Orangerie, que la force les expulse! Ces brigands ne sont plus les représentants du peuple, mais les représentants du poignard. Que ce titre leur reste, qu'il les suive partout! et lorsqu'ils oseront se montrer au peuple, que tous les doigts les désignent sous ce nom mérité de représentants du poignard!...

» Vive la République! »

Ce langage trouva pourtant les soldats indécis. Pour les déterminer, Lucien ajouta :

» Je jure de percer le sein de mon propre frère si jamais il porte atteinte à la liberté des Français! »

Ce serment, prononcé avec force, triompha de l'hésitation des troupes. Pourtant ce ne fut pas sans anxiété que Bonaparte ordonna à Murat de marcher à la tête des grenadiers, et de disperser la représentation nationale. Mais, déçu dans l'espoir qu'il avait formé de tout obtenir par l'ascendant de sa présence et de ses discours, et vivement pressé par son frère et les principaux conjurés, il se décida à dissoudre l'assemblée par la force, et en un instant la salle fut évacuée.

Cependant pour donner à leurs actes l'apparence de la légalité, les auteurs du 18 brumaire, une fois victorieux, voulurent se servir encore des formes constitutionnelles qu'ils venaient de détruire, et ils cherchèrent, à cet effet, de tous côtés, quelques débris de l'assemblée qu'ils avaient violemment expulsée, pour former un simulacre de représentation nationale. Lucien parvint à réunir dans l'orangerie de Saint-Cloud une trentaine de députés qui se chargèrent d'exercer machinalement le pouvoir souverain que Bonaparte possédait déjà en réalité, et qui décrétèrent en conséquence, outre l'élimination de soixante et un de leurs collègues, la dissolution du Directoire et la formation d'une commission consulaire, composée de trois membres, savoir : Sieyès, Roger-Ducos et Bonaparte. Ce grand changement fut consommé à neuf heures du soir. Il était onze heures que Bonaparte n'avait encore pris aucun aliment de toute la journée. Au lieu de s'occuper de ses besoins physiques, il ne songea, en entrant chez lui, et quoique la nuit fût avancée, qu'à compléter cette mémorable journée, en l'annonçant, et en l'expliquant, avec sa supériorité ordinaire, au peuple français. Il rédigea, dans ce but, la proclamation suivante :

« A mon retour à Paris, j'ai trouvé la division dans toutes les autorités, et l'accord établi sur cette seule vérité, que la constitution était à moitié détruite, et ne pouvait sauver la liberté.

» Tous les partis sont venus à moi, m'ont confié leurs desseins, dévoilé leurs secrets, et m'ont demandé mon appui : j'ai refusé d'être l'homme d'un parti.

» Le conseil des Anciens m'a appelé, j'ai répondu à son appel. Un plan de restauration générale avait été concerté par des hommes en qui la nation est accoutumée à voir des défenseurs de la liberté, de l'égalité, de la propriété. Ce plan demandait un examen calme, libre, exempt de toute influence et de toute crainte. En conséquence, le conseil des Anciens a résolu la translation du Corps législatif à Saint-Cloud ; il m'a chargé de la disposition de la force nécessaire à son indépendance. J'ai cru devoir à mes concitoyens, aux soldats périssant dans nos armées, à la gloire nationale, acquise au prix de leur sang, d'accepter le commandement. »

Bonaparte faisait ensuite le récit de ce qui s'était passé à Saint-Cloud, et confirmait par son puissant témoignage le mensonge audacieux de Lucien sur les stylets et les poignards ; il terminait ainsi : « Français, vous reconnaîtrez sans doute le zèle d'un soldat de la liberté, d'un citoyen dévoué à la république. Les idées conservatrices, tutélaires, libérales, sont rentrées dans leurs droits par la dispersion des factieux qui opprimaient les conseils, et qui, pour être devenus les plus odieux des hommes, n'ont pas cessé d'être les plus misérables. »

CHAPITRE DIXIÈME.

Établissement du gouvernement consulaire.

Les hommes austères dans leurs principes, les républicains inflexibles, persuadés que la cause populaire avait succombé sous le glaive et la calomnie avec les formes démocratiques de la constitution de l'an III, flétrirent comme un crime de lèse-nation le coup d'État de brumaire. La masse du peuple, le gros de tous les partis, l'immense majorité des conditions élevées et des classes moyennes et la presque unanimité des classes ouvrières, tout ce qui attachait plus de prix à la prospérité matérielle de la France, à sa pacification domestique et à sa sécurité extérieure qu'aux questions de mécanisme constitutionnel et de métaphysique gouvernementale; le pays entier, en un mot, moins quelques esprits indomptables, s'empressa d'absoudre Bonaparte de l'attentat de Saint-Cloud, qui fut dès lors universellement considéré et accueilli comme un événement réparateur.

« On a discuté métaphysiquement, a dit Napoléon à Sainte-Hélène, et l'on discutera longtemps encore si nous ne violâmes pas les lois, si nous ne fûmes pas criminels; mais ce sont autant d'abstractions, bonnes tout au plus pour les livres et les tribunes, et qui doivent disparaître devant l'impérieuse nécessité; autant vaudrait accuser de dégât le marin qui coupe ses mâts pour ne pas sombrer. Le fait est que la patrie sans nous était perdue, et que nous la sauvâmes. Aussi les auteurs, les grands acteurs de ce mémorable coup d'État, au lieu de dénégations et de justifications, doivent-ils, à l'exemple de ce Romain, se contenter de répondre avec fierté à leurs accusateurs : « Nous protestons que nous avons sauvé notre pays; venez avec nous rendre grâces aux dieux. »

« Et certes, tous ceux qui, dans le temps, faisaient partie du tourbillon politique, ont eu d'autant moins de droit de se récrier avec justice, que tous convenaient qu'un changement était indispensable, que tous le voulaient, et que chacun cherchait à l'opérer de son côté. Je fis le mien à l'aide des modérés. La fin subite de l'anarchie, le retour immédiat de l'ordre, de l'union, de la force, de la gloire, furent ses résultats. Ceux des jacobins, ou ceux des immoraux [1], auraient-ils été supérieurs? il est permis

---

[1] Napoléon désigne ainsi les trois partis issus de la révolution, et qui se disputaient alors le pouvoir :
« Le *manége* (les jacobins), dont un général fort connu (Bernadotte, Jourdan, Augereau en étaient) était

CHAPITRE DIXIÈME.

de croire que non. Toutefois il n'est pas moins très-naturel qu'ils en soient demeurés mécontents, et qu'ils en aient jeté les hauts cris. Aussi n'est-ce qu'à des temps plus éloignés, à des hommes plus désintéressés qu'il appartient de prononcer sainement sur cette grande affaire. »

Ces temps éloignés approchent; les hommes désintéressés arrivent. Quoique les générations actuelles soient profondément imprégnées de l'esprit démocratique, dont Bonaparte dispersa les représentants et renversa les institutions à Saint-Cloud, les démocrates d'aujourd'hui, personnellement étrangers aux impressions violentes que cette dispersion et ce renversement firent éprouver aux plus chauds patriotes, doivent être assez dégagés des ressentiments légitimes et de la juste rancune de leurs pères, pour se demander dans le calme de la méditation et du haut de l'impartialité historique, si le coup d'État qui atteignit les plus fervents révolutionnaires, et qui souleva d'indignation tout ce qu'il y avait de plus sévère, de plus ardent et de plus pur parmi les républicains et les démocrates, ne fut pas, après tout, plus favorable que funeste à la marche de la révolution et aux progrès de la démocratie.

Quand Bonaparte se présenta, le glaive en main, pour mettre sa propre pensée et sa seule volonté à la place des lois que le peuple avait établies et des magistrats qu'il avait élus, c'est que les lois et les magistrats du peuple étaient impuissants à défendre sa cause contre ses ennemis du dedans et du dehors; c'est que le cours de la révolution était entravé, son succès définitif compromis par la faiblesse ou la corruption du pouvoir; c'est que la décentralisation menaçait de livrer le pays aux passions étroites et anarchiques des localités et des factions; c'est, enfin, que la chouannerie et l'émigration, toujours appuyées sur la coalition des rois de l'Europe, disputaient incessamment et pleines d'espérance, à la caducité du jacobinisme, les grandes conquêtes politiques que le jacobinisme seul, en sa jeunesse, avait pu entreprendre, réaliser et maintenir.

Il était évident que la révolution avait épuisé ses ressources démagogiques, et qu'elle avait usé l'une de ses formes. Après avoir vaincu par l'omnipotence de la multitude, elle risquait de se blesser elle-même avec ce redoutable instrument de sa victoire,

un des chefs; les *modérés*, conduits par Sieyès, et les *pourris*, ayant Barras à leur tête. » Il ajoute que les jacobins lui offrirent la dictature et qu'il la refusa, parce qu'il comprit qu'après avoir vaincu avec eux il serait aussitôt réduit à vaincre contre eux.

qu'elle n'était pas encore assez habile à manier longtemps sans danger. Sa nouvelle situation exigeait donc une forme nouvelle; la dictature d'un seul devait réparer le désordre que la dictature de tous ne pouvait plus contenir. C'était une des plus belles manifestations de la puissance révolutionnaire, que cette facilité à trouver, selon les besoins du moment, des idées et des hommes d'ordre pour continuer l'œuvre des idées et des hommes de liberté, sous une apparence de réaction et de contraste, et, en réalité, dans un intérêt commun et un but identique. La royauté et l'aristocratie européennes, qui avaient tremblé devant le peuple souverain, quand il s'exprimait par des millions de voix et qu'il agitait des millions de bras héroïques, s'habituaient à ne plus le craindre et commençaient même à reprendre sur lui quelque avantage, depuis que la multiplicité de ses organes avait amené de funestes divisions, et rompu l'imposante unanimité qu'il dut à ses jours de péril, dont il fit ses jours de gloire. Il fallait que le peuple souverain ramenât ses irréconciliables ennemis à la crainte et au respect dont ils essayaient de s'affranchir, et qu'il portât dans leurs capitales mêmes cet étendard de la réforme, qu'il s'était borné à défendre jusque-là contre leurs attaques. Pour obtenir ce magnifique résultat, il n'avait besoin que de changer de tactique et d'allure, que de se rajeunir et de se retremper par une grande métamorphose. Le nombre immense de ses organes avait fini par l'exposer aux dissensions et aux déchirements internes; la plupart de ses membres, fatigués par une longue lutte, étaient exténués, ruinés, gangrenés. Sa volonté et son action, morcelées par des rouages infinis qui s'entre-choquaient le plus souvent, manquaient d'unité et de force : il retrouva la force et l'unité en sachant à propos vouloir et agir par le génie d'un seul homme.

Ainsi Bonaparte ne détrôna point le peuple à Saint-Cloud, il en changea seulement la représentation; il la rendit unique, de collective qu'elle était. Et le peuple montra qu'il le comprenait bien, en saluant son avénement avec enthousiasme. Comme l'Assemblée constituante et le comité de salut public avaient exprimé la volonté nationale dans sa période de destruction et de résistance, de même le dictateur, qui se para successivement des titres de consul et d'empereur, en fut la glorieuse expression, dans sa période de réorganisation et de propagande armée. Après tant de fautes commises depuis par le grand homme, après tant de déviations illibérales, tant de revers essuyés et d'outrages subis, le peuple est resté inébranlable dans sa pensée, et la pensée du peuple est la seule dont la persévérance atteste l'infaillibilité. Sur cet océan politique, dont le flux et le reflux ont englouti pendant trente ans, et engloutissent chaque jour de si vastes renommées et de si brillantes réputations, le souvenir de Napoléon surnage seul, bravant la tempête et les flots qui ne font que l'élever, comme pour lui faire recevoir de plus haut le témoignage impérissable des sympathies populaires.

Et ce n'est point aux prodiges de son épée, dont le luxe peut éblouir la génération contemporaine, qu'il doit cette immense et constante popularité. Le culte de son nom, plus religieusement gardé sous le chaume que sous les lambris, indique assez que, loin d'avoir arrêté le développement des principes et des intérêts démocratiques, il eut quelque droit à se dire le premier démocrate de l'Europe; car ce n'est pas sans raison que le peuple le considère encore comme le révolutionnaire qui a le plus puissamment ébranlé les vieilles dominations et les supériorités factices de la naissance et de la fortune, par l'émancipation du mérite, qui devint le seul titre à tous les emplois, et dont les élus parvinrent jusqu'au trône, pour fouler sous leurs pieds de parvenus l'orgueil et les prestiges de l'antique royauté, et laisser ainsi un champ libre et une vaste carrière à l'esprit d'égalité depuis le dernier degré jusqu'au premier rang de la hiérarchie politique.

Que les hommes fortement préoccupés des destinées de leur pays et de l'avenir de l'humanité n'aillent donc pas épouser la querelle personnelle des républicains de l'an VIII, et demander compte à Bonaparte de la constitution de l'an III, s'il est d'ailleurs incontestable que son usurpation, puisqu'on veut l'appeler ainsi, ne fut qu'une des faces sous lesquelles l'esprit révolutionnaire devait se consolider en France et se répandre en Europe. Mirabeau aussi fut un usurpateur, quand pour rendre souveraine une assemblée sur laquelle il se sentait la puissance de régner lui-même par la parole, il poussa le tiers état à mépriser ses cahiers, à détruire l'ancienne distinction des ordres, et à renverser les lois existantes, pour se proclamer unique dépositaire du pouvoir constituant. Il n'y a guère pourtant que les rigoristes de l'ancien régime qui aient osé dire que le serment du Jeu de Paume fut un acte impie et coupable, parce qu'il porta atteinte aux institutions fondamentales de la monarchie, et qu'il fut prêté en violation manifeste du mandat exprès des députés. Il n'appartient, en effet, qu'à des sectaires et à des légistes, dupes de leurs ressentiments ou de leurs scrupules, de chicaner ainsi le génie sur la légalité de sa mission quand il vient accomplir de grandes choses.

Si Bonaparte n'éteignit pas le volcan démocratique, comme on l'en a tour à tour accusé et félicité, et s'il ne fit que cacher ce que son cratère avait d'effrayant, d'abord sous le fauteuil consulaire, ensuite sous le trône impérial, l'esprit républicain doit l'absoudre d'avoir sacrifié les formes de la démocratie à ses intérêts essentiels, à son salut et à sa propagation. Sans lui, la république n'en périssait pas moins; mais quelques années de plus d'existence sous des lois impuissantes et des autorités avilies n'auraient fait qu'aggraver le mal qui la dévorait et les accusations dont on l'accablait. Tels auraient été les progrès de la lassitude et du dégoût, qu'une réaction violente aurait pu s'opérer contre la révolution, même sans permettre à nul de ses partisans d'en diriger la marche dans le sens des nouveaux intérêts, et que nous aurions eu dès les premières années du dix-neuvième siècle la restauration qui n'est venue que quinze ans plus tard. Sans doute la restauration n'aurait pas mieux réussi qu'elle ne l'a fait à s'asseoir définitivement; mais elle aurait eu plus de chances de durée si elle fût venue à la faveur des discordes civiles, à la suite d'une commotion intérieure, et avec l'apparence d'un acte de spontanéité nationale, qui l'aurait préservée du vice originel dont elle fut maculée dans son alliance avec l'étranger; vice radical, qui la perdit à son début. A cette époque d'ailleurs, elle eût retrouvé encore devant elle la plus grande partie des générations qui avaient été élevées sous l'ancien régime, et que les tourmentes révolutionnaires avaient un peu réconciliées avec le bon vieux temps. D'un autre côté, les enfants de la révolution, qui se sont trouvés des hommes en 1815, et dont l'entrée dans les affaires publiques a fait le désespoir des Bourbons, auraient vu arrêter dans ses commencements leur éducation libérale, et l'on serait parvenu d'autant plus facilement à leur faire détester irrévocablement la république, que la prolongation de son agonie l'aurait rendue plus odieuse. Ce fut donc, quoique involontairement, dans l'intérêt même des croyances républicaines que Bonaparte renversa le système républicain; et l'on peut dire qu'au fond il ne tua pas plus la république que la révolution, mais qu'il empêcha seulement de susciter plus longtemps contre elle la prévention et la haine, et de rendre par là sa réhabilitation trop difficile et trop lointaine.

Les républicains de l'époque ne pouvaient pas juger ainsi le coup d'État qui venait de les atteindre. Leur irritation inquiéta le nouveau gouvernement, qui songea un instant à proscrire quelques-uns de leurs chefs. Toutefois, les citoyens honorables désignés par cet ostracisme en furent quittes pour une simple mise en surveillance.

Pour donner une idée complète du désordre qui régnait en France sous le directoire quand Bonaparte lui arracha le pouvoir, il suffit de dire que le consul ayant voulu expédier un courrier à Championnet, qui commandait en Italie, on ne trouva pas dans le trésor public de quoi payer les frais du message; et lorsqu'il voulut connaître l'état des armées, il fut obligé d'envoyer des commissaires sur les lieux, à défaut de rôles dans les bureaux de la guerre. « Mais du moins, disait Bonaparte aux employés du ministère, vous devez avoir l'état de la solde, qui nous mènera à notre but. — Nous ne la payons pas, » lui répondit-on.

Dès la première séance de la commission consulaire, Sieyès, qui se flattait d'obtenir, par son âge et ses antécédents politiques, une marque de déférence de la part du jeune collègue qu'il jalousait plus que jamais, se mit à dire : « Qui de nous présidera? » C'était une manière de forcer ses collègues à lui abandonner cet honneur. Mais ici la force des choses l'emporta sur la courtoisie, et Roger-Ducos répondit

vivement : « Ne voyez-vous pas que c'est le général qui préside? »

Sieyès, tout hérissé de métaphysique, ne pensait pas qu'un jeune homme qui sortait des camps, et dont les études et les travaux militaires semblaient avoir absorbé toute l'existence, pût contester le soin et la gloire d'imaginer de nouvelles combinaisons gouvernementales à un vétéran législateur, dont on disait avec raison qu'il avait toujours, comme Thomas Payne, une constitution dans sa poche. Il présenta donc hardiment le fruit de ses méditations journalières, et lorsqu'il en vint à proposer un grand électeur, qui devait résider à Versailles, avec un revenu de six millions, et sans autre fonction que celle de nommer deux consuls, sous le bon plaisir du sénat, qui pouvait annuler l'élection et absorber même le grand électeur, Bonaparte se mit à rire et à sabrer, selon sa propre expression, les niaiseries métaphysiques de son collègue. Sieyès, aussi timide que vain dès qu'il rencontrait une résistance sérieuse, se défendit mal. Il voulut justifier sa conception par une analogie avec la royauté. « Mais, lui répliqua le général, vous prenez l'abus pour le principe, l'ombre pour le corps. Et comment avez-vous pu imaginer, monsieur Sieyès, qu'un homme de quelque talent et d'un peu d'honneur voulût se résigner au rôle d'un cochon à l'engrais de quelques millions? »

Dès ce moment, tout fut dit entre le métaphysicien et le guerrier; ils comprirent l'un et l'autre qu'ils ne pouvaient pas marcher longtemps ensemble. La constitution de l'an VIII fut promulguée. Elle établissait un simulacre de représentation nationale, répartie en divers corps, le sénat, le tribunat et le corps législatif, tandis que la véritable représentation résida de fait dans le Consulat, ou plutôt dans le premier consul.

Une fois parvenu à ce poste suprême, Bonaparte se débarrassa de Sieyès, qui se laissa absorber au moyen d'une dotation nationale. Il renvoya également Roger-Ducos, qui trouva sa retraite naturelle dans le sénat, et il prit pour ses nouveaux collègues Cambacérès et Lebrun.

Les premières mesures du Consulat ne pouvaient être que réparatrices. La loi des otages et celle de l'emprunt forcé furent révoquées. La tolérance remplaça la persé-

cution ; la philosophie, assise au sommet du pouvoir, permit aux croyants de rappeler leurs prêtres et de relever leurs autels. Les émigrés et les proscrits de toutes les opinions et de toutes les époques rentrèrent ; Carnot, entre autres, passa de l'exil à l'Institut et au ministère.

Dans les premiers temps de sa suprême magistrature, et pendant qu'il résidait encore au Luxembourg, Bonaparte conserva toute la simplicité de goûts, de mœurs et de manières qu'il tenait de ses dispositions naturelles, et que l'habitude des camps était loin de lui avoir fait perdre. Il était d'une grande sobriété, et néanmoins il pressentait déjà qu'il deviendrait gros mangeur, et que sa maigreur disparaîtrait pour faire place

à l'obésité. Les bains chauds, dont il usait très-fréquemment, ne furent peut-être pas sans influence sur ce dernier changement. Quant au sommeil, il en prenait sept heures sur vingt-quatre, et il recommandait toujours de ne point l'éveiller, à moins qu'il ne s'agit de mauvaises nouvelles : « Car, disait-il, avec une bonne nouvelle, rien ne presse ; tandis qu'avec une mauvaise, il n'y a pas un instant à perdre. »

Malgré la vie un peu bourgeoise qu'il menait dans son palais consulaire, il recevait journellement toutes les illustrations de l'époque, et Joséphine faisait les honneurs de son salon avec la grâce et l'aménité d'une grande dame de la vieille société française. C'est là que les termes de politesse et de civilité, que le rigorisme républicain avait fait bannir de la conversation, osèrent se montrer en dépit de la proscription qui pesait sur eux, et que le *monsieur* essaya de se remettre en vogue aux dépens du *citoyen*.

Le premier consul, plongé le plus souvent dans ses méditations et ses rêveries, prenait rarement part aux causeries spirituelles et aux passe-temps agréables du cercle brillant qui commençait à se former chez lui. Il lui arrivait pourtant de se trouver parfois en bonne humeur, et alors il prouvait, par le charme, la vivacité et même l'abondance de ses paroles, que pour être un homme aimable il n'avait qu'à le vouloir. Mais il le voulait rarement, et les dames surtout eurent à se plaindre de ce défaut de bonne volonté.

Dur en apparence et facile à s'emporter, Bonaparte cachait sous cette espèce de sauvagerie extérieure une âme accessible aux sentiments les plus affectueux et aux plus douces émotions. Autant il était sombre et morose, brusque et violent, sévère et inexorable quand il était sous le poids de ses préoccupations politiques, ou qu'il se trouvait en scène comme homme public, autant il avait de mansuétude, de familiarité, de tendresse extrême, de bonhomie, dans les relations intimes de la vie privée.

A l'appui de ce que nous disons ici des qualités du cœur et des affections domestiques de Napoléon, nous ne pouvons mieux faire que de citer le fragment d'une lettre qu'il écrivait, en l'an III, à son frère Joseph : « Dans quelques événements que la fortune te place, tu sais bien, mon ami, que tu ne peux pas avoir de meilleur ami, à qui tu sois plus cher et qui désire plus sincèrement ton bonheur... La vie est un songe léger qui se dissipe. Si tu pars et que tu penses que ce puisse être pour quelque temps!!! envoie-moi ton portrait. Nous avons vécu tant d'années ensemble, si étroitement unis, que nos cœurs se sont confondus, et tu sais mieux que personne combien le mien est entièrement à toi; je sens, en traçant ces lignes, une émotion dont j'ai eu peu d'exemples dans ma vie; je sens bien que nous tarderons à nous voir, et je ne puis plus continuer ma lettre... »

Madame Lætitia, qui connaissait bien son fils, avait coutume de dire, en parlant de lui, alors qu'il était au faîte de la puissance : « L'empereur a beau faire, il est bon. » M. de Bourrienne lui rend le même témoignage, tout en prétendant que Napoléon affectait de ne pas croire à l'amitié, et qu'il déclarait même n'aimer personne. Cette contradiction s'explique par la différence des positions : l'homme d'État n'a point d'affections privées ; et c'est comme tel, dans la sphère des intérêts généraux dont il était chargé, que Napoléon disait n'aimer personne. Mais en dehors de la politique, il laissait aussi la nature reprendre amplement ses droits ; et on l'a vu même tempérer la joie et l'ivresse du triomphe jusque sur les champs de bataille, par un retour à des sentiments que le métier de la guerre oblige d'étouffer ou de contenir. Pendant les campagnes d'Italie, et après un combat sanglant, il passait avec son état-major au milieu des morts et des blessés, et ses officiers, étourdis par la victoire, laissaient

CHAPITRE DIXIÈME.

éclater leur enthousiasme sans s'arrêter aux tableaux plus ou moins déchirants qui s'offraient incessamment à leurs yeux. Tout à coup, le général victorieux aperçoit un

chien qui gémissait à côté du cadavre d'un soldat autrichien : « Voyez, messieurs, leur dit-il, ce chien nous donne une leçon d'humanité. »

Mais quelque place que tinssent dans l'âme de Napoléon les sentiments qui font la base des vertus privées et du bonheur domestique, et quelque prix qu'il attachât à ce bonheur, il en devait le sacrifice à la gloire et à la prospérité du peuple dont il venait de se faire l'unique représentant; car, nous le répétons, quoique la nouvelle constitution eût confié le pouvoir exécutif à trois consuls, tout le monde savait bien qu'un seul gouvernait : aussi, lors de leur installation, Cambacérès et Lebrun ressemblaient-ils plus, selon l'expression de M. de Bourrienne, à deux témoins qu'à deux collègues de Bonaparte. La monarchie se trouvait donc rétablie de fait, sous le titre de république. Le premier consul faisait tout et devait tout faire, d'après ce que l'on était en droit d'attendre de la source de son pouvoir, de l'ascendant de son caractère et de l'empire des circonstances. Talleyrand l'avait bien pressenti, et, en courtisan précoce et habile, il avait parlé dans ce sens à Bonaparte dès le premier jour qu'il vint travailler avec lui comme ministre des affaires étrangères.

« Citoyen consul, lui dit-il, vous m'avez confié le ministère des relations extérieures, et je justifierai votre confiance; mais je crois devoir vous déclarer dès à présent que je ne veux travailler qu'avec vous. Il n'y a point là de vaine fierté de ma part, je vous parle seulement dans l'intérêt de la France : pour qu'elle soit bien gouvernée, pour qu'il y ait unité d'action, il faut que vous soyez le premier consul, et que le premier consul ait dans sa main tout ce qui tient directement à la politique, c'est-à-dire les ministères de l'intérieur et de la police pour les affaires du dedans, mon ministère pour les affaires du dehors, et ensuite les deux grands moyens d'exécution, la guerre et la marine. Il serait donc de toute convenance que les ministres de ces cinq départements travaillassent avec vous seul. L'administration de la justice et le bon ordre dans les finances tiennent sans doute à la politique par une foule de liens, mais ils sont moins serrés. Si vous me permettez de le dire, général, j'ajouterai qu'il conviendrait alors de donner au second consul, très-habile jurisconsulte, la haute main sur la justice; et au troisième consul, également bien versé dans la connaissance des lois financières, la haute main sur les finances. Cela les occupera, cela les amusera; et vous, général, ayant à votre disposition toutes les parties vitales du gouvernement, vous arriverez au noble but que vous vous proposez, la régénération de la France. » « Savez-vous que Talleyrand est de bon conseil, dit Bonaparte à son secrétaire après la sortie du ministre. C'est un homme de grand sens... Il n'est pas maladroit; il m'a pénétré. Ce qu'il me conseille, vous savez bien que j'ai envie de le faire. Mais, encore un coup, il a raison : on marche plus vite quand on marche seul. Lebrun est un honnête homme, mais il n'y a pas de politique dans sa tête : il fait des livres; Cambacérès a trop de traditions de la révolution. Il faut que mon gouvernement soit un gouvernement tout neuf. »

Il fallait bien que ce caractère essentiel de nouveauté fût instinctivement compris par tout le monde, puisque, d'une part, les amis de la révolution applaudissaient en masse au gouvernement consulaire, bien qu'il eût été élevé sur les ruines de la constitution républicaine de l'an III, et que, d'un autre côté, les populations aveuglément affectionnées à l'ancien régime refusaient leur adhésion au pouvoir nouveau, malgré tous les actes de conciliation et de prudence qui avaient marqué son installation.

Craignant que cette obstination ne rallumât la guerre civile dans l'Ouest, le premier consul adressa d'abord aux habitants de ces contrées une proclamation pour les prémunir contre les excitations des agents de l'Angleterre. Ses avertissements, appuyés sur une armée de soixante mille hommes, obtinrent d'heureux résultats et prévinrent une explosion générale. Cependant les chefs royalistes, soutenus dans leur persévérance, et par leurs convictions personnelles, et par les encouragements de la diplomatie européenne, se maintinrent en armes, toujours prêts à recommencer la lutte. Bonaparte, qui ne pouvait pas prendre à leur égard le langage et le ton de l'impartialité historique, et qui n'aurait pu remplir même la mission révolutionnaire dont il avait été chargé d'en haut, s'il eût été capable d'envisager avec l'impassibilité d'un philosophe observateur les nouvelles menaces de la chouannerie et de l'émigration; Bonaparte caractérisa avec son énergie ordinaire les opiniâtres provocateurs de l'insurrection royaliste, et il les signala, dans une proclamation, au mépris de la nation et aux vengeances de l'armée.

Les royalistes comprirent que le temps de la guerre civile était passé, qu'ils n'a‑

vaient plus de campagne à faire et de bataille à livrer contre le nouveau représentant de la révolution, et ils durent se résigner à clore l'histoire de la Vendée; heureux de pouvoir laisser en dehors des annales de leur fidélité et de leur héroïsme les actes de pillage et de meurtre, les vols et les assassinats, qui devaient former désormais les seuls et ignobles trophées des bandes qui infestèrent l'Ouest et le Midi après la dissolution des armées royales [1].

[1] Ce fut en ce même temps que quelques hommes éminents du parti royaliste s'imaginèrent qu'à

Comprimer ou punir les ennemis obstinés de la république, récompenser ses intrépides défenseurs, telle était la double tâche que Bonaparte poursuivait avec la plus inébranlable fermeté, avec la plus rigoureuse justice. Sachant combien le mérite aime à être distingué, combien il gagne à se voir apprécié, il distribua cent sabres d'honneur aux soldats qui s'étaient signalés par des actions d'éclat ; et le peuple, qui voyait donner à la bravoure des marques honorifiques réservées autrefois à la naissance, applaudit à cette distribution, qui, loin de blesser l'égalité, pour laquelle il avait fait la révolution, l'établissait, au contraire, sur la base indestructible de la justice, sur la rémunération proportionnelle des services et des vertus.

Une lettre de remerciments qu'il reçut à cette époque d'un sergent de grenadiers, nommé Aune, lui fournit l'occasion de faire la réponse suivante : « J'ai reçu votre lettre, mon brave camarade, lui écrivit-il ; vous n'aviez pas besoin de me parler de vos actions, je les connais toutes. Vous êtes le plus brave grenadier de l'armée depuis la mort du brave Benezette. Vous avez eu un des cent sabres que j'ai distribués à l'armée ; tous les soldats étaient d'accord que c'était vous qui le méritiez davantage.

» Je désire beaucoup vous revoir, le ministre de la guerre vous envoie l'ordre de venir à Paris. »

Quelques vues secrètes que Bonaparte pût cacher sous ces démonstrations de franchise et de familiarité, il vaut mieux encore le voir flatter et récompenser ainsi la bravoure, même par calcul d'ambition, que de le suivre aux fêtes données en l'hon-

---

l'exemple de Monk, Bonaparte se dévouerait à la restauration de la monarchie. Introduits secrètement auprès de lui, il leur dit : « J'oublie le passé, et j'ouvre un vaste champ à l'avenir. Quiconque marchera droit devant lui sera protégé sans distinction ; quiconque s'écartera à droite ou à gauche sera frappé de la foudre. Laissez tous les Vendéens qui voudront se ranger sous le gouvernement national et se placer sous ma protection suivre la grande route qui leur est tracée. »

neur des hommes qui furent censés l'avoir préservé, à Saint-Cloud, des dangers qu'il ne courut pas. S'il est vrai d'ailleurs que Bonaparte recherchait la popularité dans l'intérêt des pensées ambitieuses qu'il nourrissait en son âme, et s'il est également incontestable que la considération de sa grandeur personnelle, de sa puissance et de sa renommée entrait pour beaucoup dans toutes ses entreprises militaires et politiques, il faut reconnaître aussi que sa puissance et sa grandeur ne pouvaient être que celles de la France, dont les destinées lui étaient remises, et que, pour lui, travailler à sa propre gloire, au succès de son ambition, à son immortalité, c'était travailler à l'élévation, à la prospérité et à l'avenir du peuple que, le premier, il avait salué du nom de grand, et dont il offrait dans sa personne et son génie l'admirable personnification. Le pouvoir sans bornes dont il jouissait ne devait lui servir que de levier pour faire faire à l'esprit d'égalité et au génie de la civilisation moderne les progrès nouveaux que l'esprit de liberté, momentanément entravé dans ses formes extérieures, ne pouvait plus favoriser ou accomplir lui-même. Les savants, les artistes reçurent en effet des encouragements de toutes sortes ; l'industrie nationale, paralysée par les discordes civiles, prit un essor qu'elle n'avait jamais connu. La banque de France s'établit ; l'étalon des poids et mesures, élaboré par l'Institut, obtint la sanction législative ; en un mot, Bonaparte réalisa, comme chef du gouvernement français, ce qu'il avait conçu, voulu et fait pressentir lorsqu'il n'était que général républicain, et qu'il se montrait jaloux d'enrichir le Musée national, d'interroger les professeurs, de mettre les savants en tête de son état-major, et de se recommander à l'estime et au respect des peuples bien plus par son titre de membre de l'Institut que par celui de commandant suprême des armées.

Le consul se trouvait d'autant plus heureux de pouvoir présider aux conquêtes intellectuelles, et d'encourager les progrès de la science, qu'il avait rêvé lui-même, dans sa jeunesse, la gloire scientifique, et songé même à surpasser Newton. « Jeune, dit-il, je m'étais mis dans l'esprit de devenir un inventeur, un Newton. » M. Geoffroy Saint-Hilaire raconte qu'il l'a entendu dire : « Le métier des armes est devenu ma profession ; ce ne fut pas de mon choix, je m'y trouvai engagé du fait des circonstances. » Dans les dernières heures de son séjour au Caire, il apostropha vivement Monge, qui répétait avec affectation le mot de Lagrange : « Nul n'atteindra la gloire de Newton, il n'y avait qu'un monde à découvrir. — Qu'ai-je entendu? s'écria-t-il ; mais LE MONDE DES DÉTAILS! qui a jamais songé à cet autre, à celui-là? Moi, dès l'âge de quinze ans, j'y croyais... Qui a fait attention au caractère d'intensité et de traction, à très-courte distance, des actions des minimes atomes, dont nous sommes, d'une manière quelconque, les observateurs obligés? »

Sous le poids de ses préoccupations guerrières, et au milieu des triomphes journaliers qui marquèrent ses campagnes d'Italie, il resta toujours fidèle à ses goûts, et ne cessa de faire marcher de front l'agrandissement politique de la France et l'exploration scientifique, dans l'intérêt de la civilisation universelle.

A Pavie, il interrogea le physiologiste Scarpa. En 1801, il eut des conférences avec le physicien Volta, qu'il combla de présents et d'honneurs. En 1802, il fonda un prix de 60,000 francs pour celui qui, par ses découvertes et ses expériences, ferait faire à l'électricité, au galvanisme, un pas comparable à celui que firent faire à ces sciences Franklin et Volta. Il demanda aussi à l'Institut un résumé des progrès que la révolution avait fait faire jusque-là aux arts, à la littérature et aux sciences. Chénier fut chargé de la partie littéraire.

CHAPITRE DIXIÈME.

Le soin de pacifier et d'organiser l'intérieur de la république n'occupait pas exclusivement le premier consul; il songeait aussi à la paix extérieure, dont il aurait voulu faire le complément des bienfaits qui avaient marqué son avénement au pouvoir. A cet effet, il fit ouvrir des négociations avec le cabinet de Londres par M. de Talleyrand, et il écrivit lui-même, le 26 décembre 1799, la lettre suivante au roi d'Angleterre, dès les premiers jours de son installation au Consulat avec Cambacérès et Lebrun :

« BONAPARTE, PREMIER CONSUL DE LA RÉPUBLIQUE, A S. M. LE ROI DE LA GRANDE-BRETAGNE ET D'IRLANDE.

» Appelé par le vœu de la nation française à occuper la première magistrature de la république, je crois convenable, en entrant en charge, d'en faire directement part à Votre Majesté.

» La guerre, qui depuis huit ans ravage les quatre parties du monde, doit-elle être éternelle? n'est-il donc aucun moyen de s'entendre?

» Comment les deux nations les plus éclairées de l'Europe, puissantes et fortes plus que ne l'exigent leur sûreté et leur indépendance, peuvent-elles sacrifier à des idées de vaine grandeur le bien du commerce, la prospérité intérieure, le bonheur des familles? Comment ne sentent-elles pas que la paix est le premier des besoins comme la première des gloires?

» Ces sentiments ne peuvent pas être étrangers au cœur de Votre Majesté, qui gouverne une nation libre, et dans le seul but de la rendre heureuse.

» Votre Majesté ne verra dans cette ouverture que mon désir sincère de contribuer efficacement, pour la seconde fois, à la pacification générale, par une démarche prompte, toute de confiance, et dégagée de ces formes qui, nécessaires peut-être pour déguiser la dépendance des États faibles, ne décèlent dans les États forts que le désir mutuel de se tromper.

» La France, l'Angleterre, par l'abus de leurs forces, peuvent longtemps encore, pour le malheur de tous les peuples, en retarder l'épuisement; mais, j'ose le dire, le sort de toutes les nations civilisées est attaché à la fin d'une guerre qui embrasse le monde entier.

» BONAPARTE. »

Ce n'était point là un vain étalage de modération et de philanthropie. Si Bonaparte eût désiré la continuation de la guerre, s'il n'eût aimé que la guerre, comme on le lui a tant reproché, rien ne l'obligeait à faire cette démarche directe et pressante auprès du roi d'Angleterre. Sans doute il croyait la paix profitable à son gouvernement, mais c'était dans l'intérêt de la France et de la civilisation européenne qu'il tenait surtout à affermir et à faire aimer son gouvernement. Et puis, avec quelle franchise, quelle dignité et quelle mesure il parle de son mépris pour les formes de la diplomatie! On reconnaît facilement à ce langage l'enfant de la démocratie, le dépositaire des intérêts de la révolution. Aussi le vieux monarque refusa-t-il d'agréer l'innovation que le magistrat républicain avait essayé d'introduire dans les rapports diplomatiques; il fit répondre, par lord Grenville, que la correspondance directe entamée par le premier consul ne pouvait lui convenir, et il chargea le même ministre de rédiger une note pleine de récriminations contre la France. Bonaparte comprit que pour forcer à la paix cet opiniâtre ennemi de notre régénération politique il fallait autre chose qu'un appel à sa raison et à sa générosité. Mais il n'aurait pas voulu garder sur les bras deux adversaires aussi puissants que Londres et Vienne, et c'est pour détacher l'un ou l'autre de la coalition contre la France qu'il fit des ouvertures à tous les deux. Ses efforts furent partout repoussés. L'antipathie que les cours étrangères avaient conçue contre le peuple français dès l'origine de la révolution ne pouvait céder qu'à l'ascendant de la victoire et à la nécessité.

CHAPITRE ONZIÈME.

Translation de la résidence consulaire aux Tuileries. — Nouvelle campagne d'Italie. — Bataille de Marengo.

Le premier consul connaissait trop l'importance des formes que revêt le pouvoir et l'influence des moindres circonstances extérieures dont on l'environne, pour ne pas s'appliquer à donner au sien tout ce qui pouvait en étendre et en relever l'éclat aux yeux du peuple. Le palais du Luxembourg avait été la demeure d'une autorité débile, issue de nos assemblées révolutionnaires, et tombée, au milieu des acclamations de la France, sous le poids de la répugnance publique qu'avait fait naître et que rendait chaque jour plus vive et plus profonde la prolongation de l'anarchie; c'en était assez pour que Bonaparte se trouvât mal à l'aise dans un pareil séjour. Ce qui avait pu suffire à loger, même luxueusement, un gouvernement essentiellement provisoire, et dont la courte existence ne formait qu'une période de déchirements, de turpitudes et de désastres dans les souvenirs populaires, ne convenait plus à un gouvernement qui sentait en lui l'unité et la force, et qui aspirait à ajouter la durée à sa puissance et à sa gloire. Il fallait désormais au consul le palais des rois, parce qu'il exerçait réellement le pouvoir des rois; et ce n'était plus qu'aux Tuileries, consacrées dans les traditions nationales comme le siège naturel des chefs de l'État, et comme une espèce de sanctuaire gouvernemental, ce n'était plus qu'aux Tuileries que pouvait résider Bonaparte. Devait-on craindre qu'il n'y fût importuné ou influencé par l'ombre de la vieille monarchie, dont on le soupçonnait déjà de vouloir refaire l'édifice? C'est en effet ce qu'insinuaient les républicains ombrageux : mais entre le 10 août et le 18 brumaire, entre Louis XVI et Napoléon, il y avait eu pourtant d'autres journées et d'autres pouvoirs chers, à bon droit, aux démocrates; il y avait eu la Convention et le Comité de salut public, qui avaient siégé aussi dans la royale demeure; et certes leur séjour dans ce palais avait bien dû suffire à son inauguration révolutionnaire, suffire pour en bannir à jamais l'ombre menaçante et toutes les mauvaises influences de l'ancien régime.

La résolution du consul une fois prise, son installation dans sa nouvelle résidence fut fixée au 19 janvier 1800. Ce jour étant venu, il dit à son secrétaire : « Eh bien ! c'est donc enfin aujourd'hui que nous allons coucher aux Tuileries... Il faut y aller avec un cortége, cela m'ennuie ; mais il faut parler aux yeux, cela fait bien pour le peuple. Le Directoire était trop simple ; aussi il ne jouissait d'aucune considération. A l'armée, la simplicité est à sa place ; dans une grande ville, dans un palais, il faut que le chef d'un gouvernement attire à lui les regards par tous les moyens possibles... »

A une heure précise, Bonaparte quitta le Luxembourg, suivi d'un cortége plus imposant que magnifique, et dont la belle tenue des troupes faisait la principale pompe. Chaque corps marchait sa musique en tête ; les généraux et leur état-major étaient à cheval, et le peuple se pressait en foule sur leur passage pour se faire signaler, pour voir et admirer de près le héros de tant de batailles, l'élite des guerriers dont les immortelles campagnes de la révolution lui avaient rendu les noms si familiers. Mais entre eux tous, il recherchait surtout celui qui ne s'élevait aujourd'hui au-dessus d'eux par son pouvoir que parce qu'il leur fut toujours supérieur par son génie et ses services, l'homme qui résumait en lui la gloire militaire de l'époque, et à la fortune duquel la France attachait avec orgueil sa propre destinée. Tous les regards se portaient sur le premier consul, dont la voiture était attelée de six chevaux blancs que l'empereur d'Allemagne lui avait donnés après le traité de Campo-Formio. Camba-  cérès et Lebrun, placés sur le devant de la voiture, paraissaient n'être que les chambellans de leur collègue. Le cortége traversa une grande partie de Paris, et la présence de Bonaparte excita partout le plus vif enthousiasme, « qui alors, dit un témoin non suspect, M. de Bourrienne, n'avait pas besoin d'être commandé par la police. »

Arrivé dans la cour du château, le consul, ayant Murat et Lannes à ses côtés, passa les troupes en revue. Quand vinrent à défiler devant lui la 96ᵉ, la 43ᵉ et la 30ᵉ demi-brigade, il ôta son chapeau et s'inclina en signe de respect à la vue de leurs drapeaux mis en lambeaux par le feu de l'ennemi et noircis par la poudre. La revue terminée, il s'installa sans ostentation dans la vieille habitation royale.

Cependant, pour éloigner le soupçon d'une restauration monarchique trop brusque, il voulut que la royale demeure ne devînt sienne que sous le titre de Palais du gouvernement; et afin de ménager davantage les susceptibilités républicaines, il fit entrer en foule avec lui dans sa nouvelle résidence les tableaux et les statues des grands hommes de l'antiquité, dont le souvenir était cher aux amis de la liberté.

David fut chargé, entre autres, de placer son *Junius Brutus* dans une des galeries de la nouvelle habitation consulaire. On y introduisit également un beau buste du second Brutus, apporté d'Italie.

Toutes ces précautions annonçaient chez le premier consul, avec une tendance monarchique bien caractérisée, le sentiment profond de son origine et de sa position révolutionnaires. Ce sentiment le dominait encore, et lorsqu'il sembla plus tard s'en être affranchi, le peuple le garda pour lui : car si madame Lætitia ne se laissa point tromper sur le cœur de son fils par ses formes brusques et sévères, et si elle persista toujours à dire : « L'empereur a beau faire, il est bon ; » de même le peuple de France, par une sorte d'instinct, s'est obstiné à dire du consul et de l'empereur, alors qu'il paraissait le plus infidèle à sa mission d'avenir, et qu'il s'essayait, sur la pente rapide des réactions, à restaurer le blason et le trône : « Bonaparte a beau faire, il est démocrate. »

C'est de son installation aux Tuileries que datent les mesures réparatrices et les grands établissements dont quelques-uns ont été déjà indiqués, tels que le décret portant clôture de la liste des émigrés, l'organisation de la banque de France et celle des préfectures. Un événement qui venait de mettre en deuil les républicains d'Amérique fournit bientôt au premier consul une nouvelle occasion de manifester que, malgré son rapide acheminement au pouvoir suprême, il se considérait toujours comme le premier magistrat d'une république, et lié comme tel, par une sympathie inaltérable, à la destinée des peuples libres.

« Washington est mort ! » portait un ordre du jour adressé à toutes les troupes de la république, « ce grand homme s'est battu contre la tyrannie ; il a consolidé la liberté de sa patrie ; sa mémoire sera toujours chère au peuple français, comme à tous les hommes libres des deux mondes, et spécialement aux soldats français qui, comme lui et les soldats américains, se battent pour la liberté et l'égalité.

» En conséquence, LE PREMIER CONSUL ordonne que pendant dix jours des crêpes noirs seront suspendus à tous les drapeaux et guidons de la république. »

Le même jour, les consuls proclamèrent le résultat des votes émis sur le nouvel acte constitutionnel.

Sur trois millions douze mille cinq cent soixante-neuf votants, quinze cent soixante-deux avaient rejeté, et trois millions onze mille sept cents avaient accepté la constitution.

Sur ces entrefaites, des nouvelles de l'armée d'Égypte parvinrent au gouvernement. Elles étaient adressées au Directoire, et Kléber n'y ménageait pas Bonaparte, qu'il accusait d'avoir abandonné son armée dans le dénûment et la détresse. Le premier consul, qui dépouilla ces dépêches, s'estima heureux qu'elles fussent tombées entre ses mains. Incapable, du reste, de sacrifier à ses ressentiments personnels ce que les intérêts généraux de la France pouvaient exiger de lui, il répondit solennellement à

CHAPITRE ONZIÈME.

Kléber en homme qui savait se maîtriser et prouver par là combien il était digne de commander aux autres. Sa réponse fut une proclamation adressée à l'armée d'Orient, et qui était certes admirablement conçue pour cacher la nature des missives et des rapports venus récemment d'Égypte ; voici cette proclamation :

« Soldats,

» Les consuls de la république s'occupent souvent de l'armée d'Orient.

» La France connaît toute l'influence de vos conquêtes sur la restauration de son commerce et de la civilisation du monde. L'Europe entière vous regarde. Je suis souvent en pensée avec vous.

» Dans quelque situation que les hasards de la guerre vous mettent, soyez toujours les soldats de Rivoli et d'Aboukir, vous serez invincibles.

» Portez à Kléber cette confiance sans bornes que vous aviez en moi : il la mérite.

» Soldats, songez au jour où, victorieux, vous rentrerez sur le territoire sacré ; ce sera un jour de gloire pour la nation entière. »

Cependant la cour de Vienne, revenue de l'abattement où l'avaient jetée ses innombrables défaites dans les mémorables campagnes d'Italie, avait cédé encore une fois à

sa haine invétérée contre la république française, et s'était associée avec empressement à la politique hostile du cabinet anglais, en repoussant toutes les propositions pacifiques de Bonaparte. Dans cette situation, le premier consul ordonna d'abord la formation, à Dijon, d'une armée de réserve de soixante mille hommes, dont il confia le commandement à Berthier, qui fut remplacé au ministère de la guerre par Carnot. Mais il ne tarda pas à aller se mettre lui-même à la tête de cette réserve, dont il fit une nouvelle armée d'Italie.

Parti de Paris le 6 mai, il arriva le 15 au mont Saint-Bernard, qu'il franchit en trois jours. Le 18, Bonaparte écrivit de son quartier général de Martigny au ministre de l'intérieur pour lui annoncer que ce passage difficile était effectué, et que l'armée entière serait dès le 21 sur le sol italien.

« Citoyen ministre, lui dit-il, je suis au pied des grandes Alpes, au milieu du Valais.

» Le grand Saint-Bernard a offert bien des obstacles qui ont été surmontés avec ce courage héroïque qui distingue les troupes françaises dans toutes les circonstances. Le tiers de l'artillerie est déjà en Italie; l'armée descend à force; Berthier est en Piémont : dans trois jours tout sera passé. »

Tout s'accomplit en effet selon que le premier consul l'avait prévu, avec ordre et célérité.

Après qu'on se fut emparé, comme à la course, de la cité d'Aoste, l'armée se  trouva arrêtée par le fort de Bard, regardé comme inexpugnable à raison de sa position sur un rocher à pic, et fermant une vallée profonde qu'il fallait franchir. Pour surmonter cet obstacle, on creusa dans le roc, hors de la portée du canon, un sentier qui servit de passage à l'infanterie et à la cavalerie; puis, par une nuit obscure, on enveloppa de paille les roues des voitures et des canons, et l'on parvint ainsi à dépasser le fort en traversant la petite ville de Bard, sous le feu d'une batterie de vingt-deux pièces, dont les coups, tirés à l'aventure, ne firent que peu de mal à nos soldats républicains.

Dès les premiers jours de juin, le quartier général fut porté à Milan, d'où Bonaparte adressa à l'armée la proclamation suivante, après avoir décrété le rétablissement de la république cisalpine :

« Soldats,

» Un de nos départements était au pouvoir de l'ennemi; la consternation était dans tout le nord de la France : la plus grande partie du territoire ligurien, le plus fidèle ami de la république, était envahi.

» La république cisalpine, anéantie dès la campagne passée, était devenue le jouet du grotesque régime féodal. Soldats, vous marchez, et déjà le territoire français est délivré, la joie et l'espérance succèdent, dans notre patrie, à la consternation et à la crainte.

» Vous rendrez la liberté et l'indépendance au peuple de Gênes; il sera pour toujours délivré de ses éternels ennemis.

» Vous êtes dans la capitale de la Cisalpine; l'ennemi épouvanté n'aspire plus qu'à regagner ses frontières. Vous lui avez enlevé ses hôpitaux, ses magasins, ses parcs de réserve.

» Le premier acte de la campagne est terminé; des millions d'hommes, vous l'entendez tous les jours, vous adressent des actes de reconnaissance.

» Mais aurait-on donc impunément violé le territoire français; laisserez-vous retourner dans ses foyers l'armée qui a porté l'alarme dans vos familles! Vous courrez aux armes!...

» Eh bien! marchez à sa poursuite, opposez-vous à sa retraite, arrachez-lui les lauriers dont elle s'est parée, et, par là, apprenez au monde que la malédiction est sur les insensés qui osent insulter le territoire du grand peuple.

» Le résultat de tous nos efforts sera : Gloire sans nuage et paix solide. »

La gloire sans nuage était dès longtemps acquise à l'armée française et à son chef;

mais il leur était plus difficile d'obtenir une paix solide. On était pourtant à la veille de l'une de ces batailles décisives qui amènent les ennemis les plus obstinés à étouffer, momentanément au moins, leurs dispositions hostiles. Le 9 juin, Bonaparte passa le Pô, et battit les Impériaux à Montebello, où l'un de ses lieutenants, le général Lannes, rendit son nom fameux. Le 14, il atteignit encore les Impériaux dans les plaines de Marengo, et remporta sur eux l'une des plus grandes victoires qui aient illustré les armes républicaines. Laissons faire au vainqueur lui-même le récit de cette immortelle journée :

« Après la bataille de Montebello, l'armée se mit en marche pour passer la Siera,

L'avant-garde, commandée par le général Gardanne, a, le 24, rencontré l'ennemi, qui défendait les approches de la Bormida et les trois ponts qu'il avait près d'Alexan-

drie, l'a culbuté, lui a pris deux pièces de canon et fait cent prisonniers.

» La division du général Chabran arrivait en même temps le long du Pô, vis-à-vis Valence, pour empêcher l'ennemi de passer ce fleuve. Ainsi Mélas se trouvait serré entre la Bormida et le Pô. La seule retraite qui lui restait après la bataille de Montebello se trouvait interceptée; l'ennemi paraissait n'avoir encore aucun projet et très-incertain de ses mouvements.

» Le 25, à la pointe du jour, l'ennemi passa la Bormida sur les trois ponts, résolu de se faire une trouée; déboucha en force, surprit notre avant-garde, et commença avec la plus grande vivacité la célèbre bataille de Marengo, qui décide enfin du sort de l'Italie et de l'armée autrichienne.

» Quatre fois pendant la bataille nous avons été en retraite, et quatre fois nous avons été en avant. Plus de soixante pièces de canon ont été de part et d'autre, sur

différents points et à différentes heures, prises et reprises. Il y a eu plus de douze charges de cavalerie, et avec différents succès.

» Il était trois heures après midi. Dix mille hommes d'infanterie débordaient notre droite dans la superbe plaine de Saint-Julien; ils étaient soutenus par une ligne de cavalerie et beaucoup d'artillerie. Les grenadiers de la garde furent placés comme une redoute de granit au milieu de cette immense plaine : rien ne put l'entamer; cavalerie, infanterie, artillerie, tout fut dirigé contre ce bataillon, mais en vain. Ce fut alors que vraiment l'on vit ce que peut une poignée de gens de cœur.

» Par cette résistance opiniâtre la gauche de l'ennemi se trouva contenue, et notre droite appuyée jusqu'à l'arrivée du général Monnier, qui enleva à la baïonnette le village de Castel-Ceriolo.

» La cavalerie ennemie fit alors un mouvement rapide sur notre gauche, qui déjà se trouvait ébranlée. Ce mouvement précipita sa retraite.

» L'ennemi avançait sur toute la ligne, faisant un feu de mitraille avec plus de cent pièces de canon.

» Les routes étaient couvertes de fuyards, de blessés, de débris. La bataille paraissait être perdue. On laissa avancer l'ennemi jusqu'à une portée de fusil du village de Saint-Julien, où était en bataille la division Desaix, avec huit pièces d'artillerie légère en avant et deux bataillons en potence sur les ailes. Tous les fuyards se ralliaient derrière.

» Déjà l'ennemi faisait des fautes qui présageaient sa catastrophe. Il étendait trop ses ailes.

» La présence du premier consul ranimait le moral des troupes.

» Enfants! leur disait-il, souvenez-vous que mon habitude est de coucher sur le champ de bataille.

» Aux cris de Vive la république! vive le premier consul! Desaix aborda au pas de charge et par le centre. Dans un instant l'ennemi est culbuté. Le général Kellermann, qui, avec sa brigade de grosse cavalerie, avait toute la journée protégé la retraite de notre gauche, exécuta une charge avec tant de vigueur et si à propos, que six mille grenadiers et le général Zach, chef de l'état-major général, furent faits prisonniers, et plusieurs généraux ennemis tués. Toute l'armée suivit ce mouvement. La droite de l'ennemi se trouva coupée. La consternation et l'épouvante se mirent dans ses rangs.

» La cavalerie autrichienne s'était portée au centre pour protéger la retraite. Le chef de brigade Bessières, à la tête des casse-cou et des grenadiers de la garde, exécuta une charge avec autant d'activité que de valeur, perça la ligne de cavalerie ennemie, ce qui acheva l'entière déroute de l'armée.

» Nous avons pris quinze drapeaux, quarante pièces de canon, et fait six à huit mille prisonniers; plus de six mille ennemis sont restés sur le champ de bataille.

» Le 9e léger a mérité le titre d'incomparable. La grosse cavalerie et le 8e de dragons se sont couverts de gloire. Notre perte est aussi considérable : nous avons eu six cents hommes tués, quinze cents blessés et neuf cents prisonniers.

» Les généraux Champaux, Marmont et Boudet sont blessés.

» Le général en chef Berthier a eu ses habits criblés de balles; plusieurs de ses aides de camp ont été démontés. Mais une perte vivement sentie par l'armée, et qui le sera par toute la république, ferme notre cœur à la joie. Desaix a été frappé d'une balle au commencement de la charge de sa division; il est mort sur le coup; il n'a eu que le temps de dire au jeune Lebrun qui était avec lui : « Allez dire au premier con- » sul que je meurs avec le regret de n'avoir pas assez fait pour vivre dans la postérité. »

» Dans le cours de sa vie, le général Desaix a eu quatre chevaux tués sous lui, et reçu trois blessures. Il n'avait rejoint le quartier général que depuis trois jours; il brûlait de se battre, et avait dit deux ou trois fois la veille à ses aides de camp : « Voilà bien longtemps que je ne me bats plus en Europe; les boulets ne me connais- » sent plus; il nous arrivera quelque chose. » Lorsqu'on vint, au milieu du plus fort du feu, annoncer au premier consul la mort de Desaix, il ne lui échappa que ce seul mot : « Pourquoi ne m'est-il pas permis de pleurer? » Son corps a été transporté en poste à Milan, pour y être embaumé. »

Deux jours après, Bonaparte écrivit aux consuls la lettre suivante, datée du quartier général de Torre di Garofalo :

« Le lendemain de la bataille de Marengo, citoyens consuls, le général Mélas a fait demander aux avant-postes qu'il lui fût permis de m'envoyer le général Skal. On a arrêté dans la journée la convention dont vous trouverez ci-joint copie. Elle a été signée dans la nuit par le général Berthier et le général Mélas. J'espère que le peuple français sera content de son armée. »

La bataille de Marengo livra le Piémont et la Lombardie à la France. Le premier consul séjourna peu de temps en Italie. A Milan, le peuple l'avait reçu avec enthousiasme, et les prêtres mêmes s'étaient associés à l'allégresse générale. Bonaparte, pour se ménager leur appui, parla en ces termes aux curés de cette capitale :

« Ministres d'une religion qui est aussi la mienne, leur dit-il, je vous regarde comme mes plus chers amis; je vous déclare que j'envisagerai comme perturbateurs du repos public, et que je ferai punir comme tels de la manière la plus rigoureuse et la plus éclatante, et même, s'il le faut, de la peine de mort, quiconque fera la moindre insulte à notre commune religion, ou qui osera se permettre le plus léger outrage envers vos personnes sacrées.

» Les philosophes modernes, ajouta-t-il, se sont efforcés de persuader à la France que la religion catholique était l'implacable ennemie de tout système démocratique et de tout gouvernement républicain : de là cette cruelle persécution que la république française exerça contre la religion et ses ministres; de là toutes les horreurs auxquelles fut livré cet infortuné peuple.... Moi aussi je suis philosophe, et je sais que, dans une société quelconque, nul homme ne saurait passer pour vertueux et juste s'il ne sait d'où il vient et où il va. La simple raison ne peut nous fournir là-dessus aucune lumière ; sans la religion, on marche continuellement dans les ténèbres, et la religion catholique est la seule qui donne à l'homme des lumières certaines et infaillibles sur son principe et sa fin dernière.... »

Ce n'est pas seulement à la politique d'un soldat ambitieux qu'il faut attribuer ce langage. Quoique indifférent en matière religieuse, ainsi que l'avait prouvé sa conduite au Caire, Bonaparte n'était rien moins qu'irréligieux. « Ma raison, disait-il, me tient dans l'incrédulité de beaucoup de choses; mais les impressions de mon enfance et les inspirations de ma première jeunesse me rejettent dans l'incertitude. »

Il est certain, toutefois, qu'il était dominé surtout par la nécessité politique de la religion. Le *Mémorial de Sainte-Hélène*, les *Mémoires de Napoléon*, le docteur O'Méara, Pelet de la Lozère et Thibaudeau l'attestent également. « Je ne vois pas dans la religion, disait-il, le mystère de l'Incarnation, mais le mystère de l'ordre social; elle rattache au ciel une idée d'égalité qui empêche que le riche ne soit massacré par le pauvre.... » — « Nous avons vu des républiques, des démocraties, et jamais d'État sans religion, sans culte, sans prêtres. »

C'est donc à cette manière d'envisager les questions religieuses qu'il faut attribuer principalement l'accueil fait par Bonaparte aux curés de Milan, et le discours dont nous avons rapporté les passages les plus remarquables. Du reste, l'Italie reconquise en quelques jours, le premier consul se hâta de rentrer en France, après avoir créé une consulte pour réorganiser la république cisalpine, et avoir rétabli l'université de Pavie. Le 26 juin, il fit transporter le corps de Desaix au mont Saint-Bernard, et il

ordonna qu'un monument serait érigé en ce lieu à la mémoire de ce jeune héros. Le 20, il arriva à Lyon, où il voulut signaler son passage par un acte réparateur qui lui conciliât dès lors l'affection de cette grande et industrieuse cité, au sein de laquelle son nom n'a pas cessé d'être en vénération. La reconstruction des façades de Bellecour fut décrétée, et Bonaparte en posa lui-même la première pierre.

Le 3 juillet, c'est-à-dire moins de deux mois après son départ de Paris, il rentra triomphant dans cette capitale, au milieu des acclamations d'un peuple immense. Son premier soin fut de récompenser la bravoure de ses compagnons d'armes. Déjà, à l'ouverture de la campagne, et au pied du mont Saint-Bernard, il avait nommé PREMIER GRENADIER DE LA RÉPUBLIQUE l'intrépide La Tour d'Auvergne, qui se refusait à tout avancement. Au retour, et après une expédition aussi rapide, couronnée par une victoire aussi brillante, il crut devoir faire un grand nombre de promotions et distribuer des brevets d'honneur.

Tandis que le premier consul reprenait en quelques jours la plus belle portion de l'Italie, Brune et Bernadotte, commandant en chef les armées de l'Ouest, avaient pacifié la Bretagne, et une fête à l'union de tous les Français avait été résolue. Un arrêté des consuls du 12 juin en renvoya la célébration au 14 juillet, afin que la nation confondît dans une même consécration le retour de la concorde et la naissance de la liberté; et pour que rien ne manquât à cette grande solennité, on fixa au même jour la pose des premières pierres des colonnes départementales et de la colonne nationale : les unes élevées dans chaque chef-lieu de département, et l'autre à Paris, place Vendôme, toutes à la gloire des braves morts pour la défense de la patrie et de la liberté.

Le Champ de Mars, qui avait reçu les députés de toutes les gardes nationales de France lors du premier anniversaire de juillet, à cette journée mémorable de la fédération, fête civique que l'on essaya de rendre religieuse, et où La Fayette représenta le patriotisme naissant, comme Talleyrand la foi expirante; le Champ de Mars revit, après dix ans de troubles civils et de guerres étrangères, les défenseurs de la révolution réunis encore dans sa vaste enceinte, non pour y jurer cette fois de vaincre ou de mourir, mais pour y voir attester solennellement par les députés de l'armée que le serment des députés de la garde nationale était glorieusement rempli, et que la

France nouvelle avait vaincu la vieille Europe. Des officiers envoyés par les deux

armées du Rhin et d'Italie déployèrent en effet, devant les consuls, les drapeaux pris à l'ennemi, qu'ils venaient offrir au gouvernement comme hommage à la patrie, et Bonaparte leur adressa ces nobles paroles :

» Les drapeaux présentés au gouvernement devant le peuple de cette immense capitale attestent le génie des généraux en chef, Moreau, Masséna et Berthier; les talents militaires des généraux, leurs lieutenants, et la bravoure du soldat français.

» De retour dans les camps, dites aux soldats que, pour l'époque du 1er vendémiaire, où nous célébrerons l'anniversaire de la république, le peuple français attend, ou la publication de la paix, ou, si l'ennemi y mettait des obstacles invincibles, de nouveaux drapeaux, fruits de nouvelles victoires. »

Un trait mérite d'être remarqué dans cette courte harangue : Bonaparte, forcé de s'effacer lui-même dans la distribution des éloges qu'il donne aux chefs militaires et à l'armée, et qui sait bien d'ailleurs que cet oubli nécessaire de lui-même sera plus que compensé par les souvenirs du peuple, Bonaparte s'applique à mettre en relief précisément ceux des généraux qui purent mieux nourrir à son égard quelques pensées de rivalité, et il place Moreau et Masséna avant Berthier, son confident et son ami. C'est encore une manière habile d'écarter tout soupçon de jalousie envers ces illustres guerriers, comme aussi de témoigner qu'il ne peut pas voir sérieusement en eux des rivaux à craindre et à rabaisser. Voilà l'orgueil intime du génie qui tient à se laisser deviner et apercevoir à travers la modestie obligée du langage officiel, et qui ne montre jamais mieux le sentiment qu'il a de sa supériorité qu'en paraissant s'occuper exclusivement de faire ressortir celle des autres.

Cette belle journée se termina par un banquet que le premier consul donna aux principales autorités de la république, et dans lequel il porta le toast suivant :

« AU 14 JUILLET ET AU PEUPLE FRANÇAIS, NOTRE SOUVERAIN. »

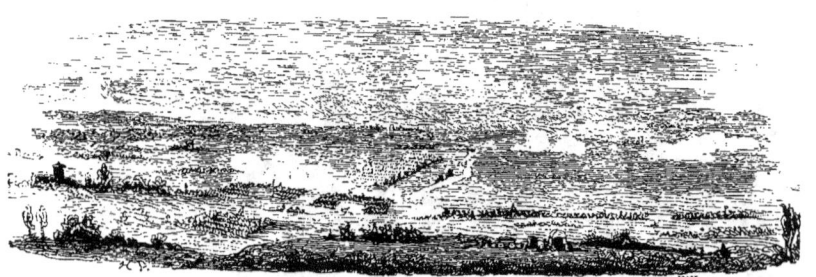

CHAPITRE DOUZIÈME.

Organisation du Conseil d'État. — Congrès de Lunéville. — Fête de la fondation de la République. — Complot républicain. — Conspiration royaliste. — Machine infernale.

A signature des préliminaires de la paix entre la France et l'Autriche par le premier consul suivit de près la célébration du 14 juillet, et justifia les dispositions pacifiques qu'il avait manifestées aux députés envoyés à Paris par les armées d'Allemagne et d'Italie.

Un mois après, Bonaparte s'occupa d'organiser le conseil d'État et d'en nommer les membres. Le 3 septembre, il conclut un traité d'amitié et de commerce entre la France et les États-Unis; et le 20 du même mois, sur le refus de l'Empereur de signer les préliminaires de la paix, il indiqua un autre congrès à Lunéville, où il fit représenter la république par le général Clarke.

La fête du 1ᵉʳ vendémiaire ne fut pas moins pompeuse que celle du 14 juillet. Des députés de toutes les autorités départementales y assistèrent. On avait fixé à ce jour la pose de la première pierre du monument national à ériger sur la place de la Victoire, à la mémoire de Desaix et de Kléber, tombés tous deux  le même jour, l'un à Marengo, sous le feu de l'ennemi; l'autre au Caire, sous le poignard d'un assassin. La translation des cendres de Turenne au temple de Mars, ordonnée par les consuls, ajouta aussi à l'éclat de l'anniversaire de la fondation de la république. Le ministre de la guerre, Carnot, prononça un discours à cette occasion, et nulle bouche n'était plus digne que la sienne de faire l'éloge du guerrier immortel dont la France honorait les restes. C'était la science militaire, le génie modeste, les vertus publiques et privées du grand capitaine de la monarchie, célébrés par le grand citoyen de la république qui avait mis, comme Turenne, au service de son pays, et sa haute moralité, et sa profonde connaissance de l'art de la guerre. Carnot sut mêler aux noms de Kléber et de Desaix celui du brave et savant La Tour d'Auvergne, qui venait d'être tué en Allemagne, et dont la mort frappait la race même du grand homme à la mémoire duquel il payait un tribut solennel. Ce fut un beau jour pour tous les Français fiers et jaloux de ce nom que celui où la patrie reconnaissante put confondre ainsi dans une apothéose commune ses illustres enfants de tous les temps et de tous les régimes, sous les auspices d'un gouvernement qui avait pour ministre Carnot et pour chef Bonaparte.

L'inauguration du Prytanée, à Saint-Cyr, marqua encore la célébration du huitième anniversaire de la fondation de l'ère républicaine.

Cependant, malgré la pompe des fêtes civiques, et malgré les efforts du consul pour ne pas donner l'alarme aux patriotes ombrageux sur la nature de ses arrière-pensées, la manière dont il s'était emparé du pouvoir et les dispositions qu'il avait montrées depuis annonçaient trop son impatience d'en finir avec les institutions républicaines, pour que les vétérans et les adeptes du parti républicain, violemment irrités, ne trouvassent pas parmi eux quelques fanatiques capables de concevoir et d'exécuter l'assassinat d'un homme qui n'était pour eux qu'un usurpateur et qu'un tyran. L'ex-député Arena, le sculpteur Ceracchi, Topino-Lebrun, élève de David, et Damerville étaient de ce nombre. Un misérable, nommé Harrel, exploita leur haine contre Bonaparte, et les fit entrer dans un complot dont il livra les fils à la police. Telle fut la sécurité du premier consul à l'égard des auteurs de cette trame, qu'il ne s'abstint pas d'assister à la représentation extraordinaire de l'Opéra, où les conjurés avaient résolu de l'assaillir.

De leur côté, les partisans opiniâtres des Bourbons, qui s'étaient flattés un instant de rencontrer un Monk dans Bonaparte, et qui ne pouvaient plus conserver ce fol espoir, se mirent à conspirer contre lui. La malveillance étrangère, l'émigration et la chouannerie s'entendirent, et la machine infernale éclata. C'était le 3 nivôse; le premier consul se rendait à l'Opéra, où l'on donnait la première représentation de l'oratorio d'Haydn, *la Création*. Il était accompagné de Lannes, Berthier et Lauriston. En passant dans la rue Saint-Nicaise, il fut surpris par l'explosion d'un baril de poudre qu'on avait placé sur une charrette. Dix secondes de retard, et c'en était fait de Bonaparte et de sa suite. Heureusement le cocher, qui était ivre, fouetta les chevaux plus vivement que de coutume, et cette plus grande célérité, due à un incident si singulier, préserva l'homme dont la fin tragique eût changé les prochaines destinées de la France et de l'Europe. « Nous sommes minés! » s'écria le premier consul. Lannes et Berthier insistaient pour qu'on rentrât aux Tuileries. « Non, non, dit Bonaparte, à l'Opéra! » Il y parut en effet, et se mit sur le devant de sa loge, où il montra son front aussi serein et aussi calme que si la quiétude la plus parfaite eût régné dans son âme. Il n'en était rien cependant. Après quelques instants donnés à cette démonstration publique de tranquillité, il fut emporté par la violence de ses impressions, et il accourut aux Tuileries, où se pressaient les personnages influents de l'époque, pour savoir ce qui s'était passé et ce qui allait en advenir. A peine arrivé au milieu d'eux, Bonaparte s'abandonna à toute la fougue de son caractère, et, d'une voix forte, il leur dit : « Voilà l'œuvre des jacobins; ce sont les jacobins qui ont voulu m'assassiner!... Il n'y a là-dedans ni nobles, ni prêtres, ni chouans!... Je sais à quoi m'en tenir, et l'on ne me fera pas prendre le change. Ce sont des septembriseurs, des scélérats couverts de boue, qui sont en révolte ouverte, en conspiration permanente, en bataillon carré contre tous les gouvernements qui se sont succédé.

Ce sont des artistes, des peintres [1], qui ont l'imagination ardente, un peu plus d'instruction que le peuple, et exercent de l'influence sur lui. Ce sont les assassins de Versailles, les brigands du 31 mai, les conspirateurs de prairial, les auteurs de tous les crimes commis contre les gouvernements. Si on ne peut les enchaîner, il faut qu'on les écrase; il faut purger la France de cette lie dégoûtante. Point de pitié pour de tels scélérats!... »

Ces paroles, où la prévention se mêlait à l'indignation la plus juste, furent répétées, à peu près, dans une réponse du premier consul à une députation du département de la Seine; mais ce qu'il y eut de déplorable, c'est qu'elles furent aussi suivies

---

[1] Allusion à Ceracchi et à Topino-Lebrun, l'un sculpteur et l'autre peintre.

du supplice des victimes que l'agent provocateur Harrel avait livrées à la police, et de la déportation de cent trente citoyens que la persévérance et l'ardeur de leur patriotisme rendaient suspects. Le ministre de la police, Fouché, qui avait à se disculper de n'avoir point prévenu et déjoué l'attentat, se montra l'un des plus ardents à frapper les prétendus coupables; et les mesures qu'il proposa obtinrent aisément la sanction du premier consul, dont il excitait et dirigeait depuis longtemps les soupçons contre les républicains. Par une combinaison que rien ne saurait justifier, on ne se contenta pas de proscrire en masse des innocents, on voulut aussi les vouer au mépris et à l'opprobre en associant monstrueusement les noms honorables de Talot, de Destrem, de Lepelletier Saint-Fargeau, etc., etc., à ceux de quelques sicaires obscurs de la terreur, auxquels on affecta d'appliquer l'épithète de septembriseurs, afin de rendre leur complicité plus accablante pour ces républicains irréprochables qu'on voulait flétrir et déporter en même temps. Un mois après, on découvrit que le crime appartenait aux royalistes; deux émissaires de la chouannerie, Carbon et Saint-Régent, convaincus d'être les auteurs de l'attentat, furent condamnés à mort et exécutés; mais cette punition des vrais coupables ne fit pas révoquer la mesure que le gouvernement avait prise *ab irato* contre les démocrates innocents, qui, à leur passage à Nantes, avaient failli devenir victimes de l'indignation publique.

Cette justice dictatoriale rencontra peu d'opposants, tant l'opinion était alors prononcée en faveur de Bonaparte. L'amiral Truguet hasarda pourtant quelques réflexions en faveur du parti dont il professait les doctrines, et il se plaignit de ce que l'esprit public était corrompu par des publications qui prêchaient le retour à la monarchie et au gouvernement héréditaire. C'était une allusion à l'écrit intitulé *Parallèle entre César, Cromwell et Bonaparte*, lequel était publié sous la protection du ministre de l'intérieur, et paraissait évidemment destiné à sonder les dispositions du peuple français sur la révolution que Bonaparte méditait.

CHAPITRE TREIZIÈME.

Création des tribunaux exceptionnels. — Travaux publics. — Traité de Lunéville. — Essor donné aux sciences et à l'industrie. — Traité de paix avec l'Espagne, Naples et Parme. — Concordat. — Paix d'Amiens. — *Te Deum* à Notre-Dame.

ES écrits destinés à préparer les esprits à une nouvelle révolution dans la forme du gouvernement n'ayant pas été accueillis comme devaient le faire supposer la faveur populaire dont jouissait le consul et le discrédit dans lequel étaient tombées les idées et les institutions républicaines, on en dissimula l'origine officielle, et l'on ajourna sagement les projets qu'ils faisaient pressentir. Mais la machine infernale fournit l'occasion de créer des tribunaux spéciaux et des juridictions exceptionnelles, qui devinrent les instruments rapides du pouvoir absolu que le premier consul exerçait en réalité sur la France. Cette institution redoutable souleva dans le tribunat l'opposition courageuse de Benjamin Constant, Daunou, Ginguené, Chénier, Isnard, etc. Trois ou quatre voix généreuses, celles de Lambrechts, Lanjuinais, Garat et Lenoir-Laroche se firent aussi entendre dans le sénat. Mais les défenseurs des libertés publiques furent en très-grande minorité, et les désirs du consul furent facilement convertis en dispositions législatives.

A côté de ces mesures réactionnaires, on voyait chaque jour des actes marqués au coin du génie qui devait porter si haut la gloire et la puissance de la France. Les routes et les canaux s'ouvraient de toutes parts; les beaux-arts acquéraient une splendeur nouvelle; les découvertes scientifiques étaient encouragées; le commerce et l'industrie entraient dans des voies jusque-là inconnues.

Le 17 janvier 1801, le rétablissement de la compagnie d'Afrique fut ordonné, et le premier consul, transportant sa pensée de l'Atlas aux Alpes, et embrassant dans sa vaste sollicitude les intérêts de la civilisation chez les peuples policés et chez les barbares, chargea, par un décret du même jour, le général Turreau de présider au confectionnement de la belle route du Simplon.

Le 9 février, la paix continentale fut signée à Lunéville. Bonaparte en prit occasion d'accuser le cabinet anglais d'être le seul obstacle à la pacification universelle. « Pourquoi, dit-il au corps législatif et au tribunat dans son message, pourquoi faut-il que ce traité ne soit pas le traité de la paix générale? C'était le vœu de la France; c'était l'objet constant des efforts du gouvernement; mais tous ses efforts ont été vains. L'Europe sait tout ce que le ministère britannique a tenté pour faire échouer les négociations de Lunéville. » En répondant ensuite aux félicitations que le corps législatif lui adressa, il laissa dès lors apparaitre la gigantesque conception du blocus continental. « Toutes les puissances du continent, dit-il, s'entendront pour faire rentrer l'Angleterre dans le chemin de la modération, de l'équité et de la raison. »

Le consul, s'applaudissant aussi du retour de la paix intérieure qui avait précédé la paix extérieure, témoigna son contentement de l'accord et de l'union qu'il avait remarqués dans les départements qu'il venait de visiter, et il ajouta : « Ainsi on ne doit attacher aucune importance aux harangues inconsidérées de quelques hommes. » C'était une allusion aux discours hardis prononcés au tribunat à l'occasion des tribunaux extraordinaires. Ce corps fut considéré dès ce moment comme le dernier refuge de l'esprit républicain, et l'on dut songer à l'y étouffer, d'abord par l'élimination, plus tard par la suppression complète.

Le traité de Lunéville, conclu principalement avec la cour de Vienne, fut suivi de traités particuliers avec Naples, Madrid et Parme. Ce fut vers le même temps que Bonaparte créa les départements du Roër, de la Sarre, de Rhin-et-Moselle et du Mont-Tonnerre; et, comme l'agrandissement et la pacification de la république devaient concourir avec sa prospérité matérielle, le consul se fit autoriser par une loi à établir des bourses de commerce, et il ordonna qu'il serait fait chaque année, du 17 au 22 septembre, une exposition publique des produits de l'industrie française.

Libre de toute préoccupation du côté des puissances continentales, et parvenu à isoler l'Angleterre, du moins en apparence, dans le nouveau système que la révolution victorieuse venait d'imposer à la diplomatie européenne, Bonaparte avait fondé de grandes espérances sur l'amitié personnelle qui l'unissait au czar Paul Ier. L'assassinat de ce prince, dans la nuit du 23 au 24 mars, renversa tous ses projets. Dès qu'il fut instruit de cet événement, il en témoigna la plus vive affliction, et fit insérer au *Moniteur* la note suivante :

« Paul Ier est mort dans la nuit du 23 au 24 mars. L'escadre anglaise a passé le Sund le 30. L'histoire nous apprendra les rapports qui peuvent exister entre ces deux événements. »

C'était la seconde fois que Bonaparte voyait déjouer par des accidents les vastes desseins qu'il avait conçus pour ruiner la puissance anglaise dans les Indes.

Cependant, il ne suffisait pas au premier consul d'avoir vaincu l'Europe, pacifié la France, ranimé le commerce et l'industrie, donné un nouvel essor aux arts et aux sciences. Au milieu de ses immenses et glorieux travaux et de ses grandes créations, il sentait que son plan de réorganisation était incomplet, et qu'il manquait encore quelque chose à son édifice : une place pour la religion. Jusque-là, sans doute, il ne l'avait pas méconnue et dédaignée; mais rien n'était encore réglé pour elle, soit dans les traités, soit dans les lois; et si le clergé avait eu aussi sa part dans les faveurs consulaires, sa nouvelle position, quelque avantageuse que Bonaparte l'eût faite, n'en était pas moins précaire. Pour la fixer sur une base légale, le premier consul entra en négociation avec Rome, et conclut un concordat avec Pie VII. Les philosophes de son entourage, qui avaient accepté la révolution de brumaire parce qu'elle avait donné de la stabilité à leur fortune soudaine, se récrièrent contre la réaction religieuse. Ils auraient voulu que Bonaparte se proclamât chef de la religion gallicane, et qu'il rompît définitivement avec le Saint-Siége. Mais le premier consul comprenait autrement les exigences de la religion de la majorité, et il craignait de blesser le gros de la nation sur une matière aussi délicate.

Déjà, pendant le cours de la révolution, et sous le règne du philosophisme persécuteur de la montagne et du Directoire, le vide que laisse dans l'État l'absence de la religion s'était fait sentir à quelques hommes qui avaient successivement et vainement essayé de le combler, les uns avec des fêtes à l'Être suprême, les autres avec le culte des théophilanthropes. « Celui qui pourrait remplacer la Divinité dans le système de l'univers, avait dit Robespierre, serait à mes yeux un prodige de génie; mais celui qui, sans l'avoir remplacée, cherche à la bannir de l'esprit des hommes, n'est plus qu'un prodige de stupidité ou de perversité. »

Quelques années plus tard, l'un des esprits les plus élevés et les plus profonds du parti de l'émigration, de Maistre, déplorant le relâchement des liens sociaux, l'affaiblissement des principes moraux, l'instabilité des souverainetés qui manquaient de base, avait attribué le désordre universel à la disparition de la foi, et il s'était écrié qu'en présence d'un spectacle aussi affligeant tout vrai philosophe devait opter entre l'une de ces deux hypothèses, « ou que le christianisme serait régénéré par quelque voie extraordinaire, ou qu'il se formerait une religion nouvelle. »

Bonaparte, il faut le dire, malgré la sublimité habituelle de son génie, ne vit pas la pressante alternative que le penseur catholique avait posée à tout vrai philosophe. A ses yeux, les croyances religieuses, si diverses parmi les nations, n'étaient guère que des superstitions consacrées par le temps, des imaginations de l'enfance des peuples, toutes combattues par la raison, dont elles n'avaient fait que contrarier les progrès, et qui imposaient toutefois dans leur vieillesse des ménagements à l'homme d'État. Il disait du christianisme même, qu'il appelait pourtant la vraie religion, que « l'instruction et l'histoire étaient ses plus grands ennemis. »

C'était juger le colosse divin qui fut pendant quinze siècles le dépositaire de la science et le précepteur de la raison humaine, non sur le magnifique tableau de son influence civilisatrice à l'époque de sa grandeur, mais sur le triste spectacle de ses débats avec la science et la raison, à l'époque de sa décadence. En opposant ainsi l'instruction et l'histoire au christianisme, sans distinction de temps et de lieu, Bonaparte oubliait l'étroite liaison qui exista entre la religion et la science, entre la religion et la politique, à la naissance des sociétés modernes, dans la lutte des croyances chrétiennes et des mœurs chevaleresques contre les traditions dégoûtantes du monde païen et les grossières superstitions des nations idolâtres; alliance incontestable pourtant, et que signalent avec éclat les noms des Paul, des Clément, des Augustin, des Jérôme, des Bernard, comme ceux de Hildebrand, de Charlemagne et d'Alfred.

Il fallait sans doute que la haute intelligence de Bonaparte sommeillât, comme fait parfois le génie d'Homère, lorsque, donnant pour un fait permanent l'antagonisme actuel des dogmes chrétiens et des doctrines philosophiques, il en venait à nier, non-seulement le concours suprême de l'élément religieux au développement rationnel et au perfectionnement politique des sociétés humaines dans le passé, mais la perfectibilité même de l'esprit humain en matière religieuse ; ce qu'il exprimait sous cette forme vulgaire, que « chacun devait demeurer dans la religion dans laquelle il avait été élevé, dans la religion de ses pères (O'Méara), et qu'il ne voulait pas qu'il s'en établit de nouvelles (Pelet de la Lozère). »

Si Bonaparte eût cru à l'influence sociale de la religion dans l'avenir, il eût songé peut-être que cette religion ne pouvait plus être, après trois siècles de protestations et de doute philosophique, après Bacon et Descartes, après Voltaire et Rousseau, ce qu'elle avait été au moyen âge, et il eût pu ajouter à sa mission de conquérant législateur et de révolutionnaire politique celle de réformateur religieux. Il eût compris alors la nécessité d'option à laquelle de Maistre prétendait soumettre les philosophes, et, portant dans le domaine de la religion la sollicitude active et féconde de son génie, il eût favorisé ou provoqué la régénération du christianisme, ou l'apparition d'une croyance nouvelle, selon qu'il se fût décidé pour l'une ou l'autre de ces deux hypothèses, selon qu'il eût embrassé la voie dans laquelle l'illustre Lamennais est entré plus tard, ou celle qu'ont tenté d'ouvrir des novateurs dont les hardiesses ont mérité parfois d'être accueillies par les plus grands poëtes de la France, Béranger et Lamartine.

Mais Bonaparte, simple théiste, et bornant sa religion personnelle à une croyance abstraite, ne voyait, nous le répétons, comme philosophe, dans les religions positives, que les éternels ennemis de la raison et de la science, et, comme homme d'État, que des moyens d'action sur le peuple, ou des embarras pour le pouvoir, suivant la nature de leurs rapports avec les gouvernements. Partant de là, et trouvant la majorité de la nation française attachée au catholicisme par cette considération qui lui faisait dire à lui-même que chacun devait vivre et mourir dans la religion de ses pères, il était naturel qu'il s'occupât de régler avec le Saint-Siège les intérêts du culte catholique, qu'il affectât de vouloir rendre à l'Église et à l'épiscopat leur ancienne splendeur, et qu'il consentît à cacher ses opinions inti-

CHAPITRE TREIZIÈME.

mes, son indifférence et son incrédulité sous les démonstrations fastueuses d'une foi officielle. Aussi, bravant les sarcasmes de sa cour toute voltairienne, fit-il chanter un *Te Deum* à Notre-Dame à l'occasion du concordat et de la paix avec l'Angleterre, qui venait d'être signée à Amiens. Tous les personnages marquants de l'époque assistèrent à cette fête religieuse. Lorsque Lannes et Augereau, qui faisaient partie du cortége des consuls, surent qu'on les conduisait à la messe, ils voulurent se retirer. Bonaparte leur intima l'ordre de rester, et il s'amusa, le lendemain, à demander malicieusement à Augereau comment il avait trouvé la cérémonie. Mais l'intrépide soldat d'Arcole et de Lodi lui renvoya sa plaisanterie : « Fort belle, répondit-il; il n'y manquait qu'un million d'hommes qui se sont fait tuer pour détruire ce que nous rétablissons. »

Il y avait de l'exagération dans cette amère réponse. Le million d'hommes ne s'était pas fait tuer pour anéantir la religion, mais pour empêcher le retour des abus de la religion, le retour des dîmes, des immunités, des priviléges ecclésiastiques; et rien de tout cela n'était rétabli par le concordat. Sans doute la révolution avait paru un instant en vouloir à la religion elle-même, et poursuivre l'abolition complète des cultes chrétiens pour leur substituer le culte de la raison; mais c'était précisément ce souvenir qu'il fallait effacer. Sa destinée n'était pas de déplacer seulement l'oppression et l'arbitraire, d'assurer le triomphe d'un parti sur l'autre, d'affranchir les esclaves pour asservir les maîtres, de fournir à la philosophie l'occasion d'odieuses représailles contre l'intolérance religieuse, et de ne donner au monde que le scandale d'une longue saturnale. Loin de là, elle ne pouvait triompher définitivement qu'en prouvant que sa cause était celle de la société tout entière; que le droit nouveau qu'elle avait créé protégeait tous les membres de l'État, sans distinction de classe, d'opinion et de croyance, et qu'il y avait sous son drapeau des garanties pour toutes les traditions qui pouvaient être encore l'objet des respects populaires, pour tous les intérêts, matériels ou moraux, qui cessaient de lui être hostiles. Plus elle avait été rigoureuse, implacable envers les prêtres quand il s'était agi de leur enlever la riche part que l'ancien régime leur avait faite dans la distribution des priviléges sociaux, ou qu'il avait fallu combattre et punir leur résistance, plus elle devait s'attacher à montrer que ses rigueurs ne s'appliquèrent qu'aux inégalités monstrueuses établies au profit du clergé, et à l'hostilité active des privilégiés dépossédés contre le nouvel ordre de choses; car, si cette hostilité opiniâtre avait amené la clôture des temples, provoqué les orgies des apôtres de la raison, et fait changer les églises en clubs tant qu'avait duré la lutte, il était indispensable que la révolution victorieuse exprimât d'une manière éclatante, au retour de la paix et de la concorde, qu'elle n'avait été qu'accidentellement et par nécessité l'ennemie du sacerdoce et du culte, qu'il n'y avait point incompatibilité entre elle et la religion du plus grand nombre, et que, loin de professer l'athéisme, comme on l'en accusait vulgairement, elle était disposée non-seulement à tolérer, mais à pratiquer les croyances existantes aussi longtemps qu'elles ne seraient pas remplacées par des croyances nouvelles au sein du peuple, à qui il faut autre chose que le scepticisme ou la théosophie pour aliment religieux. C'est cette manifestation solennelle et nécessaire que fit la révolution en traitant avec Rome, en publiant le concordat, et en allant en grande pompe à la messe, dans la personne du plus glorieux de ses enfants, du plus illustre de ses interprètes. Si le parti de la contre-révolution s'en applaudit comme d'un succès pour sa cause, ce fut une grave erreur de sa part. Lorsque Henri IV trouva que Paris valait « une messe », et qu'il consentît à faire profession publique de catholicisme, cet acte de condescendance, en faisant tomber des mains de ses ennemis l'arme la plus dangereuse qu'ils pussent employer contre lui, ne releva point, mais acheva de ruiner le parti de la ligue.

« Le concordat de 1801, a dit Napoléon dans ses *Mémoires*, était nécessaire à la religion, à la république, au gouvernement... Il fit cesser le désordre, dissipa tous les scrupules des acquéreurs de biens nationaux, et rompit le dernier fil par lequel l'ancienne dynastie communiquait encore avec le pays... » Dans une des conférences qui précédèrent cet acte, il lui était échappé de dire : « Si le pape n'avait pas existé, il eût fallu le créer pour cette occasion, comme les consuls romains faisaient un dictateur dans les circonstances difficiles. »

Réconcilié avec la papauté, Bonaparte donna du reste un nouveau gage de durée à cette alliance en fondant des royaumes sur le sol italien, qu'il avait voulu autrefois couvrir de républiques. La Toscane devint une petite monarchie au profit d'un infant de Parme, auquel on avait enlevé ses États pour les réunir à la Lombardie. Ce prince, paré du titre de roi d'Étrurie, visita la capitale de la France sous le nom de comte de Livourne. On lui donna des fêtes brillantes, où l'élégance et les manières de l'ancienne aristocratie reparurent. Toute la magnificence de cet accueil ne pouvait cacher la nullité du personnage qui en était l'objet; et comme on témoignait un peu de surprise à Bonaparte de l'élévation d'un aussi pauvre homme au rang suprême, il répondit : « La politique l'a voulu; et d'ailleurs il n'y a pas de mal à faire voir à la jeunesse, qui n'a pas vu de rois, comment ils sont faits. »

N'était-ce pas dire que ses arrière-pensées de reconstruction monarchique portaient toujours l'empreinte du cachet révolutionnaire, et que si l'Assemblée législative et la Convention avaient attaqué la royauté dans le roi, il était appelé, lui, à continuer leur œuvre, et à détruire le prestige protecteur de la royauté en faisant des rois?...

Mais si le premier consul laissait apercevoir sous les dehors d'une hospitalité fastueuse le mépris que lui inspirait le royal personnage qu'il venait d'imposer à l'Étrurie, il mit, d'autre part, moins de pompe et d'étiquette, et plus de véritable empressement, dans l'accueil qu'il fit à un nouvel hôte qui lui vint des rives de la Tamise. Ce n'était pas une nullité princière, cachant sous les insignes du rang et le luxe des cours la pauvreté de son esprit et les misères de son âme; c'était une haute intelligence dans un noble caractère, un homme tout à fait supérieur, chez lequel, a dit Napoléon, « le cœur réchauffait le génie, tandis que chez Pitt, le génie desséchait le cœur. » C'était Fox !

Bonaparte prodigua à l'illustre Anglais les plus vifs témoignages d'affection et d'estime. « Je le recevais souvent, dit-il dans le *Mémorial*; la renommée m'avait entretenu de ses talents; je reconnus bientôt en lui une belle âme, un bon cœur, des vues larges, généreuses, libérales, un ornement de l'humanité. Je l'aimais. Nous causions souvent sans nul préjugé, et sur une foule d'objets.... Fox est un modèle pour les hommes d'État, et son école, tôt ou tard, doit régir le monde.... »

La sympathie que le premier consul manifesta pour Fox fut généralement partagée en France. « On le reçut comme un triomphateur dans toutes les villes où il passa. On lui offrit spontanément des fêtes, et on lui rendit les plus grands honneurs dans tous les lieux où il fut reconnu. » (O'Meara.)

La révolution française ne devait pas moins à son ami persévérant, et trente-sept ans plus tard elle sera largement payée de sa brillante hospitalité envers Fox par la réception que le peuple anglais fera à un soldat de Napoléon, à un vétéran de la république. C'est que l'école de Fox et de Mackintosh, populaire en France en 1801, le sera devenue en Angleterre en 1838.

CHAPITRE QUATORZIÈME.

Depuis le traité d'Amiens (25 mars 1802) jusqu'à la rupture de la France avec l'Angleterre (22 mai 1803).

E vide que la révolution française avait produit, selon l'expression de Burke, dans le vieux système européen, était loin d'être comblé. S'élargissant au contraire au nord et à l'est, par nos conquêtes en Allemagne et en Italie, il devait effrayer plus que jamais les cabinets étrangers. Mais l'épuisement des finances, la lassitude des peuples, le besoin de réparer les désastres de tant de batailles perdues et de tant de campagnes malheureuses, la crainte de nouveaux revers, et aussi une espèce de croyance superstitieuse à la fortune de la république et de son chef, tout cela avait fait céder l'Europe chrétienne et féodale à l'ascendant irrésistible de la France révolutionnaire; et désormais le peuple libre, qui fut si longtemps assailli par les nations esclaves, et frappé de leur réprobation comme impie et comme régicide, était parvenu à se réconcilier avec la papauté et la royauté, sans rien rétracter de ses principes ni de ses actes envers le pape et envers les rois.

Quelle admirable position que celle de la république française! Après avoir supporté avec un héroïsme de dix années le poids souvent accablant d'une longue guerre, pour échapper à la domination du privilége, elle se voyait enfin au faite de la puissance, jouissant, fière et tranquille, des bienfaits de l'égalité, et pouvant étonner le monde par les merveilles de la paix, comme elle l'avait étonné par les prodiges de la guerre. Si ses armées se composaient des plus braves soldats et des meilleurs capitaines du temps, ses administrations comptaient aussi dans leur sein toutes les notabilités qui s'étaient révélées par l'expérience des affaires publiques; ses assemblées politiques renfermaient l'élite des orateurs et des publicistes européens; son Institut était sans égal parmi les corps académiques; ses savants présidaient aux découvertes dont ils avaient conquis l'initiative; ses littérateurs, ses poëtes, ses peintres, ses sculpteurs, tenaient le sceptre dans le domaine des arts; son commerce et son industrie, dotés en quelques jours de routes, de ponts, de canaux innombrables, venaient étaler leur richesse sous les voûtes du Louvre, comme pour faire pâlir le faste stérile de l'ancienne monarchie devant le luxe fécond de la France nouvelle; la jeunesse, pour s'élever digne de cette grande époque, voyait s'ouvrir des écoles pour chaque degré d'instruction, et trouvait dans le trésor public un appui pour entrer dans les lycées; ses musées et ses bibliothèques s'enrichissaient du fruit de ses conquêtes, et la victoire lui amenait à Paris la *Vénus* de Médicis et la *Pallas* de Velletri. Son nom, enfin, redouté des rois, était un objet de respect et d'admiration pour les peuples. Ainsi, gloire militaire, gloire politique, gloire littéraire, triomphe de la civilisation par les armes, par la science, par les arts, par l'industrie; tranquillité parfaite au dedans, paix universelle au dehors, et avec tout cela pour premier magistrat BONAPARTE!... Telle était la situation de la république française après la paix d'Amiens!

Rien ne manquait donc alors à la grandeur et à la prospérité de la France. Mais cet état florissant, qui faisait l'envie de l'Europe, trouvait dans la constitution même des chances inévitables d'instabilité. Tout le monde était convaincu que les victoires, la pacification, la puissance et la splendeur de la république étaient en grande partie l'œuvre de l'homme extraordinaire que la Providence avait envoyé au secours de la révolution; et tout le monde pensait aussi que la durée et la conservation de cette splendeur et de cette puissance reposaient actuellement et reposeraient longtemps encore sur le génie dont elles étaient l'ouvrage. Fallait-il donc que ce génie créateur et conservateur pût être écarté du timon de l'État et dépouillé de sa mission providentielle par le jeu du mécanisme constitutionnel, et par l'intervention de la cabale et de l'intrigue? Était-il raisonnable de supposer que, le premier par les services, par la gloire, par l'intelligence, par la volonté, par toutes les facultés du guerrier et de l'homme d'État, il pût être rejeté dans un rang secondaire par une nécessité légale? Le sénat avait cru faire assez lorsque, sur la proposition du tribunat, qui demandait un gage éclatant de la reconnaissance nationale pour le premier consul, il avait nommé Bonaparte consul pour dix ans. Mais cette prolongation n'en laissait pas moins la suprême magistrature avec son caractère temporaire, et ne faisait par conséquent qu'ajourner des inconvénients et des dangers qu'il s'agissait de prévenir et d'éloigner indéfiniment. Un homme tel que Bonaparte, avec la position qu'il avait faite à la France et avec celle que la France lui avait faite à lui-même, ne pouvait pas plus, après dix ans qu'après cinq ans, redevenir simple citoyen, ou se réduire à n'être que le second dans l'État. Il n'y avait que sa séparation d'avec la France, par l'exil ou par la mort, qui pût l'empêcher d'être le premier en France. Lui et la France le comprirent; car, lorsque, dédaignant le vote par lequel le sénat lui avait décerné le consulat pour dix années, il en appela au peuple et lui posa cette question : « Bonaparte sera-t-il consul à vie? » le peuple accourut en foule au scrutin, et répondit par plus de trois millions de voix : « OUI. »

Le sénat, pour faire oublier autant que possible sa réserve intempestive, se hâta de proclamer le vœu du peuple, en y ajoutant même l'attribution d'une nouvelle pré-

CHAPITRE QUATORZIÈME.

rogative pour le premier consul, celle de choisir son successeur. Bonaparte répondit à la députation de ce corps :

« Sénateurs,

» La vie d'un citoyen est à sa patrie. Le peuple français veut que la mienne lui soit consacrée.... J'obéis à sa volonté....

» En me donnant un nouveau gage, un gage permanent de sa confiance, il m'impose le devoir d'étayer le système de ses lois par des institutions prévoyantes.

» Par mes efforts, par votre concours, par le concours de toutes les autorités, par la confiance et la volonté de cet immense peuple, la liberté, l'égalité, la prospérité de la France seront à l'abri des caprices du sort et de l'incertitude de l'avenir.... Le meilleur des peuples sera le plus heureux, comme il est le plus digne de l'être, et sa félicité contribuera à celle de l'Europe entière.

» Content alors d'avoir été appelé par l'ordre de celui de qui tout émane à ramener sur la terre la justice, l'ordre et l'égalité, j'entendrai sonner la dernière heure sans regret et sans inquiétude sur l'opinion des générations futures. »

L'opinion des générations contemporaines était en effet pour lui un gage éclatant et un signe précurseur de l'apothéose que lui réservait la postérité. Cependant le vœu populaire qui lui avait assuré la jouissance viagère de la suprême magistrature rencontra quelques protestations isolées, qui ne servirent qu'à mettre en relief de nobles caractères, sans atténuer l'universalité et la nécessité du vote national. Il n'était guère possible qu'il en fût autrement. Le consulat à vie semblait attacher les destinées de la république  aux destinées d'un homme, et constituait une espèce de monarchie viagère qui plaçait la république sur les confins de la monarchie héréditaire : comment les susceptibilités ombrageuses, les méfiances systématiques, les convictions persévérantes des diverses écoles libérales qui s'étaient produites depuis 1789 auraient-elles disparu tout à coup pour laisser établir avec l'apparence d'une approbation unanime ce qui leur était essentiellement antipathique ? Mais on eût pu croire alors que la France, en investissant Bonaparte d'un immense pouvoir, ne cédait pas seulement à l'empire des circonstances, et qu'au lieu de faire tout simplement un acte provisoire de sagesse et de nécessité par l'installation d'un dictateur, elle entendait agir en principe, se donner une constitution définitive, et renoncer, en faveur de ses chefs à venir, à toutes les doctrines de pondération et de garantie qu'elle avait invoquées et défendues si glorieusement contre ses anciens maîtres. Il fallait que la révolution, en exaltant Bonaparte comme le plus glorieux et le plus fidèle représentant de ses intérêts actuels et de ses exigences nouvelles, ne se reniât pas elle-même dans ses représentants passés, et qu'elle poussât au contraire quelques vétérans de nos assemblées nationales à justifier leur grande œuvre, et à réclamer pour les droits abstraits du peuple contre l'engouement passager du peuple. Le Consulat n'avait pas seul sauvé et illustré la révolution : avant lui, cette double tâche avait été merveilleusement remplie par l'Assemblée constituante et par la Convention. La Convention et l'Assemblée constituante devaient donc trouver des organes pour protester en leur nom contre l'entraînement des esprits vers le pouvoir absolu, et pour empêcher que les maximes libérales proclamées en 1789, et dont l'exagération avait été une condition de salut public en 1793, ne fussent mises tout à fait en oubli et ne se perdissent par la prescription. L'Assemblée constituante reparut dans La Fayette pour n'accorder qu'un suffrage motivé et suspensif sur la question du consulat à vie; tandis que l'ombre de la Convention donna un vote absolument négatif par la bouche de Carnot.

L'opposition de La Fayette était prévue par le premier consul, qui, dans plusieurs entretiens qu'il avait eus avec le prisonnier d'Olmutz, depuis sa rentrée en France, n'avait jamais pu le déterminer à accepter la dignité de sénateur. Si Bonaparte eût mieux connu La Fayette, il se fût épargné toute tentative de prosélytisme à son égard. Non-seulement La Fayette était le même qu'en 1789, mais il tenait aussi à ce que l'on sût bien, en France, en Europe, en Amérique, qu'il était toujours le même. Plein du souvenir du rôle important qu'il avait si noblement rempli, soit à côté de Washington, soit à côté de Mirabeau, il s'était fait une personnalité politique du premier ordre, dont la conservation intacte l'occupait sans cesse, et qu'il n'était nullement disposé à subalterniser envers qui que ce fût. Sa prétention était de représenter aussi une époque, d'être l'expression d'une idée, le drapeau vivant des patriotes de 89; et quand cet homme s'apparaissait ainsi à lui-même, le front rayonnant de la gloire du Jeu de paume et de la Bastille, avec les hautes proportions que la reconnaissance nationale lui avait faites aux beaux jours de l'Assemblée constituante; lorsqu'il considérait à juste titre comme une position historique, irrévocablement acquise, celle qu'il occupait au premier plan du tableau des plus grandes scènes qui marquèrent le triomphe de l'égalité sur le privilège, comment cet homme aurait-il pu consentir à descendre du piédestal que lui avaient dressé les vainqueurs du 14 juillet, pour aller se jeter et disparaître dans la foule des serviteurs qui entouraient le vainqueur du 18 brumaire? Sans doute, dans les vues du régulateur suprême et mystérieux des affaires humaines, le 18 brumaire et le 14 juillet se liaient au développement d'un même dessein, au succès d'une même cause; mais cette relation intime, cachée dans les profondeurs du système révolutionnaire de la Providence, n'en laissait pas moins subsister entre les instruments divers dont la Providence s'était tour à tour servie, selon les circonstances, pour arriver à une même fin, toutes les incompatibilités et les antipathies individuelles qui pouvaient résulter de la différence des situations, des caractères et des intelligences. Ainsi, le patriote de la première fédération, jaloux de son immuabilité, ne pouvait guère s'entendre avec le dictateur de 1802; ainsi La Fayette dut refuser la toge sénatoriale, et s'effacer noblement dans sa retraite de Lagrange, au lieu de se perdre étourdiment dans le monde brillant des Tuileries.

Ce fut entre le sénatus-consulte qui décernait le consulat à Bonaparte pour dix ans et le plébiscite qui rendit viagère cette prorogation que le premier consul fonda l'ordre de la Légion d'honneur.

« Cette institution, fit-il dire à ses interprètes devant le corps législatif, efface les distinctions nobiliaires, qui plaçaient la gloire héritée avant la GLOIRE ACQUISE, et les descendants des grands hommes avant LES GRANDS HOMMES. »

C'était rendre un nouvel hommage aux principes de la philosophie moderne, et constituer la vraie égalité sur la base de la récompense selon le mérite ; mais Bonaparte jetait cette grande création au milieu d'un peuple qui comptait encore dans son sein quelques partisans des distinctions héréditaires, naturellement jalouses des distinctions personnelles, et quelques niveleurs qui voyaient la renaissance de l'ancienne aristocratie, ou la fondation d'une aristocratie nouvelle dans la distinction la plus légitime. C'en était assez pour que l'établissement de la Légion d'honneur ne passât pas sans opposition ; et, nous devons le dire, il fut même attaqué par des hommes qui ne pouvaient être soupçonnés ni de rivalité aristocratique, ni d'exagération démocratique. Bonaparte en fut étonné, et s'en prit aux orateurs qui avaient défendu le projet. Il disait que « si la diversité des ordres de chevalerie et leur spécialité de récompense consacraient les castes, l'unique décoration de la Légion d'honneur, avec l'universalité de son application, était au contraire le type de l'égalité. » C'était par cette considération qu'il avait repoussé les conseils de ceux qui voulaient ne faire de la Légion d'honneur qu'un ordre exclusivement militaire. « Cette idée, dit-il, pouvait être bonne au temps du régime féodal et de la chevalerie, ou lorsque les Gaulois furent conquis par les Francs. La nation était esclave ; les vainqueurs seuls étaient libres ; ils étaient tout ; ils l'étaient comme militaires.... Il ne faut pas raisonner des siècles de barbarie aux temps actuels. Nous sommes trente millions d'hommes réunis par les lumières, la propriété et le commerce. Trois ou quatre cents militaires ne sont rien auprès de cette masse. Outre que le général ne commande que par les qualités civiles, dès qu'il n'est plus en fonctions, il rentre dans l'ordre civil. L'armée, c'est la nation. Si l'on considérait le militaire abstraction faite de ses rapports avec l'ordre civil, on se convaincrait qu'il ne connaît point d'autre loi que la force, qu'il rapporte tout à lui, qu'il ne voit que lui.... Le propre du militaire est de tout vouloir despotiquement ; celui de l'homme civil est de tout soumettre à la discussion, à la vérité, à la raison.... Je n'hésite donc pas à penser, en fait de prééminence, qu'elle appartient incontestablement au civil.... Ce n'est pas comme général que je gouverne, mais parce que la nation croit que j'ai les qualités civiles propres au gouvernement. Si elle n'avait pas cette opinion, le gouvernement ne se soutiendrait pas. Je savais bien ce que je faisais lorsque, général d'armée, je prenais la qualité de membre de l'Institut ; j'étais sûr d'être compris, même par le dernier tambour....

» Si la Légion d'honneur n'était pas la récompense des services civils comme des services militaires, elle cesserait d'être la Légion d'honneur.... »

« Le jour où l'on s'éloignera de l'organisation première, a-t-il dit depuis, on aura détruit une grande pensée, et ma Légion d'honneur cessera d'exister. »

C'était en effet une grande pensée que celle d'exciter et d'entretenir l'émulation parmi les citoyens en ouvrant à tous également la carrière des distinctions honorifiques comme celle des dignités et des fonctions. Désormais le mérite était tout, et le hasard de la naissance n'était plus rien : c'était le triomphe de la révolution dégagée de ses prétentions accidentelles, et curieuse de consacrer ce qu'elle avait essentiellement et constamment voulu. Il est donc permis de penser que, si la Légion d'honneur trouva de nombreux adversaires parmi les plus illustres patriotes, c'est qu'ils ne crurent pas au bien indiqué par les orateurs du gouvernement, et qu'ils ne virent qu'un moyen pour Bonaparte de se faire des créatures et de ramener insensiblement la nation aux anciens titres, là où Bonaparte leur montrait seulement les premiers serviteurs du pays à récompenser, et les principes de l'égalité à mettre en pratique par la fondation d'un ordre accessible à tous. De cette manière, l'on peut dire que l'opposition énergique manifestée au sein du tribunat dériva moins de ce que les tribuns indociles comprirent mal le premier consul que de ce qu'ils pressentirent et devinèrent très-bien l'empereur.

Mais parmi les créations consulaires, il en est une du moins qu'il n'est au pouvoir d'aucune susceptibilité de parti ou de secte d'atténuer dans la mémoire et la reconnaissance des peuples : c'est le *Code civil*. En vain voudrait-on prétendre que ce fut

l'œuvre spéciale et exclusive des grands jurisconsultes que la révolution avait mis en relief. Tout le monde sait que, dans les discussions les plus importantes, Bonaparte donna son avis, et qu'il lui arriva même souvent de trancher par un mot heureux, par un de ces éclairs qui n'appartiennent qu'au génie, des difficultés dont les légistes avaient peine à sortir. C'est ainsi qu'il fit ajouter le chapitre V au titre des actes de l'état civil, pour fixer d'une manière spéciale et sûre la condition civile des militaires hors du territoire de la république. On disait, pour se dispenser de cette addition, qu'il suffisait que les actes concernant ces militaires fussent revêtus des formes usitées dans les pays étrangers où ils se trouveraient. « Le militaire, repartit promptement Napoléon, n'est jamais chez l'étranger lorsqu'il est sous le drapeau ; là où est le drapeau, là est la patrie. »

Cependant la paix d'Amiens laissait oisives dans les mains de Bonaparte toutes les ressources militaires de la France. Ce fut alors que le premier consul songea à profiter du calme européen pour porter la guerre en Amérique et conquérir Saint-Domingue. Il donna le commandement de l'expédition à son beau-frère Leclerc. Elle ne fut pas heureuse. Son principal résultat fut l'enlèvement du chef des noirs, Toussaint Louverture, homme remarquable parmi les siens, et qui, transporté en France, y mourut au fort de Joux. Leclerc périt avec le regret de s'être chargé d'une entreprise désastreuse. Rochambeau, qui lui succéda, perdit la colonie par sa dureté.

L'Italie, berceau de la gloire et de la puissance de Bonaparte, occupait aussi sa pensée. Il avait reçu de la consulta, réunie à Lyon au commencement de 1802, la présidence de la république cisalpine, dont nul, parmi les Italiens, n'aurait été capable de supporter le poids, alors même qu'il ne fût pas entré dans les vues de Bonaparte de le garder pour lui. « Vous n'avez que des lois particulières, dit-il aux députés de cette nation; il vous faut des lois générales. Votre peuple n'a que des habitudes locales; il faut qu'il prenne des habitudes nationales. » Dans le courant de la même année Bonaparte réunit le Piémont à la France, et le divisa en six départements : le Pô, la Doire, la Sésia, la Stura, le Tanaro, et Marengo.

Les premiers jours de l'année 1803 furent marqués par une nouvelle organisation de l'Institut national, qui fut distribué en quatre classes : 1° les sciences; 2° la langue et la littérature; 3° l'histoire et la littérature anciennes; 4° les beaux-arts. Cette classification retranchait de l'Institut les sciences morales et politiques. C'était l'effet des ressentiments que Bonaparte éprouvait de l'opposition solitaire de quelques publicistes et métaphysiciens qui avaient osé élever la voix contre ses plans de gouvernement jusque dans le sein du tribunat, et qui, dès ce moment, ne furent plus à ses yeux que des idéologues.

Le premier consul fonda encore à cette époque divers établissements d'une haute importance : l'école spéciale militaire de Fontainebleau, et l'école spéciale des arts et métiers de Compiègne.

Vainqueur des monarchies européennes et pacificateur de la république française, Bonaparte voulut ajouter à ce double titre celui de médiateur de la confédération helvétique. Il donna à cet effet à la Suisse une organisation nouvelle, qui termina les différends élevés entre les anciens cantons. Dix-neuf États, ayant chacun sa propre constitution, sous la protection suprême de la France, formèrent la nouvelle Helvétie.

Le premier consul leur adressa une proclamation dans laquelle on lisait le passage suivant :

« Il n'est aucun homme sensé qui ne voie que la médiation dont je me charge est pour l'Helvétie un bienfait de cette Providence qui, au milieu de tant de bouleversements et de chocs, a toujours veillé à l'existence et à l'indépendance de votre nation, et que cette médiation est le seul moyen qui vous reste pour sauver l'une et l'autre. »

Les cabinets étrangers ne voyaient qu'avec un dépit mêlé d'exaspération l'ascendant prodigieux et la suprématie universelle que la France et son jeune chef prenaient de plus en plus dans les affaires de l'Europe. Mais c'était surtout à Londres, dans les conseils de Saint-James, où tant de coalitions avaient été conçues et formées par l'aristocratie européenne contre la démocratie française, que la paix était supportée avec impatience. Comment les hommes d'État qui avaient participé ou applaudi aux fureurs du manifeste de Brunswick se seraient-ils résignés à contempler longtemps, l'arme au bras, le spectacle de la grandeur et de la prospérité croissantes d'un peuple qu'ils s'étaient flattés de livrer à leurs soldats comme une proie facile ? Les écrivains du torysme reproduisaient incessamment tout ce que l'école de Burke et de Pitt imagina de plus violent et de plus insensé contre la révolution française. Bonaparte ne répondit d'abord qu'en faisant insérer au *Moniteur* une note qui commençait ainsi :

« Une partie des journalistes anglais reste en proie à la discorde. Toutes les lignes qu'ils impriment sont des lignes de sang. Ils appellent à grands cris la guerre civile au sein de la nation occidentale, si heureusement pacifiée. Tous leurs raisonnements, toutes leurs hypothèses roulent sur ces deux points :

» 1° Imaginer des griefs contre la France ; 2° se créer des alliés, et donner ainsi à leurs passions des auxiliaires parmi les grandes puissances du continent :

» Leurs griefs principaux sont les affaires de Suisse, dont l'heureuse issue excite leur jalouse fureur.... »

La note officielle se terminait par des vœux pour le maintien de la paix, tout en indiquant que la France était prête à la guerre, et qu'on n'obtiendrait jamais rien d'elle par des procédés menaçants. Elle fut du reste suivie d'une seconde note sortie de la même plume, et qui finissait par cette phrase remarquable :

« Il est plus facile aux vagues de l'Océan de déraciner le rocher qui entrave sa fureur depuis quarante siècles, qu'à la faction ennemie de l'Europe et des hommes de rallumer la guerre et toutes ses fureurs au milieu de l'Occident, et surtout de faire pâlir un instant l'astre du peuple français. »

Mais bientôt le premier consul ne dut pas se borner à faire de la polémique dans son journal officiel. Il devint trop évident que les passions des libellistes anglais avaient accès dans le cabinet de Saint-James, comme Bonaparte l'avait dit assez clairement par cette dénonciation solennelle que le *Moniteur* porta d'un bout de l'Europe à l'autre :

« Le *Times,* que l'on dit être sous la surveillance ministérielle, se répand en invectives perpétuelles contre la France.... Tout ce que l'imagination peut se peindre de bas, de vil, de méchant, le misérable l'attribue au gouvernement français. Quel est son but ?... Qui le paie ?...

» Un journal, rédigé par de misérables émigrés, le reste le plus impur, vil rebut, sans patrie, sans honneur, souillé de tous les crimes qu'il n'est au pouvoir d'aucune amnistie de laver, enchérit encore sur le *Times*.

» Onze évêques, présidés par l'atroce évêque d'Arras, rebelles à la patrie et à l'Église, se réunissent à Londres ; ils impriment des libelles contre les évêques du clergé français ; ils injurient le gouvernement et le pape, parce qu'ils ont rétabli la paix et l'Évangile parmi quarante millions de chrétiens.

» L'île de Jersey est pleine de brigands condamnés à mort par les tribunaux pour des crimes commis postérieurement à la paix, pour des assassinats, des viols, des incendies!!! Le traité d'Amiens stipule qu'on livrera respectivement les personnes accusées de crimes et de meurtre ; les assassins qui sont à Jersey, au contraire, sont recueillis....

» Georges porte ouvertement à Londres son cordon rouge, en récompense de la machine infernale qui a détruit un quartier de Paris, et donné la mort à trente femmes, enfants ou paisibles citadins. Cette protection spéciale n'autorise-t-elle pas à penser que s'il eût réussi, on lui eût donné l'ordre de la Jarretière ? »

Après de tels actes et de telles accusations, que devenait la paix d'Amiens ?

CHAPITRE QUINZIÈME.

Rupture de la France et de l'Angleterre. — Voyages de Bonaparte en Belgique et sur les côtes. — Conspiration de Pichegru et de Georges. — Mort du duc d'Enghien. — Fin du Consulat.

L'UNITÉ européenne, créée primitivement par le christianisme et par la conquête, et mise depuis sous la protection de la diplomatie, avait été violemment rompue par la révolution française. Tous les vieux gouvernements s'en étaient alarmés, et le cabinet britannique, bien qu'on appelât l'Angleterre la terre classique de la liberté, s'était montré le plus passionné et le plus opiniâtre de nos ennemis, parce qu'il représentait, sous des formes constitutionnelles, l'aristocratie la plus orgueilleuse et la plus implacable, la féodalité la plus vivace qui fût en

Europe. Nulle paix durable et sincère n'était possible pour la France avec ce cabinet, ni avec aucun de ceux qu'il dirigeait sur le continent. Une hostilité secrète et incessante devait se trouver au fond de toutes les démonstrations pacifiques des chancelleries; et cette antipathie, fondée sur une opposition radicale de principes et d'intérêts, ne faisait que s'accroître à mesure que le triomphe des intérêts et des principes révolutionnaires, en les rendant plus menaçants, commandait néanmoins une halte aux emportements royaux et aux fureurs aristocratiques. Si l'épuisement, la détresse et le cri des peuples forçaient parfois les gouvernements à déposer les armes, il n'en résultait que des traités éphémères qui laissaient subsister toutes les causes de guerre, et que l'on se réservait d'enfreindre sans scrupule à la première occasion. La vieille Europe voulait obstinément reconquérir son UNITÉ, comme elle le veut encore aujourd'hui; elle sentait que c'était pour elle une question d'existence, et quand elle ne pouvait pas marcher à son but à force ouverte, elle dissimulait officiellement et prenait les voies souterraines. De son côté, la jeune Europe devait travailler aussi, tantôt avec l'héroïsme du soldat, tantôt avec la prudence de l'homme d'État, à fonder une UNITÉ NOUVELLE, sachant très-bien qu'il y aurait toujours péril et absence de bon voisinage pour elle aussi longtemps que le privilége confinerait l'égalité. C'est le sentiment de cette incompatibilité indestructible qui a fait dire à Napoléon que « dans cinquante ans l'Europe sera cosaque ou république; » ce qui signifie seulement que, dans ce laps de temps, la révolution ou la contre-révolution auront rétabli l'unité européenne; et comme il n'est pas dans l'ordre naturel des choses que la puissance d'avenir, la force et la fécondité, qui forment l'apanage providentiel de la jeunesse, puissent lui être retirées pour être données miraculeusement à la vieillesse, l'alternative prophétique que les échos de Sainte-Hélène nous ont rapportée n'a rien qui doive alarmer sérieusement les hommes qui espèrent la conversion plus ou moins lointaine de la barbarie moscovite aux idées françaises.

Si, après plus de trente ans, la guerre de principes, empêchée d'éclater par l'influence des dispositions et des besoins des peuples, continue sourdement au sein de la paix de la part des gouvernements, que ne devait-ce pas être en 1803, lorsque les passions bouillonnaient toujours, et que la révolution n'avait pas encore, pour faire croire à sa durée et à son succès définitif, ni les victoires de l'empire, ni les tentatives impuissantes de la restauration, ni les prodigieux événements de 1830? Une lutte ouverte devait donc succéder à ces hostilités cachées dès que le moment paraîtrait favorable aux ennemis invétérés de la France. Il ne fallut pas deux ans à la cour de Londres pour se fatiguer de la paix mensongère qu'elle avait faite à Amiens, et pour relancer l'une contre l'autre, dans une arène meurtrière, deux nations qui n'auraient eu besoin que d'être conduites par des gouvernements à vues libérales, par des hommes d'État de l'école de Fox, pour marcher de front, et dans un concert admirable, à la paix, à la prospérité, à la civilisation du monde.

Un message des consuls du 20 mai 1803 apprit au sénat, au corps législatif et au tribunat les dispositions hostiles du cabinet anglais et l'imminence de la guerre. Ces différents corps répondirent à cette communication en exprimant le vœu « qu'il fût pris à l'instant les plus énergiques mesures afin de faire respecter la foi des traités et la dignité du peuple français. » Leur résolution, portée au gouvernement, fut accueillie par ces paroles solennelles du premier consul :

« Nous sommes forcés à faire la guerre pour repousser une injuste agression : nous la ferons avec gloire.

» Si le roi d'Angleterre est résolu de tenir la Grande-Bretagne en état de guerre jusqu'à ce que la France lui reconnaisse le droit d'exécuter ou de violer à son gré les traités, ainsi que le privilége d'outrager le gouvernement français dans les publications officielles ou privées, sans que nous puissions nous en plaindre, il faut s'affliger sur le sort de l'humanité.

» Certainement nous voulons laisser à nos neveux le nom français toujours honoré, toujours sans tache...

» Quelles que puissent être les circonstances, nous laisserons toujours à l'Angleterre l'initiative des procédés violents contre la paix et l'indépendance des nations, et elle recevra de nous l'exemple de la modération, qui seule peut maintenir l'ordre social. »

La possession des îles de Lampedouse et de Malte et l'évacuation de la Hollande étaient les causes apparentes, les prétextes sur lesquels se fondait le roi d'Angleterre pour rompre le traité d'Amiens; mais, en réalité, la même cause qui avait formé la première coalition faisait armer de nouveau la Grande-Bretagne contre la France : c'était la guerre de principes contre la révolution française qui se rallumait. En vain l'empereur de Russie et le roi de Prusse affectèrent-ils d'offrir leur médiation; les événements des années suivantes prouveront qu'ils étaient les alliés secrets de nos ennemis, avec lesquels ils avaient concerté sans doute le refus officiel qui fut fait à leur proposition. Seulement, comme l'Angleterre avait moins souffert que les puissances du continent dans les premières guerres, et qu'il lui avait fallu moins de temps pour reprendre haleine, il était naturel qu'elle se plaçât à l'avant-garde des nouvelles coalitions qui devaient longtemps encore s'acharner contre la France.

Le premier résultat de cette rupture fut désastreux pour le cabinet qui l'avait provoquée. Les troupes françaises occupèrent le Hanovre, et l'armée anglo-hanovrienne,

honteusement abandonnée par son chef, le duc de Cambridge, demeura prisonnière de guerre.

La lutte ainsi commencée glorieusement, Bonaparte partit de Paris pour visiter la Belgique. Bruxelles le reçut en triomphateur, et le peuple belge témoigna partout sur son passage l'enthousiasme qu'il éprouvait de la présence du héros auquel il devait sa récente agrégation à la république française. Bonaparte répondit a cet accueil à sa manière, en dotant le pays d'établissements et de constructions d'utilité publique : il ordonna la réunion du Rhin, de la Meuse et de l'Escaut par un grand canal de communication.

Revenu à Paris, il fit ouvrir le pont des Arts au public, et convertit le Prytanée en Lycée. Les affaires étrangères l'occupaient également. Il conclut un traité d'alliance avec la Suisse, donna une audience extraordinaire à l'ambassadeur de la Porte Ottomane, et publia la cession de la Louisiane aux États-Unis moyennant une indemnité de soixante millions de francs.

Mais ce qui fixait par-dessus tout la sollicitude du premier consul, c'était la guerre avec la Grande-Bretagne. Il médita sérieusement une descente en Angleterre, « et si l'on a pu en rire à Paris, a-t-il dit depuis, Pitt n'en riait pas dans Londres. » Parti de

Paris au commencement de novembre, il fit une tournée sur les côtes pour visiter les travaux immenses qu'il avait ordonnés dans ce but, et il assista à un combat qui eut lieu à Boulogne entre une division anglaise et la flottille française.

En rentrant dans sa capitale (car Bonaparte régnait déjà), le premier consul trouva un message du roi d'Angleterre au parlement, et dans lequel George III déclarait « qu'il allait marcher à la tête de son peuple; que la France en voulait sérieusement à la constitution, à la religion et à l'indépendance de la nation anglaise, mais qu'au moyen des mesures qu'il allait prendre, cette même France ne retirerait de son projet que la défaite, la confusion et le malheur. »

Bonaparte, saisi d'indignation, se hâta d'écrire dans le *Moniteur :*

« Est-ce bien le roi d'Angleterre, le chef d'une nation maitresse des mers et souveraine de l'Inde, qui tient ce langage?... Ceux qui lui dictent ces discours inconsidérés ignorent-ils donc que Harold le parjure se mit aussi à la tête de son peuple? ignorent-ils que les prestiges de la naissance, les attributs du pouvoir souverain, le manteau de pourpre qui couvre les rois, sont de fragiles boucliers dans ces moment où la mort, se promenant à travers les rangs de l'une et de l'autre armée, attend le coup d'œil du génie et un mouvement inattendu pour choisir le parti qui doit lui fournir ses victimes? Le jour d'une bataille, tous les hommes sont égaux.

» L'habitude des combats, la supériorité de la tactique et le sang-froid du commandement font seuls les vainqueurs et les vaincus. Un roi qui, à soixante-trois ans, se mettrait pour la première fois à la tête de ses troupes, serait, dans un jour de combat, un embarras de plus pour les siens, une nouvelle chance de succès pour ses ennemis.

» Le roi d'Angleterre parle de l'honneur de sa couronne, du maintien de la constitution, de la religion, des lois, de l'indépendance. La jouissance de tous ces biens précieux n'était-elle pas assurée par le traité d'Amiens?..... Qu'a donc de commun le rocher de Malte avec votre religion, vos lois et votre indépendance?

» Il n'appartient pas à la prudence humaine de connaître ce que la Providence a arrêté dans sa profonde sagesse pour servir à la punition du parjure et au châtiment de ceux qui soufflent la division, provoquent la guerre, et, pour les vains prétextes ou les secrètes raisons d'une ambition misérable, prodiguent sans ménagement le sang des hommes; mais nous pouvons présager avec assurance l'issue de cette importante contestation, et dire que vous n'aurez pas Malte, que vous n'aurez point Lampedouse, et que vous signerez un traité moins avantageux que celui d'Amiens.

» La défaite, la confusion et le malheur !..... Toutes ces rodomontades sont indignes à la fois d'un grand peuple et d'un homme dans son bon sens. Le roi d'Angleterre eût-il remporté autant de victoires qu'Alexandre, Annibal ou César, ce langage ne serait pas moins insensé. Le destin de la guerre et le sort des batailles tiennent à si peu de chose, qu'il faut être dépourvu de toute raison pour affirmer que l'armée française, qui jusqu'à ce jour n'a point passé pour lâche, ne trouverait sur le sol de la Grande-Bretagne que défaite, confusion et malheur. »

La guerre avait fait connaître Bonaparte comme le plus grand capitaine qui fut jamais; le gouvernement avait montré en lui le génie de l'homme d'État : il lui manquait de faire ses preuves comme écrivain dans un temps où la presse était déjà une puissance politique. Certes, ses proclamations, ses ordres du jour, ses harangues militaires et ses discours officiels pouvaient donner une idée de l'énergique concision, de la noblesse et de l'élévation de son style; mais ce n'était pas encore assez pour révéler toute l'étendue et la variété de ses facultés. Son instinct de grand homme lui disait qu'il devait savoir manier toutes les armes redoutables de l'époque, l'épée, la parole et la plume, n'être personnellement étranger à aucun des moyens principaux dont le pouvoir avait besoin pour agir sur les peuples au dedans et pour défendre leurs droits au dehors. Or, le journalisme exerçait à cet égard un incontestable empire, et cela suffit pour qu'à sa qualité de conquérant et de législateur Bonaparte ne dédaignât pas de joindre celle de journaliste : il devenait par là l'homme complet de son siècle. Et loin de penser qu'il crût déroger en se jetant dans la polémique des journaux, nous sommes persuadé que le vainqueur de Marengo ne s'estimait pas moins la plume à la main, combattant les ennemis de la France, dans des lignes éloquentes, par la puissance de la raison, que lorsqu'il brandissait le glaive au moment du combat, pour lancer sur eux ses invincibles phalanges. Disons mieux : il a exprimé plus d'une fois que s'il fallait opter entre les qualités civiles et les qualités militaires, il n'hésiterait pas à accorder la prééminence aux qualités civiles, et nous l'avons vu naguère rappeler le soin qu'il avait eu, en Égypte et en Italie, de placer son titre de membre de l'Institut avant celui de général en chef.

Qu'on ne dise pas qu'il y avait en cela affectation de sa part; non, Bonaparte comprenait seulement à quelles conditions on pouvait désormais gouverner un peuple que la philosophie avait insurgé contre la monarchie militaire de Louis XIV. Il savait que la révolution française n'était que la lutte de l'intelligence contre les institutions féodales que la force brutale avait établies, et que si elle était obligée parfois de recourir elle-même à la force brutale pour se défendre, ce ne devait être qu'à regret qu'elle acceptait ce genre de combat. Bonaparte aimait donc mieux la servir avec son arme naturelle, la logique, qui éclaire et pénètre les esprits pour les soumettre à la raison, qu'avec les agents meurtriers qu'on emploie à la guerre pour répandre abondamment le sang des hommes, et qui peuvent ne donner pour résultat que l'assujettissement de la raison à la force, ce qui constituerait essentiellement la contre-révolution. Aussi, dans toutes les guerres qu'il a eu à soutenir, général, consul ou empereur, s'est-il toujours appliqué à constater, comme à la rupture du traité d'Amiens, qu'il ne cédait qu'à la nécessité de repousser une injuste agression, et qu'il rejetait sur les ennemis de la France la responsabilité des maux qui allaient être faits à l'humanité[1].

Tout en faisant justice, dans sa feuille officielle, des fanfaronnades parlementaires du roi George, le premier consul ne cessait pas de s'occuper activement de la réorganisation intérieure de la république. Le 20 décembre 1803, il provoqua un sénatus-consulte qui modifia la constitution du corps législatif, dont l'ouverture eut lieu le 6 janvier 1804. M. de Fontanes fut nommé président de ce corps. En le préférant aux autres candidats, malgré ses liaisons avec le parti royaliste, Bonaparte ne fit que poursuivre le système de fusion au moyen duquel il espérait réunir dans un attachement commun à la révolution *dessouillée*, selon son expression, les ennemis modérés et les amis exagérés de la cause démocratique, ceux qui virent la révolution avec répugnance et ceux qui la servirent par des excès, Fontanes et Fouché enfin, et avec eux tous les hommes que la prudence ou l'ambition, la fatigue du passé et l'incertitude de l'avenir poussaient à la conciliation et au repos.

L'exposé de la situation de la république fut fait au corps législatif à la séance du 16 janvier. C'était un magnifique tableau des progrès de la prospérité nationale. M. de Fontanes, à la tête d'une députation, exprima au premier consul les félicitations de cette assemblée. « Le corps législatif, lui dit-il, vous remercie, au nom du peuple français, de tant d'utiles travaux commencés en faveur de l'agriculture et de l'industrie, et que la guerre n'a point interrompus. L'habitude des grandes idées fait négliger quelquefois aux esprits supérieurs les détails de l'administration; la postérité ne vous adressera pas ce reproche. La pensée et l'action de votre gouvernement sont partout à la fois.

» Tout se perfectionne; les haines s'éteignent, les oppositions s'effacent, et, sous l'influence victorieuse d'un génie qui entraîne tout, les choses, les systèmes et les hommes qui paraissaient le plus éloignés se rapprochent, se confondent, et servent de concert à la gloire de la patrie. Les habitudes anciennes et les habitudes nouvelles se mettent d'accord; on conserve tout ce qui doit maintenir l'égalité des droits civils et politiques; on reprend tout ce qui peut accroître la splendeur et la dignité d'un grand empire.

» Ces bienfaits, citoyen premier consul, sont l'ouvrage de quatre années. Tous les rayons de la gloire nationale, qui pâlissaient depuis cinq ans, ont repris un éclat qu'ils n'avaient point eu jusqu'à vous. »

Il semblait que l'admiration universelle dont Bonaparte était l'objet et l'adhésion presque unanime que la France avait donnée au consulat à vie dussent décourager les factions et les contraindre à rester oisives; mais les partis qui ont un principe

---

[1] Pour donner plus de poids à ses protestations pacifiques, Bonaparte voulut qu'elles fussent revêtues du sceau de la religion. Il demanda des prières publiques au clergé pour le succès de ses armes contre l'injuste agression de l'Angleterre, et le clergé se rendit à ses vœux. L'archevêque de Paris, le cardinal de Belloy, publia même à cette occasion un mandement mémorable, dans lequel il donna prophétiquement à Bonaparte le titre de *Conquérant de l'Europe*, et signala le gouvernement anglais comme l'auteur de la guerre.

CHAPITRE QUINZIÈME.

pour drapeau survivent longtemps à leurs défaites, alors même que ce principe, altéré par le temps, n'a plus que la valeur d'un préjugé. La masse des royalistes pouvait céder à la force des choses, à l'ascendant du génie victorieux, à la fortune de Bonaparte, et se résigner à voir la volonté de Dieu et le doigt de la Providence dans les événements prodigieux qui s'élevaient comme un mur désormais infranchissable entre les Bourbons et la France : tel était en effet le sentiment qui dominait à cette époque parmi les populations qui s'étaient dévouées autrefois à la cause royale. Les chefs du parti, néanmoins, ceux restés dans l'émigration, persévéraient toujours dans leurs haines et leurs intrigues contre le nouvel ordre de choses ; ils étaient sûrs des sympathies de toutes les cours européennes, et de leur assistance secrète qui pouvait devenir manifeste selon les circonstances, et ils avaient l'appui flagrant de l'Angleterre depuis qu'elle avait violé la foi promise à Amiens.

En cet état, il leur parut que la continuation de la tranquillité intérieure, en ramenant les peuples de l'Ouest à de paisibles habitudes, rendrait de plus en plus difficile toute nouvelle tentative d'insurrection, et qu'il était urgent dès lors d'attaquer le consul avant que son pouvoir eût jeté de plus profondes racines. Une conspiration fut donc ourdie contre le gouvernement et la vie de Bonaparte. Du Rhin à la Tamise, les conjurés s'entendirent, sous les auspices du cabinet anglais, livré aux excitations du plus fougueux torysme. Pichegru, fidèle à ses antécédents de traître, prit part au complot, sans craindre de se faire le complice du fameux chouan Georges Cadoudal. Moreau, ternissant la gloire de Hohenlinden, reçut sans indignation, écouta peut-être même avec complaisance la confidence de cette trame odieuse. « Comment Moreau s'est-il engagé dans une telle affaire ? s'écria Bonaparte. Le seul homme qui pût me donner des inquiétudes, le seul qui pût avoir des chances contre moi, se perdre si maladroitement ! J'ai une étoile... »

La conspiration découverte, le gouvernement la dénonça à toute l'Europe par tous les moyens de publicité qu'il possédait. Tous les corps de l'État vinrent exprimer au premier consul l'indignation dont ils étaient pénétrés, et renouveler l'assurance de leur concours à toutes les mesures qu'exigerait la répression de pareils attentats. Bonaparte leur répondit :

« Depuis le jour où je suis arrivé à la suprême magistrature, un grand nombre de complots ont été formés contre ma vie ; nourri dans les camps, je n'ai jamais mis aucune importance à des dangers qui ne m'inspirent aucune crainte.

» Mais je ne puis me défendre d'un sentiment profond et pénible, lorsque je songe dans quelle situation se trouverait aujourd'hui ce grand peuple si le dernier attentat avait pu réussir : car c'est principalement contre la gloire, la liberté et les destinées du peuple français que l'on a conspiré.

» J'ai depuis longtemps renoncé aux douceurs de la condition privée ; tous mes moments, ma vie entière, sont employés à remplir les devoirs que mes destinées et le peuple français m'ont imposés.

» Le ciel veillera sur la France et déjouera les complots des méchants. Les citoyens doivent être sans alarmes ; ma vie durera tant qu'elle sera nécessaire à la nation. Mais ce que je veux que le peuple français sache bien, c'est que l'existence sans sa confiance et sans son amour serait pour moi sans consolation, et n'aurait plus aucun but. »

En laissant ainsi entrevoir le triomphe de la contre-révolution dans le succès d'un complot contre sa vie, et en rattachant à sa propre existence la gloire, la liberté et les destinées de la France, Bonaparte indiquait assez que la magistrature viagère que le peuple lui avait confiée ne suffisait plus à ses yeux pour garantir l'avenir du pays, et qu'il songeait à une institution nouvelle qui pût défendre après lui les intérêts nouveaux. Nous verrons bientôt sa pensée se produire et se réaliser.

Parmi les émigrés qui se tenaient prêts à franchir la frontière au premier signal donné par les conspirateurs, se trouvait le dernier rejeton du sang de Condé, le duc d'Enghien. Le premier consul le fit arrêter dans les États de Bade et conduire à Vincennes, où il fut jugé et fusillé avec une précipitation extraordinaire. Cette exécution a été reprochée à Bonaparte comme un lâche assassinat, qui imprimait à sa mémoire une tache ineffaçable. Si le jeune prince, qui portait l'un des plus grands noms de l'ancienne France, n'avait fait la guerre aux idées et aux institutions qui lui étaient naturellement antipathiques qu'à la manière de ses ancêtres, avec la loyauté des preux, selon les lois de l'honneur et le droit des gens, son arrestation et sa mort rentreraient absolument dans le domaine de cette politique implacable qui employa la terreur et l'échafaud comme armes de guerre, et dès lors Bonaparte, cité pour ce chef au tribunal de l'histoire, ne pourrait s'y défendre qu'en liant sa cause à celle du comité de salut public, et en invoquant comme lui la nécessité. Mais si, au contraire, le duc d'Enghien ne s'était pas borné à combattre la république en soldat, et s'il avait accepté réellement l'alliance des hommes qui ne reculaient pas devant l'assassinat du premier consul pour bouleverser et asservir leur pays, ce n'est plus le descendant du vainqueur de Rocroy qui périt dans les fossés de Vincennes, ce n'est que le complice de Georges et de Pichegru.

« J'ai fait arrêter et juger le duc d'Enghien, dit Napoléon dans son *Testament*, parce que cela était nécessaire à la sûreté, à l'intérêt et à l'honneur du peuple français, lorsque le comte d'Artois entretenait, de son aveu, soixante assassins à Paris. Dans une semblable circonstance, j'agirais encore de même. » — « Si je n'avais pas eu pour moi, contre le duc d'Enghien, les lois du pays, dit-il ailleurs, il me serait resté les droits de la loi naturelle, ceux de la légitime défense. Lui et les siens n'avaient d'autre but journalier que de m'ôter la vie; j'étais assailli de toutes parts et à chaque instant; c'étaient des fusils à vent, des machines infernales, des complots, des embûches de toute espèce. Je m'en lassai : je saisis l'occasion de leur renvoyer la terreur jusque dans Londres, et cela me réussit... Eh! qui pourrait y trouver à redire? le sang appelle le sang; il faudrait être niais ou insensé pour croire qu'une famille aurait eu l'étrange privilége d'attaquer journellement mon existence sans me donner le droit de le lui rendre... Je n'avais personnellement jamais rien fait à aucun d'eux, une grande nation m'avait placé à sa tête; la presque totalité de l'Europe avait accédé à ce choix, et mon sang, après tout, valait bien le leur. »

Sans doute le sang du grand homme qui faisait l'admiration de l'Europe et le bon-

CHAPITRE QUINZIÈME.   163

heur de la France ne valait pas moins que le sang des princes qui s'efforçaient de troubler la France et l'Europe pour faire restituer à leur orgueilleuse nullité un pouvoir dont la Providence, par la voix du peuple, avait disposé en faveur du génie. Mais qui ne sait que le sang des héros que ne protège pas le prestige héraldique est sans prix pour les races royales et pour les aristocraties qui se groupent autour d'elles? qui ne sait que les mêmes hommes qui affectent de s'attendrir et de s'indigner en voyant tomber l'illustration héréditaire sous la faux des réactions politiques, dansent ensuite, à la manière des sauvages, dans le voisinage du supplice, quand le plomb mortel va frapper l'illustration personnelle? demandez plutôt à l'ombre de cet infor-

tuné maréchal, qui n'était pas, lui, le descendant des braves, mais le brave des braves, et qui n'avait pas souillé ce titre dans la confidence de lâches assassins. Lorsqu'on est véritablement humain, l'on a des émotions douloureuses et des larmes pour toutes les victimes des révolutions, sans acception de partis; lorsqu'on est vraiment Français, l'on a des sympathies pour toutes les gloires de la France; l'on s'afflige et l'on se couvre de deuil en présence de l'impitoyable raison d'État, quand elle ne sait pas respecter dans ses fureurs les grandes renommées conquises à Austerlitz et à Marengo, comme quand elle inscrit sur ses annales homicides les noms illustrés à Fontenoy et à Rocroy.

On a prétendu que Bonaparte avait été poussé à faire périr le duc d'Enghien par le désir et la nécessité de donner une garantie contre le retour des Bourbons aux vieux jacobins qui l'entouraient, et qui lui aplanissaient le chemin du trône. Cette supposition, que le caractère et les paroles de Bonaparte démentent, manque tout à fait de vraisemblance. Nous ne rappellerons pas la mitraillade de Saint-Roch et la déportation des Clichyens; il y avait encore des obstacles plus insurmontables que les souvenirs du 13 vendémiaire et du 18 fructidor entre le premier consul et le parti royaliste. D'autres, plus compromis que lui avec l'ancienne dynastie, Fouché et Talleyrand, par exemple, s'assirent bien, plus tard, dans les conseils de Louis XVIII; mais ce qui rendait vraiment inutile l'horrible garantie qu'on aurait exigée de lui, c'est qu'il avait assez montré ce qu'il voulait et pouvait être : c'est que tout le monde savait parfaitement que pour s'entendre avec les Bourbons il aurait fallu qu'il changeât brusquement de nature, qu'il désertât sa destinée, qu'il oubliât sa position et celle de la France, qu'il renonçât à la fois à son passé et à son avenir, qu'il cessât, en un mot, d'être lui-même. « Je n'ai jamais songé aux princes, a-t-il dit à Sainte-Hélène; et si j'avais eu pour eux des dispositions favorables, il n'eût pas été en mon pouvoir de les accomplir. Du reste, le bruit courait que je leur avais fait des propositions touchant la cession de leurs droits, ainsi qu'on s'est plu à le consacrer dans des déclarations pompeuses répandues en Europe avec profusion : il n'en était rien. Et comment cela aurait-il pu être? moi qui ne pouvais régner précisément que par le principe qui les faisait exclure, celui de la souveraineté du peuple? C'est ce qu'auront pensé sans doute, dans le temps, les gens réfléchis, qui m'accordaient de n'être ni fou ni imbécile. »

Quoi qu'il en soit, les conspirateurs qui avaient voulu relever le trône des Bourbons au prix d'un assassinat contribuèrent, en effet, au rétablissement de la monarchie; mais cette révolution ne s'accomplit pas au profit du prétendant qu'ils avaient cru servir, et ils purent voir de leur prison qu'ils n'avaient fait que donner une couronne à celui dont ils avaient médité la mort.

CHAPITRE SEIZIÈME.

Établissement du gouvernement impérial. — Actes de clémence. — Camp de Boulogne. — Voyage en Belgique.

Si Bonaparte n'eût désiré qu'un grand pouvoir pour rétablir l'ordre et l'unité dans l'administration de l'État, et pour donner à la révolution, jusque-là nécessairement militante, le développement régulier que les convulsions de la démocratie avaient rendu longtemps impossible, l'exercice viager de la suprême magistrature eût dû lui suffire, surtout avec l'attribution exorbitante du droit de désigner lui-même son successeur. En effet, le choix laissé au discernement d'une si haute intelligence offrait au pouvoir nouveau de bien plus sûres garanties que le hasard de la naissance contre l'éventualité d'un héritier inhabile; et il était tout à fait probable que le premier-né du futur monarque serait moins apte que le second des enfants illustres de la France à gouverner ce beau pays.

En essayant de reconstituer un pouvoir héréditaire, il croyait sans doute n'agir principalement que pour la stabilité de son œuvre, pour la perpétuité de l'ordre nouveau issu de la révolution. « L'hérédité, dit-il, peut seule empêcher la contre-révolution. On n'a rien à craindre de mon vivant; mais tout chef électif serait, après moi, trop faible pour résister aux partisans des Bourbons... La France doit beaucoup à ses vingt généraux de division; ils ont bravement combattu dans le rang où ils étaient placés; mais aucun n'a l'étoffe d'un général en chef, encore moins d'un chef de gouvernement. » (PELET DE LA LOZÈRE.)

Ce jugement sévère, porté par Bonaparte sur les généraux de division les plus distingués, était-il fondé? leur inaptitude gouvernementale, si hautement proclamée, n'a-t-elle pas été démentie depuis par quelques-uns d'entre eux, et n'est-ce pas un de ces lieutenants, dont on disait dédaigneusement, en 1804, qu'aucun d'eux « n'avait l'étoffe d'un chef de gouvernement, » qui occupe encore, en 1839, le trône des Wasa, auquel il fut appelé dès 1810, sans que la coalition des vieilles races royales, qui brisa le sceptre de Napoléon, ait pu trouver, dans l'inhabileté ou les fautes de cet ancien général français, le moyen et l'occasion de restaurer la légitimité en Suède, comme elle a pu le faire en France, et de délivrer entièrement l'Europe monarchique du scandale des royautés plébéiennes?

Et si les généraux les plus célèbres s'étaient trouvés réellement au-dessous du rôle de « chef de gouvernement », n'y avait-il aussi que des incapacités politiques parmi ces illustrations civiles qui entouraient le premier consul, et parmi lesquelles il pouvait choisir le nouveau chef de l'État tout aussi bien que parmi les réputations guerrières?

Nous ne le croyons pas; et il nous parait incontestable que si Bonaparte, pour justifier le rétablissement de l'hérédité, allégua sérieusement l'impossibilité de trouver un homme digne de la première magistrature, dans le vaste concours de célébrités que la révolution avait ouvert en France, son intelligence fut cette fois dupe de son ambition. On a dit, il est vrai, qu'en cherchant une garantie de stabilité dans le rétablissement de l'hérédité monarchique, Bonaparte avait moins compté sur la valeur personnelle de son héritier que sur la puissance du principe héréditaire. Cet espoir, s'il exista chez le premier consul, et s'il fut partagé par les hommes d'État qui l'aidèrent à relever le trône, prouve seulement que le génie le plus élevé a ses moments de sommeil, et la sagacité la plus exercée, ses jours d'aveuglement.

Que l'on eût compté, avant tout, sur la puissance du principe héréditaire, au moyen âge, à la bonne heure; alors l'hérédité était non-seulement possible, mais nécessaire. Elle était possible, car il suffisait que la religion l'eût consacrée pour qu'elle devint inviolable aux yeux des princes et des peuples, dont la foi vive et identique assurait la soumission commune à toute institution, loi ou maxime qui portait le caractère divin. Elle était possible, car, en ces temps d'universelles et profondes croyances, le sacre des rois n'était pas une vaine cérémonie; car l'huile sainte avait sa vertu politique, et le sceau de la légitimité n'appartenait qu'à l'oint du Seigneur et à sa race.

Elle était nécessaire, car, sans la consécration religieuse de ce dogme politique, la tranquillité et l'unité du royaume auraient été compromises, à la fin de chaque règne, par les rivalités des grands vassaux, dont les uns auraient brigué la couronne à main armée, tandis que les autres auraient également recouru à la force pour se rendre indépendants et pour briser le joug de toute suzeraineté. Puisque, en dépit du droit public de la monarchie, sanctionné par la religion, ces prétentions ambitieuses et ces tendances anarchiques se sont manifestées tant de fois, et qu'elles ont provoqué si souvent la guerre civile, en France, depuis l'origine de la féodalité jusqu'aux troubles de la Fronde, que n'auraient donc pas osé les seigneurs avides de domination et de richesse, passionnés pour la guerre et impatients de tout frein, si leur turbulence et leur ambition n'avaient été contenues par l'autorité morale d'un principe qu'ils ne pouvaient enfreindre sans s'exposer au reproche de leur propre conscience, et sans se faire mettre, comme félons et impies, au ban de l'Église et de l'État? La barbarie et l'indocilité féodales auraient déchiré plus cruellement encore qu'elles ne l'ont fait le sein de la France, et le moyen de triompher d'elles eût manqué à la couronne.

C'est la sanction religieuse accordée à l'hérédité qui rendit l'opiniâtre insubordination des barons définitivement impuissante contre le trône, comme elle avait donné à Jeanne d'Arc la force miraculeuse dont elle avait eu besoin pour sauver, avec un roi enfant, le plus beau royaume du monde. Quand Richelieu et Louis XIV achevèrent de dompter l'antique aristocratie, et qu'ils ébauchèrent le plan d'unité et de centralisation perfectionné et réalisé depuis par la révolution française, les violences et le despotisme qu'ils exercèrent contre les grands réussirent au pouvoir royal au lieu de lui être funestes, parce que le pouvoir royal était alors le représentant du droit divin, encore protégé par la foi des peuples, et qu'en frappant les sujets superbes qui lui faisaient ombrage, il n'atteignait que les représentants de la force brutale, cachée sous la pompe des titres.

En 1804, qu'était devenu le droit divin, protecteur de l'hérédité?

Il avait fait place au droit divin du mérite et du génie, et la foi universelle était désormais acquise à la souveraineté du peuple.

D'un autre côté, y avait-il autour du fauteuil consulaire des vassaux redoutables, maîtres des plus belles provinces de la monarchie, incessamment disposés à la guerre, et prêts à troubler l'État pour s'emparer du pouvoir suprême ou pour se déclarer indépendants dans un coin de l'Empire? Non, rien de tout cela n'était à craindre : si la sainte ampoule était perdue, le blason était en lambeaux. Au lieu des puissances féodales, héréditairement destinées au métier des armes, et ne pouvant se maintenir que par les armes, dans une société constituée par la conquête et organisée pour la guerre, la France voyait surgir de toutes parts, dans l'agriculture et dans le commerce, dans les arts et dans les sciences, des puissances nouvelles s'élevant au-dessus des anciennes de toute la supériorité du mérite personnel sur le hasard de la naissance, et ne pouvant subsister ou grandir que par la paix. Les notabilités militaires elles-mêmes ne devaient leur élévation qu'à l'état exceptionnel où s'était trouvé le pays depuis quinze ans, et leur gloire consistait surtout à le faire jouir paisiblement des bienfaits d'une révolution qui, en préparant l'association morale et industrielle des peuples, devait rendre un jour par là toute guerre impossible. Nos généraux étaient d'ailleurs sans influence particulière et directe sur aucune portion du territoire, sans clientèle politique, sans aucun moyen de répéter le rôle des gens de guerre de l'ancien régime. Il ne pouvait pas y avoir en eux l'étoffe d'un Armagnac ou d'un Bourguignon, d'un Montmorency ou d'un d'Épernon ; et leur conduite pleine de réserve et de prudence à chaque changement de règne a prouvé, en effet, dans la suite, que la transmission du pouvoir, héréditaire ou élective, ne serait nullement troublée ou contrariée par leurs vues personnelles.

Bonaparte se trompait donc quand il cherchait à justifier le rétablissement de la monarchie héréditaire en invoquant des maximes et des faits qui appartenaient à un état social tout différent. Ce qui avait été possible et nécessaire au sein d'une société militaire et croyante, n'était ni nécessaire ni possible dans une société industrielle et sceptique, qui n'avait plus de turbulence féodale à redouter, et qui ne demandait à la fortune des combats elle-même, pour prix des triomphes guerriers les plus éclatants, que le droit de se livrer avec sécurité à ses travaux pacifiques.

Le premier consul, dans les temps voisins du 18 brumaire, avait, du reste, donné lui-même des raisons très-puissantes contre l'hérédité ; il avait proclamé que cette institution, si salutaire à la France du moyen âge, était devenue impossible à la France du dix-neuvième siècle. « L'hérédité est absurde, disait-il, non dans ce sens qu'elle n'assure pas la stabilité de l'État, mais parce qu'elle est impossible en France. Elle y a été établie pendant longtemps, mais avec des institutions qui la rendaient praticable, qui n'existent plus, et qu'on ne peut ni ne doit rétablir. L'hérédité dérive du droit civil; elle suppose la propriété, elle est faite pour en assurer la transmission. Comment concilier l'hérédité de la première magistrature avec le principe de la souveraineté du peuple? comment persuader que cette magistrature est une propriété? Lorsque la couronne était héréditaire, il y avait un grand nombre de magistratures qui l'étaient aussi; cette fiction était une loi presque générale, il n'en reste plus rien. » (THIBAUDEAU. — *Le Consulat et l'Empire.*)

Du commencement à la fin du Consulat, l'absurde est devenu raisonnable, et la dissemblance radicale du présent et du passé, si nettement aperçue en 1800, avait-elle cessé, ou était-elle moins frappante en 1804?

Non sans doute; mais si chaque époque avait conservé son caractère, Bonaparte avait modifié ses idées. Le suprême pouvoir à titre viager ne lui suffisait plus. L'orgueilleuse pensée de fonder une dynastie et de faire de sa famille une race royale avait trouvé accès dans son âme. Dès lors sa politique, toujours nationale et philosophique jusque-là, toujours vaste et grande comme l'intelligence dont elle émanait, se trouva exposée à s'entacher par le contact des considérations secondaires, et à descendre trop souvent aux proportions mesquines des vanités et des combinaisons dynastiques. « Ce géant démesuré, dit M. de Châteaubriand, ne liait point complètement ses destinées à celles de ses contemporains; son génie appartenait à l'âge moderne, son ambition était des vieux jours; il ne s'aperçut pas que les miracles de sa vie dépassaient de beaucoup la valeur d'un diadème, et que cet ornement gothique lui siérait mal. »

Il est juste de dire cependant que, tout en cédant à « son ambition des vieux jours », Bonaparte garda assez le sentiment des nécessités « de l'âge moderne » pour ne pas attribuer à l'hérédité qu'il instituait le caractère absolu et les conséquences rigoureuses de l'ancien droit divin. Il voulait, au contraire, la concilier, autant que possible, avec la souveraineté du peuple : aussi, lorsque le sénat se rendit en corps auprès de lui, le 28 floréal an XII (18 mai 1804), pour lui présenter le sénatus-consulte de ce jour, par lequel le premier consul était appelé au trône, et la dignité impériale déclarée héréditaire dans sa famille, Bonaparte affecta-t-il de dire dans sa réponse :

« Je soumets à la sanction du peuple la loi de l'hérédité. J'espère que la France ne se repentira jamais des honneurs dont elle environnera ma famille. Dans tous les cas, mon esprit ne sera plus avec ma postérité le jour où elle cesserait de mériter l'amour et la confiance du peuple français. »

N'était-ce pas rendre l'hérédité purement conditionnelle, subordonner les privilèges du sang aux droits de la nation, maintenir l'exercice facultatif de la souveraineté du peuple, et adhérer d'avance solennellement à la déchéance éventuelle de la dynastie qu'il fondait, si elle venait à perdre la confiance nationale?

Dans ce sens, le principe héréditaire n'attribuait plus aux membres de la famille impériale qu'une espèce de candidature légale qui pouvait offrir quelques garanties d'ordre et de stabilité contre les secousses inséparables des interrègnes, sans ôter au peuple le droit souverain d'écarter le successible qui ne mériterait pas ou qui cesserait de mériter son amour et sa confiance.

C'est bien ainsi, en effet, qu'a été entendue et pratiquée l'hérédité, en France,

CHAPITRE SEIZIÈME.

depuis le commencement de ce siècle. Bonaparte lui-même, qui craint tant de mourir avant l'achèvement de son œuvre, et qui veut se donner des héritiers pour en assurer la consolidation, survivra à sa dynastie et à son propre gouvernement, faute de trouver un appui suffisant contre l'étranger dans le lion populaire qu'il aura enchaîné ou endormi à l'ombre de son glorieux despotisme. Le vote du Luxembourg et le sacre de Notre-Dame ne lui serviront de rien ; le sénat qui l'aura exalté le rejettera ; le pontife qui l'aura béni le maudira ; et quand sur les ruines de l'hérédité impériale la légitimité ancienne viendra s'asseoir et défier, dans son imprévoyance et son orgueil, l'esprit du siècle et de la nation, il suffira de quelques ouvriers en haillons pour punir l'orgueil dynastique, pour venger la nation et le siècle, et pour vérifier cette parole de Bonaparte lui-même « que désormais l'hérédité, telle qu'on la concevait sous nos anciens rois, est absurde et impossible. » On s'apercevra alors que le génie de l'homme et l'illustration de la race, le sacre de Paris et le sacre de Reims, ne sont plus que de vaines garanties de stabilité, et que si la consécration constitutionnelle d'un trône héréditaire préserve le pays de fréquentes agitations populaires et d'intrigues électorales, toujours périlleuses, ce n'est que pour le livrer à la périodicité des commotions révolutionnaires. On n'aura pas eu à redouter, en effet, le tumulte des assemblées primaires, mais le lien dynastique n'en sera pas moins brisé ; au lieu du bruit du scrutin, on aura entendu le cliquetis des armes ; on aura subi une invasion, ou fait une révolution, et l'ordre de successibilité, imaginé comme moyen infaillible de perpétuité pour les gouvernements, se trouvera violé deux fois en moins de vingt ans, tantôt par les baïonnettes étrangères, dans l'élu de la nation ; tantôt par le glaive national, dans l'élu des baïonnettes étrangères. Que l'on s'applaudisse ensuite d'avoir échappé aux désordres inséparables du système électif, et d'avoir placé la tranquillité de l'État et la fortune des races princières sous la protection de l'hérédité !... »

Quel pouvait être cependant, quel fut le résultat moral du rétablissement de la monarchie et du pouvoir héréditaire en France, sur l'esprit des peuples européens ?

La royauté et l'hérédité, considérées d'une manière abstraite, y gagnèrent-elles réellement ? les trônes devinrent-ils plus solides ? les dynasties furent-elles mieux affermies ? l'antique prestige qui avait fait leur splendeur et leur force reprit-il la puissance de fascination et d'entraînement qu'il exerça autrefois sur la société européenne tout entière ?

Plus que jamais, au contraire, ce prestige s'affaiblit au sein des nations quand on vit le peuple qui avait régné en masse sous le bonnet rouge et la *carmagnole* se faire empereur dans un de ses soldats, revêtir la pourpre et ceindre le diadème, sans que le monde trouvât scandaleux ce que la vieille Europe ne pouvait prendre que pour une profanation des insignes monarchiques et pour une odieuse usurpation.

Plus que jamais le principe de l'hérédité fut altéré lorsque les familles plébéiennes, remplaçant la plus noble des dynasties, en France, en Italie, en Espagne, etc., siégèrent fraternellement entre les descendants de Charles-Quint, de Pierre le Grand et de Frédéric.

Tant il est vrai qu'il était dans la destinée de Bonaparte de rester l'agent le plus actif de la révolution, jusque dans ceux de ses actes qui portaient le plus en apparence le cachet de la contre-révolution. Pour se défendre contre toute l'Europe, cette révolution avait dû passer de la monarchie constitutionnelle à la république. Pour s'étendre à toute l'Europe et répandre partout le germe des idées françaises, elle se fit ambitieuse et conquérante, et passa de la république à la monarchie militaire. Cette nouvelle transformation s'accomplit par le sénatus-consulte du 28 floréal an XII (18 mai 1804). Le consul Cambacérès, chargé de porter cet acte solennel aux pieds du collègue qui devenait son maître, prononça les paroles suivantes :

« Le peuple français a goûté pendant des siècles les avantages attachés à l'hérédité du pouvoir. Il a fait une épreuve courte, mais pénible, du système contraire. Il rentre, par l'effet d'une délibération libre et réfléchie, dans un sentier conforme à son génie. Il use librement de ses droits pour déléguer à Votre Majesté Impériale une puissance que son intérêt lui défend d'exercer par lui-même. Il stipule pour les générations à venir, et, par un pacte solennel, il confie le bonheur de ses neveux à des rejetons de votre race. Ceux-ci imiteront vos vertus; ceux-là hériteront de notre amour et de notre fidélité. »

Napoléon répondit :

« Tout ce qui peut contribuer au bien de la patrie est essentiellement lié à notre bonheur.

» J'accepte le titre que vous croyez utile à la gloire de la nation. »

Subordonnant ensuite l'hérédité nouvelle à la sanction du vote populaire, il eut soin de ne pas trop provoquer les répugnances démocratiques du siècle, et de rendre un dernier hommage à la souveraineté du peuple dans l'acte même qui allait en suspendre indéfiniment l'exercice. C'est alors qu'il proféra la phrase remarquable que nous avons déjà rapportée : « Je soumets à la sanction du peuple la loi de l'hérédité. J'espère que la France ne se repentira jamais des honneurs dont elle environnera ma famille. Dans tous les cas, mon esprit ne sera plus avec ma postérité le jour où elle cesserait de mériter l'amour et la confiance de la grande nation. »

En sortant de l'audience de l'empereur, le sénat en corps se rendit auprès de Joséphine pour la saluer du titre d'impératrice. « Madame, lui dit Cambacérès, la renommée publique le bien que vous ne cessez de faire; elle dit que, toujours accessible aux malheureux, vous n'usez de votre crédit auprès du chef de l'État que pour soulager leur infortune, et qu'au plaisir d'obliger, Votre Majesté ajoute cette délicatesse aimable qui rend la reconnaissance plus douce et le bienfait plus précieux. Cette disposition présage que le nom de l'impératrice Joséphine sera le signal de la consolation et de l'espérance.... Le sénat se félicite de saluer le premier Votre Majesté Impériale. »

Cambacérès fut récompensé de son zèle par la dignité d'archichancelier. On ne devait pas moins à l'empressement qu'il avait mis à déposer le titre de second magistrat de la république pour prendre celui de premier sujet de l'empire. Lebrun devint architrésorier.

Ce ne fut pas seulement dans sa réponse au sénat que Napoléon s'appliqua à ménager les susceptibilités républicaines; la formule du serment qu'il prêta en prenant possession du trône laisse apercevoir la même pensée. Il veut que la France sache bien que l'empereur n'est, comme le consul, que le premier représentant de la révolution, le soutien le plus glorieux et le plus puissant de la cause populaire, le suprême défenseur de la république elle-même. Voici ce serment :

« Je jure de maintenir l'intégrité du territoire de la république; de respecter et de faire respecter les lois du concordat et la liberté des cultes; de respecter et de faire respecter l'égalité des droits, la liberté politique et civile, l'irrévocabilité des ventes des biens nationaux; de ne lever aucun impôt, de n'établir aucune taxe qu'en vertu de la loi; de maintenir l'institution de la Légion d'honneur; de gouverner dans la seule vue de l'intérêt, du bonheur et de la gloire du peuple français. »

CHAPITRE SEIZIÈME.

Malgré tant d'efforts pour faire croire à la nation que l'établissement de l'empire laisserait subsister la république, il était impossible que la fondation d'une nouvelle dynastie n'éveillât pas les craintes des républicains persévérants, et qu'elle n'amenât pas de leur part quelque protestation énergique. Le plus illustre d'entre eux, Carnot, se fit encore leur organe en cette circonstance. La proposition de rétablir le pouvoir héréditaire au profit de Napoléon et de sa famille était née au sein du tribunat. C'est là que Carnot la combattit à son apparition. « Depuis le 18 brumaire, dit-il, il s'est trouvé une époque, unique peut-être dans les annales du monde, pour méditer à l'abri des orages, pour fonder la liberté sur des bases solides, avouées par l'expérience et par la raison. Après la paix d'Amiens, Bonaparte a pu choisir entre le système républicain et le système monarchique : il eût fait tout ce qu'il eût voulu ; il n'eût pas rencontré la plus légère opposition. Le dépôt de la liberté lui était confié ; il avait juré de le défendre : en tenant sa promesse il eût rempli l'attente de la nation, qui l'avait jugé seul capable de résoudre le grand problème de la liberté publique dans ses vastes États ; il se fût couvert d'une gloire incomparable... »

La voix de Carnot s'était perdue dans le désert. Les grands corps de l'État furent unanimes [1] dans leur entraînement vers la monarchie. On eût dit une résurrection miraculeuse du côté droit de l'assemblée constituante. Ce n'était pas pourtant de ce côté qu'étaient venus le sénat et le tribunat, ni même le corps législatif. Mais telle avait été la marche des événements, que les vétérans de la Convention se trouvèrent métamorphosés tout à coup en courtisans, oublieux de leurs principes, de leur langage et de leur costume de la veille.

Les généraux républicains cédèrent comme les anciens représentants du peuple à l'empire des circonstances. Toujours dévoués à la révolution, ils consentirent d'autant mieux à la servir sous sa forme nouvelle, qu'ils y trouvèrent un gage de stabilité pour leur propre élévation. Le lendemain de sa promotion à la dignité impériale, Napoléon appela autour de son trône ses plus illustres compagnons d'armes, qu'il revêtit du titre de maréchaux de l'empire, savoir : Berthier, Murat, Moncey, Jourdan, Masséna, Augereau, Bernadotte, Soult, Brune, Lannes, Mortier, Ney, Davoust, Bessières, Kellermann, Lefebvre, Pérignon et Serrurier.

Le peuple n'accusa point d'apostasie tous ces soldats de la république, en les voyant accepter un titre qui rappelait la monarchie féodale. Il considéra, au contraire, comme un nouvel hommage aux principes d'égalité, qui lui étaient si chers, le décret qui attribuait exclusivement aux services et aux talents militaires la haute dignité que l'ancien régime ne donnait presque toujours qu'à la naissance.

Napoléon eut bientôt occasion de signaler son avénement au pouvoir suprême par un acte de clémence. Un arrêt de la cour de justice criminelle, rendu le 10 juin 1804, condamna à la peine de mort Georges Cadoudal et ses complices. Le général Moreau, protégé par la célébrité de son nom et par les sympathies de l'armée, échappa à la peine des conspirateurs ; la cour ne prononça contre lui qu'une réclusion de deux années, qui fut commuée en un exil perpétuel. Mais parmi les accusés frappés d'une condamnation capitale se trouvaient des hommes de grande naissance, MM. de Rivière et de Polignac, entre autres. Les démarches les plus actives furent faites auprès de Napoléon pour les sauver, et Joséphine se chargea elle-même d'appuyer les pressantes supplications des familles alarmées. Sous ses auspices, madame de Montesson se ren-

---

[1] Il n'y eut que trois opposants dans le Sénat, Grégoire, Lambrechts et Garat. Lanjuinais était absent.

dit à Saint-Cloud et y présenta madame de Polignac à l'empereur, pour lui demander la grâce de son mari et celle de M. de Rivière. « Nous sommes parvenues, disait peu

de jours après l'impératrice, à faire approcher de lui madame de Polignac; mon Dieu! qu'elle était belle! Bonaparte a été touché en la voyant; il lui a dit : « Madame, c'est à ma vie qu'en voulait votre mari, je puis donc lui pardonner. »

La générosité de Napoléon ne s'arrêta pas aux condamnés dont le nom avait suscité en leur faveur de puissantes intercessions. Une jeune fille, issue d'une maison obscure,

ne sortit pas moins heureuse que madame de Polignac du palais de Saint-Cloud et de l'audience de l'empereur. Elle avait obtenu pour son frère ce que Napoléon avait accordé à la grande dame pour son mari. La clémence impériale, invoquée avec succès par MM. de Polignac et de Rivière, s'étendit à Lajolais, Bouvet de Lozier, Rochelle, Gaillard, Russillon et Charles d'Hozier. Georges et ses autres complices furent envoyés au supplice. Pichegru avait prévenu à la fois la condamnation et la peine en s'étranglant dans sa prison. « L'exécution de Georges, dit Napoléon dans ses *Mémoires*, n'inspira pas de regrets, parce que l'assassinat, pour quelque cause que ce soit, sera toujours odieux à des Français. L'action de Judith a besoin de toute la puissance des Écritures pour ne pas révolter. » Quant au suicide de Pichegru, il devait être révoqué en doute dans un temps où toutes les passions haineuses des partis contraires et des factions vaincues s'entendaient si bien pour noircir et calomnier le vainqueur. Il peut même y avoir eu des hommes de bonne foi qui se laissèrent persuader que la mort de Pichegru avait été hâtée par les ordres de l'empereur. « Il serait honteux de chercher à s'en défendre, a dit Napoléon; c'est par trop absurde. Que pouvais-je y gagner? Un homme de mon caractère n'agit pas sans de grands motifs. M'a-t-on jamais vu verser le sang par caprice? Quelques efforts qu'on ait faits pour noircir ma vie et dénaturer mon caractère, ceux qui me connaissent savent que mon organisation est étrangère au crime; et il n'est point, dans toute mon administration, un acte privé dont je ne pusse parler devant un tribunal, je ne dis pas sans embarras, mais même avec quelque avantage. Tout bonnement, c'est que Pichegru se vit dans une situation sans ressource; son âme forte ne put envisager l'infamie du supplice; il désespéra de ma clémence ou la dédaigna, et il se donna la mort. » (*Mémorial*.)

Mais tandis que les princes qui avaient armé le bras de Georges et entraîné Pichegru à une nouvelle trahison dévoraient, sur le sol britannique, la honte d'avoir donné le sceptre à celui qu'ils voulaient faire périr sous le poignard, le chef de la famille des Bourbons, que Napoléon déclare n'avoir jamais trouvé « dans une conspiration directe contre sa vie, » et qui était alors retiré à Varsovie, crut devoir publier un manifeste contre l'acte sénatorial qui avait fondé une quatrième dynastie. Fouché, qui eut le premier connaissance de cette pièce, s'empressa de la porter à l'empereur, persuadé que Napoléon lui tiendrait compte de son zèle et de sa diligence, et qu'il lui donnerait incontinent des ordres sévères pour empêcher que l'écrit de Louis XVIII ne se répandît en France. Fouché se trompait. Napoléon prit la copie de la déclaration du prétendant, la lut, et dit froidement au ministre en la lui rendant : « Ah! ah! le comte de Lille veut faire des siennes! eh bien! à la bonne heure. Mon droit est dans la volonté de la France, et, tant que j'aurai une épée, je saurai le maintenir. Les Bourbons doivent pourtant savoir que je ne les crains pas; qu'ils me laissent donc tranquille. Vous dites que les badauds du faubourg Saint-Germain vont prendre et colporter des copies de la protestation du comte de Lille? eh, bon Dieu! qu'ils la lisent tout à leur aise. Fouché, envoyez cela au *Moniteur;* je veux que cela y soit demain. » Et, en effet, le lendemain, 1er juillet, le *Moniteur* publia la protestation de Louis XVIII.

L'anniversaire de la prise de la Bastille revenait quelques jours après. Cette fête républicaine semblait devoir être importune au nouveau monarque. Il n'en fut rien cependant; Napoléon sut s'emparer des souvenirs du 14 juillet pour les lier aux institutions qu'il avait fondées. Il choisit ce jour-là même pour la première distribution des croix de la Légion d'honneur et pour la prestation du serment des légionnaires. La cérémonie eut lieu aux Invalides. Le cardinal du Belloy, archevêque de Paris, à la tête de son clergé, alla recevoir l'empereur à la porte de l'église. Napoléon était suivi des grands dignitaires et des fonctionnaires éminents de l'Empire. Après l'office divin, Lacépède, grand chancelier de la Légion d'honneur, prit la parole et prononça un discours dont nous extrayons le passage suivant :

« Aujourd'hui, tout ce que le peuple a voulu le 14 juillet 1789 existe par sa volonté. Il a conquis sa liberté; elle est fondée sur des lois immuables : il a voulu l'égalité; elle est défendue par un gouvernement dont elle est la base... Répétez ces mots, qui déjà ont été proférés dans cette enceinte, et qu'ils retentissent jusqu'aux extrémités de l'empire! tout ce qu'a établi le 14 juillet est inébranlable; rien de ce qu'il a détruit ne peut reparaître. »

Après son discours, Lacépède ayant fait l'appel des grands officiers de la Légion, parmi lesquels figurait le cardinal Caprara, l'empereur se couvrit à la manière des rois de France, et, au milieu du silence profond, du recueillement religieux de l'assemblée, il dit d'une voix ferme :

« Commandants, officiers, légionnaires, citoyens et soldats, vous jurez sur votre honneur de vous dévouer au service de l'empire et à la conservation de son territoire, dans son intégrité; à la défense de l'empereur, des lois de la république et des propriétés qu'elles ont consacrées; de combattre, par tous les moyens que la justice, la raison et les lois autorisent, toute entreprise qui tendrait à rétablir le régime féodal; enfin, vous jurez de concourir de tout votre pouvoir au maintien de la liberté et de l'égalité, bases premières de nos constitutions. Vous le jurez. »

Tous les membres de la Légion s'écrièrent : « Je le jure! » et les cris de « Vive l'empereur! » retentirent aussitôt sous les voûtes du temple. M. de Bourrienne avoue que l'enthousiasme des assistants serait impossible à décrire.

Le lendemain de cette cérémonie, l'école polytechnique reçut une organisation nouvelle.

Deux jours après, Napoléon partit de Paris pour aller visiter les côtes de la Manche et inspecter les camps qu'il y avait formés. Il avait annoncé que le but de ce voyage

CHAPITRE SEIZIÈME.

était une distribution solennelle des croix de la Légion d'honneur aux braves qui n'avaient pu assister à celle des Invalides. On pensa généralement toutefois que cette distribution n'était qu'un prétexte, et que Napoléon avait surtout en vue la réalisation du projet favori qu'on lui supposait, une descente en Angleterre.

Les troupes échelonnées sur la côte s'étendaient depuis Etaples jusqu'à Ostende. Davoust commandait à Dunkerque; Ney, à Calais; Oudinot, à Saint-Omer; Marmont, sur les frontières de la Hollande, et Soult, au camp général de Boulogne.

A son arrivée dans cette dernière ville, l'empereur trouva l'armée pleine d'ardeur et d'enthousiasme. Soldats et généraux se croyaient à la veille de passer le détroit, et l'on n'était pas non plus sans inquiétude au delà de la Manche. Cinq cents voiles, commandées par l'amiral Verhuel, semblaient n'attendre que le signal de se diriger vers les ports de la Grande-Bretagne. Napoléon seul avait le secret de la destination éventuelle de ces camps formidables. Tout en menaçant réellement l'Angleterre, il voyait se former de nouveaux orages sur le continent; et, quand il paraissait absorbé par les préparatifs immenses d'une expédition maritime, c'était alors qu'il se préparait le plus activement peut-être à la guerre continentale, dont il apercevait dans le lointain l'inévitable explosion.

Quatre-vingt mille hommes des camps de Boulogne et de Montreuil se réunirent sous les ordres du maréchal Soult, dans une vaste plaine, et non loin de la tour de César. L'empereur parut au milieu d'eux, entouré d'un état-major qui se composait des plus illustres capitaines de cette grande époque. Il se plaça sur une éminence que

la nature semblait lui avoir ménagée à dessein comme pour lui servir de trône, et là, d'une voix forte, il répéta l'allocution qu'il avait adressée aux légionnaires à la cérémonie des Invalides. Sa parole ne fut pas moins puissante à Boulogne qu'à Paris; elle excita des transports universels, et la satisfaction qu'il en éprouva fut si vive, que l'un de ses aides de camp, le général Rapp, a déclaré depuis qu'il n'avait jamais vu Napoléon si content.

Cette belle journée de la Tour d'Ordre fut néanmoins troublée vers le soir par un orage qui fit craindre un instant pour une partie de la flottille. L'empereur, averti

aussitôt, s'empressa d'accourir dans le port pour ordonner des mesures et présider à leur exécution. Mais à son arrivée la tempête cessa, comme si les éléments eussent subi aussi l'ascendant du grand homme et la fascination irrésistible de son regard. La flottille rentra intacte dans le port, et Napoléon retourna au camp, où les troupes se livrèrent bientôt aux divertissements et aux jeux. La fête se termina par un feu d'artifice tiré sur la côte, et dont les jets lumineux furent aperçus des côtes mêmes d'Angleterre.

Pendant le séjour de Napoléon au camp de Boulogne, deux matelots anglais, prisonniers au dépôt de Verdun, s'échappèrent et parvinrent jusqu'à Boulogne, où ils se firent un petit bateau, sans autre outil que leurs couteaux, avec quelques morceaux de bois qu'ils ajustèrent le moins mal qu'ils purent, pour tenter de passer en Angleterre sur cette frêle barque, qu'un seul homme pouvait aisément porter sur son dos. Leur travail fini, les deux matelots se mirent en mer, et essayèrent de gagner une frégate anglaise qui croisait à la vue des côtes. Ils étaient à peine partis que les douaniers les aperçurent. Saisis bientôt et ramenés au port,

ils furent menés devant l'empereur, qui avait demandé à les voir, ainsi que leur petit bâtiment, sur le bruit qu'avait fait dans tout le camp leur audacieuse tentative.

« Est-il bien vrai, leur demanda l'empereur, que vous avez songé à traverser la mer avec cela ? — Ah! sire, lui dirent-ils, si vous en doutez, donnez-nous la permission, et vous allez nous voir partir. — Je le veux bien ; vous êtes des hommes hardis, entreprenants ; j'admire le courage partout où il se trouve, mais je ne veux pas que vous exposiez votre vie ; vous êtes libres : bien plus, je vais vous faire conduire à bord d'un bâtiment anglais. Vous irez dire à Londres quelle estime j'ai pour les braves, même quand ils sont mes ennemis. » Ces deux hommes, qu'on aurait fusillés comme espions si l'empereur ne les eût fait venir devant lui, n'obtinrent pas seulement leur liberté ; Napoléon leur donna aussi plusieurs pièces d'or. Il s'est plu depuis à raconter ce fait à ses compagnons d'exil à Sainte-Hélène.

L'empereur, avons-nous dit, s'attendait à une guerre plus ou moins prochaine sur le continent. Il savait que si la diplomatie monarchique de l'Europe avait modifié son langage et ses prétentions sous le poids de nos armes victorieuses, elle n'avait pas changé ses affections et ses principes. D'un jour à l'autre, les intrigues du cabinet anglais pouvaient entraîner les cours de Vienne, de Pétersbourg ou de Berlin à une nouvelle coalition contre la France. Les dispositions hostiles de toutes ces cours étaient pressenties par quiconque comprenait l'incompatibilité de notre monarchie révolutionnaire avec la vieille royauté des autres États. Mais Napoléon connaissait mieux encore, et d'une manière positive, par ses agents diplomatiques, le mauvais vouloir et les tendances guerrières des cabinets autrichien, russe et prussien. Les quatre-vingt mille hommes qu'il avait devant lui au camp de Boulogne devaient lui servir pour les éventualités que ce mauvais vouloir pouvait amener. Il voyait là son avenir et celui de la France : aussi ne négligea-t-il rien pour entretenir et stimuler l'enthousiasme des troupes. Il formait dès lors avec les débris des armées républicaines le noyau des phalanges impériales, dont la Providence avait marqué le passage à travers toutes les capitales de l'Europe. C'étaient toujours les mêmes soldats, les mêmes généraux, les hommes et l'esprit du dix-huitième siècle, les enfants de la révolution. Le camp de Boulogne fut le berceau de cette Grande Armée, conquérante et propagandiste à la fois, qui, après dix années de triomphes inouïs, trouva aux champs de Waterloo une tombe creusée par la trahison et la fatalité, et qu'elle illustra par son héroïsme, en aimant mieux mourir que de se rendre.

Les préparatifs militaires qui occupaient si activement l'empereur ne l'empêchaient pas cependant de donner ses soins à l'administration civile de l'Empire. Il se plaisait au contraire à prouver, non-seulement que son génie et sa sollicitude embrassaient toutes les branches du gouvernement, mais que sa pensée pouvait se porter au même instant, et sans rien perdre de sa netteté et de sa puissance, sur les objets les plus divers. C'est ainsi qu'au milieu des inspections et des revues du camp de Boulogne il fonda les prix décennaux par un décret ainsi conçu :

« NAPOLÉON, empereur des Français, à tous ceux qui les présentes lettres verront, salut :

» Étant dans l'intention d'encourager les sciences, les lettres et les arts, qui contribuent éminemment à l'illustration et à la gloire des nations ;

» Désirant non-seulement que la France conserve la supériorité qu'elle a acquise dans les sciences et dans les arts, mais encore que le siècle qui commence l'emporte sur ceux qui l'ont précédé ;

» Voulant aussi connaître les hommes qui auront le plus participé à l'éclat des sciences, des lettres et des arts ;

» Nous avons décrété et décrétons ce qui suit :

» Art. 1. Il y aura de dix ans en dix ans, le jour anniversaire du 18 brumaire, une distribution de grands prix, donnés de notre propre main, dans le lieu et avec la solennité qui seront ultérieurement réglés.

» II. Tous les ouvrages de sciences, de littérature et d'arts, toutes les inventions utiles, tous les établissements consacrés aux progrès de l'agriculture ou de l'industrie nationale, publiés, connus ou formés dans un intervalle de dix années, dont le terme précédera d'un an l'époque de la distribution, concourront pour le grand prix.

» III. La première distribution des grands prix se fera le 18 brumaire an XVIII; et, conformément aux dispositions de l'article précédent, le concours comprendra tous les ouvrages, inventions ou établissements publiés ou connus depuis l'intervalle du 18 brumaire de l'an VII au 18 brumaire de l'an XVII.

» IV. Ces grands prix seront, les uns de la valeur de 10,000 francs, les autres de la valeur de 5,000 francs.

» V. Les grands prix de la valeur de 10,000 francs seront au nombre de neuf, et décernés :

» 1° Aux auteurs des deux meilleurs ouvrages de science : l'un pour les sciences physiques, l'autre pour les sciences mathématiques;

» 2° A l'auteur de la meilleure histoire ou du meilleur morceau d'histoire, soit ancienne, soit moderne;

» 3° A l'inventeur de la machine la plus utile aux arts et aux manufactures;

» 4° Au fondateur de l'établissement le plus avantageux à l'agriculture ou à l'industrie nationale;

» 5° A l'auteur du meilleur ouvrage dramatique, soit comédie, soit tragédie, représenté sur les théâtres français;

» 6° Aux auteurs des deux meilleurs ouvrages, l'un de peinture, l'autre de sculpture, représentant des actions d'éclat ou des événements mémorables puisés dans notre histoire;

» 7° Au compositeur du meilleur opéra représenté sur le théâtre de l'Académie impériale de musique.

» VI. Les grands prix de la valeur de 5,000 francs seront au nombre de treize, et décernés :

» 1° Aux traducteurs de dix manuscrits de la Bibliothèque impériale ou des autres bibliothèques de Paris, écrits en langues anciennes ou en langues orientales, les plus utiles, soit aux sciences, soit à l'histoire, soit aux belles-lettres, soit aux arts;

» 2° Aux auteurs des trois meilleurs petits poëmes ayant pour sujet des événements mémorables de notre histoire, ou des actions honorables pour le caractère français.

» VII. Ces prix seront décernés sur le rapport et la proposition d'un jury composé des quatre secrétaires perpétuels des quatre classes de l'Institut, et des quatre présidents en fonctions dans l'année qui précédera celle de la distribution. »

Tandis que l'Europe croyait Napoléon prêt à fondre sur l'Angleterre, Bruxelles le vit tout à coup paraître dans ses murs. Il y avait donné rendez-vous à Joséphine, et ils se rencontrèrent en effet au château de Laken, qui avait été magnifiquement disposé pour les recevoir. C'est là qu'à propos d'un roman de madame de Staël, Napoléon prononça sur cette femme célèbre les paroles remarquables qu'on va lire, et qui peuvent servir à expliquer la position hostile que prit dans la suite l'auteur de *Corinne* vis-à-vis de l'empereur : « Je n'aime pas plus, dit-il, les femmes qui se font hommes que les hommes efféminés. Chacun son rôle dans ce monde. Qu'est-ce que c'est que ce vagabondage d'imagination? qu'en reste-t-il? Rien. Tout cela! c'est de la métaphysique de sentiment, du désordre d'esprit. Je ne peux pas souffrir cette femme-là; d'abord, parce que je n'aime pas les femmes qui se jettent à ma tête, et Dieu sait combien elle m'a fait de cajoleries! »

L'éloignement que Napoléon avait toujours éprouvé pour madame de Staël, « devenue une chaude ennemie pour s'être vue trop rebutée », selon les expressions du *Mémorial*, rend ici le grand homme injuste envers les femmes en général, parce qu'il avait à se plaindre particulièrement de l'une d'elles. Son jugement, toujours si sûr et si droit, fut d'ailleurs tellement faussé à cet égard par ses rancunes et ses habitudes, qu'il n'était pas revenu, à Sainte-Hélène, de sa manière d'envisager les rapports moraux des sexes, et qu'il persistait à dire que « la femme n'était bonne qu'à faire des enfants. » « Vous prétendriez à l'égalité? disait-il en présence de mesdames Bertrand et de Montholon; mais c'est folie! la femme est notre propriété, nous ne sommes pas la sienne. »

Le séjour de l'empereur à Laken ne fut pas de longue durée. Il quitta cette belle résidence pour se rendre à Aix-la-Chapelle, où il s'arrêta quelques jours, retenu en quelque sorte par une sympathie mystérieuse pour la capitale et la tombe du conquérant-législateur dont, après mille ans, il relevait l'empire, et qui, comme lui, avait reçu du ciel la mission de civiliser l'Europe par la double puissance de son génie et de ses armes.

De la ville de Charlemagne, dont il voulut rapporter les insignes à Paris, Napoléon s'achemina vers Mayence, traversant Cologne et Coblentz. Les princes de l'Empire coururent au-devant de lui, et il profita de leur empressement pour jeter les fondements de la Confédération du Rhin, dont il pensait dès lors à faire une barrière pour la France contre les grandes puissances du Nord.

Mais les hommages sincères ou simulés des princes et les suffrages du peuple ne suffisaient pas encore au glorieux restaurateur de l'empire de Charlemagne. Le héros civilisateur du moyen âge avait fait consacrer son pouvoir par la religion; et Napoléon, peu soucieux de la différence des temps, voulait entourer son trône de tous les appuis dont avait été environné le trône de Charlemagne. Pour que la ressemblance fût même complète autant que possible, il désira l'onction pontificale, et il expédia dans ce but, de Mayence à Rome, un négociateur, Caffarelli, pour décider Pie VII à venir sacrer l'empereur des Français à Paris. Pendant que cette négociation se poursuivait, Napoléon ordonnait, des bords du Rhin, le départ de deux escadres, l'une de Rochefort et l'autre de Toulon, sous le commandement des amiraux Missiessy et Villeneuve.

Il semblait ainsi préoccupé d'expéditions maritimes. Après trois mois d'absence, il reprit le chemin de sa capitale, et arriva à Saint-Cloud vers le milieu d'octobre.

CHAPITRE DIX-SEPTIÈME.

Convocation du corps législatif. — Vérification des votes populaires. — Arrivée du pape Pie VII en France. — Couronnement de l'empereur.

'ÉPOQUE du couronnement approchait. Caffarelli mandait de Rome que sa mission avait réussi. Napoléon allait s'asseoir sur le trône des fils aînés de l'Église avec l'assentiment solennel et sous les auspices du chef infaillible de l'Église. Mais aux pompes de la religion devait se joindre aussi le faste des représentations politiques. Le sénat, le tribunat et le conseil d'État pouvaient être considérés comme en état de permanence; le corps législatif seul avait besoin d'être convoqué longtemps d'avance, et il le fut par un décret du 17 octobre.

Les membres du sénat avaient déjà prêté un serment individuel à l'empereur, et le président de ce corps, François de Neufchâteau, avait même prononcé un discours où l'on remarquait la phrase suivante :

« Sire, dans un avenir reculé, quand les enfants de nos enfants viendront dans le même appareil reconnaître comme empereur celui de vos petits-enfants ou de vos arrière-neveux qui devra recevoir leur serment de fidélité, pour lui peindre les sentiments, les vœux et les besoins du peuple, pour lui tracer tous ses devoirs, on n'aura qu'un mot à lui dire : « Vous vous appelez BONAPARTE ; vous êtes l'homme de la France : prince, souvenez-vous du GRAND NAPOLÉON. »

Lorsque les votes du peuple sur le sénatus-consulte du 28 floréal an XII eurent été recueillis, et que la commission spéciale du recensement, dont Rœderer fut l'organe, eut constaté que « trois millions cinq cent soixante et douze mille trois cent vingt-neuf citoyens » avaient déclaré vouloir l'hérédité de la dignité impériale dans la descendance directe, naturelle, légitime et adoptive de Napoléon Bonaparte, et dans la descendance naturelle et légitime de Joseph Bonaparte et de Louis Bonaparte, ce fut encore François de Neufchâteau qui fut chargé de féliciter Napoléon sur le nouveau témoignage de confiance et de gratitude que venait de lui donner le peuple français. Au milieu des efforts d'adulation et des flagorneries académiques qui devaient composer nécessairement le discours officiel du président du sénat, et qui étaient du moins excusables en face d'un homme tel que Napoléon, l'orateur sut marquer la distinction essentielle qu'il fallait établir entre la monarchie impériale et l'ancienne royauté, et qui n'était pas autre que celle qui existait entre la révolution elle-même et l'ancien régime, puisque, sans cela, le vote récent du peuple français aurait été inexplicable. « Le titre d'empereur, dit-il, a toujours rappelé, non cette royauté devant laquelle s'humilient et se prosternent des sujets, mais l'idée grande et libérale d'un premier magistrat commandant au nom de la loi, à laquelle des citoyens s'honorent d'obéir. »

Napoléon répondit :

« Je monte au trône où m'ont appelé les vœux unanimes du sénat, du peuple et de l'armée, le cœur plein du sentiment des grandes destinées de ce peuple, que du milieu des camps j'ai le premier salué du nom de GRAND.

» Depuis mon adolescence, mes pensées tout entières lui sont dévolues ; et je dois le dire ici, mes plaisirs et mes peines ne se composent plus aujourd'hui que du bonheur ou du malheur de mon peuple.

» Mes descendants conserveront longtemps ce trône, le premier de l'univers.

» Dans les camps, ils seront les premiers soldats de l'armée, sacrifiant leur vie pour la défense de leur pays.

» Magistrats, ils ne perdront jamais de vue que le mépris des lois et l'ébranlement de l'ordre social ne sont que le résultat de la faiblesse et de l'incertitude des princes.

» Vous, sénateurs, dont les conseils et l'appui ne m'ont jamais manqué dans les circonstances les plus difficiles, votre esprit se transmettra à vos successeurs ; soyez toujours les soutiens et les premiers conseillers de ce trône, si nécessaire au bonheur de ce vaste empire. »

On était à la veille du sacre. Pie VII, parti de Rome au commencement de novem-

bre, arriva à Fontainebleau le 25. Napoléon, qui avait ménagé une partie de chasse pour se trouver sur son passage, alla à sa rencontre sur la route de Nemours. Dès qu'il l'aperçut, il mit pied à terre ; le pontife en fit autant, et après s'être embrassés, ils montèrent dans la même voiture, et se rendirent au palais impérial de Fontainebleau, qui avait été remeublé à neuf avec une grande magnificence. L'empereur et le pape eurent plusieurs conférences dans cette demeure royale; ils en partirent le 28, et firent ce jour-là leur entrée à Paris.

Le sacre était fixé au 2 décembre. Mais on avait hésité d'abord sur le choix du lieu. Les uns avaient parlé du Champ de Mars; les autres, de l'église des Invalides; Napoléon préféra Notre-Dame. Le Champ de Mars était trop plein des souvenirs révolutionnaires pour convenir à une cérémonie dans laquelle la révolution, faisant oublier ses débuts orageux, sa haine primitive pour les rois et les prêtres, devait chercher à justifier son travestissement monarchique, et montrer à l'Europe qu'elle pouvait se concilier avec l'unité du pouvoir et l'exercice de la religion. C'aurait été un contresens de répéter en 1804 ce qu'on avait fait en 1790. Mais si Pie VII avait trop le sentiment de sa dignité pour se prêter à un arrangement qui n'aurait plus fait de lui que le parodiste de Talleyrand, Napoléon avait aussi le tact trop délicat et trop sûr pour rien exiger de semblable. « On a songé au Champ de Mars, dit-il, par réminiscence de la fédération ; mais les temps sont bien changés... On a parlé de célébrer la cérémonie dans l'église des Invalides, à cause des souvenirs guerriers qui s'y rattachent; mais celle de Notre-Dame vaudra mieux : elle est plus vaste, elle a aussi ses souvenirs qui parlent davantage à l'imagination; elle donnera à la solennité un caractère plus auguste.... » (PELET DE LA LOZÈRE.)

Au jour marqué, Pie VII se rendit donc à Notre-Dame, suivi d'un clergé nombreux, et précédé, selon l'usage romain, d'une mule qui fit beaucoup rire les Parisiens, ce qui nuisit pendant quelques instants à la gravité de la marche du cortége pontifical. L'empereur vint après le pape. Jamais prince n'avait été entouré d'un cortége aussi imposant ni aussi pompeux. Toutes les illustrations militaires et civiles étaient là. L'éclat de la gloire personnelle s'y mêlait à celui des rangs et des dignités. Le faste des insignes et des costumes, le luxe des voitures et des chevaux, la richesse des livrées, l'affluence des spectateurs venus de toutes les parties de l'Empire, tout contribuait à faire de cette solennité un spectacle inouï de magnificence et de grandeur.

La nation était représentée à Notre-Dame par les présidents de cantons, les présidents des colléges électoraux, les députés des différentes administrations et de l'armée, le corps législatif et les autres grands corps de l'État. Le pape officia. Quant à l'empereur, en se présentant à l'autel, il n'attendit pas que le pontife le couronnât; mais,

CHAPITRE DIX-SEPTIÈME.

prenant lui-même la couronne des mains du pape, il se la posa sur la tête, et couronna ensuite l'impératrice.

Le lendemain de cette grande solennité, il y eut au Champ de Mars une revue suivie de la distribution des aigles impériales aux différents corps de l'armée. L'empereur, placé sur un trône qu'on lui avait élevé près de l'École militaire, fit cette distribution en personne. A un signal donné, les troupes s'ébranlèrent et s'approchèrent de lui. « Soldats, leur dit-il, voilà vos drapeaux ; ces aigles vous serviront toujours de point de ralliement : elles seront partout où votre empereur les jugera nécessaires pour la défense de son trône et de son peuple.

» Vous jurez de sacrifier votre vie pour les défendre, et de les maintenir constamment par votre courage sur le chemin de l'honneur et de la victoire. »

Les soldats répondirent par d'unanimes acclamations : « Nous le jurons ! »

Le sénat et la ville de Paris voulurent ensuite consacrer l'époque du couronnement par des fêtes qu'ils donnèrent à l'empereur et à l'impératrice. Le conseil municipal de la capitale présenta même à cette occasion une adresse de félicitations à l'empereur, qui lui fit la réponse suivante :

« Messieurs du corps municipal, je suis venu au milieu de vous pour donner à ma bonne ville de Paris l'assurance de ma protection spéciale. Dans toutes les circonstances je me ferai un plaisir et un devoir de lui donner des preuves particulières de ma bienveillance : car je veux que vous sachiez que dans les batailles, dans les plus grands périls, sur les mers, au milieu des déserts même, j'ai eu toujours en vue l'opinion de cette grande capitale de l'Europe, après toutefois le suffrage, tout-puissant sur mon cœur, de la postérité. »

Pie VII était resté à Paris pendant toutes ces fêtes. Il n'était venu en France que dans l'espoir de faire servir sa condescendance non-seulement aux intérêts de la religion, mais encore à ceux de sa souveraineté temporelle. Il était donc naturel qu'il prolongeât son séjour auprès de Napoléon aussi longtemps qu'il le jugerait nécessaire à la réalisation des espérances qu'il avait conçues. Nous verrons plus tard si ces espérances étaient fondées, et si l'empereur, tout en prodiguant au pontife romain les marques de respect et les témoignages de gratitude pour l'onction sainte qu'il en avait reçue, eut jamais l'idée de sacrifier à sa reconnaissance les principes et les intérêts de la politique française en Italie.

CHAPITRE DIX-HUITIÈME.

Session du corps législatif. — Inauguration de la statue de Napoléon. — Lettre de l'empereur au roi d'Angleterre. — Réponse de lord Mulgrave. — Communication au sénat.

VINGT-CINQ jours après le couronnement, l'empereur fit l'ouverture de la session du corps législatif.
« Princes, magistrats, soldats, citoyens, dit-il, nous n'avons tous dans notre carrière qu'un seul but : l'intérêt de la patrie. Si ce trône, sur lequel la Providence et la volonté de la nation m'ont fait monter, est cher à mes yeux, c'est parce que seul il peut défendre et conserver les intérêts les plus sacrés du peuple français.

» La faiblesse du pouvoir suprême est la plus affreuse calamité des peuples. Soldat ou premier consul, je n'ai eu qu'une pensée ; empereur, je n'en ai point d'autres : les prospérités de la France. J'ai été assez heureux pour l'illustrer par des victoires, pour la consolider par des traités, pour l'arracher aux discordes civiles, et y préparer la renaissance des mœurs, de la société et de la religion. Si la mort ne me surprend pas au milieu de mes travaux, j'espère laisser à la postérité un souvenir qui serve à jamais d'exemple ou de reproche à mes successeurs.

» Mon ministre de l'intérieur vous fera l'exposé de la situation de l'Empire. »

M. de Champagny remplit en effet cette tâche brillante et facile. Il peignit le calme, la grandeur et la prospérité de la France, après tant de tourmentes ; les prêtres et les pasteurs des cultes divers réunis dans un même amour de la patrie, dans une admiration commune pour Napoléon ; la législation nouvelle célébrée partout comme un bienfait; les écoles de droit prêtes à s'ouvrir; l'École polytechnique peuplant de sujets utiles nos arsenaux, nos ports et nos ateliers; l'école des Arts et Métiers de Compiègne obtenant tous les jours de nouveaux succès; le génie français provoqué à enfanter des chefs-d'œuvre dans toutes les branches des sciences, des lettres et des arts, par l'institution des prix décennaux; l'administration des ponts et chaussées poursuivant avec confiance les ouvrages commencés et en méditant de nouveaux; une ville nouvelle s'élevant dans la Vendée (Napoléon-Vendée), pour y devenir un foyer de lumières, le centre d'une surveillance active et sûre; le commerce rappelé sur la rive gauche du Rhin par les

décrets de l'empereur, et donnant à Mayence et à Cologne tous les avantages des entrepôts réels, sans les dangers des versements frauduleux dans l'intérieur de la France; nos manufactures se perfectionnant; notre industrie étendant ses racines sur notre propre sol, et repoussant l'industrie anglaise loin de nos frontières, après être parvenue à l'égaler dans ce qui faisait sa gloire et ses succès, la perfection de ses machines; l'agriculture s'agrandissant et s'éclairant; enfin les richesses véritables se multipliant sur tous les points de l'Empire. A la suite de ce tableau, le ministre constata que le nombre des indigents de la capitale était de trente-deux mille au-dessous de ce qu'il était en 91, et de vingt-cinq mille de ce qu'il était en l'an X.

Le tableau de notre situation coloniale était moins prospère, à cause de la guerre maritime. Quant à nos relations diplomatiques avec les puissances du continent, elles étaient extérieurement amicales; mais, nous le répétons, ce n'était qu'une fausse paix qui couvait toujours la guerre.

En réponse à cette communication, le corps législatif se rendit en corps et en grand costume, le 2 janvier 1805, à l'audience de l'empereur, pour lui présenter une adresse, dans laquelle le président, M. de Fontanes, glissa, malgré les murmures de la majorité de ses collègues, l'ancienne formule de « très-fidèles sujets ». Quelques jours après, la statue de Napoléon, exécutée par Chaudet, fut inaugurée dans le lieu des séances des députés; et M. de Vaublanc, questeur de ce corps, portant la parole dans cette cérémonie, en présence de l'empereur, de l'impératrice et des grands personnages de l'Empire, commença ainsi l'éloge historique de son héros :

« Messieurs, vous avez signalé l'achèvement du Code civil par un acte d'admiration et de reconnaissance. Vous avez décerné une statue au prince illustre dont la volonté ferme et constante a fait achever ce grand ouvrage, en même temps que sa vaste intelligence a répandu la plus vive lumière sur cette noble partie des institutions humaines. Premier consul alors, empereur des Français aujourd'hui, il paraît dans le temple des lois la tête ornée de cette couronne triomphale dont la victoire l'a ceint si souvent en lui présageant le bandeau des rois....

» Si la louange corrompt les âmes faibles, elle est l'aliment des grandes âmes....

» Quel homme plus que Napoléon mérite de ses contemporains, comme de la postérité, l'honneur suprême que vous lui décernez aujourd'hui ?... »

M. de Fontanes eut son tour, et la louange ne fut ni moins habile ni moins magnifique dans sa bouche. « La gloire, dit-il, obtient aujourd'hui la plus juste récompense, et le pouvoir en même temps reçoit les plus nobles instructions. Ce n'est point au grand capitaine, ce n'est point au vainqueur de tant de peuples que ce monument est érigé : le corps législatif le consacre au restaurateur des lois. Des esclaves tremblants, des nations enchaînées ne s'humilient point aux pieds de cette statue, mais une nation généreuse y voit avec plaisir les traits de son libérateur.

» Périssent les monuments élevés par l'orgueil et la flatterie! mais que la reconnaissance honore toujours ceux qui sont le prix de l'héroïsme et des bienfaits. »

Le corps législatif termina sa session peu de temps après. La clôture en fut prononcée par M. de Ségur, conseiller d'État, qui, après avoir rappelé dans son discours, et sous une nouvelle forme, les merveilles célébrées par Lacépède, François de Neufchâteau, Vaublanc, Fontanes, etc., recommanda aux députés les paroles que l'empereur avait proférées lui-même à l'ouverture de cette session : « Princes, magistrats, soldats, citoyens, nous n'avons tous qu'un seul but, l'intérêt de la patrie. »

CHAPITRE DIX-HUITIÈME.

Mais Napoléon avait compris que cet intérêt demandait avant tout une paix solide et durable, une paix véritablement européenne, dont l'Angleterre ne fût pas exceptée. Oubliant alors le peu de succès qu'avait obtenu autrefois la lettre du premier consul au roi George III, il renouvela comme empereur, auprès de ce prince, ses tentatives pacifiques. « Monsieur mon frère, lui écrivit-il (le 2 janvier 1805), appelé au trône par la Providence et par les suffrages du sénat, du peuple et de l'armée, mon premier sentiment est un vœu de paix. La France et l'Angleterre usent leur prospérité, elles peuvent lutter des siècles. Mais leurs gouvernements remplissent-ils bien le plus sacré de leurs devoirs? et tant de sang versé inutilement, et sans la perspective d'aucun but, ne les accuse-t-il pas dans leur propre conscience? Je n'attache pas de déshonneur à faire le premier pas; j'ai assez, je pense, prouvé au monde que je ne redoute aucune chance de la guerre; elle ne m'offre d'ailleurs rien que je doive redouter. La paix est le vœu de mon cœur, mais la guerre n'a jamais été contraire à ma gloire, etc., etc. »

Napoléon ne reçut point de réponse directe, le roi d'Angleterre se contenta de faire écrire par lord Mulgrave à M. de Talleyrand une lettre fort vague, que l'empereur fit mettre sous les yeux du sénat avec une copie de celle qu'il avait adressée lui-même à George III. « Sa Majesté, disait lord Mulgrave, a reçu la lettre qui lui a été adressée par le CHEF du gouvernement français.

» Il n'y a aucun objet que Sa Majesté ait plus à cœur que de saisir la première occasion de procurer de nouveau à ses sujets les avantages d'une paix fondée sur des bases qui ne soient pas incompatibles avec la sûreté permanente et les intérêts essentiels de ses États. Sa Majesté est persuadée que ce bien ne peut être atteint que par des arrangements qui puissent en même temps pourvoir à la tranquillité à venir de l'Europe, et prévenir le renouvellement des dangers et des malheurs dans lesquels elle s'est trouvée enveloppée. Conformément à ce sentiment, Sa Majesté sent qu'il lui est impossible de répondre plus particulièrement à l'ouverture qui lui a été faite, jusqu'à ce qu'elle ait eu le temps de communiquer avec les puissances du continent, avec lesquelles elle se trouve engagée par des liaisons et des rapports  confidentiels, et particulièrement avec l'empereur de Russie, qui a donné les preuves les plus fortes de la sagesse et de l'élévation des sentiments dont il est animé, et du vif intérêt qu'il prend à la sûreté et à l'indépendance de l'Europe. »

Malgré les efforts du diplomate anglais pour ne rien dire de précis sur les véritables dispositions du cabinet de Londres à l'égard de la France, la réponse qu'on vient de lire indiquait assez qu'elles n'étaient point pacifiques. Que signifiait en effet ce refus affecté de donner à Napoléon le titre que le peuple français venait de lui décerner, que le pape avait consacré, que toute l'Europe continentale et princière avait reconnu? Quels étaient ensuite les arrangements indispensables à la sûreté future de l'Europe, et qui étaient seuls capables de prévenir le renouvellement des malheurs passés? Et ces liaisons confidentielles avec les puissances du continent, et particulièrement avec l'empereur de Russie, dans quel but et contre qui avaient-elles été formées? Tout dans cette pièce, en apparence si modérée et si indécise, décelait et caractérisait la pensée opiniâtre du cabinet de Saint-James, l'esprit de Burke et de Pitt, le système bien arrêté de faire la guerre à la France, ouvertement ou par des intrigues souterraines, aussi longtemps que la France ne donnerait pas de garanties de tranquillité à la vieille Europe en abjurant ses nouvelles doctrines, et en renversant ses nouvelles institutions pour revenir à l'ancien régime. Napoléon le sentit, et donna la plus grande publicité à cette correspondance, qui justifiait ses préparatifs, et qui suffit pour vérifier cette remarque judicieuse de M. Bignon, laquelle s'appliquera aux guerres subséquentes, que « la guerre contre l'empereur fut toujours la guerre contre la révolution. »

CHAPITRE DIX-NEUVIÈME.

Napoléon proclamé roi d'Italie. — Départ de Paris. — Séjour à Turin. — Monument de Marengo. — Entrée à Milan. — Réunion de Gênes à la France. — Nouveau sacre. — Voyage en Italie. — Retour en France.

A communication faite au sénat par Talleyrand, au nom de l'empereur, avait averti la France. Désormais Napoléon était en mesure avec l'opinion publique contre le reproche d'avoir voulu la continuation de la guerre maritime, ou d'avoir suscité la guerre continentale si elle venait à éclater.

Pie VII était toujours à Paris. Il y vit arriver les députés des collèges électoraux et des corps constitués de la république italienne, venant mettre aux pieds de l'empereur le vœu de leur nation, et proclamer Napoléon roi d'Italie. Melzi, vice-président de la république, fut l'organe de la députation; il se pré-

CHAPITRE DIX-NEUVIÈME.

senta, le 17 mai 1805, à l'audience solennelle de l'empereur, et là, en présence du sénat, il prononça un discours qu'il termina par cette phrase :

« Sire, vous voulûtes que la république italienne existât, et elle a existé. Veuillez que la monarchie italienne soit heureuse, et elle le sera. »

Napoléon répondit :

« Notre première volonté, encore toute couverte du sang et de la poussière des batailles, fut la réorganisation de la patrie italienne.

» Vous crûtes alors nécessaire à vos intérêts que nous fussions le chef de votre gouvernement; et aujourd'hui, persistant dans la même pensée, vous voulez que nous soyons le premier de vos rois : la séparation des couronnes de France et d'Italie, qui peut être utile pour assurer l'indépendance de vos descendants, serait dans ce moment funeste à votre existence et à votre tranquillité. Je la garderai cette couronne, mais seulement tout le temps que vos intérêts l'exigeront; et je verrai avec plaisir arriver le moment où je pourrai la placer sur une plus jeune tête, qui, animée de mon esprit, continue mon ouvrage, et soit toujours prête à sacrifier sa personne et ses intérêts à la sûreté et au bonheur du peuple sur lequel la Providence, les constitutions du royaume et ma volonté l'auront appelé à régner. »

Ce n'était pas sans une secrète et profonde inquiétude que le pape voyait se former le nouveau royaume d'Italie, et l'autorité directe de Napoléon s'étendre jusqu'aux portes de Rome. Le voyage de France, déterminé surtout par des considérations temporelles, avait eu un tout autre but que ce redoutable voisinage. Pie VII dissimula cependant son mécontentement, du moins dans ses manifestations extérieures, puisqu'il consentit à prêter une fois encore son ministère pontifical à la famille impériale.

Un second fils venait de naître à Louis Bonaparte, et l'empereur avait fait déposer dans les archives du sénat l'acte de naissance du jeune prince, que les constitutions de l'Empire appelaient éventuellement au trône. Le nouveau-né reçut le nom de Napoléon-Louis; il eut l'empereur pour parrain, et il fut baptisé par le pape, le 24 mars 1805, dans le château de Saint-Cloud.

L'empereur quitta Paris, le 1ᵉʳ avril, pour se rendre à Milan avec l'impératrice. Il s'arrêta trois semaines à Turin, où il habita le palais de Stupinice, surnommé le Saint-Cloud des rois de Sardaigne. Le pape vint l'y voir en retournant à Rome, et ils eurent ensemble plusieurs conférences, dans lesquelles Napoléon ne donna jamais à Pie VII, pas plus que dans leurs entretiens de Fontainebleau ou de Paris, le droit d'attendre, en échange de l'huile sainte, la moindre cession de territoire.

Le 8 mai, marchant sur Milan, Napoléon voulut visiter le champ de bataille de Marengo. On y avait réuni tous les corps français qui se trouvaient dans cette partie de l'Italie. L'empereur les passa en revue, couvert du costume et du chapeau qu'il portait le jour de cette grande bataille. « On remarqua, dit Bourrienne, que les vers, qui ne respectent pas plus les habits des grands hommes que leur corps après leur mort, avaient troué son costume, ce qui ne l'empêcha pas de s'en parer. »

Napoléon ne se remit en marche qu'après avoir posé la première pierre du monument consacré aux braves qui étaient morts sur ce champ de bataille, et il fit le même jour son entrée à Milan.

Les historiens les plus hostiles à Napoléon ont reconnu que cette capitale lui fit une réception aussi brillante que toutes celles dont il avait été l'objet en France, après Léoben et Marengo. L'enthousiasme des Italiens était à son comble.

Napoléon occupa le palais de Monza, où le dernier doge de Gênes, Durazzo, vint lui demander de réunir la république ligurienne à l'empire français.

Napoléon répondit :

« Monsieur le doge, messieurs les députés du sénat et du peuple de Gênes,

» Les idées libérales auraient pu seules donner à votre gouvernement la splendeur

CHAPITRE DIX-NEUVIÈME.

qu'il avait il y a plusieurs siècles; mais je n'ai pas tardé à me convaincre de l'impossibilité où vous étiez, seuls, de rien faire qui fût digne de vos pères.

» Tout a changé : les nouveaux principes de la législation des mers que les Anglais ont adoptés, et obligé la plus grande partie de l'Europe à reconnaître; le droit de blocus qu'ils peuvent étendre aux places non bloquées, et qui n'est autre chose que le droit d'anéantir à leur volonté le commerce des peuples; les ravages toujours croissants des Barbaresques, toutes ces circonstances ne vous offraient qu'un isolement dans votre indépendance. La postérité me saura gré de ce que j'ai voulu rendre libres les mers, et obliger les Barbaresques à ne point faire la guerre aux pavillons faibles. Je n'étais animé que par l'intérêt et la dignité de l'homme. Au traité d'Amiens, l'Angleterre s'est refusée à coopérer à ces idées libérales....

» Où il n'existe pas d'indépendance maritime pour un peuple commerçant, naît le besoin de se réunir sous un plus puissant pavillon. Je réaliserai votre vœu; je vous réunirai à mon grand peuple. »

Cette réunion fut en effet immédiatement exécutée, et le doge de Gênes devint sénateur français.

Le sacre de Napoléon comme roi d'Italie eut lieu le 26 mai, dans la cathédrale de Milan. Ce fut le cardinal Caprara, archevêque de cette capitale, qui officia. Il remit

l'antique couronne de fer à l'empereur, qui, renouvelant ce qu'il avait fait au sacre de Paris, se la posa lui-même sur la tête en s'écriant : « Dieu me l'a donnée, gare à qui la touche ! »

Mais la cour de Vienne, plus encore que le Saint-Siége, devait être jalouse de l'établissement de la domination française en Italie. C'était un grief particulier qu'elle avait à ajouter aux griefs généraux que les anciennes monarchies de l'Europe entretenaient avec une persistance religieuse, pour les faire valoir en temps opportun, contre le gouvernement révolutionnaire de France. Napoléon, qui s'attendait toujours à l'explosion des haines et des mécontentements que son élévation et la prospérité de l'Empire ne faisaient que ranimer parmi les vieux ennemis de la révolution française, s'occupa dès lors plus que jamais de maintenir et de réchauffer le dévouement et l'enthousiasme du peuple soumis à sa puissance. Il parcourut le royaume d'Italie avec

Joséphine, et ils excitèrent partout, sur leur passage, les plus vives acclamations. Gênes, entre autres, donna aux illustres voyageurs une fête superbe. Avant de quitter Milan, Napoléon accomplit la promesse qu'il avait faite aux Italiens; il leur donna un vice-roi, et porta son choix sur Eugène Beauharnais. Il institua ensuite l'ordre de la Couronne de fer, et organisa l'université de Turin.

Napoléon et Joséphine ayant repris le chemin de la France, arrivèrent, le 11 juillet, à Fontainebleau, et se rendirent de là à Paris et à Saint-Cloud. Mais les circonstances ne permettaient pas à l'empereur de jouir en paix de sa gloire, et il était dans sa destinée que sa grandeur s'accrût aux dépens de son repos.

CHAPITRE VINGTIÈME.

Départ de Napoléon pour le camp de Boulogne. — Rassemblement des troupes françaises sur les frontières de l'Autriche. — Retour de l'empereur à Paris. — Rétablissement du calendrier grégorien. — La guerre imminente avec l'Autriche dénoncée au sénat, qui ordonne une levée de quatre-vingt mille hommes. — L'empereur part pour l'armée. — Campagne d'Austerlitz.

E moment prévu par Napoléon approchait; les hostilités occultes allaient se changer en guerre ouverte: l'empereur quitta de nouveau sa capitale, au commencement du mois d'août, pour se rendre au camp de Boulogne et inspecter l'armée échelonnée sur les côtes.

Ce voyage ne dura qu'un mois, pendant lequel l'ordre de réunir quatre-vingt mille hommes sur la frontière d'Autriche fut donné par l'empereur.

De retour à Paris, Napoléon songea, au milieu de ses préoccupations guerrières, à rétablir le calendrier grégorien. C'était une conséquence du système gouvernemental qu'il avait adopté, du titre qu'il avait pris; l'ère républicaine était incompatible avec l'ensemble des institutions monarchiques dont Napoléon s'entourait désormais partout où pénétrait sa puissance. Cependant la division de l'année arrêtée par la Convention nationale avait été basée sur des calculs scientifiques : n'importe, ce sera encore la science qui démontrera la nécessité de revenir au vieux calendrier, et La Place se chargera de restaurer l'œuvre de Rome. Il est juste de dire toutefois que ce savant sénateur fit valoir avant tout en faveur du calendrier grégorien son universalité, et qu'il jugea nécessaire de dissiper les craintes que le changement proposé pouvait inspirer sur le rétablissement des anciennes mesures. Mais ce qu'il faut surtout retenir, ce sont les paroles de l'orateur du gouvernement, Regnault de Saint-Jean d'Angély, cherchant à ne faire considérer que comme transitoire le projet soumis au sénat. « Un jour viendra sans doute, dit-il, où l'Europe, calmée, rendue à la paix, à ses conceptions utiles, à ses études savantes, sentira le besoin de perfectionner les institutions sociales, de rapprocher les peuples en leur rendant ces institutions communes, où elle voudra marquer une ère mémorable par une manière générale et plus parfaite de mesurer le temps.

» Alors un nouveau calendrier pourra se composer pour l'Europe entière, pour l'univers politique et commerçant, des débris perfectionnés de celui auquel la France renonce en ce moment afin de ne pas s'isoler au milieu de l'Europe. »

L'Europe s'obstinait pourtant à tenir la France dans l'isolement, en dépit du rétablissement de tant d'institutions surannées et communes aux anciens États, parce qu'elle voyait très-bien que l'espèce de contre-révolution opérée à la surface de la société française ne constituait qu'un déguisement politique et passager qui laissait à la révolution sociale toute sa puissance intime, toute sa virtualité démocratique. Aussi, dix jours après le sénatus-consulte qui substituait le calendrier de l'ancien régime à celui de la république, Napoléon fut-il obligé d'exposer au sénat la conduite hostile de l'Autriche et de la Russie, et d'annoncer son départ prochain pour l'armée. « Sénateurs, dit-il, dans les circonstances présentes de l'Europe, j'éprouve le besoin de me trouver au milieu de vous et de vous faire connaître mes sentiments.

» Je vais quitter ma capitale pour me mettre à la tête de l'armée, porter un prompt secours à mes alliés, et défendre les intérêts les plus chers de mes peuples.

» Les vœux des éternels ennemis du continent sont accomplis : la guerre a commencé au milieu de l'Allemagne. L'Autriche et la Russie se sont réunies à l'Angleterre, et notre génération est entraînée de nouveau dans toutes les calamités de la guerre. Il y a peu de jours, j'espérais encore que la paix ne serait point troublée ; mais l'armée autrichienne a passé l'Inn, Munich est envahie, l'électeur de Bavière est chassé de sa capitale. Toutes mes espérances se sont évanouies.

» C'est dans cet instant que s'est dévoilée la méchanceté des ennemis du continent. Ils craignaient encore la manifestation de mon violent amour pour la paix ; ils craignaient que l'Autriche, à l'aspect du gouffre qu'ils avaient creusé sous ses pas, ne revînt à des sentiments de justice et de modération. Ils l'ont précipitée dans la guerre. Je gémis du sang qu'il va en coûter à l'Europe ; mais le nom français en obtiendra un nouveau lustre.

» Sénateurs, quand, de votre aveu, à la voix du peuple français tout entier, j'ai placé sur ma tête la couronne impériale, j'ai reçu de vous, de tous les citoyens, l'engagement de la maintenir pure et sans tache. Mon peuple m'a donné dans toutes les circonstances des preuves de sa confiance et de son amour. Il volera sous les drapeaux de son empereur et de son armée, qui dans peu de jours auront dépassé les frontières.

» Magistrats, soldats, citoyens, tous veulent maintenir la patrie hors de l'influence de l'Angleterre, qui, si elle prévalait, ne nous accorderait qu'une paix environnée d'ignominie et de honte, et dont les principales conditions seraient l'incendie de nos flottes, le comblement de nos ports et l'anéantissement de notre industrie.

» Toutes les promesses que j'ai faites au peuple français, je les ai tenues. Le peuple français, à son tour, n'a pris aucun engagement avec moi qu'il n'ait surpassé. Dans cette circonstance, si importante pour sa gloire et la mienne, il continuera de mériter ce nom de grand peuple dont je le saluai au milieu des champs de bataille.

» Français, votre empereur fera son devoir, mes soldats feront le leur, vous ferez le vôtre. »

Le sénat répondit à l'appel de l'empereur en votant une levée de quatre-vingt mille hommes et la réorganisation de la garde nationale. Le tribunat voulut aussi faire acte de zèle et de dévouement. Il s'empressa de porter au pied du trône l'expression des sentiments d'indignation que lui faisaient éprouver les démarches hostiles de la Russie et de l'Autriche. Les autorités de la capitale ne crurent pas non plus devoir garder le silence en des conjonctures aussi graves. Le préfet de la Seine, Frochot, à la tête du corps municipal, vint présenter à l'empereur les clefs de Paris, comme antique symbole de la soumission et du dévouement de la cité. « S'il est vrai, comme on le répand, dit ce magistrat, que l'on en veuille à votre personne, que l'on en veuille à l'indépendance de la nation, à nos libertés, à nos institutions, ordonnez que notre défense soit proportionnée à l'intérêt d'une telle cause. Où qu'il faille marcher, croyez que tout sera bientôt prêt à vous suivre, à vous servir, à vous venger. »

Quelque large part que l'on veuille faire aux démonstrations obligées des grands corps de l'État et au caractère suspect des harangues officielles, il est certain que les orateurs dont nous avons jusqu'à présent cité les paroles ne faisaient, après tout, que varier, sous des formes plus ou moins brillantes, l'expression du sentiment national. Ainsi assuré du concours de la France, Napoléon partit de Paris le 24 septembre,

établit son quartier général à Strasbourg, et y publia, le 29, la proclamation suivante, adressée à l'armée :

« Soldats !

» La guerre de la troisième coalition est commencée. L'armée autrichienne a passé l'Inn, violé les traités, attaqué et chassé de sa capitale notre allié... Vous-mêmes vous avez dû accourir à marches forcées à la défense de nos frontières. Mais déjà vous avez passé le Rhin : nous ne nous arrêterons plus que nous n'ayons assuré l'indépendance du corps germanique, secouru nos alliés, et confondu l'orgueil des injustes agresseurs. Nous ne ferons plus de paix sans garantie; notre générosité ne trompera plus notre politique.

CHAPITRE VINGTIÈME.

» Soldats, votre empereur est au milieu de vous. Vous n'êtes que l'avant-garde du grand peuple ; s'il est nécessaire, il se lèvera tout entier à ma voix pour confondre et dissoudre cette nouvelle ligue qu'ont tissue la haine et l'or de l'Angleterre.

» Mais, soldats, nous aurons des marches forcées à faire, des fatigues et des privations de toute espèce à endurer ; quelques obstacles qu'on nous oppose, nous les vaincrons, et nous ne prendrons de repos que nous n'ayons planté nos aigles sur le territoire de nos ennemis.

» NAPOLÉON. »

L'empereur, ayant passé le Rhin à Kehl, le 1er octobre, coucha le même jour à Ettlingen, où il reçut l'électeur et les princes de Bade, et se dirigea ensuite sur Louisbourg, où il logea dans le palais de l'électeur de Wurtemberg.

Le 6, l'armée française entrait en Bavière, après avoir évité les montagnes Noires et la ligne des rivières parallèles qui se jettent dans la vallée du Danube. Les Autrichiens, qui, après avoir envahi pendant la paix les États bavarois, avaient voulu s'avancer jusqu'aux débouchés de la forêt Noire pour en disputer le passage à l'armée française, se trouvaient déjà menacés sur leurs derrières.

L'empereur adressa, le même jour, une proclamation aux soldats bavarois. « Je me suis mis à la tête de mon armée, leur dit-il, pour délivrer votre patrie des plus injustes oppresseurs... En bon allié de votre souverain, j'ai été touché des marques d'amour que vous lui avez données dans cette circonstance importante. Je connais votre bravoure ; je me flatte qu'après la première bataille je pourrai dire à votre prince et à mon peuple que vous êtes dignes de combattre dans les rangs de la grande armée. »

Le lendemain, un premier engagement eut lieu. Le pont du Lech, vainement défendu par l'ennemi, fut emporté par deux cents dragons du corps de Murat. Le colonel Wattier chargea à la tête de ces braves.

Le 8, le maréchal Soult, qui avait déjà signalé son début dans cette campagne par l'occupation de Donawerth, se porta sur Augsbourg.

Cependant Murat, à la tête de trois divi-

sions de cavalerie, manœuvrait pour couper la route d'Ulm à Augsbourg. Ayant rencontré l'ennemi à Werlingen, il l'attaqua vivement, et, soutenu par le maréchal Lannes, qui survint avec la division Oudinot, il força, après deux heures de combat, le corps autrichien, composé de douze bataillons de grenadiers, à mettre bas les armes. L'empereur voulut apprendre lui-même ce brillant fait d'armes aux préfet et maires de la ville de Paris, en leur envoyant les drapeaux et deux pièces de canon pris à l'ennemi, pour être placés à l'Hôtel de ville. La lettre était datée du 10 octobre, au quartier général d'Augsbourg. Le maréchal Soult était entré la veille dans cette dernière ville, avec les divisions Vandamme, Saint-Hilaire et Legrand.

L'empereur, passant les dragons en revue au village de Zumershausen, se fit présenter le nommé Marente, qui, au passage du Lech, avait sauvé son capitaine, bien que celui-ci l'eût fait casser peu de jours auparavant de son grade de sous-officier. Napoléon donna l'aigle de la Légion d'honneur à ce brave, qui répondit : « Je n'ai fait que mon devoir. Mon capitaine m'avait cassé pour quelques fautes de discipline, mais il sait que j'ai toujours été bon soldat. »

La conduite des dragons au combat de Wertingen n'avait pas été moins admirable qu'au pont du Lech. L'empereur se fit donc amener un dragon par régiment, et leur donna, comme à Marente, l'aigle de la Légion d'honneur. Quand le chef d'escadron Excelmans, aide de camp de Murat, et qui avait eu deux chevaux tués dans la journée, apporta au quartier général les drapeaux pris aux Autrichiens, Napoléon lui dit : « Je sais qu'on ne peut pas être plus brave que vous ; je vous fais officier de la Légion d'honneur. »

Vingt-quatre heures seulement après le combat de Wertingen, le pont de Günzbourg, défendu par l'archiduc Ferdinand en personne, fut enlevé à la baïonnette par un régiment (le 59e) de la division Malher, du corps du maréchal Ney. Le colonel Lacué, qui combattait avec intrépidité à la tête de ce régiment, resta sur le champ de bataille.

De toutes parts les Autrichiens étaient en pleine retraite, et l'armée française, en les poursuivant, exécutait de si habiles manœuvres, que leurs communications étaient presque toutes coupées. « Une affaire décisive va avoir lieu, disait le cinquième Bulletin ; l'armée autrichienne se trouve à peu près dans la même position que l'armée de Mélas à Marengo.

» L'empereur était sur le pont du Lech, lorsque le corps d'armée du général Marmont a défilé. Il a fait former en cercle chaque régiment, lui a parlé de la situation de l'ennemi, de l'imminence d'une grande bataille, de la confiance qu'il avait en eux. Cette harangue avait lieu pendant un temps affreux ; il tombait une neige abondante, et la troupe avait de la boue jusqu'aux genoux, et éprouvait un froid excessif. Mais les paroles de l'empereur étaient de flamme ; en l'écoutant, le soldat oubliait ses fatigues et ses privations, et était impatient de voir arriver l'heure du combat. »

Dès le 14 octobre, la capitale de la Bavière fut délivrée : le maréchal Bernadotte y entra à six heures du matin, après en avoir chassé le prince Ferdinand, qui laissa huit cents prisonniers au pouvoir du vainqueur.

Presque en même temps, une division française, sous les ordres du général Dupont, et forte seulement de six mille hommes, résistait avec succès à la garnison d'Ulm, composée de vingt-cinq mille, et lui faisait quinze cents prisonniers au combat d'Albeck.

L'empereur vint lui-même au camp devant Ulm, le 13 octobre. Il ordonna l'occu-

pation du pont et de la position d'Elchingen pour faciliter l'investissement de l'armée ennemie.

Le maréchal Ney passa ce pont le 14, à la pointe du jour, et emporta la position d'Elchingen malgré la plus vive résistance. Le lendemain, l'empereur reparut devant Ulm. Murat, Lannes et Ney se placèrent en bataille pour donner l'assaut, tandis que Soult occupait Biberach, et que Bernadotte poursuivait ses succès au delà de Munich, achevant la déroute du général Kienmayer. Au camp d'Ulm, le soldat était dans la boue jusqu'aux genoux, et il y avait huit jours que l'empereur ne s'était débotté.

Le 17, Mack prévint l'assaut et capitula. Toute la garnison resta prisonnière.

Napoléon regardait le combat d'Elchingen comme l'un des plus beaux faits d'armes que l'on pût citer. Ce fut du quartier général, établi sur ce glorieux champ de bataille, qu'il écrivit, le 18, au sénat conservateur, pour lui faire hommage de quarante drapeaux conquis par l'armée française dans les divers combats qui avaient suivi celui de Wertingen : « Depuis mon entrée en campagne, dit-il, j'ai dispersé une armée de cent mille hommes : j'en ai fait près de la moitié prisonnière ; le reste est tué, blessé ou déserté, ou réduit à la plus grande consternation.... Le premier objet de la guerre est déjà rempli. L'électeur de Bavière est rétabli sur son trône. Les injustes agresseurs ont été frappés comme par la foudre, et, avec l'aide de Dieu, j'espère, dans un court espace de temps, triompher de mes autres ennemis. » Il adressa, le même jour, une circulaire aux évêques de l'Empire, pour les inviter à faire chanter un *Te Deum.*

« Les victoires éclatantes que viennent d'obtenir nos armées, leur dit-il, contre la ligue injuste qu'ont fomentée la haine et l'or de l'Angleterre, veulent que moi et mon peuple adressions des remercîments au Dieu des armées, et l'implorions pour qu'il soit constamment avec nous. »

La capitulation d'Ulm reçut son exécution le 20 octobre. Vingt-sept mille soldats autrichiens, soixante pièces de canon, dix-huit généraux, défilèrent devant l'empereur, qui était placé sur les hauteurs de l'abbaye d'Elchingen, dominant le Danube, alors débordé avec une violence sans exemple depuis cent ans. En voyant passer cette armée prisonnière, Napoléon dit aux généraux autrichiens qu'il avait appelés auprès de lui : « Messieurs, votre maître me fait une guerre injuste. Je vous le dis franche-

ment, je ne sais pas pourquoi je me bats; je ne sais ce que l'on veut de moi. » Mack répondit que l'empereur d'Allemagne n'aurait pas voulu la guerre, mais qu'il y avait été forcé par la Russie. « En ce cas, reprit Napoléon, vous n'êtes donc plus une puissance ? »

Une nouvelle proclamation à l'armée fut publiée, au quartier général d'Elchingen, le 21 octobre; elle était ainsi conçue :

« Soldats de la grande armée,

» En quinze jours nous avons fait une campagne. Ce que nous nous proposions est rempli : nous avons chassé les troupes de la maison d'Autriche de la Bavière, et rétabli notre allié dans la souveraineté de ses États. Cette armée, qui, avec autant d'ostentation que d'imprudence, était venue se placer sur nos frontières, est anéantie. Mais qu'importe à l'Angleterre? son but est rempli. Nous ne sommes plus à Boulogne, et son subside ne sera ni plus ni moins grand.

» De cent mille hommes qui composaient cette armée, soixante mille sont prisonniers. Ils iront remplacer nos conscrits dans les travaux de nos campagnes. Deux cents pièces de canon, tout le parc, quatre-vingt-dix drapeaux, tous les généraux sont en notre pouvoir; il ne s'est pas échappé de cette armée quinze mille hommes. Soldats, je vous avais annoncé une grande bataille; mais, grâce aux mauvaises combinaisons de l'ennemi, j'ai pu obtenir les mêmes succès sans courir les mêmes chances; et, ce qui est inconcevable dans l'histoire des nations, un si grand résultat ne nous affaiblit pas de plus de quinze cents hommes hors de combat.

» Soldats, ce succès est dû à votre confiance sans bornes dans votre empereur, à votre patience à supporter les fatigues et les privations de toute espèce, à votre rare intrépidité.

» Mais nous ne nous arrêterons pas là. Vous êtes impatients de commencer une seconde campagne. Cette armée russe, que l'or de l'Angleterre a transportée des extrémités de l'univers, nous allons lui faire éprouver le même sort.

» A ce combat est attaché plus spécialement l'honneur de l'infanterie : c'est là que va se décider, pour la seconde fois, cette question qui l'a déjà été en Suisse et en Hollande : si l'infanterie française est la seconde ou la première de l'Europe. Il n'y a pas là de généraux contre lesquels je puisse avoir de la gloire à acquérir. Tout mon soin sera d'obtenir la victoire avec le moins possible d'effusion de sang : mes soldats sont mes enfants. »

Cette proclamation fut suivie d'un décret portant que le mois écoulé depuis le 23 septembre jusqu'au 24 octobre serait compté pour une campagne à toute l'armée.

L'empereur quitta ensuite l'abbaye d'Elchingen, et prit la route de Munich, où il entra le 24.

L'armée autrichienne était à peu près détruite. Toutefois, ses débris, poursuivis activement dans leur fuite précipitée, eurent à éprouver encore, en diverses rencontres, le choc de l'impétuosité et de la valeur françaises. Enfin, après une marche constamment victorieuse, et signalée par les combats de Marienzel, de Merhenbach, de Lambach, de Lovers et d'Amstetten, la grande armée arriva en face de Vienne. Dès le 10 novembre, l'empereur porta son quartier général à Molk, et logea à l'abbaye, l'une des plus belles de l'Europe. C'est une position forte, qui domine le Danube, et dont les Romains avaient fait un de leurs postes les plus importants; ils l'appelaient la Maison de Fer, et elle avait été bâtie par Commode.

Avant d'entrer dans la capitale de l'Autriche, l'armée française devait ajouter un nouveau triomphe, un succès éclatant, à ses triomphes journaliers. Le 11 novembre, six bataillons, formant en tout quatre mille hommes, et commandés par le maréchal Mortier, atteignirent le gros de l'armée russe au village de Diernstein, où ils croyaient ne trouver qu'une arrière-garde. L'infériorité du nombre ne ralentit pas l'ardeur des soldats français. Depuis six heures du matin jusqu'à quatre heures de l'après-midi, ces quatre mille braves soutinrent le combat contre l'armée russe, la mirent en déroute, lui tuèrent ou blessèrent quatre mille hommes et firent treize cents prisonniers.

Deux jours après ce combat mémorable, la grande armée fit son entrée dans la capitale de l'Autriche. Le maréchal Lannes et le général Bertrand passèrent les premiers sur le pont que les artificiers ennemis n'avaient pu parvenir à brûler.

L'empereur ne voulut point entrer dans Vienne; il établit son quartier général au palais de Schœnbrunn, bâti par Marie-Thérèse. En voyant, dans le cabinet qu'il choisit pour travailler, une statue de marbre représentant cette souveraine, il dit que, si cette grande reine vivait, elle n'aurait pas fait ravager son pays par les Cosaques et les Moscovites, en prenant pour conseils une femme telle que madame Colloredo, un courtisan comme Cobentzel, un scribe comme Collenbach, un intrigant comme Lamberty, et, pour commander ses armées, un général comme Mack.

La cour autrichienne avait abandonné la capitale et suivi les débris de l'armée. Les autorités, restées dans Vienne, et ayant à leur tête M. de Bubna, se rendirent à Schœnbrunn pour présenter les hommages de cette grande cité à l'empereur. Napoléon fit le meilleur accueil à cette députation, et publia un ordre du jour dans lequel il recommanda à ses soldats la discipline la plus sévère, le respect le plus absolu des personnes et des propriétés.

L'occupation de Vienne ne suspendit pas le cours des événements et des opérations militaires. Murat et Lannes, poursuivant vivement l'armée austro-russe dans sa retraite vers la Moravie, parvinrent à l'atteindre, et la battirent deux jours de suite, les 15 et 16 novembre, à Hollabrünn et à Juntersdof. Le maréchal Soult prit part à cette dernière affaire.

Sur ces entrefaites, le maréchal Ney, chargé d'envahir le Tyrol, s'acquittait de sa mission « avec son intelligence et son intrépidité accoutumées », selon les expressions mêmes du vingt-cinquième bulletin. Après s'être emparé des forts de Scharnitz et de Neustark, il entra dans Insprück, le 16 novembre, et y trouva seize mille fusils, avec une immense quantité de poudre. Parmi les braves régiments de son corps d'armée, figurait le 76e, qui avait perdu deux drapeaux pendant la dernière guerre, et qui avait ressenti une affliction profonde de cette perte. Ces drapeaux furent retrouvés dans l'arsenal d'Insprück, un officier les reconnut; et, lorsque le maréchal Ney les fit rendre aux régiments avec solennité, des larmes coulèrent des yeux de tous les vieux soldats, tandis que les jeunes conscrits s'enorgueillissaient d'avoir contribué à reconquérir les insignes dont la perte avait coûté de si vifs regrets à leur corps. L'empereur, instruit de cette scène touchante, ordonna que le souvenir en fût conservé par un tableau.

Le lendemain du combat de Juntersdof, l'empereur porta son quartier général à Znaïm, qui, de là, fut successivement transféré à Porlitz et à Brünn. Les Russes, dans leur retraite, essuyaient chaque jour de nouvelles défaites. Enfin, trompés par un mouvement rétrograde que Napoléon opéra pour leur laisser croire qu'il jugeait sa position périlleuse et son armée compromise, ils s'arrêtèrent, et prirent aussitôt l'offensive, ne comprenant pas que le chef de l'armée française ne voulait que les amener sur le terrain qu'il avait choisi pour leur livrer bataille. Quand Napoléon les vit donner si complétement dans le piége qu'il leur avait tendu, il ne chercha qu'à les maintenir dans leur folle confiance, et il maîtrisa assez l'impatience de son caractère pour écouter avec une apparente résignation les propositions inacceptables d'un parlementaire. Enfin, le 1er décembre, les deux armées étant en présence, et la bataille qu'il avait si bien préparée étant devenue certaine, il assembla ses maréchaux, et, leur montrant les lignes ennemies, il s'écria : « Cette armée est à moi. » — « Soldats, dit-il ensuite dans une proclamation datée du bivouac d'Austerlitz, l'armée russe se présente pour venger l'armée autrichienne d'Ulm. Ce sont ces mêmes bataillons que vous avez battus à Hollabrünn, et que depuis vous avez poursuivis jusqu'ici.

CHAPITRE VINGTIÈME.

» Les positions que nous occupons sont formidables; et pendant qu'ils marcheront pour tourner ma droite, ils me présenteront le flanc.

» Soldats, je dirigerai moi-même tous vos bataillons; je me tiendrai loin du feu, si, avec votre bravoure accoutumée, vous portez le désordre et la confusion dans les rangs ennemis; mais, si la victoire était un moment incertaine, vous verriez votre empereur s'exposer aux premiers coups, car la victoire ne saurait hésiter, dans cette journée surtout, où il y va de l'honneur de l'infanterie française, qui importe tant à l'honneur de toute la nation.

». Que, sous prétexte d'emmener les blessés, on ne désorganise pas les rangs, et que chacun soit bien pénétré de cette pensée qu'il faut vaincre ces stipendiés de l'Angleterre, qui sont animés d'une si grande haine contre notre nation.

» Cette victoire finira notre campagne, et nous pourrons reprendre nos quartiers d'hiver, où nous serons joints par les nouvelles armées qui se forment en France, et alors la paix que je ferai sera digne de mon peuple, de vous et de moi. »

C'était la veille de l'anniversaire du couronnement; le soir il y eut illumination au camp pour célébrer cette fête.

Le lendemain, les prévisions et les espérances de Napoléon s'accomplirent. Les spéculations militaires de son génie, secondées par l'intelligence et la bravoure de ses lieutenants comme par l'intrépidité de ses soldats, lui firent remporter à Austerlitz une de ces victoires décisives que l'histoire ne présente que rarement dans la vie des plus grands capitaines, et que Napoléon seul a multipliées dans la sienne. Voici les détails de cette grande bataille tels qu'ils sont contenus au trentième bulletin.

BATAILLE D'AUSTERLITZ.

» Le 6 frimaire, l'empereur, en recevant la communication des pleins pouvoirs de MM. Stadion et de Giulay, offrit préalablement un armistice, afin d'épargner le sang, si l'on avait effectivement envie de s'arranger et d'en venir à un accommodement définitif.

» Mais il fut facile à l'empereur de s'apercevoir qu'on avait d'autres projets; et comme l'espoir du succès ne pouvait venir à l'ennemi que du côté de l'armée russe, il conjectura aisément que les deuxième et troisième armées étaient arrivées, ou sur le point d'arriver à Olmütz, et que les négociations n'étaient plus qu'une ruse de guerre pour endormir sa vigilance.

» Le 7, à neuf heures du matin, une nuée de Cosaques, soutenue par la cavalerie

russe, fit plier les avant-postes du prince Murat, cerna Vischau, et y prit cinquante hommes à pied du 6ᵉ régiment de dragons. Dans la journée, l'empereur de Russie se rendit à Vischau, et toute l'armée russe prit position derrière cette ville.

» L'empereur avait envoyé son aide de camp, le général Savary, pour complimenter l'empereur de Russie dès qu'il aurait su ce prince arrivé à l'armée. Le général Savary revint au moment où l'empereur faisait la reconnaissance des feux de bivouacs ennemis placés à Vischau. Il se loua beaucoup du bon accueil, des grâces et des bons sentiments personnels de l'empereur de Russie, et même du grand-duc Constantin, qui eut pour lui toute espèce de soins et d'attentions; mais il fut facile de comprendre, par la suite des conversations qu'il eut pendant trois jours avec une trentaine de freluquets qui, sous différents titres, environnent l'empereur de Russie, que la présomption, l'imprudence et l'inconsidération régnaient dans les décisions du cabinet militaire, comme elles avaient régné dans celles du cabinet politique.

» Une armée ainsi conduite ne pouvait tarder à faire des fautes. Le plan de l'empe-

CHAPITRE VINGTIÈME.

reur fut, dès ce moment, de les attendre et d'épier l'instant d'en profiter. Il donna sur-le-champ l'ordre de retraite à son armée, se retira de nuit, comme s'il eût essuyé une défaite, prit une bonne position à trois lieues en arrière, fit travailler avec beaucoup d'ostentation à la fortifier et à y établir des batteries.

» Il fit proposer une entrevue à l'empereur de Russie, qui lui envoya son aide de camp Dolgorouki; cet aide de camp put remarquer que tout respirait dans la contenance de l'armée française la réserve et la timidité. Le placement des grand'gardes, les fortifications que l'on faisait en toute hâte, tout laissait voir à l'officier russe une armée à demi battue.

» Contre l'usage de l'empereur, qui ne reçoit jamais avec tant de circonspection les parlementaires à son quartier général, il se rendit lui-même à ses avant-postes. Après les premiers compliments, l'officier russe voulut entamer des questions politiques. Il tranchait sur tout avec une impertinence difficile à imaginer; il était dans l'ignorance la plus absolue des intérêts de l'Europe et de la situation du continent. C'était, en un mot, un jeune trompette de l'Angleterre. Il parlait à l'empereur comme il parle aux

officiers russes, que depuis longtemps il indigne par sa hauteur et ses mauvais procédés. L'empereur contint toute son indignation, et ce jeune homme, qui a pris une véritable influence sur l'empereur Alexandre, retourna plein de l'idée que l'armée française était à la veille de sa perte. On se convaincra de tout ce qu'a dû souffrir l'empereur, quand on saura que, sur la fin de la conversation, il lui proposa de céder la Belgique et de mettre la couronne de fer sur la tête des plus implacables ennemis de la France. Toutes ces différentes démarches remplirent leur effet. Les jeunes têtes qui dirigent les affaires russes se livrèrent sans mesure à leur présomption naturelle. Il n'était plus question de battre l'armée française, mais de la tourner et de la prendre : elle n'avait tant fait que par la lâcheté des Autrichiens. On assure que plusieurs vieux généraux autrichiens, qui avaient fait des campagnes contre l'empereur, prévinrent le conseil que ce n'était pas avec cette confiance qu'il fallait marcher contre une armée qui comptait tant de vieux soldats et d'officiers du premier mérite. Ils disaient qu'ils avaient vu l'empereur, réduit à une poignée de monde dans les circonstances les plus difficiles, ressaisir la victoire par des opérations rapides et imprévues, et détruire les armées les plus nombreuses; que cependant ici on n'avait obtenu aucun avantage, qu'au contraire, toutes les affaires d'arrière-garde de la première armée russe avaient été en faveur de l'armée française; mais à cela cette jeunesse présomptueuse opposait la bravoure de quatre-vingt mille Russes, l'enthousiasme que leur inspirait la présence de leur empereur, le corps d'élite de la garde impériale de Russie, et, ce qu'ils n'osaient probablement pas dire, leur talent, dont ils étaient étonnés que les Autrichiens voulussent méconnaître la puissance.

» Le 10, l'empereur, du haut de son bivouac, aperçut, avec une indicible joie, l'armée russe, commençant, à deux portées de canon de ses avant-postes, un mouvement de flanc pour tourner sa droite. Il vit alors jusqu'à quel point la présomption et l'ignorance de l'art de la guerre avaient égaré les conseils de cette brave armée. Il dit plusieurs fois : « Avant demain au soir, cette armée est à moi. »

» Cependant le sentiment de l'ennemi était bien différent: il se présentait devant nos grand'gardes à portée de pistolet: il défilait par une marche de flanc sur une ligne de quatre lieues, en prolongeant l'armée française, qui paraissait ne pas oser quitter sa position; il n'avait qu'une crainte, c'était que l'armée française ne lui échappât. On fit tout pour confirmer l'ennemi dans cette idée. Le prince Murat fit avancer un petit corps de cavalerie dans la plaine, mais tout d'un coup il parut étonné des forces immenses de l'ennemi, et rentra à la hâte. Ainsi tout tendait à confirmer le général russe dans l'opération mal calculée qu'il avait arrêtée. L'empereur fit mettre à l'ordre la proclamation du 1er décembre. Le soir, il voulut visiter, à pied et incognito, tous les bivouacs; mais à peine eut-il fait quelques pas qu'il fut reconnu. Il serait impossible de peindre l'enthousiasme des soldats en le voyant. Des fanaux de paille furent mis en un instant au haut de milliers de perches, et quatre-vingt mille hommes se présentèrent devant l'empereur en le saluant par des acclamations, les uns pour fêter l'anniversaire de son couronnement, les autres disant que l'armée donnerait le lendemain son bouquet à l'empereur. Un des plus vieux grenadiers s'approcha de lui et lui dit :

» Sire, tu n'auras pas besoin de t'exposer; je te promets, au nom des grenadiers de l'armée, que tu n'auras à combattre que des yeux, et que nous t'amènerons demain les drapeaux et l'artillerie de l'armée russe pour célébrer l'anniversaire de ton couronnement. »

» L'empereur dit en entrant dans son bivouac, qui consistait en une mauvaise cabane de paille, sans toit, que lui avaient faite les grenadiers:

» Voilà la plus belle soirée de ma vie; mais je regrette de penser que je perdrai bon nombre de ces braves gens. Je sens au mal que cela me fait qu'ils sont véritablement mes enfants, et, en vérité, je me reproche quelquefois ce sentiment, car je crains qu'il ne me rende inhabile à faire la guerre. » Si l'ennemi eût pu voir ce spectacle, il eût été épouvanté. Mais l'insensé continuait toujours son mouvement, et courait à grands pas à sa perte.

» L'empereur fit sur-le-champ toutes ses dispositions de bataille. Il fit partir le maréchal Davoust en toute hâte pour se rendre au couvent de Raygern; il devait, avec une de ses divisions et une division de dragons, y contenir l'aile gauche de l'ennemi, afin qu'au moment donné elle se trouvât enveloppée; il donna le commandement de la gauche au maréchal Lannes, de la droite au maréchal Soult, du centre au maréchal Bernadotte, et de toute la cavalerie, qu'il réunit sur un seul point, au prince Murat. La gauche du maréchal Lannes était appuyée au Santon, position superbe que l'empereur avait fait fortifier, et où il avait fait placer dix-huit pièces de canon. Dès la veille, il avait confié la garde de cette belle position au 17e régiment d'infanterie légère, et certes elle ne pouvait être gardée par de meilleures troupes. La division du général Suchet formait la gauche du maréchal Lannes; celle du général Caffarelli formait sa droite, qui était appuyée sur la cavalerie du prince Murat. Celle-ci avait devant elle les hussards et chasseurs sous les ordres du général Kellermann, et les divisions de dragons Walther et Beaumont; et en réserve les divisions de cuirassiers des généraux Nansouty et d'Hautpoult, avec vingt-quatre pièces d'artillerie légère.

» Le maréchal Bernadotte, c'est-à-dire le centre, avait à sa gauche la division du général Rivaud, appuyée à la droite du prince Murat, et à sa droite la division du général Drouet.

» Le maréchal Soult, qui commandait la droite de l'armée, avait à sa gauche la division du général Vandamme, au centre la division du général Saint-Hilaire, à sa droite la division du brave général Legrand.

» Le maréchal Davoust était détaché sur la droite du général Legrand qui gardait les débouchés des étangs et des villages de Sokolnitz et de Celnitz. Il avait avec lui la division Friant et les dragons de la division du général Bourcier. La division Gudin devait se mettre de grand matin en marche de Nicolsburg, pour contenir le corps ennemi qui aurait pu déborder la droite.

» L'empereur, avec son fidèle compagnon de guerre, le maréchal Berthier, son premier aide de camp, le colonel-général Junot, et tout son état-major, se trouvait en réserve avec les dix bataillons de sa garde et les dix bataillons de grenadiers du général Oudinot, dont le général Duroc commandait une partie.

» Cette réserve était rangée sur deux lignes, en colonnes par bataillons, à distance de déploiement, ayant dans les intervalles quarante pièces de canon servies par les canonniers de la garde. C'est avec cette réserve que l'empereur avait le projet de se précipiter partout où il eût été nécessaire. On peut dire que cette réserve valait une armée.

» A une heure du matin, l'empereur monta à cheval pour parcourir les postes, reconnaître les feux des bivouacs de l'ennemi, et se faire rendre compte par les grand'gardes de ce qu'elles avaient pu entendre des mouvements des Russes. Il apprit qu'ils avaient passé la nuit dans l'ivresse et des cris tumultueux, et qu'un corps d'infanterie russe s'était présenté au village de Sokolnitz, occupé par un régiment de la division du général Legrand, qui reçut ordre de le renforcer.

» Le 11 frimaire, le jour parut enfin. Le soleil se leva radieux, et cet anniversaire du couronnement de l'empereur, où allait se passer un des plus beaux faits d'armes du siècle, fut une des plus belles journées de l'automne.

» Cette bataille, que les soldats s'obstinent à appeler la journée des Trois Empereurs, que d'autres appellent la journée de l'Anniversaire, et que l'empereur a nommée la journée d'Austerlitz, sera à jamais mémorable dans les fastes de la grande nation.

» L'empereur, entouré de tous les maréchaux, attendait, pour donner les derniers ordres, que l'horizon fût bien éclairci. Au premier rayon du soleil, les ordres furent donnés, et chaque maréchal rejoignit son corps au grand galop.

» L'empereur dit en passant sur le front de bandière de plusieurs régiments : « Soldats, il faut finir cette campagne par un coup de tonnerre qui confonde l'orgueil de nos ennemis. » Aussitôt les chapeaux au bout des baïonnettes et les cris de « Vive l'empereur! » furent le véritable signal du combat. Un instant après, la canonnade se fit entendre à l'extrémité de la droite, que l'avant-garde ennemie avait déjà débordée ; mais la rencontre imprévue du maréchal Davoust arrêta l'ennemi tout court, et le combat s'engagea.

» Le maréchal Soult s'ébranle au même instant, se dirige sur les hauteurs du village de Pringen avec les divisions des généraux Vandamme et Saint-Hilaire, et coupe entièrement la droite de l'ennemi, dont tous les mouvements devinrent incertains. Surprise par une marche de flanc pendant qu'elle fuyait, se croyant attaquante et se voyant attaquée, elle se regarde à demi-battue.

» Le prince Murat s'ébranle avec sa cavalerie ; la gauche, commandée par le maréchal Lannes, marche en échelon par régiment, comme à l'exercice. Une canonnade épouvantable s'engage sur toute la ligne ; deux cents pièces de canon, et près de deux cent mille hommes, faisaient un bruit affreux : c'était un véritable combat de géants. Il n'y avait pas une heure qu'on se battait, et toute la gauche de l'ennemi était coupée. Sa droite se trouvait déjà arrivée à Austerlitz, quartier général des deux empereurs, qui durent faire marcher sur-le-champ la garde de l'empereur de Russie, pour tâcher de rétablir la communication du centre avec la gauche. Un bataillon du 4ᵉ de ligne fut chargé par la garde impériale russe à cheval et fut culbuté ; mais l'empereur n'était pas loin ; il s'aperçut de ce mouvement; il ordonna au maréchal Bessières de se porter au secours de sa droite avec ses invincibles, et bientôt les deux gardes furent aux mains.

» Le succès ne pouvait être douteux: dans un moment la garde russe fut en déroute. Colonel, artillerie, étendards, tout fut enlevé. Le régiment du grand-duc Constantin fut écrasé : lui-même ne dut son salut qu'à la vitesse de son cheval.

» Des hauteurs d'Austerlitz, les deux empereurs virent la défaite de toute la garde russe. Au même moment, le centre de l'armée, commandé par le maréchal Bernadotte, s'avança; trois de ses régiments soutinrent une très-belle charge de cavalerie. La gauche, commandée par le maréchal Lannes, donna trois fois. Toutes les charges furent victorieuses. La division du général Caffarelli s'est distinguée. Les divisions de cuirassiers se sont emparées des batteries de l'ennemi. A une heure après midi la victoire était décidée, elle n'avait pas été un moment douteuse. Pas un homme de la réserve n'avait été nécessaire et n'avait donné nulle part. La canonnade ne se soutenait plus qu'à notre droite. Le corps de l'ennemi, qui avait été cerné et chassé de

toutes ses hauteurs, se trouvait dans un bas-fond et acculé à un lac. L'empereur s'y porta avec vingt pièces de canon. Ce corps fut chassé de position en position, et l'on vit un spectacle horrible tel qu'on l'avait vu à Aboukir, vingt mille hommes se jetant dans l'eau et se noyant dans les lacs.

» Deux colonnes, chacune de quatre mille Russes, mettent bas les armes et se rendent prisonnières; tout le parc de l'ennemi fut pris. Les résultats de cette journée sont: quarante drapeaux russes, parmi lesquels sont les étendards de la garde impériale; un nombre considérable de prisonniers; l'état-major ne les connaît pas encore tous; on avait déjà la note de vingt mille; douze ou quinze généraux; au moins quinze mille Russes tués, restés sur le champ de bataille. Quoiqu'on n'ait pas encore les rapports, on peut, au premier coup d'œil, évaluer notre perte à huit cents hommes

CHAPITRE VINGTIÈME.

tués et quinze ou seize cents blessés. Cela n'étonnera pas les militaires, qui savent que ce n'est que dans la déroute qu'on perd des hommes, et nul autre corps que le bataillon du 4ᵉ n'a été rompu. Parmi les blessés sont le général Saint-Hilaire, qui, frappé au commencement de l'action, est resté toute la journée sur le champ de bataille ; il s'est couvert de gloire ; les généraux de division Kellermann et Walther, les généraux de brigade Valhuber, Thiébaut, Sébastiani, Compan et Rapp, aide de camp de l'empereur. C'est ce dernier qui, en chargeant à la tête des grenadiers de la garde, a pris le prince Repnin, commandant les chevaliers de la garde impériale de Russie. Quant aux hommes qui se sont distingués, c'est toute l'armée qui s'est couverte de gloire. Elle a constamment chargé aux cris de : Vive l'empereur ! et l'idée de célébrer si glorieusement l'anniversaire du couronnement animait encore les soldats.

» L'armée française, quoique nombreuse et belle, était moins nombreuse que l'armée ennemie, qui était forte de cent cinq mille hommes, dont quatre-vingt mille Russes et vingt-cinq mille Autrichiens. La moitié de cette armée est détruite, le reste a été mis en déroute complète, et la plus grande partie a jeté ses armes.

» Cette journée coûtera des larmes de sang à Saint-Pétersbourg. Puisse-t-elle y faire rejeter avec indignation l'or de l'Angleterre ! et puisse ce jeune prince, que tant de vertus appelaient à être le père de ses sujets, s'arracher à l'influence de ces trente freluquets que l'Angleterre solde avec art, et dont les impertinences obscurcissent ses intentions, lui font perdre l'amour de ses soldats, et le jettent dans les opérations les plus erronées. La nature, en le douant de si grandes qualités, l'avait appelé à être le consolateur de l'Europe. Des conseils perfides, en le rendant l'auxiliaire de l'Angleterre, le placeront dans l'histoire au rang des hommes qui, en perpétuant la guerre sur le continent, auront consolidé la tyrannie britannique sur les mers, et fait le malheur de notre génération. Si la France ne peut arriver à la paix qu'aux conditions que l'aide de camp Dolgorouki proposait à l'empereur, et que M. de Novozilzof avait été chargé de porter, la Russie ne les obtiendrait pas, quand même son armée serait campée sur les hauteurs de Montmartre.

» Dans une relation plus détaillée de cette bataille, l'état-major fera connaître ce que chaque corps, chaque officier, chaque général, ont fait pour illustrer le nom français, et donner un témoignage de leur amour à l'empereur.

» Le 12, à la pointe du jour, le prince Jean de Lichtenstein, commandant l'armée autrichienne, est venu trouver l'empereur à son quartier général, établi dans une grange ; il en a eu une longue audience. Cependant nous poursuivons nos succès. L'ennemi s'est retiré sur le chemin d'Austerlitz à Godding. Dans cette retraite, il prête le flanc; l'armée française est déjà sur ses derrières; et le suit l'épée dans les reins.

» Jamais champ de bataille ne fut plus horrible: du milieu de lacs immenses, on entend encore les cris de milliers d'hommes qu'on ne peut secourir. Il faudra trois jours pour que tous les blessés ennemis soient évacués sur Brünn. Le cœur saigne. Puisse tant de sang versé, puissent tant de malheurs retomber enfin sur les perfides insulaires qui en sont la cause! puissent les lâches de Londres porter la peine de tant de maux! »

CHAPITRE VINGT ET UNIÈME.

Résultat de la bataille d'Austerlitz. — Combat naval de Trafalgar. — Paix de Presbourg. — Les Bourbons de Naples détrônés. — La Bavière érigée en royaume. — Drapeaux d'Austerlitz envoyés à Paris. — Retour de Napoléon en France.

La royauté et l'aristocratie européennes, humiliées dans la personne des empereurs d'Allemagne et de Russie, furent consternées d'apprendre que la nouvelle coalition avait retrouvé à Austerlitz la même nation qu'à Zurich et à Marengo. Il semblait que la Providence, ménageant un rapprochement dans les époques, eût fixé elle-même à l'anniversaire du couronnement le premier triomphe décisif de l'empereur Napoléon, comme pour témoigner au monde que les soldats de l'Empire ne faisaient que continuer dignement l'œuvre des phalanges républicaines, que les pompes monarchiques n'avaient pas plus altéré le moral du peuple et de l'armée que le génie de leur chef, et que la révolution, toujours héroïque et toujours invincible, n'avait pas cessé de régner en France.

Ce grand revers, qui n'atteignit directement que la Russie et l'Autriche, mais dont le contre-coup se fit violemment sentir à Berlin et à Londres, ne corrigea pas les moteurs de la guerre. Ce n'était pas pour une cession de territoire, pour des intérêts matériels, pour des griefs spéciaux et accidentels, qu'ils avaient relancé dans l'arène des combats les monarchies les plus puissantes de l'Europe. Il s'agissait pour eux d'une question de principes, cause de guerre active et permanente, quoique moins précise et moins saillante qu'une question territoriale ou financière; ce qui faisait que Napoléon pouvait sembler s'y méprendre, et dire aux officiers autrichiens, ses prisonniers: « Je ne sais pas pourquoi je me bats; je ne sais pas ce que l'on veut de moi. »

Le cabinet de Saint-James persista donc dans ses plans hostiles contre la France, malgré la défaite complète de ses alliés. L'issue du combat de Trafalgar était venue d'ailleurs lui offrir d'avance une immense compensation : les flottes française et espagnole combinées avaient été anéanties, sur les côtes méridionales de l'Espagne, par Nelson, qui paya de sa vie ce triomphe décisif de la marine anglaise. Ce fut au milieu de ses rapides et éclatants succès contre les Austro-Russes que Napoléon apprit ce désastre.

Il a dit depuis à ce sujet : « Dans la plupart des batailles que nous avons perdues contre les Anglais, ou nous étions inférieurs, ou nous étions réunis avec des vaisseaux espagnols, qui, étant mal organisés, affaiblissaient notre ligne au lieu de la renforcer, ou bien enfin les généraux commandant en chef, qui voulaient la bataille et marchaient à l'ennemi, hésitaient alors, se mettaient en retraite sous différents prétextes, et compromettaient ainsi les plus braves. — J'ai passé tout mon temps, a-t-il dit ailleurs, à chercher l'homme de la marine sans avoir pu réussir à le trouver. Il y a dans ce métier une spécialité, une technicité qui arrêtait toutes mes conceptions..... Si j'avais rencontré quelqu'un qui eût abondé dans mon sens et devancé mes idées, quels résultats n'eussions-nous pas obtenus ! Mais, sous mon règne, il n'a jamais pu s'élever dans la marine un homme qui s'écartât de la routine et qui sût créer. »

La destruction de la flotte française attrista profondément l'empereur. Il vit dès lors l'empire des mers assuré pour longtemps aux Anglais; aussi songea-t-il plus que jamais à les atteindre sur le continent, soit dans les alliés qu'ils soudoyaient, soit dans le commerce colonial dont ils exerçaient le monopole.

Le torysme, abattu par le premier bulletin de la grande armée, s'était donc relevé, dans Londres, insolent et superbe, et son chef illustre, Pitt, dont la fin approchait, semblait devoir mourir, comme Nelson, au sein du triomphe. Depuis près d'un mois l'Angleterre s'enivrait des succès inespérés de son escadre; elle s'enhardissait, au bruit du canon de Trafalgar, à perpétuer une guerre qui, tout en préparant la chute de Napoléon, devait faciliter pendant dix ans l'éducation révolutionnaire de l'Europe. Mais laissons le cabinet de Saint-James au milieu des réjouissances publiques, et hâtons-nous de revenir à Austerlitz, qui troubla si vite les fêtes du torysme et les dernières joies de Pitt.

Le lendemain de cette grande bataille, à la pointe du jour, le prince Jean de Lichtenstein, commandant l'armée autrichienne de Moravie, s'était présenté au quartier général de l'empereur Napoléon, établi, comme le bulletin nous l'a appris, dans une grange. Il venait solliciter une entrevue pour son maître, qui avait besoin de se recommander à la modération et à la générosité du vainqueur pour sauver sa couronne et ses États de l'application du droit de conquête. Napoléon lui accorda sa demande, et l'entrevue désirée par le monarque vaincu eut lieu, le même jour, au bivouac du héros victorieux.

« Je vous reçois dans le seul palais que j'habite depuis deux mois, » dit Napoléon à l'empereur François; et celui-ci de répondre aussitôt avec un sourire forcé: « Vous tirez si bon parti de votre habitation qu'elle doit vous plaire. » En quelques heures un

armistice fut convenu, et les principales conditions de la paix arrêtées. L'empereur d'Allemagne, cédant aux circonstances, s'appliquait à flatter l'irritation du vainqueur contre les Anglais. « Ce sont des marchands, répétait-il avec affectation; ils mettent en feu le continent pour s'assurer le commerce du monde. » Il parla aussi au nom de l'empereur de Russie, qui, disait-il, abandonnait l'alliance anglaise et voulait faire la paix séparément. « Il n'y a point de doute, ajouta-t-il: dans sa querelle avec l'Angleterre, la France a raison. » La France a raison ! N'était-ce pas une chose merveilleuse de voir les princes qui avaient soulevé des masses innombrables de soldats contre la France, s'éclairer ainsi tout à coup sur le bon droit de leurs ennemis et sur les torts de leurs alliés? N'était-ce pas une chose déplorable que cette illumination subite ne fût venue qu'après vingt combats et une bataille où le sang humain avait coulé en abondance?

Napoléon n'abusa point de la supériorité que lui donnaient les événements de la veille. Il promit de suspendre la marche de ses colonnes et de laisser passer l'armée russe, si Alexandre voulait s'engager à retourner dans ses États et à évacuer la Pologne autrichienne et prussienne. L'empereur François donna cette assurance au nom d'Alexandre, et se retira ensuite, accompagné des princes de Lichtenstein et de Schwartzenberg. Napoléon l'accompagna jusqu'à sa voiture, et revint coucher à Austerlitz. Il dit en quittant le monarque autrichien: « Cet homme me fait faire une faute, car j'aurais pu suivre ma victoire, et prendre toute l'armée russe et autrichienne; mais enfin quelques larmes de moins seront versées. »

Napoléon avait parlé à ses soldats, la veille du combat, pour enflammer leur courage et leur présager la victoire; il n'oublia point de s'adresser encore à eux, après la bataille, pour les féliciter d'avoir si noblement contribué à vérifier sa prédiction. « Soldats, leur dit-il, je suis content de vous! Vous avez, à la journée d'Austerlitz, justifié tout ce que j'attendais de votre intrépidité. Vous avez décoré vos aigles d'une immortelle gloire.... Lorsque tout ce qui est nécessaire pour assurer le bonheur et la prospérité de notre patrie sera accompli, je vous ramènerai en France. Là, vous serez l'objet de mes plus tendres sollicitudes. Mon peuple vous reverra avec joie; et il vous suffira de dire: « J'étais à la bataille d'Austerlitz, » pour que l'on réponde: « Voilà un brave. »

Cependant un aide de camp de Napoléon, le général Savary, avait accompagné l'empereur d'Allemagne pour savoir si Alexandre acceptait les engagements pris en son nom. Le czar s'empressa de ratifier l'assurance donnée par son auguste allié; puis il dit à l'envoyé français: « Vous étiez inférieurs à moi, et cependant vous étiez supérieurs sur tous les points d'attaque. — Sire, répondit Savary, c'est l'art de la guerre et le fruit de quinze ans de gloire; c'est la quarantième bataille que donne l'empereur. — Cela est vrai, reprit Alexandre; c'est un grand homme de guerre. Pour moi, c'est la première fois que je vois le feu. Je n'ai jamais eu la prétention de me mesurer avec lui. Je m'en vais dans ma capitale. J'étais venu au secours de  l'empereur d'Allemagne; il m'a fait dire qu'il était content: je le suis aussi. »

L'armistice convenu le 3 décembre entre Napoléon et l'empereur d'Allemagne reçut, le 6, la forme officielle, par la signature du maréchal Berthier et du prince de Lichtenstein.

Cette suspension des hostilités fut suivie de deux décrets, dont l'un accordait des pensions aux veuves et aux enfants des militaires de tout grade tués à Austerlitz, tandis que l'autre ordonnait que les canons russes et autrichiens pris sur ce champ de bataille seraient fondus, et serviraient à l'érection, sur la place Vendôme, d'une colonne triomphale pour perpétuer la gloire de l'armée française. Dans un troisième décret, l'empereur, adoptant tous les enfants des généraux, officiers et soldats français morts à la bataille d'Austerlitz, ordonnait: 1° qu'ils fussent entretenus et élevés aux frais de l'État; 2° qu'ils pussent joindre à leurs noms de baptême et de famille celui de Napoléon.

D'Austerlitz, le quartier général revint à Brünn. C'est là que Napoléon, s'étant fait présenter le prince Repnin, colonel des chevaliers-gardes, lui dit « qu'il ne voulait pas priver l'empereur de Russie d'aussi braves gens, et qu'il pouvait réunir tous les prisonniers de la garde impériale russe et retourner avec eux dans leur patrie. »

Le 13 décembre, Napoléon était de retour à Schœnbrunn. Il y reçut la députation des maires de Paris. Le maire du septième arrondissement porta la parole. L'empereur leur annonça la conclusion prochaine de la paix, et les chargea de porter à Paris les drapeaux pris à Austerlitz et destinés à l'église de Notre-Dame. Il écrivit en même temps au cardinal-archevêque pour lui confier la garde de ce glorieux dépôt, et pour lui exprimer l'intention que, tous les ans, un office solennel fût chanté dans la métropole en mémoire des braves morts pour la patrie dans cette grande journée.

L'Empereur à Schœnbrunn.

Pendant son séjour à Schœnbrunn, l'empereur, passant une revue, arriva au premier bataillon du 4ᵉ régiment de ligne, qui avait été entamé à Austerlitz, et y avait perdu son aigle. « Soldats, s'écria Napoléon, qu'avez-vous fait de l'aigle que je vous avais donnée? Vous aviez juré qu'elle vous servirait de point de ralliement et que vous la défendriez au péril de votre vie : comment avez-vous tenu votre serment? »

Le major répondit que le porte-drapeau ayant été tué dans une charge, personne ne s'en était aperçu au milieu de la fumée; mais que le corps n'en avait pas moins fait son devoir, puisqu'il avait culbuté deux bataillons russes et pris deux drapeaux, dont il faisait hommage à l'empereur. Après avoir hésité un instant, Napoléon interpella les officiers et les soldats de jurer qu'ils ne s'étaient pas aperçus de la perte de leur aigle, ce que tous firent aussitôt; et l'empereur, prenant alors un ton moins sévère, leur dit en souriant : « Dans ce cas, je vous rendrai donc votre aigle. »

Les négociations pour la paix avaient été suivies avec la plus grande activité; elles amenèrent le traité de Presbourg, qui fut signé le 26 décembre, et par lequel les États vénitiens furent réunis au royaume d'Italie, et les électeurs de Bavière et de Wurtemberg élevés à la dignité royale. Napoléon annonça lui-même cette heureuse nouvelle à son armée par une proclamation du 27, dans laquelle il leur disait qu'après avoir vu leur empereur partager avec eux leurs périls et leurs fatigues, ils viendraient le voir entouré de la grandeur et de la splendeur qui appartenaient au souverain du premier peuple de l'univers. « Je donnerai une grande fête, aux premiers jours de mai, à Paris, ajoutait-il, vous y serez tous, et après nous irons où nous appelleront le bonheur de notre patrie et les intérêts de notre gloire.

Soldats, l'idée que je vous verrai tous, avant six mois, rangés autour de mon palais, sourit à mon cœur, et j'éprouve d'avance les plus tendres émotions. Nous célébrerons la mémoire de ceux qui, dans ces deux campagnes, sont morts au champ d'honneur; et le monde nous verra tout prêts à imiter leur exemple, et à faire encore plus que nous n'avons fait, s'il le faut, contre ceux qui voudraient attaquer notre honneur, ou qui se laisseraient séduire par l'or corrupteur des éternels ennemis du continent. »

C'est ce langage magique, tout puissant sur l'esprit du soldat; ce sont les interpellations individuelles dans les revues et le ton de camaraderie militaire que Napoléon savait prendre si à propos, qui l'ont fait accuser d'avoir conquis et maintenu sa grande popularité dans les camps par une sorte de charlatanisme. Mais les écrivains qui ont hasardé ce reproche n'ont pas compris que, si une pareille qualification pouvait s'appliquer à l'habileté déployée par un grand homme pour rendre une nation ou une armée capable d'enfanter de grandes choses, il n'en résulterait pas que le grand homme se fût rabaissé au niveau de ce que l'on appelle vulgairement un charlatan, mais bien que le charlatanisme aurait été élevé à la hauteur du patriotisme et de l'intelligence politique, et parfois même à la sublimité du génie. Que l'on ouvre en effet l'histoire, et l'on verra que nul des bienfaiteurs de l'humanité, nul des grands civilisateurs, par la législation, par la religion ou par la conquête, ne s'est fait faute des moyens d'entraînement qu'employait Napoléon pour maîtriser les hommes et les mener à de hautes destinées. Si l'usage qu'ils ont fait de leur supériorité pour le bonheur ou la gloire des nations peut s'appeler charlatanisme, comme l'ascendant de la maréchale d'Ancre sur Marie de Médicis s'appela sorcellerie, il ne faut pas, dans notre siècle, dresser le bûcher pour de tels charlatans, mais dire plutôt : Honneur à leur charlatanisme !

Les adieux de Napoléon à la capitale de l'Autriche ne méritent pas moins que sa dernière proclamation à son armée d'être recueillis par l'histoire.

« Habitants de Vienne, leur dit-il, je me suis peu montré parmi vous, non par dédain ou par un vain orgueil ; mais je n'ai pas voulu distraire en vous aucun des sentiments que vous deviez au prince avec qui j'étais dans l'intention de faire une prompte paix. En vous quittant, recevez, comme un présent qui vous prouve mon estime, votre arsenal intact, que les lois de la guerre avaient rendu ma propriété ; servez-vous-en toujours pour le maintien de l'ordre. Tous les maux que vous avez soufferts, attribuez-les aux malheurs inséparables de la guerre, et tous les ménagements que mon armée a apportés dans vos contrées, vous les devez à l'estime que vous avez méritée. »

Cette proclamation était à peine signée, et la paix annoncée au peuple de Vienne et à l'armée française, que, par une nouvelle proclamation, à la date du même jour, 27 décembre, Napoléon dénonçait au monde la perfidie de la cour de Naples, qui, au mépris d'un traité conclu deux mois auparavant, venait d'ouvrir ses ports aux Anglais. Jamais sa parole n'avait été plus noble, plus énergique, plus menaçante. Des Bourbons donnaient la main aux Anglais et trahissaient la France ! C'en était assez pour que les passions, les antipathies, les répugnances de la nation fussent aussitôt soulevées, et pour qu'elles cherchassent à se faire jour dans le langage de son chef. Ici, la dictature impériale devait parler comme l'eût fait la dictature conventionnelle. Il fallait être inexorable pour le parjure royal, et faire descendre du trône les Bourbons de Naples, humiliés et flétris, à la face des Anglais. Napoléon remplit admirablement cette tâche. Jamais il ne représenta mieux la révolution et la France. Voici d'abord la proclamation à la grande armée :

« Du camp impérial de Schœnbrunn, 26 décembre 1805.

» Soldats,

» Depuis dix ans, j'ai tout fait pour sauver le roi de Naples ; il a tout fait pour se perdre.

» Après les batailles de Dégo, de Mondovi, de Lodi, il ne pouvait m'opposer qu'une faible résistance. Je me fiai aux paroles de ce prince, et fus généreux envers lui.

» Lorsque la seconde coalition fut dissoute à Marengo, le roi de Naples, qui le premier avait commencé cette injuste guerre, abandonné à Lunéville par ses alliés, resta seul et sans défense. Il m'implora ; je lui pardonnai une seconde fois.

» Il y a peu de mois, vous étiez aux portes de Naples. J'avais d'assez légitimes raisons et de suspecter la trahison qui se méditait, et de venger les outrages qui m'avaient été faits. Je fus encore généreux. Je reconnus la neutralité de Naples ; je vous ordonnai d'évacuer ce royaume ; et, pour la troisième fois, la maison de Naples fut raffermie et sauvée.

» Pardonnerons-nous une quatrième fois? Nous fierons-nous une quatrième fois à une cour sans foi, sans honneur et sans raison? Non, non! La dynastie de Naples a cessé de régner; son existence est incompatible avec le repos de l'Europe et l'honneur de ma couronne.

» Soldats, marchez; précipitez dans les flots, si tant est qu'ils vous attendent, ces débiles bataillons des tyrans des mers. Montrez au monde de quelle manière nous punissons les parjures. Ne tardez pas à m'apprendre que l'Italie est tout entière soumise à mes lois, ou à celles de mes alliés; que le plus beau pays de la terre est affranchi du joug des hommes les plus perfides; que la sainteté des traités est vengée, et que les mânes de mes braves soldats égorgés dans les ports de Sicile à leur retour d'Égypte, après avoir échappé aux périls des naufrages, des déserts, et de cent combats, sont enfin apaisés. »

L'armée d'Italie, que les triomphes de Masséna avaient conduite sur les frontières de l'Autriche, et qui était ainsi devenue le huitième corps de l'armée d'Allemagne, remplit dignement le vœu de Napoléon, en allant s'emparer, au pas de course, du royaume de Naples. Cette rapide conquête fut annoncée en ces termes par le trente-septième bulletin de la grande armée :

« Le général Saint-Cyr marche à grandes journées sur Naples pour punir la trahison de la reine, et précipiter du trône cette femme criminelle, qui, avec tant d'impudeur, a violé tout ce qui est sacré parmi les hommes. On a voulu intercéder pour elle auprès de l'empereur, il a répondu :

» Les hostilités dussent-elles recommencer, et la nation soutenir une guerre de trente ans, une si atroce perfidie ne peut être pardonnée. La reine de Naples a cessé de régner; ce dernier crime a rempli sa destinée. Qu'elle aille à Londres augmenter le nombre des intrigants, et former un comité d'encre sympathique avec Drake, Spencer-Smith, Taylor, Wickham; elle pourra y appeler, si elle le juge convenable, le baron d'Armfeld, MM. de Fersen, d'Antraigues, et le moine Morus. »

Avant de quitter Vienne, Napoléon désira s'expliquer franchement avec un envoyé du roi de Prusse, M. d'Haugwitz, qui n'était venu sur le théâtre de la guerre que pour en épier les mouvements et les chances, et pour être plus prompt à déclarer l'alliance de son maître avec les cours d'Autriche et de Russie, au premier échec des armes françaises. Sans doute la bataille d'Austerlitz avait fait ajourner cette déclaration, et le ministre prussien, occupé à négocier un nouveau traité avec M. de Talleyrand, ne songeait plus déjà à ses instructions primitives, lorsque s'étant présenté à l'empereur, celui-ci lui dit du ton le plus sévère et avec une grande hauteur :

« Est-ce une conduite loyale que celle de votre maître avec moi? Il serait plus honorable pour lui de m'avoir ouvertement déclaré la guerre, quoiqu'il n'eût aucun motif pour le faire…. Je préfère les ennemis francs à de faux amis. Qu'est-ce que cela signifie? Vous vous dites mes alliés, et vous souffrez en Hanovre un corps russe de trente mille hommes, qui communique par vos États avec la grande armée russe. Rien ne peut justifier une pareille conduite; c'est un acte patent d'hostilité. Si vos pouvoirs ne sont pas assez étendus pour traiter toutes ces questions, mettez-vous en règle; moi, je vais marcher sur mes ennemis partout où ils se trouvent. »

M. d'Haugwitz ne pouvait nier la légitimité des reproches qu'il recevait; et, pour faire oublier sa position équivoque, il se montra disposé à traiter avec la France sur les bases proposées par M. de Talleyrand. Il signa donc un traité solennel, par lequel le Hanovre fut échangé contre les margraviats de Baireuth et d'Anspach, tandis que

M. de Hardenberg traitait à Berlin, par ordre et sous les yeux mêmes du roi de Prusse, avec le cabinet de Londres. Nous verrons bientôt les effets de cette double diplomatie.

En retournant à Paris, Napoléon passa par Munich, où il séjourna quelque temps pour assister au mariage du prince Eugène avec la fille du roi de Bavière. Il écrivit de cette capitale, le 6 janvier 1806, au sénat conservateur, afin de l'instruire que le traité de Presbourg lui serait bientôt soumis et qu'il aurait à le faire publier comme loi de l'Empire. « Je voulais, dans une séance solennelle, dit-il, vous en faire connaître moi-même les conditions ; mais ayant depuis longtemps arrêté avec le roi de Bavière le mariage de mon fils, le prince Eugène, avec la princesse Augusta, sa fille, et me trouvant à Munich au moment où le mariage allait être célébré, je n'ai pu résister au plaisir d'unir moi-même les jeunes époux, qui sont tous deux le modèle de leur sexe.... Mon arrivée au milieu de mon peuple sera donc retardée de quelques jours ; ces jours paraîtront longs à mon cœur ; mais après avoir été sans cesse livré aux devoirs d'un soldat, j'éprouve un tendre délassement à m'occuper des détails et des devoirs d'un père de famille. Mais, ne voulant pas retarder davantage la publication du traité de paix, j'ai ordonné qu'il vous fût communiqué sans délai. »

A cette communication en succéda bientôt une autre. L'empereur apprit au sénat

qu'il venait d'adopter Eugène pour son fils, et qu'il l'appelait à régner, après lui, sur les Italiens, à défaut de descendants naturels et légitimes.

Le mariage de ce jeune prince eut lieu le 15 janvier 1806, à Munich. Napoléon et Joséphine assistèrent à la cérémonie, et rehaussèrent par leur présence l'éclat des fêtes que la cour de Bavière donna pour célébrer cette union. Eugène avait paru d'abord contrarié des premières ouvertures que l'empereur lui avait fait faire à ce sujet ; il répugnait à faire un mariage politique ; mais dès qu'il eut vu et qu'il put apprécier la jeune princesse qui lui était destinée, il entra avec empressement dans les vues de Napoléon.

Pendant que l'empereur prolongeait son séjour en Bavière, les grands corps de l'État et le peuple parisien se préparaient à recevoir dignement le vainqueur d'Austerlitz.

Le tribunat avait pris l'initiative. Dans la séance du 30 décembre 1805, il avait adopté une proposition tendant à « donner au héros qui, à force de prodiges, rendait l'éloge impossible, un témoignage d'admiration, d'amour et de reconnaissance qui restât immortel comme sa gloire. »

Le 1ᵉʳ janvier 1806, les cinquante-quatre drapeaux donnés au sénat par l'empereur furent portés au Luxembourg par le tribunat en corps, suivi des autorités, de la musique militaire et d'une partie de la garnison de Paris. L'archichancelier et tous les ministres étaient présents à cette séance. Le sénat, présidé par le grand électeur, signala la réception du glorieux présent qui allait décorer son palais, en décrétant, au nom du peuple français :

1° Qu'un monument triomphal serait consacré à Napoléon le Grand ;

CHAPITRE VINGT ET UNIÈME.

2° Que le sénat en corps irait au-devant de Sa Majesté Impériale et Royale, et lui présenterait l'hommage de l'admiration, de la reconnaissance et de l'amour du peuple français ;

3° Que la lettre de l'empereur au sénat, datée d'Elchingen, le 26 vendémiaire

an XIV, serait gravée sur des tables de marbre qui seraient placées dans la salle des séances du sénat ;

4° Qu'à la suite de cette lettre, on graverait pareillement ce qui suit :

« Les quarante drapeaux, et quatorze autres, ajoutés aux premiers par Sa Majesté, ont été apportés au sénat par le tribunat en corps, et déposés dans cette salle, le mercredi 1ᵉʳ janvier 1806. »

La cathédrale de Paris avait eu aussi sa part dans la distribution des trophées de cette immortelle campagne. Nous avons vu que des drapeaux qui lui étaient destinés avaient été remis à la municipalité parisienne au camp impérial de Schœnbrunn. Le clergé métropolitain vint le 19 janvier les recevoir, en grande pompe, à la porte de son église, aux voûtes de laquelle ils furent appendus.

CHAPITRE VINGT-DEUXIÈME.

Napoléon reconnu empereur par la Porte Ottomane. — Le Panthéon rendu au culte catholique. — Restauration de Saint-Denis. — Ouverture du corps législatif. — Travaux publics. — Code de procédure civile. — Université impériale. — Banque de France. — Statuts impériaux. — Joseph Bonaparte roi de Naples. — Murat grand-duc de Berg. — Louis Bonaparte roi de Hollande. — Fondation de la confédération du Rhin. — Grand sanhédrin réuni à Paris. — Traité avec la Porte. — Négociation pour la paix universelle. — Mort de Fox.

apoléon et Joséphine rentrèrent à Paris le 26 janvier 1806. Leur présence dans la capitale produisit un mouvement d'enthousiasme universel, dont le sénat et le tribunat se firent les organes, à l'audience solennelle qui leur fut donnée, le 28, aux Tuileries.

« Sire, dit le président du premier de ces corps (François de Neufchâteau), quoique votre modestie parle si simplement des prodiges sans nombre par lesquels ce génie, qui avait déjà surpassé tous les autres héros, vient de se surpasser lui-même, souffrez que nous exécutions le décret du sénat en donnant solennellement au sauveur de la France le nom de *Grand,* ce nom si juste, ce titre que la voix du peuple, qui est ici la voix de Dieu, nous prescrit de vous décerner. »

L'empereur répondit qu'il remerciait le sénat des sentiments que son président venait de lui exprimer, et qu'il mettrait son unique gloire à fixer les destinées de la France de manière que, dans les âges les plus reculés, elle fût toujours reconnue par la seule dénomination de grand peuple.

Ces félicitations solennelles furent suivies de réjouissances publiques.

Napoléon avait à cœur de faire reconnaître par tous les gouvernements de l'Europe le titre d'empereur que la nation française lui avait décerné. La dignité du grand peuple dont il tenait ses droits lui semblait engagée dans cette reconnaissance; et sa fierté personnelle, son amour-propre, son orgueil, ne le disposaient pas moins à y attacher beaucoup de prix. Alexandre l'avait fort mécontenté en lui adressant une lettre sous le simple titre de « chef du gouvernement français », à l'exemple du roi d'Angleterre, qui avait même affecté de ne correspondre que par l'entremise d'un secrétaire d'État. Ce fut donc une espèce de dédommagement pour Napoléon, quand il apprit que le sultan de Constantinople, Sélim III, venait de le reconnaître officiellement empereur des Français.

Ce désir d'être admis, par les rois, à l'honneur de la confraternité, sera funeste à Napoléon, en le poussant à des actes impolitiques, tant dans sa diplomatie que dans son administration intérieure. Ainsi, à Austerlitz, il se montre généreux jusqu'à l'imprudence envers des ennemis puissants et irréconciliables qu'il pouvait anéantir, et il se le reproche aussitôt comme une faute. Ainsi, au retour de cette mémorable campagne, il restitue le Panthéon au culte catholique, et ordonne la restauration de la sépulture royale de Saint-Denis, sans craindre de blesser les susceptibilités philosophiques et démocratiques du peuple qui fait seul sa force et sa grandeur. Un même décret, rendu le 20 février 1806, suffit à ces deux mesures. Il est provoqué par le ministre de l'intérieur, M. de Champagny, dont le rapport peut faire apprécier les tendances gouvernementales de l'époque.

« Sire, dit ce ministre, l'église de Sainte-Geneviève, le plus beau de tous les temples de la capitale; ce temple, qui, placé au sommet du mont consacré à un culte tutélaire, couronnait si noblement l'ensemble des chefs-d'œuvre qui décorent cette capitale, et annonçait de loin à l'étranger le règne auguste de la religion sur cette population immense, enlevé au vœu de la piété au moment même où elle allait en jouir, consacré ensuite à une autre destination, laissé enfin désert, sans emploi et sans but, semble s'étonner lui-même d'un tel abandon. La froide curiosité, en visitant son enceinte, s'étonne de rencontrer déjà dans un monument à peine achevé la solitude des ruines; le génie des arts, qui épuise sur lui toute la richesse de ses conceptions, s'afflige de le trouver sans caractère, je dirai presque sans âme et sans vie; la religion, voyant ses espérances trompées, détourne ses regards d'un monument dont la majesté ne peut être dignement remplie que par le culte du Très-Haut, et qui s'élevait comme le juste hommage rendu à Dieu par le génie des hommes.

» Saint-Denis s'enorgueillit d'un autre monument qui date, au contraire, de l'origine même de la nation, que Dagobert dédia au protecteur de la France, que releva l'abbé Suger, qui renferme en quelque sorte dans son sein l'histoire tout entière de cet empire. Là reposent trois races qui régnèrent sur la France; spectacle qui commande des méditations profondes pour les princes et pour les peuples, et rappelle à la fois toute la grandeur des choses humaines et leur fragile durée; mausolée consacré par la religion et par les siècles, vaste cercueil plein d'une poussière de rois, placé à l'écart et hors du tumulte de la capitale, comme par un mouvement de terreur et de respect....

» Sire, votre pensée seule a ranimé et presque recréé ces deux monuments. Elle leur rendra toute leur dignité première. »

Le retour aux idées religieuses et monarchiques ne pouvait être mieux exprimé. Si l'empereur voulait s'en faire un mérite à l'étranger, et même en France auprès du clergé et de tout le parti de l'ancien régime, ses intentions étaient parfaitement servies ici par son ministre; quoique tant d'efforts pour mentir à son origine et masquer sa véritable nature dussent être perdus, après tout, devant la vieille Europe, devant la vieille France et l'antique sacerdoce, qui, appréciant mieux Napoléon Bonaparte qu'il ne s'appréciait alors lui-même, s'obstinaient à ne voir en lui que l'élève et le protecteur du philosophisme, l'enfant et le soutien de la démocratie, l'ennemi le plus redoutable et non point le restaurateur sincère du passé, objet de leur vénération et de leurs regrets. Pour justifier l'empereur, on a invoqué son système de fusion et de réconciliation générale. S'il ne s'agissait que des actes qui rétablirent en France le libre exercice des cultes, interrompu par la persécution conventionnelle ou directoriale, l'excuse serait admissible. Quand le premier consul faisait rouvrir les temples catholiques, dans un pays dont l'immense majorité professe et pratique le catholicisme, par habitude du moins, sinon avec toute la ferveur de la foi, Bonaparte agissait alors en homme d'État. Il cédait à la fois à l'empire des circonstances et à l'exigence des principes. Le vœu public, la religion et la saine philosophie étaient également satisfaits : car ce n'était là que de la tolérance et de la liberté, qui n'excluent même pas la protection, lorsqu'elle n'est pas hostile à d'autres intérêts et à d'autres croyances.

Mais quand l'empereur, non content d'avoir rendu au clergé ses églises désertes, et d'avoir mis le prêtre catholique sous la double protection de la loi et du trésor public, chasse la philosophie de ses temples pour y introniser le catholicisme ; quand il laisse parler avec dédain des fondations patriotiques pour leur substituer avec éclat des restaurations cléricales ; quand il fait jeter des paroles de mépris sur la tombe majestueuse que la patrie reconnaissante avait consacrée à la sépulture de ses grands hommes, et qu'il prête ensuite complaisamment l'oreille à des phrases pompeuses sur « la poussière des rois », sur la dédicace de leurs tombeaux, à Saint-Denis, par Dagobert ; et tout cela pour faire tomber en désuétude l'apothéose philosophique, pour reléguer la mémoire et le nom des grands hommes dans les caveaux du Panthéon, pour faire fouler par des chanoines [1] la poussière de Voltaire et de Rousseau, et pour assurer à la poussière impériale que des chanoines la garderont aussi à Saint-Denis, mêlée à la cendre des rois, oh! alors il n'y a plus seulement acte de tolérance, de liberté ou de protection pour le culte catholique, dans cette conduite de l'empereur ; il y a là attaque directe contre les principes qui firent consacrer le Panthéon à la sépulture des grands hommes ; il y a condamnation du présent, et réhabilitation du passé ; il y a contre-révolution enfin, et rien qui ressemble à un acte de nécessité ou de prudence politique : l'avenir le prouvera.

L'ouverture de la nouvelle session du corps législatif ne suivit que de quelques jours le décret du 20 février, et nul parmi les députés de la France ne songea à réclamer contre l'abandon qui venait d'être fait d'un temple national au clergé romain. Toute protestation à ce sujet eût été du reste inutile. Ce n'était plus à la tribune, ni par la presse, que la France devait exercer désormais son action révolutionnaire sur l'Europe.

Napoléon prononça lui-même le discours d'ouverture ; il s'y accusa, pour ainsi dire, de la trop grande générosité dont nous l'avons blâmé naguère, et sembla présager les événements qui l'ont convaincu d'imprudence. « La Russie, dit-il, ne doit le retour des débris de son armée qu'au bienfait de la capitulation que je lui ai accordée. Maître de renverser le trône impérial d'Autriche, je l'ai raffermi. La conduite du cabinet de Vienne fera-t-elle que la postérité me reprochera d'avoir manqué de prévoyance? »

---

[1] Le décret impérial du 20 février 1806 charge le chapitre métropolitain, augmenté de six membres, de desservir l'église de Sainte-Geneviève. Il établit à l'église de Saint-Denis un chapitre composé de dix chanoines.

Les ministres rendirent compte de la situation de l'Empire, dont la prospérité était toujours croissante. Des routes, des canaux, des ponts, des monuments de toutes sortes, constructions utiles et embellissements, commençaient ou s'achevaient sur tous les points de cette vaste monarchie, qui se composait alors de cent dix départements, non compris la Hollande, les États vénitiens et le royaume d'Italie.

« Plusieurs communications nouvelles, dit le ministre de l'intérieur, désirées par les administrés, ont fixé l'attention du gouvernement. Celle de Valogne à la Hogue est achevée; celle de Caen à Honfleur se termine; celle d'Ajaccio à Bastia est à moitié; celle d'Alexandrie à Savone est tracée, celle de Paris à Mayence par Hambourg, d'Aix-la-Chapelle à Montjoie, sont ordonnées. Une louable émulation anime un grand nombre de communes pour la restauration des chemins vicinaux.

» Des ponts se rétablissent, sur le Rhin, à Kehl et à Brissac; sur la Meuse, à Givet; sur le Cher, à Tours; sur la Loire, à Nevers et à Roanne; sur la Saône, à Auxonne, etc., etc. Deux indomptables torrents, la Durance et l'Isère, seront asservis à passer sous des ponts.

» Six grands canaux sont en exécution: celui de Saint-Quentin, le canal Napoléon, joignant le Rhin au Rhône, le canal de Bourgogne, ceux de Blavet et de l'Ille-et-Rance, le canal d'Arles et les canaux d'embranchement de la Belgique.

» Quelques autres sont commencés ou tracés, tels que ceux de Saint-Valery, de Beaucaire à Aigues-Mortes, de Sédan, de Niort à la Rochelle et de Nantes à Brest Plusieurs enfin sont projetés, comme ceux de la Censée, de Charleroi, d'Ypres et de Briare.

» Si vous jetez les regards sur nos ports, vous verrez qu'on s'occupe sur les deux mers à les rendre plus accessibles, plus commodes et plus sûrs. »

M. de Champagny arrivait ensuite à parler des grandes constructions et des embellissements de Paris.

» Vos regards, dit-il, à votre retour dans la capitale, ont été frappés de la trouver plus embellie dans le cours d'une année de guerre qu'elle ne le fut jadis en un demi-siècle de paix. De nouveaux quais se prolongent sur les rives de la Seine. Deux ponts avaient été exécutés les années précédentes ; le troisième, le plus important de tous par son étendue, est sur le point de s'achever. Dans son voisinage est tracé un nouveau quartier destiné à en compléter la décoration ; les rues de ce quartier portent les noms des guerriers qui ont trouvé une mort honorable dans le cours de la campagne ; le pont prend lui-même le nom d'Austerlitz.

» En s'éloignant des bords de la Seine, un arc de triomphe, placé à l'entrée des boulevards, deviendra un nouveau monument de ces événements dont le souvenir doit être plus durable que tout ce que nous pourrons faire pour le perpétuer. Qu'au moins ces ouvrages attestent à la postérité que nous avons été aussi justes qu'elle le sera, et que notre reconnaissance a égalé notre admiration. »

A ce rapport, dont nous ne donnons qu'un fragment, et au discours d'ouverture de l'empereur, le corps législatif répondit par une adresse qui ne faisait que reproduire toutes les démonstrations d'enthousiasme et de dévouement luxueusement étalées dans toutes les harangues précédentes des grands corps de l'État. « Les années, sous votre règne, disait M. de Fontanes, sont plus fécondes en événements glorieux que les siècles sous d'autres dynasties.

» Le monde se croit revenu à ces temps où, comme le disait le plus brillant et le plus profond des écrivains publics, la marche du vainqueur était si rapide que l'univers semblait plutôt le prix de la course que celui de la victoire. »

Ce langage, pour sortir de la bouche d'un courtisan, n'en était pas moins la simple expression de l'histoire ; car tel était le caractère prodigieux de la vie de Napoléon, que la flatterie, si féconde en formules hyperboliques, ne pouvait parler de son génie et de sa gloire sans rester dans les limites de la vérité, alors même qu'elle semblait s'abandonner le plus à l'exagération.

Dans cette session, le corps législatif adopta le Code de procédure civile, que le ministre de l'intérieur avait sainement apprécié en disant : « Ce ne sera pas un ouvrage parfait ; mais il sera meilleur que ce qui existe jusqu'à présent. »

L'établissement de l'université impériale date aussi de cette époque. Les motifs de cette fondation importante furent exposés par le célèbre Fourcroy, que sa science et son patriotisme auraient dû porter aux fonctions de grand maître, et à qui Napoléon eut le tort de préférer un abbé de l'ancien régime, M. de Fontanes.

L'organisation de la banque de France reçut aussi la sanction législative, sur le rapport du conseiller d'État Regnault de Saint-Jean-d'Angely.

Dans le discours de clôture, prononcé par un conseiller d'État, M. Jaubert, à la séance du 12 mai 1806, on remarqua le passage suivant :

« Sa Majesté a jeté un regard profond sur les diverses parties du système financier.

» Elle a consulté la nature du sol, calculé les ressources et les moyens que le mouvement du commerce extérieur doit procurer à l'agriculteur et au marchand.

» Sa Majesté a entendu aussi cette réclamation universelle qui s'élevait contre la taxe d'entretien des routes.

» Et Sa Majesté a dit:
» Que la contribution foncière soit dégrevée;
» Que les barrières disparaissent;
» Que les impôts indirects les mieux appropriés à la situation de la France viennent assurer les fonds nécessaires pour l'administration. »

C'était l'annonce des droits réunis. La politique monarchique de l'Empire allait se refléter dans son système financier. Napoléon voulait se concilier la grande propriété, s'appuyer sur l'aristocratie terrienne, et il lui promettait un dégrèvement aux dépens du consommateur prolétaire, c'est-à-dire de la masse du peuple, sur laquelle devait retomber, en définitive, le poids de l'impôt indirect. Si, malgré toutes ces déviations de la voie populaire, Napoléon trouve la nation fidèle à son culte et la voit persister dans son engouement, il n'en est pas moins vrai que les écarts de la politique intérieure du monarque, quoique compensés par les prodiges qui signaleront à l'extérieur la propagande involontaire du conquérant, finiront par attiédir l'enthousiasme national; et quand le jour des revers viendra, quand la Providence se mettra contre l'Empire, pour entraîner le peuple à laisser faire la Providence, entre autres promesses faites au peuple, on lui parlera de l'abolition des droits réunis!

Napoléon avait trop de logique dans sa tête pour n'en pas mettre dans ses actes, dans ses plans, dans sa réaction monarchique. Ce qu'il avait fait pour lui, comme chef de l'État, il le répéta pour ses proches et ses lieutenants. Des statuts impériaux furent présentés au sénat, à la séance du 31 mars 1806, réglant l'état des princes et princesses de la maison impériale; érigeant en duchés et fiefs héréditaires la Dalmatie, l'Istrie, etc.; appelant Joseph-Napoléon Bonaparte au trône de Naples; donnant à Murat, beau-frère de l'empereur, la souveraineté des duchés de Berg et de Clèves; à la princesse Pauline, la principauté de Guastalla; à Berthier, celle de Neufchâtel, etc., etc.

Ce que nous avons dit de l'hérédité politique, au sujet de la dignité impériale dont se revêtit Napoléon, peut s'appliquer à l'établissement des grands fiefs héréditaires, et nous dispense de reproduire les réflexions que nous avons faites sur les essais de restauration tentés par l'empereur, et sur le démenti donné par lui à l'assemblée constituante. Nous verrons plus tard l'œuvre principale du 31 mars 1806 annulée le 31 mars 1814; tandis que les grands résultats de la nuit du 4 août 1789 resteront impérissables. Que l'on n'oublie pas d'ailleurs, ainsi que nous l'avons déjà fait remarquer, que les nobles et les rois de l'Empire, tirés du limon plébéien, et conservant à travers toutes les métamorphoses leur essence révolutionnaire, n'ont fait que mettre à la portée des regards du peuple la noblesse et la royauté, et que contribuer ainsi à l'affaiblissement ou à la ruine du prestige qui soutenait dans leur vieillesse ces deux grandes institutions.

Parmi les créations et promotions que nous venons d'énumérer, il en était une qui devait surtout avoir des conséquences tout à fait favorables à la propagation des idées françaises et à la préparation de la révolution européenne: c'était l'élévation de Joseph Bonaparte au trône de Naples, à l'exclusion des Bourbons, rejetés en Sicile. Sans le savoir et sans le vouloir, une main, qui se dira royale, déposera au pied du Vésuve le germe des révolutions libérales, et tôt ou tard ce germe fructifiera.

Un autre frère de Napoléon, Louis Bonaparte, reçut aussi, dans le courant de la même année, l'investiture d'une couronne. Les députés du peuple batave, par l'organe de l'amiral Verhuel, demandèrent à l'empereur le prince Louis-Napoléon pour

« chef suprême de leur république », sous le titre de « roi de Hollande ». Leur vœu fut facilement rempli. Dans une audience solennelle, qui leur fut donnée aux Tuileries le 5 juin 1806, Napoléon proclama son frère roi de Hollande. « Prince, lui dit-il, régnez sur ces peuples. Leurs pères n'acquirent leur indépendance que par les secours constants de la France. Depuis, la Hollande fut l'alliée de l'Angleterre; elle fut conquise: elle dut encore à la France son existence. Qu'elle vous doive donc des rois qui protégent ses libertés, ses lois et sa religion. Mais ne cessez jamais d'être Français. »

Ces derniers mots résument toute la politique de Napoléon dans l'envahissement des trônes voisins. Son but, en couronnant ses frères, n'était pas seulement de donner à sa famille une position élevée et digne de la sienne. Il voulait, avant tout, que les monarchies environnantes, soumises à ses lois, ne fussent plus que des provinces de la monarchie française; et, pour que leur assimilation à l'Empire fût plus profonde et plus sûre, il les plaçait sous la domination de son propre sang. Maintenant, s'il est vrai que là où la puissance de la France s'établissait souverainement, c'était le génie même de la civilisation européenne qui était intronisé, il faut savoir gré à Napoléon, n'eût-il eu en vue que l'extension de son autorité personnelle, d'avoir cherché à faire entrer intimement dans la grande unité de la France nouvelle tous les peuples qu'il parvenait à détacher du système de l'ancienne Europe.

L'empereur marchait à son but, non-seulement en plaçant les siens sur les trônes des vieilles dynasties, mais en formant des confédérations puissantes, dont il était le chef sous le titre de protecteur ou de médiateur. C'est ainsi qu'après avoir élevé les électeurs de Bavière et de Wurtemberg au rang des rois, il voulut les lier plus étroitement encore aux destinées de son empire par un traité solennel qui fonda la confédération du Rhin, et qui eut pour résultat de rendre à peu près françaises les plus belles contrées de l'Allemagne.

Ce fut au milieu de ces pensées de renouvellement des races royales autour de la France que Napoléon s'occupa de l'organisation définitive de son conseil d'État, de l'institution d'une chaire d'économie rurale à l'école d'Alfort, de l'établissement des haras, de la suppression des maisons de jeu dans tout l'Empire, etc., etc. Il avait porté aussi sa sollicitude sur l'état incertain des juifs, et il avait rendu un décret, le 30 mai 1806, invitant tous ses sujets de la religion hébraïque à envoyer des députés à Paris. Ce décret reçut son exécution, et le 26 juillet de la même année, le grand sanhédrin juif tint sa première assemblée.

La France n'était alors en guerre qu'avec la Russie et l'Angleterre. Elle avait fait un traité avantageux avec la Porte Ottomane, grâce à l'intelligence et à l'habileté de son ambassadeur à Constantinople, le général Sébastiani. Napoléon donna une première audience à l'envoyé extraordinaire de la Sublime Porte, Mouhed-Effendi, le jour même de la réception aux Tuileries des députés de la Hollande, et du décret qui disposa des principautés de Bénévent et de Ponte-Corvo en faveur de Talleyrand et de Bernadotte.

Mais si les hostilités continuaient entre le gouvernement français et les cabinets de Londres et de Pétersbourg, ce n'était pas sans espérance de la paix. La mort de Pitt, survenue en janvier 1806, avait fait rentrer Fox au ministère, et cette circonstance seule suffisait pour faire croire à quelques modifications dans la politique anglaise à l'égard de la France. Fox et Napoléon, nous l'avons dit, s'estimaient mutuellement. Pendant son dernier ministère, l'illustre Anglais, ayant reçu d'un misérable transfuge l'offre d'attenter à la vie de l'empereur, s'empressa de faire arrêter cet assassin, et il écrivit ensuite, à Paris, au ministre des relations extérieures pour l'instruire de tout, et pour lui dire que les lois anglaises ne permettant pas de retenir longtemps en prison un étranger qui ne s'est rendu coupable d'aucun délit, il avait pris cependant sur lui de ne faire relâcher ce scélérat que lorsque Napoléon, bien prévenu, se serait mis en garde contre ses attentats.

Avec un tel ministre l'ancienne rivalité de la France et de l'Angleterre pouvait faire bientôt place à des dispositions moins hostiles, et la paix devenait possible. Napoléon y croyait : il l'a déclaré à Sainte-Hélène. Mais la révolution française n'avait visité encore que l'une des grandes capitales de l'Europe, elle était attendue ailleurs. Fox mourut le 15 septembre 1806, pendant les négociations avec la France, et l'ombre de Pitt ramena l'obstination guerrière dans les conseils britanniques.

CHAPITRE VINGT-TROISIÈME.

Campagne de Prusse. — Bataille d'Iéna. — Napoléon à Potsdam.

n traité de paix avait été signé à Paris, le 20 juillet 1806, par le ministre de Russie, sous l'influence alors pacifique du ministère anglais. Mais la mort de Fox ayant rendu à cette influence son caractère hostile, Alexandre refusa de ratifier l'œuvre de son ambassadeur, et se concerta avec le nouveau cabinet anglais et avec la cour de Berlin pour rallumer la guerre sur le continent.

Déjà depuis un an l'empereur de Russie, le roi de Prusse et sa femme avaient signé le fameux traité de Potsdam, et juré, sur le tombeau du grand Frédéric, de réunir tous leurs efforts contre la France.

Napoléon, instruit des préparatifs des cours du Nord, les dénonça à ses alliés de la confédération du Rhin. Il écrivit, le 21 septembre 1806, au roi de Bavière pour lui signaler spécialement les armements de la Prusse, et pour réclamer le contingent promis par le traité du 12 juillet.

Trois jours après, il quitta Saint-Cloud et marcha vers l'Allemagne, accompagné de Joséphine. Arrivé le 28 à Mayence, où il se sépara de l'impératrice, il reçut, le 30, l'accession de l'électeur de Wurtzbourg à la confédération du Rhin, et passa ce fleuve le 1er octobre. Le 6, son quartier général était à Bamberg, d'où il adressa à son armée une proclamation pour lui signaler l'ennemi qu'elle allait combattre.

« Soldats, dit-il, des cris de guerre se sont fait entendre à Berlin; depuis deux mois, nous sommes provoqués tous les jours davantage.

» La même faction, le même esprit de vertige qui, à la faveur de nos dissensions intestines, conduisait, il y a quatorze ans, les Prussiens au milieu des plaines de Champagne, domine dans leur conseil... Ils trouvèrent en Champagne la défaite, la mort et la honte....

» Marchons donc..... que l'armée prussienne éprouve le même sort qu'elle éprouva, il y a quatorze ans! qu'ils apprennent que s'il est facile d'acquérir un accroissement de domaine et de puissance avec l'amitié du grand peuple, son inimitié (qu'on ne peut provoquer que par l'abandon de tout esprit de sagesse et de raison) est plus terrible que les tempêtes de l'Océan. »

Il est facile de s'apercevoir que l'empereur est mieux dans son rôle, que son allure est plus franche et plus animée, quand il exhume les traditions révolutionnaires dont le dépôt a été mis en ses mains, que lorsqu'il évoque les souvenirs religieux et monarchiques de Sainte-Geneviève et de Saint-Denis.

Cependant Napoléon est entré en campagne et il va fondre sur ses ennemis, sans mieux savoir que dans la dernière guerre « pourquoi il se bat et ce qu'on veut de lui ». C'est ce qu'il exprime formellement dans un message qu'il adresse de Bamberg, le 7 octobre, au sénat conservateur :

« Dans une guerre aussi juste, dit-il, où nous ne prenons les armes que pour nous défendre, que nous n'avons provoquée par aucun acte, par aucune prétention, et dont il nous serait impossible d'assigner la véritable cause, nous comptons entièrement sur l'appui des lois et sur celui des peuples, que les circonstances appellent à nous donner de nouvelles preuves de leur dévouement et de leur courage. »

Nous avons indiqué, nous, cette véritable cause, à l'occasion des guerres précédentes ; et Napoléon, qui, depuis qu'il s'est fait couronner et sacrer empereur, semble craindre d'avouer que les rois puissent encore lui faire une guerre de principes, le donne lui-même à penser dans sa proclamation à l'armée, quand il accuse « la même faction, le même esprit de vertige » qui conduisit Brunswick en Champagne en 1792, de dominer aujourd'hui, comme alors, dans les conseils de la monarchie prussienne.

Du reste, le jour même de son message au sénat, il reçut de Mayence un courrier de Talleyrand qui lui apportait une lettre du roi de Prusse, dans laquelle ce prince répétait, en vingt pages, tous les griefs communs que les ennemis de la révolution n'avaient cessé de reproduire depuis quinze ans, et sous toutes les formes, contre la France. L'empereur ne put en achever la lecture ; il dit aux personnes qui l'entouraient :

« Je plains mon frère le roi de Prusse ; il n'entend pas le français, il n'a sûrement pas lu cette rapsodie. »

Et comme la lettre du roi était accompagnée de la fameuse note de M. de Knobelsdorf, l'empereur ajouta en s'adressant à Berthier :

« Maréchal, on nous donne un rendez-vous d'honneur pour le 8, jamais Français n'y a manqué ; mais comme on dit qu'il y a une belle reine qui veut être témoin des combats,

soyons courtois, et marchons, sans nous coucher, pour la Saxe. »

Napoléon faisait allusion à la reine de Prusse, qui était à l'armée « habillée en amazone, portant l'uniforme de son régiment de dragons, écrivant vingt lettres par jour, disait le premier bulletin, pour exciter de toutes parts l'incendie. »

L'empereur tint parole. Le 8 octobre, il sortait de Bamberg à trois heures du matin, traversait dans la journée la forêt de Franconie, et assistait le 9, à Schleitz, au brillant début de la campagne. Ce village fut enlevé par le maréchal Bernadotte, qui battit en cette rencontre un corps de dix mille Prussiens, dont la plus grande partie

resta prisonnière. Murat prit aussi part à l'action, se mettant à la tête des charges, le sabre à la main.

Un nouveau succès signala la journée du 10 à Saalfeld. Ce combat fut donné par l'aile gauche de l'armée française, sous le commandement du maréchal Lannes. Il eut pour résultat la déroute complète de l'avant-garde du prince de Hohenlohe, commandée par le prince Louis de Prusse, qui resta sur le champ de bataille. Ce jeune prince était aimé de l'armée, dont il brûlait de relever la vieille gloire. Son courage le perdit. Il s'était montré l'un des plus ardents promoteurs de la guerre, et son avis dans les conseils prussiens avait été de prendre une offensive vigoureuse. Frémissant à l'idée d'abandonner le poste confié à sa valeur, il engagea le combat contre des forces évidemment supérieures, et qui avaient de plus l'avantage de la position. Après une vive résistance, sa ligne fut débordée et rompue; et pendant qu'il faisait des efforts désespérés pour rallier les fuyards, il se vit atteint par un maréchal des logis de hussards, nommé Guindet, qui le somma de rendre son épée, et auquel il ne répondit qu'en se mettant en défense. Il fut alors frappé mortellement, ce qui fit dire dans le deuxième bulletin que « les premiers coups de la guerre avaient tué un de ses auteurs. »

Dès le 12, les coureurs de l'armée française étaient aux portes de Leipsick et le quartier général de l'empereur à Géra. L'issue de la campagne n'était pas douteuse pour Napoléon; mais comme il tenait à éloigner de lui la responsabilité de la guerre, et à bien établir aux yeux de la France et de l'Europe qu'il n'avait rien négligé pour conserver la paix, il s'occupa, à Géra, de faire à la lettre du roi de Prusse une réponse qui devint bientôt publique, et dont nous rappellerons ici les principaux passages :

« Monsieur mon frère, je n'ai reçu que le 7 la lettre de Votre Majesté, du 25 septembre. Je suis fâché qu'on lui ait fait signer cette espèce de pamphlet. Je ne lui réponds que pour lui protester que je n'attribuerai jamais à elle les choses qui y sont contenues; toutes sont contraires à son caractère et à l'honneur de tous deux. Je plains et dédaigne les rédacteurs d'un pareil ouvrage. J'ai reçu immédiatement après la note de son ministre, du 1ᵉʳ octobre. Elle m'a donné rendez-vous le 8; en bon chevalier, je lui ai tenu parole; je suis au milieu de la Saxe. Qu'elle m'en croie, j'ai des forces telles, que ses forces ne peuvent balancer longtemps la victoire. Mais pourquoi répandre tant de sang? à quel but? Je tiendrai à Votre Majesté le même langage que j'ai tenu à l'empereur Alexandre deux jours avant la bataille d'Austerlitz..... Pourquoi faire égorger nos sujets? Je ne prise point une victoire qui sera achetée par la vie d'un bon nombre de mes enfants. Si j'étais à mon début dans la carrière militaire, et si je pouvais craindre les hasards des combats, ce langage serait tout à fait déplacé. Sire, Votre Majesté sera vaincue; elle aura compromis le repos de ses jours, l'existence de ses sujets, sans l'ombre d'un prétexte. Elle est aujourd'hui intacte, et peut traiter avec moi d'une manière conforme à son rang; elle traitera, avant un mois, mais dans une situation différente..... Je sais que peut-être j'irrite dans cette lettre une certaine susceptibilité de souverain; mais les circonstances ne demandent aucun ménagement. Que Votre Majesté ordonne à l'essaim de malveillants et d'inconsidérés dont elle est entourée de se taire à l'aspect de son trône, dans le respect qui lui est dû, et qu'elle rende la tranquillité à elle et à ses États..... »

L'empereur ne se trompait pas en disant que sa lettre irriterait peut-être chez le roi de Prusse la susceptibilité du souverain; et il lisait bien aussi dans l'avenir quand il annonçait hardiment à ce prince « que Sa Majesté serait vaincue ». En effet, deux jours après, l'armée prussienne était anéantie aux champs d'Iéna, et, le 15 octobre, le cinquième bulletin de la grande armée, dressé sur le champ de bataille, s'exprimait ainsi :

« BATAILLE D'IÉNA.

» La bataille d'Iéna a lavé l'affront de Rosbach et décidé, en sept jours, une campagne qui a entièrement calmé cette frénésie guerrière qui s'était emparée des têtes prussiennes.....

» Le roi de Prusse voulut commencer les hostilités au 9 octobre, en débouchant sur Francfort par sa droite, sur Wurtzbourg par son centre, et sur Bamberg par sa gauche; toutes les divisions de son armée étaient disposées pour exécuter ce plan; mais l'armée française, tournant sur l'extrémité de sa gauche, se trouva en peu de jours à Saalbourg, à Lobenstein, à Schleitz, à Géra, à Naumbourg. L'armée prussienne, tournée, employa les journées des 9, 10, 11 et 12 à rappeler tous ses détachements, et le 13, elle se présenta en bataille entre Kapelsdorf et Auerstaëdt, forte de près de cent cinquante mille hommes.

» Le 13, à deux heures après midi, l'empereur arriva à Iéna, et, sur un petit plateau qu'occupait notre avant-garde, il aperçut les dispositions de l'ennemi, qui paraissait manœuvrer pour attaquer le lendemain, et forcer les divers débouchés de la Saale. L'ennemi défendait en force, et par une position inexpugnable, la chaussée d'Iéna à Weimar, et paraissait penser que les Français ne pourraient déboucher dans la plaine sans avoir forcé ce passage; il ne paraissait pas possible, en effet, de faire monter de l'artillerie sur le plateau, qui d'ailleurs était si petit, que quatre bataillons pouvaient à peine s'y déployer. On fit travailler toute la nuit à un chemin dans le roc, et l'on parvint à conduire l'artillerie sur la hauteur.

» Le maréchal Davoust reçut l'ordre de déboucher par Naumbourg pour défendre les défilés de Kœsen, si l'ennemi voulait marcher sur Naumbourg, ou pour se rendre à Apolda, pour le prendre à dos s'il restait dans la position où il était.

» Le corps du maréchal prince de Ponte-Corvo fut destiné à déboucher de Dornbourg pour tomber sur les derrières de l'ennemi, soit qu'il se portât en force sur Naumbourg, soit qu'il se portât sur Iéna.

» La grosse cavalerie, qui n'avait pas encore rejoint l'armée, ne pouvait la rejoindre qu'à midi; la cavalerie de la garde impériale était à trente-six heures de distance, quelque fortes marches qu'elle eût faites depuis son départ de Paris. Mais il est des moments à la guerre où aucune considération ne doit balancer l'avantage de prévenir l'ennemi et de l'attaquer le premier.

L'empereur fit ranger sur le plateau qu'occupait l'avant-garde, que l'ennemi paraissait avoir négligé, et vis-à-vis duquel il était en position, tout le corps du maréchal Lannes, chaque division formant une aile. Le maréchal Lefebvre fit disposer au sommet la garde impériale en bataillon carré. L'empereur bivouaqua au milieu de ses braves. La nuit offrait un spectacle digne d'observation, celui de deux armées, dont l'une déployait son front sur six lieues d'étendue, et embrasait de ses feux l'atmosphère, l'autre dont les feux apparents étaient concentrés sur un petit point, et dans l'une et l'autre armée de l'activité et du mouvement. Les feux des deux armées étaient à une demi-portée de canon; les sentinelles se touchaient presque, et il ne se faisait pas un mouvement qui ne fût entendu.

» Les corps des maréchaux Ney et Soult passaient la nuit en marches. A la pointe du jour, toute l'armée prit les armes. La division Gazan était rangée sur trois lignes,

CHAPITRE VINGT-TROISIÈME.

à la gauche du plateau. La division Suchet formait la droite ; la garde impériale occupait le sommet du monticule ; chacun de ces corps ayant ses canons dans les intervalles. De la ville et des vallées voisines on avait pratiqué des débouchés qui permettaient le déploiement le plus facile aux troupes qui n'avaient pu être placées sur le plateau ; car c'était peut-être la première fois qu'une armée devait passer par un si petit débouché.

Garde impériale. — Grenadiers à pied (officier et soldat). — 1804-1814.

» Un brouillard épais obscurcissait le jour. L'empereur passa devant plusieurs lignes ; il recommanda aux soldats de se tenir en garde contre cette cavalerie prussienne, qu'on peignait comme si redoutable. Il les fit souvenir qu'il y avait un an qu'à la même époque ils avaient pris Ulm ; que l'armée prussienne, comme l'armée autrichienne, était aujourd'hui cernée, ayant perdu sa ligne d'opérations, ses magasins ; qu'elle ne se battait plus dans ce moment pour la gloire, mais pour sa retraite ; que cherchant à faire une trouée sur différents points, les corps d'armée qui la laisseraient passer seraient perdus d'honneur et de réputation. A ce discours animé, le soldat répondit par les cris de « Marchons ! » Les tirailleurs engagèrent l'action, la fusillade devint vive. Quelque bonne que fût la position que l'ennemi occupait, il en fut débusqué, et l'armée française, débouchant dans la plaine, commença à prendre son ordre de bataille.

» De son côté, le gros de l'armée ennemie, qui n'avait eu le projet d'attaquer que lorsque le brouillard serait dissipé, prit les armes. Un corps de cinquante mille hommes de la gauche se posta pour couvrir les défilés de Naumbourg et s'emparer des débouchés de Kœsen; mais il avait déjà été prévenu par le maréchal Davoust. Les deux autres corps, formant une force de quatre-vingt mille hommes, se portèrent en avant de l'armée française, qui débouchait du plateau d'Iéna. Le brouillard couvrit les deux armées pendant deux heures, mais enfin il fut dissipé par un beau soleil d'automne. Les deux armées s'aperçurent à petite portée de canon. La gauche de l'armée française, appuyée sur un village et des bois, était commandée par le maréchal Augereau. La garde impériale la séparait du centre, qu'occupait le maréchal Lannes. La droite était formée par le corps du maréchal Soult; le maréchal Ney n'avait qu'un simple corps de trois mille hommes, seules troupes qui fussent arrivées de son corps d'armée.

» L'armée ennemie était nombreuse et montrait une belle cavalerie. Les manœuvres étaient exécutées avec précision et rapidité. L'empereur eût désiré retarder de deux heures d'en venir aux mains, afin d'attendre, dans la position qu'il venait de prendre après l'attaque du matin, les troupes qui devaient le joindre, et surtout la cavalerie ; mais l'ardeur française l'emporta. Plusieurs bataillons s'étant engagés au village de Hollstedt, il vit l'ennemi s'ébranler pour les en déposter. Le maréchal Lannes reçut ordre sur-le-champ de marcher en échelons pour soutenir ce village. Le maréchal Soult avait attaqué un bois sur la droite. L'ennemi ayant fait un mouvement de sa droite sur notre gauche, le maréchal Augereau fut chargé de le repousser ; en moins d'une heure l'action devint générale; deux cent cinquante ou trois cent mille hommes, avec sept ou huit cents pièces de canon, semaient partout la mort et offraient un de ces spectacles rares dans l'histoire.

» De part et d'autre on manœuvra constamment comme à une parade. Parmi nos troupes il n'y eut jamais le moindre désordre ; la victoire ne fut pas un moment incertaine. L'empereur eut toujours auprès de lui, indépendamment de la garde impériale, un bon nombre de troupes de réserve pour pouvoir parer à tout accident imprévu.

» Le maréchal Soult ayant enlevé le bois qu'il attaquait depuis deux heures, fit un mouvement en avant. Dans cet instant, on prévint l'empereur que la division de cavalerie française de réserve commençait à se placer, et que deux divisions du corps du maréchal Ney se plaçaient en arrière sur le champ de bataille. On fit alors avancer toutes les troupes qui étaient en réserve sur la première ligne, et qui, se trouvant ainsi appuyées, culbutèrent l'ennemi dans un clin d'œil et le mirent en pleine retraite. Il la fit en ordre pendant la première heure; mais elle devint un affreux désordre du moment que nos divisions de dragons et nos cuirassiers, ayant le grand-duc de Berg à leur tête, purent prendre part à l'affaire. Ces braves cavaliers, frémissant de voir la victoire décidée sans eux, se précipitèrent partout où ils rencontrèrent l'ennemi. La cavalerie, l'infanterie prussienne ne purent soutenir leur choc. En vain l'infanterie ennemie se forma en bataillons carrés. Cinq de ces bataillons furent enfoncés ; artillerie, cavalerie, infanterie, tout fut culbuté et pris. Les Français arrivèrent à Weimar en même temps que l'ennemi, qui fut ainsi poursuivi pendant l'espace de six lieues.

» A notre droite, le corps du maréchal Davoust faisait des prodiges. Non-seulement il contint, mais mena battant, pendant plus de trois lieues, le gros des troupes ennemies qui devait déboucher du côté de Kœsen....

» Les résultats de la bataille sont: trente à quarante mille prisonniers, il en arrive à chaque moment; vingt-cinq à trente drapeaux, trois cents pièces de canon, des magasins immenses de subsistances. Parmi les prisonniers se trouvent plus de vingt généraux, dont plusieurs lieutenants généraux, entre autres le lieutenant général Schmettau. Le nombre des morts est immense dans l'armée prussienne. On compte qu'il y a plus de vingt mille tués ou blessés; le feld-maréchal Mollendorff a été blessé; le duc de Brunswick a été tué; le général Blücher a été tué; le prince Henri de Prusse, grièvement blessé. Au dire des déserteurs, des prisonniers et des parlementaires, le désordre et la consternation sont extrêmes dans les débris de l'armée ennemie.

» L'armée prussienne a, dans cette bataille, perdu toute retraite et toute sa ligne d'opérations. Sa gauche, poursuivie par le maréchal Davoust, opéra sa retraite sur Weimar, dans le temps que sa droite et son centre se retiraient de Weimar sur Naumbourg. La confusion fut donc extrême. Le roi a dû se retirer à travers les champs, à la tête de son régiment de cavalerie.

» Notre perte est évaluée à mille ou douze cents tués et à trois mille blessés. Le grand-duc de Berg investit en ce moment la place d'Erfurth, où il se trouve un corps d'ennemis que commandent le maréchal de Mollendorff et le prince d'Orange. Si cela peut ajouter quelque chose aux titres qu'a l'armée à l'estime et à la considération de la nation; rien ne pourra ajouter au sentiment d'attendrissement qu'ont éprouvé ceux qui ont été témoins de l'enthousiasme et de l'amour qu'elle témoignait à l'empereur au plus fort du combat. S'il y avait un moment d'hésitation, le seul cri de: Vive l'empereur! ranimait les courages et retrempait toutes les âmes. Au fort de la mêlée, l'empereur, voyant ses aigles menacées par la cavalerie, se portait au galop pour ordonner des manœuvres et des changements de front en carrés; il était interrompu à chaque instant par les cris de: Vive l'empereur! La garde impériale à pied voyait avec un dépit qu'elle ne pouvait dissimuler tout le monde aux mains et elle dans l'inaction. Plusieurs voix firent entendre ces mots: « En avant! » « Qu'est-ce? dit l'empereur; ce ne peut être qu'un jeune homme qui n'a pas de barbe qui peut vouloir préjuger ce que je dois faire; qu'il attende qu'il ait commandé dans trente batailles rangées avant de prétendre me donner des avis. » C'étaient effectivement des vélites, dont le jeune courage était impatient de se signaler.

» Dans une mêlée aussi chaude, pendant que l'ennemi perdait presque tous ses généraux, on doit remercier cette Providence qui gardait notre armée, aucun homme de marque n'a été tué ni blessé. Le maréchal Lannes a eu un biscaïen qui lui a rasé la poitrine sans le blesser. Le maréchal Davoust a eu son chapeau emporté et un grand nombre de balles dans ses habits.... »

Six mille Saxons et plus de trois cents officiers se trouvaient parmi les prisonniers de cette journée. Napoléon, habile à séparer la nation saxonne du peuple prussien, et à se ménager un allié sur l'Elbe contre la cour de Berlin, se fit présenter ces prisonniers et leur promit de les renvoyer tous dans leurs foyers, s'ils voulaient s'engager à ne plus servir contre la France. La place des Saxons, disait-il, était marquée dans la confédération du Rhin. La France était la protectrice naturelle de la Saxe contre les violences de la Prusse. Il fallait mettre un terme à ces violences. Le continent avait besoin de repos. Il fallait que ce repos existât, « dût-il en coûter la chute de quelques trônes. »

Les Saxons comprirent ce langage, donnèrent les garanties qu'on exigea d'eux, et rentrèrent tous dans leurs familles avec une proclamation que l'empereur adressait à leurs compatriotes.

La bataille d'Iéna fut immédiatement suivie de la prise d'Erfurth, qui capitula le 16. Le prince d'Orange et le feld-maréchal Mollendorff y furent faits prisonniers.

Le même jour le roi de Prusse fit demander un armistice, que Napoléon refusa. Cependant le général Kalkreuth, pressé par le maréchal Soult, et craignant d'être pris avec une colonne de dix mille hommes qu'il commandait, et dans laquelle se

CHAPITRE VINGT-TROISIÈME.

trouvait le monarque prussien lui-même, invoqua une suspension d'armes qui aurait été accordée par l'empereur. Le maréchal Soult n'en voulut rien croire; il dit qu'il était impossible que Napoléon eût commis une pareille faute, et qu'il ne reconnaîtrait cet armistice que lorsqu'il lui aurait été officiellement notifié. Le général prussien se rendit alors aux avant-postes français pour conférer avec le maréchal et pour se recommander à la générosité, on pourrait presque dire à la pitié du vainqueur.

« Monsieur le général, répondit le guerrier français, il y a longtemps qu'on en agit ainsi avec nous, on en appelle à notre générosité quand on est vaincu, et on oublie un instant après la magnanimité que nous avons coutume de montrer. Après la bataille d'Austerlitz, l'empereur accorda un armistice à l'armée russe; cet armistice sauva l'armée. Voyez la manière indigne dont agissent aujourd'hui les Russes.... Posez les armes, et j'attendrai dans cette situation les ordres de l'empereur. »

Le général prussien se retira confondu, et le maréchal Soult ayant continué de poursuivre activement l'ennemi pendant plusieurs jours, arriva le 22 sous les murs de Magdebourg. Les Prussiens ne comprenaient rien à ces marches rapides, à cette promptitude de mouvements, qui les démoralisaient dans leur fuite, ce qui faisait dire à Napoléon, dans son quatorzième bulletin :

« Ces messieurs étaient sans doute accoutumés aux manœuvres de la guerre de Sept ans. Ils voulaient demander trois jours pour enterrer les morts. Songez aux vivants, a répondu l'empereur, et laissez-nous le soin d'enterrer les morts; il n'y a pas besoin de trêve pour cela. »

Tandis que Soult chassait ainsi l'ennemi devant lui, dans la direction de Magdebourg, et qu'il lui faisait éprouver des pertes continuelles, dans cette poursuite au pas de course, Bernadotte détruisait à Halle la réserve prussienne, commandée par un prince de Wurtemberg. A la suite de cette victoire, l'empereur traversa le

champ de bataille de Rosbach. Il ordonna que la colonne qui y avait été élevée fût transportée à Paris.

Le combat de Halle s'était donné le 17. Le 18, le maréchal Davoust s'empara de Leipsick; et le 21, la route de Magdebourg se trouvant fermée aux Prussiens par les corps de Soult et de Murat, ce ne fut plus qu'une espèce de *sauve qui peut* dans les débris de leur armée. Le vieil ennemi de la France, le fameux Brunswick, l'auteur du manifeste incendiaire de 1792, vint alors mettre ses états sous la protection de l'empereur. Singulière destinée du premier généralissime de l'aristocratie européenne soulevée contre la révolution française ! Il était aujourd'hui à genoux devant ce même peuple qu'il menaçait quatorze ans auparavant avec tant d'insolence et de brutalité;

il craignit pour ses palais, pour sa propre demeure, le fer et le feu dont il avait appelé la puissance destructive sur la capitale de la France, sur nos villes et nos campagnes; Brunswick, redoutant les représailles qu'il avait provoquées, sollicitait humblement la générosité du soldat français, sur lequel il s'était promis un si facile triomphe, et, son manifeste à la main, il osait demander au héros héritier et représentant des républicains de 1792, d'être traité avec modération, d'être protégé par le vainqueur contre les abus de la victoire. Quel beau moment pour la révolution triomphante! La Providence lui amène, suppliant et consterné, le plus ancien, le plus fougueux, le plus opiniâtre de ses superbes ennemis. La révolution saura punir l'orgueil, et montrer néanmoins sa supériorité par son indulgence; car elle a, pour parler et agir en son nom, Napoléon Bonaparte.

« Si je faisais démolir la ville de Brunswick, dit l'empereur à l'envoyé du duc, et si je n'y laissais pas pierre sur pierre, que dirait votre prince? La loi du talion ne me permet-elle pas de faire à Brunswick ce qu'il voulait faire dans ma capitale? Annoncer le projet de démolir des villes, cela peut être insensé; mais vouloir ôter l'honneur à toute une armée de braves gens, lui proposer de quitter l'Allemagne par journées d'étapes, à la seule sommation de l'armée prussienne, voilà ce que la postérité aura peine à croire. Le duc de Brunswick n'eût jamais dû se permettre un tel outrage; lorsqu'on a blanchi sous les armes, on doit respecter l'honneur militaire, et ce n'est pas d'ailleurs dans les plaines de Champagne que ce général a pu acquérir le droit de traiter les drapeaux français avec un tel mépris.

» Renverser et détruire les habitations des citoyens paisibles, répéta plusieurs fois encore Napoléon avec la plus grande chaleur, c'est un crime qui se répare avec du temps et de l'argent; mais déshonorer une armée, vouloir qu'elle fuie hors de l'Allemagne devant l'aigle prussienne, c'est une bassesse que celui-là seul qui la conseille était capable de commettre. »

Les états du duc de Brunswick restèrent d'ailleurs sous la protection du droit des gens. L'empereur arriva à Potsdam le 24. Dans la soirée du même jour il parcourut le palais de Sans-Souci, dont la situation et la distribution lui parurent fort belles; il s'arrêta pendant quelque temps, et comme livré à une méditation profonde, dans la chambre du grand Frédéric, qui se trouvait encore meublée et tendue telle qu'elle était à sa mort.

Le lendemain 25, après avoir passé en revue la garde impériale à pied, commandée par le maréchal Lefebvre, il visita le tombeau de Frédéric.

« Les restes de ce grand homme, dit le dix-huitième bulletin, sont renfermés dans un cercueil de bois recouvert en cuivre, placé dans un caveau, sans ornements, sans trophées, sans aucune distinction qui rappelle les grandes actions qu'il a faites.

» L'empereur a fait présent à l'hôtel des Invalides de Paris de l'épée de Frédéric, de son cordon de l'Aigle noir, de sa ceinture de général, ainsi que des drapeaux que portait sa garde dans la guerre de Sept ans. Les vieux invalides de l'armée de Hanovre accueilleront avec un respect religieux tout ce qui a appartenu à un des premiers capitaines dont l'histoire conserve le souvenir. » En voyant que la cour de Prusse n'avait pas songé à mettre ces glorieuses reliques à l'abri de l'invasion, Napoléon s'écria, montrant vivement d'un geste l'épée du grand capitaine : « J'aime mieux cela que vingt millions. »

CHAPITRE VINGT-QUATRIÈME.

Entrée de Napoléon à Berlin. — Son séjour dans cette capitale. — Blocus continental. — Suspension d'armes. — Message au sénat. — Levée de quatre-vingt mille hommes. — Proclamation de Posen. — Monument de la Madeleine.

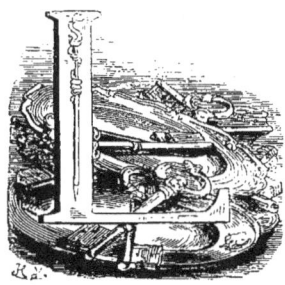

E 27 octobre 1806, moins d'un an depuis la prise de Vienne, Napoléon fit son entrée solennelle à Berlin, par la magnifique porte de Charlottenbourg, entouré des maréchaux Berthier, Davoust et Augereau, de son grand maréchal du palais Duroc, et de son grand écuyer Caulaincourt. Il marchait entre les grenadiers et les chasseurs à cheval de la garde, sur un chemin que bordaient, en ligne de bataille, les grenadiers de la division Nansouty. La marche était ouverte par le maréchal Lefebvre, à la tête de l'infanterie de la garde. La population de Berlin s'était portée en foule à la rencontre du vainqueur, qu'elle accueillit avec les plus vives démonstrations d'admiration et de respect. Les clefs de cette capitale furent offertes à l'empereur par le corps de ville, que le général Hullin, commandant de la place, se chargea de présenter.

L'un des premiers soins de l'empereur fut de former un corps municipal de soixante membres, dont il confia l'élection aux deux mille bourgeois les plus riches. Le corps de ville s'était rendu de nouveau auprès de lui, ayant à sa tête le prince d'Hatzfeld, qui avait accepté le gouvernement civil de Berlin, au nom des Français, et qui n'en continuait pas moins de correspondre avec le roi de Prusse pour l'instruire des mouvements de l'armée victorieuse : « Ne vous présentez pas devant moi, dit Napoléon à ce prince, je n'ai pas besoin de vos services; retirez-vous dans vos terres. » Quelques instants après M. d'Hatzfeld fut arrêté, et livré à une commission militaire.

Son épouse, fille de M. de Schulenbourg, instruite de ce qui venait de se passer, s'abandonnait au plus violent désespoir, lorsqu'il lui vint dans l'idée d'implorer la clémence de Napoléon. Duroc l'y encouragea, et se chargea de l'introduire. Elle vint donc au palais, se jeta aux pieds de l'empereur, et le supplia d'épargner son mari, qu'elle ne croyait poursuivi qu'à cause du ministre Schulenbourg, l'un des artisans de la guerre. Napoléon la détrompa, en lui apprenant que M. d'Hatzfeld correspondait avec le roi de Prusse, ce qui prouvait qu'il n'avait recherché la confiance des Français que pour les trahir. Madame d'Hatzfeld se récria, en protestant de l'innocence du prince, et en soutenant qu'il était victime d'une affreuse calomnie. « Vous connaissez

l'écriture de votre mari, lui dit l'empereur; je vais vous faire juge. » Et au même instant il se fit apporter la lettre interceptée, qu'il remit aussitôt à cette dame. La princesse était alors grosse de plus de huit mois. L'émotion qu'elle éprouvait à chaque mot, en lisant la preuve irréfragable de la culpabilité de son époux, lui causait des évanouissements continuels, dont elle ne revenait que pour tomber dans les gémissements et les sanglots. Napoléon fut touché de la position douloureuse de cette femme. « Eh bien! lui dit-il, vous tenez cette lettre, jetez-la au feu; cette pièce anéantie, je ne pourrai plus faire condamner votre mari. » La scène se passait devant une cheminée. La princesse d'Hatzfeld s'empressa de sauver son mari : la lettre fut brûlée; et le maréchal Berthier reçut immédiatement l'ordre de faire mettre le général d'Hatzfeld en liberté.

Dans un de ses bulletins l'empereur avait fort maltraité la reine de Prusse. « Les Prussiens, y disait-il, accusent le voyage de l'empereur Alexandre des malheurs de la Prusse. Le changement qui s'est opéré dès lors dans l'esprit de la reine, qui, de femme timide et modeste, s'occupant de son intérieur, est devenue turbulente et guerrière, a été une révolution subite. Elle a voulu tout à coup avoir un régiment, aller au conseil; elle a si bien mené la monarchie, qu'en peu de jours elle l'a conduite au bord du précipice. »

L'impératrice Joséphine, en lisant cette dénonciation portée, à la face du monde, contre une jeune et belle reine, fut douloureusement affectée, et elle s'en expliqua franchement avec son époux dans une lettre où elle lui reprocha de s'être plu trop souvent à dire du mal des femmes. Napoléon lui répondit :

« J'ai reçu ta lettre, où tu me parais fâchée du mal que je dis des femmes. Il est vrai que je hais les femmes intrigantes au delà de tout. Je suis accoutumé à des femmes bonnes, douces et conciliantes : ce sont celles que j'aime. Si elles m'ont gâté, ce n'est pas ma faute, mais la tienne. Au reste, tu verras que j'ai été fort bon pour une qui s'est montrée sensible et bonne, madame d'Hatzfeld. Lorsque je lui montrai la lettre de son mari, elle me dit en sanglotant, avec une profonde sensibilité et naïvement : « C'est bien là son écriture. » Son accent allait à l'âme; elle me fit peine. Je lui dis : « Eh bien! madame, jetez cette lettre au feu : je ne serai plus assez puissant pour faire condamner votre mari. » Elle brûla la lettre, et me parut bien heureuse. Son mari est depuis tranquille; deux heures plus tard, il était perdu. Tu vois donc que j'aime les femmes bonnes, naïves et douces, mais c'est que celles-là seules te ressemblent. »

Le lendemain de son entrée à Berlin l'empereur donna audience aux ministres de

Bavière, d'Espagne, de Portugal et de la Porte. Il reçut le même jour le clergé des

diverses communions protestantes, ainsi que les cours de justice, qui lui furent présentées par le chancelier. Il conféra avec plusieurs magistrats sur différents points de l'organisation judiciaire.

Ce fut pendant son séjour à Berlin que Napoléon rendit le fameux décret qui établit le blocus continental, en interdisant aux peuples et aux alliés de l'Empire français tout commerce et toute communication avec les Iles britanniques. Cet acte, considéré par quelques-uns comme une mesure insensée, et qu'on n'attribua généralement qu'à l'aveuglement de la haine, était provoqué cependant par l'obstination du cabinet anglais à soulever incessamment les puissances continentales contre la France. C'était le résultat de cette série d'intrigues, de perfidies, de complots, d'hostilités et d'attentats de toutes sortes, par lesquels l'aristocratie anglaise avait combattu la démocratie française depuis 1792 ; c'était la réponse de la révolution victorieuse aux fureurs monarchiques dont elle fut l'objet à son berceau, alors qu'on la mettait au ban de l'Europe, au sein de laquelle les hommes d'état d'outre-mer prétendaient qu'elle avait créé « un vide ». Puisque Burke et Pitt, qui avaient voulu isoler la France au milieu du monde policé, dominaient encore, par leurs amis et leurs disciples, dans les conseils de Londres, et y faisaient régner la même pensée, pourquoi la France aurait-elle négligé d'user de représailles, et se serait-elle abstenue d'isoler autant que possible l'Angleterre au milieu des mers ? Le blocus, dont on avait menacé pendant quinze ans l'esprit révolutionnaire, devait enfermer à son tour la contre-révolution elle-même dans son principal foyer, au sein de l'Océan. Et puis, est-il bien vrai que ce blocus, à ne l'envisager même que sous le rapport des intérêts matériels, n'ait fait que du mal aux peuples du continent, et qu'il ait eu universellement en Europe toutes les conséquences désastreuses qu'on lui a attribuées ? Il causa sans doute des bouleversements de fortune dans le commerce maritime, et soumit à des privations momentanées les populations que la fraude ne peut approvisionner, ou que l'élévation exorbitante des prix fit renoncer à l'usage des produits coloniaux. Mais, outre que cet état de choses n'était que temporaire, et que le blocus, même mal observé, n'en devait pas moins avoir l'effet moral qu'en attendait l'empereur, il est incontestable aussi que l'industrie européenne n'y était pas absolument compromise, et que la France, par exemple, dut au décret de Berlin la création d'une industrie nouvelle bien importante, celle de la fabrication du sucre indigène. Or, ce résultat immense pour l'avenir, fût-il le seul, devrait suffire pour rendre les générations futures indulgentes envers Napoléon, à raison des souffrances passagères que son système fit éprouver à la génération contemporaine. « Je me suis trouvé seul de mon avis sur le continent, a dit Napoléon, il m'a fallu, pour l'instant, employer partout la violence. Enfin l'on commence à me comprendre ; déjà l'arbre porte son fruit ; le temps fera le reste.

» Si je n'eusse succombé, j'aurais changé la face du commerce, aussi bien que la route de l'industrie. J'avais naturalisé au milieu de nous le sucre, l'indigo ; j'aurais naturalisé le coton, et bien d'autres choses encore. On m'eût vu déplacer les colonies, si l'on se fût obstiné à ne pas nous en donner une portion. »

Tandis que l'empereur s'occupait, dans Berlin, d'atteindre les premiers auteurs de la guerre, et se préparait à mettre l'Angleterre hors du droit commun, pour la combattre à armes égales et la punir de ses violations incessantes du droit des gens, les lieutenants de Napoléon ne laissaient aucun repos à l'ennemi, et poursuivaient sur tous les points les débris de l'armée prussienne. Dès le 28 octobre Murat s'empara de Prentzlow, et força le prince de Hohenlohe à capituler avec son corps d'armée. Le lendemain, la forteresse de Stettin tombait au pouvoir du général Lassalle, commandant la droite du grand-duc de Berg; tandis que le général Milhaud, commandant la gauche, faisait mettre bas les armes à une colonne de six mille hommes.

Custrin se rendit, le 2 novembre, au maréchal Davoust. Mortier s'emparait, dans ce temps-là, des états de Hesse et de Hambourg. A Fulde et à Brunswick, on enleva les armoiries du prince d'Orange et celles du duc. « Ces deux princes ne régneront plus, dit le vingt-quatrième bulletin; ce sont les principaux auteurs de cette nouvelle coalition. »

Un succès éclatant attendait les Français sous les murs et dans les rues de Lubeck. Le 6 novembre, Murat, Soult et Bernadotte, par l'habileté de leurs manœuvres, de leurs mouvements combinés, se rencontrèrent devant cette place, où le fameux Blücher avait conduit et renfermé les dernières espérances de la monarchie prussienne. L'assaut fut donné; et Bernadotte pénétra dans la ville par la porte de la Trava, pendant que Soult entrait par celle de Mullen.

La résistance avait été vive. On se battait encore dans les rues; mais, le 7 au matin, Blücher et le prince de Brunswick-OEls, à la tête de dix généraux prussiens, de cinq cent dix-huit officiers et de plus de vingt mille hommes, se présentèrent aux vainqueurs, demandèrent à capituler, et défilèrent immédiatement devant l'armée française.

En quelques jours les autres places de guerre subirent le même sort. Magdebourg ouvrit ses portes le 8. Les Français y trouvèrent huit cents pièces de canon, et une garnison de seize mille hommes. L'empereur avait dirigé aussi un corps d'armée sur la Vistule, à la poursuite du roi de Prusse, qui fuyait précipitamment avec les dix ou douze mille hommes qui lui restaient encore.

Le 10, le maréchal Davoust entra à Posen, dont les habitants, plus Polonais que Prussiens, le reçurent avec enthousiasme. Le 16, le trente-deuxième bulletin annonça « qu'après la prise de Magdebourg et l'affaire de Lubeck, la campagne contre la Prusse se trouvait entièrement finie. »

Ce même jour, une suspension d'armes fut signée à Charlottenbourg.

C'est alors que l'empereur s'occupa du décret dont nous avons déjà parlé, sur le blocus des Iles britanniques.

244 HISTOIRE DE L'EMPEREUR NAPOLÉON.

La Prusse, frappée avec la promptitude et l'éclat de la foudre, n'existe plus, comme puissance politique; mais l'Angleterre, qui a poussé la Prusse à la guerre, est toujours intacte. Napoléon veut l'atteindre, l'isoler de l'Europe, qu'elle rançonne et soudoie tour à tour, par son monopole commercial et par ses intrigues diplomatiques. Le système que Napoléon a conçu blesse les principes de la civilisation moderne; il le sent, il le dit; mais il invoque la loi, le droit de réciprocité.

Mameluk. — 1804-1814.

En demandant au sénat une levée de conscrits, l'empereur lui communiqua cette grande mesure, avec une déclaration des principes qu'il avait adoptés comme règle générale. « Notre extrême modération, dit-il, après chacune des trois premières guerres, a été la cause de celle qui leur a succédé. C'est ainsi que nous avons eu à lutter contre une quatrième coalition, neuf mois après que la troisième avait été dissoute, neuf mois après ces victoires éclatantes que nous avait accordées la Providence, et qui devaient assurer un long repos au continent...

» Dans cette position, nous avons pris pour principes invariables de notre conduite de ne point évacuer ni Berlin, ni Varsovie, ni les provinces que la force des armes a fait tomber en nos mains, avant que la paix générale ne soit conclue, que les colonies espagnoles, hollandaises et françaises ne soient rendues, que les fondements de

la puissance ottomane ne soient raffermis, et l'indépendance absolue de ce vaste empire, premier intérêt de notre peuple, irrévocablement consacrée. Nous avons mis les Iles britanniques en état de blocus, et nous avons ordonné contre elles des dispositions qui répugnaient à notre cœur. Mais nous avons été contraints, pour le bien de nos alliés, à opposer à l'ennemi commun les mêmes armes dont il se servait contre nous...
» Nous sommes dans un de ces instants importants pour la destinée des nations; et le peuple français se montrera digne de celle qui l'attend. Le sénatus-consulte que nous avons ordonné de vous présenter, et qui mettra à votre disposition, dans les premiers jours de l'année, la conscription de l'an 1807, qui, dans les circonstances ordinaires, ne devrait être levée qu'au mois de septembre, sera exécuté avec empressement par les pères comme par les enfants. Eh ! dans quel plus beau moment pourrions-nous appeler sous les armes les jeunes Français ! ils auront à traverser, pour se rendre à leurs drapeaux, les capi-

Grenadier à pied (garde impériale). — 1804-1814.

tales de nos ennemis et les champs de bataille illustrés par les victoires de leurs aînés. »

Cette demande était justifiée par l'approche des Russes, à la rencontre desquels Napoléon voulait se porter pour commencer une nouvelle campagne, dès que la saison le permettrait. Il quitta Berlin le 25 novembre, et arriva le 28 à Posen. Le mauvais temps, les fatigues, les privations, avaient ralenti l'ardeur des soldats. Après tant de combats et de victoires, les ennemis de la France rejetés au delà de la Vistule, il semblait que le moment de s'arrêter fût venu, au lieu de courir au-devant de nouvelles batailles. Le sénat lui-même, si obséquieux d'ordinaire, avait laissé percer cette pensée de modération, dans une adresse que l'empereur avait reçue à Berlin. Mais le sénat, l'armée et le peuple pouvaient ne pas comprendre toute la gravité des circonstances, toute la ténacité de la vieille Europe, toute l'exigence du système que Napoléon avait dû concevoir pour mettre enfin les implacables ennemis de la jeune France hors d'état de former contre elle de nouvelles coalitions. Le vœu général était pour la paix, l'empereur le savait bien; c'était le sien aussi. Mais l'empereur connaissait mieux que personne en quels lieux la guerre lui serait plus avantageuse, et à quelles conditions la paix était désirable et possible. C'est pour cela que, laissant agir son intelligence souveraine, et sans trop se soucier des clameurs lointaines ou prochaines qu'il pourrait susciter contre lui, il marcha droit en Pologne pour y écraser les Russes, au lieu de les laisser arriver en Prusse pour y recueillir les débris et relever les espérances de leurs alliés vaincus. Il s'exposait sans doute par là à se faire accuser de provoquer la guerre, comme il avait compromis sa popularité par le blocus continental, quoiqu'il ne cherchât qu'à soulever le peuple anglais contre ses ministres obstinés à la guerre, en leur renvoyant la responsabilité de cette mesure extrême. Mais Napoléon avait dit depuis longtemps que son élévation, étant l'œuvre des circonstances, réclamait impérieusement la dictature. Or il était dans sa nature d'homme de génie, comme dans sa mission de dictateur, de savoir rester seul de son avis, de marcher hardiment à ses fins à travers l'improbation même des peuples que Dieu avait placés sous sa main puissante, et de se résoudre, selon l'expression de Mirabeau, « à n'attendre une justice constante que du temps et de la postérité. »

Si l'armée se montre donc disposée à faire halte, quand le vainqueur de tant de batailles pense qu'il faut aller en avant, croit-on que le génie abdiquera tout à coup, pour obéir à ceux qu'il doit commander? Non, ce sera au contraire pour lui une nouvelle occasion de manifester sa supériorité entraînante et irrésistible; et s'il y a parmi les troupes, nous ne dirons pas des symptômes de mécontentement, mais de simples désirs de repos, il va les ranimer d'un mot, et les rendre plus impatientes que jamais de reprendre, contre les ennemis du nom français, le terrible jeu de la guerre.

« Au quartier général de Posen, le 2 décembre.

» Soldats, leur dit-il, il y a aujourd'hui un an, à cette heure même, que vous étiez sur le champ de bataille d'Austerlitz. Les bataillons russes épouvantés fuyaient en désordre, ou, enveloppés, rendaient les armes à leurs vainqueurs. Le lendemain ils firent entendre des paroles de paix; mais elles étaient trompeuses : à peine échappés, par l'effet d'une générosité peut-être condamnable, aux désastres de la troisième coalition, ils en ont ourdi une quatrième, mais l'allié sur la tactique duquel ils fondaient leur principale espérance n'était déjà plus; ses places fortes, ses capitales, ses magasins, ses arsenaux; deux cent quatre-vingts drapeaux, sept cents pièces de bataille, cinq grandes places de guerre, sont en notre pouvoir. L'Oder, la Wartha, les déserts de la Pologne, le mauvais temps de la saison, n'ont pu vous arrêter un moment; vous avez tout bravé, tout surmonté; tout a fui à votre approche. C'est en vain que les Russes ont voulu défendre la capitale de cette ancienne et illustre Pologne. L'aigle française plane sur la Vistule. Le brave et infortuné Polonais, en vous voyant, croit revoir les légions de Sobieski de retour de leur mémorable expédition.

» Soldats, nous ne déposerons pas les armes que la paix générale n'ait affermi et assuré la puissance de nos alliés, n'ait restitué à notre commerce sa sûreté et ses colonies. Nous avons conquis, sur l'Elbe et sur l'Oder, Pondichéry, nos établissements des Indes, le cap de Bonne-Espérance et les colonies espagnoles. Qui donnerait aux Russes le droit de balancer les destins, qui leur donnerait le droit de renverser de si justes desseins? Eux, et nous, ne sommes-nous plus les soldats d'Austerlitz? »

Chasseur à pied (grande tenue d'été). — 1804-1814.

Cette proclamation produisit un effet immense, non-seulement à l'armée de la Vistule, mais dans toute l'Allemagne; Bourrienne lui-même en convient et l'atteste. Maintenant, si l'esprit frondeur s'est montré réellement dans quelques bivouacs, et si des velléités d'opposition se sont glissées au milieu des flagorneries sénatoriales, tout cela restera sans importance; Napoléon, avec son laconisme solennel, a répondu à toutes les insinuations, à toutes les rumeurs improbatives.

Avant de se remettre en campagne, l'empereur voulut consacrer par un monument les prodiges des deux dernières guerres. A la proclamation du 2 décembre il ajouta, le même jour, un décret portant entre autres dispositions :

« Art. 1er. Il sera établi sur l'emplacement de la Madeleine de notre bonne ville de Paris, aux frais du trésor et de notre couronne, un monument dédié à la grande armée, portant sur le frontispice :

L'EMPEREUR NAPOLÉON AUX SOLDATS DE LA GRANDE ARMÉE.

» 2. Dans l'intérieur du monument seront inscrits sur des tables de marbre les noms de tous les hommes, par corps d'armée et par régiment, qui ont assisté aux batailles d'Ulm, d'Austerlitz et Iéna, et sur des tables d'or massif les noms de tous ceux qui sont morts sur les champs de bataille. Sur des tables d'argent il sera gravé la récapitulation, par département, des soldats que chaque département a fournis à la grande armée.

» 3. Autour de la salle seront sculptés des bas-reliefs, où seront représentés les colonels de chacun des régiments de la grande armée, avec leurs noms, etc., etc. »

Les autres dispositions de ce décret ordonnaient le dépôt, dans l'intérieur du monument, des trophées pris à l'ennemi dans ces deux campagnes, et la célébration solennelle des anniversaires des batailles d'Austerlitz et d'Iéna.

CHAPITRE VINGT-CINQUIÈME.

Campagne de Pologne. — Paix de Tilsitt.

L'EMPEREUR resta à Posen jusqu'au 16 décembre. Il y reçut la députation de Varsovie, composée du grand chambellan de Lithuanie, Gutakouski, et des principaux membres de la noblesse polonaise.

Mais l'armée française marchait toujours en avant. Après avoir battu les Russes dans une première rencontre à Lowiez, occupé Varsovie et obtenu la capitulation de Torgau, elle passait la Vistule, le 6, à Thorn, où le maréchal Ney trouva encore quelques Prussiens qui furent facilement dispersés. Un trait remarquable signala ce passage. Le bateau qui portait l'avant-garde française étant retenu par les glaçons, au

CHAPITRE VINGT-CINQUIÈME.

milieu du fleuve, des bateliers polonais s'élancèrent pour venir les dégager, malgré le feu de l'ennemi qui fut aussitôt dirigé sur eux. Voyant que les balles ne les arrêtaient pas, les Prussiens envoyèrent à leur tour des bateliers pour s'opposer à la manœuvre des Polonais. Une lutte corps à corps s'ensuivit. Les Prussiens furent jetés à l'eau, et l'héroïque et fraternelle assistance des Polonais, couronnée de succès, conduisit saine et sauve l'avant-garde française sur la rive droite de la Vistule.

En quelques jours toute l'armée se trouva sur cette rive. Le 11, le maréchal Davoust battit un corps russe, après avoir passé le Bug. Un traité de paix fut conclu ce jour-là avec la Saxe. L'électeur entra dans la confédération du Rhin, et reçut le titre de roi. C'était une acquisition importante pour le système français, qui se trouvait ainsi établi aux portes de Berlin.

L'empereur fit son entrée, le 18, à Varsovie. Les sollicitations les plus pressantes l'assiégèrent pour le déterminer à rétablir le royaume de Pologne. Il craignait de s'engager et ne fit que des réponses qui laissaient toute liberté à l'avenir. « J'aime les Polonais, disait-il à Rapp, leur ardeur me plaît. Je voudrais bien en faire un peuple indépendant ; mais c'est bien difficile. Trop de gens ont pris une part au gâteau : l'Autriche, la Russie, la Prusse ; la mèche une fois allumée, qui sait où s'arrêterait l'incendie. Mon premier devoir est envers la France, et je ne dois pas la sacrifier à la Pologne ; cela nous mènerait trop loin. Et

puis il faut s'en remettre au souverain de toutes choses, au temps ; il nous enseignera ce que nous aurons à faire. »

Sur ces entrefaites, le général Kaminski, irrité de la marche rétrograde des autres généraux russes, s'avança rapidement à la rencontre des troupes françaises. Il rallia à lui Beningsen et Buxhowden, et regardant cette jonction comme un gage certain de la victoire, il la célébra, au château de Siérock, par des fêtes et des illuminations que les Français pouvaient apercevoir du haut des tours de Varsovie.

L'empereur quitta la capitale de l'ancienne Pologne le 23 décembre, et passant aussitôt le Bug, sur lequel il fit jeter un pont en deux heures, il lança le corps de Davoust sur les Russes, qui furent battus à Czarnovo, dans un combat qui se prolongea dans la nuit. Le général Petit enleva les redoutes du pont au clair de la lune ; à deux heures du matin, la déroute de l'ennemi était complète.

Ce premier échec de Kaminski ne fut que le signal de nouvelles défaites, qu'il essuya les 24, 25 et 26, à Nasielsk, à Kursomb, à Lopackzyn, à Golymin et à Pultusk, et à la suite desquelles l'armée russe se mit précipitamment en pleine retraite, après avoir perdu quatre-vingts pièces d'artillerie, douze cents voitures, et dix à douze mille hommes. C'est ainsi que se réalisèrent les espérances que le général russe avait manifestées avec tant de faste et d'éclat dans les fêtes du château de Siérock.

Breslaw capitula le 5 janvier 1807. Cette ville avait eu déjà ses faubourgs brûlés par les assiégés, et beaucoup d'enfants et de femmes avaient péri dans les flammes. Jérôme Napoléon s'était fait distinguer dans ce désastreux événement, en portant des secours aux victimes de l'incendie. Les Français aimèrent mieux renoncer au droit rigoureux que leur attribuaient les lois de la guerre, que de violer les lois de l'humanité. Ils reçurent généreusement les fuyards, au lieu de les repousser dans la place assiégée que couronnait le vaste embrasement de leurs demeures.

L'empereur était revenu, le 2 janvier, à Varsovie. Il y reçut les autorités de la ville, les ministres étrangers et une députation du royaume d'Italie. Pour exciter l'émulation des troupes de la confédération du Rhin, il récompensa le corps wurtembergeois qui s'était emparé de Glogau, en envoyant au roi de Wurtemberg une partie des drapeaux pris dans cette place, et dix décorations de la Légion d'honneur, à distribuer aux plus braves soldats de ce corps.

Les hostilités restèrent comme suspendues pendant une vingtaine de jours. Mais le 25 janvier elles furent avantageusement reprises à Mohrungen par Bernadotte, qui mit en déroute les comtes Pahlen et Gallitzin, leur prit trois cents hommes, et leur en tua ou blessa douze cents.

L'empereur venait d'apprendre que de grands événements s'étaient passés à Constantinople. Les Russes et les Grecs en avaient été chassés; la tête d'Ipsilanti était mise à prix, et le sultan avait déclaré la guerre à la Russie. Napoléon vit dans cette résolution de la Porte non-seulement le succès de sa diplomatie, mais l'influence des rapides triomphes qu'il avait obtenus sur les puissances du Nord. Ses efforts auprès de la Perse pour susciter des embarras nouveaux à la Russie sur ses frontières asiatiques réussirent également. Fier et heureux de cette double diversion, il en fit sentir

l'importance, dans un message qu'il adressa au sénat, en insistant sur la nécessité de garantir l'indépendance et le maintien intégral de l'empire ottoman, comme barrière naturelle aux envahissements de la puissance moscovite. « Eh! qui pourrait calculer, dit-il, la durée des guerres, le nombre des campagnes qu'il faudrait faire un jour pour réparer les malheurs qui résulteraient de la perte de l'empire de Constantinople, si l'amour d'un lâche repos et les délices de la grande ville l'emportaient sur les conseils d'une sage prévoyance? Nous laisserions à nos neveux un long héritage de guerres et de malheurs. La tiare grecque relevée et triomphante, depuis la Baltique jusqu'à la Méditerranée, on verrait de nos jours nos provinces attaquées par une nuée de fanatiques et de barbares; et si, dans cette lutte trop tardive, l'Europe civilisée venait à périr, notre coupable indifférence exciterait justement les plaintes de la postérité, et serait un titre d'opprobre dans l'histoire. » Ce message répondait plus directement que la proclamation de Posen aux insinuations pacifiques du sénat, que Napoléon était en position de juger et de déclarer intempestives. Il est remarquable d'ailleurs que la même sollicitude que témoigne ici l'empereur des Français pour la conservation intégrale de la puissance ottomane avait été manifestée, lors de l'expédition d'Égypte, par le chef du cabinet anglais, par Pitt lui-même, qui prononça, dans un intérêt exclusivement britannique, des paroles analogues à celles que Napoléon adresse à son sénat dans un intérêt européen, dans un intérêt de civilisation universelle.

Pendant son séjour à Varsovie, l'empereur reçut la pétition suivante :

« Sire,

» Mon extrait baptistaire date de l'an 1690 ; donc j'ai à présent cent dix-sept ans. Je me rappelle encore la bataille de Vienne, et les temps de Jean Sobieski.

» Je croyais qu'ils ne se reproduiraient jamais ; mais assurément je m'attendais encore moins à revoir le siècle d'Alexandre.

» Ma vieillesse m'a attiré les bienfaits de tous les souverains qui ont été ici, et je réclame ceux du grand Napoléon, étant, à mon âge plus que séculaire, hors d'état de travailler.

» Vivez, Sire, aussi longtemps que moi, votre gloire n'en a pas besoin, mais le bonheur du genre humain le demande.

» Narocki. »

L'empereur, à qui ce vieillard présenta lui-même sa pétition, s'empressa d'accueillir sa demande. Il lui accorda une pension de cent napoléons, et lui fit payer une année d'avance.

Les nouvelles de Constantinople ne firent qu'aigrir l'empereur Alexandre, sans lui inspirer le désir de cesser les hostilités sur la Vistule pour diriger ses forces vers le Danube. Loin de là, profitant de l'arrivée des renforts qu'il avait fait venir de la Moldavie, il voulut arracher les Français à leurs quartiers d'hiver, et reprendre tout à coup l'offensive.

Napoléon vit avec plaisir les dispositions du czar. Il donna ordre à Bernadotte de les favoriser, et de se retirer devant l'armée russe, pour l'attirer sur le bas de la Vistule. Il quitta ensuite Varsovie, et rejoignit Murat à Villenberg le 31 janvier au soir.

Le lendemain, l'armée française se porta à la rencontre des Russes, qu'elle atteignit à Passenheim, et qui rétrogradèrent en toute hâte pour prendre position à Suktdorf. Napoléon, pensant qu'ils étaient disposés à y tenir, s'établit entre la Passarge et l'Alle, avec sa garde, la cavalerie, les troisième et septième corps, et chargea le maréchal Soult d'enlever le pont de Bergfried pour déborder la gauche de l'ennemi.

Beningsen, qui avait compris l'importance de cette position, avait confié la garde du pont de Bergfried à douze de ses meilleurs bataillons. Mais toute leur intrépidité échoua devant la bravoure et l'impétuosité françaises. Le pont fut enlevé au pas de charge, et les Russes laissèrent, avec quatre pièces de canon, un grand nombre de morts et de blessés sur le champ de bataille.

Napoléon avait combiné les mouvements de ses divers corps d'armée de manière à porter un coup décisif. Mais le hasard dérangea une partie de ses plans. L'officier porteur de ses ordres à Bernadotte tomba entre les mains de l'ennemi, et Beningsen en profita pour éviter le piége où l'entraînaient le génie et la vieille expérience du chef de l'armée française.

Le combat de Bergfried, qui eut lieu le 3 février, ne fut, avec ceux de Waterdorff, de Dieppen, de Hoff et de Preussik-Eylau, qui se donnèrent les 4, 5 et 6 février, que le prélude de l'une des journées les plus sanglantes de notre histoire militaire. L'église et le cimetière d'Eylau, opiniâtrément défendus par les Russes, n'avaient été enlevés, le 6, qu'à dix heures du soir, après un combat meurtrier de part et d'autre. Le 7, à la pointe du jour, Beningsen commença l'attaque par une vive canonnade sur la ville d'Eylau; l'action s'engagea aussitôt sur toute la ligne. L'artillerie française fit d'abord beaucoup de mal à l'ennemi, que Davoust venait attaquer sur ses derrières, pendant qu'Augereau allait fondre sur son centre, lorsqu'une neige épaisse, plongeant les deux armées dans l'obscurité, sauva les Russes d'une destruction complète. Augereau s'égara entre la droite et le centre de l'ennemi. Pour le tirer de cette position périlleuse, il fallait la promptitude de conception de l'empereur, et la rapidité autant que la vigueur d'exécution de Murat. La cavalerie, soutenue par la garde,

tourna la division Saint-Hilaire, et tomba à l'improviste sur l'ennemi. Tout ce qui voulut s'opposer à elle fut culbuté; elle traversa plusieurs fois l'armée russe, semant partout l'effroi et la mort. Dans ce temps-là, les maréchaux Davoust et Ney s'approchèrent, débouchant, l'un sur les derrières, l'autre sur la gauche des Russes. Beningsen, voyant son arrière-garde compromise, voulut, à huit heures du soir, reprendre le village de Schnaditten, pour s'en faire un point d'appui dans sa retraite; mais les grenadiers russes, qu'il chargea de cette périlleuse tentative, échouèrent complètement et furent mis en pleine déroute. Le lendemain l'armée russe se retira au delà de la Prégel, vivement poursuivie, et laissant sur le champ de bataille seize pièces de canon et ses blessés.

Le carnage avait été horrible dans la journée d'Eylau. Le cinquante-huitième bulletin porte à dix-neuf cents morts et à cinq mille sept cents blessés la perte des Français, et celle des Russes à sept mille morts; mais quelques historiens prétendent que ce chiffre n'est pas exact, et ils font monter à six mille le nombre des morts et à vingt mille celui des blessés, pour les Russes; tandis que les Français auraient eu trois mille hommes tués et quinze mille blessés.

Quoi qu'il en soit, la bataille dut être bien meurtrière, puisque l'empereur, dans trois lettres qu'il écrivit à Joséphine pendant le mois de février, revint toujours avec une affliction profonde sur ce triste sujet. « Il y a eu hier, dit-il, une grande bataille. La victoire m'est restée, mais j'ai perdu bien du monde. La perte de l'ennemi, plus considérable encore, ne me console pas....

» Ce pays est couvert de morts et de blessés, ajoute-t-il dans sa seconde lettre; ce n'est pas la belle partie de la guerre. L'on souffre, et l'âme est oppressée de voir tant de victimes.... »

Lorsque les ennemis de la France n'étaient pas facilement écrasés et battus sans ressources, ils avaient l'habitude de se dire vainqueurs. Il était donc naturel que la bataille d'Eylau, où ils nous avaient fait presque autant de mal qu'ils en avaient souffert eux-mêmes, ne leur parût pas assez décisive pour clore la campagne et amener des propositions de paix. Aussi huit jours ne s'écoulèrent pas sans une nouvelle effusion de sang. Le 16 février, le général Essen, à la tête de vingt-cinq mille hommes, se porta sur Ostrolenka, et s'y fit battre par le cinquième corps de l'armée française,

CHAPITRE VINGT-CINQUIÈME.

que commandait le général Savary, secondé, dans cette victoire, par les généraux Oudinot, Suchet et Gazan. Le fils du fameux Suwarow périt dans ce combat.

Le même jour, l'empereur, qui était encore à Preussik-Eylau, publia une proclamation qui finissait ainsi :

« Ayant déjoué tous les projets de l'ennemi, nous allons nous approcher de la Vistule et rentrer dans nos cantonnements. Qui osera en troubler le repos s'en repentira ; car, au delà de la Vistule, comme au delà du Danube, au milieu des frimas de l'hiver, comme au commencement de l'automne, nous serons toujours les soldats français, et les soldats français de la grande armée. »

Toujours soigneux de rendre hommage à la mémoire des braves, Napoléon ordonna que les canons pris à Eylau seraient fondus pour en faire une statue du général d'Hautpoul, commandant les cuirassiers, mort des blessures qu'il avait reçues dans cette terrible journée.

Il témoigna sa satisfaction au général Savary pour sa conduite à Ostrolenka, et il le rappela auprès de lui. Le commandement du cinquième corps fut confié à Masséna.

Après différents combats, qui ont donné quelque célébrité à des villages jusque-là ignorés, tels que Peterwalde, Gustadt, Lignau, etc., mais qui ne produisirent aucun résultat important pour l'issue de la campagne, le quartier général de l'empereur s'établit le 25 avril à Finkenstein. Napoléon y rendit un décret sur les théâtres de Paris, qu'il divisa en grands théâtres et en théâtres secondaires.

Cependant, à force de vaincre et de conquérir, l'armée française s'était affaiblie par la fréquence des rencontres meurtrières, par l'étendue des provinces qu'elle avait envahies et par le nombre des places qu'elle avait occupées. De nouvelles recrues devinrent donc nécessaires ; l'empereur les demanda, et cela fit dire que l'annonce d'un grand succès n'était plus que le signal d'une levée de conscrits. Dans l'état des choses, cette demande était pourtant indispensable. Puisque les puissances ennemies, malgré leurs innombrables défaites, persistaient à tenir la campagne, et à refuser la paix aux seules conditions que la France pût trouver honorables, ce n'était pas au vainqueur d'abandonner lâchement le fruit de tant de batailles, et de mettre fin à la guerre par le sacrifice de ses intérêts et de sa gloire. Napoléon faisait toutes les concessions raisonnables ; après avoir planté son drapeau victorieux à Berlin et à Varsovie, il offrait encore sur la Vistule ce qu'il avait proposé avant la campagne. « Nous sommes prêts à conclure avec la Russie, disait-il au sénat (message du 20 mars 1807, daté d'Osterode), aux mêmes conditions que son négociateur avait signées, et que les intrigues et l'influence de l'Angleterre avaient contrainte à repousser. Nous sommes prêts à rendre à ces huit millions d'habitants conquis par nos armes la tranquillité, et au roi de Prusse sa capitale. Mais si tant de preuves de modération, si souvent renouvelées, ne peuvent rien contre les illusions que la passion suggère à l'Angleterre ; si cette puissance ne peut trouver la paix que dans l'abaissement de la France, il ne nous reste plus qu'à gémir sur les malheurs de la guerre, et à rejeter l'opprobre et le blâme sur cette nation qui alimente son monopole avec le sang du continent. »

L'empereur était persuadé que ses propositions pacifiques ne seraient acceptées que lorsqu'il aurait enlevé aux Prussiens leur dernière ressource, Dantzick, et obtenu sur les Russes une victoire aussi décisive que celle d'Iéna. Ce double but fixait désormais son attention.

Dès le mois de mars Dantzick avait été investi, mais plusieurs régiments russes y étaient entrés par la mer. Le général Kalkreuth commandait dans la place. L'armée assiégeante était sous les ordres du maréchal Lefebvre. Après plusieurs sorties infructueuses, la garnison se crut un instant au moment d'être délivrée. Le 15 mai, le général Kaminski, fils du feld-maréchal de ce nom, venu au secours de la ville, attaqua l'armée française. Mais l'empereur, prévenu à temps de son dessein, avait envoyé le maréchal Lannes et le général Oudinot pour renforcer le maréchal Lefebvre. Les Russes furent vivement repoussés au combat de Weischelmunde. Obligés de s'acculer aux fortifications de cette place, ils

jetèrent précipitamment leurs blessés sur les bâtiments qui avaient servi à leur transport, et ils les renvoyèrent à Kœnigsberg, à la vue des assiégés, qui, du haut de leurs remparts délabrés, assistèrent à la fuite honteuse de leurs prétendus libérateurs.

Encouragés par ce succès, les assiégeants poussèrent leurs travaux avec la plus grande activité. Le 17 mai la mine fit sauter un blockhaus de la place d'armes du chemin couvert. Le 19, la descente et le passage du fossé furent exécutés à sept heures du soir. Le 21, le maréchal Lefebvre donna le signal de l'assaut, et les soldats commençaient à y monter, lorsque le général Kalkreuth demanda à capituler aux conditions qu'il avait accordées autrefois lui-même à la garnison de Mayence, ce qui lui fut accordé.

Napoléon attachait une telle importance à la prise de Dantzick, qu'à la première nouvelle qu'il en eut à son quartier général de Finkenstein, il s'empressa d'ordonner des prières publiques en actions de grâces, et de donner une preuve éclatante de satisfaction au maréchal Lefebvre. « Sans doute, dit-il dans une lettre au sénat, la conscience d'avoir fait son devoir, et les biens attachés à notre estime, suffisent pour retenir un bon Français dans la ligne de l'honneur; mais l'ordre de notre société est ainsi constitué, qu'à des distinctions apparentes, à une grande fortune, sont attachés une considération et un éclat dont nous voulons que soient environnés ceux de nos sujets, grands par leurs talents, par leurs services et par leur caractère, ce premier don de l'homme.

« Celui qui nous a le plus secondé dans la première journée de notre règne, et qui, après avoir rendu des services dans toutes les circonstances de sa carrière militaire, vient d'attacher son nom à un siège mémorable, où il a déployé des talents et un brillant courage, nous a paru mériter une éclatante distinction. Nous avons voulu aussi consacrer une époque si honorable pour nos armes, et, par les lettres patentes dont nous chargeons notre cousin l'archichancelier de vous donner communication, nous avons créé notre cousin le maréchal et sénateur Lefebvre duc de Dantzick. Que ce titre, porté par ses descendants, leur retrace les vertus de leur père, et qu'eux-mêmes ils s'en reconnaissent indignes s'ils préféraient jamais un lâche repos et l'oisiveté de la grande ville aux périls et à la noble poussière des camps! Qu'aucun d'eux ne termine sa carrière sans avoir versé son sang pour la gloire et l'honneur de notre belle France; que dans le nom qu'ils portent ils ne voient jamais un privilége, mais des devoirs envers nos peuples et envers nous. »

Fusilier grenadier (garde impériale), grande tenue. — 1806-1814.

Si l'empereur n'eût voulu que rendre grands par des titres ceux qui l'étaient déjà par leurs talents, leurs services et leur caractère, la saine philosophie n'aurait rien à reprendre dans cette élévation personnelle des hommes qui avaient bien mérité de leur pays; elle regretterait seulement, peut-être, que la distinction éclatante dont on les jugea dignes ne fit que reproduire ou parodier les distinctions surannées que la raison du siècle avait fait abolir depuis longtemps, comme incompatibles avec le règne de l'égalité, et auxquelles s'attachait inévitablement une réminiscence d'orgueil aristocratique et de privilège. Mais Napoléon ne se borne pas ici à chercher dans le blason, naguère si ridicule, l'éclat et la considération dont il voulait environner les personnages éminents qui entouraient son trône, il prétend rendre héréditaires cette considération et cet éclat, faire disparaître les héros de la démocratie et leur descendance, sous la pompe des vanités héraldiques que la démocratie se vantait d'avoir anéanties. Et comme s'il reconnaissait lui-même l'étrangeté et l'inconséquence d'une pareille prétention, il se hâte d'y apporter un correctif, en annulant moralement le bénéfice de l'hérédité, si la postérité du brave anobli laisse perdre dans la mollesse et l'oisiveté des villes le souvenir de la bravoure qui aura servi de point de départ à sa noblesse. Napoléon ne s'inquiète pas des suites de la contradiction éventuelle qu'il crée entre le droit et le fait, léguant ainsi aux générations futures le soin de juger encore les descendances nobiliaires, et de recommencer péniblement le procès des races dégénérées. Bien plus, il exige des héritiers d'un grand citoyen, qui fut soldat par circonstance, que tous, jusqu'au dernier, versent leur sang dans les combats, pour rester dignes de leur patrimoine aristocratique, semblant indiquer par là que, dans l'avenir comme dans le passé, le métier des armes sera le seul noble, et méconnaissant ainsi la grande révolution qui s'opère sous nos yeux, et qui distinguera la société nouvelle de celle du moyen âge, en remplaçant les supériorités militaires des temps féodaux par les supériorités pacifiques du monde intellectuel et du monde industriel [1].

Mais Napoléon avait une mission principale à remplir, celle de mettre l'Europe, sciemment ou malgré lui, en contact permanent avec la révolution française, par la force des armes. Lors donc qu'il exalte un soldat, n'importe par quel moyen, il est dans son rôle, car le soldat est l'instrument héroïque et providentiel qui lui a été donné pour accomplir sa grande tâche. Et puis, nous ne saurions trop le répéter, qu'il fasse des nobles pour récompenser les services rendus à la révolution qui a détruit sans retour la noblesse, cette anomalie ne ressuscitera pas, mais achèvera de ruiner cette vieille institution.

Tandis que le dernier appui de la monarchie prussienne tombait à Dantzick, des négociations pour la paix avaient été ouvertes entre les Russes et les Français. Mais le cabinet anglais voulait la prolongation de la guerre; peu lui importait d'épuiser se

---

[1] Napoléon apprécia mieux les tendances du siècle, lorsqu'il dit à l'occasion de la Légion d'honneur : « Notre éducation et nos mœurs passées nous faisaient bien plus vaniteux que forts penseurs. Aussi, bien des officiers se trouvaient-ils choqués de voir leur même décoration descendre jusqu'au tambour, et

CHAPITRE VINGT-CINQUIÈME.

alliés, s'il parvenait à lasser et à épuiser aussi la France. L'empereur Alexandre était d'ailleurs encore facile à pousser aux combats; il n'avait pas essuyé une de ces défaites par lesquelles Napoléon avait coutume de clore la guerre. L'armée russe se mit donc en mouvement le 5 juin, et les hostilités commencèrent aussitôt.

Le pont de Spanden fut l'objet de la première attaque des Russes. Douze régiments tentèrent de l'enlever. Vigoureusement repoussés, ils renouvelèrent sept fois leurs efforts, et sept fois ils échouèrent. Un seul régiment de dragons, le 17e, du corps de Bernadotte, les chargea si vivement, après leur septième assaut, qu'ils lâchèrent pied et battirent en retraite. Une pareille tentative sur le pont de Lomitten n'eut pas une meilleure issue. Le général russe y perdit la vie. Le maréchal Soult veillait de ce côté.

La garde impériale russe, soutenue de trois divisions, et commandée par le général en chef qu'accompagnait le grand-duc Constantin, ne fut pas plus heureuse contre les positions que le maréchal Ney occupait à Altkirken. Le brillant combat de Deppen, qui eut lieu le lendemain, coûta aux Russes deux mille morts et trois mille blessés. Le succès de l'armée française fut attribué, dans le récit officiel, « aux manœuvres du maréchal Ney, à l'intrépidité qu'il montra et qu'il communiqua à ses troupes, et au talent déployé par le général de division Marchand. »

Pendant huit jours, les deux armées préludèrent ainsi, dans des engagements partiels, à une affaire générale. Enfin, elles se rencontrèrent, le 14 juin, à Friedland. A trois heures du matin, le canon se fit entendre. « C'est un jour de bonheur, dit Napoléon, c'est l'anniversaire de Marengo. »

Les maréchaux Lannes et Mortier commencèrent le feu, soutenus par les dragons

de Grouchy et les cuirassiers de Nansouty. Rien de décisif ne résulta d'abord du choc des différents corps engagés. Ce ne fut qu'à cinq heures du soir que Napoléon, ayant reconnu la position de la bataille, décida d'enlever sur-le-champ la ville de Friedland,

embrasser également le prêtre, le juge, l'écrivain et l'artiste. Mais ce travers se fût passé; nous marchions vite, et bientôt les militaires se seraient trouvés honorés de se voir en confraternité avec les premiers savants et les plus distingués de toutes les professions. »

17.

en faisant brusquement un changement de front. Il fit commencer l'attaque par l'extrémité de la droite.

Dragon (garde impériale).   1806-1814.

A cinq heures et demie, une batterie de vingt pièces donna le signal. C'était le maréchal Ney qui s'ébranlait. Au même moment, le général Marchand, à la tête de sa division, avança, l'arme au bras, sur l'ennemi, en se dirigeant sur le clocher de la ville. Cette attaque audacieuse, soutenue par l'artillerie, qui fit éprouver une grande perte aux Russes, prépara le succès de la journée. Cependant l'ennemi avait embusqué sa garde impériale à pied et à cheval. Quand il vit le corps du maréchal Ney marcher à son but avec tant d'intrépidité, à travers tous les obstacles qui se multipliaient sur son passage, il fit déboucher cette formidable réserve sur la gauche du maréchal. Le choc fut terrible. Mais le général Dupont survint avec sa division, et la victoire resta définitivement aux Français. En vain les Russes firent-ils avancer toutes leurs réserves, Friedland fut emporté, au milieu d'un horrible carnage. Ils laissèrent vingt mille hommes sur le champ de bataille, dont quinze mille furent tués et cinq mille blessés, et dans ce nombre trente généraux. « Mes enfants, écrivit Napoléon à Joséphine, ont dignement célébré la bataille de Marengo. La bataille de Friedland sera aussi célèbre et aussi glorieuse pour mon peuple... C'est une digne sœur de Marengo, Austerlitz, Iéna. »

Dès que la nouvelle de cette victoire arriva à Kœnigsberg, les Russes et les Prussiens se hâtèrent d'abandonner la place. Le maréchal Soult y entra le 16 juin, et y trouva des richesses immenses, des approvisionnements en grain, plus de vingt mille blessés, des munitions de toutes sortes, et entre autres cent soixante mille fusils, récemment arrivés d'Angleterre, et encore embarqués. Le 19, l'empereur porta son quartier général à Tilsitt.

L'événement que l'empereur Alexandre semblait attendre pour penser sérieusement à la paix était enfin accompli : l'armée russe avait eu sa journée funeste, sa déroute complète, sa défaite décisive. Le 21 juin, le czar et le roi de Prusse conclurent un armistice avec l'empereur. Le 22, Napoléon adressa à son armée la proclamation suivante :

« Soldats,

» Le 5 juin nous avons été attaqués dans nos cantonnements par l'armée russe. L'ennemi s'est mépris sur les causes de notre inactivité. Il s'est aperçu trop tard que notre repos était celui du lion : il se repent de l'avoir oublié.

» Des bords de la Vistule nous sommes arrivés sur les eaux du Niémen avec la rapidité de l'aigle. Vous célébrâtes à Austerlitz l'anniversaire du couronnement ; vous avez, cette année, célébré celui de la bataille de Marengo, qui mit fin à la guerre de la seconde coalition.

» Français, vous avez été dignes de vous et de moi. Vous rentrerez en France couverts de tous vos lauriers, après avoir obtenu une paix glorieuse qui porte avec elle la garantie de sa durée. »

Les bases de cette paix furent arrêtées par les trois monarques, dans une entrevue qu'ils eurent sur le Niémen.

Le 25 juin, à une heure après midi, Napoléon, accompagné de Murat, Berthier, Duroc et Caulaincourt, se rendit, dans un bateau, au milieu de ce fleuve, où l'on avait placé des radeaux et élevé des pavillons pour recevoir les deux empereurs et le roi de Prusse. Au même instant Alexandre s'embarquait sur l'autre rive, avec le grand-duc Constantin, le général Beningsen, le général Ouvaroff, le prince Labanof et le comte de Liéven.

Les deux bateaux arrivèrent en même temps. En mettant le pied sur le radeau, Alexandre et Napoléon s'empressèrent de donner aux deux armées, campées sur chaque rive, un signe précurseur de la réconciliation ; ils se jetèrent dans les bras l'un de l'autre, et passèrent ensuite plusieurs heures ensemble. La conférence finie, les monarques regagnèrent chacun leur bateau et rentrèrent dans leur camp.

Le lendemain, 26, une seconde entrevue eut lieu au pavillon du Niémen, et le roi de Prusse y assista. Pendant plusieurs jours les trois princes se virent fréquemment et se donnèrent des fêtes. La plus franche amitié semblait avoir remplacé tout à coup les dispositions hostiles qui avaient fait couler tant de sang. Dans un dîner, Napoléon porta la santé de la reine de Prusse, qu'il avait traitée avec si peu de ménagement dans ses bulletins.

Cette princesse arriva à Tilsitt, le 6 juillet, à midi. Deux heures après, Napoléon

lui faisait sa visite. Elle insista, dit-on, pour rendre les conditions de la paix moins dures pour sa couronne. Mais toute la puissance de séduction dont la nature et l'éducation l'avaient douée ne put rien changer aux résolutions prises avant son arrivée. Le 8, le traité de paix fut signé. La France y faisait reconnaître le blocus continental,

CHAPITRE VINGT-CINQUIÈME.   263

les royaumes de Saxe, de Hollande et de Westphalie (ce dernier créé au profit de Jérôme, aux dépens de la Prusse, du Hanovre et de la Hesse), et le grand-duché de Varsovie, qui entrait dans la confédération du Rhin, dont Napoléon était proclamé *protecteur* par les grandes puissances du Nord, contre lesquelles cette alliance avait été principalement constituée.

Avant de quitter Tilsitt, Napoléon se fit présenter le plus brave soldat de la garde impériale russe, et lui donna l'aigle d'or de la Légion d'honneur, en témoignage

d'estime pour ce corps. Il fit présent de son portrait à l'hetman des Cosaques, Platow. Quelques Baschirs, envoyés par Alexandre, vinrent lui donner un concert à la manière de leur pays.

Le 9 juillet, à onze heures du matin, Napoléon, décoré du grand cordon de l'ordre de Saint-André, se rendit chez l'empereur de Russie, qu'il trouva à la tête de sa garde, et portant la grande décoration de la Légion d'honneur. Après avoir passé trois heures ensemble, ils montèrent à cheval et s'acheminèrent vers les bords du Niémen, où Alexandre s'embarqua. Napoléon le suivit de l'œil jusqu'à l'autre rive, en signe d'amitié. Le roi de Prusse étant venu peu de temps après voir l'empereur des Français, celui-ci lui rendit immédiatement sa visite, et partit ensuite pour Kœnigsberg.

CHAPITRE VINGT-SIXIÈME.

Retour de Napoléon à Paris. — Session du corps législatif. — Suppression du tribunat. — Voyage de l'empereur en Italie. — Occupation du Portugal. — Retour de Napoléon. — Tableau des progrès des sciences et des arts depuis 1789.

'EMPEREUR ne s'arrêta pas longtemps dans l'ancienne capitale de la Prusse. Il en partit le 13 juillet, et arriva le 17 à Dresde, en compagnie du roi de Saxe, qui avait été le recevoir à Bautzen, sur la frontière de ses Etats. Le 27, Napoléon était rentré à Saint-Cloud.

Le sénat, le tribunat, le corps législatif, la cour de cassation, le clergé, le corps municipal, toutes les autorités enfin, civiles, militaires ou ecclésiastiques, vinrent déposer avec empressement leurs félicitations aux pieds du monarque victorieux.

L'empereur voulut signaler son retour par des promotions et des récompenses. Il conféra la dignité de sénateur aux généraux de division Klein et de Beaumont, aux tribuns Curée et Fabre (de l'Aude), à l'archevêque de Turin, et à l'un des maires de Paris, M. Dupont. Le prince de Bénévent, Talleyrand, fut nommé vice-grand électeur; le prince de Neufchâtel, Berthier, reçut le titre de vice-connétable.

Le 15 août, jour de sa fête, l'empereur se rendit en grande pompe à Notre-Dame, où fut chanté le *Te Deum*, en actions de grâces, pour la paix de Tilsitt.

Une députation du royaume d'Italie vint joindre ses félicitations à celles des grands corps de l'Empire. Napoléon s'en montra satisfait. « J'ai éprouvé une joie particulière, dit-il, dans le cours de la campagne dernière, de la conduite distinguée qu'ont tenue mes troupes italiennes. Pour la première fois, depuis bien des siècles, les Italiens se sont montrés avec honneur sur le grand théâtre du monde: j'espère qu'un si heureux commencement excitera l'émulation de la nation, que les femmes elles-mêmes renverront d'auprès d'elles cette jeunesse oisive qui languit dans les boudoirs, ou du moins ne les recevront que lorsqu'ils seront couverts d'honorables cicatrices. Du reste, j'espère avant l'hiver aller faire un tour dans mes États d'Italie. »

L'ouverture du corps législatif eut lieu le 16 août. Elle fut faite par l'empereur, qui, résumant en un mot toute la grandeur de la France, prononça ces impérissables paroles: « Je me suis senti fier d'être le premier parmi vous. » Malheureusement, à côté de cette noble expression d'un sublime et légitime orgueil, Napoléon laissa glisser une justification assez paradoxale des titres impériaux qu'il avait créés pour servir d'aliment à des vanités d'un autre âge. Selon lui, il avait voulu par là « empêcher le retour de tout titre féodal, incompatible avec nos institutions »; comme si le rétablissement des titres consacrés par la féodalité pouvait être pris sérieusement pour un obstacle à leur retour, parce qu'on n'osait pas y ajouter certains priviléges devenus intolérables, alors surtout qu'on les exhumait avec ce qu'ils avaient eu de plus antipathique au dix-huitième siècle et à la révolution française, le principe de l'hérédité.

Au reste, l'institution d'une noblesse héréditaire n'était que la conséquence de la fondation d'une dynastie. Après s'être annoncé en quelque sorte comme envoyé d'en haut pour restaurer le pouvoir, tombé, disait-il, dans le sang et dans la boue, Napoléon se laisse emporter par le mouvement réactionnaire dont il a donné le signal, en faveur de l'esprit d'ordre et de conservation. Croyant n'agir que dans les limites d'une prévoyance légitime contre l'exagération du principe de liberté, il exagère involontairement le principe d'autorité, comme il se flatte de ne consacrer que l'aristocratie du mérite quand il fait des grands par la naissance, et qu'il s'efforce de donner de la stabilité à son nouvel empire, en l'appuyant précisément sur les étais vermoulus qui craquèrent violemment, il y a un demi-siècle, sous le poids de la monarchie de Charlemagne.

Dans son discours d'ouverture l'empereur avait annoncé aussi des modifications aux lois constitutionnelles. On pouvait être certain d'avance que le résultat de ses méditations ne serait que le développement de sa pensée dictatoriale, et qu'il allait atténuer ou faire disparaître ce qui formait encore une représentation fictive, en dehors de la représentation réelle et absolue qu'il plaçait en lui-même. Le tribunat, malgré le soin qu'il avait eu de prendre l'initiative des motions monarchiques, fut supprimé; son nom seul aurait suffi pour lui porter malheur. Une institution dont l'origine et la dénomination rappelaient incessamment le système républicain ne pouvait pas être longtemps tolérée dans le voisinage des ducs et des princes que la munificence impériale ressuscitait miraculeusement autour de son trône, dans la personne des plus célèbres détracteurs et des plus redoutables ennemis de l'antique blason. Du reste, les tribuns montrèrent une résignation exemplaire; plus courtisans que jamais, ils remercièrent et bénirent la main qui les frappait, et semblèrent vouloir justifier par là l'empereur, en prouvant à la France que la suppression de leur corps n'avait rien d'alarmant pour les libertés nationales, et qu'il n'y aurait qu'un mensonge de moins dans la constitution de l'État.

L'empereur apporta aussi quelques changements dans l'organisation du corps législatif et dans la forme de ses délibérations. L'âge de quarante ans fut exigé pour les membres de ce corps; et sa vie politique resta concentrée dans trois commissions, qui devaient conférer avec les commissions du conseil d'État sur chaque projet de loi, dont l'initiative était exclusivement réservée au gouvernement. Le code de commerce fut voté dans cette session.

La guerre continuait dans le Nord entre la France et la Suède. Le 17 août, la ville de Stralsund fut prise par les Français, et l'île de Rugen ayant capitulé le 3 septembre suivant, la conquête de la Poméranie suédoise se trouva complète. Le roi de Suède n'en resta pas moins attaché à l'alliance anglaise.

C'était avec peine sans doute que Napoléon voyait la Baltique ouverte au pavillon britannique, et la cour de Stockholm obstinément rebelle au blocus continental. Mais il était un autre royaume dont les relations constantes avec l'Angleterre contrariaient beaucoup plus le système français : c'était le Portugal. La maison de Bragance, liée par ses intérêts commerciaux autant que par ses affinités politiques, se soumit à toutes les exigences du cabinet anglais, et ne tint jamais aucun compte du décret de Berlin, alors même qu'elle se déclarait officiellement en état d'hostilité vis-à-vis de la Grande-Bretagne, pour mieux tromper Napoléon. Cette infidélité occulte à l'alliance française fut dénoncée à l'Europe par l'empereur, qui envoya un corps d'armée en Portugal, sous le commandement de Junot, après avoir traité avec la cour de Madrid pour le passage des troupes impériales à travers l'Espagne.

Tandis que Junot s'acheminait vers le Tage, Napoléon se préparait à visiter encore les bords du Pô et de l'Adriatique. Avant son départ, il reçut en audience solennelle l'ambassadeur de Perse, qui était arrivé à Paris, porteur de présents magnifiques pour l'empereur, aux pieds duquel il déposa, entre autres objets remarquables, les sabres de Tamerlan et de Thamas Kouli Kan.

Napoléon partit de Paris le 16 novembre (1807), et arriva à Milan le 21. Peu de jours après, la garde impériale, couverte des lauriers d'Austerlitz, d'Iéna et de Friedland, fit son entrée triomphale dans la capitale. Son arrivée fut le signal de grandes réjouissances. Les autorités parisiennes voulurent la fêter à l'hôtel de ville, et le sénat dans son palais même.

L'empereur ne s'arrêta pas longtemps à Milan ; il lui tardait de se faire connaître aux nouveaux sujets que lui avait donnés le traité de Presbourg. Il arriva à Venise le 29 novembre, le jour même que Junot, après avoir traversé l'Espagne, s'emparait d'Abrantès, la première ville de Portugal. Le lendemain, l'armée française entrait dans Lisbonne, que la famille royale avait abandonnée à la vue d'un peuple consterné, pour se rendre à bord de l'escadre anglaise, et se retirer au Brésil.

Après avoir parcouru les Etats vénitiens et la Lombardie, et s'être rencontré à Mantoue avec son frère Lucien, dont il voulait faire épouser la fille au prince des Asturies, Napoléon rentra dans la capitale de son royaume d'Italie. Il publia diverses lettres patentes qui conféraient le titre de prince de Venise au vice-roi Eugène Beauharnais, et celui de princesse de Bologne à sa fille Joséphine ; Melzi, ancien président de la république cisalpine, devint duc de Lodi. L'empereur ayant fait donner lecture de ces actes au corps législatif italien, prit ensuite la parole lui-même et s'exprima ainsi :

« Messieurs les *possidenti, dotti* et *commercianti*, je vous vois avec plaisir environner mon trône. De retour après trois ans d'absence, je me plais à remarquer les progrès qu'ont faits mes peuples ; mais que de choses il reste encore à faire pour effacer les fautes de nos pères, et vous rendre dignes des destins que je vous prépare !

» Les divisions intestines de nos ancêtres, leur misérable égoïsme de ville, préparèrent la perte de tous nos droits. La patrie fut déshéritée de son rang et de sa dignité, elle qui, dans des siècles plus éloignés, avait porté si loin l'honneur de ses armes et l'éclat de ses vertus. Cet éclat, ces vertus, je fais consister ma gloire à les reconquérir. »

Ces paroles furent accueillies avec transport par les députés italiens, dont la division en propriétaires, savants et industriels, correspondait mieux, on peut le dire, que l'organisation du corps législatif français, aux diverses natures d'intérêts et de capacités, dont la prédominance dans la société pouvait justifier ou même nécessiter la représentation dans la politique. Mais cette différence dans le mécanisme constitutionnel de deux peuples soumis à la même domination, courbés sous le même sceptre, s'explique par cette circonstance, que, sur le sol de l'Italie, Napoléon, homme de révolution, avait arraché le pouvoir à l'ancien régime, tandis qu'en France il avait détrôné d'autres révolutionnaires. En effet, à Milan, à Bologne, à Venise, comme dans le reste de l'Europe, ses ennemis naturels étaient l'aristocratie et le clergé, sur l'abaissement desquels il avait fondé la puissance française ; les patriotes, sortis des rangs intermédiaires, des classes lettrées et laborieuses, étaient ses appuis obligés. A Paris, au contraire, il se souvenait toujours qu'il avait conquis le trône à Saint-Cloud, sur les républicains, sur les disciples de la philosophie moderne. De là sa disposition irrésistible à considérer comme suspects, à traiter de songe-creux les esprits sérieux qui parlaient de liberté dans leurs écrits, et qui s'occupaient de spéculations politiques ; de là l'exil de madame de Staël, la disgrâce de Benjamin Constant, le dédain pour Tracy, Volney, Cabanis, etc., et enfin la suppression du tribunat et d'une classe importante de l'Institut. Les *dotti* du royaume d'Italie n'étaient que des idéologues en deçà des monts, tant il est vrai qu'il y avait deux hommes, ou plutôt deux rôles dans Napoléon, selon qu'il était en face de l'étranger ou en regard de la France. Réformateur dans l'organisation des pays conquis, il devenait conservateur dès qu'il s'agissait de l'administration intérieure de l'Empire ; sa position seule, différente au delà et en deçà des frontières, le poussait à cette contradiction, qui a fait dire à M. de Châteaubriand que « tantôt il faisait un pas avec le siècle, et tantôt il reculait vers le passé. »

Depuis la paix de Tilsitt, l'Angleterre, que l'empereur Alexandre s'était vainement chargé d'amener à une réconciliation avec la France, n'avait fait que mettre plus d'obstination et d'acharnement dans ses résolutions guerrières. Furieuse de l'adhésion officielle des grandes puissances du Nord au blocus continental, elle avait repoussé opiniâtrement l'intervention du czar, et envoyé vingt-sept bâtiments et vingt mille hommes dans la Baltique, sous les ordres de lord Cathcart, pour forcer le roi de Danemark à livrer sa flotte, à titre de dépôt. Ce prince avait dû refuser. L'amiral anglais avait répondu à sa noble résistance par le bombardement de Copenhague, lequel fut suivi de la capitulation immédiate de cette capitale, et de la destruction de la flotte danoise. En apprenant cette horrible violation du droit des gens, que les Anglais répétaient de toutes parts, et sous toutes les formes, contre la neutralité impuissante, Napoléon résolut de compléter le système de représailles qu'il avait adopté après la bataille d'Iéna ; et le décret de Milan vint donner au décret de Berlin toute l'extension rigoureuse que les circonstances paraissaient exiger. L'empereur y déclara « dénationalisé » tout bâtiment qui se soumettrait a la mesure violente par laquelle le roi d'Angleterre avait mis tous les ports de la France et de ses alliés en état de blocus, et ordonné la visite, sur mer, de tous les bâtiments européens qui seraient rencontrés par les croisières britanniques.

De nouvelles combinaisons territoriales fixèrent encore l'attention de l'empereur pendant son séjour en Italie. La Toscane et les légations étaient destinées à faire partie de l'Empire français. Après avoir tout préparé pour cette réunion, il reprit le chemin de la France. En traversant les Alpes, il s'arrêta à Chambéry. Un jeune homme l'y attendait pour lui demander de faire cesser l'exil de sa mère; c'était M. de Staël. Napoléon l'accueillit bien personnellement, mais se montra fort dur à l'égard de la fille de Necker, et de Necker lui-même. « Votre mère, lui dit-il, doit être contente d'être à Vienne; elle aura beau jeu pour apprendre l'allemand.... Je ne dis pas que ce soit une méchante femme.... Elle a de l'esprit; elle en a beaucoup trop, peut-être, mais c'est un esprit sans frein, insubordonné. Elle a été élevée dans le chaos d'une monarchie qui s'écroule et de la révolution; elle fait de tout cela un amalgame! Tout cela peut devenir dangereux. Avec l'exaltation de sa tête, elle peut faire des prosélytes. J'y dois veiller. Elle ne m'aime pas. C'est dans l'intérêt de ceux qu'elle compromettrait que je ne dois pas la laisser revenir à Paris.... Elle servirait de drapeau au faubourg Saint-Germain.... Elle ferait des plaisanteries : elle n'y attache pas d'importance; mais moi, j'en mets beaucoup. Mon gouvernement n'est point une plaisanterie, et je prends tout au sérieux; il faut qu'on le sache, et dites-le bien à tout le monde. » Le jeune de Staël protesta de l'intention de sa mère de ne donner aucun sujet d'ombrage au gouvernement impérial, et de ne voir qu'un petit nombre d'amis, dont la liste serait même soumise à l'approbation de l'empereur; puis il ajouta : « Quelques personnes m'ont dit que c'était le dernier ouvrage de mon grand-père qui vous avait indisposé contre ma mère; je puis pourtant jurer à Votre Majesté qu'elle n'y a été pour rien. — Oui, certainement, reprit l'empereur, cet ouvrage y est pour beaucoup. Votre grand-père était un idéologue, un fou, un vieux maniaque. A soixante ans vouloir renverser ma constitution, faire des plans de constitution ; les États seraient, ma foi, bien gouvernés avec des hommes à systèmes, des faiseurs de théories, qui jugent les hommes dans des livres et le monde sur la carte!... Les économistes sont des songe-creux qui rêvent des plans de finances, et ne sauraient pas remplir les fonctions de percepteur dans le dernier village de mon empire. L'ouvrage de votre grand-père est l'œuvre d'un vieil entêté qui est mort en rabâchant sur le gouvernement des États. » A ces mots, le petit-fils de Necker s'émut, et, interrompant l'empereur, crut pouvoir lui dire que sans doute il s'était fait rendre compte du livre par des personnes malveillantes, et qu'il ne l'avait pas lu lui-même, puisque son grand-père y rendait justice au génie de Napoléon. « C'est ce qui vous trompe! lui dit vivement l'empereur ; je l'ai lu moi-même d'un bout à l'autre.... Oui, il me rend une belle justice ! il m'appelle l'homme nécessaire! et, d'après son ouvrage, la première chose à faire était de couper le cou à cet homme nécessaire. Oui, j'étais nécessaire, indispensable, pour réparer toutes les sottises de votre grand-père, pour effacer le mal qu'il a fait à la France.... C'est lui qui a fait la révolution.... Le règne des brouillons est fini ; je veux de la subordination. Respectez l'autorité, parce qu'elle vient de Dieu.... Vous êtes jeune ; si vous aviez mon expérience, vous jugeriez mieux les choses. Bien loin de me choquer, votre franchise m'a plu : j'aime qu'un fils plaide la cause de sa mère.... Malgré cela, je ne veux pas vous donner de fausses espérances, et je ne puis vous cacher que vous n'obtiendrez rien. » M. de Staël se retira, et l'empereur dit ensuite à Duroc :

« N'ai-je pas été un peu dur avec ce jeune homme?... Je le crois. Eh bien ! j'en suis bien aise, après tout ; d'autres n'y reviendront pas. Ces gens-là dénigrent tout ce que je fais ; ils ne me comprennent pas. »

Napoléon arriva à Paris le

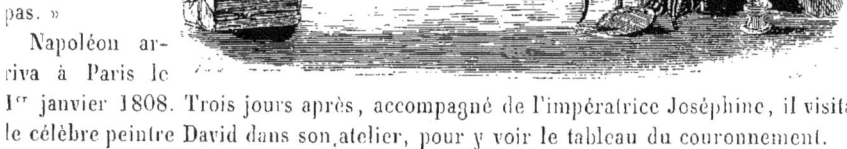

1ᵉʳ janvier 1808. Trois jours après, accompagné de l'impératrice Joséphine, il visita le célèbre peintre David dans son atelier, pour y voir le tableau du couronnement.

Dans le courant du même mois il donna des statuts définitifs à la Banque de France, et réunit Flessingue et ses dépendances à l'Empire. Le sort du Portugal n'était pas fixé encore. Quoiqu'il fût entièrement soumis aux armes françaises, Napoléon ne voulut rien précipiter à l'égard de ce royaume. Il se contenta d'y organiser un gouvernement provisoire, à la tête duquel il plaça Junot, avec le titre de gouverneur général, par un décret du 1ᵉʳ février. Le lendemain, il décerna le même titre à son beau-frère, le prince Borghèse, pour les départements au delà des Alpes.

L'Institut national remplit, à cette époque, une mission importante, dont l'empereur l'avait chargé dans l'un de ces moments où le génie de l'homme, libre des passions du monarque, se préoccupait avant tout des intérêts généraux de la civilisation. Chacune des trois classes de ce corps illustre présenta un rapport sur les progrès de la branche des connaissances humaines qui était l'objet spécial de ses travaux. Le tableau historique renfermé dans l'ensemble de ces rapports embrassa ainsi les sciences, les arts et les lettres, à partir de 1789. Chénier fut le rapporteur de la classe qui représentait l'ancienne Académie française; Delambre et Cuvier exposèrent les progrès des sciences physiques et mathématiques; Dacier parla au nom de cette portion de l'Institut qui forme aujourd'hui l'Académie des inscriptions et belles-lettres, et Lebreton présenta le rapport de la classe des beaux-arts. Le travail de l'Institut restera comme un monument de la grandeur du peuple qui, au milieu des tourmentes de la guerre civile et des anxiétés incessantes de la guerre étrangère, avait cultivé fructueusement le domaine de l'intelligence, et s'était élevé dans la triple carrière du savant, du littérateur et de l'artiste, alors que l'Europe et le monde le croyaient exclusivement soldat. Ce sera aussi une éloquente réponse aux détracteurs de la révolution, et, par conséquent, une justification indirecte de tous ceux qui, comme Necker, si maltraité par l'empereur, contribuèrent, par leurs théories économiques et leurs plans de finances, à l'explosion de cette grande crise; car, quoi qu'en ait dit Napoléon, les idéologues ont rempli leur tâche comme les conquérants : les uns et les autres ont pu finir par s'égarer, après avoir été un moment les hommes de leur siècle. La société, dans sa marche rapide, renouvelle souvent ses guides; mais elle ne doit pas mépriser ceux qu'elle laisse en arrière, parce qu'il ne leur a pas été donné de pouvoir la suivre toujours. Necker, ridicule en 1808 aux yeux de Napoléon, qui représentait la France d'alors, avait été porté en triomphe par la France en 1789.

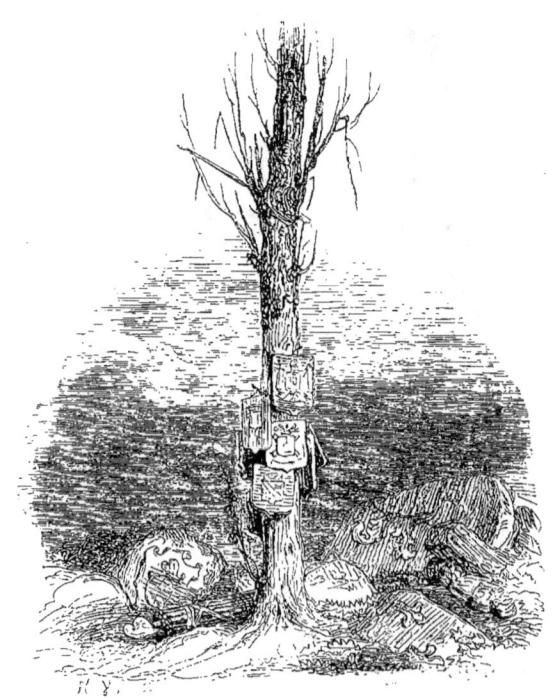

CHAPITRE VINGT-SEPTIÈME.

Affaires d'Espagne.

epuis longtemps la révolution française n'avait plus à combattre que dans le nord de l'Europe; mais le midi était plutôt subjugué que converti. Les répugnances, les antipathies qu'elle avait soulevées à son origine, dans toutes les cours, si elles avaient été contraintes à la dissimulation par la force des armes, n'en subsistaient pas moins au fond des âmes; à Madrid et à Lisbonne, comme à Vienne, à Berlin et à Pétersbourg, le philosophisme était un voisin incommode, et il devait l'être surtout pour le saint office et l'inquisition. Napoléon ne l'ignorait pas. Il savait que le cabinet espagnol, comme celui d'Autriche, était prêt à se déclarer l'allié de la Prusse, de la Russie et de l'Angleterre, lorsque la bataille d'Iéna vint tromper les espérances de la coalition. Une proclamation du prince de la Paix (le fameux Godoï) avait dévoilé les arrière-pensées de l'Escurial. Cette manifestation prématurée perdit le gouvernement de Charles IV; il lui fallut condescendre à toutes les exigences de Napoléon, pour se faire pardonner les dispositions hostiles qu'il s'était hasardé à laisser soupçonner. De là cet envoi d'un corps auxiliaire en Allemagne, sous les ordres de la Romana, et ce passage imprudent accordé aux troupes françaises pour la conquête du Portugal. Des corps d'observation se formèrent sur toute la ligne des Pyrénées, sous différents noms et avec l'apparente destination de renforcer et de soutenir l'expédition lusitanienne. L'empereur ne voulait pas seulement punir les velléités et le langage agressif de 1806; il songeait surtout à se mettre à l'abri, pour l'avenir, de toute entreprise offensive de la part des puissances méridionales, en cas de nouvelles ruptures avec les monarchies du Nord. Il se préoccupait beaucoup aussi de l'exécution rigoureuse des décrets de Berlin et de Milan; et sa sévérité à cet égard se tournait naturellement et d'une manière plus particulière vers les pays maritimes, tels que les deux péninsules. Déjà ses

mesures étaient prises à Naples et à Lisbonne, et très-avancées à Rome, ainsi que nous le verrons plus tard. Mais c'était l'Espagne baignée par deux mers, gouvernée par un Bourbon, et surprise naguère en état de provocation contre la France, qu'il importait principalement d'asservir au système français. L'occupation militaire des provinces et des places septentrionales de ce royaume fut donc résolue.

Les corps d'observation de la Gironde et des Pyrénées reçurent l'ordre de se porter en avant. Le maréchal Moncey entra dans les provinces basques; Dupont s'établit à Valladolid, et Duhesme pénétra en Catalogne. Il n'y avait pas moins dès lors de soixante-dix mille Français dans la Péninsule, non compris le corps de Junot. Ces troupes furent reçues sans opposition dans les places fortes.

Si l'empereur n'eût désiré alors qu'une puissante garantie de la fidélité de la cour de Madrid à l'alliance française, l'occupation de ces points importants lui eût peut-être suffi. Mais la situation intérieure de l'Espagne et les événements domestiques survenus dans le palais de l'Escurial modifièrent son plan primitif, et offrirent à son ambition et à son génie l'occasion de rattacher la nation espagnole au peuple français, non pas seulement par une invasion permanente, mais par une révolution.

La monarchie de Charles-Quint était alors dirigée par un de ces hommes que Dieu ne manque jamais de placer au timon des États dont il permet la chute pour les régénérer, et la famille royale aussi était marquée du signe de la décadence. Le sang de Louis XIV se souillait à la face du monde; l'insolence du parvenu et l'effronterie du vice obtenaient les hommages de la fierté castillane; l'avilissement du pouvoir, inévitable avant-coureur de sa ruine, était au comble; l'amant de la reine s'était fait le favori du roi et le tyran de l'Espagne; Godoï maîtrisait, déshonorait et perdait une race auguste dont les destins étaient accomplis. « Son ascendant, dit un écrivain attaché aux Bourbons, était sans bornes sur la famille royale; son pouvoir était celui d'un maître absolu; les trésors de l'Amérique étaient à sa disposition, et il les employait à des séductions infâmes; enfin, il avait fait de la cour de Madrid un de ces lieux où la muse indignée de Juvénal a conduit la mère de Britannicus. »

Évidemment, c'était là ce qu'on appelle le signe des temps! La protection divine s'était visiblement retirée du royaume de Pélage, comme elle avait abandonné, un siècle auparavant, le trône de Clovis. L'Espagne avait aussi sa régence. Le sceau de la dégradation ne laissait plus apercevoir les traces de l'huile sainte sur des fronts écrasés du poids d'une couronne surchargée de rouille et d'opprobre. Mais la royauté ne subissait pas seule les dégoûtantes atteintes de la décrépitude. La sève vigoureuse du moyen âge était épuisée dans toutes les parties du corps social. La noblesse et le clergé, appuis naturels et auxiliaires puissants du pouvoir royal, aux jours de sa splendeur, partageaient avec lui les misères et les infirmités de la vieillesse. La dernière heure de l'ancien régime était venue aussi au delà des Pyrénées; Napoléon se sentit appelé à donner le signal, à sonner le terrible glas de ses funérailles.

Il n'avait songé d'abord, nous le répétons, qu'à s'assurer militairement de la fidélité d'un allié suspect. Mais lorsqu'il vit la famille royale se perdre elle-même par le scandale et la discorde, le peuple agité par des révolutions de palais, Charles IV et Ferdinand implorant à ses pieds, l'un contre l'autre, la protection de la France, le roi et la reine dénonçant leur fils, et le fils les détrônant et les outrageant tous deux, il lui parut qu'il pourrait faire mieux en Espagne que d'y occuper les forteresses, et que le moment était arrivé de changer l'aspect misérable de ce noble et beau pays, en l'unissant plus étroitement à son empire, en faisant régner à Madrid les idées françaises, soit sous le nom de Charles IV, soit sous celui de Ferdinand ou de tout autre prétendant qu'il lui conviendrait de choisir. Dans ce but, il dirigea le maréchal Bessières, à la tête de vingt-cinq mille hommes, vers les provinces basques, pour y renforcer Moncey et Dupont, et il donna le commandement en chef de l'expédition à

Infanterie de ligne, 1808. — Grenadier. — Voltigeur.

Murat, qui porta son quartier général à Burgos, dans le commencement du mois de mars.

Dès que l'approche des Français fut connue dans Madrid, le peuple cria à la trahison, et la cour s'enfuit à Aranjuez. Godoï, qui s'était flatté un instant d'avoir trompé Napoléon et de l'avoir mis dans ses intérêts, s'aperçut de la vanité de ses espérances, et conseilla lâchement à Charles IV d'imiter la maison de Bragance et de se retirer dans l'Amérique espagnole. Le roi ne savait qu'obéir à son favori ; il consentit à partir immédiatement pour Séville. Mais les préparatifs de départ irritèrent l'orgueil castillan. Les soupçons de perfidie qui planaient sur le prince de la Paix trouvèrent plus de crédit et devinrent plus violents; le 16 mars, la colère nationale fit explosion. Le

palais d'Aranjuez fut envahi par une populace furieuse, demandant à grands cris la tête de Godoï. L'hôtel du favori fut forcé et mis au pillage; il n'échappa lui-même à une mort certaine qu'en se sauvant dans un grenier. Alors Charles IV, qui avait essayé de calmer le peuple en lui annonçant que le prince de la Paix consentait à se démettre de tous ses emplois, se vit contraint de déposer lui-même la dignité royale. Il publia un acte solennel d'abdication en faveur du prince des Asturies, qui prit aussitôt le nom de Ferdinand VII, et qui commença son règne par la confiscation des biens de Godoï, qu'on avait jeté dans une prison, pour y attendre les vengeances judiciaires du nouveau monarque.

A peine le premier bruit de ces évènements fut-il parvenu à Burgos, que Murat se

bâta de marcher sur Madrid. Il y entra le 23 mars, à la tête de six mille hommes de la garde et des corps de Dupont et de Moncey, au milieu d'un peuple frappé de stupeur et plein de méfiance, mais non terrifié.

Le lendemain, Ferdinand VII quitta Aranjuez pour faire aussi son entrée dans la capitale des Espagnes. Le morne silence qui, la veille, avait accueilli les Français, se changea en vif enthousiasme à l'approche du nouveau roi. La population entière se porta à sa rencontre, impatiente de saluer le prince qui la délivrait du joug ignominieux de Godoï.

Le corps diplomatique sanctionna par une démarche officielle les événements d'Aranjuez, et ne se fit aucun scrupule de reconnaître le roi de l'émeute. L'ambassadeur de France seul, d'accord avec Murat, évita de se prononcer. Le généralissime français envoya toutefois un message à Charles IV, pour l'assurer de sa protection et lui offrir son assistance. Le vieux roi ne songea d'abord qu'à sauver et à recouvrer son favori. « Il n'a d'autre tort, disait-il, que celui de m'avoir été attaché toute ma vie; la mort de mon malheureux ami entraînerait la mienne. » Et Godoï lui fut rendu.

Charles IV protesta ensuite contre l'abdication que l'insurrection populaire lui avait arrachée; il dénonça la violence qu'il avait subie à l'empereur, dans une lettre qu'il chargea Murat de lui faire parvenir. De son côté, le prince des Asturies écrivit également à Napoléon, dont il redoutait la puissante intervention en faveur de son père, pour justifier les événements qui l'avaient porté prématurément au trône, et pour placer son autorité naissante sous l'appui de l'alliance française. Napoléon comprit, à la réception de ces deux lettres, que les prétendus maîtres de la monarchie espagnole la mettaient sous ses pieds, incapables qu'ils étaient l'un et l'autre d'en soutenir le fardeau. Mais le caractère du peuple espagnol lui donnait des craintes et le laissait dans l'incertitude. « Ne croyez pas, écrivait-il à Murat, le 29 mars, que vous n'ayez que des troupes à montrer pour soumettre l'Espagne. La révolution du 20 mars prouve qu'il y a de l'énergie chez les Espagnols... L'aristocratie et le clergé sont les maîtres de l'Espagne. S'ils craignent pour leurs priviléges et pour leur existence, ils feront contre nous des levées en masse... L'Espagne a plus de cent mille hommes sous les armes; c'est plus qu'il ne faut pour soutenir avec avantage une guerre intérieure. Divisés sur plusieurs points, ils peuvent servir de noyau au soulèvement total de la monarchie... Je vous présente l'ensemble des obstacles qui sont inévitables; il en est d'autres que vous sentirez. L'Angleterre ne laissera pas échapper cette occasion de multiplier nos embarras... La famille royale n'ayant point quitté l'Espagne pour aller s'établir aux Indes, il n'y a qu'une révolution qui puisse changer l'état de ce pays.

C'est peut-être celui de l'Europe qui y est le moins préparé... Dans l'intérêt de mon empire, je puis faire beaucoup de bien à l'Espagne. Quels sont les meilleurs moyens à prendre?...

» Irai-je à Madrid?... Il me semble difficile de faire régner Charles IV: son gouvernement et son favori sont tellement dépopularisés, qu'ils ne se soutiendraient pas trois mois.

» Ferdinand est l'ennemi de la France, c'est pour cela qu'on l'a fait roi. Le placer sur le trône sera servir les factions qui, depuis vingt-cinq ans, veulent l'anéantissement de la France... Je pense qu'il ne faut rien précipiter, qu'il convient de prendre conseil des événements qui vont suivre... J'ai donné ordre à Savary d'aller auprès du nouveau roi voir ce qui se passe. Il se concertera avec Votre Altesse Impériale... Vous ferez en sorte que les Espagnols ne puissent pas soupçonner le parti que je prendrai. Cela ne vous sera pas difficile; je n'en sais rien moi-même... Vous leur direz que l'empereur désire le perfectionnement des institutions politiques de l'Espagne, pour la mettre en rapport avec l'état de civilisation de l'Europe... Que l'Espagne a besoin de recréer la machine de son gouvernement, et qu'il lui faut des lois qui garantissent les citoyens de l'arbitraire et des usurpations de la féodalité; des institutions qui raniment l'industrie, l'agriculture et les arts. Vous leur peindrez l'état de tranquillité et d'aisance dont jouit la France, malgré les guerres où elle s'est trouvée engagée; la splendeur de la religion, qui doit son établissement au concordat que j'ai signé avec le pape. Vous leur démontrerez les avantages qu'ils peuvent tirer d'une régénération politique: l'ordre et la paix dans l'intérieur, la considération et la puissance à l'extérieur. Tel doit être l'esprit de vos discours et de vos écrits... Ne brusquez aucune démarche. Je puis attendre à Bayonne, je puis passer les Pyrénées... Je songerai à vos intérêts particuliers, n'y songez pas vous-même... Vous allez trop vite dans vos instructions du 14... Si la guerre s'allumait, tout serait perdu. C'est à la politique et aux négociations qu'il appartient de décider des destinées de l'Espagne. »

Avant de s'arrêter à une résolution, Napoléon voulut voir de près l'état des choses et se convaincre par lui-même des exigences et des possibilités de la situation. Parti de Paris le 2 avril, il arriva à Bordeaux le 4, et y séjourna pour attendre Joséphine, qui vint l'y rejoindre le 10. Ils marchèrent ensemble vers Bayonne, où ils firent leur entrée le 15. Le château de Marrac, destiné à être témoin de l'un des grands événements politiques de l'époque, devint pour quelques mois la résidence impériale.

Dès le lendemain de son arrivée à Bayonne, l'empereur s'empressa de répondre au prince des Asturies. Ajournant son jugement sur le mérite et la valeur de l'abdication de Charles IV, il ne donna au fils que le titre d'altesse royale, lui parla du danger, pour les princes, d'accoutumer les peuples à se faire justice eux-mêmes, et lui signala le suicide politique qu'il commettrait, et la honte dont il couvrirait son propre front, s'il se laissait conduire à déshonorer sa mère, pour faire un procès scandaleux au favori. A la fin de sa lettre, l'empereur exprimait en deux mots le désir d'une entrevue. L'étude directe des personnages lui était nécessaire pour prendre une détermination. Si la fuite au Mexique se fût réalisée, la question aurait été simplifiée, la position moins embarrassante, la régénération de l'Espagne plus facile. Mais ce départ manqué et l'émeute triomphante, il restait deux rois au lieu d'un, dont il fallait fixer le sort. Le parti à prendre sur les choses dépendait beaucoup de celui auquel on s'arrêterait à l'égard des personnes, sur lesquelles Napoléon ne voulait prononcer qu'après les avoir soumises à l'épreuve de son œil pénétrant et de son incomparable sagacité.

CHAPITRE VINGT-SEPTIÈME.

Le prince des Asturies hésita d'abord à se rendre au désir de Napoléon. Cependant, tandis que quelques-uns de ses conseillers lui signalaient un piége dans l'entrevue proposée, d'autres lui faisaient sentir l'importance de devancer son père auprès de l'empereur, et de mettre en sa faveur les premières impressions, toujours si difficiles à détruire. Ferdinand céda à ce dernier avis. Il quitta Madrid, au grand regret du peuple espagnol, et s'achemina, plein d'incertitude et d'anxiété, vers les frontières de France. Arrivé à Vittoria, il voulut y attendre l'empereur; mais l'empereur ne venait pas, et les mêmes considérations qui avaient amené le jeune prince dans l'Alava l'entraînèrent à Bayonne. Le 20 avril, accompagné de don Carlos, son frère, il se présenta au château de Marrac, où se trouvait Napoléon. Charles IV suivit de près le prince des Asturies. Ne voulant pas lui laisser le champ libre à Bayonne, il y accourut avec la reine et le favori, pour se placer sous la protection de l'empereur. Alors le soldat parvenu, l'élu du peuple, l'enfant de la révolution française, vit à ses genoux les descendants de saint Louis, les héritiers de Pélage, les gardiens de l'épée du Cid, mettant à sa discrétion la destinée de cette antique et vaste monarchie dont la possession faisait dire avec tant d'orgueil à Philippe II « que le soleil ne se couchait jamais sur ses terres! » Quelle leçon pour la vieille Europe dans ce tableau! En face de ces orgueilleuses Pyrénées, qu'un Bourbon avait tenté vainement d'aplanir par des arrangements dynastiques, le moyen âge dégénéré, couvert d'opprobre et frappé d'impuissance, se traînait misérablement à travers la pitié et le mépris publics, pour aller mendier à la porte du château de Marrac quelques heures d'existence, ou pour y déposer, avant de mourir, les lambeaux de sa grandeur passée, ses pompes éteintes et sa gloire ternie, aux pieds du majestueux représentant de la gloire et de la grandeur de l'ère moderne!

Le prince des Asturies aurait désiré un rapprochement avec son père, afin de s'entendre pour rendre inutile l'intervention du redoutable médiateur qu'ils avaient choisi. Dans ce dessein, il voulut suivre un jour Charles IV dans son appartement; mais le vieux roi lui dit vivement: « Arrêtez, prince! n'avez-vous pas assez outragé mes cheveux blancs? » et il le repoussa. Le lendemain il lui reprocha sa conduite en termes amers dans une lettre à laquelle Napoléon ne fut pas étranger, et qui finissait ainsi, par allusion à l'émeute d'Aranjuez: « Tout doit être fait pour le peuple, et rien par lui. Oublier cette maxime, c'est se rendre coupable de tous les crimes qui dérivent de cet oubli. »

Cependant Napoléon avait appris en peu de jours à connaître et à apprécier les deux personnages qu'il était venu étudier. A la première entrevue, Charles IV et son fils étaient jugés, irrévocablement jugés. « Quand je les vis à mes pieds, a dit depuis Napoléon, que je pus juger moi-même de toute leur incapacité, je pris en pitié le sort d'un grand peuple; je saisis aux cheveux l'occasion unique que me présentait la fortune pour régénérer l'Espagne, l'enlever à l'Angleterre, et l'unir intimement à notre système. Dans ma pensée, c'était poser une des bases fondamentales du repos et de la sécurité de l'Europe. Mais loin d'y employer d'ignobles, de faibles détours, comme on l'a prétendu, si j'ai péché, c'est, au contraire, par une audacieuse franchise, par un excès d'énergie. Bayonne ne fut pas un guet-apens, mais un immense, un éclatant coup d'état... Je dédaignai les voies tortueuses et communes. Je me trouvais si puissant! j'osai frapper de trop haut. Je voulus agir comme la Providence, qui remédie aux maux des mortels par des moyens à son gré, parfois violents, sans s'inquiéter d'aucun jugement. »

Napoléon s'est jugé lui-même admirablement dans ces dernières paroles; il a caractérisé, avec une sublime franchise et une parfaite vérité, sa résolution à l'égard de l'Espagne. Ce fut « un immense, un éclatant coup d'état! » Il agit comme la Providence, qui frappe parfois violemment ceux qu'elle veut sauver, sans s'inquiéter du jugement des hommes. Et comment n'aurait-il pas agi comme elle, puisqu'il n'était, après tout, que son agent dans la grande œuvre de la régénération espagnole; puisqu'il était tellement sous l'influence d'une inspiration supérieure et au-dessus des combinaisons de la prudence commune, qu'il se jeta dans cette entreprise en dépit des obstacles qu'il avait si bien prévus et signalés dans sa lettre à Murat, et qu'il y trouva en effet la fin du prestige qui le faisait supposer invincible, la fin de « sa moralité en Europe », selon sa propre expression; la fin de sa puissance, la fin de sa dynastie? Mais que fait à la Providence, que fait à l'humanité la fin de toutes ces choses, si le but providentiel est rempli, si la raison humaine conserve et agrandit son empire, à mesure qu'un potentat perd le sien?

Oui, Napoléon pourra dire un jour « que la guerre d'Espagne l'a perdu; que toutes les circonstances de ses désastres viennent se rattacher à ce nœud fatal. » (*Mémorial*.) Mais le renversement de sa prodigieuse fortune et de ses espérances dynastiques sera précédé d'une lutte de six ans, pendant laquelle les deux peuples les plus civilisés de l'Europe, les Français et les Anglais, se donneront rendez-vous en Espagne, et y porteront, les uns, les mœurs démocratiques, les autres, les idées constitutionnelles de leur pays.

Qu'après cela l'issue de la guerre soit, en définitive, funeste aux armes françaises, la philosophie moderne n'en aura pas moins séjourné longtemps et exercé son prosélytisme dans le voisinage du saint office, en s'abritant sous la tente des alliés de l'Espagne, comme sous celle de ses conquérants. Locke et Bentham se seront établis aux bivacs de Wellington, pendant que Condillac et Montesquieu auront visité les rives de l'Èbre, du Mançanarès et du Tage, à la suite de Napoléon. Et quand les troupes impériales seront forcées de repasser les Pyrénées et d'abandonner leur conquête, l'ancien régime trouvera partout à son retour le germe des idées libérales, la haine de l'inquisition et du monachisme, l'amour de la liberté. Féroce alors autant qu'il fut lâche, il trempera la main dans le sang de ses plus illustres libérateurs, parce qu'ils auront pris au sérieux la constitution qui sauva leur indépendance. Mais toute la monstruosité de cette ingratitude fera des martyrs, et non pas des esclaves. Ce ne sera pas en vain que Cadix, émule de Londres, aura eu pendant six ans sa tribune nationale, et que Madrid, Pampelune et Barcelone seront devenues des villes françaises. Porlier sera imité par Lacy, Mina par l'Empecinado; puis viendront Quiroga et Riégo; et si l'absolutisme trouve cette fois un appui en France, cette alliance inespérée aura les mêmes résultats que l'alliance anglaise. Ce qu'auront commencé les vétérans de Napoléon, les jeunes soldats de Louis XVIII l'achèveront. Enrôlés contre la constitution de Cadix, ils continueront d'initier le peuple espagnol, par leur contact, aux habitudes et aux opinions constitutionnelles; de telle sorte que le royal émeutier d'Aranjuez, après avoir récompensé par les galères ou l'échafaud les libéraux espagnols qui surent reconquérir héroïquement le trône qu'il avait si honteusement abandonné lui-même, se verra contraint, à son lit de mort, de placer le sceptre de Castille, l'héritage de ses enfants, sous la protection de cet esprit de réforme dont il aura si cruellement poursuivi les généreux sectateurs. Alors, nous le répétons, qu'il ne reste plus rien de la puissance personnelle de Napoléon et des destinées qu'il avait réservées à sa famille, peu importe : le drapeau de la civilisation n'en sera pas moins planté en Espagne, et, au milieu des calamités qui auront désolé les générations contemporaines, et qui pourront durer longtemps encore, l'enfantement du nouveau peuple espagnol finira par s'accomplir. C'était là le principal but de Napoléon. Il l'indiqua expressément dans sa lettre au grand-duc de Berg; il l'a répété à Sainte-Hélène. « Dans la crise où se trouvait la France, a-t-il dit, dans la lutte des idées nouvelles, dans la grande cause du siècle contre le reste de l'Europe, nous ne pouvions laisser l'Espagne en arrière. » (*Mémorial*.)

Tout va contribuer à rendre plus prompte et plus ferme la résolution de Napoléon. Une insurrection a eu lieu dans Madrid; bien qu'apaisée par des flots de sang, elle a laissé la capitale de l'Espagne dans un état d'effervescence qui d'heure en heure gagne les provinces. Il n'y a plus à hésiter : les Bourbons ne pourraient plus régner sur le peuple espagnol que sous le bon plaisir de l'émeute, hostile à l'influence française. Le 5 mai, Charles IV abdique en faveur de Napoléon; et, cinq jours après, le prince des Asturies et les infants Don Carlos, Don Antonio et Don Francisco, ratifient cette abdication, et renoncent à toute prétention au trône d'Espagne. Le vieux roi se retire à Compiègne avec la reine et l'inséparable Godoï; les infants vont habiter Valençay.

Cet abandon de la couronne par Charles IV et par ses fils mit le comble à l'irritation de la nation espagnole. L'insurrection devint générale; des juntes se formèrent de toutes parts pour organiser et diriger la défense du pays contre l'invasion étrangère. Une junte centrale s'établit ensuite à Séville. Les Espagnols en masse, selon l'expression même de Napoléon, se conduisirent comme un homme d'honneur.

Cette noble attitude répondait aux prévisions de l'empereur; mais, une fois engagé, il ne pouvait plus reculer, et il comptait toujours, d'ailleurs, sur l'ascendant de sa fortune et la puissance de ses armes. Il nomma, de son côté, une junte, qu'il investit du gouvernement de l'Espagne, et il lui donna son beau-frère, Murat, pour président. A peine installée, cette junte demanda pour roi le frère de l'empereur, Joseph Napoléon, qui occupait alors le trône de Naples.

Napoléon commença par annoncer aux Espagnols les événements de Bayonne, dans une proclamation où il leur exposait le bien qu'il s'était proposé en acceptant la cession solennelle du 5 mai. « Après une longue agonie, leur dit-il, votre nation périssait. J'ai vu vos maux; je veux y porter remède... Votre monarchie est vieillie; ma mission est de la rajeunir. J'améliorerai toutes vos institutions, et je vous ferai jouir, si vous me secondez, des bienfaits d'une réforme sans froissements, sans désordres, sans convulsions.

» Espagnols, j'ai fait convoquer une assemblée générale des députations des provinces et des villes : je veux m'assurer par moi-même de vos désirs et de vos besoins.

» Je déposerai alors tous mes droits, et je placerai votre glorieuse couronne sur la tête d'un autre moi-même, en vous garantissant une constitution qui concilie la sainte et salutaire autorité du souverain avec les libertés et priviléges du peuple.

» Soyez pleins d'espérance et de confiance dans les circonstances actuelles ; car je veux que vos derniers neveux conservent mon souvenir et disent : — Il est le régénérateur de notre patrie. »

Cette proclamation fut publiée le 25 mai, à Bayonne. Le 6 juin suivant, un décret impérial, daté de la même ville, appelait Joseph Napoléon au trône des Espagnes et des Indes. Ce prince ne tarda pas d'arriver. Avant de se rendre à Madrid, il passa quelque temps auprès de l'empereur, et reçut même à Bayonne les députations que Murat avait mission de lui adresser de toutes les provinces soumises aux armes françaises. Ce fut dans cette cité que se réunit, le 7 juillet, la junte générale convoquée par Napoléon. Une constitution basée sur celle de l'an VIII fut présentée à cette assemblée, qui s'empressa de l'adopter.

Mais ce n'était là qu'une représentation factice du peuple espagnol. Quelques généraux français lui accordèrent trop d'importance; ils crurent qu'elle suffirait pour soumettre l'Espagne ou du moins pour réduire à l'état de simple mutinerie, facile à réprimer, l'insurrection générale qui s'organisait sur tous les points de la Péninsule.

CHAPITRE VINGT-SEPTIÈME.

Cette erreur fut fatale à l'un d'eux. Le général Dupont, qui avait pris une si noble part à la victoire de Friedland, se sépara des autres corps de l'armée française pour se porter à Andujar et pénétrer en Andalousie, où la révolte faisait de rapides progrès. Ce mouvement imprudent eut des suites funestes. A peine Bessières venait-il de gagner la bataille de Rio-Seco, et Moncey de s'emparer de Valence, que la défaite et la capitulation de Baylen ternirent l'éclat du drapeau français, et apprirent à l'Europe que les armées de Napoléon n'étaient pas invincibles. Dupont, cerné par Castanos, déposa les armes, et son corps d'armée, fort de dix-huit à vingt mille hommes, fut fait prisonnier de guerre. A cette nouvelle, l'insurrection grandit dans toutes les autres provinces de la monarchie espagnole, et le roi Joseph jugea prudent d'ordonner à l'armée française de se retirer en deçà de l'Èbre.

Napoléon, parti de Bayonne le 22 juillet, apprit à Bordeaux la défaite et la capitulation de Dupont. Il en fut indigné, et dit à l'un de ses ministres: « Qu'une armée soit battue, ce n'est rien, le sort des armes est journalier et l'on répare une défaite; mais qu'une armée fasse une capitulation honteuse, c'est une tache pour le nom français, pour la gloire des armes. Les plaies faites à l'honneur ne guérissent point. L'effet moral en est terrible. Comment! un Français a eu l'indignité de quitter l'uniforme français pour revêtir l'uniforme ennemi! On a eu l'infamie de consentir à ce que nos soldats fussent fouillés dans leurs sacs comme des voleurs! Devais-je m'attendre à cela du général Dupont, un homme que je soignais, que j'élevais pour le faire maréchal!... On dit qu'il n'y avait pas d'autres moyens de sauver l'armée, de prévenir l'égorgement des soldats. Eh!

il eût mieux valu qu'ils eussent tous péri les armes à la main, qu'il n'en fût pas revenu un seul. Leur mort eût été glorieuse; nous les eussions vengés. On retrouve des soldats; il n'y a que l'honneur que l'on ne retrouve pas. » (*Le Consulat et l'Empire.*)

Le général Dupont fut livré à la haute cour impériale, et Napoléon écrivit lui-même dans le *Moniteur* du 10 août les lignes suivantes:

« Il y a peu d'exemples d'une conduite aussi contraire à tous les principes de la guerre. Le général Dupont, qui n'a pas su diriger son armée, a ensuite montré dans les négociations encore moins de courage civil et d'habileté. Comme Sabinus Titurius, il a été entraîné à sa perte par un esprit de vertige, et il s'est laissé tromper par les ruses et les insinuations d'un autre Ambiorix; mais, plus heureux que les nôtres, les soldats romains moururent tous les armes à la main. »

Si la honte de la capitulation de Baylen était ineffaçable, les pertes matérielles occasionnées par cette catastrophe n'étaient pas moins irréparables. Après avoir flétri son lieutenant, Napoléon s'occupa de relever les espérances et la moralité du soldat français en Espagne. Il ordonna de nouvelles levées, envoya des renforts, et pour témoigner de sa propre confiance dans le résultat définitif de la guerre, pour bien manifester que sa résolution de lier intimement la nation espagnole à l'empire français était toujours la même, toujours inébranlable, il ordonna, par un décret du 13 août, l'ouverture d'une grande route de Madrid à Paris.

CHAPITRE VINGT-HUITIÈME.

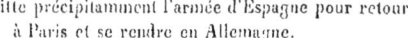

Retour de l'empereur à Saint-Cloud. — Communications diplomatiques. — Envoi de troupes en Espagne. — Entrevue d'Erfurth. — Retour à Paris. — Visite au Musée. — Session du corps législatif. — Départ de l'empereur pour Bayonne. — Nouvelle invasion en Espagne. — Prise de Madrid. — Abolition de l'inquisition. — Symptômes d'hostilités avec l'Autriche. — Napoléon quitte précipitamment l'armée d'Espagne pour retourner à Paris et se rendre en Allemagne.

'EMPEREUR était rentré à Saint-Cloud le jour de sa fête. Il y reçut en grande cérémonie le comte de Tolstoï, ambassadeur russe, qui lui remit les magnifiques présents dont l'empereur Alexandre l'avait chargé. Napoléon en ordonna l'exposition publique aux Tuileries.

Toujours soigneux d'effacer les traces des dissensions intestines de la France, afin de parvenir plus facilement à la réalisation de son système de fusion, il décréta la fondation de nombreux établissements publics, en tous genres, dans les départements qui avaient été le théâtre de la guerre civile.

La nouvelle de la bataille de Vimeiro, entre lord Wellington et Junot, arriva sur ces entrefaites à Paris. Les Français, complétement battus, avaient été forcés de capituler. Ils s'étaient soumis à évacuer le Portugal et à rentrer en France sur des vaisseaux anglais.

Ce second échec de ses armes au delà des Pyrénées, quelque humiliant qu'il pût être, n'était pas fait pour décourager Napoléon, dont le parti était si bien arrêté à l'égard de la Péninsule, qu'il disait au sénat, le 4 septembre : « Je suis résolu à pousser les affaires d'Espagne avec la plus grande activité, et à détruire les armées que l'Angleterre a débarquées dans ce pays... J'impose avec confiance de nouveaux sacrifices à mes peuples ; ils sont nécessaires pour leur en épargner de plus considérables. » Dans ce message, qui fut suivi d'un rapport du ministre Champagny sur les affaires d'Espagne, l'empereur déplorait la perte du sultan Sélim, son allié, qu'il appelait le meilleur des empereurs ottomans, et qui venait de périr de la main de ses neveux. Il s'y félicitait, par compensation, de son alliance intime avec Alexandre, « ce qui ne devait laisser aucun espoir à l'Angleterre dans ses projets contre la paix du continent ». Le sénat répondit à l'empereur par le vote d'une levée de quatre-vingt mille conscrits. « La volonté du peuple français, Sire, lui dit-il par l'organe de son président Lacépède, est la même que celle de Votre Majesté.

» La guerre d'Espagne est politique, elle est juste, elle est nécessaire. »

Une circonstance qu'il ne faut pas omettre, c'est que l'orateur du sénat déclara, dans sa harangue, que ce corps avait été unanime pour accéder avec empressement aux désirs de l'empereur.

Cependant le besoin de nouveaux renforts devenait chaque jour plus pressant en Espagne. L'insurrection, triomphante, régnait toujours dans la capitale et dans les principales provinces. Ce n'était pas avec les recrues récemment organisées que la victoire pouvait être ramenée sous les drapeaux de la France. Napoléon s'adressa donc à ses vieilles phalanges, aux vainqueurs d'Austerlitz, d'Iéna et de Friedland. Dans une grande revue qu'il passa aux Tuileries, le 11 septembre, il annonça aux soldats de la grande armée qu'il marcherait bientôt avec eux en Espagne, où le grand peuple avait aussi des outrages à venger.

« Soldats, leur dit-il, après avoir triomphé sur les bords du Danube et de la Vistule, vous avez traversé l'Allemagne à marches forcées ; je vous fais aujourd'hui traverser la France sans vous donner un moment de repos.

» Soldats, j'ai besoin de vous ; la présence hideuse du léopard souille les continents d'Espagne et de Portugal. Qu'à votre aspect il fuie épouvanté : portons nos aigles triomphantes jusqu'aux colonnes d'Hercule! là aussi nous avons des outrages à venger.

» Soldats, vous avez surpassé la renommée des armées modernes ; mais vous avez égalé la gloire des armées de Rome qui, dans une même campagne, triomphèrent sur le Rhin et sur l'Euphrate, en Illyrie et sur le Tage.

» Une longue paix, une prospérité durable seraient le prix de vos travaux ; un vrai Français ne peut, ne doit prendre aucun repos jusqu'à ce que les mers soient ouvertes et affranchies.

» Soldats, tout ce que vous avez fait, tout ce que vous ferez encore pour le bonheur du peuple français et pour ma gloire, sera éternellement dans mon cœur. »

Ces paroles ne firent qu'accroître l'enthousiasme déjà si grand des soldats de l'armée du Nord. Il leur tardait, après tant de guerres fomentées par l'Angleterre, après tant de triomphes obtenus sur ses alliés, de se rencontrer enfin face à face et de se mesurer avec les soldats de cette reine des mers, qu'on leur signalait, dans toutes les proclamations, comme l'éternelle ennemie du continent.

Le premier corps, formé de ces magnifiques et formidables bataillons, partit de Paris, le 23 septembre, sous le commandement du maréchal Victor. En traversant la capitale, ils furent reçus à la barrière par le préfet de la Seine et par le corps municipal.

Mais avant de marcher lui-même à la tête des troupes qu'il envoyait en Espagne, Napoléon, toujours sous l'influence des impressions trompeuses qu'il avait reçues à Tilsitt au sujet du czar, voulut sanctionner encore, dans une entrevue, l'étroite amitié qu'il avait conçue pour Alexandre, et que celui-ci avait semblé partager. Il sentait le besoin de conférer avec ce prince, qui était, après lui, le plus puissant des monarques du continent, sur toutes les questions actuelles de la politique européenne, et sur les affaires d'Espagne principalement. Erfurth fut choisi pour le lieu de l'entrevue. Les deux empereurs y arrivèrent au commencement d'octobre : tous les princes de la confédération du Rhin s'y étaient rendus, comme pour former autour de leur superbe protecteur un cercle de courtisans couronnés. Napoléon, afin de rendre le séjour d'Erfurth plus agréable à son illustre ami, s'était fait accompagner par la Comédie-Française. A l'une des représentations, Alexandre affecta de saisir avec transport et applaudit de toutes ses forces un vers dont tout le monde fit aisément l'application :

L'amitié d'un grand homme est un bienfait des dieux.

Huit jours se passèrent dans les fêtes ; mais la politique ne fut pas oubliée. Aux banquets et aux spectacles succédaient les entretiens intimes. L'empereur de Russie eut l'air de vouloir amener l'Angleterre à la paix : il signa même avec Napoléon une lettre pressante dans ce but. Mais l'avenir prouvera sa sincérité ! Il donna ensuite son

approbation entière à la guerre d'Espagne, parce qu'il y voyait une diversion fort avantageuse pour le Nord, dans la guerre contre la révolution, et de plus une occasion d'affaiblissement ou de ruine pour les deux pays dont la rivalité était la plus redoutable pour l'empire russe, la France et l'Angleterre.

Les deux souverains se séparèrent le 14 octobre, très-satisfaits l'un de l'autre; Napoléon se croyant sincèrement l'ami d'Alexandre, et ne pensant pas qu'il dût un jour dire de lui : « C'est un Grec du Bas-Empire! »

Le 18 octobre, l'empereur était de retour à Saint-Cloud. Quatre jours après, il visita le Musée avec l'impératrice, et s'entretint longtemps avec les artistes, qui s'étaient empressés de venir faire les honneurs de leur temple au glorieux protecteur des arts.

L'ouverture du corps législatif eut lieu le 25. Se croyant sûr de la Russie, l'empereur parla avec confiance de ses desseins et de ses espérances au sujet de l'Espagne.

« C'est un bienfait particulier de cette Providence qui a constamment protégé nos armes, dit-il, que les passions aient aveuglé les conseils anglais pour qu'ils renoncent à la protection des mers, et présentent enfin leur armée sur le continent. Je pars dans peu de jours pour me rendre moi-même à la tête de mon armée, et, avec l'aide de Dieu, couronner dans Madrid le roi d'Espagne, et planter mes aigles sur les forts de Lisbonne. L'empereur de Russie et moi, nous nous sommes vus à Erfurth ; nous sommes d'accord et invariablement unis pour la paix comme pour la guerre. »

L'empereur partit en effet de Paris le 29 octobre, et arriva le 3 novembre au château de Marrac. Le 5, son quartier général était à Vittoria, et le 9 à Burgos, après une victoire du maréchal Soult sur l'armée d'Estrémadure. Le même jour, le maréchal Victor battait l'armée de Galice à Espinosa de los Monteros.

Le plan de Napoléon était d'isoler ces deux armées l'une de l'autre, afin de les détruire séparément. Il avait dirigé Victor contre Blake, et Ney et Moncey contre Castanos qui commandait toujours l'armée d'Andalousie, tandis qu'il se plaçait lui-même au centre des opérations, avec Soult, et une réserve de cavalerie confiée à Bessières.

Cette distribution de ses forces lui avait déjà pleinement réussi. L'armée de l'Estrémadure était dissipée, celle de Galice anéantie. Les fuyards du combat d'Espinosa ayant voulu se réorganiser à Reynosa, l'approche du maréchal Soult les força d'abandonner leurs approvisionnements et leur matériel, et de se jeter en désordre dans les montagnes de Léon.

La droite de l'armée française était donc entièrement dégagée : mais on avait sur la gauche Palafox, qui commandait en Aragon, et Castanos, le vainqueur de Baylen. Tandis que Soult parcourait et désarmait la province de Santander, l'empereur chargea le maréchal Lannes de se mettre à la poursuite des armées d'Aragon et d'Andalousie. Le maréchal Ney fut détaché vers Soria et Tarazon, pour se placer entre Castanos et Madrid, pour couper à ce général le chemin de la capitale, en cas de défaite, et le rejeter sur Valence.

Les manœuvres de Lannes obligèrent les généraux espagnols de se retirer entre Tudela et Cascante. Là, appuyés sur l'Èbre, et leurs forces ne s'élevant pas à moins de quarante-cinq mille hommes, ils crurent pouvoir accepter le combat. Mais ils avaient trop présumé des avantages de leur position, du nombre et du courage de leurs soldats. Le maréchal Lannes leur fit essuyer une déroute complète, et vengea sur Castanos lui-même l'honneur français compromis à Baylen. La bataille de Tudela coûta aux Espagnols sept mille hommes, trente canons et sept drapeaux. Palafox se retira sur Saragosse et Castanos sur Valence.

En apprenant cette nouvelle victoire, Napoléon résolut de marcher directement sur Madrid, laissant Soult, à droite, pour surveiller les mouvements des provinces occidentales, et Lannes, à gauche, pour contenir les débris de l'armée d'Aragon. Ney continua d'observer l'armée d'Andalousie.

Mais le patriotisme espagnol ne se lassait pas. De nouvelles levées en Estrémadure et en Castille avaient formé, improvisé une armée nouvelle qui, forte de vingt mille hommes, vint se jeter sur le passage de l'empereur et tenter de lui fermer le défilé de Somo-Sierra. Les premiers corps français furent, en effet, arrêtés pendant quelques instants par le feu des batteries qui défendaient ce col étroit et de difficile accès. Il fallut la présence même de Napoléon et l'impétuosité irrésistible de la cavalerie de la garde pour vaincre la résistance vigoureuse des Espagnols. Mais à l'apparition de l'empereur, à un signal donné, les chasseurs et les lanciers polonais chargèrent au

galop, et en un clin d'œil tout obstacle fut brisé. L'armée française passa sur le ventre de l'ennemi, sabra les canonniers sur leurs pièces, et se présenta aux portes de Madrid, sans plus trouver la moindre trace de l'armée espagnole qui avait voulu l'arrêter à Somo-Sierra. Ce brillant fait d'armes eut lieu le 29 novembre, sept jours après la bataille de Tudela. Le 1er décembre, le quartier général de l'empereur se trouva établi à San-Augustino, dans le voisinage de la capitale, qui capitula le 4, le lendemain de la prise de Ségovie par le maréchal Lefebvre.

Madrid avait d'abord songé à se défendre. Quarante mille paysans armés et huit mille hommes de troupes régulières, outre les miliciens, y étaient renfermés, avec cent pièces de canon. Des barricades avaient été rapidement élevées : tout annonçait donc une vive résistance, à tel point que deux sommations de l'empereur avaient été accueillies par des démonstrations de mépris et de fureur. Le feu commença alors et fut dirigé sur un palais (Buen Retiro) qui domine la ville. Dès que ce poste important eut été enlevé après de sanglants efforts, par le maréchal Victor, on menaça la ville d'une destruction immédiate, et cette menace produisit son effet. L'armée espagnole sortit de Madrid, les troupes irrégulières se débandèrent, et les autorités signèrent une capitulation.

Napoléon signala cette conquête par un grand acte, que l'irritation du peuple espagnol l'empêcha de reconnaître, comme il l'eût fait en d'autres temps. Le jour même de la capitulation de Madrid, l'inquisition fut abolie et le nombre des couvents considérablement diminué.

Napoléon adressa ensuite une nouvelle proclamation aux Espagnols.

« Vous avez été égarés par des hommes perfides, leur dit-il, ils vous ont engagés dans une lutte insensée... Dans peu de mois vous avez été livrés à toutes les angoisses des factions populaires. La défaite de vos armées a été l'affaire de quelques marches. Je suis entré dans Madrid : les droits de la guerre m'autorisent à donner un grand exemple et à laver dans le sang les outrages faits à moi et à ma nation ; je n'ai écouté que la clémence... Je vous avais dit dans ma proclamation du 2 juin que je voulais être votre régénérateur. Aux droits qui m'ont été cédés par les princes de la dernière dynastie, vous avez voulu que j'ajoutasse le droit de conquête. Cela ne changera rien à mes dispositions. Je veux même louer ce qu'il peut y avoir de généreux dans vos efforts ; je veux reconnaître que l'on vous a caché vos vrais intérêts... Espagnols, votre destinée est entre vos mains. Rejetez le poison que les Anglais ont répandu parmi vous... Tout ce qui s'opposait à votre prospérité et à votre grandeur, je l'ai détruit ; les entraves qui pesaient sur le peuple, je les ai brisées ; une constitution libérale vous donne, au lieu d'une monarchie absolue, une monarchie tempérée. Il dépend de vous que cette constitution soit encore votre loi.

» Mais si tous mes efforts sont inutiles, ajouta-t-il en terminant, et si vous ne répondez pas à ma confiance, il ne me restera qu'à vous traiter en provinces conquises et à placer mon frère sur un autre trône. Je mettrai alors la couronne d'Espagne sur ma tête, et je saurai la faire respecter des méchants, car Dieu m'a donné la force et la volonté nécessaires pour surmonter tous les obstacles. »

Les Espagnols se montrèrent sourds à ce langage, aussi peu touchés des menaces que des promesses de l'empereur. Mais le mot de constitution ne fut pas prononcé en vain ; l'indépendance castillane s'en empara, et les chefs de l'insurrection se trouvèrent conduits, par la force des circonstances, à doter eux-mêmes l'Espagne d'une constitution plus démocratique que celle qui avait été adoptée à Bayonne.

Le corrégidor de Madrid, à la tête d'une députation de la ville, porta aux pieds du vainqueur l'expression de sentiments qui n'étaient pas dans les âmes, mais dont la manifestation était rendue nécessaire par l'occupation militaire de la capitale. « Je regrette, répondit l'empereur, le mal que Madrid a essuyé, et je tiens à bonheur particulier d'avoir pu la sauver et lui épargner de plus grands maux.

» Je me suis empressé de prendre des mesures qui tranquillisent toutes les classes de citoyens, sachant combien l'incertitude est pénible pour tous les peuples et pour tous les hommes.

» J'ai conservé les ordres religieux en restreignant le nombre des moines. Il n'est pas un homme sensé qui ne jugeât qu'ils étaient trop nombreux. Du surplus des biens des couvents, j'ai pourvu aux besoins des curés, de cette classe la plus intéressante et la plus utile parmi le clergé.

» J'ai aboli ce tribunal contre lequel le siècle et l'Europe réclamaient. Les prêtres doivent guider les consciences, mais ne doivent exercer aucune juridiction extérieure et corporelle sur les citoyens.

» J'ai supprimé les droits usurpés par les seigneurs dans les temps de guerre civile.

» J'ai supprimé les droits féodaux, et chacun pourra établir des hôtelleries, des fours, des moulins, des madragues, des pêcheries, et donner un libre essor à son industrie...  L'égoïsme, la richesse et la prospérité d'un petit nombre d'hommes nuisaient plus à votre agriculture que les chaleurs de la canicule.

» Comme il n'y a qu'un Dieu, il ne doit y avoir dans un État qu'une justice. Toutes les justices particulières avaient été usurpées et étaient contraires aux droits de la nation, je les ai détruites.

» J'ai aussi fait connaître à chacun ce qu'il pouvait avoir à craindre, ce qu'il pouvait espérer...

» Il n'est aucun obstacle capable de retarder longtemps l'exécution de mes volontés.

» Les Bourbons ne peuvent plus régner en Europe...

» La génération pourra varier dans ses opinions, trop de passions ont été mises en jeu; mais vos neveux me béniront comme votre régénérateur; ils placeront au nombre des jours mémorables ceux où j'ai paru parmi vous. »

Pendant son court séjour dans la capitale des Espagnes, Napoléon s'occupa d'inspecter la tenue et de maintenir le bon esprit de ses troupes. Il passa, le 9 décembre, au Prado, la revue du corps du maréchal Lefebvre; le 10, celle des régiments de la confédération du Rhin, et le 11, celle de la cavalerie, dans laquelle figuraient les lanciers polonais. Le colonel de ce beau corps reçut des mains de l'empereur, à cette dernière revue, la croix de commandeur de la Légion d'honneur.

Ce fut de Madrid que Napoléon envoya au *Moniteur* une note pour démentir une réponse faite par l'impératrice à une députation du corps législatif, et dans laquelle Joséphine avait placé ce corps au sommet de la hiérarchie politique, en disant « qu'il représentait la nation ».

Napoléon déclara, dans sa feuille officielle, « que le premier représentant de la nation, c'était l'empereur ».

On s'est beaucoup récrié contre cette prétention, et cependant elle était conforme à l'ordre légal de l'époque et fondée avant tout sur la puissance des faits.

Le peuple, qui avait porté Napoléon au trône, par ses acclamations d'abord, et ensuite par des suffrages régulièrement exprimés, devait mieux voir son représentant en lui que dans une assemblée dont la nomination lui était étrangère.

Et d'ailleurs, le corps législatif était-il apte à gouverner la France, et à faire face à toutes les exigences de sa situation, au milieu des circonstances où se trouvait l'Europe, comme le fit Napoléon? Non, sans doute. C'était donc bien celui qui tenait en ses mains glorieuses et puissantes toute la destinée présente et prochaine de la nation qui était son véritable représentant, et non point l'assemblée inutile qui n'était elle-même qu'une émanation du pouvoir impérial, par la manière dont se faisaient les élections, et qui aurait été inhabile à accomplir ce que le bras vigoureux du dictateur et le génie du grand homme réalisèrent.

Cependant, tandis que l'empereur s'occupait à Madrid de l'organisation de l'Espagne, ce qui ne l'empêchait pas de surveiller les discours et les actes des personnes qui le représentaient à Paris, les opérations militaires continuaient dans les provinces espagnoles, où l'insurrection renaissait partout de ses cendres.

Les Anglais avaient quitté le Portugal pour accourir au secours de la capitale de la monarchie espagnole; mais le général Moore, désespérant d'arriver à temps, changea tout à coup de plan et conçut le projet de se porter sur Valladolid, afin de couper les communications de l'armée française. Cette résolution lui devint fatale. Assailli d'un côté, coupé de l'autre, il se vit contraint de commencer, à Palencia, une désastreuse retraite, qui le conduisit, sous l'épée constamment victorieuse du maréchal Soult, jusqu'à la Corogne, où il se fit blesser mortellement, après avoir perdu dix mille hommes, chevaux, canons et approvisionnements de toutes sortes. Les débris de son armée eurent à peine le temps de regagner la mer ; ils abandonnèrent la Corogne au maréchal, après une vaine tentative de défense, qui dura trois jours. Soult avait également dispersé, pendant cette poursuite, le corps espagnol de la Romana, qui s'était réfugié dans les montagnes des Asturies.

L'empereur s'était porté lui-même à la rencontre des Anglais, dès qu'il avait appris leur mouvement sur Madrid. C'est sous ses ordres et en sa présence que les opérations avaient commencé en Galice. Dans les premiers jours de janvier, son quartier général fut successivement porté à Astorga et à Benavente. Il l'avait aussi établi, pendant cette expédition, à Tordesillas, dans les bâtiments extérieurs du couvent de Sainte-Claire, où mourut Jeanne la Folle, mère de Charles-Quint. Ce couvent a été construit sur un ancien palais des Maures, dont il reste un bain et deux salles très-bien conservés. L'abbesse, âgée de soixante-quinze ans, se fit présenter à l'empereur, qui la reçut avec beaucoup de distinction et lui accorda diverses grâces.

En Catalogne, le succès des armes françaises n'avait pas été moins éclatant. Gouvion Saint-Cyr avait pénétré dans Barcelone, après s'être emparé de Roses ; et le marquis de Vivès, battu à Cardade, était tombé dans la disgrâce de la junte.

Ainsi, depuis l'arrivée de l'empereur en Espagne, tout avait changé de face ; la victoire était revenue sous ses drapeaux, aussi empressée, aussi rapide, aussi brillante qu'elle l'avait été jusque-là en Allemagne et en Italie.

En moins de deux mois, l'armée anglaise avait été anéantie, le corps de la Romana détruit, la capitale reconquise, les principales provinces occupées. Les désastres de Dupont et de Junot étaient ainsi plus que réparés. Si les Espagnols persistaient toujours dans leur haine pour la domination française, le cabinet anglais commençait néanmoins à craindre qu'ils ne fussent à la fin écrasés pour longtemps, subjugués sinon ralliés; et malgré le caractère précaire de leur sujétion, la légitimité n'en aurait pas moins échoué dans cette guerre, la première qu'elle eût encore soutenue avec quelque avantage contre la révolution. Il fallait donc faire quitter l'Espagne au génie

invincible qui était venu y détruire les grandes espérances conçues après les capitulations de Baylen et de Cintra. La diplomatie anglaise se chargea de le ramener dans le Nord, de le contraindre encore à diviser ses forces. Ce ne fut pas la Prusse, encore toute meurtrie des coups terribles qu'elle avait reçus à Iéna, qui servit cette fois d'instrument au cabinet de Saint-James; ce ne fut pas non plus la Russie, qui n'avait pas cicatrisé ses blessures de Friedland, et qui n'aurait pas d'ailleurs osé dévoiler sitôt l'hypocrisie des protestations amicales d'Erfurth ; ce fut l'Autriche, revenue de l'abattement et de la consternation qu'elle avait manifestés après Austerlitz, qui consentit à provoquer de nouveau le vainqueur trop généreux qui l'avait imprudemment épargnée. Trois ans de paix et de repos lui avaient suffi pour réorganiser ses armées; elle se sentait prête à tenir la campagne, et si elle y obtenait des succès, la vieille diplomatie montrerait alors qu'elle ne se considérait pas plus comme enchaînée, à Berlin et à Pétersbourg, par le traité de Tilsitt, qu'elle n'avait cru être liée à Vienne par celui de Presbourg. Quoi qu'il arrive, on est toujours sûr de trouver un refuge dans la générosité du vainqueur. Si l'on éprouve de nouveaux revers, on fera un nouveau traité. Quelques concessions territoriales pourront être exigées; mais le trône restera toujours intact, et la cause de l'antique royauté aura été sauvée en Espagne, en attirant son redoutable adversaire au fond de la Germanie.

Napoléon était à Valladolid lorsqu'il apprit les dispositions hostiles et les armements de l'Autriche. Après avoir reçu dans cette ville de nombreuses députations venues de Madrid, ordonné la suppression d'un couvent de dominicains où un soldat français avait été égorgé, et s'être montré

favorable aux bénédictins, qui ne s'occupaient que de soins spirituels et de la culture des lettres, et qui avaient sauvé la vie à plusieurs Français, il quitta précipitamment l'Espagne pour retourner à Paris, où il arriva le 23 janvier 1809.

CHAPITRE VINGT-NEUVIÈME.

Campagne de 1809 contre l'Autriche.

Son retour de Bayonne, en août 1808, Napoléon avait été informé que l'Autriche, dont l'attitude fut fort équivoque pendant la campagne de Prusse, laissait apercevoir des ressentiments et des intentions malveillantes contre la France. Il s'en était expliqué franchement avec l'ambassadeur de cette puissance, M. de Metternich, qui était venu à Saint-Cloud, avec le corps diplomatique, pour féliciter Sa Majesté Impériale et Royale à l'occasion de sa fête. L'ambassadeur avait protesté des dispositions pacifiques de sa cour, et déclaré que les armements signalés au gouvernement français n'avaient qu'un but défensif. Napoléon lui avait fait remarquer combien cette explication était déraisonnable, puisque nul sujet d'inquiétude, nul symptôme d'attaque, même lointaine, n'existaient pour l'Autriche. « Cependant, avait-il ajouté, votre empereur ne veut pas la guerre, je le crois; je compte sur la parole qu'il m'a donnée lors de notre entrevue. Il ne peut avoir de ressentiment contre moi. J'ai occupé sa capitale, la plus grande partie de ses provinces : presque tout lui a été rendu... Croyez-vous que le vainqueur des armées françaises qui aurait été maître de Paris eût agi avec cette modération? (M. de Metternich et tous les diplomates de la coalition ont répondu à cette question en avril 1814.)... Des intrigues particulières vous entraînent là où vous ne voulez pas aller. Les Anglais et leurs partisans dictent toutes ces fausses mesures; déjà ils s'applaudissent de l'espérance de voir de nouveau l'Europe en feu... » M. de Metternich avait persisté à nier les vues hostiles de son gouvernement. Plus tard, et au commencement du mois de mars 1809, lorsque Napoléon était revenu de Madrid, sur la certitude acquise d'une rupture imminente provoquée par la cour de Vienne, l'ambassadeur autrichien osa tenir le même langage au ministre des relations extérieures, Champagny. « Si l'empereur, lui dit-il, avait réellement des inquiétudes sur ce qu'on a appelé nos armements, pourquoi, au lieu de se taire avec moi, et d'appeler les troupes de la Confédération, ne m'a-t-il pas parlé? on se serait expliqué, et probablement entendu. — A quoi cela aurait-il servi? répondit le ministre français. A quoi ont servi des démarches semblables faites il y a cinq mois? L'empereur ne vous parle plus, monsieur, parce qu'alors il vous a parlé en vain, parce que vous avez perdu auprès de lui, par des promesses trompeuses, le crédit qu'on accorde au titre d'ambassadeur... Au surplus, l'empereur, qui ne vous demande rien que de le faire jouir de la sécurité de la paix, ne veut pas la guerre : il vous la fera si vous l'y contraignez. Il ne vous en a pas donné le plus léger prétexte... Je ne sais où vos mesures vous entraîneront; mais si la guerre a lieu, c'est parce que vous l'aurez voulu. » M. de Metternich, embarrassé, se retira en se plaignant d'être maltraité dans les cercles de la cour; et M. de Champagny lui répliqua que c'était la cour de Vienne qui, n'exécutant pas les promesses faites par son ambassadeur, avait seule blessé la dignité de son caractère. Ce ministre communiqua au sénat, à la séance du 14 avril, les deux entretiens que l'empereur et lui avaient eus avec l'ambassadeur autrichien; il fit connaître les préparatifs hostiles de la cour de Vienne, et, après son rapport, un conseiller d'État présenta un projet de sénatus-consulte qui mettait quarante mille conscrits à la disposition du ministre de la guerre. Ce projet fut adopté : le sénat y ajouta une adresse où se retrouvèrent les paroles mémorables que Napoléon avait consignées dans une lettre à l'empereur d'Autriche. « Que les démarches de Votre Majesté, avait dit Napoléon, montrent de la confiance, elles en inspireront. La meilleure politique aujourd'hui, c'est la sincérité et la vérité. Qu'elle me confie ses inquiétudes, lorsqu'on parviendra à lui en donner, je les dissiperai sur-le-champ. »

C'était à Londres que François II avait confié ses inquiétudes; et quand le sénat français votait des levées de conscrits et donnait son approbation aux préparatifs de la guerre, les hostilités étaient déjà commencées; l'Autriche avait publié son manifeste et envahi les États de la confédération du Rhin. Napoléon en était encore à dire, comme son ministre, qu'il n'avait pas donné « le plus léger prétexte » d'une rupture à la cour de Vienne; et, comme dans les campagnes d'Austerlitz et d'Iéna, il répétait peut-être qu'il ne savait pas ce qu'on voulait de lui, ni pourquoi il se battait. Le cabinet autrichien s'était exprimé néanmoins de manière à dissiper tous ses doutes, et à bien faire comprendre que ce n'était pas pour des griefs particuliers, mais pour des raisons générales, pour une question européenne, pour la cause qui avait enfanté toutes les coalitions antérieures, que la foi jurée au bivac d'Austerlitz et déposée dans le traité de Presbourg allait être violée. C'était une reproduction des manifestes de la vieille Europe, depuis celui de Brunswick; c'était une nouvelle croisade que le conseil aulique prêchait contre l'*ennemi commun*, c'est-à-dire contre la France, contre le siècle, contre les idées nouvelles dont Napoléon n'était que le représentant.

L'Autriche s'était donc déclarée dès le 9 avril, et le 10 ses armées entraient en campagne. Le 12, l'empereur, instruit par le télégraphe du passage de l'Inn par l'ennemi, partit aussitôt de Paris; le 16 avril il arrivait à Dillingen et y promettait au roi de Bavière de le ramener en quinze jours dans sa capitale, d'où le prince Charles l'avait chassé; le 17, il était à Donawert, et disait à ses soldats, dans une proclamation :

«Soldats, le territoire de la confédération a été violé. Le général autrichien veut que nous fuyions à l'aspect de ses armes, et que nous lui abandonnions nos alliés. J'arrive avec la rapidité de l'éclair.

» Soldats, j'étais entouré de vous lorsque le souverain d'Autriche vint à mon bivac de Moravie : vous l'avez entendu implorer ma clémence, et me jurer une amitié éternelle. Vainqueurs dans trois guerres, l'Autriche a dû tout à notre générosité; trois fois elle a été parjure. Nos succès passés nous sont un sûr garant de la victoire qui nous attend.

» Marchons donc, et qu'à notre aspect l'ennemi reconnaisse son vainqueur. »

L'Autriche avait compté sur l'absence de Napoléon et de sa garde, sur l'éloignement des vieilles bandes de Marengo et d'Austerlitz. Elle savait qu'il ne restait plus que quatre-vingt mille Français épars dans toute l'Allemagne; et son armée, divisée en neuf corps, sous les ordres de l'archiduc Charles, n'avait pas moins de cinq cent mille hommes. Ses premiers mouvements parurent heureux. Le roi de Bavière avait fui de

GARDE IMPÉRIALE. — Officier de chasseurs à cheval.

Munich devant l'archiduc, qui s'était porté rapidement de l'Inn sur l'Iser. L'armée française était alors éparpillée sur une ligne de soixante lieues, ce qui l'exposait à être coupée et à se faire battre en détail. Le général autrichien s'en était aperçu, et se montrait plein d'activité et d'espoir, lorsque l'arrivée de Napoléon vint tout changer. L'ardeur du prince Charles et de son armée se ralentit, celle des soldats français s'accrut au contraire. Toutes les dispositions imprudentes furent vite corrigées. L'empereur reprit le cours de ses admirables manœuvres, et tint parole au roi de Bavière. Il le ramena triomphant dans sa capitale avant le dixième jour accompli depuis la promesse qu'il lui en avait faite. Dès le 25 avril, ce prince rentrait à Munich, et Napoléon, en six jours, avait remporté six victoires sur l'armée autrichienne. Ce n'était que le 19 qu'on avait pu atteindre l'ennemi, et un double succès, au combat de Pfaffenhofen et à la bataille de Tann, avait marqué cette journée. Au combat de

Peissing, le terrible 57ᵉ, commandé par le brave colonel Charrière, justifia son surnom; il aborda seul et défit successivement six régiments autrichiens. Le 20, nouvelle rencontre à Abensberg, nouvelle bataille, nouveau triomphe pour les Français. L'ennemi ne tint qu'une heure, et laissa au pouvoir du vainqueur huit drapeaux, douze pièces de canon et dix-huit mille prisonniers. Le 21, le combat de Landshut acheva la défaite de la veille. Dans cette journée, le général Mouton, à la tête d'une

colonne de grenadiers, s'élança à travers les flammes qui dévoraient un des ponts de l'Iser. « Avancez toujours, et ne tirez pas! » criait-il à ses soldats d'une voix tonnante, et en peu d'instants il eut pénétré dans la ville, qui devint le théâtre d'une lutte sanglante et que l'ennemi ne tarda pas à abandonner. Dans ce moment, l'archiduc Charles, à la tête du corps de Bohême, surprenait, à Ratisbonne, un détachement de mille hommes qui avait été chargé de garder le pont, et qui se laissa cerner et prendre, faute d'avoir été prévenu de se retirer. Au premier bruit de cet événement, l'empereur jura que dans vingt-quatre heures le sang autrichien coulerait dans Ratisbonne, pour venger l'affront fait à ses armes. Le 22, il marcha en effet sur cette ville, et rencontra l'ennemi fort de cent dix mille hommes, qui avait pris position à Eckmühl. Ce fut encore pour l'empereur l'occasion d'une grande bataille et d'un grand triomphe. En quelques instants, cette nombreuse armée, attaquée sur tous les points, fut chassée de toutes ses positions et mise en pleine déroute, laissant la plus grande partie de son artillerie, quinze drapeaux et vingt mille prisonniers. L'archiduc Charles ne dut lui-même son salut qu'à la vitesse de son cheval.

Le lendemain 23, l'armée victorieuse se présenta devant Ratisbonne, que la cavalerie autrichienne, culbutée par Lannes, ne put couvrir: mais six régiments, que l'archiduc avait laissés dans la place, essayèrent de la défendre. L'empereur vint lui-même ordonner l'attaque. Il y fut blessé d'une balle au pied droit. Le bruit s'en répandit aussitôt dans l'armée, et les soldats d'accourir avec inquiétude: mais ils

arrivaient à peine que Napoléon, qui s'était fait panser en un instant, remontait à cheval, au milieu des plus vives acclamations. Bientôt les murailles furent escaladées et la ville prise. Tout ce qui résista passa par les armes; huit mille hommes se rendirent.

Cependant le maréchal Bessières poursuivait les débris des corps autrichiens, battus à Abensberg et à Landshut. Il les atteignit, le 24, à Neumark, au moment où ils venaient de se rallier à un corps de réserve qui arrivait sur l'Inn, les battit et leur fit quinze cents prisonniers.

Ce même jour, l'empereur publiait, à Ratisbonne, l'ordre du jour suivant:

« Soldats,

» Vous avez justifié mon attente; vous avez suppléé au nombre par votre courage; vous avez glorieusement marqué la différence qui existe entre les soldats de César et les armées de Xerxès.

» En peu de jours, nous avons triomphé dans les trois batailles de Tann, d'Abensberg et d'Eckmühl, et dans les combats de Peissing, de Landshut et de Ratisbonne. Cent pièces de canon, quarante drapeaux, cinquante mille prisonniers, trois équipages attelés, trois mille voitures attelées portant les bagages, toutes les caisses des régiments, voilà le résultat de la rapidité de vos marches et de votre courage.

» L'ennemi, enivré par un cabinet parjure, paraissait ne plus conserver aucun sou-

CHAPITRE VINGT-NEUVIÈME.

venir de vous; son réveil a été prompt; vous lui avez paru plus terribles que jamais. Naguère il a traversé l'Inn et envahi le territoire de nos alliés; naguère il se promettait de porter la guerre au sein de notre patrie. Aujourd'hui, défait, épouvanté, il fuit en désordre; déjà mon avant-garde a passé l'Inn; avant un mois nous serons à Vienne. »

Cette prédiction audacieuse sera accomplie, comme celle faite au roi de Bavière. Napoléon va se porter rapidement sur la capitale de l'Autriche. Le 30 avril, son quartier général est à Burghausen, où la comtesse d'Armansperg vient le supplier de lui faire rendre son mari, que les Autrichiens ont emmené prisonnier, comme soupçonné de sympathie pour la France. C'est là qu'est publié ce troisième bulletin de la grande armée, dans lequel Napoléon, plein du souvenir de l'entrevue d'Austerlitz, et oubliant qu'il n'y a pas d'engagement sacré pour les princes de la vieille race avec les gouvernements d'origine révolutionnaire, s'exprime avec amertume et dureté sur la personne même de l'empereur François. « L'empereur d'Autriche, dit-il, a quitté Vienne, et a signé en partant une proclamation, rédigée par Gentz, dans le style et l'esprit des plus sots libelles. Il s'est porté à Scharding, position qu'il a choisie précisément pour n'être nulle part, ni dans sa capitale pour gouverner ses États, ni au camp, où il n'eût été qu'un inutile embarras. Il est difficile de voir un prince plus débile et plus faux. » Si Napoléon est résolu à détrôner le monarque qu'il outrage avec tant de solennité, son langage n'est qu'injurieux; mais s'il doit traiter encore avec lui, et le laisser sur le trône d'une vaste et puissante monarchie, ce langage est impolitique, car il jette dans l'âme du prince si hautement outragé de profonds ressentiments, qui rendront, plus que jamais, toute paix et toute alliance avec la cour de Vienne suspectes et dangereuses.

Le 1ᵉʳ mai, le quartier général s'établit à Ried, où l'empereur arriva dans la nuit. Le 3, un corps de trente mille Autrichiens, reste des vaincus de Landshut, se retirait sur Ebersberg, lorsqu'il fut atteint par les tirailleurs du Pô et les tirailleurs corses, qui lui firent éprouver une perte considérable. Bessières et Oudinot venaient d'opérer leur jonction avec Masséna, et se dirigeaient sur Ebersberg, menaçant d'envelopper et d'anéantir le corps autrichien; le général Claparède marchait en tête avec sa division, qui ne comptait guère que sept mille hommes. Dès qu'il eut débouché, l'ennemi, dont la position était avantageuse, ne voulut pas attendre que les divers corps de l'armée française qui le poursuivaient fussent arrivés; il attaqua la division d'avant-garde, après avoir mis le feu à la ville, qui était construite en bois. En un instant, l'incendie embrasa tout, et gagna jusqu'aux premières travées du pont. Le feu arrêta la marche de Bessières, qui passait le pont avec la cavalerie pour soutenir Claparède. Ce général fut ainsi obligé de se défendre seul, pendant trois heures, avec sept mille hommes, contre trente mille. Mais enfin un passage fut ouvert à travers les flammes; les généraux Legrand et Durosnel survinrent par des points différents. Le soldat français fit des prodiges d'intrépidité et de valeur. Le château fut emporté et incendié, et l'ennemi se retira en désordre jusqu'à Enns, où il brûla le pont pour protéger sa fuite dans la direction de Vienne. Le combat d'Ebersberg coûta aux Autrichiens douze mille hommes, dont sept mille cinq cents prisonniers. Le cinquième bulletin signala en ces termes les vainqueurs de cette journée :

« La division Claparède, qui fait partie des grenadiers d'Oudinot, s'est couverte de gloire; elle a eu trois cents hommes tués et six cents blessés. L'impétuosité des bataillons de tirailleurs du Pô et de tirailleurs corses a fixé l'attention de toute l'armée. Le pont, la ville et la position d'Ebersberg seront des monuments durables de leur courage. Le voyageur s'arrêtera et dira : — C'est ici, c'est de cette superbe position, de ce pont d'une si longue étendue, de ce château si fort par sa situation, qu'une armée de trente-cinq mille Autrichiens a été chassée par sept mille Français. »

L'empereur reçut à son bivac d'Ebersberg une députation des États de la haute Autriche. Il coucha, le 4, à Ems, dans le château du comte d'Awesperg, et se retrouva, le 6, à cette fameuse abbaye de Molck, où il s'était arrêté pendant la campagne de 1805, et dont les caves fournirent cette fois à l'armée plusieurs millions de bouteilles de vin. En passant devant les ruines du château de Diernstein, sur une éminence au delà de Molck et dans la direction de Vienne, l'empereur dit au maréchal Lannes, qui était à ses côtés : « Regarde, voilà la prison de Richard Cœur-de-lion. Lui aussi alla, comme nous, en Syrie et en Palestine. Le Cœur-de-lion, mon brave Lannes, n'était pas plus brave que toi. Il fut plus heureux que moi à Saint-Jean d'Acre. Un duc d'Autriche le vendit à un empereur d'Allemagne qui le fit enfermer là. C'était le temps de la barbarie. Quelle différence avec notre civilisation! On a vu comment j'ai traité l'empereur d'Autriche que je pouvais faire prisonnier. Eh bien, je le traiterai encore de même. Ce n'est pas moi qui veux cela, c'est le temps! » Napoléon avait raison : c'était le temps qui le faisait généreux, grand, magnanime après la victoire; c'était le siècle qui agissait en lui, quand il marquait, par ses procédés envers les monarques vaincus, la distance qui sépare notre civilisation de la barbarie. Mais s'il se montre l'homme de la civilisation avec la vieille royauté, celle-ci restera, à son tour, digne de son origine, et se montrera gardienne fidèle des errements de la barbarie. Le génie du dix-neuvième siècle avait été l'hôte courtois et bienveillant du bivac d'Austerlitz; le génie du moyen âge sera le geôlier farouche de Sainte-Hélène.

De Molck, le quartier général de l'empereur fut porté à Saint-Polten, dans la journée du 8. Deux jours après, à neuf heures du matin, Napoléon était aux portes de Vienne.

L'archiduc Maximilien, frère de l'impératrice, commandait dans cette capitale. Il voulut essayer de la défendre. Les premières sommations qu'on lui fit furent repoussées avec hauteur. Ce jeune prince poussa l'aveuglement jusqu'à décerner une espèce d'ovation au chef d'un attroupement qui avait violé le droit des gens sur la personne d'un aide de camp du maréchal Lannes, envoyé en parlementaire; il fit promener triomphalement ce forcené dans toutes les rues de Vienne, monté sur le cheval même de l'officier français qui avait été lâchement assailli et blessé.

L'empereur était maître des faubourgs, formant les deux tiers de la population de cette capitale. Il y organisa une garde civique et des municipalités, qui envoyèrent une députation à l'archiduc pour le supplier d'épargner leurs demeures; le prince fut peu touché de cette démarche, et le feu continua. Alors l'empereur se vit réduit à ordonner le bombardement. Une batterie de vingt obusiers, placée à cent toises des

remparts, commença, le 11, à neuf heures du soir, à foudroyer la place. En moins de quatre heures, dix-huit cents obus furent lancés. La ville ne présenta bientôt plus que l'aspect d'une masse de feu, sous laquelle s'agitait en désordre une population désolée. Après d'inutiles efforts contre le travail des assiégeants, l'archiduc, apprenant que les Français avaient passé un bras du Danube, et craignant qu'ils ne parvinssent à lui couper la retraite, sortit précipitamment de la ville à la faveur de la nuit, laissant au général O'Reilly le soin de capituler. En effet, à la pointe du jour, ce général fit annoncer qu'on allait cesser le feu, et peu après, une députation, dont l'archevêque de Vienne faisait partie, fut envoyée auprès de Napoléon, qui la reçut dans le parc de Schœnbrunn.

Le même jour, 12, Masséna s'empara de Léopoldstadt. Dans la soirée, la capitulation de Vienne fut signée, et le 13, à six heures du matin, Oudinot, à la tête de ses grenadiers, prit possession de la place. L'ordre du jour suivant fut aussitôt publié:

« Soldats,

» Un mois après que l'ennemi passa l'Inn, au même jour, à la même heure, nous sommes entrés dans Vienne.

» Ses landwehrs, ses levées en masse, ses remparts creusés par la rage impuissante des princes de la maison de Lorraine, n'ont point soutenu vos regards.

» Les princes de cette maison ont abandonné leur capitale, non comme des soldats d'honneur qui cèdent aux circonstances et aux revers de la guerre, mais comme des parjures que poursuivent leurs remords.

» En fuyant de Vienne, leurs adieux à ses habitants ont été le meurtre et l'incendie; comme Médée, ils ont de leurs propres mains égorgé leurs enfants.

» Le peuple de Vienne, selon l'expression de la députation de ses faubourgs, délaissé, abandonné, veuf, sera l'objet de vos égards. J'en prends les habitants sous ma spéciale protection. Quant aux hommes turbulents et méchants, j'en ferai une justice exemplaire.

» Soldats! soyons bons pour les pauvres paysans, pour ce bon peuple qui a tant de droits à notre estime. Ne conservons aucun orgueil de tous nos succès: voyons-y une preuve de cette justice divine qui punit l'ingrat et le parjure.

» Napoléon. »

Carabinier.

L'armée autrichienne, en abandonnant la capitale de l'empire, n'avait pas renoncé à la guerre. Couverte par le Danube, dont elle avait détruit les ponts à Vienne et dans les lieux environnants, elle attendait une occasion favorable pour prendre l'offensive. Le pont de Lintz fut le premier but de ses attaques; mais Vandamme lui résista vigoureusement, et Bernadotte, qui survint, la mit en pleine déroute. De son côté, Napoléon était aussi impatient de forcer le passage du fleuve, pour achever cette glorieuse campagne. La reconstruction du pont fixait donc alors sa sollicitude. Masséna en avait établi plusieurs sur les bras du Danube qui baignent l'île de Lobau; Napoléon résolut de s'en servir pour le passage de l'armée entière. En trois jours, les corps de Lannes, Bessières et Masséna se trouvèrent en position dans l'île. On communiquait avec la rive droite par un pont de bateaux, long de cinq cents toises, et couvrant trois bras du fleuve. Un autre pont, qui n'avait qu'une longueur de soixante et une toises, joignait l'île à la rive gauche. C'est par là que débouchèrent sans obstacle trente-cinq mille hommes, dans la journée du 21 mai, pour aller se mettre en bataille d'Aspern à Essling. Mais vers les quatre heures du soir, l'archiduc Charles, qui avait rassemblé tous les débris des divers corps autrichiens battus en Bavière, et qui avait fait avancer ses réserves, se présenta à la tête de cent mille hommes, et vint fondre sur les corps de Masséna, de Bessières et de Lannes, les seuls de l'armée française qui eussent gagné la gauche du Danube. Masséna fut le premier attaqué dans Aspern, et il s'y maintint, malgré l'infériorité du nombre, par des prodiges de valeur; Lannes en fit autant dans Essling, tandis que Bessières faisait de brillantes charges de cavalerie contre le centre de l'ennemi, placé entre ces deux villages.

La nuit fit cesser le feu. Les cent mille Autrichiens du prince Charles n'avaient pu faire perdre un pouce de terrain aux trente-cinq mille Français de Masséna, de Lannes et de Bessières. Viennent donc des renforts, et la journée du lendemain sera funeste à l'archiduc. En effet, les grenadiers d'Oudinot, la division Saint-Hilaire, deux brigades de cavalerie légère et le train d'artillerie passèrent les ponts dans la nuit, et vinrent prendre position sur la ligne de bataille. Napoléon disposa tout pour une grande victoire. A quatre heures du matin, le signal du combat fut encore donné par l'ennemi contre le village d'Aspern; mais Masséna était là pour le défendre. Cet illustre guerrier, dont l'intrépidité, le sang-froid et les talents militaires n'apparaissaient jamais mieux que dans les positions difficiles, ne se contenta pas de repousser les Autrichiens à chacune de leurs attaques; il prit bientôt lui-même l'offensive, et culbuta vivement les colonnes qui lui étaient opposées. Dans le même moment, Lannes et la jeune garde se portaient impétueusement sur le centre de l'armée autrichienne, afin de couper la communication des deux ailes. Tout plia devant l'héroïque maréchal, et la victoire devenait certaine et décisive, lorsque, vers les sept heures du matin, on annonça à l'empereur qu'une crue subite du Danube, ayant entraîné des arbres, des radeaux et des débris de maisons, avait emporté le grand pont qui joignait l'île de Lobau à la rive droite, et qui formait l'unique voie de communication entre les corps engagés sur la rive gauche et le reste de l'armée française. A cette nouvelle, Napoléon, qui n'avait guère avec lui que cinquante mille hommes pour tenir tête à cent mille, fit suspendre le mouvement en avant, et ordonna à ses maréchaux de conserver seulement leur position, pour opérer ensuite leur retraite en bon ordre dans l'île de Lobau. Cet ordre fut exécuté. Généraux et soldats soutinrent valeureusement l'honneur du drapeau français. L'ennemi, instruit de la rupture des ponts, qui avait arrêté le parc de réserve de l'armée française, et qui la privait ainsi de cartouches à canon et d'infanterie, l'ennemi s'enhardit à reprendre l'offensive sur tous les points. Il attaqua en même temps Aspern et Essling pendant trois fois, et trois fois il fut repoussé. Le général Mouton se signala à la tête des fusiliers de la garde. Le maréchal Lannes, que l'empereur avait chargé de conserver le champ de bataille, remplit vaillamment cette tâche; il contribua puissamment à sauver cette belle portion de l'armée française dont un coup du sort venait de compromettre l'existence. Mais ce service éclatant était le dernier que ce soldat illustre dût rendre à son pays et au grand capitaine qui était plutôt son ami que son maître. Un boulet lui emporta la cuisse sur la fin de la journée. L'amputation fut faite immédiatement, et avec un succès qui fit concevoir des espérances qui ne se réalisèrent pas. Le maréchal fut porté sur un brancard devant l'empereur, qui ne put retenir ses larmes à la vue de l'un de ses plus chers compagnons d'armes blessé à mort. « Il fallait bien, dit-il en se tournant vers ceux qui l'environnaient, que mon cœur, dans cette journée, fût frappé par un coup aussi sensible, pour que je pusse m'abandonner à d'autres soins que ceux de mon armée. » Lannes, qui avait perdu connaissance, reprit ses sens en se retrouvant près de Napoléon ; il se jeta

à son cou, et lui dit : « Dans une heure, vous aurez perdu celui qui meurt avec la gloire et la conviction d'avoir été et d'être votre meilleur ami. » Le maréchal vécut encore dix jours, et l'on conçut même un instant l'espoir de le sauver ; mais une fièvre pernicieuse l'emporta, le 31 mai, à Vienne. « C'est au moment de quitter la vie, a dit Napoléon, qu'on s'y rattache de toutes ses forces. Lannes, le plus brave de tous les hommes, Lannes, privé de ses deux jambes, ne voulait pas mourir... A chaque instant, le malheureux demandait l'empereur ; il se cramponnait à moi de tout le reste de sa vie ; il ne voulait que moi, ne pensait qu'à moi. Espèce d'instinct ! Assurément, il aimait mieux sa femme et ses enfants que moi ; il n'en parlait pourtant pas : c'est qu'il n'en attendait rien ; c'était lui qui les protégeait, tandis qu'au contraire, moi, j'étais son protecteur. J'étais pour lui quelque chose de vague, de supérieur ; j'étais sa providence : il l'implorait !... Il était impossible même, ajoutait Napoléon, d'être plus brave que Murat et Lannes. Murat n'était demeuré que brave. L'esprit de Lannes avait grandi au niveau de son courage ; il était devenu un géant... S'il eût vécu dans ces derniers temps, je ne pense pas qu'il eût été possible de le voir manquer à l'honneur et au devoir... Il était de ces hommes à changer la face des affaires par son propre poids et par sa propre influence. »

La bataille d'Essling porta un autre coup aux affections privées de l'empereur, et enleva à l'armée un de ses chefs les plus braves et les plus habiles, le général Saint-Hilaire. « Dans cette journée, disent les *Mémoires de Napoléon*, périrent les généraux duc de Montebello et Saint-Hilaire, deux héros, les meilleurs amis de Napoléon ;

il en versa des larmes. Ceux-là n'eussent pas manqué de constance dans ses malheurs, ils n'eussent pas été infidèles à la gloire du peuple français. » Ces pertes cruelles causèrent une affliction profonde à l'empereur, et le ramenèrent tristement à la pensée

Grenadier à cheval (garde impériale)

du néant des choses humaines. Écrivant, le 31 mai, à Joséphine, et lui confiant sa douleur au sujet de la mort de Lannes, qui avait succombé le matin, il laissa tomber de sa plume cette amère réflexion : « Ainsi tout finit! » oubliant en ce moment la grandeur de son œuvre et l'immensité de sa gloire, qu'il espérait bien d'ailleurs rendre impérissables ; et l'opinion de cette postérité dont il s'était fait un culte, et dont la justice ne pouvait faillir, ni à lui ni à ses immortels compagnons d'armes.

La journée d'Essling, éminemment glorieuse pour les armes françaises, laissa cependant la victoire indécise : des deux parts, on s'attribua le triomphe. Aux yeux de l'Europe, c'était un échec pour Napoléon, habitué à écraser son ennemi, de n'avoir pu cette fois chasser les Autrichiens de leurs positions, et d'avoir été réduit, par un accident imprévu et par l'infériorité de ses forces, à garder les siennes. L'empereur comprit que cette halte produirait un effet moral assez fâcheux tant en France qu'à l'étranger, pour qu'il dût s'attacher à ne pas aggraver le mal par le moindre mouvement rétrograde. Il résolut donc de se maintenir dans cette île de Lobau, qui n'avait dû être d'abord qu'une espèce d'entrepôt pour le passage du Danube, et dans laquelle le débordement du fleuve et la rupture des ponts venaient de l'emprisonner avec une partie de son armée.

De son côté, le prince Charles, inquiet des mouvements de Davoust, qui bombardait Presbourg, n'osa pas prendre l'offensive, et se décida à fortifier sa position entre Aspern et Enzersdorf.

Cependant Napoléon faisait travailler activement à la reconstruction des ponts ; bientôt les communications de l'île avec la rive droite furent rétablies. On apprit ensuite que l'armée d'Italie, sous les ordres du prince Eugène, avait battu complètement, à Saint-Michel, le corps autrichien de Iellachich, trois jours après la bataille d'Essling, et que les vainqueurs avaient opéré leur jonction avec l'armée d'Allemagne sur les hauteurs du Simmering. Cet heureux événement fut annoncé aux troupes par la proclamation suivante :

« SOLDATS DE L'ARMÉE D'ITALIE,

» Vous avez glorieusement atteint le but que je vous avais marqué ; le Simmering a été témoin de votre jonction avec la grande armée.

» Soyez les bienvenus ! Je suis content de vous !!! Surpris par un ennemi perfide avant que vos colonnes fussent réunies, vous avez dû rétrograder jusqu'à l'Adige ; mais lorsque vous reçûtes l'ordre de marcher en avant, vous étiez sur le champ mémorable d'Arcole, et là vous jurâtes, sur les mânes de nos héros, de triompher. Vous avez tenu parole à la bataille de la Piava, aux combats de Saint-Daniel, de Tarvis, de Gorice... La colonne autrichienne de Iellachich, qui la première entra dans Munich, qui donna le signal des massacres dans le Tyrol, environnée à Saint-Michel, est tombée sous vos baïonnettes. Vous avez fait une prompte justice de ces débris dérobés à la colère de la grande armée.

» Soldats, cette armée autrichienne d'Italie, qui un moment souilla par sa présence mes provinces, qui avait la prétention de briser ma couronne de fer, battue, dispersée, anéantie, grâce à vous, sera un exemple de la sévérité de cette devise : Dieu me la donne, gare à qui la touche. »

La jonction d'Eugène fut suivie d'une nouvelle victoire que ce prince remporta sur l'archiduc Jean et l'archiduc palatin à Raab, le 14 juin, anniversaire des batailles de Marengo et de Friedland. Marmont, après des succès en Dalmatie, vint, à son tour, se réunir à la grande armée, et se mettre dans le cercle d'opération de l'empereur. Dès lors Napoléon vit que le moment était venu de porter le coup décisif auquel il se préparait depuis plus d'un mois. Après le sang inutile glorieusement versé à Eylau,

CHAPITRE VINGT-NEUVIÈME. 307

il lui avait fallu Friedland ; après Essling, il lui fallait Wagram. Voici le récit de cette bataille extrait du vingt-cinquième bulletin, qui annonce d'abord le passage du Danube le 4 juillet, à dix heures du soir, l'incendie d'Enzersdorf, et quelques avantages dans la journée du 5.

BATAILLE DE WAGRAM.

« Vivement effrayé des progrès de l'armée française et des grands résultats qu'elle obtenait presque sans efforts, l'ennemi fit marcher toutes ses troupes, et à six heures du soir il occupa la position suivante : sa droite, de Stadelau à Gerasdorf; son centre, de Gerasdorf à Wagram, et sa gauche, de Wagram à Neusiedel. L'armée française avait sa gauche à Gross-Aspern, son centre à Raschdorf, et sa droite à Glinzendorf. Dans cette position, la journée paraissait presque finie, et il fallait s'attendre à avoir le lendemain une grande bataille; mais on l'évitait, et on coupait la position de l'ennemi en l'empêchant de concevoir aucun système, si dans la nuit on s'emparait du village de Wagram : alors sa ligne, déjà immense, prise à la hâte et par les chances du combat, laisserait errer les différents corps de l'armée sans ordre et sans direction, et on en aurait eu bon marché sans engagement sérieux. L'attaque de Wagram eut lieu : nos troupes emportèrent ce village; mais une colonne de Saxons et une colonne de Français se prirent dans l'obscurité pour des troupes ennemies, et cette opération fut manquée.

» On se prépara alors à la bataille de Wagram. Il paraît que les dispositions du général français et du général autrichien furent inverses. L'empereur passa toute la nuit à rassembler ses forces sur son centre, où il était de sa personne, à une portée de canon de Wagram. A cet effet, le duc de Rivoli se porta sur la gauche d'Aderklaa, en laissant sur Aspern une seule division, qui eut ordre de se replier en cas d'événement sur l'île de Lobau. Le duc d'Auerstaedt recevait l'ordre de dépasser le village de Grosshoffen pour s'approcher du centre. Le général autrichien, au contraire, affaiblissait son centre pour garnir et augmenter ses extrémités, auxquelles il donnait une nouvelle étendue.

20.

» Le 6, à la pointe du jour, le prince de Ponte-Corvo occupa la gauche, ayant en seconde ligne le duc de Rivoli. Le vice-roi le liait au centre, où le corps du comte Oudinot, celui du duc de Raguse, ceux de la garde impériale et les divisions des cuirassiers formaient sept ou huit lignes.

» Le duc d'Auerstaedt marcha de la droite pour arriver au centre. L'ennemi, au contraire, mettait le corps de Bellegarde en marche sur Stadelau. Les corps de Kollowrath, de Lichtenstein et de Hiller liaient cette droite à la position de Wagram, où

Officier d'ordonnance de l'Empereur.

était le prince de Hohenzollern, et à l'extrémité de la gauche, à Neusiedel, où débouchait le corps de Rosenberg, pour déborder également le duc d'Auerstaedt. Le corps de Rosenberg et celui du duc d'Auerstaedt, faisant un mouvement inverse, se rencontrèrent au premier rayon du soleil, et donnèrent le signal de la bataille. L'empereur se porta aussitôt sur ce point, fit renforcer le duc d'Auerstaedt par la division de cuirassiers du duc de Padoue, et fit prendre le corps de Rosenberg en flanc par une batterie de douze pièces de la division du général comte Nansouty. En moins de trois quarts d'heure, le beau corps du duc d'Auerstaedt eut fait raison du corps de Rosenberg, le culbuta, et le rejeta au delà de Neusiedel, après lui avoir fait beaucoup de mal.

» Pendant ce temps la canonnade s'engageait sur toute la ligne, et les dispositions de l'ennemi se développaient de moment en moment; toute sa gauche se garnissait d'artillerie : on eût dit que le général autrichien ne se battait pas pour la victoire, mais qu'il n'avait en vue que le moyen d'en profiter. Cette disposition de l'ennemi paraissait si insensée, que l'on craignait quelque piége, et que l'empereur différa quelque temps avant d'ordonner les faciles dispositions qu'il avait à faire pour annuler celles de l'ennemi et les lui rendre funestes. Il ordonna au duc de Rivoli de faire une attaque sur un village qu'occupait l'ennemi, et qui pressait un peu l'extrémité du centre de l'armée. Il ordonna au duc d'Auerstaedt de tourner la position de Neusiedel, et de pousser de là sur Wagram; et il fit former en colonne le duc de Raguse et le général Macdonald, pour enlever Wagram au moment où déboucherait le duc d'Auerstaedt.

» Sur ces entrefaites, on vint prévenir que l'ennemi attaquait avec fureur le village qu'avait enlevé le duc de Rivoli; que notre gauche était débordée de trois mille toises; qu'une vive canonnade se faisait entendre à Gross-Aspern, et que l'intervalle de Gross-Aspern à Wagram paraissait couvert d'une immense ligne d'artillerie. Il n'y eut plus à douter : l'ennemi commettait une énorme faute, il ne s'agissait que d'en profiter. L'empereur ordonna sur-le-champ au général Macdonald de disposer les divisions Broussier et Lamarque en colonne d'attaque : il les fit soutenir par la division du général Nansouty, par la garde à cheval, et par une batterie de soixante pièces de la garde et de quarante pièces de différents corps. Le général comte de Lauriston, à la tête de cette batterie de cent pièces d'artillerie,

marcha au trot à l'ennemi, s'avança sans tirer jusqu'à la demi-portée du canon, et là commença un feu prodigieux qui éteignit celui de l'ennemi, et porta la mort dans ses rangs. Le général Macdonald marcha alors au pas de charge. Le général de division Reille, avec la brigade de fusiliers et de tirailleurs de la garde, soutenait le général Macdonald. La garde avait fait un changement de front pour rendre cette attaque infaillible. Dans un clin d'œil le centre de l'ennemi perdit une lieue de terrain; sa droite, épouvantée, sentit le danger de la position où elle s'était placée, et rétrograda en grande hâte. Le duc de Rivoli l'attaqua alors en tête. Pendant que la déroute du centre portait la consternation et forçait les mouvements de la droite de l'ennemi, sa gauche était attaquée et débordée par le duc d'Auerstaedt, qui avait enlevé Neusiedel, et qui, étant monté sur le plateau, marchait sur Wagram. La division Broussier et la division Gudin se sont couvertes de gloire.

» Il n'était alors que dix heures du matin, et les hommes les moins clairvoyants voyaient que la journée était décidée, et que la victoire était à nous.

» A midi, le comte Oudinot marcha sur Wagram pour aider à l'attaque du duc d'Auerstaedt. Il y réussit, et enleva cette importante position. Dès dix heures, l'ennemi ne se battait plus que pour sa retraite; dès midi, elle était prononcée et se faisait en désordre, et beaucoup avant la nuit l'ennemi était hors de vue. Notre gauche était placée à Ietelsée et Ebersdorf, notre centre sur Obersdorf, et la cavalerie de notre droite avait des postes jusqu'à Sonkirchen.

» Le 7, à la pointe du jour, l'armée était en mouvement, et marchait sur Korneubourg et Wolkersdorf, et avait des postes sur Nikolsbourg. L'ennemi, coupé de la Hongrie et de la Moravie, se trouvait acculé du côté de la Bohême.

» Tel est le récit de la bataille de Wagram, bataille décisive et à jamais célèbre, où trois à quatre cent mille hommes, douze à quinze cents pièces de canon se battaient pour de grands intérêts, sur un champ de bataille étudié, médité, fortifié par l'ennemi depuis plusieurs mois. Dix drapeaux, quarante pièces de canon, vingt mille prisonniers, dont trois ou quatre cents officiers, et bon nombre de généraux, de colonels et de majors, sont les trophées de cette victoire. Les champs de bataille sont couverts de morts, parmi lesquels on trouve les corps de plusieurs généraux, et entre autres d'un nommé Normann, Français, traître à sa patrie, qui avait prostitué ses talents contre elle. »

Pour la troisième fois, Napoléon se trouvait maître des destinées de la maison de Lorraine, qu'il avait accusée d'ingratitude et de parjure, devant l'Europe et devant l'histoire; pour la troisième fois, ce vainqueur, si violent dans ses menaces, si accablant dans ses reproches, accueillit avec empressement les propositions pacifiques des provocateurs de la guerre, dont la journée de Wagram avait renversé les espérances et détruit toutes les ressources. L'empereur d'Autriche ayant fait demander une suspension d'armes, Napoléon la lui accorda, et elle fut signée le 10 juillet, à Znaïm. Les négociations pour la paix s'ouvrirent aussitôt; elles durèrent trois mois, pendant lesquels Napoléon habita le palais de Schœnbrunn.

Ce fut dans cette résidence qu'il apprit le débarquement de dix-huit mille Anglais dans l'île de Walcheren, la capitulation de Flessingue, et les tentatives sur Anvers. Il fit partir aussitôt Bernadotte et le ministre Daru, pour veiller à la défense de cette dernière place. Les Anglais furent en effet repoussés et contraints de se rembarquer pour retourner en Angleterre, après avoir perdu, par les maladies, les trois quarts de cette armée expéditionnaire.

L'empereur ordonna de mettre en jugement le général Monet, qui ne s'était pas suffisamment défendu dans Flessingue.

Mais autant il était sévère envers ceux qui ne lui paraissaient pas avoir fait tout ce qui leur était possible pour sauver l'honneur français, autant il se plaisait à proclamer et à récompenser le mérite des hommes de tête et de cœur qui le secondaient puissamment dans les camps et dans les conseils. C'est ainsi qu'après Wagram il nomma trois nouveaux maréchaux, Oudinot, Macdonald et Marmont.

L'armée française était alors établie sur tous les points de l'Allemagne, depuis le

CHAPITRE VINGT-NEUVIÈME.

Danube jusqu'à l'Elbe, depuis le Rhin jusqu'à l'Oder. Cette occupation, toujours onéreuse pour les habitants, les disposait à écouter complaisamment toutes les déclamations violentes que les agents de l'Angleterre et les émissaires de Vienne et de Berlin faisaient entendre contre la France et contre son chef. La marche de la diplomatie était ignorée des populations allemandes, peu au fait de la déloyauté de leur chancellerie, et qui, sachant très-bien seulement que la guerre était un fléau pour elles, en rapportaient naturellement la responsabilité à celui qui envahissait leur territoire et qui semblait être insatiable dans ses conquêtes. De là, cette haine nationale qui commença dès lors à fermenter dans la Germanie contre Napoléon, et qui prépara de nouveaux et de redoutables ennemis parmi les peuples au représentant du principe populaire, qui n'en avait eu réellement jusque-là que d'impuissants parmi les rois.

Les premiers symptômes de l'existence et de l'intensité de cette antipathie naissante se montrèrent d'une manière frappante à Schœnbrunn, dans la tentative d'un jeune fanatique venu d'Erfurth à Vienne pour assassiner Napoléon. Surpris au moment où il allait mettre son projet à exécution, il resta calme et impassible, ne témoigna jamais aucun repentir, et n'exprima que le regret de n'avoir pas tué l'empereur. Napoléon voulut l'interroger lui-même sur son pays, sa famille, ses liaisons, ses habitudes. Il déclara se nommer Staps, d'Erfurth, être fils d'un ministre luthérien, n'avoir jamais connu Schill ni Schneider, et n'être affilié ni aux francs-maçons ni aux illuminés. L'empereur lui demanda pourquoi, l'ayant vu à Erfurth, il n'avait pas cherché alors à le tuer.

« Vous laissiez respirer mon pays, répondit-il, je croyais la paix assurée. » Ce jeune homme n'avait donc voulu frapper en Napoléon que l'auteur de la guerre, le conquérant infatigable, le perturbateur du repos européen. Si les peuples d'Allemagne eussent mieux connu l'état réel des choses, et les véritables provocateurs de la guerre, c'est contre leurs propres gouvernements que leur haine aurait été dirigée, que leur bras se serait levé. Napoléon comprit, aux réponses de ce jeune homme, combien la politique mensongère de ses ennemis avait exalté les têtes en Allemagne. Il aurait voulu, dit-on, faire grâce à Staps, dont la franchise et le courage l'avaient frappé, et en qui d'ailleurs il ne voyait qu'un instrument aveugle des passions soulevées par la vieille diplomatie. Mais ses ordres n'arrivèrent pas à temps. Le jeune Allemand reçut la mort avec le plus grand sang-froid, en criant : Vive la paix! vive la liberté! vive l'Allemagne!

La paix, qui avait aussi ses séides sur le sol germanique, fut enfin conclue à Vienne le 14 octobre 1809. L'empereur d'Autriche fut soumis à de nouvelles concessions territoriales envers la France, la Saxe, etc. Le czar, dont les vœux avaient été probablement pour les ennemis de la France pendant la guerre, le czar lui-même eut sa part de la dépouille de ses alliés secrets : Napoléon, qui croyait toujours à la sincérité des démonstrations d'Erfurth, fit donner à Alexandre la partie la plus orientale de l'ancienne Gallicie, renfermant quatre cent mille âmes de population. Le traité signé, il quitta Schœnbrunn pour retourner en France, et arriva le 26 octobre à Fontainebleau.

CHAPITRE TRENTIÈME.

Démêlés avec le pape. — Réunion des États romains à la France.

E toutes parts, les rois avaient cessé de résister, sur le continent, à l'ascendant de la fortune de Napoléon et à la puissance de ses armes. L'orgueil héréditaire des dynasties et des aristocraties était partout vaincu; il s'abaissait devant la gloire plébéienne du trône impérial, ou se réfugiait au delà des mers, pour y cacher ses affronts et ses blessures. Dans le Midi, c'était la maison de Bragance qui avait fui au Brésil, et celle de Naples en Sicile, à l'aspect de nos aigles victorieuses, tandis que les Bourbons d'Espagne étaient venus implorer, à Bayonne, l'appui de Napoléon et lui livrer leur couronne. Dans le Nord, les races altières n'étaient pas moins humiliées : les maisons de Lorraine et de Brandebourg, naguère si hautaines et si haineuses, étaient réduites à se faire plus que modestes et à solliciter le titre d'alliées auprès de leur vainqueur. De son côté, le superbe autocrate, le chef de l'illustre maison des Romanow, avait affecté de quitter le rôle chevaleresque de premier champion du droit divin, pour se dire et se proclamer, en tout lieu, l'admirateur et l'ami du grand homme que le principe révolutionnaire faisait régner sur la France, et à la cour duquel il multipliait les présents et les ambassades. Les petits princes et les républiques avaient été nécessairement entraînés dans ce mouvement de soumission universelle : les altesses allemandes s'étaient placées sous la protection de l'invincible conquérant, et les républicains bataves lui avaient demandé un roi de sa famille, pendant que ceux d'Italie lui donnaient la couronne de fer, et que la confédération helvétique acceptait sa redoutable médiation.

Cependant, au milieu de la prosternation générale que produisaient l'admiration chez les uns et la crainte chez les autres; dans ce vaste tableau de la sujétion commune des monarchies et des républiques, une lacune se laissait apercevoir. Dans un coin de l'Europe, au fond de l'Italie, le plus faible, le plus insignifiant des souverains politiques osait résister, seul, au dominateur universel, et ne craignait pas de troubler, par son opposition, son blâme et ses menaces même, le concert de louanges et d'adulations qui retentissait d'un bout à l'autre du continent. Ce prince récalcitrant, ce dernier organe de la résistance du passé aux exigences de l'homme du jour, c'était le pape, celui-là même qui avait quitté le palais Quirinal pour venir sacrer Napoléon à Paris.

Le pape, si peu redoutable comme prince temporel, pouvait-il donc compter encore sur l'effet des foudres spirituelles? Le moyen âge, qui croulait ou chancelait de toutes parts, était-il à Rome plein de force et de vie? Les institutions et les croyances religieuses, qui firent la splendeur et la suprématie de la papauté, avaient-elles moins subi l'action délétère du temps que les institutions et les croyances politiques sur lesquelles la royauté et l'aristocratie avaient fondé leur empire?

L'histoire était là qui disait le contraire. Depuis plus de deux cents ans, on avait écrit de France au Saint-Siége que ses bulles gelaient en passant les Alpes. Depuis trois siècles, l'esprit philosophique, les théories libérales, le libre examen avaient arraché presque tout le nord de l'Europe à la domination pontificale. C'était par les questions religieuses que la raison humaine avait commencé, en Allemagne, sa révolte contre les puissances et les souverainetés du moyen âge. C'était la révolution dans l'Église qui avait amené en Angleterre la révolution dans l'État. En France, il est vrai, le schisme et l'hérésie avaient semblé respecter le trône de saint Louis, ou du moins n'avaient pu s'y asseoir; mais la foi romaine n'avait rien gagné à cette conservation officielle du royaume très-chrétien. Sans parler des atteintes portées aux traditions du Vatican par l'apparition du gallicanisme, qui voulut faire incliner le génie d'Hildebrand devant le génie de Bossuet, un révolutionnaire plus hardi, plus puissant et plus radical que le schisme et que l'hérésie, avait envahi tous les degrés de la société française : c'était la philosophie. Elle ne s'était pas proposé d'élever autel contre autel, mais d'ébranler tous les cultes en faisant passer le doute sur tous les dogmes, et cette audacieuse tentative avait réussi. Montaigne et Descartes, Voltaire et Rousseau avaient été pour le Saint-Siége des ennemis plus dangereux que Luther et Calvin.

Pie VII ne pouvait méconnaître cette vérité, que ses successeurs ont proclamée eux-mêmes dans de solennelles et amères lamentations. Mais Pie VII était dépositaire d'un pouvoir qui avait maîtrisé les rois et gouverné absolument la conscience des peuples, alors que le sacerdoce, unique gardien des sciences et des lettres, et sentinelle avancée de la civilisation, était aussi le seul protecteur des peuples contre les excès de la brutalité féodale. Fier de ce souvenir, et appuyé en même temps sur la foi, qui lui montrait la source de son autorité dans le ciel, le pontife romain ne considérait le relâchement des croyances que comme une aberration accidentelle de l'esprit humain, et, par orgueil comme par devoir, il refusait de reconnaître que la décadence de sa doctrine eût altéré le principe et dût modifier la manifestation de sa suprême dignité.

Mais cette prétention du pape n'était qu'une noble illusion. Sans doute, la puissance spirituelle qui avait civilisé le monde féodal n'était pas tombée aussi bas que la féodalité elle-même. Il était naturel que les idées religieuses, qui avaient donné au clergé la supériorité sur la noblesse au temps de leur splendeur commune, rendissent passagèrement la ruine du crédit ecclésiastique moins complète et moins profonde que le discrédit du patriciat. La disparition de l'aristocratie ne laissait aucun vide dans l'État; il en eût été autrement de celle du sacerdoce; car s'il est facile à la philosophie qui renverse un ordre politique de lui en substituer un nouveau, de faire une république ou une monarchie, d'élaborer une constitution, d'organiser un gouvernement, de créer une police, de trouver enfin des hommes et des lois pour sauver provisoirement, et avec plus ou moins de bonheur, le matériel de la société, à travers le désordre moral des époques de transition, rien de tout cela n'est possible dans l'ordre religieux. Il n'y a là ni organisation immédiate à espérer, ni vote de dogmes, ni promotion de personnes que l'on puisse arbitrairement improviser. Alors les vieilles croyances, malgré leur affaiblissement, demeurent comme de respectables ruines sous lesquelles vient s'abriter tout ce qui a besoin de prier et de croire, tout ce qui vit d'habitudes à défaut de foi.

C'est cette persévérance routinière de la masse des fidèles, suffisante pour entretenir un reste de mouvement dans les temples et pour cacher l'indifférence intime des âmes sous les dehors d'une vaine pratique; c'est cette perpétuité du culte à travers le délabrement des doctrines et des croyances qui put seule tromper la puissance spirituelle sur sa véritable situation, et la conduire à penser qu'elle était encore assez forte pour parler aux rois et aux empereurs le langage altier du moine de Cluny.

Dès 1805, peu de temps après le couronnement de l'empereur, Pie VII avait voulu réaliser les espérances qui l'avaient déterminé à franchir les Alpes pour venir consacrer, à Paris, la révolution française dans la personne de Napoléon. Il demandait instamment qu'on lui remît les Légations, qu'on agrandît son territoire. Cette concession n'entrait pas dans les vues de l'empereur sur l'Italie; elle fut constamment refusée. Alors le pontife se repentit d'avoir prêté son suprême ministère pour un acte qui excluait du trône de France « les fils aînés de l'Église ». Ses regrets et son mécontentement se manifestèrent dans ses paroles, dans ses lettres, dans toutes ses démarches. Il refusa obstinément l'institution canonique aux évêques nommés par l'empereur, conformément au concordat, et il persista à ouvrir ses ports aux Anglais.

Cette conduite irrita Napoléon; il écrivit au pape, le 13 février 1806 :

« Pour des intérêts mondains, on laisse périr des âmes...

» Votre Sainteté est souveraine de Rome; mais j'en suis l'empereur : tous mes ennemis doivent être les siens. » Pie VII répondit, comme l'auraient fait les Boniface et les Grégoire : « Le souverain pontife ne reconnaît point et n'a jamais reconnu aucune puissance supérieure à la sienne... L'empereur de Rome n'existe point... Le vicaire d'un Dieu de paix doit conserver la paix avec tous, sans distinction de catholiques et d'hérétiques. »

Une réponse faite avec tant de hauteur et de dignité n'était pas de nature à calmer les ressentiments de l'empereur. Il insista, il menaça; mais ce fut en vain. Pie VII disait être dans les termes du concordat, qui ne fixait point de délai pour l'institution canonique, et il ne voulait pas abandonner ce qu'il appelait un moyen d'action pour le Saint-Siège, sur les gouvernements et sur les peuples. Ensuite, l'admission des

Anglais dans ses ports lui était commandée par les besoins de ses sujets, par ses principes de paix et de charité universelle.

Le chargé d'affaires de Napoléon essaya de faire comprendre au pontife que ce langage et ce raisonnement n'étaient plus de saison, et qu'ils pourraient bien ne servir qu'à attirer quelque orage sur Rome. Le pape fut inflexible. « Si on m'ôte la vie, dit-il au ministre français, ma tombe m'honorera, et je serai justifié aux yeux de Dieu et dans la mémoire des hommes... Si l'empereur exécute ses menaces et ne me reconnaît plus comme prince souverain, je ne le reconnaîtrai plus comme empereur : si je suis mal, il ne sera pas bien. » Pie VII était persuadé qu'une malédiction tombée de sa bouche deviendrait funeste à Napoléon, et que le Saint-Siège n'avait qu'à gagner à une rupture éclatante. « La persécution, disait-il, produirait le schisme, seul moyen de sauver l'Église. »

Toutes ces paroles de fierté et d'obstination, rapportées à l'empereur par son plénipotentiaire, ne faisaient que le surprendre, l'affliger et l'aigrir de plus en plus. Il écrivit, le 1er mai 1807, des bords de la Vistule, au prince Eugène, alors vice-roi : « Le pape ne veut donc plus que j'aie des évêques en Italie. Si c'est là servir la religion, comment doivent faire ceux qui doivent la perdre ? »

Le résultat des campagnes de Prusse et de Pologne n'ébranla point la résolution de Pie VII. Après Tilsitt, peu touché de la soumission des potentats du Nord aux vues de Napoléon, le pape persista à opposer au vainqueur de Friedland la suprématie du Saint-Siège sur toutes les puissances de la terre. Alors Napoléon, retournant à Paris, se décida à envoyer de Dresde, à son ministre près la cour de Rome, une longue lettre dans laquelle il jugeait de haut, à son tour, les prétentions pontificales, et annonçait qu'il irait, s'il le fallait, répondre en personne au pape, dans Rome même. « Sa Sainteté, dit-il, croirait-elle donc que les droits du trône soient moins sacrés que ceux de la tiare? Il y avait des rois avant qu'il y eût des papes... Ils veulent, disent-ils, me dénoncer à la chrétienté! Il y a là une erreur de mille ans de date... La cour de Rome prêche sourdement la rébellion depuis deux ans. Je le souffre du pape actuel, je ne le souffrirais pas d'un autre pape! Que veut-il faire en me dénonçant à la chrétienté? mettre mon trône en interdit? m'excommunier? Pense-t-il donc que les armes tomberont des mains de mes soldats? pense-t-il mettre le poignard aux mains des peuples pour m'égorger? Cette infâme doctrine, il est des papes furibonds qui l'ont prêchée; mais il m'est encore difficile de croire que l'intention de Pie VII soit de les imiter. Il ne resterait plus alors qu'à essayer de me faire couper les cheveux et de m'enfermer dans un monastère... Il y a là tant d'extravagance, que je ne puis que gémir de cet esprit de vertige qui s'est emparé de deux ou trois cardinaux qui gèrent les affaires de Rome.

» Le pape actuel s'est donné la peine de venir à mon couronnement. J'ai reconnu, dans cette démarche, un saint prélat; mais il voulait que je lui cédasse les Légations. Je n'ai pu ni voulu le faire. Le pape est trop puissant... Le pape menace de faire un appel au peuple. Ainsi il en appellera à mes sujets? Que diront-ils? ils diront, comme moi, qu'ils veulent la religion, mais qu'ils ne veulent rien souffrir d'une puissance étrangère! Je tiens ma couronne de Dieu et de la volonté de mes peuples! Je serai toujours, pour la cour de Rome, Charlemagne, et non Louis le Débonnaire. Si par les chicanes qui me sont faites les prêtres de Rome croient obtenir un agrandissement temporel, ils se trompent. Je ne donnerai pas les Légations pour un raccommodement. »

L'attitude ferme et inébranlable d'un pontife désarmé, en face d'un conquérant sous le glaive duquel tout tremblait et pliait en Europe, offrait sans doute un noble et beau spectacle; mais les prétentions et les menaces pontificales n'en renfermaient pas moins, selon le mot de Napoléon, une erreur de mille ans de date. Rome avait beau faire : la force morale et le caractère énergique de son évêque ne pouvaient pas lui rendre à elle-même son antique puissance, et ne servaient plus qu'à mettre en relief une grande et majestueuse individualité. Que la ville éternelle maudisse ou qu'elle bénisse désormais, peu importe : nul prince ne s'en soucie, parce que nul peuple n'attend plus d'elle le signal de la soumission ou de la désobéissance, du dévouement ou de la désaffection à l'égard de ses chefs. Rome l'a voulu ainsi. Après avoir dominé les rois dans l'intérêt des peuples, au nom de la civilisation alors chrétienne, elle se ligua avec les rois contre les peuples, sous la bannière des préjugés et des abus, quand la civilisation, dans ses transformations incessantes et progressives, quittant la robe du prêtre pour prendre le manteau du philosophe, vint jeter sur le monde des idées neuves et hardies, plus conciliables avec les doctrines de l'Évangile qu'avec les habitudes d'un sacerdoce admis par le pouvoir temporel au partage des priviléges politiques et des douceurs de la vie mondaine.

Alors les imprécations souveraines du Vatican ne furent plus dirigées contre les violences et les excès de l'oppresseur féodal, mais contre la raison indocile et les désirs d'émancipation du peuple opprimé. L'alliance se fit entre la couronne et la tiare, sans distinction de croyances religieuses. La royauté, hérétique ou schismatique, fut mieux traitée à Rome que la liberté orthodoxe. La liberté s'en est ressouvenue. Quand la Providence a fait sonner l'heure des révolutions et donné aux peuples le pouvoir de maudire à leur tour, le clerc qui s'était fait l'auxiliaire du baron s'est vu frapper des mêmes anathèmes. La foudre a éclaté à la fois sur les palais épiscopaux et sur les demeures princières. Les puissances rivales du moyen âge ont scellé leur réconciliation sous le coup de l'orage. Elles avaient abusé en commun de leur grandeur, elles ont subi une déchéance commune. Là où le sarcasme du philosophe et la parole corrosive du tribun avaient fait salir ou mettre en pièces le manteau royal, on a pu remarquer aussi des taches indélébiles et d'irréparables déchirures à la pourpre romaine; et le Saint-Siége s'est senti violemment ébranlé par la commotion qui renversait les trônes.

Lors donc que Pie VII revendique encore la suprématie universelle dont jouirent ses prédécesseurs, sans tenir compte de la différence des temps, cette superbe et audacieuse tentative ne peut être considérée que comme un anachronisme sans conséquence. Il a beau se hisser sur l'orgueil traditionnel du Vatican, et montrer du haut du Quirinal ses foudres éteintes, le potentat que cette démonstration menace en connaît toute la vanité; il sait que ce n'est pas la papauté redoutable du moyen âge qui se dresse contre lui, mais seulement son ombre impuissante, et qu'il ne lui faut pas beaucoup d'audace pour braver l'excommunication, au milieu d'un peuple qui ne croit pas plus que lui à la résurrection du passé, et au sein duquel le cri d'alarme poussé par le chef vénérable de la chrétienté remue à peine quelques âmes au fond des presbytères et des basiliques.

Cependant Pie VII, tout en brandissant le glaive émoussé de Grégoire VII et de Sixte-Quint, se montre disposé à accueillir dans son palais le redoutable ennemi qui lui faisait annoncer une prochaine visite. « Si ce projet se réalisait, nous ne céderions à personne, dit-il, l'honneur de recevoir un hôte si illustre. Le palais du Vatican, que nous ferions disposer, serait destiné à recevoir Votre Majesté et sa suite. »

CHAPITRE TRENTIÈME.

Mais l'empereur ne put pas exécuter ce voyage. Les affaires de Portugal et celles d'Espagne le retinrent à Paris, plus prêt à marcher vers les Pyrénées qu'à traverser les Alpes. Les négociations avec le Saint-Siége continuèrent néanmoins par l'entremise des agents diplomatiques et toujours avec le même insuccès. Le pape se roidit plus que jamais contre les exigences de Napoléon. L'empereur persista, de son côté, à refuser son adhésion aux vœux du pontife : la rupture devint inévitable. « Que la négociation soit donc rompue, écrivit Napoléon à son ministre, le 9 janvier 1808, puisque ainsi le veut le pape, et qu'il n'y ait plus entre ses États et ceux de Sa Majesté aucune relation pacifique. »

C'était annoncer l'occupation prochaine des États romains par les armées françaises. Pie VII ne pouvait guère s'y tromper; aussi dit-il à l'agent français, dans une audience qu'il lui donna vers la fin du même mois : « Il n'y aura pas de résistance militaire. Je me retirerai au château Saint-Ange. On ne tirera pas un seul coup de fusil; mais il faudra que votre général fasse briser les portes. Je me placerai à l'entrée du fort. Les troupes seront obligées de passer sur mon corps, et l'univers saura que l'empereur a fait fouler aux pieds celui qui l'a sacré. Dieu fera le reste. »

Certes, tout était admirable dans ce langage. Le pontife se montrait sublime dans sa résignation, sublime dans ses espérances. Mais cette fermeté et cette confiance n'étaient fondées que sur la foi isolée du prêtre souverain dont elles honoraient le caractère. Dieu n'avait plus rien à faire pour la papauté; et l'univers, peu disposé à s'émouvoir pour elle, ne s'apercevait pas même de ses dangers et de ses plaintes.

Selon les prévisions de Pie VII, l'occupation militaire du patrimoine de saint Pierre fut résolue et ordonnée par l'empereur. Quelques détachements de troupes françaises suffirent pour marcher à la conquête d'une cité qui avait été deux fois la maîtresse du monde, et dont la vaste domination avait reçu deux fois la promesse de l'éternité. Tout déploiement de forces militaires aurait été inutile. La reine des nations avait disparu; le génie de l'antiquité ne veillait plus au Capitole; le génie du moyen âge expirait au Vatican; le signe qui fit vaincre Constantin s'inclina donc sans résistance devant les aigles de Napoléon, dont les soldats purent dire, en s'emparant sans coup férir de cette immense capitale, que désormais la ville éternelle n'était plus qu'un magnifique mausolée, que la tombe froide et solitaire des pontifes et des Césars.

Ce coup d'État, non moins éclatant que celui de Bayonne, complétait le triomphe de la révolution française. A travers les débats de Pie VII et de Napoléon, le génie moderne était venu constater sa puissance et marquer la fin des grandeurs romaines, en plantant ses insignes sur les dômes de l'orgueilleuse métropole du passé, sans rencontrer la moindre opposition, sans provoquer les protestations des peuples et des rois de la chrétienté, sans faire sonner dans l'univers catholique le tocsin d'une nouvelle croisade.

L'inflexibilité du pape ne fut pas vaincue toutefois par l'envahissement de ses États. Selon la menace qu'il en avait faite, Pie VII lança une bulle d'excommunication contre l'empereur, quand il vit que ce dernier n'était pas moins inébranlable que lui dans ses résolutions, et que l'occupation militaire de Rome se prolongeait indéfiniment. « Par l'autorité du Dieu tout-puissant, des saints apôtres Pierre et Paul, et par la nôtre, dit le saint-père, nous déclarons que vous et tous vos coopérateurs, d'après l'attentat que vous venez de commettre, vous avez encouru l'excommunication, etc., etc. »

Napoléon était à Vienne, couvert des lauriers d'Eckmühl et de Ratisbonne, lorsqu'il apprit la publication de cette bulle. Il résolut aussitôt d'exiger du pape la réunion du domaine pontifical à l'Empire français, et, en cas de refus, de faire enlever Sa Sainteté. Le général Radet fut chargé de cette pénible mission. Il se présenta, à cet effet, au palais Quirinal, dans la nuit du 5 au 6 juillet 1809, et pressa instamment Pie VII de consentir à la cession de son domaine temporel pour prévenir les mesures rigoureuses auxquelles l'exposerait une vaine résistance. « Je ne le puis, répondit le pontife, je ne le dois pas, je ne le veux pas. J'ai promis devant Dieu de conserver à la sainte Église toutes ses possessions, et je ne manquerai jamais au serment que j'ai fait de les maintenir. » Le général reprit : « Saint-père, je suis très-affligé que Votre Sainteté ne veuille pas souscrire à cette demande, puisque, en refusant, vous ne faites que vous exposer à de nouvelles tribulations. » — LE PAPE : « J'ai dit ; rien sur la terre ne peut me faire changer, et je suis prêt à verser la dernière goutte de mon sang, à perdre la vie à l'instant même, plutôt que de violer le serment que j'ai fait devant Dieu. » — LE GÉNÉRAL : « Eh bien! la résolution que vous prenez deviendra peut-être pour vous la source de grandes calamités. » — LE PAPE : « Je suis décidé, et rien ne peut m'ébranler. » — LE GÉNÉRAL : « Puisque telle est votre résolution, je suis fâché des ordres que mon souverain m'a donnés et de la commission que j'ai reçue

de lui. » — LE PAPE : « En vérité, mon fils, cette commission n'attirera pas sur vous les bénédictions du ciel. » — LE GÉNÉRAL : « Saint-père, il faut que j'emmène Votre Sainteté avec moi. » — LE PAPE : « Voilà donc la reconnaissance qui m'est réservée pour tout ce que j'ai fait pour votre empereur? Voilà donc la récompense pour ma grande condescendance pour lui et pour l'Église gallicane? Mais peut-être suis-je, à cet égard, coupable devant Dieu; il veut m'en punir; je me soumets avec humilité. » — LE GÉNÉRAL : « Telle est ma commission; je suis fâché de l'exécuter, puisque je suis catholique et votre fils. » Le cardinal Pacca demanda alors que le saint-père pût emmener avec lui les personnes qu'il désignerait; mais le général répondit à Son Éminence que, d'après les ordres de l'empereur, elle seule pourrait accompagner le pape. — « Et combien de temps nous accorde-t-on pour les préparatifs de voyage? » reprit le cardinal. — « Une demi-heure, » dit le général. Alors le pontife se leva et ne prononça que ces paroles : « Allons, que la volonté de Dieu soit faite en moi. »

Une voiture attelée attendait le pape à l'une des portes du palais. Pie VII y monta avec le cardinal Pacca. Le général Radet se mit sur le devant, dans un cabriolet. A la porte *del Popolo*, une autre voiture était préparée pour les augustes voyageurs. L'officier français voulut profiter de ce changement pour renouveler ses instances auprès du pape. — « Il est encore temps pour Votre Sainteté, lui dit-il, de renoncer aux États de l'Église. » — « Non, » répéta sèchement le pontife, et la portière se ferma aussitôt sur lui. En quelques minutes, il se trouva hors de Rome et sur la route de Florence. Des biographes ont prétendu que le général Radet avait commandé, dans la suite, au peintre Benvenutti, un tableau représentant la sortie du pape de Monte-Cavallo, avec tous les personnages qui y avaient figuré.

« Le malheureux pontife, dit M. de Bourrienne, erra de ville en ville, et c'était à qui ne voudrait pas recevoir cet illustre prisonnier. Élisa le renvoya de Florence à Turin; de Turin, le prince Borghèse l'expédia dans l'intérieur de la France. Il eut constamment pour garde d'honneur une escouade de gendarmes; et enfin Napoléon le renvoya à Savone, dans le gouvernement du prince Borghèse, sans doute pour rappeler ingénieusement à son beau-frère qu'avant d'avoir eu l'honneur de lui appartenir par alliance, il avait dû son illustration à Paul V. Dans tous les cas, cet événement, tout fâcheux, tout blâmable qu'il soit, ne servirait pas à faire croire que le ciel se plaît à venger promptement les attentats envers le chef de la sainte Église, car le jour même qui suivit la nuit où le pape fut enlevé éclaira la victoire de Wagram. »

Ce fut du palais impérial de Schœnbrunn, et pendant les négociations de la paix avec l'Autriche, que Napoléon envoya au général Miollis, commandant militaire à Rome, l'ordre d'exécuter le décret portant réunion des États du pape à l'Empire français. Rendant compte de cette mesure au corps législatif, à l'ouverture de la session de 1809, qui suivit le traité de Vienne, l'empereur s'exprima ainsi :

« L'histoire m'a indiqué la conduite que je devais tenir envers Rome. Les papes, devenus souverains d'une partie de l'Italie, se sont constamment montrés les ennemis de toute puissance prépondérante dans la Péninsule. Ils ont employé leur influence spirituelle pour lui nuire. Il m'a donc été démontré que l'influence spirituelle exercée dans mes États par un prince étranger était contraire à l'indépendance de la France, à la dignité et à la sûreté de mon trône. Cependant, comme je reconnaissais la nécessité de l'influence spirituelle des descendants du premier des pasteurs, je n'ai pu concilier ces grands intérêts qu'en annulant la donation des empereurs français, « mes prédécesseurs, » et en réunissant les États romains à la France. »

Pie VII avait tout prévu, spoliation et persécution, et cette perspective n'avait point ébranlé sa grande âme. Quand ses prévisions furent réalisées, il ne fit que se fortifier dans sa résolution première. A la fin de 1810, il refusa l'institution canonique à un évêque que Napoléon avait nommé au siège de Florence, et il défendit même, par un bref, de recevoir un administrateur. L'empereur demanda un rapport sur ces objets à son conseil d'État, et ordonna que ce rapport et le bref du pape fussent imprimés. En vain on lui objecta les inconvénients d'une pareille publication. « Je désire cette publicité, dit-il ; il faut que toute l'Europe connaisse ma longanimité, la provocation du pape, et le motif des mesures que je me dispose à prendre pour réprimer et prévenir désormais des actes semblables. C'est un crime de la part du chef de l'Église d'attaquer un souverain qui respecte les dogmes de la religion. Je dois défendre ma couronne et mon peuple, l'univers entier contre ces entreprises téméraires qui trop longtemps ont avili les rois et tourmenté l'humanité... Un pape qui prêche la révolte aux sujets n'est plus le chef de l'Église de Dieu, mais le pape de Satan.

» Il est temps de mettre un terme à tant d'audace, d'usurpation et de désordres. La Providence m'a, je crois, appelé à faire rentrer dans les justes limites cette autorité pernicieuse que les papes se sont arrogée, à en garantir la génération présente, et en délivrer à jamais les générations futures. Que du moins on prenne en France contre cette autorité incessamment envahissante les mêmes précautions que chez les autres puissances de l'Europe. D'ici à huit jours, un projet sera présenté au sénat, pour rétablir le droit qu'ont toujours eu les empereurs de confirmer la nomination des papes, et pour qu'avant son installation le pape jure, entre les mains de l'empereur des Français, soumission aux quatre articles de la déclaration du clergé de 1682. Si les articles sont orthodoxes, pourquoi les papes les repoussent-ils? S'ils ne sont pas conformes à la croyance des papes, les papes et les Français ne sont donc pas de la même religion? »

Les Français n'étaient plus, en effet, depuis longtemps, de la même religion, malgré les manifestations extérieures d'une pratique commune ; sans cela le potentat excommunié pour avoir violé le patrimoine de saint Pierre et jeté son successeur dans les fers n'aurait pas continué d'entraîner sous son drapeau une nation pleine de dévouement et d'enthousiasme, quand son auguste prisonnier voyait tomber ses gémissements et ses doléances dans un abîme sans fond et sans écho, celui de l'indifférence.

CHAPITRE TRENTE ET UNIÈME.

Divorce de l'empereur. — Son mariage avec une archiduchesse d'Autriche.

son retour d'Allemagne, Napoléon s'était arrêté pendant quelque temps à Fontainebleau, où il avait même rendu divers décrets relatifs à l'administration de l'Empire. Rentré dans sa capitale, il y fut suivi par les rois de sa création, qui accoururent à Paris pour le féliciter sur ses nouveaux triomphes et sur la conclusion de la paix. Milan, Florence et Rome envoyèrent des députations dans le même but ; le synode grec de Dalmatie eut aussi la sienne, que l'empereur reçut, le 20 novembre 1809, en audience solennelle.

On touchait à l'anniversaire du couronnement et de la bataille d'Austerlitz. Rien ne fut épargné pour en rendre la célébration plus fastueuse et plus brillante. A la fête annuelle on joignit un *Te Deum* à l'occasion de la paix, et l'église de Notre-Dame reçut cette fois non-seulement le sénat et les autres grands corps de l'État, mais le concours d'altesses et de majestés qui formaient alors la cour et le cortége de l'empereur : les rois de Saxe, de Hollande, de Westphalie, de Naples et de Wurtemberg assistèrent à la cérémonie. Quelques jours après, le vice-roi d'Italie, le roi et la reine de Bavière vinrent accroître encore cette réunion de têtes couronnées.

Napoléon pouvait se croire parvenu à son apogée. Dès qu'il ne lui était pas donné de planter jamais ses aigles sur les tours de Londres, il n'avait plus rien à ajouter, en Europe, à sa puissance et à sa gloire. Cependant sa mission était loin d'être accomplie. Par lui et avec lui, la révolution s'était bien établie à Naples, à Madrid, à Rome, à Milan, à Vienne, à Munich, à Stuttgard, à Cassel, à Mayence, à Dresde, à Hambourg, à Berlin et à Varsovie; mais la révolution, réduite à garder l'*incognito* sous le costume impérial, ne pouvait plus procéder à l'initiation des peuples par la voie rapide d'une audacieuse propagande. Il lui importait donc de séjourner le plus longtemps possible à l'étranger, pour que la communication lente et secrète de ses idées et de ses mœurs eût le temps de s'opérer et de fructifier. Napoléon la servit à merveille. Obstiné à fonder une dynastie, à obtenir pour lui et ses descendants les honneurs de la confraternité souveraine auprès des grandes puissances du continent, il voulut se concilier, après ses éclatantes victoires, l'amitié et l'alliance des potentats qu'il avait vaincus. Erfurth lui paraissait répondre d'Alexandre. S'il parvenait à lier l'Autriche, la Prusse seule n'oserait bouger ; l'influence anglaise serait ruinée dans le Nord, et les traités de paix cesseraient d'être de simples trêves ou des armistices. Maintenant, que l'espoir de pacifier l'Europe d'une manière durable et d'attacher sincèrement à son alliance les vieilles races royales de Pétersbourg et de Vienne ne soit qu'une funeste illusion, dont le génie du grand homme ne sait pas défendre la faiblesse du monarque, peu importe. Les efforts pacifiques de Napoléon auront toujours un résultat : ils ajourneront l'explosion de la guerre ; ils permettront aux soldats français de couvrir encore pendant quelques années l'Allemagne, une partie de la Pologne, et de montrer aux peuples de ces contrées, dans les relations journalières de la vie commune, la morale révolutionnaire et les habitudes démocratiques en action.

Le désir de compléter son établissement dynastique et de se faire admettre dans la famille des rois inspirait donc à Napoléon des démarches favorables à la pacification de l'Europe. Mais en même temps qu'il cherchait des amis et des alliés pour sa dynastie dans les cours étrangères, il songeait à lui donner en France une base nouvelle. Il crut remplir ce double but en faisant proposer son divorce avec Joséphine, et en formant un nouveau mariage qui lui promît des héritiers en ligne directe et d'augustes alliances fondées sur une illustre parenté. L'adoption d'Eugène ne lui suffisait plus. C'était, à la vérité, un successeur tout prêt à saisir les rênes et à gouverner par lui-même ; mais il n'avait pas été élevé pour le trône, et le prestige de la naissance lui manquait aux yeux de Napoléon, qui avait si bien su s'en passer pour lui-même, et qui aimait mieux désormais jeter les destinées de son empire dans le berceau d'un enfant né prince impérial, que de les confier au noble caractère, au mérite certain et à la capacité bien connue d'un homme mûri à ses côtés. Le renvoi de Joséphine fut donc résolu. Elle s'y attendait, « bien qu'elle eût donné le bonheur à son mari et qu'elle se fût constamment montrée son amie la plus tendre », ainsi que le dit Napoléon lui-même dans le *Mémorial de Sainte-Hélène*. Les considérations d'État l'avaient emporté, chez l'empereur, sur les affections privées. Il était homme politique avant tout. Joséphine avait lu depuis quelque temps le sort qui lui était réservé sur la physionomie de son illustre époux, qui semblait s'éloigner d'elle à mesure qu'il s'élevait dans la sphère des grandeurs et des vanités monarchiques. Enfin ce qu'elle pressentait se réalisa. Le funeste secret qu'elle avait aperçu au fond de l'âme de Napoléon, et dont le soupçon déchirait cruellement la sienne, lui fut révélé par son mari. C'était le 30 novembre 1809. L'empereur et l'impératrice avaient dîné ensemble, Napoléon, sombre et préoccupé, Joséphine, triste et silencieuse. Après le dîner, tout le monde fut congédié. « Je lisais dans l'altération de ses traits, a dit depuis Joséphine, le combat qui se passait dans son âme; mais enfin je voyais bien que mon heure était arrivée. Il était tremblant, et moi, j'éprouvais un frisson universel. Il s'approcha de moi, me prit la main, la posa sur son cœur, me regarda un moment sans rien dire, puis enfin

laissa échapper ces paroles funestes : « Joséphine ! ma bonne Joséphine ! tu sais si je t'ai aimée !... C'est à toi, à toi seule que j'ai dû les seuls instants de bonheur que j'ai goûtés en ce monde. Joséphine, ma destinée est plus forte que ma volonté. Mes affections les plus chères doivent se taire devant les intérêts de la France. » Joséphine ne voulut pas en entendre davantage; elle interrompit vivement l'empereur. « N'en dites pas plus, lui dit-elle, je m'y attendais; je vous comprends... » Ses sanglots l'interrompirent à son tour; la parole expira sur ses lèvres; ses sens faillirent; elle fut transportée dans sa chambre, où elle se vit, en revenant à elle, entre sa fille Hortense et Corvisart, et en face de Napoléon.

Mais cette première et violente secousse, à laquelle l'empereur avait dû s'attendre, fit place à une douleur plus calme et plus concentrée. Joséphine eut l'air de se résigner. Elle consentit à toutes les démonstrations publiques qu'on exigea d'elle. Le drame officiel fut joué aux Tuileries dans la soirée du 15 décembre 1809, dans une assemblée de famille, à laquelle assistaient l'archichancelier Cambacérès et le secrétaire de l'état civil. Napoléon, qui avait tout préparé pour l'accomplissement de ses desseins, s'exprima ainsi :

« La politique de ma monarchie, dit-il, l'intérêt, le besoin de mes peuples, qui ont constamment guidé toutes mes actions, veulent qu'après moi je laisse à des enfants héritiers de mon amour pour mes peuples ce trône où la Providence m'a placé. Cependant, depuis plusieurs années, j'ai perdu l'espérance d'avoir des enfants de mon mariage avec ma bien-aimée épouse, l'impératrice Joséphine : c'est ce qui me porte à sacrifier les plus douces affections de mon cœur, à n'écouter que le bien de l'État, et à vouloir la dissolution de notre mariage... Parvenu à l'âge de quarante ans, je puis concevoir l'espérance de vivre assez pour élever, dans mon esprit et dans ma pensée, les enfants qu'il plaira à la Providence de me donner. Dieu sait combien une pareille résolution a coûté à mon cœur; mais il n'est aucun sacrifice qui soit au-dessus de mon courage, lorsqu'il m'est démontré qu'il est utile au bien de la France.

» J'ai le besoin d'ajouter que, loin d'avoir jamais eu à me plaindre, je n'ai eu, au contraire, qu'à me louer de l'attachement et de la tendresse de ma bien-aimée épouse : elle a embelli quinze ans de ma vie; le souvenir en restera toujours gravé dans mon cœur. Elle a été couronnée de ma main, je veux qu'elle conserve le rang et le titre d'impératrice; mais surtout qu'elle ne doute jamais de mes sentiments, et qu'elle me tienne toujours pour son meilleur et son plus cher ami. »

Joséphine, maîtrisant l'émotion douloureuse qui remplissait son âme, s'acquitta avec dignité du triste rôle qu'on lui avait départi, et prononça fidèlement les paroles officielles que l'archichancelier attendait pour les porter au sénat :

« Avec la permission de notre auguste et cher époux, dit-elle, je dois déclarer que, ne conservant aucun espoir d'avoir des enfants qui puissent satisfaire les besoins de sa politique et l'intérêt de la France, je me plais à lui donner la plus grande preuve d'attachement et de dévouement qui ait jamais été donnée sur la terre. Je tiens tout de ses bontés; c'est sa main qui m'a couronnée, et, du haut de ce trône, je n'ai reçu que des témoignages d'affection et d'amour du peuple français.

» Je crois reconnaître tous ces sentiments en consentant à la dissolution d'un mariage qui, désormais, est un obstacle au bien de la France, qui la prive d'être un jour gouvernée par les descendants d'un grand homme, si évidemment suscité par la Providence pour effacer les maux d'une terrible révolution, et rétablir l'autel, le trône et l'ordre social. Mais la dissolution de mon mariage ne changera rien aux sentiments de mon cœur; l'empereur aura toujours en moi sa meilleure amie. Je sais combien cet acte, commandé par la politique et par de si grands intérêts, a froissé son cœur; mais l'un et l'autre nous sommes glorieux du sacrifice que nous faisons au bien de la patrie. »

L'assemblée était nombreuse : tous les assistants étaient attendris jusqu'aux larmes. Le lendemain, l'archichancelier présenta, et le sénat s'empressa d'adopter un projet de sénatus-consulte prononçant le divorce de Napoléon et de Joséphine.

Ce grand acte accompli, l'empereur s'occupa du choix d'une nouvelle épouse. Alexandre lui avait laissé entrevoir qu'il lui donnerait volontiers la main d'une de ses sœurs, la grande-duchesse Anne. Une négociation fut ouverte en conséquence avec la Russie; mais Napoléon apprit bientôt par son ambassadeur à Vienne, M. de Narbonne, que la maison de Lorraine enviait aussi son alliance, et qu'elle serait charmée de le voir épouser une princesse autrichienne, l'archiduchesse Marie-Louise. Peut-on croire que ces désirs d'alliance annonçassent de la part des souverains étrangers une renonciation à toute nouvelle guerre de principes et une conversion sincère à une politique de modération et de bienveillance envers le gouvernement qui n'était pour eux que l'héritier et le représentant de la révolution française? Tant de revers, accumulés d'année en année, avaient sans doute altéré leur sympathie pour le malheur des princes légitimes; et l'on conçoit qu'après Austerlitz, Iéna, Friedland et Wagram, les monarques du Nord dussent commencer à se lasser de tenir la campagne, d'épuiser leurs ressources financières et d'arroser la moitié de l'Europe du sang de l'élite de leurs sujets pour la cause d'une race déchue, surtout quand Napoléon faisait tout pour les persuader que le danger commun dont la république les avait menacés n'existait plus. Mais cette lassitude ne pouvait jamais amener une véritable réconciliation : il ne fallait qu'un changement de fortune dans la vie de Napoléon pour réveiller, en dépit

21.

des liens du sang, les vieux ressentiments, les vieilles haines dont la révolution et lui avaient été l'objet. Les événements l'ont prouvé à l'égard de l'Autriche; la Russie n'eût pas été mieux contenue dans sa tendance antifrançaise par la considération d'un mariage. Ne sait-on pas qu'en politique les affections de famille ne viennent qu'après les intérêts et les raisons d'État? Il est probable qu'un beau-frère sur le trône des czars n'eût pas mieux fait qu'un beau-père sur le trône de Marie-Thérèse pour le salut de l'Empire et de la dynastie de Napoléon. Dans les deux cas, le grand homme, selon sa propre expression, eût « posé le pied sur un abîme couvert de fleurs ».

La recherche de son alliance par les maisons souveraines les plus orgueilleuses et les plus puissantes de l'Europe restera dans l'histoire comme un monument de la grandeur à laquelle la France et son chef étaient parvenus, et de l'éclatante supériorité que la gloire plébéienne exerçait sur l'illustration et la vanité antiques. Quel triomphe pour la démocratie française! Ce n'était pas assez que leur longue et opiniâtre conjuration contre l'esprit révolutionnaire n'eût abouti qu'à faire couronner la révolution, et à lui donner le plus brillant des diadèmes en échange du bonnet rouge : un dernier affront manquait à l'orgueil dynastique; un dernier coup était réservé au préjugé de la naissance. Ce préjugé, couvert des mépris du philosophe et frappé des anathèmes du peuple, avait bien été immolé en France par la haute noblesse elle-même; mais la nuit mémorable du 4 août 1789 n'avait été pour l'Europe monarchique qu'une orgie législative, dont les conséquences avaient amené d'unanimes protestations dans les cours étrangères, le manifeste de Brunswick, la déclaration de Pilnitz. Pour compléter la victoire du principe d'égalité, il fallait donc qu'à l'abjuration solennelle des Montmorency, à la tribune de l'assemblée constituante, vînt se joindre le sacrifice des prétentions de race, l'abandon du système des mésalliances, la profanation du culte généalogique, de la part des maisons régnantes elles-mêmes; et cette profanation, cet abandon, ce sacrifice furent en effet accomplis par les superbes signataires mêmes de la déclaration de Pilnitz. Les descendants altiers de Pierre le Grand et les magnifiques héritiers de Charles-Quint envoyèrent un jour leur diplomatie rivale frapper à la porte des Tuileries, pour y offrir la main d'une sœur ou d'une fille des Césars au commandant d'artillerie qui foudroya dans Toulon la vieille royauté, au nom de la Montagne régicide. C'en a été fait sans retour du prestige de l'illustration héréditaire, et le principe révolutionnaire n'a plus rien eu à ajouter au triomphe des droits du génie et du lustre personnel sur les préjugés du sang, quand la maison de Lorraine, unie par Marie-Antoinette à la maison de Bourbon, a vu son auguste chef faire conduire sa fille, en grande pompe et à travers la tombe du duc d'Enghien, dans la couche du soldat qui fit proscrire les royalistes au 18 fructidor, et qui les mitrailla au 13 vendémiaire.

Libre de choisir entre diverses princesses du sang le plus illustre, Napoléon, après avoir pris l'avis de son conseil, se décida pour la fille de l'empereur d'Autriche, pour l'archiduchesse Marie-Louise. Le maréchal Berthier fut chargé d'aller en faire la demande officielle à Vienne. Il arriva dans cette capitale au commencement de mars 1810, et après avoir fait accepter le portrait de son maître, il parut à l'audience solennelle que l'empereur François lui accorda pour l'accomplissement de sa haute mission.

« Sire, lui dit-il, je viens au nom de l'empereur, mon maître, vous demander la main de l'archiduchesse Marie-Louise, votre illustre fille.

» Les éminentes qualités qui distinguent cette princesse ont assigné sa place sur un grand trône. Elle y fera le bonheur d'un grand peuple et celui d'un grand homme.

» La politique de mon souverain s'est trouvée d'accord avec les vœux de son cœur.

» Cette réunion de deux puissantes familles, Sire, donnera à deux nations généreuses de nouvelles assurances de tranquillité et de bonheur. »

L'empereur d'Autriche répondit :

« Je regarde la demande en mariage de ma fille comme un gage des sentiments de l'empereur des Français, que j'apprécie.

» Mes vœux pour le bonheur des futurs époux ne sauraient être exprimés avec trop de vérité ; il sera le mien.

» Je trouverai dans l'amitié du prince que vous représentez de précieux motifs

de consolation de la séparation de mon enfant chéri ; nos peuples y verront un gage assuré de leur bien-être mutuel.

» J'accorde la main de ma fille à l'empereur des Français. »

Le maréchal s'adressa ensuite à l'archiduchesse Marie-Louise.

« Madame, lui dit-il, vos augustes parents ont rempli les vœux de l'empereur, mon maître.

» Des considérations politiques peuvent avoir influé sur la détermination de nos deux souverains ; mais la première considération, c'est celle de votre bonheur : c'est surtout de votre cœur, madame, que l'empereur, mon maître, veut vous obtenir.

» Il sera beau de voir unis sur un grand trône, au génie de la puissance, les attraits et les grâces qui la font chérir.

» Ce jour, madame, sera heureux pour l'empereur, mon maître, si Votre Altesse Impériale m'ordonne de lui dire qu'elle partage ses espérances, les vœux et les sentiments de son cœur. »

La princesse donna aussitôt la réponse qui lui avait été dictée.

« La volonté de mon père, dit-elle, a constamment été la mienne ; mon bonheur restera toujours le sien.

» C'est dans ces principes que S. M. l'empereur Napoléon peut trouver le gage des sentiments que je vouerai à mon époux, heureuse si je puis contribuer à son bonheur et à celui d'une grande nation ! Je donne, avec la permission de mon père, mon consentement à mon union avec l'empereur Napoléon. »

Un troisième discours fut adressé à l'impératrice, qui répéta à peu près dans sa réponse les vœux qu'avait déjà exprimés son auguste époux. Enfin l'ambassadeur français annonça au prince Charles que l'empereur Napoléon désirait que Son Altesse acceptât sa procuration pour la cérémonie du mariage. « J'accepte avec plaisir, répondit l'archiduc, la proposition que S. M. l'empereur des Français veut bien me transmettre par votre organe, également flatté par son choix que pénétré du doux pressentiment que cette alliance effacera jusqu'à l'arrière-pensée des dissensions politiques, réparera les maux de la guerre et préparera un avenir heureux à deux nations qui sont faites pour s'estimer, et qui se rendent une justice réciproque. Je compte entre les moments les plus intéressants de ma vie celui où, en signe d'un rapprochement aussi franc que loyal, je présenterai la main à madame l'archiduchesse Marie-Louise, au nom du grand monarque qui vous a délégué, et je vous prie, mon prince (le maréchal avait reçu le titre de prince de Neufchâtel et de Wagram), d'être vis-à-vis de la France entière l'interprète des vœux ardents que je forme pour que les vertus de madame l'archiduchesse cimentent à jamais l'amitié de nos souverains et le bonheur de leurs peuples. »

La célébration du mariage eut lieu le 14 mars, à Vienne. La nouvelle impératrice des Français se mit en route le 15 pour la France. Elle arriva le 27 à Compiègne, où Napoléon avait été la recevoir. Un cérémonial fastueux avait été préparé pour cette première entrevue; mais Napoléon, ne pouvant réprimer son impatience, passa par-dessus la loi que lui-même avait tracée. Accompagné du seul roi de Naples, il quitta secrètement Compiègne, par un temps pluvieux, et alla se placer pour attendre la future impératrice sous le porche d'une petite église de village; dès que Marie-Louise arriva, il s'élança dans sa voiture et ils revinrent immédiatement au palais de Compiègne. Les illustres époux se rendirent ensuite à Saint-Cloud, où le mariage civil fut célébré le 1er avril. Le lendemain, ils firent leur entrée dans la capitale. La cérémonie du mariage religieux, entourée de toute la pompe des cours et du culte catholique, eut lieu le même jour dans une chapelle du Louvre, magnifiquement décorée pour cette solennité.

L'empereur et l'impératrice reçurent la bénédiction nuptiale des mains du cardinal Fesch, grand aumônier, en présence de toute la famille impériale, des cardinaux, archevêques, évêques et grands dignitaires de l'Empire, ainsi que d'une députation de tous les corps de l'État. Ce fut une fête vraiment populaire; tout Paris se livra à la joie, et ce mouvement d'allégresse publique se communiqua non-seulement à toutes les parties de la France, mais à tous les peuples du continent, qui crurent voir dans le mariage de Napoléon avec une archiduchesse d'Autriche un gage assuré de la durée de la paix.

Le 3 avril, le sénat de France, le sénat d'Italie, le conseil d'État, le corps législatif, les ministres, les cardinaux, la cour de cassation, etc., vinrent présenter leurs félicitations à l'empereur et à sa nouvelle épouse, qui les reçurent assis sur leur trône, et

environnés du cortège brillant que formait la double cour de l'Empire français et du royaume d'Italie. Deux jours après, Napoléon et Marie-Louise partirent pour Compiègne, où ils séjournèrent jusqu'au 27 du même mois. Ils allèrent ensuite visiter la Belgique et les départements du Nord, depuis Dunkerque et Lille jusqu'au Havre et

Rouen. Le 1ᵉʳ juin, Leurs Majestés étaient rentrées dans la capitale. L'enthousiasme qui avait éclaté à l'occasion des fêtes du mariage n'était pas refroidi. La ville de Paris

offrit une fête brillante à Napoléon et à Marie-Louise, qui assistèrent au banquet et au bal qui leur furent donnés à l'hôtel de ville.

La garde impériale voulut célébrer aussi l'union de son glorieux chef avec la fille bien-aimée d'un monarque qu'elle avait si souvent vaincu et humilié. La fête eut lieu au Champ de Mars, et la garde en fit les honneurs à Napoléon et à sa brillante épouse, au nom de toute l'armée.

Au milieu de ces transports universels et de ces réjouissances splendides, l'ambassadeur d'Autriche devait avoir son jour pour étaler sa joie officielle et son faste diplomatique. Il choisit le 1ᵉʳ juillet, et la fête fut marquée par un sinistre événement. Le feu prit à la salle de bal; la femme du ministre autrichien et plusieurs autres personnes périrent dans l'incendie. Napoléon ne laissa pas à une main étrangère le soin et l'honneur de sauver son épouse; il la saisit vivement et l'emporta lui-même hors des pièces embrasées. On se rappela alors que les fêtes pour le mariage de Louis XVI et de Marie-Antoinette avaient été troublées aussi par de graves accidents.

CHAPITRE TRENTE-DEUXIÈME.

Bernadotte appelé à succéder au roi de Suède. — Réunion de la Hollande à la France.

Peu de temps après les fêtes du mariage de Napoléon avec Marie-Louise, un événement remarquable s'était passé dans le nord de l'Europe. Bernadotte avait été élu prince royal de Suède; la diète l'avait appelé à succéder à Charles XIII, afin de maintenir l'exclusion dont la famille des Wasa avait été frappée lors de l'élévation du prince régnant (le duc de Sudermanie) au trône.

Les représentants de la nation suédoise crurent plaire sans doute à Napoléon, et agir dans les intérêts de sa politique en faisant un pareil choix. Peut-être même avaient-ils sondé les intentions de l'empereur à cet égard, quoique des écrivains aient prétendu que l'élection avait été tout à fait spontanée, et que l'agent français à Stockholm n'y avait même pris part que pour la contrarier. « Bernadotte fut élu, a dit Napoléon, parce que sa femme était la sœur de celle de mon frère Joseph, régnant alors à Madrid. Bernadotte, affichant une grande dépendance, vint me demander mon agrément, protestant avec une inquiétude trop visible qu'il n'accepterait qu'autant que cela me serait agréable.

CHAPITRE TRENTE-DEUXIÈME.

» Moi, monarque élu du peuple, j'avais à répondre que je ne savais point m'opposer aux élections des autres peuples. C'est ce que je dis à Bernadotte, dont toute l'attitude trahissait l'anxiété que faisait naître l'attente de ma réponse. J'ajoutai qu'il n'avait qu'à profiter de la bienveillance dont il était l'objet, que je ne voulais avoir été pour rien dans son élection, mais qu'elle avait mon assentiment et mes vœux. Toutefois, le dirai-je, j'éprouvais un arrière-instinct qui me rendait la chose désagréable et pénible. »

Ce fâcheux pressentiment était très-naturel chez l'empereur, qui ne pouvait oublier qu'entre lui et Bernadotte il y avait toujours eu un levain de rivalité secrète et jamais de sympathie. Cependant c'était un Français, un soldat de la république, auquel les grandeurs de l'Empire n'avaient pas manqué : il semblait qu'un lien indissoluble, plus fort que les répugnances et les griefs personnels, attachait irrévocablement aux destinées de la France nouvelle l'illustre guerrier qui était appelé à régner un jour sur la Suède. Napoléon ne s'arrêta donc pas aux avertissements intimes qu'il recevait de sa profonde intelligence des hommes. Il permit à son lieutenant d'accéder au vœu des Suédois; et s'il fit en cela violence à ses propres penchants, c'est une raison de plus de reconnaître que le dominateur universel était dominé lui-même par une force supérieure à la sienne. Il était dit que dans le vaste mouvement de la régénération européenne, un enfant de cette révolution, dont le dernier des Wasa avait été le plus opiniâtre ennemi sur le continent, irait s'asseoir sur leur trône et ferait de leur capitale une ville française. Si, plus tard, le nouveau roi oublie son origine et se met à la suite de la vieille Europe, ce pourra être préjudiciable à son ancienne gloire et funeste à la fortune de Napoléon, mais la Suède n'en deviendra pas moins une conquête assurée, et plus ou moins prochaine, pour la jeune Europe, pour la cause du siècle. Ce ne sera pas en vain qu'elle aura installé la philosophie et la démocratie dans ses palais, et qu'elle aura vu descendre sur elle, des hauteurs de l'administration et du voisinage du trône, le souffle libéral, l'haleine civilisatrice de la France.

Presque au même moment où l'un des plus célèbres maréchaux de Napoléon allait attendre une couronne à Stockholm, l'un de ses frères quittait la sienne à Amsterdam. Louis Bonaparte était un homme d'esprit, plein de bonnes intentions; mais le sceptre de Hollande, sous l'empire du blocus continental, était au-dessus de ses forces, et il le laissa tomber à terre. Depuis longtemps l'empereur lui reprochait sa trop grande faiblesse dans l'exécution des décrets de Berlin et de Milan. Le *Moniteur* avait même signalé les contraventions journalières de la Hollande au système napoléonien, et, sur une plainte que le prince Louis avait exprimée à ce sujet, l'empereur lui avait répondu de Schœnbrunn : « C'est la France qui a sujet de se plaindre du mauvais esprit qui règne chez vous. Si vous voulez que je vous cite toutes les maisons hollandaises qui sont les trompettes de l'Angleterre, ce sera fort aisé. Vos règlements de douane sont si mal exécutés que toute la correspondance de l'Angleterre avec le continent se fait par la Hollande... La Hollande est une province anglaise. »

Ces récriminations étaient restées sans effet. Le roi Louis était plus touché des maux présents de la Hollande que des résultats éloignés que le blocus continental pouvait promettre à Napoléon. Le système de l'empereur exigeait, dans l'exécution, des âmes assez fortement trempées pour se mettre en communication avec la sienne. Ses premiers agents furent ses frères, dès qu'il s'engagea dans la fondation d'une dynastie. Il crut les rapprocher de ses vœux et de ses idées en les rapprochant de lui dans la hiérarchie politique, en leur donnant une position analogue à celle qu'il occupait lui-même, en leur posant aussi une couronne sur le front; mais, selon l'expression qu'il a appliquée à Louis, il ne fit que des « rois préfets », qui avaient toutes les qualités nécessaires pour figurer honorablement dans un rang secondaire et dans un autre temps, et aucune de celles qu'exigeaient les circonstances. Si l'on avait trouvé facilement pour l'empereur un cortége convenable de têtes couronnées, il fut moins aisé de rencontrer des auxiliaires, des coopérateurs intelligents pour le grand homme. Le trône s'était élevé au milieu du plus brillant entourage ; le génie resta solitaire.

Louis Bonaparte, au lieu de s'inspirer de la pensée de son frère et de chercher à rendre la Hollande française, en dépit des résistances passagères des intérêts froissés, la laissait donc vivre sous le patronage et dans la dépendance mercantile de l'Angleterre. Napoléon, contrarié par cette condescendance et blessé de voir ses premiers avis dédaignés, écrivit au roi de Hollande une nouvelle lettre qui suffirait seule pour témoigner, dans l'histoire, que l'empereur, pleinement identifié avec le peuple qui s'était donné à lui, ne vivait plus que de la vie de la France. Voici quelques passages de cette missive remarquable :

« Votre Majesté, en montant sur le trône de Hollande, a oublié qu'elle était française, et a même tendu tous les ressorts de sa raison, tourmenté la délicatesse de sa conscience pour se persuader qu'elle était hollandaise. Les Hollandais qui ont incliné pour la France ont été négligés et persécutés ; ceux qui ont servi l'Angleterre ont été mis en avant. Des Français, depuis l'officier jusqu'au soldat, ont été chassés, déconsidérés ; et j'ai eu la douleur de voir en Hollande, sous un prince de mon sang, le nom français exposé à la honte. Cependant je porte tellement dans mon cœur, j'ai su soutenir si haut, sur les baïonnettes de mes soldats, l'estime et l'honneur du nom français, qu'il n'appartient ni à la Hollande ni à qui que ce soit d'y porter atteinte impunément... Qui a donc pu justifier la conduite insultante pour la nation et offensante pour moi qu'a tenue Votre Majesté ? Vous devez comprendre que je ne me sépare pas de mes prédécesseurs, et que, depuis Clovis jusqu'au comité de salut public, je me tiens solidaire de tout... Je sais qu'il est venu de mode, parmi de certaines gens, de faire mon éloge et de décrier la France ; mais ceux qui n'aiment pas la France ne m'aiment pas, ceux qui disent du mal de mes peuples, je les tiens pour mes plus grands ennemis... Dans mon discours au corps législatif, j'ai laissé entrevoir mon mécontentement ; car je ne vous cacherai pas que mon intention est de réunir la Hollande à la France, comme complément de territoire, comme le coup le plus funeste que je puisse porter à l'Angleterre, et comme me délivrant des perpétuelles insultes que les meneurs de votre cabinet ne cessent de me faire. L'embouchure du Rhin et celle de la Meuse doivent m'appartenir. Le principe, en France, que le thalweg du Rhin est notre limite, est un principe fondamental... Je puis donc laisser à la Hollande la rive droite du Rhin, et je lèverai les prohibitions données à mes douanes toutes les fois que les traités existants, et qui seront renouvelés, seront exécutés. Voici mes intentions :

» 1° L'interdiction de tout commerce et de toute communication avec l'Angleterre ;

» 2° Une flotte de quatorze vaisseaux de ligne, de sept frégates et de sept bricks ou corvettes armés et équipés ;

» 3° Une armée de terre de vingt-cinq mille hommes ;

» 4° Suppression des maréchaux ;

» 5° Destruction de tous les priviléges de la noblesse contraires à la constitution que j'ai donnée et que j'ai garantie.

» Votre Majesté peut faire négocier sur ces bases avec le duc de Cadore, par l'entremise de son ministre; mais elle peut être certaine qu'au premier paquebot qui sera introduit en Hollande, je rétablirai la défense des douanes, qu'à la première insulte qui sera faite à mon pavillon, je ferai saisir à main armée et pendre au grand mât l'officier hollandais qui se permettra d'insulter mon aigle... »

Le roi de Hollande ne fut point converti par ce langage du maître. Les besoins, les intérêts actuels de l'industrie hollandaise fixaient toujours, et par-dessus tout, sa sollicitude. Il ne se croyait engagé qu'envers le peuple batave, et se serait reproché de poursuivre un autre but que la prospérité immédiate des provinces comprises dans la circonscription territoriale de son royaume. Ne voyant plus que la Hollande, il oubliait qu'il n'y avait été placé que pour la faire concourir au triomphe d'une cause plus générale, à sa gloire et au salut du grand Empire. C'est que Louis répugnait, par tempérament, aux mesures extrêmes, aux remèdes héroïques. Il était de ceux qui font de la politique en myopes, comme dit de Maistre; et ses scrupules, qui avaient d'ailleurs leur côté louable, l'empêchaient de voir que le blocus continental n'était pour l'empereur que ce que le gouvernement révolutionnaire avait été pour la république, une nécessité déplorable et passagère.

Louis ne croyait pas d'ailleurs que le blocus décrété contre l'Angleterre dût avoir pour les intérêts britanniques le résultat funeste que s'en promettait l'empereur.

« La destruction de la Hollande, écrivait-il à Napoléon, loin d'être un moyen d'atteindre l'Angleterre, est un moyen de l'accroître par toute l'industrie et toutes les richesses qui s'y réfugieront. Il n'y a que trois moyens d'atteindre réellement l'Angleterre : ou en détachant d'elle l'Irlande, ou en s'emparant des Indes orientales, ou par une descente. Ces deux derniers moyens, quoique les plus efficaces, sont inexécutables sans marine; mais je suis étonné qu'on ait si facilement renoncé au premier. »

L'empereur, qui savait très-bien qu'il ne détruisait pas la Hollande en lui imposant des sacrifices temporaires, et qui ne croyait pas non plus que l'industrie anglaise dût gagner à la crise que subissaient nécessairement les industries continentales engagées dans les spéculations maritimes; l'empereur fut peu touché des récriminations du roi Louis. Lors de son voyage en Belgique, il lui adressa d'Ostende une nouvelle missive, qui n'était que la reproduction des mêmes reproches. « Si, soumise à un de mes frères, lui dit-il, la Hollande ne trouve pas en lui mon image, vous détruisez toute confiance dans mon administration; vous brisez vous-même votre sceptre. Aimez la France, aimez ma gloire, c'est l'unique manière de servir le roi de Hollande.

» La Hollande, devenue partie de mon empire, si vous eussiez été ce que vous deviez être, m'eût été d'autant plus chère, que je lui avais donné un prince qui était presque mon fils. En vous mettant sur le trône de Hollande, j'avais cru y placer un citoyen français; vous avez suivi une route diamétralement opposée... Revenez de votre fausse route; soyez bien Français de cœur, ou votre peuple vous chassera... C'est avec de la raison et de la politique que l'on gouverne les États. »

Le roi de Hollande, qui persistait à vouloir rester Hollandais, selon le cri du moment et les besoins actuels du peuple marchand de ses ports, et non point selon les vues et les prévisions lointaines de l'empereur, finit par se lasser de la lutte inégale qu'il soutenait avec son frère, et abandonna ses États pour se retirer en Allemagne, après avoir envoyé à Paris un acte formel d'abdication. Napoléon se montra indigné de cette démarche. Sur le rapport que lui en fit le ministre des relations extérieures, il décréta, le 9 juillet 1810, la réunion de la Hollande à l'Empire français, et le maréchal Oudinot s'empara immédiatement d'Amsterdam.

L'empereur ne dévora pas en silence l'affliction que lui causait la conduite de son frère. Quand celui-ci, par son abdication et par sa fuite, avait eu le dessein de l'accuser, devant l'Europe et la postérité, de lui avoir rendu la couronne trop pesante par ses exigences, Napoléon ne pouvait rester sous le coup et le scandale de cette dénonciation, sans répondre à l'accusateur inattendu qu'il avait rencontré dans sa famille, dût-il l'accabler par l'expression sévère d'un blâme solennel. Et comme tout devait être hors des combinaisons vulgaires et des règles communes dans les actes de cet homme extraordinaire, il sut trouver un moyen que nul n'aurait osé imaginer, pour faire pénétrer plus profondément le trait qu'il destinait au malheureux Louis, et pour rendre sa réprobation plus éclatante et plus remarquable. Ce sera en s'attendrissant sur le sort du fils qu'il frappera le père : la même parole donnera la vie à l'un et la mort à l'autre dans le monde politique, et le peuple, qui règle ses affections et ses haines sur celles de son héros, cessera de comprendre dans son attachement à la famille impériale le frère qui aura voulu se séparer de l'empereur, et il s'intéressera au neveu, dont l'empereur se sera déclaré l'appui et presque le père. Le 20 juillet, dans une grande réunion à Saint-Cloud, Napoléon se fait présenter le prince Napoléon-Louis, son filleul, et lui dit avec effusion :

« Venez, mon fils, je serai votre père ; vous n'y perdrez rien.

» La conduite de votre père afflige mon cœur ; sa maladie seule peut l'expliquer.

Quand vous serez grand, vous payerez sa dette et la vôtre. N'oubliez jamais, dans quelque position que vous placeront ma politique et l'intérêt de mon empire, que vos premiers devoirs sont envers moi, vos seconds envers la France : tous vos autres devoirs, même envers les peuples que je pourrais vous confier, ne viennent qu'après. »

Si un roi vulgaire, assis sur un autre trône que celui de la France, tenait un pareil langage, on lui reprocherait, à bon droit, comme un excès d'orgueil, de se placer avant la patrie, et comme un excès d'égoïsme national, de sacrifier à sa politique les intérêts des peuples alliés ou conquis. Mais Napoléon ne mettait les devoirs envers lui-même au-dessus des devoirs envers la France que parce qu'il se considérait comme la tête et le cœur de la France ; et il ne faisait venir les devoirs des princes, ses sujets, envers les peuples qu'il leur confiait, qu'après leurs devoirs envers la France, que parce qu'il regardait aussi la France comme la tête et le cœur de l'Europe et du monde civilisé.

La réunion du Valais à l'Empire suivit de près celle de la Hollande. L'empereur communiqua ces deux grandes mesures au sénat, par un même message, à la séance du 10 décembre 1810. On y lisait :

« Les arrêts publiés par le conseil britannique, en 1806 et 1807, ont déchiré le droit public de l'Europe. Un nouvel ordre de choses régit l'univers. De nouvelles garanties m'étant devenues nécessaires, la réunion des embouchures de l'Escaut, de la Meuse, du Rhin, de l'Ems, du Weser et de l'Elbe à l'Empire, l'établissement d'une navigation intérieure avec la Baltique, m'ont paru être les premières et les plus importantes.

» J'ai fait dresser le plan d'un canal qui sera exécuté avant cinq ans, et qui joindra la Baltique à la Seine.

» La réunion du Valais est une conséquence prévue des immenses travaux que je fais faire depuis dix ans dans cette partie des Alpes. Lors de mon acte de médiation, je séparai le Valais de la confédération helvétique, prévoyant dès lors une mesure si utile à la France et à l'Italie.

» Tant que la guerre durera avec l'Angleterre, le peuple français ne doit pas déposer les armes.

» Mes finances sont dans l'état le plus prospère; je puis fournir à toutes les dépenses que nécessite cet immense empire, sans demander à mes peuples de nouveaux sacrifices. »

Ce n'était pas une des moindres merveilles du règne de Napoléon que cette prospérité financière. Elle était due principalement à l'esprit d'ordre qu'il avait communiqué à toutes les branches de l'administration, et qu'il exigeait plus sévèrement encore dans la gestion des deniers publics. On a pu s'étonner après lui qu'il eût soutenu la guerre pendant quinze ans, d'un bout de l'Europe à l'autre, et qu'il eût gouverné la France nouvelle, dans ses vastes limites, de Rome à Hambourg, avec les mêmes impôts qui ont à peine suffi depuis pour entretenir la paix dans le cercle étroit de l'ancienne France.

Le sénat s'empressa de répondre à l'appel de l'empereur; il consacra par deux sénatus-consultes la réunion du Valais et celle de la Hollande à l'Empire français, et vota ensuite une adresse, dont la première phrase indique toute la pensée.

« Sire, la profondeur et l'étendue de vos desseins, la franchise et la générosité de votre politique, votre sollicitude constante pour le bien de vos peuples, ne se sont jamais plus manifestées que dans le message adressé au sénat par Votre Majesté Impériale et Royale. »

Le dévouement sénatorial ne s'exhala pas, du reste, en phrases pompeuses et en vaines flatteries. La conscription maritime et celle de 1811 furent votées à la même séance.

CHAPITRE TRENTE-TROISIÈME.

Mesures contre la presse. — M. de Chateaubriand nommé à l'Institut pour remplacer Chénier. — Naissance et baptême du roi de Rome. — Fêtes publiques dans la capitale et dans l'Empire. — Concile national. — Le pape à Fontainebleau.

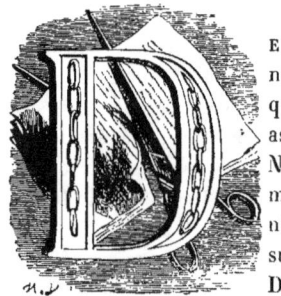E tous les reproches élevés contre la mémoire de Napoléon, nul n'a été reproduit avec tant de persévérance et d'aigreur que celui d'avoir étouffé la liberté de discussion dans les assemblées délibérantes et dans les feuilles publiques. N'eût-il fait qu'établir la censure et rendre la tribune muette, c'en serait assez, aux yeux de quelques jansénistes politiques, pour ternir le lustre de sa vie et pour surcharger son auréole de gloire du signe des tyrans. A Dieu ne plaise que nous contestions l'utilité suprême de la presse ! Plus que personne, nous reconnaissons et nous respectons en elle la première des puissances civilisatrices, la véritable souveraine des temps modernes, l'agent impérissable de la Providence dans la grande œuvre de l'émancipation des peuples, la glorieuse devancière du consul Bonaparte dans la préparation, l'accomplissement et la défense de la révolution française, et l'unique héritière de l'influence, de l'ascendant et du pouvoir de l'empereur Napoléon sur l'opinion publique, non-seulement en France, mais encore parmi toutes les nations policées.

Lorsque Napoléon s'empara des rênes de l'État, la presse tombait de lassitude et d'épuisement, après une lutte opiniâtre de dix années. Instrument des nombreux partis qui divisaient la nation, elle ne servait plus que l'anarchie et laissait croître les dégoûts et le mépris autour de la révolution qu'elle avait su autrefois faire chérir et respecter. Il lui fallait du repos pour se retremper, comme il fallait à la révolution un protecteur nouveau qui la défendît mieux contre ses ennemis implacables et contre ses

CHAPITRE TRENTE-TROISIÈME.

amis égarés. L'heure d'un dictateur était venue : Napoléon parut. La démocratie renonça à la parole multiple de ses comices, de ses clubs et de ses journaux, parole qui avait été sublime parfois et toujours puissante au moment des dangers de la France, et qui avait fini par ne plus être qu'une cause incessante de déchirements et de troubles pour le pays et qu'un moyen permanent d'affaiblir et de déconsidérer le pouvoir. L'ère du silence commença, ou, plutôt, aux orages du forum succéda un admirable monologue, dans lequel la France ne se montra pas moins grande qu'aux plus beaux jours de sa carrière parlementaire. L'héritage des illustres orateurs de la Constituante et de la Convention était gaspillé par des successeurs indignes ou inhabiles. Mille voix discordantes s'élevaient qui voulaient toutes interpréter à leur manière les besoins et les vœux du pays, et qui ne réussissaient qu'à le tirailler indéfiniment et à perpétuer ses périls et ses souffrances. Au milieu de ces voix confuses, un homme survint qui osa dire à son tour : « C'est moi qui suis la France; car je sais mieux que tous ses prétendus interprètes ce qu'il lui faut et ce qu'elle désire. » Et, comme cet homme disait vrai, la France le crut et l'accepta pour son unique organe.

Dès ce moment, les voix confuses et discordantes se turent, et le suprême représentant de la France parla seul : c'était la condition inévitable de la tâche qu'il avait à remplir pour rendre la révolution tranquille au dedans et puissante au dehors. Toutefois, la liberté de la presse ne fut pas étouffée; elle se laissa seulement couvrir d'un voile et mettre à l'écart, jusqu'à ce que l'inévitable réaction dont elle était l'objet eût cessé, et que les circonstances vinssent la ramener sur la scène, pour lui restituer le gouvernement des esprits. Elle comprit sans doute que c'était pour elle le moment de la retraite, et qu'elle devait laisser faire et dire le génie du dictateur, puisqu'elle se résigna au silence, sous le règne duquel elle put même faire oublier ses excès et réparer ses forces, afin de reparaître un jour plus active et plus influente que jamais. Si la franchise des écrits et des journaux eût été nécessaire à cette époque, nul ne l'eût violée impunément; et si la presse, qui s'est montrée depuis héroïquement rebelle aux ordonnances de Charles X, obéit servilement alors aux décrets de Napoléon, c'est que les sentiments et les besoins populaires de 1810 n'étaient pas ceux de 1830, et que la presse s'inspira des instincts nationaux et servit également la cause du siècle, soit lorsqu'elle s'abstint de résistance envers le représentant de la révolution, soit lorsqu'elle donna le signal de la révolte contre le représentant de l'ancien régime.

A peine Napoléon venait-il de publier une nouvelle mesure restrictive touchant la presse périodique, et qui avait pour but de n'autoriser qu'un seul journal par département, qu'un événement imprévu vint le confirmer dans le système que la difficulté des temps lui avait imposé, de faire surveiller toute manifestation publique des pensées et des opinions politiques.

M. de Chateaubriand avait été nommé pour remplacer Chénier à l'Institut. L'usage voulait que le récipiendaire fît l'éloge de son prédécesseur. M. de Chateaubriand, en novateur audacieux, tenta de s'affranchir du joug de la tradition, et ne craignit pas de prendre un rôle révolutionnaire, dans le sein de l'Académie, pour s'en faire une occasion de répéter d'éloquentes déclamations contre la révolution française, et de blâmer amèrement le poëte patriote à qui la France devait le « Chant du Départ ». Mais son discours, soumis préalablement à une commission, et repoussé par elle, ne fut point prononcé. Une partie des commissaires opina néanmoins dans un sens contraire, et parmi eux se trouvait un des courtisans les plus empressés de Napoléon. Dès que celui-ci en fut instruit, il demanda à lire l'œuvre de M. de Chateaubriand, et quand il eut vu avec quelle hauteur et quelle violence l'auteur « d'Atala », dont le génie n'était pas encore arrivé aux sublimes prévisions qui lui ont révélé depuis « l'avenir social » de la France, essayait de rabaisser le présent et d'exalter le passé, il ne put contenir son indignation, et saisissant au milieu d'un cercle nombreux le dignitaire académicien qui avait jugé le discours proscrit conforme aux convenances et digne de la publicité, il l'apostropha brusquement en ces termes :

« Est-ce bien vous, monsieur, lui dit-il, qui avez voulu autoriser une pareille diatribe? et depuis quand l'Institut se permet-il de devenir une assemblée politique? Qu'il fasse des vers, qu'il censure les fautes de langue; mais qu'il ne sorte pas du domaine des Muses, ou je saurai l'y faire rentrer. Que M. de Chateaubriand ait de l'insanité ou de la malveillance, il y a pour lui des petites-maisons ou des châtiments. Puis, peut-être encore est-ce son opinion, et il n'en doit pas le sacrifice à ma politique, qu'il ignore, comme vous, qui la connaissez si bien : il peut avoir son excuse; vous ne sauriez avoir la vôtre, vous qui vivez à mes côtés, qui savez ce que je fais, ce que je veux. Monsieur, je vous tiens pour coupable, pour criminel : vous ne tendez à rien moins qu'à ramener le désordre, la confusion, l'anarchie, les massacres... Sommes-nous donc des bandits, et ne suis-je donc qu'un usurpateur? Je n'ai détrôné personne, monsieur; j'ai trouvé, j'ai relevé la couronne dans le ruisseau, et le peuple l'a mise sur ma tête : qu'on respecte ses actes.

» Analyser en public, mettre en question, discuter des faits aussi récents, dans les circonstances où nous sommes, c'est rechercher des convulsions nouvelles, c'est être l'ennemi du repos public. La restauration de la monarchie est et doit demeurer un mystère. Et puis, qu'est-ce que cette nouvelle proscription prétendue des conventionnels et des régicides? comment oser réveiller des points aussi délicats? Laissons à Dieu à prononcer sur ce qu'il n'est plus permis aux hommes de juger! Seriez-vous donc plus difficile que l'impératrice? elle a bien des intérêts aussi chers que vous, peut-être, et bien autrement directs; imitez plutôt sa modération, sa magnanimité; elle n'a voulu rien apprendre, ni rien connaître.

« Eh quoi! l'objet de tous mes soins, le fruit de tous mes efforts serait-il donc perdu! C'est donc à dire que, si je venais à vous manquer demain, vous vous égorgeriez encore entre vous de plus belle! Ah! pauvre France! que tu as longtemps encore besoin d'un tuteur! »

Cette dernière exclamation de l'empereur explique toute la pensée politique qui présida à son avènement et qui caractérisa son règne. Il entendait protéger la France, la préserver du retour des factions, l'empêcher de s'épuiser en vaines disputes ou en sanglantes querelles, quand l'esprit de parti lui imputait d'agir par excès d'ambition et d'orgueil; et ce qui était qualifié de « tyrannie » par ses détracteurs, il l'appelait, lui, une « tutelle souveraine »; comme le peuple, son juge suprême et infaillible, ne voyait et n'admirait qu'un gouvernement fort et glorieux, conduit par le génie d'un grand homme, là où quelques frondeurs isolés n'apercevaient et ne signalaient que les traces du despotisme. Le moment approchait, cependant, où la fortune allait accorder à Napoléon la plus haute et la dernière faveur qu'il semblât désormais en attendre.

Le 19 mars 1811, l'impératrice Marie-Louise ressentit les premières douleurs de l'enfantement. On craignit d'abord des couches périlleuses : le célèbre Dubois, prévoyant le cas où une opération difficile deviendrait nécessaire, demanda ce qu'il faudrait faire si l'on était réduit à opter entre le salut de la mère et celui de l'enfant. « Ne pensez qu'à la mère, » dit vivement l'empereur, en qui les affections de l'homme triomphèrent, à ce moment solennel, des intérêts et des combinaisons du monarque. Le 20, à neuf heures du matin, toutes ses anxiétés avaient cessé, tous ses désirs étaient remplis : Marie-Louise accouchait d'un fils, que Napoléon reçut aussitôt dans ses bras, et qu'il s'empressa de montrer aux officiers de sa maison, en s'écriant, dans l'ivresse de la joie : « C'est un roi de Rome. »

Le bruit du canon annonça bientôt à la capitale l'heureux événement qui comblait les vœux du chef de l'Empire. Des fêtes et des réjouissances publiques vinrent rendre témoignage de la part que prenait le grand peuple au bonheur du grand homme. Naples, Milan, toutes les villes où la domination française avait pénétré, imitèrent Paris. Les corps de l'État, les ambassadeurs étrangers, offrirent à l'envi leurs félicitations à l'heureux père du roi de Rome, et ce fut le prince d'Hatzfeld, celui-là même à qui Napoléon avait fait grâce, à Berlin, en considération des larmes de son épouse, qui représenta, en cette occasion, le roi de Prusse.

Le baptême du roi de Rome se fit, le 9 juin, à Notre-Dame. Tout Paris se porta sur le passage de l'empereur. Le peuple voulait lire lui-même sur le front radieux de son héros les jouissances intimes du père et du monarque, et il désirait aussi lui témoigner son propre contentement. Le sourire de Napoléon, si fugitif et si rare sur sa figure sévère, se laissait surprendre et observer cette fois, et produisait un immense reflet sur toutes les physionomies qui se pressaient autour du cortége. C'était un magnifique spectacle, à la splendeur duquel le ciel même semblait concourir, en favorisant cette belle journée d'un soleil éclatant et d'un azur sans nuages, ce qui fit dire à l'enthousiasme populaire, dont le poëte a recueilli le souvenir et l'expression : « Toujours le ciel le protége ! »

Le jeune prince fut baptisé par son grand-oncle, le cardinal Fesch. Il eut pour parrain son aïeul, l'empereur d'Autriche, et reçut les noms de Napoléon-François-Charles-Joseph. Son baptême devint le signal de grandes réjouissances dans toute l'étendue de la vaste domination de son père. Le préfet de la Seine et le corps municipal de Paris fêtèrent les maires des bonnes villes de l'Empire et du royaume d'Italie. Le détracteur le plus éhonté de Napoléon, M. de Bourrienne, est obligé de confesser que « l'arrivée au monde du roi de Rome fut saluée par un enthousiasme général, et que jamais enfant ne vit le jour environné d'une aussi brillante auréole de gloire ».

Mais à travers les manifestations de l'allégresse publique et de l'engouement universel, Napoléon apercevait l'esprit sacerdotal qui s'agitait obscurément pour former une opposition souterraine et pour essayer de miner son trône. Pie VII persistait toujours dans son refus de donner l'institution canonique aux évêques nommés par l'empereur, ou, pour mieux dire, il ne voulait entendre à aucun arrangement, qu'il n'eût été préalablement réintégré dans la possession de sa capitale et de ses États. En vain Napoléon avait promu à l'archevêché de Paris le chef même de l'ancien côté droit de l'assemblée constituante, l'inflexibilité pontificale ne se relâcha pas en faveur du célèbre abbé Maury, qui disait ne s'être rallié au nouvel Empire que parce qu'il y trouvait la consécration du principe monarchique, dont il avait été le défenseur ardent

et opiniâtre. Le pape lança même un bref contre ce vieux champion de la royauté et du Saint-Siége ; mais cet acte de réprobation n'était répandu qu'en secret. C'est alors que Napoléon, instruit qu'un fonctionnaire éminent de l'Empire, le directeur de la librairie, Portalis, avait connu cette propagation clandestine et ne l'avait pas empêchée, l'interpella vivement au milieu de son conseil d'État. « Quel a pu être votre motif? lui dit-il. Seraient-ce vos principes religieux? Mais alors pourquoi vous trouvez-vous ici? Je ne violente la conscience de personne. Vous ai-je pris au collet pour vous faire mon conseiller d'État? C'est une faveur insigne que vous avez sollicitée. Vous êtes ici le plus jeune, et peut-être le seul qui y soit sans des titres personnels; je n'ai vu en vous que les services de votre père... Les devoirs d'un conseiller d'État envers moi sont immenses : vous les avez violés; vous ne l'êtes plus. Sortez, ne reparaissez plus ici... J'en suis navré, car j'ai présents à la mémoire les vertus et les services de votre père. »

Le jeune conseiller d'État sortit en effet, et l'empereur ajouta :

« J'espère qu'une pareille scène ne se renouvellera jamais; elle m'a fait trop de mal. »

Mais ce n'était pas assez pour Napoléon d'exclure de son entourage les hommes dont les sympathies étaient acquises à la papauté. Afin de déjouer la malveillance occulte d'une grande partie du clergé, il eut l'idée de porter au grand jour la guerre sourde qu'on lui faisait, au nom de Pie VII, avec des brefs et des bulles, et de traduire devant l'épiscopat français, gardien naturel des doctrines gallicanes, les prétentions ultramontaines du pontife. Il convoqua donc un concile national, dont il confia la présidence au cardinal Fesch, et dans le sein duquel il eut soin de faire entrer l'épiscopat italien, qu'il croyait docile à ses vues. L'appel qu'il adressa aux évêques était ainsi conçu :

« Les Églises les plus illustres et les plus populeuses de l'Empire sont vacantes; une des parties contractantes du concordat l'a méconnu. La conduite que l'on a tenue en Allemagne depuis dix ans a presque détruit l'épiscopat dans cette partie de la chrétienté : il n'y a aujourd'hui que huit évêques; grand nombre de diocèses sont gouvernés par des vicaires apostoliques; on a troublé les chapitres dans le droit qu'ils ont de pourvoir, pendant la vacance du siége, à l'administration du diocèse, et l'on a ourdi des manœuvres ténébreuses tendant à exciter la discorde et la sédition parmi nos sujets. Les chapitres ont rejeté des brefs contraires à leurs droits et aux saints canons.

» Cependant les années s'écoulent, de nouveaux évêchés viennent à vaquer tous les jours : s'il n'y était pourvu promptement, l'épiscopat s'éteindrait en France et en Italie comme en Allemagne. Voulant prévenir un état de choses si contraire au bien de notre religion, aux principes de l'Église gallicane et aux intérêts de l'État, nous avons résolu de réunir au 9 juin prochain, dans l'église de Notre-Dame de Paris, tous les évêques de France et d'Italie en concile national.

» Nous désirons donc qu'aussitôt que vous aurez reçu la présente, vous ayez à vous mettre en route, afin d'être arrivé dans notre bonne ville de Paris dans la première semaine du mois de juin.

» Cette lettre n'étant à autre fin, nous prions Dieu qu'il vous ait en sa sainte garde. »

La première réunion générale des évêques n'eut pourtant lieu que le 20 juin. L'empereur, malgré le soin qu'il avait eu de choisir le président de cette assemblée dans sa famille, ne la trouva pas aussi docile qu'il l'avait espéré. Le cardinal Fesch trompa, le premier, l'espoir de Napoléon, en laissant apercevoir en lui, dans le concile, le prêtre de Rome, bien plus que le grand dignitaire de l'Empire. L'épiscopat ne pouvait guère agir autrement; ce n'était plus le temps du gallicanisme. Le dix-huitième siècle et la révolution française, venus après Bossuet, avaient profondément ébranlé la doctrine et l'autorité de ce grand homme dans le sein du clergé. Sous le coup du sarcasme voltairien et de la persécution politique, le sacerdoce avait dû se retourner vers le Saint-Siège, et s'attacher plus vivement que jamais au chef suprême en qui résidait le principe vital du catholicisme. L'épiscopat aurait craint d'achever la ruine de l'Église

romaine en France, et de se frapper lui-même au cœur, en se prononçant hautement contre les prétentions pontificales et en se prêtant aux mesures qui tendaient à affaiblir ses liens avec la puissance spirituelle, dont il tirait sa propre force. Après avoir commis l'imprudence de se faire raisonneur et de proclamer les libertés de l'Église gallicane sous Louis XIV, il avait été ramené violemment, par les événements des dernières années du règne de Louis XVI, aux traditions ultramontaines. Et plus il se sentait menacé par l'esprit des temps nouveaux, plus il cherchait à se replacer sous la protection du génie des temps anciens, et à remonter vers la source de sa puissance et de sa vie. Mais si les évêques en corps appartenaient nécessairement encore au passé, les princes de l'Église, pris isolément, étaient de leur siècle et peu disposés à lutter contre le redoutable et magnifique dispensateur des grâces et des faveurs mondaines. Le concile fut donc dissous, et l'empereur obtint de chaque prélat français et italien une déclaration individuelle pleinement conforme à ses vues.

Le pape était alors à Savone, toujours inébranlable dans ses résolutions. L'empereur le jugea trop voisin de Rome, ou trop exposé à être enlevé par les Anglais, et il le fit venir à Fontainebleau. Au milieu de ses rigueurs contre Pie VII, Napoléon n'oubliait point les égards qu'il devait au caractère et à la dignité de son auguste prisonnier. Pour lui rendre les ennuis de l'exil plus supportables, il plaça auprès de sa personne le savant Denon, dont les attentions délicates, les soins empressés et l'aimable conversation adoucirent en effet les peines du saint-père. Pie VII prit de l'attachement pour le savant et estimable compagnon de sa retraite. Il le questionna souvent sur l'expédition d'Égypte, et voulut connaître l'ouvrage qu'il avait publié sur les antiquités de ce pays. M. Denon, qui se rappelait que son livre renfermait quelques pages peu orthodoxes et difficiles à concilier avec le système de l'Écriture sur l'origine et l'âge du monde, avait craint d'abord que Sa Sainteté ne fût blessée d'y trouver des explications et des conjectures cosmogoniques qui contrariaient celles de la Genèse. Mais le pape ne s'arrêta pas à cette divergence entre la spéculation scientifique et le système révélé, et comme il s'aperçut que Denon s'efforçait de la lui cacher, il se mit à le rassurer en disant : « C'est égal, mon fils, tout cela est extrêmement curieux ; en vérité, je ne le savais pas. » Le savant français apprit alors au pontife que le livre dont il faisait l'éloge avait été frappé d'anathème avec son auteur par Sa Sainteté elle-même. « Excommunié ! toi, mon fils, reprit le pape, je t'ai excommunié ! j'en suis bien fâché, je t'assure que je ne m'en doutais pas. »

CHAPITRE TRENTE-QUATRIÈME.

Coup d'œil rétrospectif sur la marche des événements militaires en Espagne et en Portugal de 1809 à 1812.

L'ÉDUCATION française du peuple espagnol continuait au milieu des calamités de la guerre. Depuis que l'empereur avait quitté la Péninsule, ses lieutenants, incessamment harcelés par les guérillas, avaient eu encore à combattre fréquemment les troupes régulières dont se composaient les armées anglo-espagnoles ; mais à travers les chances diverses de ces rencontres journalières, et après des batailles sanglantes et des siéges meurtriers, l'autorité du roi Joseph se trouvait militairement assise sur tous les points de la monarchie espagnole.

Dès les premiers mois de 1809, et après la rentrée de Napoléon en France, Palafox, qui s'était jeté dans Saragosse à l'issue de la déroute de Tudela, avait défendu la capitale de l'Aragon avec l'héroïsme des anciens Cantabres. Les Français restèrent plusieurs mois sous les murs de Saragosse, et quand la bravoure des soldats, la science des généraux et toutes les ressources de l'art de la guerre habilement mises en œuvre par les chefs de l'artillerie et du génie, eurent fait tomber les ouvrages extérieurs de la place et les remparts de la ville au pouvoir des armes impériales, il fallut continuer encore dans les rues cette lutte acharnée, et faire en quelque sorte le siége particulier de chaque maison. A la fin, l'opiniâtreté espagnole dut céder à la valeur française.

Le 21 février 1809, la ville se rendit à discrétion au maréchal Lannes. Le président de la junte, Mariano Dominguez, prêta serment de fidélité au roi Joseph. « Nous avons  fait notre devoir contre vous, dit-il au maréchal, en nous défendant jusqu'à la dernière extrémité ; c'est avec la même constance que nous tiendrons désormais nos nouveaux engagements. »

Il serait difficile de décrire l'état d'horreur et de désolation dans lequel se trouvait plongée la capitale de l'Aragon. Une affreuse épidémie était venue ajouter ses ravages à ceux de la guerre. « Les hôpitaux, dit un illustre maréchal dans ses Mémoires, ne pouvaient plus recevoir les malades et les blessés. Les cimetières étaient insuffisants pour contenir les morts ; les cadavres, cousus dans des sacs de toile, gisaient par centaines à la porte des églises. »

La prise de Saragosse fut suivie de celle de Jaca et de Mouzon. Tous ces revers ne purent néanmoins abattre la constance des insurgés espagnols. Une partie de l'armée française d'Aragon venait de passer en Castille pour y prendre des cantonnements, laissant au troisième corps le soin de conserver une conquête qui avait coûté huit mille hommes aux assiégeants. Dès que le général Blake apprit, en Catalogne, que les vainqueurs de Palafox s'étaient divisés et que le cinquième corps s'était éloigné de l'Èbre pour se diriger vers le Tage, il partit de Tortose, à la tête de quarante mille hommes, et pénétra dans l'Aragon avec l'intention et l'espoir de reprendre Saragosse.

Cette tentative fut d'abord marquée par un léger avantage que Blake obtint à Alcanitz. Mais le troisième corps était commandé par un chef habile et valeureux, Suchet, qui avait gagné les hauts grades de l'armée par d'éclatants services dans les guerres d'Italie et d'Allemagne, et qui devait faire dire un jour à Napoléon que, s'il avait eu deux maréchaux comme lui en Espagne, il aurait conquis et conservé la Péninsule, tant son esprit juste, conciliant et administratif, son tact militaire et sa bravoure lui firent obtenir des succès inouïs. Suchet avait été appelé à remplacer Junot en Aragon. Ce sage et brave guerrier eut bientôt réparé l'affront d'un premier échec, et ramené la victoire sous les drapeaux de la France. Les combats glorieux de Maria et de Belchitte détruisirent les espérances de Blake et le forcèrent de rentrer en Catalogne. Suchet fut dignement secondé par son chef d'état-major, l'intrépide général Harispe, et par le commandant de l'artillerie Valée, à qui une lointaine conquête a valu depuis le bâton de maréchal.

L'armée espagnole ainsi dispersée, le général en chef du troisième corps revint à Saragosse, où il s'occupa de cicatriser les plaies et d'apaiser les ressentiments de la population. Ses efforts ne furent pas vains. Saragosse reprit bientôt, au milieu de ses ruines, le cours des fêtes et des cérémonies religieuses, dont les plus imposantes furent célébrées dans l'église du Pilar, sous la protection du général français, qui jugea même convenable d'associer la pompe militaire à la majesté du culte.

Ce fut par de tels actes, et à force de prudence et de démonstrations bienveillantes, autant que par le maintien rigoureux de la discipline, que la ville la plus hostile à la domination française entre toutes les cités espagnoles, se trouva conduite insensiblement à supporter sans murmure cette même domination qu'elle avait repoussée avec tant de vigueur et d'opiniâtreté.

L'Aragon semblait près d'être pacifié, lorsque l'apparition d'un nouveau chef de guérillas, le jeune Mina, vint rallumer dans cette province le feu de l'insurrection. Mais le général Suchet ne laissa pas à l'incendie le temps de se développer et de s'étendre. Il poursuivit Mina à outrance, dispersa ses bandes et le fit lui-même prisonnier.

L'armée française n'était pas si heureuse en Catalogne. Nos généraux s'y maintenaient à peine, ayant sans cesse à lutter contre les corps nombreux de partisans que fournissait la population catalane, ou contre les troupes régulières de Caro, de Blake et d'O'Donnel. Pour donner, sur ce point, à nos armes la même supériorité qu'en Aragon, il fallut agrandir la mission de Suchet, et le faire descendre des montagnes de Saragosse dans les plaines de Tarragone et de Valence.

Avant d'opérer ce mouvement, le chef du troisième corps s'occupa d'assurer la soumission de la province qu'il allait abandonner, en s'emparant des forteresses qui marquent, du nord au midi, la limite de l'Aragon et de la Catalogne. Ce fut l'affaire de quelques mois. Le 4 avril 1810, il était maître de Balaguer; et, le 13 juin de la même année, Lérida, Méquinenza et Morella se trouvaient en son pouvoir. Le double chemin de Valence et de Tortose s'ouvrit alors devant le pacificateur de l'Aragon; il prit celui de Tortose.

Le général espagnol Caro manifesta d'abord l'intention de s'opposer au siége de cette place; mais à l'approche de Suchet, il changea de dessein et se retira en toute hâte. Suchet attendit néanmoins, pour attaquer Tortose, que le septième corps lui eût fourni les renforts indispensables qu'il avait demandés. Ces renforts arrivèrent dans le courant de décembre 1810, et le 1er janvier 1811, le drapeau français flottait sur la place.

Tortose soumise, le vainqueur, fidèle à son système de prudence, ne voulut pas pousser plus loin ses succès en Catalogne, avant d'avoir purgé de nouveau l'Aragon de quelques bandes qui avaient tenté d'y pénétrer, sous le commandement de Villacampa, de l'Empecinado et du vieux Mina. L'expulsion de ces trois chefs occupa Suchet pendant quelques mois. Villacampa et l'Empecinado se retirèrent dans la province de Cuença; Mina se jeta dans les montagnes de la Navarre, et Suchet reparut aussitôt, en Catalogne, aux portes de Tarragone.

Cette ville était un des boulevards de l'insurrection dans le nord de la Péninsule;

huit mille hommes de garnison s'y étaient renfermés, assurés d'être ravitaillés par la mer. Le général Suchet investit la place avec quarante mille hommes, et il l'emporta d'assaut au bout de deux mois, le 21 juin 1811.

Cette nouvelle et importante conquête remplit de joie l'empereur, qui attachait d'autant plus de prix aux succès de ses armées en Espagne qu'ils y étaient plus rares et moins décisifs que dans les autres parties de l'Europe. Ainsi, l'opinion déjà si favorable qu'il avait manifestée sur le général Suchet se fortifia de plus en plus dans l'esprit de Napoléon, qui s'empressa d'élever le vainqueur de Tarragone à la dignité de maréchal de l'Empire.

L'occupation du Mont-Serra suivit de près la prise de Tarragone. Nos armes victorieuses prenaient décidément sur ce point l'ascendant qu'elles avaient exercé aux plus beaux jours des guerres d'Allemagne et d'Italie. La régence espagnole, craignant que Valence ne subît le sort des places fortes de la Catalogne, se hâta d'y jeter un corps de dix mille hommes, sous les ordres de Blake, pour arrêter la marche triomphale de Suchet. Les châteaux d'Oropeza et de Sagonte furent mis en état de défense; mais ils ne purent tenir contre l'impétuosité française. Le château d'Oropeza fut facilement enlevé, et celui de Sagonte, quoique secouru par Blake, à la tête de vingt-cinq mille hommes, fut forcé de capituler, le 26 octobre 1811, après plusieurs assauts, et le lendemain d'une bataille sanglante, où le général espagnol, complètement défait, perdit plus de cinq mille hommes.

Rien ne s'opposait plus à une attaque directe contre Valence. Ce fut alors que, pour empêcher ou retarder la chute de cette place, l'Empecinado et Mina, qui figuraient au premier rang parmi les héros de l'indépendance nationale, en attendant d'être inscrits en tête des proscrits de l'absolutisme et des martyrs de la liberté, tentèrent d'opérer une diversion en faveur de Blake, par de nouvelles incursions dans les montagnes de l'Aragon. Le maréchal Suchet, pour se prémunir contre le danger qui aurait pu lui venir de ce côté, demanda des renforts, et dès qu'il les eut obtenus, il passa le Guadalaviar, rejeta une partie de l'armée espagnole dans le royaume de Murcie et enferma l'autre dans Valence. Cette ville entendait prononcer sans alarme le nom du pacificateur de Saragosse; elle redoutait davantage les éventualités calamiteuses d'un siège et d'une prise d'assaut. Aussi, dès que la bombe eut exercé quelques ravages, la population demanda-t-elle à capituler. La garnison, forte de dix-huit mille hommes, et son chef, le général Blake, furent faits prisonniers.

C'était le 10 janvier 1812 que Valence avait ouvert ses portes à l'armée française. Le 24 du même mois, l'empereur, qui mettait toujours une récompense éclatante à côté d'un éminent service, rendit un décret par lequel il établissait dans le royaume de Valence un capital en biens-fonds de la valeur de deux cents millions, pour être distribués aux officiers généraux, officiers et soldats de l'armée d'Aragon. Le même décret nomma le maréchal Suchet duc d'Albuféra, avec abandon des revenus attachés à ce duché.

Pendant les trois années qui séparèrent la prise de Saragosse de celle de Valence, et qui furent remplies d'événements journaliers, dont le résultat fut d'établir, avec quelque chance de durée, la domination française dans les provinces du nord-est de la Péninsule, les vicissitudes de la guerre, quoique moins favorables dans l'ouest et le midi à la cause du roi Joseph, y fournirent pourtant l'occasion de nouvelles victoires à plusieurs des généraux que l'empereur avait placés à la tête de ses intrépides phalanges, dans les provinces méridionales de la monarchie espagnole et dans le royaume de Portugal.

Après la prise de la Corogne, en janvier 1809, le maréchal Soult avait envahi ce dernier royaume, tandis que le maréchal Ney poursuivait la conquête et la pacification de la Galice et des Asturies, et que le maréchal Victor battait, à Medellin, l'armée d'Estrémadure, commandée par le général Cuesta.

Les progrès du maréchal Soult en Portugal furent brillants et rapides; mais ils n'eurent pas une longue durée. Il avait battu la Romana, le 6 mars, sur les bords de la Tamega, et s'était emparé successivement de Chavès, de Braga, de Guimaraens et d'Oporto. Cette dernière ville, la seconde du Portugal, avait fait de vaines démonstrations de défense; elle s'était soumise après un premier assaut, le 29 mars 1809, le lendemain même de la bataille de Medellin et deux jours après celle de Ciudad-Réal, dans laquelle le général Sébastiani mit en pleine déroute le duc de l'Infantado.

Ces succès presque simultanés des divers chefs de l'armée française restèrent néanmoins sans résultat sur l'esprit des populations, qu'ils irritèrent de plus en plus au lieu de les intimider. Une insurrection générale éclata en Estrémadure; la junte de Badajoz répondit avec une fierté mêlée de violence aux sommations du vainqueur de Medellin. Dans le même temps, Wellington, à la tête d'un corps de trente mille hommes, s'acheminait de Lisbonne vers Oporto pour enlever cette importante conquête au maréchal Soult, que le soulèvement de l'Estrémadure privait de la coopération du maréchal Victor, et qui était d'ailleurs menacé, du côté de la Tamega, par le général portugais Sylveira, qu'allait renforcer Beresford. Dans une position aussi périlleuse, l'armée française semblait destinée à subir inévitablement une troisième fois l'affront de Baylen et de Cintra; mais elle avait pour chef, en cette circonstance, l'un des plus habiles et des plus savants capitaines du siècle. « Soult la sauva par la promptitude et l'à-propos de ses mesures, dit l'auteur des *Guerres de la révolution.* Il sacrifia sans

hésitation matériel, munitions, approvisionnements. Il se hâta de gagner Guimaraens; puis, laissant à gauche Braga, où Wellington menaçait de le devancer, il s'enfonça dans les montagnes que creuse le Cavado. On atteignit au bout de deux jours Ruivaens, embranchement de la route de Chavès, où était posté Sylveira, et d'une gorge profonde qui, en côtoyant le lit du torrent, aboutit à Montalègre. L'armée entière se jeta dans ces sentiers étroits, où deux hommes pouvaient à peine passer de front. A ses pieds, le Cavado, gonflé par une pluie violente, roulait en mugissant; sur sa tête étaient suspendus des rochers d'où partait une fusillade incessante. Enfin le chemin, déjà si pénible, était rompu de distance en distance par des ruisseaux qui débordaient de leurs lits escarpés. Soult surmonta tous ces obstacles. Il parvint à dérober sa marche aux deux généraux ennemis et à toucher la frontière, d'où il gagna Orense. Quelques hommes seulement furent enlevés à l'entrée du défilé du Cavado. La cavalerie conserva ses chevaux, et l'infanterie ses armes. Cette retraite, bien différente de celle de Moore, est un des titres de gloire du maréchal. Serré, comme l'avait été le général anglais, entre deux armées supérieures

CHAPITRE TRENTE-QUATRIÈME.

en nombre, il les évita l'une et l'autre. Il passa sur le corps d'une population insurgée. Il sut inspirer aux soldats assez de confiance pour leur faire supporter avec une constance admirable la disette, la tempête et les difficultés d'une route où ils furent escortés d'un feu roulant auquel ils ne pouvaient répondre. »

Le maréchal Soult, ainsi échappé comme par miracle à Wellington, à Beresford et à Sylveira, qui se flattaient de l'avoir enfermé dans les gorges du Portugal, reparut tout à coup en Espagne pour tomber encore sur la Romana, à qui il fit lever en toute hâte le siège de Lugo. Ney, qui avait obtenu dans les Asturies les mêmes résultats que Suchet en Aragon, vint à la rencontre de Soult et se concerta avec lui pour achever de détruire le corps de la Romana et de soumettre les insurgés de la Galice. Mais les mouvements militaires que l'ennemi préparait dans le centre de la Péninsule obligèrent bientôt ces deux maréchaux de modifier leurs combinaisons et de changer leurs plans.

Wellington n'ayant pu réussir dans son expédition contre Soult, s'était retourné vers l'Estrémadure, où il espérait être plus heureux contre le corps de Victor. Il avait quitté son camp d'Abrantès, à la tête de vingt-quatre mille hommes, appuyé, à droite, sur l'armée espagnole de Cuesta, forte de trente-six mille hommes, et à gauche, sur la légion de Robert Wilson, composée de quatre mille hommes. Il pouvait compter en outre sur le concours d'un corps de vingt-deux mille hommes, commandé par Venegas, et qui était prêt à déboucher dans les plaines de la Manche, tandis que le duc del Parque manœuvrerait dans le Nord avec les débris de la Romana, et que Beresford opérerait sur les frontières de l'Estrémadure, avec un corps de quinze mille Portugais, destiné à servir de réserve. C'était ensuite au milieu de nombreuses guérillas, et à travers des populations soulevées pour la cause de l'indépendance nationale, que toutes ces armées anglaises, espagnoles et portugaises allaient réunir leurs efforts, non-seulement pour fondre sur le maréchal Victor, mais pour surprendre la capitale même et arracher Madrid au roi Joseph.

Ce dernier comprit le danger qui le menaçait. Il ordonna à son tour une grande concentration des corps de l'armée française sur le Tage, vers Talaveyra de la Reyna. Mais, sans donner à Soult et à Mortier le temps d'effectuer leur jonction, Joseph, préférant l'avis de Victor à celui de Jourdan, son major général, et n'attendant pas même l'arrivée de Sébastiani, qui devait venir de Tolède pour se rallier, engagea le combat. Cette impatience préserva l'armée ennemie d'une défaite décisive. Les Anglo-Espagnols défendirent vaillamment leurs positions et les conservèrent. Leur perte, égale à celle des Français, s'éleva à environ huit mille hommes, en tués ou blessés; et, comme dans toutes les batailles où l'armée française n'était pas complétement victorieuse, les armées ennemies avaient l'habitude de s'attribuer l'avantage, la journée de Talaveyra fut célébrée comme éminemment glorieuse pour Wellington, en Espagne, en Angleterre et dans tous les pays de l'Europe où couvait une jalousie invétérée contre la France. Mais Soult vint bientôt troubler les chants de triomphe qui retentissaient dans le camp ennemi. Il occupa Placencia au moment où Wellington, que l'issue de la bataille de Talaveyra avait fait nommer généralissime des armées anglo-espagnoles et portugaises, le croyait encore dans les environs de Benavente. Réuni à Mortier, et après avoir opéré sa jonction avec Victor, à Oropeza, Soult attaqua l'armée ennemie, le 8 août 1809, au pont de l'Arzobispo, et cette fois le succès ne resta pas incertain. Toutefois, au fort de la mêlée, le maréchal eut un instant des doutes sur la marche du combat. Un brouillard de poussière s'était élevé qui l'empêchait tellement de distinguer les corps qui prenaient part à l'action, que, n'apercevant plus les régiments de cavalerie qu'il avait dirigés contre l'infanterie anglo-espagnole, et les croyant anéantis par une charge du duc d'Albuquerque, qui était survenu avec l'avantage du nombre, il eut l'idée de faire tirer le canon sur ce brouillard, craignant qu'il ne lui cachât la cavalerie ennemie victorieuse. Bientôt l'incertitude cessa. Les Espagnols étaient battus, et le feu, prenant aux moissons et gagnant le bois, laissa voir, à travers un vaste incendie, l'entière déroute et la fuite précipitée des troupes de Wellington.

Le résultat du combat de l'Arzobispo fut de rejeter Cuesta dans les montagnes de la Manche et de l'Estrémadure, et de contraindre le général anglais à presser sa retraite sur Badajoz. De son côté, le maréchal Ney, retournant en Galice, battit, au col de Baños, la légion de Wilson, trois jours après le combat d'Almonacid, qui se donna le lendemain de celui de l'Arzobispo, et dans lequel le général Sébastiani détruisit le corps de Venegas, dont les débris se réfugièrent au pas de course dans les gorges de la Sierra-Morena.

Cependant la constance espagnole se maintenait au milieu de tous ces revers. Ballesteros, qui commençait à paraître, avait fait de nouvelles levées dans les Asturies, et les avait amenées au duc del Parque, qui s'était emparé de Salamanque, après avoir obtenu un léger avantage contre un détachement du corps du maréchal Ney, que l'empereur avait appelé en Allemagne, et qui venait d'être remplacé par le général Marchand dans le commandement de l'armée de Galice.

Enflés par ce faible succès, et toujours prompts à se relever de leurs défaites, les Espagnols voulurent tenter une nouvelle irruption dans la Manche et essayer encore d'enlever Madrid. Arizaga, à la tête de soixante mille hommes, déboucha par Despeña-Perros, et s'avança sur la capitale, en suivant la direction de Tolède et d'Aranjuez, tandis que le duc del Parque opérait son mouvement sur la route de Burgos.

Le maréchal Soult commandait en chef l'armée française, comme successeur du maréchal Jourdan aux fonctions de major général. Il appela à lui Victor, Mortier et Sébastiani, et marcha droit à l'ennemi, qu'il fit reculer devant lui jusqu'à Ocaña, où

CHAPITRE TRENTE-QUATRIÈME.

l'armée espagnole fut anéantie, le 18 novembre 1809. Pendant cette mémorable bataille, Arizaga, au lieu de combattre à la tête de ses troupes, se retira dans le clocher de la ville, et assista de là, comme simple spectateur, à la destruction de son armée. Il perdit son artillerie, ses bagages et ses drapeaux, et laissa trente mille prisonniers au pouvoir du vainqueur.

La défaite d'Arizaga entraîna la retraite du duc d'Albuquerque, qui était resté en

Estrémadure pour soutenir sa gauche, et qui s'enfuit à Teruxillo. Le duc del Parque, compromis également par le désastre d'Ocaña, se mit aussi en retraite et gagna Ciudad-Rodrigo, où il ne parvint qu'après avoir essuyé un échec au pont d'Alba, et perdu trois mille hommes, ses canons et ses bagages.

C'était le moment de porter un dernier coup à l'insurrection espagnole et à l'intervention anglaise. L'empereur le pouvait d'autant mieux que ses triomphes en Allemagne et le retour de la paix dans le Nord lui permettaient de diriger une partie de ses troupes victorieuses vers la Péninsule. L'armée française, en Espagne, fut donc portée à trois cent mille hommes dans les premiers mois de 1810, et placée sous les ordres du roi Joseph, dont le commandement suprême n'était que fictif, et était exercé en réalité par le major général, le maréchal Soult.

Les premières opérations eurent pour objet l'attaque de la Sierra-Morena, dont les cols étaient minés, et qui fut néanmoins enlevée en un jour (20 janvier 1810), malgré la vive résistance des Espagnols. Dès ce moment, le midi de la Péninsule fut entièrement ouvert à l'armée française. Grenade, Séville, Malaga, Murcie, Olivenza, Badajoz, tombèrent successivement au pouvoir de nos armes. Mais Cadix résista ; Cadix, le siége de cette fameuse assemblée qui discuta une constitution démocratique et dirigea une guerre nationale, sous le canon de la France révolutionnaire, au nom d'un roi dont la cause n'était pas autre que celle de l'aristocratie et du monachisme. Ce dernier boulevard de l'indépendance espagnole subit un étroit blocus du côté de la terre ; mais la mer lui resta ; la mer, qui apporta des vivres, des munitions, des hommes et des idées !

Tandis que Soult parcourait triomphalement l'Andalousie, poursuivant les débris de l'armée espagnole, assiégeant et prenant des places, Masséna, venu en Espagne couvert des lauriers d'Essling, envahissait le Portugal et marchait sur Lisbonne. Mais il avait compté sur la coopération de l'armée d'Andalousie, et cette coopération lui manqua. Soult, retenu par les Anglo-Espagnols d'Algésiras et de Gibraltar, qui menaçaient incessamment l'Andalousie et les provinces du littoral oriental, ne fit aucun détachement en faveur de l'armée de Portugal. Masséna, ainsi isolé, ne put tenir tête à Wellington, et fut forcé de rentrer en Espagne. Sa retraite fut désastreuse. Wellington poursuivit l'armée française sur le territoire espagnol, s'empara d'Olivenza et assiégea Badajoz. Sa présence ranima le courage et releva les espérances de l'insurrection. Mais Soult accourut, attaqua vivement Beresford à Albuera, et se porta au pied des montagnes, attendant des renforts pour délivrer Badajoz, lorsque les mouvements de Blake et de Ballesteros le firent revenir à Séville. Il dirigea de là une expédition contre les insurgés de la Sierra de Ronda, et une tentative infructueuse sur Tarifa.

Cependant Wellington, débarrassé de la surveillance de Soult, fit poursuivre activement le siége de Badajoz, et cette place fut emportée le 6 avril 1812. Soult était accouru de nouveau pour la secourir; mais il n'arriva que le lendemain de la capitulation, et le vainqueur, ne voulant pas s'exposer à perdre trop vite sa récente conquête, refusa la bataille que lui offrit le général français.

Soult revint à Séville, où il s'occupa de pacifier l'Andalousie et de tenir en échec les partisans de la Ronda et le camp de Saint-Roch. Mais les Anglo-Espagnols avaient poursuivi leurs succès. De l'Estrémadure ils s'étaient portés dans la Manche, avaient battu l'armée du centre, occupé Madrid, et forcé Joseph de se retirer sur Valence pour s'y placer sous la protection de Suchet. Dès ce moment, l'occupation de l'Andalousie n'était plus possible. Le blocus de Cadix fut abandonné, et le maréchal Soult, opérant sa retraite par Grenade et Murcie, fit sa jonction avec Suchet vers Alicante, et se rallia ensuite à l'armée du centre, pour reprendre le chemin de Madrid et se mettre en mesure de reconquérir cette capitale.

CHAPITRE TRENTE-CINQUIÈME.

Rupture avec la Russie.

ALEXANDRE avait cessé depuis longtemps de considérer l'amitié du grand homme comme un bienfait des dieux. De la cordialité solennelle de Tilsitt et des souvenirs intimes d'Erfurth, il ne restait plus dans l'âme du czar que le déplaisir et le ressentiment qui naissent d'une affection éteinte et d'une espérance trompée.

Tant que l'Europe continentale lui avait paru assez forte pour continuer la guerre de principe contre la révolution française, personnifiée dans Napoléon, l'autocrate avait prêté l'oreille aux excitations du cabinet anglais, et il était entré avec empressement dans les coalitions de 1805 et de 1806 contre la France, marchant tantôt derrière l'Autriche, tantôt derrière la Prusse. Mais Austerlitz et Friedland avaient lassé son orthodoxie dynastique. Susceptible d'exaltation et doué d'une intelligence assez élevée pour comprendre que la plupart des choses dont s'indignait la vieille Europe pouvaient bien n'être que des nécessités providentielles [1], il avait rompu provisoirement avec le passé, dans les entrevues du Niémen, en se retirant de l'alliance anglaise pour embrasser la politique de l'homme nouveau qui avait proclamé le blocus continental. Si l'astre de la France ne devait pas pâlir; si la fortune de Napoléon restait inébranlable et toujours ascendante, il valait mieux s'unir à lui pour partager la suprématie européenne, que de

---

[1] « Croira-t-on jamais, » a dit Napoléon à Sainte-Hélène (*Mémorial*), « ce que j'ai eu à débattre avec lui : il me soutenait que l'hérédité était un abus dans la souveraineté, et j'ai dû passer plus d'une heure et user mon éloquence et ma logique à lui prouver que cette hérédité était le repos et le bonheur des peuples. Peut-être aussi me mystifiait-il ? » L'élu du peuple, l'enfant de la révolution, endoctrinant le fils des rois, le chef des coalitions monarchiques, pour le convertir au dogme de l'hérédité ! Quel étrange spectacle ! quelle interversion de rôles !

s'obstiner à se faire battre par ses invincibles phalanges, et dans l'intérêt d'une cause que le ciel semblait abandonner. Ce furent ces réflexions qui rendirent Alexandre si affectueux à Tilsitt et si enthousiaste à Erfurth, sans le faire renoncer toutefois aux chances d'un revirement politique et à l'éventualité d'un retour au vieux système européen, quand les circonstances l'exigeraient ou le permettraient.

Mais Napoléon, tout en croyant à la sincérité des sentiments que manifestait Alexandre, et qu'il éprouvait lui-même, avait marché à l'accomplissement de ses vues et exploité les événements au profit de la domination et de la prépondérance françaises, sans trop s'inquiéter du déplaisir que l'extension de notre puissance pouvait causer au potentat qui régnait à Pétersbourg. Ainsi l'agression de l'Autriche en 1809, en exposant l'empereur François à de nouvelles défaites, lui avait fait subir de nouveaux démembrements qui avaient rapproché les limites de l'empire français des frontières de l'empire russe; et ce voisinage avait des dangers que ne devait pas suffisamment compenser, aux yeux de l'autocrate, la cession qui lui était faite d'une partie de la Gallicie, par l'un des articles du traité de Vienne. Mais ce qui contrariait et blessait le czar par-dessus tout, c'était l'existence du grand-duché de Varsovie, dont il n'avait pu empêcher la création à Tilsitt, et dans lequel ses appréhensions et ses méfiances lui montraient toujours le royaume de Pologne prêt à surgir de ses ruines. Aussi, pour se donner quelque sécurité à cet égard, ne cessa-t-il d'insister auprès du cabinet des Tuileries, afin d'obtenir de Napoléon une déclaration expresse et solennelle qu'il ne tenterait jamais de rétablir la nationalité polonaise. Un instant, il put croire son vœu le plus ardent accompli. Le 5 janvier 1810, l'ambassadeur français, Caulaincourt, duc de Vicence, signa un projet de convention qui portait formellement : 1° que le royaume de Pologne ne serait jamais rétabli; 2° que les noms de Pologne et de Polonais seraient proscrits dans les actes; 3° que le duché de Varsovie ne pourrait jamais recevoir d'agrandissement territorial sur aucune des parties de l'ancien royaume de Pologne; 4° que la convention serait rendue publique.

Caulaincourt n'était pas de cette école diplomatique dont le maître a dit « que la parole n'avait été donnée à l'homme que pour l'aider à cacher sa pensée ». L'aptitude pour les affaires et l'habileté dans les négociations s'alliaient en lui à une grande élévation dans le caractère, et la finesse de son esprit restait toujours subordonnée à la droiture de son âme. Il se souvenait que, lors des propositions de mariage entre Napoléon et la grande-duchesse Anne, il avait été autorisé à promettre une déclaration semblable à celle qu'exigeait désormais Alexandre, et il consentit à signer le projet de convention qui lui était présenté, sans songer aux modifications que la rupture de l'alliance de famille et le cours des événements avaient dû apporter aux vues et aux combinaisons de l'empereur des Français. Il faut le dire aussi, le duc de Vicence, en gagnant l'estime et l'affection du czar par ses belles manières et ses éminentes qualités, s'était laissé un peu séduire à son tour dans le commerce intime du brillant Alexandre.

Napoléon refusa d'approuver ce qu'avait accepté son ambassadeur. Mécontent d'Alexandre, qui n'exécutait qu'à demi le blocus continental, et n'ayant plus aucun motif de lui sacrifier l'une de ses plus anciennes et de ses plus chères pensées sur la politique européenne, il demeura fermement attaché à l'opinion qu'il avait émise depuis longtemps et qu'il n'a cessé de professer depuis, « que le rétablissement de la Pologne était désirable pour toutes les puissances de l'Occident, et que tant que ce royaume ne serait pas retrouvé, l'Europe serait sans frontières du côté de l'Asie ».

Le czar insista néanmoins et envoya un nouveau projet de déclaration, qui ne faisait que reproduire le premier, sous une forme moins nette et moins explicite. Napoléon persista de son côté et repoussa énergiquement la proposition modifiée du monarque

Chevau-légers (Polonais). — 1812.

russe. Alors le prince Kourakin, sur l'ordre qu'il en reçut de Pétersbourg, vint déclarer à l'empereur des Français que son refus prolongé serait pris pour un indice certain d'intentions et d'arrière-pensées en faveur de la Pologne. Mais Napoléon, plus aigri qu'intimidé par cette communication du négociateur moscovite, lui répondit vivement : « Que prétend la Russie par un tel langage ? Veut-elle la guerre ?... Si j'avais voulu rétablir la Pologne, je l'aurais dit, et je n'aurais pas retiré mes troupes de l'Allemagne... Mais je ne veux point me déshonorer en déclarant que le royaume de Pologne ne sera jamais rétabli, me rendre ridicule en parlant le langage de la Divinité, flétrir ma mémoire en mettant le sceau à cet acte d'une politique machiavélique; car c'est plus qu'avouer le partage de la Pologne, de déclarer qu'elle ne sera jamais rétablie. Non, je ne puis pas prendre l'engagement de m'armer contre des gens qui m'ont bien servi, qui m'ont témoigné une bonne volonté constante et un grand dévouement... Je ne dirai pas aux Français : Il faut que votre sang coule pour mettre la Pologne sous le joug de la Russie. Si jamais je signais que le royaume de Pologne ne sera jamais rétabli, c'est que j'aurais l'intention de le rétablir, et l'infamie d'une telle déclaration serait effacée par le fait qui la démentirait. »

Le moment n'était pas venu pour Alexandre de prendre une attitude hostile. Mais n'attendant plus rien de l'alliance française, quand Napoléon refusait, d'un côté, de se prononcer hautement contre le rétablissement du royaume de Pologne, et qu'il se rapprochait, d'autre part, de la politique autrichienne, sur la question d'Orient, en bornant les concessions faites à Erfurth, à la possession de la Moldavie et de la Valachie, ce qui excluait la rive droite et les bouches du Danube, le czar, qui avait laissé violer jusque-là le blocus continental par la contrebande et par les neutres, ne craignit plus de l'enfreindre ouvertement lui-même dans ses actes officiels. Le 15 janvier 1811, il rendit un ukase qui prohibait les produits français, tels que les objets de luxe et les vins, et qui favorisait l'importation dans ses États des denrées coloniales, au moyen de l'abaissement des tarifs. De plus, en cas de contravention, les marchandises françaises devaient être brûlées, et les productions coloniales seulement confisquées.

Napoléon fut saisi d'une violente irritation à la vue de cet acte. « La haine seule, dit-il à l'ambassadeur russe, a pu conseiller l'ukase du 15 janvier. Nous croit-on donc insensibles à l'honneur? la nation française est fibreuse, ardente; elle se croira déshonorée lorsqu'elle apprendra que ses produits seront brûlés dans les ports russes, tandis que les produits anglais seront seulement confisqués. Je ne crains pas de vous le déclarer, monsieur l'ambassadeur, j'aimerais mieux recevoir un soufflet sur la joue que de voir brûler les produits de l'industrie et du travail de mes sujets. Quel plus grand mal la Russie peut-elle faire à la France? Ne pouvant envahir notre territoire, elle nous attaque dans notre commerce et dans notre industrie. »

L'empereur ne s'en tint pas à cette vive expression de son mécontentement; il donna ordre au duc de Vicence de demander le rappel de l'ukase. Mais Alexandre ne s'était pas si audacieusement avancé pour se couvrir aussitôt de honte, en reculant lâchement à la première protestation de la France. Une mesure aussi importante n'avait pas été prise sans avoir été longuement et mûrement délibérée; avant de la rendre publique, le cabinet de Pétersbourg en avait indubitablement prévu la portée, les conséquences et les effets sur le cabinet français. Sa réponse ne pouvait être douteuse. On était redevenu Anglais en Russie, depuis que la France avait refusé, par la bouche de Napoléon, de proclamer irrévocable l'anéantissement de la Pologne, et de permettre à l'ambition moscovite de franchir le Danube et de s'établir aux portes de Constantinople. La préférence donnée à la maison d'Autriche dans le choix d'une épouse n'avait pas peu contribué non plus à détacher Alexandre de l'alliance politique de Napoléon.

Ne pouvant plus espérer de partager avec lui l'empire du continent, et de mettre la politique russe sous la redoutable garantie de la France, sur la double question de la Turquie et de la Pologne, le czar n'avait plus de raison de s'attacher au système du héros de la démocratie, et de lui sacrifier ses tendances et ses affinités primitives. Quand donc il fut bien convaincu qu'il n'avait rien à gagner avec l'homme de la révolution, il retourna naturellement aux principes contre-révolutionnaires qui avaient poussé autrefois Souwarow jusque sur la frontière de France, et qui l'entraînèrent lui-même à Austerlitz et à Friedland. Ce retour d'Alexandre à l'alliance anglaise lui était d'autant plus facile, qu'il satisfaisait par là non-seulement les opinions politiques des hautes classes de son empire, mais les intérêts matériels de tous ses sujets, le commerce et l'industrie de la Russie entière.

L'ukase resta donc tel qu'il avait été publié, et les armements considérables dont il avait été précédé continuèrent. Napoléon arma à son tour. La garnison de Dantzick fut renforcée; des masses nombreuses traversèrent l'Allemagne. Alexandre demanda alors des explications : on lui répondit qu'il ne s'agissait que de se mettre en mesure contre les desseins hostiles que laissaient soupçonner ses préparatifs militaires. Il protesta de ses intentions pacifiques, mais en renouvelant toujours ses griefs, en insistant sur la déclaration relative à la Pologne et sur la restitution du duché d'Oldenbourg, que Napoléon avait été obligé d'envahir comme étant devenu le foyer le plus actif de la contrebande européenne, qui menaçait d'annuler le blocus continental.

Ainsi, la rupture existait réellement dès 1811, dans la pensée intime des deux empereurs. Ils ne pouvaient plus s'entendre sur les points les plus importants de leur politique respective; il fallait donc que tôt ou tard ils en vinssent aux mains. Cependant Napoléon, qui fut toujours soigneux de rejeter sur ses adversaires la responsabilité de la guerre, et qui semblait ne descendre qu'à regret sur ces champs de bataille où la gloire de son nom ne faisait que s'accroître, Napoléon ne voulut pas entrer en campagne contre son ami d'Erfurth sans avoir cherché à amener entre eux une réconciliation de laquelle dépendait le repos de l'Europe. Il lui écrivit plusieurs fois dans ce but. « Ceci, lui disait-il dans une de ses lettres, est la répétition de ce que j'ai vu en Prusse en 1806, et à Vienne en 1809. Pour moi, je resterai l'ami de la personne de Votre Majesté, même quand cette fatalité qui entraîne l'Europe devrait un jour mettre les armes à la main de nos deux nations. Je ne me réglerai que sur ce que fera Votre Majesté; je n'attaquerai jamais; mes troupes ne s'avanceront que lorsque Votre Majesté aura déchiré le traité de Tilsitt. Je serai le premier à désarmer, si Votre Majesté veut revenir à la même confiance. A-t-elle jamais eu à se repentir de la confiance qu'elle m'a témoignée ? »

Ce langage modéré fit croire à l'empereur Alexandre que Napoléon redoutait une rupture ouverte, et qu'il n'était pas prêt pour la guerre. Il était confirmé dans cette opinion par les rapports que M. de Romanzof recevait de Paris, et qui représentaient l'empereur des Français comme disposé à faire des sacrifices pour éviter une nouvelle collision sur le continent. « L'occasion était favorable, disait le diplomate russe, il fallait la saisir; il ne s'agissait que de se montrer et de parler ferme; on aurait les indemnités du duc d'Oldenbourg; on acquerrait Dantzick, et la Russie se créerait une immense considération en Europe. »

Ces insinuations et ces conseils hostiles flattaient trop les dispositions personnelles du czar pour qu'il y restât sourd. Il se laissa facilement persuader que Napoléon n'était pas en mesure de vouloir la guerre et de la faire avec succès, et il dirigea en conséquence de nouveaux corps de troupes sur la Vistule, en les faisant suivre d'une note que son ambassadeur à Paris fut chargé de présenter à l'empereur, et dans laquelle il ajoutait à ses anciennes exigences l'abandon de Dantzick et l'évacuation du duché de Varsovie.

« Je crus alors la guerre déclarée, a dit Napoléon; depuis longtemps je n'étais plus accoutumé à un pareil ton. Je n'étais pas dans l'habitude de me laisser prévenir. Je pouvais marcher à la Russie à la tête du reste de l'Europe; l'entreprise était populaire, la cause était européenne : c'était le dernier effort qui restait à faire à la France ; ses destinées, celles du nouveau système européen étaient au bout de la lutte. » (*Mémorial.*)

En effet, la réaction providentielle que la France nouvelle exerçait, par la puissance des armes, sur la vieille Europe, touchait à son terme ; mais avant de rentrer dans ses limites et de laisser à la paix le soin de faire fructifier la semence libérale que la guerre avait jetée sur toute l'Europe, la France devait compléter son œuvre et sa gloire. Ce n'était pas assez qu'elle eût puni, dans Vienne et dans Berlin, les signataires du traité de Pilnitz, et que les soldats de la révolution eussent été mêlés par la conquête aux populations asservies de la Prusse et de l'Autriche ; il manquait encore quelque chose à l'enseignement des peuples par la grande nation. Les alarmes que Souwarow répandit un jour sur nos frontières devaient être reportées jusques au sein de l'empire russe, dans l'ancienne capitale des czars, dans Moscou même, la ville sainte, et il était dit que la civilisation française, provoquée par les ligues opiniâtres des superbes champions du passé, irait triomphalement, sous le costume guerrier, et à la suite du génie des conquêtes, visiter la barbarie au milieu de ses déserts, et qu'elle y ferait envier, à des races abaissées par le servage, le rayon d'intelligence et de fierté qui marque au front la noble race des enfants de la France. Les destins s'accompliront : la révolution viendra s'asseoir au foyer du paysan russe. Et, comme ces êtres mystérieux à la présence desquels on attribuait une influence secrète, que le temps seul mettait en évidence, elle laissera partout sur son passage des traces qui seront d'abord inaperçues, mais que la rigueur des frimas n'effacera point, et que les événements feront tôt ou tard reconnaître.

Que les destins s'accomplissent donc!... « Napoléon va marcher à la Russie à la tête du reste de l'Europe. » C'est au Kremlin que les dieux ont marqué le terme de ses conquêtes, et Alexandre l'y appelle par ses notes provocatrices, par la violation solennelle du blocus continental, par ses prétentions sur Dantzick et sur la Pologne.

CHAPITRE TRENTE-SIXIÈME.

Campagne de Russie (1812).

Avant de quitter Paris et d'apprendre officiellement à la France que les serments d'Erfurth ne furent que jeux de princes, et qu'Alexandre le force de recommencer, dans le nord de l'Europe, la lutte ouverte depuis vingt ans entre l'ancien et le nouveau système politique, Napoléon fait adopter par les grands corps de l'Empire diverses mesures qui peuvent annoncer à ses peuples la vaste expédition qu'il prépare, la guerre lointaine qui va éclater.

Le 23 décembre 1811, un sénatus-consulte avait mis à la disposition du ministre de la guerre un contingent de cent vingt mille hommes à prendre sur la conscription de 1812. Le 13 mars suivant, un nouvel acte sénatorial organisa la garde nationale et la divisa en trois bans. Peu de jours après (le 17), soixante mille hommes du premier ban furent déclarés disponibles pour la formation d'une armée intérieure, qui devait être chargée plus spécialement de la défense du territoire; la levée ordinaire de la conscription fut en outre ordonnée.

Non content de tout disposer pour la guerre dans le sein de l'Empire, Napoléon, qui voulait marcher à la Russie à la tête du reste de l'Europe, s'occupa de former et de cimenter à l'extérieur de puissantes alliances. Deux traités furent conclus à cet effet, l'un avec la Prusse et l'autre avec l'Autriche, les 24 février et 14 mars 1812. Les assurances les plus amicales étaient alors prodiguées par les chancelleries de Vienne et de Berlin au potentat victorieux que la fortune ne semblait pas menacer encore d'une trahison prochaine.

Ce fut du sein de cette France, dont il avait fait une « citadelle » qui paraissait inexpugnable, et à travers cette Allemagne dont les rois étaient à ses pieds, que Napoléon s'achemina vers les frontières de l'empire russe, pour se mettre à la tête de l'armée la plus formidable que le génie des conquêtes eût jamais conduite.

Parti de Paris avec l'impératrice le 9 mai 1812, il traversa rapidement Metz, Mayence et Francfort, et arriva le 17 à Dresde. C'était une affluence de têtes couronnées dans la capitale de la Saxe. Napoléon y eut son « salon des rois » : les altesses et les majestés semblaient s'y être donné rendez-vous pour rivaliser d'empressement et d'adulation auprès du chef du grand Empire. L'orgueil des races antiques et la vanité des familles nouvelles s'abaissaient également devant lui. A voir ce concours de superbes courtisans et de magnifiques flatteurs qui accouraient de toutes parts, et des hauteurs même du trône, pour s'associer à la prosternation générale que l'empereur remarquait partout autour de lui sur son passage, on eût dit que tous ces illustres adulateurs avaient en lui une foi inébranlable, et que son pouvoir leur paraissait participer de l'immortalité qui était assurée à son nom.

« O vous, s'écrie M. de Pradt, qui voulez vous faire une juste idée de la prépotence que Napoléon exerce en Europe, transportez-vous en esprit à Dresde, et venez y contempler ce prince au plus haut période de sa gloire.

» Napoléon occupe les grands appartements du château; il y est entouré d'une partie nombreuse de sa maison. C'est chez lui que se réunissent les hôtes augustes que renferme le palais du roi de Saxe.

» Son lever se tient, comme à l'ordinaire, à neuf heures. C'est là qu'il faut voir avec quelle soumission une foule de princes (l'empereur d'Autriche et le roi de Prusse, avec leurs ministres Metternich et Hardenberg, étaient du nombre), confondus parmi les courtisans, attend le moment de comparaître.

» Napoléon est le roi des rois. Sur lui sont tournés tous les regards. L'affluence des étrangers, des militaires, des courtisans, l'arrivée et le départ des courriers, la foule se précipitant aux portes du palais dès le moindre mouvement de notre empereur, se pressant sur ses pas, le contemplant avec cet air que donnent l'admiration et l'étonnement, l'attente des événements peinte sur tous les visages... Tout cet ensemble présente le tableau le plus vaste, le plus piquant, et le monument le plus éclatant que l'on puisse élever à la mémoire de Napoléon. »

Ce fut dans cette entrevue de Dresde que l'empereur d'Autriche crut flatter l'orgueil de Napoléon en lui apprenant que la famille des Bonaparte avait été souveraine à Trévise. « Il voulut le dire à Marie-Louise, à qui cela devait faire grand plaisir. » Ce prince était d'ailleurs au comble de la joie. « L'empereur d'Autriche, dit le baron Fain, ne peut cacher la vive émotion qu'il éprouve ; il embrasse son gendre, et se plait à lui répéter qu'il peut compter sur l'Autriche pour le triomphe de la cause commune. » Le roi de Prusse se conduit de la même manière ; « il réitère de vive voix à Napoléon l'assurance d'un attachement inviolable au système qui les unit ».

Le séjour de Napoléon à Dresde ne fut pas de longue durée. Il se hâta de gagner les rives du Niémen, en passant par Prague, où il se sépara de Marie-Louise. Avant d'entrer en campagne, il visita Kœnigsberg et Dantzick. Rapp, l'un de ses lieutenants qu'il estimait le plus à cause de sa bravoure et de sa franchise, commandait dans cette dernière place. Murat et Berthier s'y trouvèrent avec l'empereur. Le roi de Naples paraissait mécontent ; Napoléon en fit la remarque et dit à Rapp : « N'avez-vous pas trouvé à Murat quelque chose d'extraordinaire? Pour moi, je le trouve changé. Est-ce qu'il est malade? — Sire, répondit le gouverneur de Dantzick, Murat n'est pas malade, mais il est triste. — Triste ! et pourquoi ? reprit vivement l'empereur; n'est-il pas content d'être roi ? — Sire, ajouta Rapp, Murat dit qu'il ne l'est pas. — C'est sa faute, répliqua Napoléon. Pourquoi est-il Napolitain? pourquoi n'est-il pas Français?... Quand il est dans son royaume, il n'y fait que des sottises ; il favorise le commerce avec l'Angleterre; je ne veux pas de cela. »

Le lendemain de ce colloque, l'empereur retint à souper Rapp, Berthier et Murat. Il crut s'apercevoir, à la réserve de ses convives, qu'ils craignaient d'avoir à s'expliquer sur la guerre qu'il allait entreprendre : c'était une espèce de protestation tacite. « Je vois bien, messieurs, que vous n'avez plus envie de faire la

guerre. Le roi de Naples voudrait ne plus quitter le beau climat de son royaume; Berthier désire chasser dans sa terre de Grosbois, et Rapp est impatient d'habiter son hôtel de Paris. » Napoléon avait dit vrai; mais Berthier et Murat n'osèrent pas en convenir; Rapp seul eut la hardiesse de le confesser. L'empereur ne pouvait d'ailleurs s'en prendre qu'à lui-même du changement qui avait pu s'opérer dans l'âme de quelques-uns de ses généraux. Au milieu du faste des cours, des excitations du sybaritisme monarchique, des jouissances et des séductions de la grandeur, le roi de Naples et le prince de Neufchâtel n'avaient pas dû conserver les habitudes aventureuses, l'ardeur infatigable et l'insouciance intrépide qui avaient pu distinguer Murat et Berthier, soldats de l'armée d'Italie, à Montenotte et à Lodi.

Cependant les appréhensions dont ces vieux soldats ne pouvaient se défendre à l'approche d'une guerre dont l'issue échappait à toute prévoyance humaine, ne les empêchèrent pas de se montrer disposés à poursuivre leur glorieuse carrière sur les traces du grand homme qui était à la fois leur camarade, leur guide et leur maître. « Nous regrettons la paix, dirent-ils; mais mieux vaut la guerre aujourd'hui qu'un arrangement suivi d'une paix boiteuse : ce serait toujours à recommencer. » Et Rapp, se levant, ajouta : « Sire, votre Rapp manie encore assez bien son cheval et son sabre pour n'être pas relégué ici, comme un vieil invalide, quand vous allez vous battre : accordez-moi de reprendre près de votre personne mon service d'aide de camp. »

Rapp, dans son commandement de Dantzick, s'était concilié l'estime et l'affection des Prussiens par l'indulgence qu'il avait apportée à l'exécution du blocus continental. Les exigences rigoureuses de la politique étaient incompatibles avec les habitudes et le caractère de ce franc soldat. Napoléon, qui l'appréciait, ne lui avait fait aucun reproche de sa conduite, et lorsque, en entrant dans son salon, il avait aperçu le buste de la reine de Prusse, il s'était contenté de lui dire en souriant : « Maître Rapp, je vous préviens que j'écrirai à Marie-Louise cette infidélité. »

L'empereur quitta Dantzick le 11 juin, et prit la route de Kœnigsberg, où il arriva le 12, après avoir, chemin faisant, passé en revue le corps de Davoust. La subsistance et la police de l'armée l'occupaient alors principalement. « Il donnait plus de temps au comte Daru qu'au major général. » (Fain.) « Son génie actif, ajoute M. de Ségur, était alors porté tout entier sur ces détails importants. Il était prodigue de recommandations, d'ordres, d'argent même : ses lettres l'attestent. Les jours se passaient à dicter ses instructions sur ces objets. La nuit, il se relevait encore. Un seul général reçut, dans une seule journée, six dépêches de lui, toutes remplies de cette sollicitude. »

Toutefois, avant de donner le signal des hostilités, l'empereur Napoléon voulut tenter encore de se réconcilier avec Alexandre par une négociation directe. Il chargea donc son aide de camp Lauriston de chercher à parvenir jusqu'à la personne même du czar, pour lui exprimer le vif désir qu'il éprouvait d'éviter une rupture avec son ancien ami de Tilsitt et d'Erfurth. Mais Lauriston ne put approcher ni le monarque russe ni ses ministres. Quand Napoléon apprit par son secrétaire de légation, Prévost, que son plénipotentiaire était ainsi repoussé, il donna aussitôt l'ordre de marcher en avant et de passer le Niémen. « Les vaincus, dit-il, prennent le ton de vainqueurs; la fatalité les entraîne; que les destins s'accomplissent! » Et la proclamation suivante, datée du quartier général de Wilkowisky, fut immédiatement publiée :

« Soldats,

» La seconde guerre de Pologne est commencée. La première s'est terminée à Friedland et à Tilsitt : à Tilsitt, la Russie a juré éternelle alliance à la France et guerre à l'Angleterre. Elle viole aujourd'hui ses serments! elle ne veut donner aucune explication de son étrange conduite que les aigles françaises n'aient repassé le Rhin, laissant par là nos alliés à sa discrétion.

» La Russie est entraînée par la fatalité! ses destins doivent s'accomplir. Nous croirait-elle donc dégénérés? Ne serions-nous donc plus les soldats d'Austerlitz? Elle nous place entre le déshonneur et la guerre. Le choix ne saurait être douteux. Marchons donc en avant! passons le Niémen, portons la guerre sur son territoire. La seconde guerre de Pologne sera glorieuse aux armes françaises comme la première; mais la paix que nous conclurons portera avec elle sa garantie, et mettra un terme à cette orgueilleuse influence que la Russie a exercée depuis cinquante ans sur les affaires de l'Europe. »

L'armée française, forte de plus de trois cent mille hommes, était divisée en treize corps, sans y comprendre les armes d'élite et la garde.

Légion polonaise, 1810. — Régiment de la Vistule.

Le premier corps avait été confié à Davoust; le deuxième à Oudinot; le troisième à Ney; le quatrième au prince Eugène; le cinquième à Poniatowski; le sixième à Gouvion Saint-Cyr; le septième à Reynier; le huitième à Jérôme Napoléon, roi de Westphalie; le neuvième à Victor; le dixième à Macdonald; le onzième à Augereau; le douzième à Murat, et le treizième au prince de Schwartzenberg. Les différents corps de la garde étaient commandés par trois maréchaux : Lefebvre, Mortier et Bessières.

A l'approche de cette armée formidable, les Russes se mirent en retraite, abandonnant la ligne du Niémen pour se porter sur le Dniéper et la Dwina. Napoléon les suivit de près. Le 23 juin, à deux heures du matin, il arriva aux avant-postes, dans les environs de Kowno, prit une capote et un bonnet polonais d'un des chevau-légers,

et, à la faveur de ce déguisement, parcourut et explora lui-même les bords du Niémen, pour découvrir le lieu le plus favorable au passage des troupes. Le général Haxo l'accompagna seul dans cette reconnaissance.

L'empereur ayant remarqué un circuit que fait le fleuve, près du village de Poniémen, au-dessus de Kowno, désigna ce point pour passer sur l'autre rive. Dans la soirée du même jour, l'armée se mit donc en mouvement, et il ne fallut que deux heures au général Éblé pour jeter trois ponts, sur lesquels l'armée défila toute la nuit, en trois colonnes. La largeur du Niémen en cet endroit était d'environ cent toises. Dès l'aube du jour, l'armée française se trouva établie au delà du fleuve. « Quel tableau, dit l'auteur du *Manuscrit de* 1812, l'œil découvre alors des hauteurs d'Alexiston ! C'est l'Europe tout entière représentée par l'élite de ses troupes, et se précipitant sur la terre des Russes, que le doigt de Napoléon lui montre. »

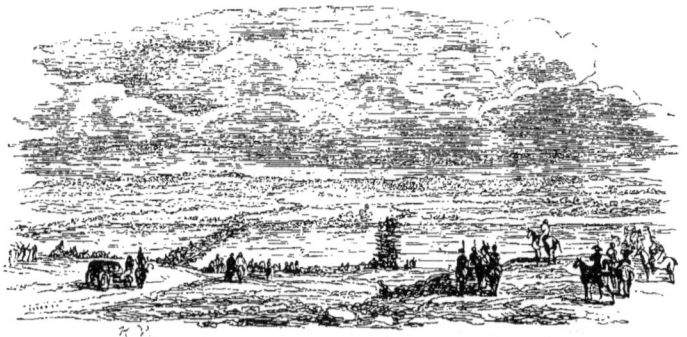

Maître de Kowno, l'empereur voulut en faire un point d'appui sur ses derrières. Il y laissa donc une garnison et y organisa un service d'hôpital.

C'est sous les murs de cette ville que la Vilia se jette dans le Niémen. Les Russes, en se retirant, avaient brûlé le pont établi sur cette rivière ; mais cet obstacle ne put arrêter l'impétuosité des chevau-légers polonais ; ils se lancèrent dans la Vilia et la franchirent à la nage.

CHAPITRE TRENTE-SIXIÈME. 363

Les Russes n'opposaient presque aucune résistance, et semblaient décidés à éviter

Timbalier de chevau-légers polonais. — Trompette des chasseurs à cheval (garde impériale). — 1812.

toute espèce de choc et de rencontre avec l'armée française. Quelques Cosaques seulement apparaissaient çà et là, et ils étaient promptement dissipés.

On arriva ainsi sous les murs de Wilna. L'empereur s'y trouvait le 27, à deux heures après midi, et le lendemain, à la pointe du jour, il faisait ses dispositions pour une attaque sérieuse, ne pensant pas que l'ennemi abandonnât sans défense un poste important qui couvrait une triple ligne de magasins. Napoléon s'était trompé sur les intentions des Russes. Après avoir échangé quelques coups de canon, fait sauter le pont de la Vilia et livré leurs approvisionnements aux flammes, ils se retirèrent précipitamment à l'approche de l'armée française. Ce fut Alexandre lui-même qui donna le signal de ce mouvement rétrograde. Il était depuis quelque temps à Wilna avec sa cour, et ce fut dans un bal, au château de Zacrest, chez le général Benigsen, qu'il reçut la nouvelle que le Niémen était franchi et que Napoléon s'avançait rapidement à travers la Pologne russe. Du sein des fêtes et des plaisirs, le czar passa aux embarras et à l'anxiété d'une retraite qui allait ressembler à une fuite. La cavalerie légère se mit à la poursuite des Russes. Dans ce temps-là, Napoléon, entouré des Polonais commandés par le prince Radziwil, fit son entrée à Wilna le 28 juin, à midi, et « aux acclamations d'un peuple qui le regardait comme son libérateur ». (Chambray.)

Le premier soin de l'empereur, en prenant possession de la capitale de la Lithuanie, fut de donner un gouvernement provisoire à cette province. M. Bignon, que le *Testament de Napoléon*, la tribune nationale et l'*Histoire de la diplomatie française* ont rendu depuis si justement célèbre, fut placé auprès de ce gouvernement en qualité de commissaire impérial. D'un autre côté, on apprenait qu'une diète se constituait à Varsovie en confédération générale, sous la présidence du prince Adam Czartoryski, et l'on sut bientôt que cette « voix séculaire », selon l'expression de M. Fain, avait proclamé le rétablissement du royaume de Pologne. Des députés nommés par cette assemblée se rendirent ensuite auprès de Napoléon, pour mettre sous sa protection leur nationalité renaissante. « Si j'eusse régné lors du premier, du second ou du troisième partage de la Pologne, leur dit l'empereur, j'aurais armé tout mon peuple pour vous soutenir... Si vos efforts sont unanimes, vous pouvez concevoir l'espoir de réduire vos ennemis à reconnaître vos droits ; mais dans ces contrées si éloignées et si étendues, c'est surtout par l'unanimité des efforts de la population qui les couvre que vous devez fonder vos espérances de succès. »

Cette unanimité existait en Pologne. Déjà le sixième bulletin, rendant compte de l'effet qu'avait produit en Lithuanie le passage du Niémen par l'armée française, avait retracé en ces termes l'élan que notre présence venait imprimer à la nation polonaise :

« Wilna, 12 juillet 1812.

» Le peuple de Pologne s'émeut de tous côtés. L'aigle blanche est arborée partout. Prêtres, nobles, paysans, femmes, tous demandent l'indépendance de leur nation... »

Ce n'était pas un faible auxiliaire pour nos troupes que cet enthousiasme patriotique des populations dont nous avions à occuper et à parcourir le sol pour arriver aux Russes. Mais Napoléon, tout en encourageant ce généreux sentiment, ne pouvait pas en satisfaire pleinement l'exigence. La résurrection complète du peuple polonais aurait compromis les intérêts de deux monarques qu'il regardait alors comme ses principaux alliés, l'empereur d'Autriche et le roi de Prusse. Aussi s'abstenait-il de déclarer lui-même que l'antique royaume des Jagellons serait rétabli ; et quand les députés de la diète varsovienne lui demandent ce rétablissement, affecte-t-il de leur dire que les Polonais ne doivent compter que sur eux-mêmes dans l'œuvre de leur indépendance, à cause de l'éloignement et de l'étendue de leur pays. Le gouvernement provisoire qu'il institue n'est donc que pour la Pologne russe, la Lithuanie. « Il ne faut pas écouter, dit-il, un zèle inconsidéré pour la cause polonaise. La France avant tout : c'est là ma politique. » Politique prudente, sans doute, mais que Napoléon aurait trouvée trop timide en d'autres temps !

Le quartier général de l'empereur était toujours à Wilna ; mais l'armée française

Joachim Murat.

poursuivait sur tous les points sa marche victorieuse. Bagration et Platow avaient été séparés de Barclay de Tolly par la rapidité des mouvements et des manœuvres de l'empereur. La position de ces deux généraux devenait périlleuse. Alexandre le sait et se hâte d'expédier son aide de camp, le général Balachoff, à Napoléon, dans le but apparent d'ouvrir des négociations pour la paix, et avec la mission réelle d'arrêter l'impétuosité de l'armée française, et de donner à Bagration le temps de se rallier.

Napoléon accueille avec empressement l'envoyé d'Alexandre, et lui exprime le plus vif regret d'une rupture qu'il a tout fait pour prévenir. L'officier moscovite répond à cet accueil en annonçant que l'empereur est disposé à rentrer dans le système du blocus continental, et qu'il consentira à traiter sur cette base, pourvu que les Français, avant toute négociation, repassent le Niémen et évacuent le territoire russe.

« Que je me retire derrière le Niémen! » murmure Napoléon. Il se contient, se promène à pas pressés et médite sa réponse. Bientôt, dédaignant la question qui l'a blessé, il en revient à la question principale... « Traitons sur-le-champ, reprend-il, traitons ici, à Wilna même, sans laisser rien en arrière. La diplomatie ne sait plus rien finir quand les circonstances ne la commandent plus; signons, et je repasserai le Niémen dès que la paix l'aura ainsi réglé. » (*Manuscrit de* 1812.)

Certes cette proposition aurait amplement répondu aux intentions du czar, s'il eût vraiment désiré la paix. Mais la mission de M. de Balachoff, nous l'avons dit, avait un tout autre motif. Ce général se retrancha donc rigoureusement derrière les instructions qu'il avait reçues de son maître, et déclara qu'il devait insister avant tout sur l'évacuation immédiate du territoire russe. « Sont-ce là des paroles de paix? s'écria alors Napoléon. Agit-on de la sorte quand, de bonne foi, on veut conclure? Est-ce ainsi qu'on agissait à Tilsitt?... Je ne puis m'y méprendre; ces gens-là ne veulent que quelques jours de répit; ils ne songent qu'à sauver Bagration, et se moquent de compromettre ce qu'il y a de plus sacré. Eh bien, ne nous occupons plus que d'achever ce qui est si bien commencé; il faut que leurs embarras soient complets pour qu'ils permettent à leur empereur de revenir à moi. »

L'empereur quitta Wilna le 16 juillet, avec la résolution de pénétrer dans la vieille Russie, en plaçant son centre d'opération entre la Dwina et le Borysthène. Évitant donc de poursuivre Barclay, qui fuit sur Pétersbourg, et laissant à Davoust, à Jérôme et à Schwartzenberg, qui manœuvrent sur notre droite, le soin d'empêcher Bagration de gagner le camp retranché de Drissa, où il est attendu par Alexandre lui-même, Napoléon va marcher dans la direction de Witepsk et de Smolensk. Mais ce mouvement s'exécute sans que le but que se propose l'empereur soit connu de tout autre que lui. « Méditant ses plans pour la suite de la campagne, dit M. Fain, et donnant lui-même les ordres qui en préparent l'exécution, il ne fait connaître à chacun de ceux qui doivent y concourir que la part qui le concerne. L'ensemble en reste dans sa pensée, et ses combinaisons militaires, semblables aux écritures sympathiques, que le feu seul peut mettre en évidence, resteront inaperçues tant que le champ de bataille ne les aura pas révélées. »

Mais cette ignorance des secrets du génie donne lieu à mille conjectures; chacun veut deviner et interprète à sa manière les projets de l'empereur. Comme dans la campagne de 1807, l'esprit frondeur se montre au quartier général. Napoléon semble n'y pas prendre garde. Que l'on se trompe à ses côtés, que l'on appréhende et que l'on murmure, peu lui importe. Il connaît, lui, la justesse et la portée de ses plans, et il est bien sûr de faire taire la critique des bivacs quand il en viendra à réaliser ses desseins, d'accord avec la victoire. Que ses lieutenants se bornent donc à bien remplir ses intentions, à exécuter ponctuellement ses ordres, et le succès détrompera toutes les sinistres prévisions. Malheureusement tous ses lieutenants ne sont pas aussi prompts à agir qu'il l'est lui-même à concevoir. Parmi eux il en est un, et c'est le frère de l'empereur (Jérôme), qui a reçu mission de poursuivre Bagration l'épée dans les reins, et qui, d'après le *Manuscrit de* 1812, par la lenteur de sa marche, laisse prendre au

CHAPITRE TRENTE-SIXIÈME.

général russe trois journées d'avance, trois journées que Bagration passe tranquillement à se remettre de ses fatigues à Neswig. Cependant Napoléon avait écrit à son frère, dans les termes les plus vifs, pour l'exciter à pousser son corps d'armée en avant.

Mais ces instructions sont restées sans effet. « Le général russe a pu faire son mouvement aussi paisiblement que s'il n'avait eu personne à sa poursuite. » (*Manuscrit de* 1812.) Alors Napoléon, donnant un libre essor à son mécontentement, a écrit au roi de Westphalie : « Il est impossible de manœuvrer avec plus de maladresse ; vous serez cause que Bagration aura le temps de se retirer : vous m'aurez fait perdre le fruit des combinaisons les plus habiles, et la plus belle occasion qui puisse se rencontrer dans cette guerre. »

L'empereur ne s'en tient pas à ce reproche. Il veut s'assurer dorénavant une coopération plus active du corps westphalien, et il place incontinent son frère Jérôme sous les ordres de Davoust. Mais Jérôme pense que son titre de roi l'empêche d'accepter cette subordination, et il se retire de l'armée, ce qu'il annonce à la reine en ces termes : « Après avoir poursuivi, chassé Bagration devant moi, je le rejette sur le prince d'Eckmühl, après l'avoir attaqué tous les jours avec mon avant-garde ; enfin hier, je reçus du prince d'Eckmühl une lettre dans laquelle il m'annonce qu'en cas de réunion *je suis sous ses ordres...* Tu sens bien que je n'ai vu et pu voir dans tout ceci qu'un ordre de l'empereur, ou au moins un désir de sa part que je quitte le commandement de l'aile droite, ce que j'ai fait. » La reine, en insérant cette lettre dans son journal, y ajoute cette réflexion : « Quelque injuste que soit l'empereur vis-à-vis du roi, il aurait dû plier sous les circonstances ; on ne gagne rien à tenir tête à l'empereur. »

La retraite de Jérôme fit passer les Westphaliens d'abord sous les ordres du général Thurreau, puis sous le commandement de Junot, duc d'Abrantès. Mais le huitième corps n'en resta pas moins compris dans le commandement du maréchal Davoust, et l'empereur n'eut qu'à se féliciter de cette mesure. Davoust était enfin parvenu à atteindre Bagration près de Mohilow, et quoiqu'il n'eût avec lui que deux divisions, harassées par de longues marches, il avait battu les Russes. Mais l'éloignement du corps westphalien, alors abandonné de son chef, ne lui permit pas de tirer de cet avantage tout le profit qu'il aurait pu en attendre.

Tandis que Davoust débarrassait ainsi notre droite en rejetant Bagration sur Smolensk, Macdonald et Oudinot chassaient devant eux le corps de Wittgenstein, que Barclay avait détaché pour inquiéter notre gauche et couvrir Saint-Pétersbourg, après avoir été obligé lui-même d'abandonner, avec l'empereur Alexandre, le camp de Drissa et de se jeter sur la route de Witepsk, dans la direction que prenait Napoléon.

Barclay espérait toujours que Bagration, échappant à Davoust, finirait par opérer sa jonction. Ne l'ayant pas rencontré à Witepsk, il courut au-devant de lui, vers Orcha, laissant au corps d'Ostermann le soin de protéger la retraite de Doctoroff, commandant l'arrière-garde, et de ralentir la marche des premières colonnes de l'armée française.

Ce fut ce corps détaché de l'armée de Barclay que Murat et Eugène rencontrèrent et battirent, à Ostrowno, dans deux combats consécutifs qui se donnèrent les 25 et 26 juillet.

Le succès du premier jour fut dû à l'arrivée de la division Delzons, qui décida la retraite de l'infanterie russe, contre laquelle la cavalerie du roi de Naples renouvelait en vain ses attaques.

Le lendemain, l'armée ennemie, qui avait reçu des renforts pendant la nuit, se montra disposée à recommencer le combat. Les Français aussi étaient en plus grand nombre que la veille; le prince Eugène s'était réuni à Murat.

Le général russe qui avait remplacé Ostermann occupait une position si avantageuse, qu'il fallait pour l'en chasser toute la bravoure et toute l'impétuosité des soldats français. Il avait devant lui un ravin profond, à sa gauche un bois très-épais, et à sa droite la Dwina. Aussi les premières attaques des Français furent-elles infructueuses. Les Russes, mettant à profit les avantages du terrain, se défendirent avec une rare opiniâtreté. On crut même un instant qu'ils allaient prendre l'offensive, et cette menace devint précisément le signal de leur défaite. Quand nos généraux s'aperçurent de ce mouvement d'agression, ils comprirent qu'il n'y avait plus que des efforts extraordinaires et l'influence de leur intrépidité personnelle qui pussent conjurer le danger et décider la fortune en faveur de nos armes. Murat et Eugène donnèrent l'exemple; Junot, Nansouty, etc., les imitèrent; ils chargèrent tous en tête de leur colonne, et l'élan qu'ils communiquèrent aux soldats eut un effet si prompt, qu'en peu d'heures les Russes, délogés de toutes leurs positions, reculèrent jusque dans les environs de Comarchi, où ils trouvèrent un bois pour leur servir d'appui et le général Toutchkoff pour les renforcer.

L'armée française était impatiente de franchir le dernier obstacle qui retardait son entrée dans Witepsk; mais ses chefs ne voulaient pas s'engager imprudemment dans une vaste forêt où tout indiquait que l'ennemi avait rallié des troupes fraîches, dont on ne pouvait connaître encore le nombre et la force. Murat et Eugène hésitaient donc, quand Napoléon survint. Dès qu'il parut, la confiance et l'enthousiasme éclatèrent sur la physionomie des généraux et des soldats. « On conçut, dit un témoin oculaire (M. Eugène Labaume), qu'il allait couronner la gloire d'une aussi belle journée. Le roi de Naples et le prince coururent à sa rencontre et lui firent part des événements qui venaient de se passer et des mesures qu'ils avaient prises. Napoléon, pour mieux en juger, se porta rapidement vers les postes les plus avancés de notre ligne, et, d'une éminence, il observa longtemps la position de l'ennemi et la nature du terrain. Sa pénétration s'élançant jusqu'au camp des Russes, il devina leurs projets. Dès lors, de nouvelles dispositions, ordonnées avec sang-froid, exécutées avec ordre et rapidité, portèrent l'armée au milieu de la forêt; allant toujours au grand trot, elle déboucha vers les collines de Witepsk au moment où le jour commençait de finir. »

Le 27, dès l'aube du jour, l'armée victorieuse poursuivit sa marche. Mais les Russes, qui se retiraient en bon ordre, ayant atteint le gros de l'armée de Barclay, s'arrêtèrent aussitôt et parurent disposés à recevoir la bataille.

Le ruisseau de la Lutchissa séparait les deux armées. Un petit pont, jeté sur un ravin, s'offrait à Napoléon pour le passage de ses troupes; mais ce pont avait besoin d'être réparé, et l'empereur chargea le général Broussier de protéger cette opération, pendant qu'il se portait lui-même à l'avant-garde, sur une éminence. C'est de là qu'il put voir un détachement de deux cents voltigeurs du 9e de ligne, isolé d'abord du reste de l'armée et enveloppé de tout côté par la cavalerie russe, disparaître dans la mêlée des hommes et des chevaux, et reparaître ensuite intact et triomphant, au moment même où on le croyait entièrement perdu. « A quel corps appartiennent ces braves? » demanda vivement l'empereur. Et il expédia aussitôt un de ses officiers d'ordonnance pour s'en instruire et pour leur dire en son nom « qu'ils avaient tous mérité la croix ». Les voltigeurs répondirent : « Nous sommes enfants de Paris. »

Et agitant leurs schakos au bout des baïonnettes, ils crièrent avec transport : « Vive l'empereur! »

Cependant la bataille tant désirée par Napoléon, et à laquelle les Russes semblaient enfin résolus, devait être encore ajournée. Dans la soirée du 27, Barclay apprit que Bagration avait été forcé de passer le Dniéper et de se porter sur la Soge. Cette nouvelle le fit changer brusquement de résolution. Il abandonna son camp à la faveur de la nuit, et se retira précipitamment au delà de Witepsk, marchant droit au Borysthène, où il espérait rallier Bagration. Quand le jour parut, les Français furent frappés d'étonnement de ne plus voir devant eux l'armée ennemie, qui, peu d'heures auparavant, couvrait de ses feux les bords de la Lutchissa. Ils occupèrent rapidement les positions que les Russes avaient quittées, et entrèrent sans coup férir dans Witepsk, dont Barclay avait entraîné les habitants dans sa fuite.

Le quartier général resta plusieurs jours dans cette ville. L'empereur y apprit successivement différents succès remportés par ses lieutenants. Le 30 juillet, le général russe Koulniew fut battu à Jakubowo par le général Legrand. Le 1ᵉʳ août, Oudinot défit Wittgenstein à Oboïarzina, dans une bataille dont l'issue fut longtemps douteuse. Le 12 du même mois, tandis que Napoléon se dirigeait sur Rassasna, et pendant qu'à l'autre bout de l'Europe nos armes essuyaient des revers, et que l'armée anglo-portugaise s'emparait de Madrid, les Russes éprouvaient, dans trois combats divers et à d'assez grandes distances, la valeur de nos soldats, laquelle semblait même s'être communiquée à nos alliés : Schwartzenberg triomphait de Tormasoff à Gorodeczna ; Ney mettait Barclay en déroute à Krasnoï, et Oudinot faisait subir un nouvel échec à Wittgenstein dans les environs de Polosk.

Mais, au milieu de leurs défaites journalières, les Russes furent secourus par la diplomatie avant de l'être par le climat. Mahmoud, harcelé par le cabinet anglais, venait de faire la paix avec le czar ; et Bernadotte avait traité aussi avec les ennemis de la France, comme pour priver à dessein Napoléon de l'avantage de la double diversion sur laquelle il avait compté avant la guerre. L'empereur apprit cette fâcheuse nouvelle à Witepsk. « Les Turcs, dit-il, payeront cette faute bien cher! Elle est si grossière, que je ne devais pas la prévoir. » Quand il découvrit que la Suède avait conclu un traité avec Alexandre depuis le 24 mars, il s'écria : « Le 24 mars! et le 29 mai, Bernadotte ne m'envoyait-il pas encore M. Signeul pour marchander à

Eugène Beauharnais, colonel des chasseurs à cheval de la garde impériale.

Dresde!!! Si jamais l'on m'accuse d'avoir provoqué cette guerre, ajouta-t-il, que l'on considère, pour m'absoudre, combien peu ma partie était liée avec les Turcs, et dans quelles tracasseries je m'étais embarrassé avec la Suède. »

Malgré ces contre-temps diplomatiques, Napoléon dut poursuivre son but avec persévérance, dans l'espoir d'obtenir sur les champs de bataille la réparation du mal

CHAPITRE TRENTE-SIXIÈME.

immense que venaient de lui faire de funestes négociations. L'armée française continua donc de se rapprocher du Borysthène et de pénétrer au cœur de la Russie. Le 14 août, le quartier général de l'empereur s'établit à Rassasna, à peu de distance de Smolensk, qu'occupaient Barclay et Bagration réunis. Une affaire générale était devenue imminente. Elle eut lieu le 17 août, sous les murs de Smolensk. Deux cent mille hommes y prirent part sous le commandement de Napoléon d'un côté, de Barclay de Tolly et de Bagration de l'autre. Les Russes s'étaient fortifiés en avant de Smolensk; tous leurs retranchements furent emportés, ainsi que les faubourgs, par les corps de Davoust, de Ney et de Poniatowski. Les fortifications intérieures ne tinrent pas mieux : les divisions Friant, Gudin et Morand, soutenues par le général d'artillerie Sorbier, ouvrirent la brèche et forcèrent l'ennemi d'évacuer les tours qu'il occupait, en y jetant des obus, qui accrurent les progrès du feu que les Russes mirent eux-mêmes à la ville; « ce qui donna aux Français, au milieu d'une belle nuit d'août, selon les termes du treizième bulletin, le spectacle qu'offre aux habitants de Naples une éruption du Vésuve ».

A une heure après minuit, les Russes, voyant qu'ils ne pouvaient plus se maintenir, achevèrent d'incendier la ville, repassèrent la rivière, et brûlèrent les ponts; à deux heures, nos grenadiers montèrent à l'assaut et trouvèrent la place évacuée. L'ennemi n'avait laissé que des morts ou des mourants au milieu des flammes et des ruines. Ce fut un horrible tableau pour l'armée française. L'empereur s'occupa d'abord d'arrêter le progrès de l'incendie, et de faire donner des secours aux blessés. « Napoléon, dit le général Gourgaud, est, de tous les généraux anciens et modernes, celui qui a porté l'intérêt le plus suivi aux blessés. Jamais l'ivresse de la victoire ne les lui a fait oublier, et sa première pensée, après chaque bataille, est toujours pour eux. »

Après avoir parcouru les dehors de la ville et examiné les postes fortifiés d'où ses intrépides phalanges avaient délogé les Russes, Napoléon voulut reconnaître par lui-même la nouvelle position de l'ennemi au delà du Borysthène. Il se plaça à cet effet dans l'embrasure d'une vieille tour, et chercha de l'œil, sur les hauteurs qui dominent Smolensk, le camp de Barclay et celui de Bagration. Mais ces deux généraux s'étaient mis en pleine retraite, le premier sur la route de Pétersbourg, le second sur celle de Moscou. Cette séparation volontaire des deux armées russes, qui avaient eu tant de peine à opérer leur jonction, ne parut à Napoléon qu'une manœuvre simulée; ses coureurs lui apprirent bientôt après qu'il ne s'était point trompé dans ses conjectures, et que Barclay, cessant de marcher au nord, se rapprochait en effet de Bagration dans la direction de Moscou. Dès ce moment, il ordonna de poursuivre vivement l'ennemi, dans l'espoir de l'atteindre et de l'écraser avant qu'il pût gagner son ancienne capitale. L'honneur de marcher à l'avant-garde et de porter les premiers coups échut au maréchal Ney, qui justifia glorieusement la confiance de Napoléon par l'intelligence et la bravoure qu'il déploya à la journée de Valoutina.

Ce combat fut des plus sanglants. Les Russes, chassés quatre fois de leurs positions, les reprirent quatre fois ; à la fin ils furent définitivement culbutés par le valeureux Gudin, qui chargea à la tête de sa division, dont la vigueur et l'impétuosité firent croire à l'ennemi qu'il essuyait le choc de la garde impériale. Les divisions Razout, Ledru et Marchand, du corps du maréchal Ney, soutinrent vivement l'attaque de leurs camarades. Le général russe Toutchkoff, assailli au milieu même de ses soldats par un lieutenant du 12e, nommé Étienne, rendit les armes à cet audacieux et vaillant officier. Une perte douloureuse pour Napoléon et pour l'armée française se mêla toutefois au succès de cette journée. Gudin, qui avait pris une si grande part à ce succès, le paya de sa vie. Il fut transporté mortellement blessé à Smolensk, où il expira bientôt après. L'empereur le fit enterrer dans la citadelle.

La victoire de Valoutina aurait pu être décisive si Junot, exécutant fidèlement les ordres qui lui avaient été transmis, était arrivé à temps pour couper le corps de Barclay, qui s'était séparé de celui de Bagration à leur sortie de Smolensk en prenant la direction de Pétersbourg, et qui manœuvrait désormais pour opérer une nouvelle jonction sur la route de Moscou. Mais le duc d'Abrantès, après avoir passé le Borysthène au point qui lui avait été indiqué, resta immobile, malgré les instances du roi de Naples et les avis du général Gourgaud, qui lui parlait pourtant au nom de l'empereur. Quand Napoléon fut instruit de la conduite de son lieutenant, il s'en affligea vivement, et dit à Berthier : « Junot n'en veut plus; vous le voyez, je ne puis lui laisser un commandement : que Rapp le remplace; il parle allemand, il mènera bien les Westphaliens. » Junot était ce même sous-officier que le commandant d'artillerie Bonaparte avait remarqué et pris en affection au siège de Toulon, à cause de son sang-froid et de son courage. Mais le sergent républicain, devenu sous l'empire *duc d'Abrantès,* commençait à ressentir, dit-on, les premiers effets de la maladie dont il est mort, lorsque son inaction et son indocilité préservèrent l'armée russe d'une déroute complète.

La faute de Junot, tout en remplissant le cœur de Napoléon d'amertume, n'empêcha pas l'empereur de témoigner sa joie et son contentement aux braves qui avaient décidé le succès du combat de Valoutina. Il se rendit sur le champ de bataille même, et passa en revue les divers régiments qui s'y étaient distingués. « Arrivé au 7e d'infanterie légère, dit le général Gourgaud, il fit former le cercle par tous les capitaines, et leur dit : « Désignez-moi le meilleur officier du régiment. — Sire, ils sont tous bons... — Allons, ce n'est pas répondre; dites au moins comme Thémistocle : le premier, c'est moi; le second, c'est mon voisin... » Alors on nomma le capitaine Moncey, blessé, et dans ce moment absent. « Quoi! dit l'empereur, Moncey, qui a été mon page! le fils du maréchal! voyons un autre! — Sire, c'est le meilleur! — Eh bien! je lui donne la décoration. »

Rentré à Smolensk, Napoléon s'y livra aux plus pénibles réflexions sur l'occasion qui venait de lui échapper d'anéantir l'armée russe et d'arriver à une prompte conclusion de la paix. L'incertitude commençait à le gagner; de vagues pressentiments lui faisaient désirer de terminer au plus tôt cette lointaine campagne. Tout ce qu'on lui annonçait des États de Prusse et de Pologne sur la disposition des esprits et sur les mouvements de Tormasof; tout ce qu'il voyait et entendait à son quartier général, où les frondeurs de Brunn, d'Ébersdorf, de Pultusk et d'Eylau avaient reparu; tout concourait à le retenir à Smolensk, et il songea plus d'une fois à s'y arrêter. Mais il apprit bientôt les divers avantages obtenus sur l'ennemi, le 12, par Schwartzenberg, Legrand, Oudinot et Gouvion Saint-Cyr, et ses appréhensions les plus vives disparurent ou s'affaiblirent. D'un autre côté, les Russes semblaient fuir plutôt que se retirer à l'approche de l'armée française. Les hésitations de la prudence cédèrent donc à l'espoir d'une victoire décisive : « Nous sommes engagés trop avant pour reculer, dit Napoléon arrivé sur l'Ougea; si je ne me proposais que la gloire des exploits guerriers, je n'aurais qu'à revenir à Smolensk, y planter mes aigles et me contenter d'étendre à droite et à gauche des bras qui écraseraient Wittgenstein et Tormasoff. Ces opérations seraient brillantes; elles achèveraient très-bien la campagne, mais ne termineraient pas la guerre... La paix est devant nous; nous n'en sommes qu'à huit journées : si près du but, il n'y a pas à délibérer. Marchons sur Moscou! »

Marchons sur Moscou! le grand homme le veut : une main invisible l'y pousse; il faut que les destins s'accomplissent!

CHAPITRE TRENTE-SEPTIÈME.

Alexandre à Moscou. — Le gouverneur Rostopchin. — Résolution extrême. — Bataille de la Moscowa.

N quittant le camp de Drissa, Alexandre s'était retiré à Moscou. Profitant de la présence du czar, le gouverneur Rostopchin avait rassemblé les nobles et les marchands au Kremlin pour leur demander de nouveaux sacrifices d'hommes et d'argent; il leur avait montré l'ennemi au cœur de l'État, et représenté Napoléon comme un génie exterminateur qui venait ravager leur patrie, détruire leur indépendance nationale et renverser leur religion. C'en était assez pour vouer le conquérant à l'exécration des nobles et des bourgeois moscovites. D'unanimes acclamations accueillirent donc la véhémente allocution de Rostopchin. L'habile gouverneur ne s'en tint pas là. Pour exciter plus vivement encore la superstition et pour mettre le comble à l'enthousiasme des habitants de Moscou, il conseilla au chef de l'empire, qui était d'ailleurs revêtu du suprême pontificat, de venir exercer en personne la puissance d'entraînement et l'influence irrésistible qu'il tenait de son autocratie politique et de son omnipotence sacrée. Au moment où Rostopchin semblait avoir porté l'assemblée au plus haut degré d'exaltation, Alexandre survint tout à coup par une porte de la chapelle du palais, et parla vivement à son tour pour la patrie et la religion, mises au bord de l'abîme par l'insatiable ambition du tyran universel[1]. « Les désastres dont vous êtes menacés, dit-il en terminant, ne doivent être considérés que comme des moyens nécessaires pour parvenir à consommer la ruine de l'ennemi. »

Il y avait dans la voix, dans le geste, dans le regard d'Alexandre quelque chose de sinistre lorsqu'il prononça ces dernières paroles. Il était impossible, en effet, qu'au milieu d'aussi graves circonstances, dans une position qui nécessitait l'emploi de moyens extrêmes, le langage du czar ne laissât pas apparaître les vives et profondes émotions du pontife et du monarque. La politique prenait un caractère passionné, et la guerre une forme terrible, du côté des Russes.

Pour eux, Napoléon n'était pas un ennemi ordinaire que l'on dût se contenter de combattre selon les règles communes ; à leurs yeux, le chef du peuple français était avant tout l'oppresseur des monarques du continent, et il paraissait au czar que pour briser le joug qui pesait sur eux les monarques pouvaient recourir à d'autres moyens que ceux autorisés par les lois de la guerre. Aussi, loin de se borner à confier la défense de son empire à la science de ses généraux et à la bravoure de ses soldats, et de s'adresser directement et solennellement à l'universalité de ses sujets dans ses décrets et ses proclamations, choisit-il parmi ses serviteurs les plus dévoués quelques hommes d'une énergie sauvage pour les initier à l'affreux mystère d'une résistance désespérée. Alexandre pensa que la monarchie pouvait avoir aussi sa loi suprême de *salut public*, soit pour conjurer l'invasion, soit pour la rendre funeste à l'armée conquérante. Si cette pensée ne l'entraîna pas à s'entourer de geôliers et de bourreaux, à multiplier les incarcérations et les supplices, c'est que la situation de l'empire russe ne l'exigeait pas, et qu'il ne pouvait y avoir ni *suspects*, ni *proscrits* là où il n'y avait ni *dissidents*, ni *émigrés*, ni *traîtres*. Mais d'autres sacrifices, systématiquement consommés, furent arrachés à sa générosité native, et ils eurent des conséquences aussi désastreuses pour de belles provinces et de grandes cités de la monarchie moscovite qu'affligeantes pour l'humanité. Au lieu de geôliers et de bourreaux,

---

[1] Napoléon fut désigné, dans une proclamation, comme un nouveau *Moloch*.

l'autocrate eut ses *incendiaires*, qui, après avoir éclairé la fuite de l'armée russe et la marche victorieuse des Français, depuis Wilna jusqu'à Smolensk, en livrant aux flammes les ponts, les magasins et les villes entières, couronnèrent ensuite cet immense embrasement par l'incendie même de la ville sainte; c'était là l'horrible présage que renfermaient les dernières paroles du czar dans l'assemblée du Kremlin. Que les habitants de Moscou se le tiennent pour dit : leur maître a confié le salut de son empire au génie de la destruction !

Cependant Napoléon, une fois résolu à marcher sur Moscou, avait poussé la guerre avec vigueur et mené les Russes l'épée dans les reins pour leur faire accepter la bataille par laquelle il se flattait de clore les hostilités et de déterminer le czar à la paix. Mais Alexandre ne l'attendit pas au Kremlin; et, au lieu de se porter à sa rencontre pour prendre le commandement des armées russes, il s'achemina rapidement vers Pétersbourg, d'où il envoya le vieux Kutusow [1] remplacer Barclay de Tolly, « pensant, dit le colonel Butturlin, qu'il fallait un nom russe pour nationaliser la guerre davantage. »

Quand Kutusow arriva à l'armée, Barclay avait pris position entre Viazma et Ghjath, et se disposait au combat pour le lendemain. Le vieux guerrier ne voulut pas laisser croire que le général disgracié eût bien choisi son terrain, et les Russes se retirèrent encore à notre approche. Ils s'arrêtèrent enfin en deçà de Moscou, entre la Moscowa et la Kalocza : c'est là que se donna, le 7 septembre, la grande bataille si ardemment désirée par Napoléon.

La veille de cette mémorable journée, et dès les premiers rayons de l'aurore, l'empereur était à cheval, enveloppé dans sa redingote grise. Il prit avec lui Rapp et Caulaincourt, que suivaient de loin quelques chasseurs, et, sans autre escorte, il se porta d'abord à la reconnaissance des avant-postes russes, et alla visiter en détail les positions qu'occupaient les divers corps de l'armée française. La confiance et l'espoir rayonnaient sur son front, et on l'entendit même fredonner, au milieu des bivacs du général Pajol, l'air patriotique :

> La victoire en chantant nous ouvre la barrière.

Sur ces entrefaites arrivèrent au camp le colonel Fabvier, qui apportait du fond de l'Espagne la désastreuse nouvelle de la bataille de Salamanque, et M. de Beausset, venant de Saint-Cloud, avec la mission de remettre à l'empereur des lettres de Marie-Louise, ainsi que le portrait du roi de Rome.

Napoléon s'exprima sévèrement, avec le colonel Fabvier, sur le compte du maréchal Marmont, dont la défaite avait livré Madrid à Wellington. Le colonel défendit généreusement son général.

Un tout autre accueil fut fait à M. de Beausset. L'empereur avait été profondément attendri en recevant des nouvelles de ce qu'il avait de plus cher au monde. Le portrait de son fils lui causait surtout les plus douces et les plus vives émotions. Après l'avoir montré aux personnes qui l'entouraient, il le confia à son secrétaire, en lui

---

[1] Madame de Staël, dont l'exil continuait, se trouvait alors à Pétersbourg; elle visita Kutusow la veille de son départ pour l'armée. « C'était, dit-elle, un vieillard plein de grâce dans les manières et de vivacité dans la physionomie... En le regardant, je craignais qu'il ne fût pas de force à lutter contre les hommes âpres et jeunes qui fondaient sur la Russie; mais les Russes, courtisans à Pétersbourg, redeviennent Tartares à l'armée... Avant de partir, Kutusow alla faire sa prière à l'église de Notre-Dame de Kasan, et tout le peuple qui suivait ses pas lui criait de sauver la Russie. »

disant : « Tenez, retirez-le, serrez-le ; c'est voir de trop bonne heure un champ de

bataille. » Le terrain sur lequel le quartier général était établi le 6 devint, en effet, le champ de bataille du 7.

BATAILLE DE LA MOSCOWA.
(Extrait du 18e bulletin.)

« Le 7, à deux heures du matin, l'empereur était entouré des maréchaux à la position prise l'avant-veille. A cinq heures et demie, le soleil se leva sans nuages ; la veille il avait plu : « C'est le soleil d'Austerlitz », dit l'empereur. Quoique au mois de septembre, il faisait aussi froid qu'au mois de décembre en Moravie. L'armée en accepta l'augure. On battit un ban, et on lut l'ordre du jour suivant :

« Soldats,

» Voilà la bataille que vous avez tant désirée ! Désormais la victoire dépend de vous : elle nous est nécessaire ; elle nous donnera l'abondance, de bons quartiers d'hiver et un prompt retour dans la patrie ! Conduisez-vous comme à Austerlitz, à Friedland, à Witepsk, à Smolensk, et que la postérité la plus reculée cite avec orgueil votre conduite dans cette journée ; que l'on dise de vous : « Il était à cette grande bataille sous les murs de Moscou ! »

» Au camp impérial, sur les hauteurs de Borodino, le 7 septembre, à deux heures du matin. »

» L'armée répondit par des acclamations réitérées. Le plateau sur lequel était l'armée était couvert de cadavres russes du combat de l'avant-veille.

» Le prince Poniatowski, qui formait la droite, se mit en mouvement pour tourner la forêt sur laquelle l'ennemi appuyait sa gauche. Le prince d'Eckmühl se mit en marche le long de la forêt, la division Compans en tête. Deux batteries de soixante pièces de canon chacune, battant la position de l'ennemi, avaient été construites pendant la nuit.

» A six heures, le général comte Sorbier, qui avait armé la batterie droite avec

CHAPITRE TRENTE-SEPTIÈME. 377

l'artillerie de la réserve de la garde, commença le feu. Le général Pernetty, avec trente pièces de canon, prit la tête de la division Compans (quatrième du premier corps), qui longea le bois, tournant la tête de la position de l'ennemi. A six heures et demie, le général Compans est blessé. A sept heures, le prince d'Eckmühl a son cheval tué. L'attaque avance, la mousqueterie s'engage. Le vice-roi, qui formait notre gauche, attaque et prend le village de Borodino, que l'ennemi ne pouvait défendre, ce village étant sur la rive gauche de la Kologha. A sept heures, le maréchal duc d'Elchingen se met en mouvement, et sous la protection de soixante pièces de canon que le général Foucher avait placées la veille contre le centre de l'ennemi, se porte contre le centre. Mille pièces de canon vomissent de part et d'autre la mort. A huit heures, les positions de l'ennemi sont enlevées, ses redoutes prises[1], et notre artillerie couronne ses mamelons. L'avantage de position, qu'avaient eu pendant deux heures les batteries ennemies, nous appartient maintenant. Les parapets qui ont été contre nous pendant l'attaque redeviennent pour nous. L'ennemi voit la bataille perdue, qu'il ne la croyait que commencée. Partie de son artillerie est prise, le reste est évacué sur les lignes en arrière. Dans cette extrémité, il prend le parti de rétablir le combat, et d'attaquer avec toutes ses masses les fortes positions qu'il n'a pu garder. Trois cents pièces de canon françaises placées sur les hauteurs foudroient ses masses, et ses soldats viennent mourir au pied de ces parapets qu'ils avaient élevés les jours précédents avec tant de soin et comme des abris protecteurs.

» Le roi de Naples, avec la cavalerie, fit diverses charges. Le duc d'Elchingen se couvrit de gloire, et montra autant d'intrépidité que de sang-froid. L'empereur ordonna une marche de front, la droite en avant : ce mouvement nous rend maîtres des trois quarts du champ de bataille. Le prince Poniatowski se bat dans les bois avec des succès variés.

» Il restait à l'ennemi ses redoutes de droite ; le général comte Morand y marche et les enlève ; mais à neuf heures du matin, attaqué de tous côtés, il ne peut s'y maintenir. L'ennemi, encouragé par ce succès, fit avancer sa réserve et ses dernières troupes pour tenter encore la fortune. La garde impériale en fait partie. Il attaque notre centre, sur lequel avait pivoté notre droite. On craint pendant un moment qu'il n'enlève le village brûlé ; la division Friant s'y porte ; quatre-vingts pièces françaises arrêtent d'abord et écrasent ensuite les colonnes ennemies, qui se tiennent pendant deux heures serrées sous la mitraille, n'osant pas avancer, ne pouvant pas reculer, et renonçant à l'espoir de la victoire. Le roi de Naples décide leur incertitude ; il fait charger le quatrième corps de cavalerie, qui pénètre par les brèches que la mitraille de nos canons a faites dans les masses serrées des Russes et les escadrons de leurs cuirassiers ; ils se débandent de tous côtés. Le général de division comte Caulaincourt, gouverneur des pages de l'empereur, se porte à la tête du 5ᵉ de cuirassiers, culbute tout, entre dans la redoute de gauche par la gorge. Dès ce moment, plus d'incertitude, la bataille est gagnée ? il tourne contre les ennemis les vingt et une pièces de

---

[1] La prise de l'une de ces redoutes est signalée, dans nos fastes militaires, comme l'un des plus beaux faits d'armes qui aient illustré la valeur française.

Lorsque Napoléon, visitant le champ de bataille, arriva à la grande redoute, il apprit, de la bouche même du colonel Charrière, comment elle avait été enlevée. Murat, qui accompagnait l'empereur, lui dit : « C'est un de nos anciens de l'armée d'Italie. » Napoléon, qui se souvenait d'ailleurs du brillant combat de Peyssing et de son allocution au 57ᵉ, qu'il avait félicité de justifier de plus en plus son surnom de *Terrible*, Napoléon récompensa le digne chef de ce brave régiment en l'élevant au grade de général de brigade.

canon qui se trouvent dans la redoute. Le comte Caulaincourt, qui venait de se distinguer par cette belle charge, avait terminé ses destinées; il tombe mort, frappé par un boulet : mort glorieuse et digne d'envie !

» Il est deux heures après midi, toute espérance abandonne l'ennemi : la bataille est finie, la canonnade continue encore; il se bat pour sa retraite et pour son salut, mais non plus pour la victoire.

» La perte de l'ennemi est énorme : douze à treize mille hommes et huit à neuf mille chevaux ont été comptés sur le champ de bataille, soixante pièces de canon et cinq mille prisonniers sont restés en notre pouvoir.

» Nous avons eu deux mille cinq cents hommes de tués et le triple de blessés. Notre

CHAPITRE TRENTE-SEPTIÈME.

perte totale peut être évaluée à dix mille hommes; celle de l'ennemi à quarante ou cinquante mille. Jamais on n'a vu un pareil champ de bataille Sur six cadavres, il y en avait un français et cinq russes. Quarante généraux russes ont été tués, blessés ou pris : le général Bagration a été blessé.

» Nous avons perdu le général de division comte Montbrun, tué d'un coup de canon; le général comte Caulaincourt, qui avait été envoyé pour le remplacer, tué d'un même coup une heure après.

» Les généraux de brigade Compère, Plouzonne, Mariont Huart, ont été tués; sept ou huit généraux ont été blessés, la plupart légèrement. Le prince d'Eckmühl n'a eu aucun mal. Les troupes françaises se sont couvertes de gloire et ont montré leur grande supériorité sur les troupes russes. Telle est en peu de mots l'esquisse de la bataille de la Moscowa, donnée à deux lieues en arrière de Mojaïsk et à vingt-cinq lieues de Moscou, près de la petite rivière de la Moscowa. Nous avons tiré soixante mille coups de canon, qui sont déjà remplacés par l'arrivée de huit cents voitures qui avaient dépassé Smolensk avant la bataille. Tous les bois et les villages, depuis le champ de bataille jusqu'ici, sont couverts de morts et de blessés. On a trouvé ici deux mille morts ou amputés russes. Plusieurs généraux ou colonels sont prisonniers.

» L'empereur n'a jamais été exposé; la garde, ni à pied ni à cheval, n'a pas donné et n'a pas perdu un seul homme. La victoire n'a jamais été incertaine. Si l'ennemi, forcé dans ses positions, n'avait pas voulu les reprendre, notre perte aurait été plus forte que la sienne; mais il a détruit son armée en la tenant depuis huit heures jusqu'à deux sous le feu de nos batteries, et en s'opiniâtrant à reprendre ce qu'il avait perdu. C'est la cause de son immense perte... »

Quelque grand que fût le succès de cette journée, il pouvait l'être encore davantage, si Napoléon, au lieu de finir la bataille à quatre heures du soir, eût mis à profit le reste du jour pour faire donner sa garde, et pour faire changer ainsi la défaite de l'ennemi en une complète déroute. Cette retenue du grand capitaine, au milieu de l'ivresse de la victoire, a été diversement interprétée. Quelques écrivains assurent qu'elle fut dès lors amèrement blâmée au quartier général, et ils font dire au maréchal Ney : « Puisqu'il ne fait plus la guerre par lui-même, et qu'il n'est plus général, qu'il veut faire partout l'empereur, qu'il retourne aux Tuileries et nous laisse être généraux pour lui. » — « Murat, dit M. de Ségur, pensa que les premières atteintes de l'équinoxe avaient ébranlé son tempérament affaibli, et que l'action de son génie était comme enchaînée par son corps affaissé, sous le triple poids de la fatigue, de la fièvre et d'un mal qui, de tous, est celui qui peut-être abat le plus les forces physiques et morales de l'homme... Les mieux instruits pensèrent qu'à cette distance, et à la tête d'une armée d'étrangers qui n'avaient d'autre lien que la victoire, un corps d'élite et dévoué lui avait paru indispensable à conserver. »

Il n'est guère vraisemblable qu'aucun des lieutenants de Napoléon ait jamais été, non pas assez hardi, mais assez injuste pour lui reprocher « de faire partout l'empereur et de n'être plus général », à l'occasion même d'une bataille dont les savants préparatifs et l'active et suprême direction n'avaient incontestablement appartenu qu'à lui seul. Quant au désir de conserver une réserve intacte, et de la former avec un corps d'élite et dévoué, tel que sa garde, Napoléon l'expliqua en disant : « Et s'il y a une seconde bataille demain, avec quoi la livrerai-je ? » Depuis, le général Gourgaud, développant cette explication, a ajouté : « Si la garde avait été entamée à la bataille de la Moscowa, l'armée française, dont cette garde forma constamment le noyau et soutint le courage pendant la retraite, n'aurait pu que difficilement repasser le Niémen. »

Quoi qu'il en soit, ce fut à coup sûr par la considération du salut et de la gloire de son armée, ou par l'espoir d'une paix prochaine, et toujours dans l'intérêt de la France ou de l'humanité, que Napoléon ne rendit pas la sanglante bataille de la Moscowa plus meurtrière encore par l'intervention de sa garde; et si quelqu'un cherchait à insinuer qu'il fut alors dominé par le sentiment de sa sûreté personnelle, et qu'il céda seulement à des motifs tirés du soin de sa propre conservation, nous répondrions que Napoléon a donné, depuis Toulon jusqu'à Waterloo, le démenti le plus éclatant à cette insinuation outrageante. Non, le génie audacieux qui avait conçu cette expédition gigantesque n'en compromit pas lui-même le succès définitif par une arrière-pensée d'égoïsme! Que le mal physique l'eût atteint et affaibli, comme un autre, il n'y avait rien en cela d'impossible. Que sa promptitude de résolution et son énergie de volonté en eussent souffert, cela peut se concevoir encore. A Smolensk, il hésitait déjà. Mais si, touchant au terme de ses prospérités, n'ayant plus rien à ajouter au lustre de son nom, et se voyant parvenu si haut qu'il ne lui restât plus qu'à déchoir, Napoléon avait laissé pénétrer parfois l'incertitude et l'anxiété dans son âme, cet ébranlement passager de la confiance et de la foi que lui avait longtemps inspirées sa fortune ascendante pouvait bien, aux approches du déclin, lui faire perdre en certains moments quelque chose de sa vigueur de conception, de sa rapidité d'exécution et de cette audace qui semblait autrefois commander au destin, sans que la grandeur de son caractère en fût altérée, sans que d'ignobles précautions, dictées par un misérable individualisme, vinssent aussitôt remplacer en lui la sollicitude constante qu'il avait montrée avant tout pour la France, depuis qu'il avait été porté par elle au faîte de la puissance. Et à qui fera-t-on croire que le sublime courage du soldat d'Arcole et de Lodi, que l'héroïsme du général qui à Essling affrontait tellement le péril, que ses officiers le menacèrent de le faire enlever par leurs grenadiers ; à qui fera-t-on croire que ce sublime courage et cet héroïsme eussent jamais pu faire place, dans Napoléon, à une lâche inquiétude sur le sort personnel du monarque? Bourrienne lui-même, Bourrienne si enclin à atténuer la gloire du grand homme, et qui semble n'avoir pris la plume que pour contredire le témoignage de son pays et de son siècle devant le tribunal de l'histoire, Bourrienne s'indigne au soupçon de faiblesse ou de crainte que certaines gens osèrent diriger contre Napoléon au retour de Moscou : « Lui, craindre! s'écrie-t-il, lui, lâche ou poltron! eh! vraiment, vous le connaissez bien! Il n'était jamais plus heureux que sur un champ de bataille, plus tranquille qu'au milieu des dangers. »

Répétons-le donc avec le général Gourgaud, le baron Fain, etc., l'empereur ne ménagea la garde à la Moscowa que dans l'intérêt même de l'armée entière, et en vue de possibilités ultérieures de la guerre ou de la conclusion prochaine de la paix. Bien plus, quel que pût être d'ailleurs son affaiblissement physique, il est certain qu'il ne paralysa ni son génie ni son activité. Ce fut l'empereur qui prépara et qui conduisit cette grande bataille, ce qui ne l'a pas empêché de faire honneur de la victoire aux principaux chefs de son armée, à ceux-là même à qui l'on prête de si étranges paroles à son égard. « Intrépides héros, dit-il dans ses *Mémoires,* Murat, Ney[1], Poniatowski, c'est à vous que la gloire en est due! Que de grandes, que de belles

---

[1] Le maréchal Ney fut récompensé de la noble part qu'il eut au succès de cette grande bataille par le titre de *prince de la Moscowa.*

actions l'histoire aurait à recueillir! elle dirait comment ces intrépides cuirassiers forcèrent les redoutes, sabrèrent les canonniers sur leurs pièces; elle raconterait le dévouement héroïque de Montbrun, de Caulaincourt, qui trouvèrent la mort au milieu de leur gloire; elle dirait ce que nos canonniers, découverts en pleine campagne, firent contre des batteries plus nombreuses et couvertes par de bons épaulements; et ces intrépides fantassins qui, au moment le plus critique, au lieu d'avoir besoin d'être rassurés par leur général, criaient : « Sois tranquille, tes soldats ont tous juré aujourd'hui de vaincre, et ils vaincront! » Quelques parcelles de tant de gloire parviendront-elles aux siècles à venir? Ou le mensonge, la calomnie, le crime, prévaudront-ils? »

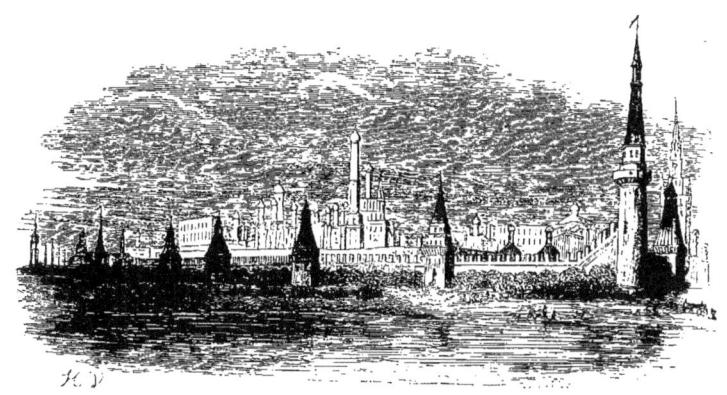

CHAPITRE TRENTE-HUITIÈME.

Marche sur Moscou. — Occupation de cette capitale par les Français.

utusow, battu à la Moscowa, malgré l'avantage de la position et du nombre, ne craignit pas de mentir au peuple russe et à son souverain, en faisant annoncer de tous côtés, et en écrivant même à Alexandre, que la victoire était restée au drapeau moscovite. Sa marche rétrograde ne pouvait guère cependant se concilier avec une pareille prétention. Après s'être sauvé précipitamment du champ de bataille vers Mojaïsk, et avoir simulé de nouveaux préparatifs de défense, il abandonna cette ville aux Français le 9 septembre, et marcha en toute hâte vers Moscou, laissant au pouvoir de l'ennemi d'innombrables blessés, qui n'avaient encore reçu aucun secours, et qui durent leurs premiers soulagements à l'armée victorieuse. « Aidé de quelques soldats de la garde, dont j'avais mis plusieurs fois l'humanité à l'épreuve, dit le docteur Larrey, je pourvus d'abord aux premiers besoins de ces malheureux. Les églises et la maison commune avaient été mises en état de recevoir les blessés français. Les Russes furent réunis dans les maisons de négociants. » Lorsqu'on avait annoncé à Napoléon que Platoff, commandant l'arrière-garde de Kutusow, se disposait à tenir en avant de Mojaïsk. Soit, avait-il dit, nous resterons quelques heures de plus avec nos malheureux blessés. »

Cependant on apprend que Kutusow conserve encore l'espoir de sauver Moscou, et qu'il élève, à quelques lieues en avant de cette capitale, des ouvrages qui semblent indiquer l'intention de soutenir un nouveau combat. Rostopchin s'efforce lui-même de faire croire aux Russes que tel est bien le dessein du général en chef, dans une proclamation du 11 septembre, qui est ainsi conçue : « Il dit qu'il défendra Moscou jusqu'à la dernière goutte de son sang, et qu'il est prêt à se battre même dans les rues de cette ville. On a fermé les tribunaux ; mais que cela ne vous inquiète pas, mes amis :

Général de division et son aide de camp. — 1812.

il faut mettre les affaires en ordre. Nous n'avons pas besoin de tribunaux pour faire le procès au *scélérat*. Si cependant ils me devenaient nécessaires, je prendrais des jeunes gens de la ville et de la campagne. Dans deux ou trois jours je donnerai le signal. Armez-vous bien de haches et de piques, et, si vous voulez mieux faire, prenez des fourches à trois dents : le Français n'est pas plus lourd qu'une gerbe de blé. » — « Je pars demain, disait Rostopchin le jour suivant, pour me rendre près de S. A. le prince Kutusow, pour prendre, conjointement avec lui, des mesures pour exterminer nos ennemis. Nous renverrons au diable ces hôtes, et nous leur ferons rendre l'âme. Je reviendrai pour le dîner, et nous mettrons la main à l'œuvre pour réduire en poudre ces perfides. »

C'est par ce langage que le gouverneur de Moscou, l'orateur du Kremlin[1], prélude à l'accomplissement des sacrifices désastreux que le czar lui-même a fait pressentir. Mais Kutusow ne versera pas la dernière goutte de son sang pour préserver la ville sainte de l'invasion étrangère : le vieux guerrier n'y a jamais songé, et Rostopchin le sait bien. On s'est arrêté à un tout autre dessein, et le moment de mettre la main à l'œuvre est proche. Dans la nuit du 13 au 14 septembre, Kutusow abandonne toutes les positions en avant de Moscou, et se retire vers l'orient, en traversant rapidement l'immense cité, qu'il semblait naguère résolu à défendre avec une sorte de fanatisme.

« Le 14 septembre, dit un écrivain moscovite, jour de deuil éternel pour les cœurs vraiment russes, l'armée leva le camp de Fili à trois heures du matin, et pénétra, par la barrière de Doragomilow, dans la ville qu'elle avait à traverser dans sa plus grande longueur pour sortir par la barrière de Kolomna... Moscou présenta l'aspect le plus lugubre... La marche de l'armée russe avait plutôt l'air d'une pompe funèbre que d'une marche militaire... Des officiers et des soldats pleuraient de rage et de désespoir. » (BUTTURLIN.)

Cependant les Français, en voyant le camp de Fili si inopinément levé, se sont mis à la poursuite des Russes. Murat, l'impétueux Murat, toujours en quête du péril et le plus prompt à l'attaque, s'est élancé le premier sur les traces de l'ennemi, et a devancé l'avant-garde même. A midi, il est déjà dans les rues de Moscou, n'ayant avec lui que quelques cavaliers, et se jetant néanmoins tête baissée sur l'arrière-garde de Kutusow. Bientôt son escorte s'accroît; Napoléon lui a envoyé Gourgaud pour le soutenir. Les Cosaques parlementent alors; ils entourent le guerrier aventureux dont ils admirent à la fois le riche costume et le bouillant courage. Murat, qui est très-connu parmi eux, surtout depuis Tilsitt, où il leur fit des présents, ne sera pas moins généreux aujourd'hui. Il donne sa montre à leur chef, et dispose même de celle de Gourgaud ainsi que des bijoux de ses officiers pour en faire la distribution aux barbares qui l'entourent, et qui, une fois possesseurs de ces éblouissants cadeaux, se pressent d'évacuer Moscou, et de reprendre leurs courses et leurs manœuvres irrégulières sur les derrières de l'armée russe.

Tandis que les Cosaques se retirent, Napoléon avec le reste de son avant-garde arrive aux portes de la ville. Le brusque départ de Kutusow, après tant de démonstrations et de menaces de résistance, l'abandon d'une cité qui sert d'entrepôt aux richesses de l'Europe et de l'Asie, l'exemple de Smolensk, et les vestiges fumants de tant de désastres accumulés sur les plus belles provinces de la Russie par des mains russes, tout cela inspire de la méfiance à l'empereur et le fait hésiter. Ce n'est pour ainsi dire qu'à tâtons qu'il va prendre possession de sa nouvelle et importante conquête. Il s'arrête d'abord à la barrière, fait reconnaître la ville au dehors, ordonne à Eugène de l'envelopper au nord, et à Poniatowski de l'embrasser au midi, pendant que Davoust se tiendra au centre; puis il pousse sa garde en avant, sous le commandement de Lefèvre, qui entre triomphalement dans Moscou et va s'établir au Kremlin.

Napoléon franchit à son tour la barrière. Mais, comme si une voix intérieure l'aver-

---

[1] Les dénégations dont l'incendie de Moscou a été l'objet ne peuvent pas détruire des faits irrévocablement acquis à l'histoire; elles prouvent seulement que ceux qui avaient conçu un horrible système de défense pour sauver leur pays n'ont pas osé répondre ensuite de leurs actes devant la postérité, ou dire, comme ce fameux révolutionnaire de France : « Périsse ma mémoire, et que la patrie soit sauvée ! »

tissait qu'il a le pied sur un abîme, et que Moscou renferme dans ses murailles le terme des succès de l'armée française et le premier signal de la décadence du grand empire, il craint encore de s'engager dans la ville, fait seulement quelques pas, et se

loge provisoirement dans une auberge. Le lendemain, 15, nul symptôme alarmant n'ayant apparu, il fait taire les pressentiments et les craintes qui l'assiégeaient la veille, et, se livrant avec confiance à son destin et à la fortune de la France qu'il croit toujours identifiés, il marche hardiment au Kremlin, et s'y installe.

Le but de la campagne est-il maintenant atteint? L'occupation de Moscou déterminera-t-elle Alexandre à la paix, comme Napoléon s'en est flatté? C'est l'opinion qui règne dans l'armée française, c'est l'espérance des chefs et des soldats, qui s'écrient tous à l'envi : « La voilà donc cette ville fameuse! Moscou! Moscou!... dangers, souffrances, tout est oublié. » Puisse cet enthousiasme ne pas être bientôt suivi d'une amère déception! Selon le mot de l'empereur lui-même, « nous allons voir ce que les Russes vont faire. »

CHAPITRE TRENTE-NEUVIÈME.

Incendie de Moscou. — Suites de ce désastre. — Napoléon attend vainement des propositions de paix. — Retraite des Français. — Le maréchal Mortier fait sauter le Kremlin.

ue reste-t-il maintenant à faire à la révolution française pour achever sa réaction extérieure et sa course triomphale à travers l'Europe, pour punir les aristocraties et les royautés anciennes de leurs persévérantes fureurs contre la France nouvelle?

Si elle leur fit expier autrefois les brutales forfanteries de Brunswick, elle tire vengeance aujourd'hui de la sauvage arrogance de Suwarow. Après avoir conduit son magnifique représentant dans toutes les capitales, introduit le glorieux plébéien dans tous les palais qui servaient d'asile et de sanctuaire à l'orgueil antique, elle vient de l'établir au Kremlin, dans la demeure des czars; et Pierre le Grand peut gémir à son tour sous les pas du PARVENU, comme naguère le grand Frédéric et Charles-Quint.

Tout ce que la révolution avait à accomplir, sous les auspices de l'aigle et par le bras du grand homme, pour l'humiliation des rois et l'enseignement démocratique des peuples, serait-il donc près d'être consommé? La mission de Napoléon toucherait-elle à sa fin?

Les événements vont répondre.

Napoléon n'a pas cessé, ne cessera pas sans doute d'être une effrayante incarnation du principe révolutionnaire aux yeux des monarques étrangers; le peuple français ne se résoudra pas non plus à voir autre chose en lui que la personnification du principe d'égalité. Mais le peuple français ne s'abusera pas, toutefois, sur les tendances de son chef, lorsqu'il le verra oublier un instant « le droit divin de la capacité et du génie », dont il est la sublime expression, pour se complaire à ressusciter des supériorités factices, transmissibles par la naissance; et les peuples européens, laissés après Austerlitz, Iéna et Wagram, à la merci de leurs vieux gouvernements aux abois, auront à reprocher aussi à celui dont ils attendaient leur délivrance d'avoir reculé trop souvent devant une franche et large application de cette propagande dont il fut d'ailleurs, par la force des choses comme par la puissance de son génie, l'agent le plus actif et le plus prodigieux. Sans parler des Polonais, placés provisoirement sous la protection incertaine de l'avenir, les Russes eux-mêmes viennent d'éprouver que Napoléon répugne à prendre le rôle de propagandiste. « En proclamant la liberté des esclaves, dit-il depuis à son sénat, j'aurais pu armer la plus grande partie de la population russe contre elle-même. Dans un grand nombre de villages cet affranchissement m'a été demandé, mais la guerre que je fais aux Russes n'est que politique; et d'ailleurs l'abrutissement de cette classe nombreuse du peuple russe est tel, qu'une semblable mesure vouerait aux plus horribles supplices bien des familles... Cette dernière considération suffisait pour que je me refusasse un pareil moyen contre mes ennemis. » Un écrivain anglais atteste le même fait. « Il n'est pas douteux, dit Robert Wilson, qu'on eût pu fomenter en Russie une guerre civile; et ce fut Bonaparte qui rejeta les offres d'insurrection qu'on lui fit pendant qu'il était à Moscou. »

Quelque louables que puissent être les motifs qui font repousser ici par l'empereur les offres des populations esclaves, toujours est-il certain que Napoléon peut tomber désormais sans entraîner la révolution dans sa chute, sans compromettre le progrès ultérieur des principes populaires. Il y a dans son caractère, dans sa position, des répugnances inévitables que l'histoire devra apprécier. La démocratie est bien près d'avoir obtenu de lui tout ce qu'elle pouvait en attendre, par le mélange de ses intrépides enfants avec les nations du septentrion et du midi, depuis Cadix jusqu'à Moscou.

Mais si le rôle politique de Napoléon doit bientôt finir, s'il est au bout de sa phase révolutionnaire, que va devenir son rôle de conquérant?

Quand les dieux semblaient veiller eux-mêmes sur sa tête et prendre soin de sa fortune, c'était la civilisation, bien plus encore que la conquête, qui fixait leur sollicitude et déterminait leur mystérieuse assistance; c'était l'instrument puissant et glorieux de la régénération européenne qu'ils protégeaient en lui, plutôt que le fondateur d'une dynastie ou que le vainqueur de tant de batailles. Le secours d'en haut pourra donc lui manquer, dès qu'il n'aura plus rien à faire, dans les voies providentielles, pour l'abaissement des rois et pour l'éducation des peuples. Le Ciel, qui lui fut si longtemps propice, dans l'intérêt de l'émancipation universelle, pourra se faire neutre entre le potentat nouveau et les vieux potentats, et alors cette neutralité n'affectera-t-elle pas le génie de l'homme, n'amènera-t-elle pas des jours funestes à sa puissance, ne hâtera-t-elle pas l'accomplissement de sa destinée?

Nous allons voir ce que les Russes vont faire.

« Napoléon croit avoir tout prévu, dit un témoin oculaire : bataille sanglante, séjour prolongé, hiver rigoureux; des revers même;... la possession de Moscou et les deux cent soixante mille hommes qu'il a laissés derrière lui semblent le mettre au-dessus de tous les incidents... Mais à peine est-il assis au Kremlin qu'un horrible incendie se déclare : ce qu'il n'a pas prévu, ce qu'il n'a pu prévoir, la destruction de Moscou par les Russes eux-mêmes lui arrache le point d'appui sur lequel ses principales combinaisons reposent.

» Quelques incendies partiels avaient éclaté dans les premiers moments de notre

CHAPITRE TRENTE-NEUVIÈME.

arrivée. Nous les avions attribués à l'imprudence du soldat... Mais le 16, le vent s'étant mis à souffler avec violence, l'embrasement devint général. Une grande partie de la ville est en bois ; elle renferme de nombreux magasins d'eau-de-vie, d'huile et de matières combustibles. Toutes les pompes ont disparu, et nos travailleurs ne font que des efforts impuissants.

» De noirs tourbillons de fumée se sont élevés sous le vent : partis des quartiers orientaux, ils se sont étendus sur la ville, jetant partout l'affreuse odeur de soufre et de bitume. La flamme les suit avec rapidité, s'avance de maison en maison, s'accroît de tout ce qu'elle dévore, et coule dans un lit de feu d'une extrémité de la ville à l'autre. Tandis que ces premiers sillons de l'incendie poursuivent leur cours épouvantable, d'autres brasiers se sont allumés ; de nouveaux torrents en découlent, et, poussés par le vent, s'allongent dans les intervalles que les laves précédentes n'ont pu atteindre. On dirait que la terre s'est entr'ouverte pour fournir tous les feux qui éclatent ! l'incendie se répand avec fureur ; il ne connaît plus ni direction ni limites ; il mugit, il bouillonne comme les flots de la tempête, et la malheureuse ville achève de s'engloutir dans un océan de flammes !

» A la place de tant de maisons et de palais il ne reste debout que des masses de briques qui marquent la place des foyers domestiques. Ces milliers de pyramides tronquées et noircies nous apparaissent comme le squelette brûlé de Moscou.

» Des fenêtres du Kremlin, Napoléon a sous les yeux cette grande catastrophe... Scipion, en voyant brûler Carthage, ne put se défendre d'un triste pressentiment sur le sort que Rome aurait à son tour : Napoléon demeure pensif... toute l'armée est plongée dans la stupeur. Le morne silence qui règne au Kremlin n'est interrompu que par ces exclamations : « Voilà donc comme ils font la guerre ! La civilisation de Pétersbourg nous a trompés ; ce sont toujours les Scythes ! » (*Manuscrit* de 1812.)

Napoléon a vu maintenant ce qu'allaient faire les Russes. Au lieu de parlementaires ou de négociateurs qui viennent lui demander la paix, il a trouvé dans Moscou des incendiaires qui l'ont enveloppé dans un vaste embrasement, qui l'ont entouré de ruines. Il peut dire maintenant, avec madame de Staël, « qu'aucune nation civilisée ne tient autant des sauvages que le peuple russe ». Les agents de Rostopchin, au nombre de neuf cents, ont été apostés dans les caves pour mettre le feu à tous les quartiers. Quelques-uns ont été surpris la torche à la main. Ils ont tout avoué ; et leur déclaration accuse Rostopchin, qui n'a pas agi, lui, sans l'autorisation de son maître ; car quel sujet de l'autocrate eût voulu assumer sur sa tête la responsabilité d'un si grand désastre ?

Cependant la flamme gagne le voisinage du Kremlin ; les vitres du palais impérial éclatent ; il est temps que Napoléon pourvoie à sa sûreté et qu'il se décide à la retraite. Il s'y refuse néanmoins. C'est un premier pas en arrière qu'on lui demande ; il le sent, et il ne veut pas reculer devant la barbarie qu'il a vaincue dans vingt combats, qu'il a fait fuir devant lui durant l'espace de deux cents lieues, et à travers les plus belles provinces de l'empire russe. En vain on lui montre les flammèches qui tombent dans la cour de l'arsenal, les étoupes enflammées qui jonchent le sol où stationne l'artillerie avec ses caissons ; en vain on l'assure que ses dangers personnels troublent les canonniers et remplissent des plus vives alarmes tout le quartier général, il résiste à tous les conseils, à toutes les instances. Lariboissière, Lefèvre, Bessières, Eugène, viennent échouer tour à tour dans leurs pressantes sollicitations pour le déterminer à s'éloigner d'un péril qui devient à chaque instant plus imminent. Napoléon, au Kremlin, est à son apogée ; il y est arrivé en passant sur le corps des cent mille braves de Kutusow, et il se révolte à l'idée d'en être chassé par une poignée d'incendiaires, par quelques centaines d'agents de Rostopchin. Après avoir été élevé si haut par la victoire, lui, descendre! lui, rétrograder, et sans avoir été vaincu! il ne peut s'y résigner. Il voudra défier la barbarie au milieu de ses fureurs, lutter jusqu'au bout contre la fatalité, prouver à ses sauvages ennemis qu'il y a plus de force dans sa grande âme que de puissance dans leurs infernales combinaisons. Pendant plusieurs heures encore il restera ferme et inébranlable au Kremlin... Mais cette vie qu'il expose, cette vie qu'il prodigue, appartient à l'armée, appartient à la France. Elle est inévitablement compromise, si Napoléon s'obstine à demeurer, en dépit du progrès effrayant des flammes. Napoléon reconnaîtra donc la main de la nécessité et finira par s'y soumettre. Lorsque Berthier, qui est monté sur une terrasse du Kremlin, viendra lui apprendre qu'il n'y a pas un moment à perdre et que l'incendie enveloppe le palais, il cédera au désir de tout ce qui l'entoure, et, passant sous une voûte de feu, il se retirera à une petite distance de Moscou, au château de Pétrowskoïe, sur la route de Pétersbourg.

Ce fut dans l'après-midi du 16 septembre que Napoléon sortit de Moscou. A peine installé dans sa nouvelle résidence, il s'y livra aux méditations les plus profondes sur le désastreux incident qui venait de déranger tous ses plans et sur le parti qu'il avait à prendre. Sa première pensée fut d'aller chercher à Pétersbourg la paix qu'il n'avait pu conquérir à Moscou, et il passa la nuit à tracer sa marche sur la carte. Mais avant d'agir, il voulut consulter ou plutôt tâter son entourage, et il s'aperçut que son dessein trouvait peu d'approbateurs au quartier général. Eugène seul pensait comme l'empereur ; Eugène était prêt à marcher à l'avant-garde. Son infatigable courage applaudissait au projet hardi et à la constance de Napoléon. Mais d'autres courages, non moins brillants, avaient été amenés, par les derniers événements, à se laisser dominer par la prudence. Ceux qui avaient redouté, à son ouverture, cette campagne lointaine ne pouvaient guère sourire à l'idée de la prolonger encore et de s'enfoncer dans le Nord, à l'encontre des frimas. Les appréhensions qui s'étaient manifestées à Dantzig et à Smolensk reparurent donc. En d'autres temps, elles n'eussent rien changé aux déterminations du maître : à Pétrowskoïe, elles furent plus puissantes. « On parvint à le faire douter pour la première fois de la supériorité de son coup d'œil », dit M. Fain. La responsabilité d'une seconde campagne lui semble trop dure à porter. Il ne se laisse pas convaincre néanmoins par ceux qui disent ne repousser la poursuite de la guerre vers Pétersbourg que dans l'espoir d'obtenir la paix à Moscou. « Ne croyez pas, leur dit-il, que ceux qui ont brûlé Moscou soient gens à venir faire la paix quelques jours plus tard; si le parti qui est coupable de cette résolution domine aujourd'hui dans le cabinet d'Alexandre, toutes les espérances dont je vois que vous vous flattez sont vaines. » Malgré cette prévision, trop justifiée depuis, il fit céder à l'avis de ses lieutenants cette supériorité qui autrefois faisait tout fléchir devant elle. « Puisse-t-il ne pas déchoir de lui-même, ajoute l'auteur du *Manuscrit de* 1812, en consentant à descendre jusqu'aux idées de ceux qui l'entourent. Le premier pas est fait. »

Napoléon reste donc dans les environs de Moscou. Si l'on eût été au mois d'août, il eût tenu davantage à son opinion, et, comme il l'a dit à Sainte-Hélène, l'armée eût marché sur Saint-Pétersbourg. Mais la belle saison va finir, et cette considération le décide à suivre les conseils de ses vieux compagnons d'armes.

L'incendie avait cessé dans Moscou; le Kremlin, tant menacé, avait même échappé aux flammes. L'empereur y rentra le 18 au matin. La ville était remplie de pillards de toutes les nations. La présence de Napoléon eut bientôt rétabli l'ordre. En passant sur le quai de la Moscowa, il aperçut la maison des enfants trouvés. « Allez, dit-il aussitôt à son secrétaire interprète, allez voir de ma part ce que sont devenus ces petits malheureux. » Le secrétaire obéit. Arrivé à l'établissement, il apprit que les enfants au-dessus de douze ans avaient été évacués sur Nizni-

Novogorod, et que les plus jeunes, abandonnés à la merci des flammes, en avaient été préservés par le piquet de sauvegarde que Napoléon leur avait envoyé dans la nuit du 14 au 15. « La protection de votre maître, leur dit le directeur de l'hospice, a été pour nous une grâce du ciel; sans le regard que Sa Majesté a jeté sur nous, et il ne nous était pas permis de l'espérer, notre maison devenait la proie du pillage et de l'incendie. » Le vieillard russe conduisit ensuite l'interprète dans les salles et le présenta aux enfants en leur disant : « C'est l'empereur qui envoie ce Français. » Il n'en fallut pas davantage pour exciter la vive et bruyante reconnaissance de ces jeunes infortunés. Ils se jetèrent à l'envi sur le messager de Napoléon pour l'accabler de caresses : les uns embrassaient ses genoux, les autres s'attachaient à son cou, et tous s'écriaient avec transport : « Ton empereur est notre providence. »

Lorsque Napoléon entendit de la bouche de son secrétaire les détails de cette réception, il en fut très-touché, et il manda aussitôt le directeur de l'hospice, qui se nommait Toutelmine, et qui lui demanda la permission d'écrire à l'impératrice mère pour lui apprendre comment la maison avait été préservée du feu. La conversation qu'il eut avec lui durait encore, lorsque quelques flammes apparurent de l'autre côté de la rivière, et vinrent faire craindre à Napoléon que l'incendie ne fût pas entièrement éteint. A cette vue, son indignation le saisit de nouveau, le nom de Rostopchin lui revint à la bouche. « Le malheureux ! s'écria-t-il, qui aux calamités déjà si grandes de la guerre a osé ajouter un embrasement atroce, fait à la main et de sang-froid ! Le barbare ! ce n'est pas assez pour lui d'abandonner de pauvres enfants dont il est le premier tuteur et vingt mille blessés que l'armée russe a confiés à ses soins : femmes, enfants, vieillards, orphelins, blessés, tout est voué à une impitoyable destruction ! et il croit faire le Romain ! c'est un sauvage stupide ! »

Le lendemain, M. de Toutelmine vint remettre à l'empereur la lettre qu'il avait obtenu d'écrire à la suprême protectrice des *enfants trouvés*. Cette lettre renfermait une espèce d'ouverture pour la paix ; elle finissait ainsi : « Madame, l'empereur Napoléon gémit de voir notre capitale presque entièrement détruite par des moyens qui ne sont pas, dit-il, ceux qu'on emploie en bonne guerre. Il paraît convaincu que si personne ne s'interposait entre lui et notre auguste empereur Alexandre, leur ancienne amitié reprendrait bientôt ses droits et tous nos malheurs finiraient. »

Napoléon ne s'en tint pas à cette démonstration indirecte de ses sentiments pacifiques. Il écrivit lui-même à l'empereur Alexandre par l'entremise de M. Jakowleff, qui partit le 24 septembre pour Saint-Pétersbourg ; et, le 4 octobre, il se décida à faire une démarche officielle à l'appui de ses tentatives secrètes, en envoyant son aide de camp Lauriston au quartier général de Kutusow. Mais celui-ci déclara qu'il ne pouvait entrer en négociation, ni laisser passer le négociateur plus avant, sans en avoir reçu l'autorisation de son maître. Il expédia à cet effet le prince Wolkonski auprès du czar.

Pendant tous ces pourparlers préparatoires et ces lointains messages, qui prenaient beaucoup de temps, les ressources que l'incendie avait épargnées s'épuisaient, l'armée russe manœuvrait comme si elle eût voulu nous enfermer dans Moscou, les Cosaques nous harcelaient de toutes parts, et la mauvaise saison approchait sans que les négociations fussent seulement ouvertes.

Napoléon voyait ainsi se vérifier ce qu'il avait annoncé à ses généraux, que « ceux qui avaient brûlé Moscou n'étaient pas gens à venir faire la paix quelques jours plus tard ». Il prolongea toutefois son séjour au Kremlin, s'occupant activement de la police intérieure de Moscou et des pays conquis, se mêlant aux moindres détails du service militaire et des mouvements de l'armée, et dirigeant encore, du milieu de tant de soins et de travaux, à travers une si grande distance, la haute administration de son empire. Un mois s'était pourtant écoulé depuis son entrée dans l'ancienne capitale des czars, et ni la lettre de M. de Toutelmine, ni la missive confiée à M. de Jakowleff, ni la dépêche portée par le prince Wolkonski, ni la présence de Lauriston au camp de Kutusow, n'avaient amené ni seulement fait espérer le moindre résultat. Sourd à toutes les ouvertures, à toutes les propositions pacifiques, Alexandre semblait oublier que la plus belle portion de ses États fût envahie, couverte de ruines, et il détournait ses regards du Kremlin, pour les porter sur le cabinet de Saint-James, d'où lui arrivaient incessamment des félicitations et des encouragements. La conduite d'Alexandre était d'ailleurs éminemment logique. Il avait voulu la guerre ; il en avait accepté toutes les chances désastreuses, pour faire prévaloir le vieux système européen, le système anglais, sur la politique de la révolution et de son chef. Ce n'était pas après avoir subi tout ce qu'une pareille résolution avait pu lui attirer de plus funeste qu'il devait renoncer au but qu'il s'était proposé. La vieille Europe, dont il s'était fait le champion, ne lui demandait plus, pour tout effort, que de rester muet en face de la conquête, assise sur le sol fumant de Moscou, et attendant avec inquiétude des paroles de paix au sein même du triomphe. Alexandre n'avait donc pas à hésiter : son refus de traiter avait été assuré d'avance à Castlereagh, par les instructions données à Rostopchin.

Tandis que le gouvernement russe gardait ainsi obstinément son attitude hostile, le climat se faisait rigoureux. Le 13 octobre, la neige couvrait le sol. « Dépêchons-nous, dit Napoléon, il faut dans vingt jours être en quartier d'hiver. » Le lendemain, il écrivit à Murat de reconnaître la route de Mojaïsk, et il fit partir les trophées, le 15, sous l'escorte du général Claparède, pendant que commençait l'évacuation des malades et des blessés sur Smolensk. Le signal du départ est donc irrévocablement donné.

« Cela ne doit pas s'appeler une retraite, dit Napoléon dans ses *Mémoires*, puisque l'armée était victorieuse, et qu'elle eût pu marcher également sur Saint-Pétersbourg, sur Kalouga ou sur Toula, que Kutusow eût en vain essayé de couvrir... elle ne se retirait pas sur Smolensk parce qu'elle était battue, mais pour hiverner en Pologne. »

L'armée française était en effet victorieuse, et elle le fut jusqu'au dernier moment de l'occupation de Moscou ; car, le 17 octobre, le roi de Naples battait les Russes à Wenkowo, en même temps que Gouvion Saint-Cyr repoussait les attaques de Witgenstein sur Polotsk. Napoléon n'en prévoyait pas moins que sa marche rétrograde produirait en Europe une sensation défavorable à l'autorité morale et à l'immense ascendant que ses prospérités, autant que son génie, lui avaient fait exercer jusque-là sur ses amis et ses ennemis, sur les cabinets et sur les peuples. Ses alliés de Constantinople et de Stockholm lui avaient fait défaut à l'ouverture de la campagne ; ses alliés de Vienne et de Berlin, déjà si lents et si tièdes dans leur concours, pouvaient être refroidis davantage et encouragés dans leurs mauvaises dispositions, en voyant les Français abandonner leurs conquêtes en Russie pour rentrer en Pologne. Cependant il n'y avait plus à balancer. Toute espérance de paix était perdue, et le climat du Nord avait donné ses premiers avertissements. Napoléon sortit de Moscou, le 19 octobre, par la route de Kalouga, après avoir laissé au maréchal Mortier, commandant l'arrière-garde, l'ordre de faire sauter le Kremlin.

Le maréchal reçut de l'empereur d'autres instructions moins rigoureuses. « Je ne saurais trop, lui dit Napoléon, vous recommander ce qui nous reste encore de blessés. Placez-les sur les voitures de la jeune garde, sur celles de la cavalerie à pied, enfin sur toutes celles qu'on trouvera. Les Romains donnaient des couronnes civiques à ceux qui sauvaient des citoyens, combien n'en mériterez-vous pas à mes yeux pour tous les malheureux que vous sauverez ! Il faut les faire monter sur vos propres chevaux et sur ceux de tout votre monde. C'est ainsi que j'ai fait à Saint-Jean d'Acre. On doit commencer par les officiers, passer ensuite aux sous-officiers, et préférer les Français. Assemblez les généraux et les officiers sous vos ordres ; faites-leur sentir tout ce que l'humanité exige dans cette circonstance. »

Cette retraite, qui n'a rien d'abord de sinistre, montre néanmoins l'armée française sous un aspect tout nouveau, bien fait pour provoquer de tristes pressentiments et d'amères réflexions sur l'inconstance de la fortune et l'instabilité des grandeurs humaines. Napoléon est encore vainqueur, mais il se retire devant les vaincus, embarrassé, dans sa marche, du matériel immense dont il a dû se pourvoir, et entraînant en quelque sorte après lui ses magasins et ses hôpitaux sur d'innombrables voitures. « C'est une longue file de calèches et de petits chariots, dit M. Fain, autour desquels chaque compagnie est groupée. On s'est accommodé de tout ce qu'on a trouvé de moyens de transport sous les hangars de Moscou et dans les environs. Cha-

cun y a placé sa réserve particulière de vivres et d'habillements, et croit pouvoir se la ménager jusqu'au terme de la retraite. Des femmes, des enfants, quelques Françaises, des Russes même et des Allemandes, appartenant à la population de Moscou, ont mieux aimé partir avec nous que d'attendre le retour des Cosaques dans leur ville. Elles ont reçu un asile au milieu de nos bagages. »

Les dernières colonnes de l'armée française quittèrent Moscou le 23 octobre, à deux heures du matin. Une heure après, le Kremlin sauta. Un chef de bataillon d'artillerie de marine, M. Ottone, s'était chargé d'aller placer les mèches allumées sur les tonneaux. L'explosion, produite par cent quatre-vingts milliers de poudre, détruisit, avec les tours principales du palais et l'arsenal, l'équipage de pont, le dépôt de fusils et tout le matériel de l'artillerie russe. Le général Wintzingerode, qui s'était trop hâté, la veille, de chercher à rentrer dans Moscou, et qui avait vainement essayé de se couvrir du titre de parlementaire, ne retira de sa précipitation que la douleur d'assister, captif, à la destruction de l'antique demeure des czars. La ville sainte ne vit d'ailleurs finir l'occupation des Français que pour se retrouver incontinent en proie aux Cosaques et aux pillards.

CHAPITRE QUARANTIÈME.

Suite de la retraite des Français. — Napoléon à Smolensk. — Conspiration de Malet.[1]

apoléon se flattait d'aller prendre ses quartiers d'hiver sur les frontières de la Lithuanie. « Vers les premières semaines de novembre, écrivait-il au duc de Bassano, alors à Wilna, j'aurai ramené mes troupes dans le carré qui est entre Smolensk, Mohilow, Minsk et Witepsk... Cette nouvelle position me rapproche à la fois de Saint-Pétersbourg et de Wilna, et je vais me trouver pour la campagne prochaine à vingt marches plus près des moyens et du but... Au surplus, dans les affaires de cette nature, l'événement se trouve quelquefois différer beaucoup de ce qui a été prévu. »

L'événement justifiera malheureusement trop tôt la sagesse de cette réflexion !

Cependant Kutusow, instruit de nos mouvements, avait levé son camp de Taroutino, et s'était porté à la hâte sur Malojaroslawetz pour y devancer l'armée française. Mais le prince Eugène y avait déjà pris position. Le général russe, voulant mettre à profit sa supériorité numérique, donna aussitôt le signal de l'attaque. C'était dans la matinée du 24 octobre. La division Delzons fut la première assaillie ; elle résista héroïquement, et perdit au milieu de l'action son intrépide général, que remplaça immédiatement le chef d'état-major Guilleminot. On se battait des deux parts avec tant d'acharnement, que sept fois au moins la ville fut prise et reprise. L'empereur, qui était survenu, observait tout du haut d'une éminence. L'arrivée des divisions Gérard et Compans fit cesser le combat. Kutusow, désespérant d'emporter définitivement Malojaroslawetz et de s'y établir, se replia pour couvrir la route de Kalouga, qu'il parut d'abord résolu à nous fermer, au prix même d'une nouvelle bataille.

Dans la soirée, Napoléon rentra à son quartier général de Gorodnia, où il n'avait pour se loger qu'une étroite cabane. Instruit de l'attitude menaçante que semblait prendre Kutusow, et tenant à continuer sa marche sur Kalouga, il se décida à combattre encore le lendemain et à passer sur le ventre de l'ennemi. Mais ses généraux pensèrent différemment. Le combat de la veille avait été si meurtrier! Eugène et Davoust bivaquaient sur des monceaux de cadavres, là où fut Malojaroslawetz, qui avait été livrée aux flammes et qui n'offrait plus que des ruines. La prudence conseillait de gagner au plus vite les quartiers d'hiver, et d'éviter toute occasion d'affaiblir les rangs de l'armée. Puisque la route de Smolensk par Wiasma restait ouverte, il fallait se hâter de la prendre, et laisser le général russe se préparer inutilement à nous disputer celle de Kalouga. Ainsi disaient ceux qui entouraient Napoléon, et lui de s'indigner à un pareil avis! « Reculer devant Kutusow! s'écria-t-il; reculer devant l'ennemi quand on vient de le battre, au moment peut-être où il n'attend qu'un signe pour reculer lui-même! »

Tous les renseignements apportés au quartier général par les officiers d'ordonnance présentaient néanmoins Kutusow comme disposé à tenir tête à l'armée française et à risquer la bataille, plutôt que d'abandonner ses positions et de nous céder le terrain sur la route qu'il voulait nous fermer.

Napoléon n'était pas convaincu par ces rapports; il voulut tout voir par lui-même, et le 25, à la pointe du jour, il monta à cheval pour visiter le champ de bataille, et pour reconnaître le camp et les dispositions de l'ennemi. Arrivé près de Malojaroslawetz, il fut tout à coup enveloppé dans le tourbillon d'une alerte, causée par un *hourra* de Cosaques. Son sang-froid resta inaltérable au milieu de la panique répandue autour de lui, au nom et à l'approche de Platoff; mais il fallut que l'empereur et son escorte se missent en mesure de se défendre. Le général Rapp, qui trouva dans cette échauffourée une nouvelle occasion d'illustrer son courage, fut renversé et revint tout meurtri au bivac. « Quand Napoléon, dit-il dans ses *Mémoires,* vit mon cheval couvert de sang, il me demanda si j'étais blessé. Je lui répondis que j'en avais été quitte pour quelques contusions : alors il se prit à rire de notre aventure, que je ne trouvai cependant pas amusante. » La présence du maréchal Bessières, qui survint à la tête de quelques escadrons des grenadiers de la garde, suffit du reste pour arrêter le désordre et pour mettre les Cosaques en fuite. L'empereur continua alors tranquillement sa marche, et se trouva bientôt sur le théâtre du sanglant combat de la veille. Il y fut reçu par le jeune héros qui avait appris à vaincre sous lui, et qui était encore tout ému des pertes cruelles que lui avait coûté son triomphe. « Eugène, lui dit-il en l'embrassant, ce combat est votre plus beau fait d'armes. »

La visite du champ de bataille confirma d'ailleurs les avis donnés à Napoléon. Les Russes élevaient des redoutes; leur résolution de nous barrer le passage était donc bien prise. D'un autre côté, le sang du soldat devenait chaque jour plus précieux. Il avait coulé si abondamment sur le sol de Malojaroslawetz : Napoléon en avait de douloureux témoignages sous les yeux. Il y avait là de quoi faire céder aux conseils de ceux qui le pressaient de se retirer au plus tôt sur Smolensk par la voie non contestée de Mojaïsk et de Wiasma. Cependant il ne prit ce parti que le lendemain, 26, lorsqu'il apprit que Kutusow s'était mis lui-même en retraite. Napoléon n'avait plus à craindre qu'on le soupçonnât d'avoir reculé devant l'ennemi; il pouvait désormais renoncer à marcher sur Kalouga, sans compromettre l'honneur de ses armes.

De Gorodnia il rétrograda d'abord sur Borowsk, et s'établit le 27 à Véréia.

Le lendemain, il arriva dans la soirée au château d'Oupinskoë. Le 29, il s'arrêta près de l'abbaye de Kolotskoï, où, malgré ses ordres si explicites et si pressants, se trouvaient encore des blessés dont le transport n'avait pu s'effectuer, faute de chariots d'ambulance. «Que chaque voiture, s'écria-t-il, prenne donc un de ces malheureux! »

Et non-seulement il ordonna que l'on commençât par les siennes, mais il voulut que les médecins et chirurgiens de sa maison, Ribes et Lherminier, surveillassent le service sanitaire de ce convoi.

Arrivé dans la soirée du même jour à Ghjath, il y passa près de vingt-quatre heures, et entra le 31 à Wiasma, où l'attendaient des lettres de Paris et de Wilna, ainsi que les rapports des maréchaux Victor et Saint-Cyr.

Napoléon, qui espérait rallier le duc de Bellune à Smolensk, et qui avait compté sur les manœuvres de ce lieutenant, comme sur celles de Macdonald, de Saint-Cyr et de Schwartzenberg, pour maintenir ses derrières et ses flancs libres, pour rejeter au nord Wittgenstein sur Pétersbourg, et pour contenir au midi l'amiral Tchitchagoff, qui était accouru des bords du Danube sur le Dniéper après la conclusion de la paix avec la Porte; Napoléon apprit qu'il ne trouverait plus Victor à Smolensk, ni Saint-Cyr à Polotsk; que Macdonald, rejeté en Courlande, ne communiquait plus qu'avec Wilna, et que Schwartzenberg avait laissé passer l'amiral russe entre lui et l'armée française. Ainsi la fortune, qui avait contrarié notre marche victorieuse par des incidents diplomatiques qu'on ne pouvait prévoir, contrarie notre retraite par des événements militaires non moins inattendus; elle se plaît à déranger toutes les combinaisons, à trahir toutes les espérances du grand homme qu'elle comblait naguère de ses faveurs. Mais elle aura beau faire; si elle parvient un jour à lui arracher le pouvoir, il ne lui sera du moins jamais donné de porter atteinte à son génie et à sa gloire.

L'empereur s'arrêta deux jours à Wiasma; il en partit le 2 novembre, à midi, et porta, le 3, son quartier général à Slowkowo, pendant que le prince Eugène, Davoust et Ney, attaqués à Wiasma et sur la route de Medyn par Miloradowitz et Raeffskoï, repoussaient vigoureusement les Russes et maintenaient l'ordre de la retraite dans les dernières colonnes de l'armée française. Si Kutusow nous eût prévenus à Wiasma, notre position devenait extrêmement périlleuse. Mais Butturlin explique les les lenteurs du feld-maréchal par la crainte de forcer les Français à se battre en désespérés et de les réduire à la terrible alternative, qu'ils avaient si souvent rendue funeste à leurs ennemis, de vaincre ou de mourir.

Le brillant combat de Wiasma eut pour effet de ralentir encore davantage la poursuite des Russes. Leurs troupes régulières ne tentèrent plus d'arrêter l'armée française dans sa marche rétrograde. Les Cosaques seuls continuèrent d'inquiéter l'arrière-garde, que l'empereur avait placée sous le commandement du maréchal Ney. Pour les éloigner autant que possible, on imagina un moyen qui réussit parfaitement. « Quand l'attelage d'un fourgon se trouvait démonté et qu'il fallait l'abandonner, dit le général Gourgaud, on y attachait une longue mèche allumée. Les Cosaques, voyant de la fumée sortir du caisson, n'osaient en approcher qu'il n'eût fait explosion, ce qui tardait assez longtemps. »

A Michalewska, Napoléon rencontra un message du duc de Bellune qui lui annonça que le maréchal, après avoir fait sa jonction avec le corps de Gouvion Saint-Cyr, s'était retiré du côté de Senno, au lieu de marcher sur Wittgenstein et de reprendre Polotsk. Cette nouvelle contraria vivement l'empereur. Il écrivit à Victor d'aller en toute hâte sur Wittgenstein et de s'emparer de Polotsk.

Cette fois encore les prévisions de l'empereur sont déçues, ses instructions inefficaces. Il les juge pourtant si importantes, il tient tellement à leur rigoureuse exécution, qu'il les renouvelle dans la nuit par l'entremise de son major général. Mais cette nuit même, le terrible auxiliaire sur lequel les Russes ont compté et que la fortune s'est associé pour trahir nos aigles vient s'abattre comme

un génie exterminateur sur le camp des Français. Un vent glacial porte partout la souffrance et la mort. Quand le jour paraît et qu'il faut se remettre en marche, on trouve les chevaux gelés par milliers et un verglas qui arrête à chaque pas tout ce qui a résisté au froid de la nuit. La voiture du cabinet de l'empereur s'égare même au milieu des neiges.

Cependant on approche de Smolensk. « Dans quel triste état, dit un témoin oculaire, le vent du nord pousse l'armée sur cette ville ! Autour de l'empereur, le sourire du courtisan est tombé des lèvres qui en avaient le plus l'habitude; toutes les figures sont défaites. Les âmes fortes, qui n'ont pas de masque à perdre, sont les seules dont l'expression n'ait pas changé sous les traits plus rudes que le froid et l'insomnie leur impriment. Quant à Napoléon, sa douleur est celle d'une grande âme aux prises avec l'adversité. »

Il entre dans Smolensk, où il s'était promis de faire reposer ses troupes; à Smolensk, il ne retrouvera plus Victor pour soutenir la retraite d'une armée que l'hiver décime impitoyablement, et qui n'offrira bientôt que des débris. Et comme si ce n'était pas assez des calamités qu'il a sous les yeux, des nouvelles de Paris viennent lui montrer, à côté de l'inconstance de la fortune, l'instabilité de sa puissance et de sa dynastie, alors qu'il croyait les avoir mises à l'abri de toute attaque et les avoir marquées pour ainsi dire du sceau de la perpétuité.

Un prisonnier d'État, consigné dans une maison de santé; un membre obscur d'une association républicaine presque inconnue ; un officier sans renom, sans entourage, sans appui, sans autre ressource que son imagination et son audace, le général Malet, avait conçu le projet de renverser, à l'aide d'une fausse nouvelle et de quelques faux ordres, le pouvoir colossal devant lequel tout tremblait ou se prosternait en Europe, et qui paraissait inébranlable sur sa base.

Le 19 octobre, tandis que l'heure de la décadence sonne au Kremlin et que Napoléon sort de Moscou, Malet s'échappe de la maison de santé où il subissait la surveillance de la police, se présente peu d'instants après, sous le nom du général Lamotte, au chef de la dixième cohorte de la garde nationale, le colonel Soulier, lui annonce la mort de l'empereur, ainsi que l'établissement d'un nouveau gouvernement, et lui ordonne de lui remettre le commandement de son corps. Il était alors deux heures du matin. Le colonel était au lit et souffrant. A la nouvelle de la mort de Napoléon, il ne pense qu'à pleurer et s'excuse de ne pouvoir se lever. Mais il intime l'ordre à son adjudant d'assembler la cohorte et de la mettre à la disposition du général Lamotte, ce qui est immédiatement exécuté. Malet, muni d'un flambeau, vient alors lire aux soldats, à moitié endormis, les journaux, les proclamations, les décrets qu'il a fabriqués; et cette troupe, composée de douze cents hommes, le suit docilement partout où il lui plaît de la conduire.

Il se dirige d'abord vers la prison de la Force, d'où il fait sortir ses deux principaux complices, Lahorie et Guidal, qu'il charge d'aller mettre en arrestation les deux chefs de la police, MM. Savary et Pasquier.

Le préfet de police n'oppose pas la moindre résistance aux ordres de deux hommes qui étaient naguère ses prisonniers, et dont il devait soigner et maintenir la détention.

Le ministre de la police n'a pas non plus d'objections à faire à son arrestation et à tout ce que lui débitent Guidal et Lahorie des inventions de Malet. On le surprend au lit, et il se laisse conduire à la Force, où il remplace, avec le préfet de police, les deux prisonniers d'État qui viennent de les arrêter l'un et l'autre.

Le préfet de la Seine, Frochot, montre la même confiance et la même docilité. Il croit l'empereur mort, et il fait bonnement préparer la salle qui doit servir à l'installation du nouveau gouvernement.

Malet fut moins heureux chez le gouverneur de Paris. Le général Hulin, au lieu de se laisser arrêter sans explication, demanda à voir les ordres en vertu desquels on procédait contre lui, et passa incontinent dans son cabinet. Malet le suivit, et au moment où le gouverneur se retournait pour réclamer encore l'exhibition des pièces dont on s'étayait pour le mettre en arrestation, l'audacieux conspirateur lui tira un coup de pistolet qui le blessa au visage et le fit tomber sans le tuer. Un capitaine de la dixième cohorte était présent, et l'attitude du gouverneur ne lui donna pas le moindre soupçon de la surprise dont il était dupe avec tout son corps par suite de la crédulité de son colonel.

Hulin blessé, renversé, Malet se rendit chez l'adjudant général Doucet. Mais il y trouva un inspecteur général de police qui le reconnut, l'interpella vivement, et donna aussitôt l'ordre de l'arrêter. Malet, se voyant perdu, essaya d'échapper au sort qui l'attendait en se servant d'un second pistolet qu'il tenait caché dans sa poche. Cette dernière ressource lui fut enlevée. Les personnes présentes à l'état-major, même celles qui l'avaient suivi jusque-là avec une entière soumission, se jetèrent sur lui et le désarmèrent. En peu d'instants, les conjurés, après avoir régné pendant deux heures sur la capitale endormie, se rencontrèrent de nouveau sous les verrous. Le ministre de la police désigné par Malet était occupé dans son hôtel à se faire prendre mesure de son costume lorsqu'on vint pour l'arrêter.

Ainsi finit cette extravagante conspiration, qui fut comme une espèce de cauchemar ou comme une scène de somnambulisme pour quelques hauts fonctionnaires, tandis que la population parisienne, plongée dans le sommeil, retrouva à son réveil sa sécurité de la veille. Elle ne connut la saturnale nocturne qui s'était passée au milieu d'elle que par le récit du *Moniteur*, et elle n'en reçut quelque émotion que par les exécutions promptes qui suivirent et qui coûtèrent la vie à quatorze personnes.

Lorsque Napoléon eut lu la dépêche qui l'instruisait de cette échauffourée, il s'étonna moins de l'audace des conspirateurs que de la facilité qu'ils avaient trouvée chez les autorités supérieures, dont ils devaient attendre un énergique démenti et une éclatante répression pour leur fausse nouvelle et leur folle tentative. Les réflexions les plus pénibles et les mieux fondées vinrent l'assaillir et l'attrister. « Voilà donc, dit-il, à quoi tient mon pouvoir! Quoi!... il est donc bien aventuré, s'il suffit d'un seul homme, d'un détenu pour le compromettre! ma couronne est donc bien peu affermie sur ma tête, si, dans ma capitale même, un coup de main hardi de trois aventuriers peut la faire chanceler! Après douze années de gouvernement, après mon mariage, après la naissance de mon fils, après tant de serments, ma mort pourrait devenir encore un moyen de révolution!... Et Napoléon II, on n'y pensait donc pas! »

Non, on n'y pensait pas! et il n'était venu dans l'idée de personne que le cri sacramentel de l'ancienne monarchie pût être applicable à la monarchie impériale, que l'on dût répondre à Malet et à ses adhérents : « L'empereur est mort, vive l'empereur! »

Cependant l'hérédité du pouvoir suprême et l'ordre de successibilité étaient formellement garantis et réglés par la constitution. Mais qu'était-ce qu'une disposition constitutionnelle que l'esprit du temps n'avait pas revêtue de sa sanction souveraine? Napoléon a beau être le plus habile, le plus puissant, le plus glorieux des fondateurs de dynastie, il pressent que son œuvre ne durera pas; son exclamation trahit une inquiète prévoyance. Quoi! l'on a pu croire qu'en répandant seulement le bruit de sa mort, c'en serait fait de son gouvernement et de sa race, et que son édifice tout entier serait censé avoir péri avec lui! et l'on ne s'est point trompé! et nul n'a songé à son fils! cet oubli le frappe et l'afflige. Qu'il ne s'en prenne pas toutefois aux fonctionnaires éminents, aux chefs de l'Empire, qui ont ainsi oublié d'invoquer le principe sur lequel reposent l'élévation et l'avenir même de leur propre famille. Ce n'est pas leur faute s'ils n'ont pas pensé à Napoléon II; c'est le fait du siècle dont le génie les domine à leur insu, et qui est peu dynastique.

Napoléon ajoute, en se tournant vers l'un de ses plus braves officiers et faisant toujours allusion aux événements de Paris : « Rapp, un malheur n'arrive pas seul; c'est le complément de ce qui se passe ici. Je ne puis pas être partout, mais il faut que je revoie ma capitale : ma présence y est indispensable pour remonter l'opinion. Il me faut des hommes et de l'argent; de grands succès, de grandes victoires répareront tout. »

Et il y aura beaucoup à réparer! d'heure en heure nos malheurs s'accroissent; ce ne sera bientôt plus une retraite que nous aurons à raconter, mais un immense désastre...

CHAPITRE QUARANTE ET UNIÈME.

Départ de Smolensk. — Affreuse situation de l'armée. — Bataille de la Bérésina. — Retour de l'empereur à Paris.

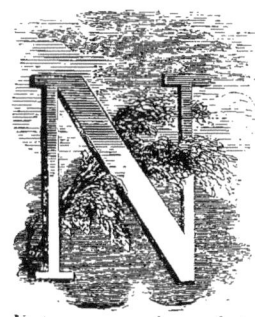

APOLÉON ne pouvait s'arrêter longtemps à Smolensk. Presque toutes les réserves qu'il avait échelonnées pour servir d'appui à sa retraite avaient été déplacées par des marches et des contre-marches imprévues. Les approvisionnements sur lesquels il avait compté lui manquaient également ou étaient rapidement consommés et gaspillés au milieu du désordre et des besoins de l'armée. A chaque instant il apprenait quelques pertes nouvelles, quelque funeste événement. Tantôt c'était la division détachée sur Kalouga qui entrait dans Smolensk après avoir laissé entre les mains de Kutusow une de ses brigades tout entière; tantôt c'était Eugène à qui le passage de la Woop avait coûté douze cents chevaux, soixante pièces de canon et tous ses équipages; et au milieu de tant de calamités, Tchitchagoff approchait, Tchitchagoff n'était plus qu'à quelques marches de l'armée française, et notre plus redoutable ennemi, le froid, faisait descendre le thermomètre à vingt degrés de glace.

Tout était donc maintenant conjuré contre Napoléon, comme tout lui souriait autrefois. Un seul appui restait à son courage inaltérable, c'était le courage persévérant de ses généraux et de ses soldats. Dans toutes les rencontres, les guerriers français se montraient toujours dignes du grand peuple qui les avait chargés du dépôt de sa gloire, et dignes du grand homme dont ils partageaient les revers comme ils avaient partagé ses triomphes. A aucune époque de leur prospérité ils ne furent plus intrépides. Un des combats que livra leur arrière-garde, sous les ordres de Ney, a été appelé par l'Anglais Wilson *la bataille des héros*. C'est à la suite de ce brillant fait d'armes que *le brave des braves*, entouré de cent mille Russes, parvint à leur échap-

per et à rejoindre l'armée française à travers un pays inconnu, et après avoir passé le Borysthène sur les glaçons du fleuve. En apprenant son arrivée, Napoléon, qui l'avait cru perdu, s'écria avec transport : « J'ai deux cents millions dans les caves des Tuileries, je les aurais donnés pour le maréchal Ney. »

Mais l'héroïsme, auxiliaire du génie, s'il est encore assez puissant pour retenir la gloire sous nos drapeaux, ne peut rien contre la fortune qui s'en éloigne de plus en plus, qui nous trahit et nous accable chaque jour davantage. Déjà d'épouvantables malheurs sont à déplorer, et ils vont s'effacer devant les évènements plus terribles qui restent à décrire. Pour faire choir un homme de la stature de Napoléon, il fallait une commotion violente et universelle qui tournât contre lui les intérêts, les passions, les éléments; il fallait une conjuration de la terre et du ciel, une conjuration qui se manifestât par quelque grande catastrophe... La catastrophe est arrivée. Celui dont elle doit commencer la ruine en dictera lui-même les détails. Si l'empereur ressent vivement les coups de l'adversité pour lui, pour les siens, et surtout pour la France, il domine encore assez l'infortune pour l'envisager sans faiblesse et sans abattement, pour parler d'elle avec une noble résignation qui n'exclut pas l'espérance; le chiffre du bulletin où il consignera son pénible récit, douloureusement conservé dans les traditions populaires, suffira longtemps pour signaler d'un mot l'époque et l'immensité des revers de la grande armée, pour marquer dans le lointain la première période de la chute du grand capitaine.

VINGT-NEUVIÈME BULLETIN.

« Jusqu'au 6 novembre, le temps a été parfait, et le mouvement de l'armée s'est exécuté avec le plus grand succès. Le froid a commencé le 7 ; dès ce moment, chaque nuit nous avons perdu plusieurs centaines de chevaux qui mouraient au bivac. Arrivés à Smolensk, nous avions déjà perdu bien des chevaux de cavalerie et d'artillerie.

» L'armée russe de Volhynie était opposée à notre droite. Notre droite quitta la ligne d'opération de Minsk, et prit pour pivot de ses opérations la ligne de Varsovie. L'empereur apprit à Smolensk, le 9, ce changement de ligne d'opérations, et présuma ce que ferait l'ennemi. Quelque dur qu'il lui parût de se mettre en mouvement dans une si cruelle saison, le nouvel état des choses le nécessitait ; il espérait arriver à Minsk, ou du moins sur la Bérésina, avant l'ennemi ; il partit le 13 de Smolensk ; le 16, il coucha à Krasnoë. Le froid, qui avait commencé le 7, s'accrut subitement, et du 14 au 15 et au 16, le thermomètre marqua seize et dix-huit degrés au-dessous de glace. Les chemins furent couverts de verglas ; les chevaux de cavalerie, d'artil-

lerie périssaient toutes les nuits, non par centaines, mais par milliers, surtout les chevaux de France et d'Allemagne : plus de trente mille chevaux périrent en peu de jours ; notre cavalerie se trouva toute à pied ; notre artillerie et nos transports se trouvaient sans attelage : il fallut abandonner et détruire une bonne partie de nos pièces et de nos munitions de guerre et de bouche.

» Cette armée, si belle le 6, était bien différente dès le 14, presque sans cavalerie, sans artillerie, sans transports. Sans cavalerie, nous ne pouvions pas nous éclairer à un quart de lieue ; sans artillerie, nous ne pouvions pas risquer une bataille et attendre de pied ferme ; cependant, il fallait marcher pour ne pas être contraint à une bataille, que le défaut de munitions nous empêchait de désirer ; il fallait occuper un certain espace pour n'être pas tourné, et cela sans cavalerie qui éclairât et qui liât les colonnes. Cette difficulté, jointe à un froid excessif subitement venu, rendit notre situation fâcheuse. Les hommes que la nature n'a pas trempés assez fortement pour être au-dessus de toutes les chances du sort et de la fortune parurent ébranlés, perdirent leur gaieté, leur bonne humeur, et ne rêvèrent que malheur et catastrophes ; ceux qu'elle a créés supérieurs à tout conservèrent leur gaieté, leurs manières ordinaires, et virent une nouvelle gloire dans des difficultés différentes à surmonter.

» L'ennemi, qui voyait sur les chemins les traces de cette affreuse calamité qui frappait l'armée française, chercha à en profiter. Il enveloppait toutes les colonnes par ses Cosaques, qui enlevaient, comme les Arabes dans les déserts, les trains et les voitures qui s'écartaient. Cette méprisable cavalerie, qui ne fait que du bruit et n'est pas capable d'enfoncer une compagnie de voltigeurs, se rendit redoutable à la faveur des circonstances. Cependant l'ennemi eut à se repentir de toutes les tentatives sérieuses qu'il voulut entreprendre ; il fut culbuté par le vice-roi, au-devant duquel il s'était placé, et y perdit beaucoup de monde.

» Le duc d'Elchingen, qui avec trois mille hommes faisait l'arrière-garde, avait fait sauter les remparts de Smolensk. Il fut cerné et se trouva dans une position critique : il s'en tira avec cette intrépidité qui le distingue. Après avoir tenu l'ennemi éloigné de lui pendant toute la journée du 18 et l'avoir constamment repoussé, à la nuit il fit un mouvement par le flanc droit, passa le Borysthène et déjoua tous les calculs de l'ennemi. Le 19, l'armée passa le Borysthène à Orza, et l'armée russe fatiguée, ayant perdu beaucoup de monde, cessa là ses tentatives.

» L'armée de Volhynie s'était portée dès le 16 sur Minsk, et marchait sur Borisow. Le général Dombrowski défendit la tête du pont de Borisow avec trois mille hommes. Le 23, il fut forcé et obligé d'évacuer cette position. L'ennemi passa alors la Bérésina, marchant sur Bobr ; la division Lambert faisait l'avant-garde. Le deuxième corps, commandé par le duc de Reggio, qui était à Tscherin, avait reçu l'ordre de se porter sur Borisow pour assurer à l'armée le passage de la Bérésina. Le 24, le duc de Reggio rencontra la division Lambert à quatre lieues de Borisow, l'attaqua, la battit, lui fit deux mille prisonniers, lui prit six pièces de canon, cinq cents voitures de bagages de l'armée de Volhynie, et rejeta l'ennemi sur la rive droite de la Bérésina. Le général Berkeim, avec le 4e de cuirassiers, se distingua par une belle charge. L'ennemi ne trouva son salut qu'en brûlant le pont, qui a plus de trois cents toises.

» Cependant l'ennemi occupait tous les passages de la Bérésina. Cette rivière est large de quarante toises ; elle charriait assez de glaces ; mais ses bords sont couverts de marais de trois cents toises de long, ce qui la rend un obstacle difficile à franchir.

» Le général ennemi avait placé ses quatre divisions dans différents débouchés où il présumait que l'armée française voudrait passer.

» Le 26, à la pointe du jour, l'empereur, après avoir trompé l'ennemi par divers mouvements faits dans la journée du 25, se porta sur le village de Studzianca, et fit aussitôt, malgré une division ennemie et en sa présence, jeter deux ponts sur la rivière. Le duc de Reggio passa, attaqua l'ennemi et le mena battant deux heures ; l'ennemi se retira sur la tête du pont de Borisow. Le général Legrand, officier du premier mérite, fut blessé grièvement, mais non dangereusement. Toute la journée du 26 et du 27 l'armée passa.

» Le duc de Bellune, commandant le neuvième corps, avait reçu ordre de suivre le mouvement du duc de Reggio, de faire l'arrière-garde et de contenir l'armée russe de la Dwina qui le suivait. La division Partouneaux faisait l'arrière-garde de ce corps. Le 27, à midi, le duc de Bellune arriva avec deux divisions au pont de Studzianca.

» La division Partouneaux partit à la nuit de Borisow. Une brigade de cette division,

CHAPITRE QUARANTE ET UNIÈME. 403

qui formait l'arrière-garde et qui était chargée de brûler les ponts, partit à sept heures du soir : elle arriva entre dix et onze heures ; elle chercha sa première brigade et son général de division, qui étaient partis deux heures avant, et qu'elle n'avait pas rencontrés en route. Ses recherches furent vaines ; on conçut alors des inquiétudes. Tout ce qu'on a pu connaître depuis, c'est que cette première brigade, partie à cinq heures, s'est égarée à six, a pris à droite au lieu de prendre à gauche, et a fait deux ou trois lieues dans cette direction ; que dans la nuit, et transie de froid, elle s'est ralliée aux feux de l'ennemi, qu'elle a pris pour ceux de l'armée française ; entourée ainsi, elle aura été enlevée. Cette cruelle méprise doit nous avoir fait perdre deux mille hommes d'infanterie, trois cents chevaux et trois pièces d'artillerie. Des bruits couraient que le général de division n'était pas avec sa colonne, et avait marché isolément.

» Toute l'armée ayant passé le 28 au matin, le duc de Bellune gardait la tête du pont sur la rive gauche ; le duc de Reggio, et derrière lui toute l'armée, était sur la rive droite.

» Borisow ayant été évacué, les armées de la Dwina et de Volhynie communiquèrent ; elles concertèrent une attaque. Le 28, à la pointe du jour, le duc de Reggio fit prévenir l'empereur qu'il était attaqué ; une demi-heure après, le duc de Bellune le fut sur la rive gauche ; l'armée prit les armes. Le duc d'Elchingen se porta à la suite du duc de Reggio, et le duc de Trévise derrière le duc d'Elchingen. Le combat devint vif ; l'ennemi voulut déborder notre droite ; le général Doumerc, commandant la cinquième division de cuirassiers, et qui faisait partie du deuxième corps resté sur la Dwina, ordonna une charge de cavalerie aux 4ᵉ et 5ᵉ régiments de cuirassiers, au moment où la légion de la Vistule s'engageait dans les bois pour percer le centre de l'ennemi, qui fut culbuté et mis en déroute. Ces braves cuirassiers enfoncèrent successivement six carrés d'infanterie, et mirent en déroute la cavalerie ennemie qui venait au secours de son infanterie : six mille prisonniers, deux drapeaux et six pièces de canon tombèrent en notre pouvoir [1].

» De son côté, le duc de Bellune fit charger vigoureusement l'ennemi, le battit, lui fit cinq à six cents prisonniers et le tint hors la portée du canon du pont. Le général Fournier fit une belle charge de cavalerie.

» Dans le combat de la Bérésina, l'armée de Volhynie a beaucoup souffert. Le duc de Reggio a été blessé ; sa blessure n'est pas dangereuse ; c'est une balle qu'il a reçue dans le côté.

[1] Dans cette glorieuse rencontre, les cuirassiers étaient commandés par le colonel Dubois, qui chargea à leur tête et les entraîna par son exemple. En récompense de ce service éclatant, il fut nommé général, par un décret daté du champ de bataille.

» Le lendemain 29, nous restâmes sur le champ de bataille. Nous avions à choisir entre deux routes, celle de Minsk et celle de Wilna. La route de Minsk passe au milieu d'une forêt et de marais incultes, et il eût été impossible à l'armée de s'y nourrir. La route de Wilna, au contraire, passe dans de très-bons pays; l'armée, sans cavalerie, faible en munitions, horriblement fatiguée de cinquante jours de

Cuirassier.

marche, traînant à sa suite ses malades et ses blessés de tant de combats, avait besoin d'arriver à ses magasins. Le 30, le quartier général fut à Plechnitsi, le 1er décembre à Slaiki, et le 3 à Molodetschino, où l'armée a reçu les premiers convois de Wilna.

» Tous les officiers et soldats blessés, et tout ce qui est embarras, bagages, etc., etc., ont été dirigés sur Wilna.

» Dire que l'armée a besoin de rétablir sa discipline, de se refaire, de remonter sa cavalerie, son artillerie et son matériel, c'est le résultat de l'exposé qui vient d'être fait. Le repos est son premier besoin.

» Dans tous ces mouvements, l'empereur a toujours marché au milieu de sa garde, la cavalerie commandée par le maréchal duc d'Istrie, l'infanterie commandée par le duc de Dantzick...

» Notre cavalerie était tellement démontée, que l'on a dû réunir les officiers auxquels il restait un cheval pour en former quatre compagnies de cent cinquante hommes chacune. Les généraux y faisaient les fonctions de capitaines et les colonels celles de sous-officiers. Cet escadron sacré, commandé par le général Grouchy et sous les ordres du roi de Naples, ne perdait pas de vue l'empereur dans tous ses mouvements.

» La santé de Sa Majesté n'a jamais été meilleure. »

Il s'est trouvé des hommes assez injustes pour reprocher cette dernière phrase à Napoléon, comme une insulte à la douleur de tant de familles que son bulletin allait remplir d'alarmes et que nos désastres couvraient de deuil.

Fallait-il donc qu'il ajoutât lui-même à la consternation et à l'anxiété qu'un aussi funeste récit devait inévitablement produire dans tout l'Empire, en laissant à la malveillance un prétexte de renouveler le bruit mensonger qui avait failli suffire à trois aventuriers pour ébranler son trône? N'était-ce pas une parole de consolation et d'espoir qu'il adressait à la France, en lui disant, après le lugubre tableau de ses pertes, que les destins et les frimas, dans leurs fureurs combinées, avaient au moins respecté le grand homme en qui elle avait vécu si glorieusement dans les jours prospères, et dont la vie lui devenait plus précieuse et le génie plus nécessaire que jamais pour traverser ses jours néfastes?

Pourquoi Napoléon aurait-il craint d'ailleurs de faire connaître à la France et à l'Europe l'énormité des revers qu'il venait d'essuyer? Pourquoi se serait-il senti humilié par l'aveu d'aussi grands désastres? Son cœur et sa tête n'y étaient pour rien ; ni l'un ni l'autre ne lui avaient fait défaut dans les circonstances les plus difficiles. Les étrangers, les Russes eux-mêmes lui ont rendu ce témoignage. A Toloszie, resserré dans un espace de quinze lieues, entre Kutusow, Wittgenstein et Tchitchagoff; environné par trois corps d'armée formant une masse de cent cinquante mille hommes; ne voyant autour de lui que visages mornes et n'entendant que de timides murmures qui décelaient l'abattement des âmes qui lui avaient toujours paru le plus fortement trempées, il conserva assez de calme et de constance, il resta assez digne du grand peuple et de lui-même pour faire dire à ses soldats : « Il nous tirera encore de là! » et pour forcer ses ennemis à cet éclatant hommage : « Dans cette situation, dit Butturlin, la plus périlleuse où il se soit jamais trouvé, ce grand capitaine ne fut pas au-dessous de lui-même. Sans se laisser abattre par l'imminence du danger, il osa le mesurer avec l'œil du génie, et trouva encore des ressources là où un général moins habile et moins déterminé n'en aurait pas même soupçonné la possibilité. »

Mais que peut le génie contre les éléments? Napoléon n'échappe, à force de courage et d'habileté, aux manœuvres des généraux russes que pour voir tomber son armée sous la rigueur du froid, dont l'intensité et les ravages s'accroissent encore après le départ du vingt-neuvième bulletin. « La main gèle sur le fer, les larmes se glacent sur les joues », selon l'expression d'un témoin oculaire, et ces nobles phalanges, qui avaient fait si longtemps trembler l'Europe, présentent maintenant l'aspect le plus misérable. « Nous étions tous dans un tel état d'abattement et de torpeur, dit le docteur Larrey, que nous avions peine à nous reconnaître les uns les autres; on marchait dans un morne silence... l'organe de la vue et les forces musculaires étaient affaiblis au point qu'il était très-difficile de suivre sa direction et de conserver l'équilibre... la mort était devancée par la pâleur du visage, par une sorte d'idiotisme, par la difficulté de parler, par la faiblesse de la vue. »

Napoléon devait-il rester au milieu de ces effrayants débris de sa grande armée, et exposer à de pareilles atteintes l'intelligence et le bras qui faisaient toujours l'espoir de la France? Nul n'aurait osé le penser. Deux jours après l'envoi du funeste bulletin, il réunit à son quartier général de Morghoni ses principaux lieutenants pour leur annoncer qu'il allait se séparer d'eux et regagner le plus vite possible sa capitale, où les événements rendaient sa présence nécessaire. « Je vous quitte, leur dit-il, mais c'est pour aller chercher trois cent mille soldats. Il faut bien se mettre en mesure de soutenir une seconde campagne, puisque pour la première fois une campagne n'a pas achevé la guerre... Et pourtant à quoi cela a-t-il tenu?... Vous savez l'histoire de nos désastres, et combien est petite la part que les Russes y ont prise. Ils peuvent bien dire comme les Athéniens de Thémistocle : « Nous étions perdus, si nous n'eussions été perdus ! » Quant à nous, notre unique vainqueur c'est le froid, dont la rigueur prématurée a trompé les habitants eux-mêmes. Les contre-marches de Schwartzenberg ont fait le reste ! Ainsi, l'audace inouïe d'un incendiaire, un hiver surnaturel, de lâches intrigues, de sottes ambitions, quelques fautes, de la trahison peut-être, et de honteux mystères qu'on saura sans doute un jour, voilà ce qui nous ramène au point d'où nous sommes partis. Vit-on jamais plus de chances favorables dérangées par des contrariétés plus imprévues? La campagne de Russie n'en sera pas moins la plus glorieuse, la plus difficile et la plus honorable dont l'histoire moderne puisse faire mention.»

Le même jour (5 décembre) l'empereur prit la route de Paris, laissant le commandement en chef de l'armée au roi de Naples. Il voyagea dans un traîneau, sous le nom du duc de Vicence, qui l'accompagnait. En passant à Wilna, il entretint le duc de Bassano pendant quelques heures. A Varsovie, il conversa avec le comte Potocki, et visita les fortifications de Praga. Le 14 décembre, il arriva à Dresde, au milieu de la nuit ; et, après une longue conférence avec son fidèle et vénérable allié le roi de Saxe, il reprit le chemin de sa capitale. Le 18 il était à Paris.

CHAPITRE QUARANTE-DEUXIÈME.

Réflexions sur l'issue désastreuse de l'expédition de Russie. — Napoléon reçoit les félicitations des grands corps de l'État. — Levée de trois cent cinquante mille hommes. — Défection du général prussien d'Yorck. — Murat abandonne l'armée. — Ouverture du corps législatif.

Moscou a donc trompé l'espoir de Napoléon. En allant planter ses aigles au Kremlin, l'empereur avait espéré y trouver une paix glorieuse et solide, le terme de ses expéditions guerrières, l'affermissement de sa politique et de sa puissance. « C'était pour la grande cause, a-t-il dit plus tard, la fin des hasards et le commencement de la sécurité. Un nouvel horizon, de nouveaux travaux allaient se dérouler, tout pleins du bien-être et de la prospérité de tous. Le système européen se trouvait fondé; il n'était plus question que de l'organiser... Satisfait sur ces grands points et tranquille partout, j'aurais eu aussi mon *congrès* et ma *sainte alliance* : ce sont des idées qu'on m'a volées. Dans cette réunion de tous les souverains, nous aurions traité de nos intérêts en famille, et compté de clerc à maître avec les peuples... La cause du siècle était gagnée, la révolution accomplie; il ne s'agissait plus que de la raccommoder avec ce qu'elle n'avait pas détruit. Or, cet ouvrage m'appartenait; je l'avais préparé de longue main, aux dépens de ma popularité peut-être. N'importe, je devenais l'arche de l'ancienne et de la nouvelle alliance, le médiateur naturel entre l'ancien et le nouvel ordre de choses. J'avais les principes et la confiance de l'un, je m'étais identifié avec l'autre; j'appartenais à tous les deux, j'aurais fait en conscience la part de chacun. »

Pourquoi la Providence refusa-t-elle son suprême concours à l'exécution d'un plan aussi magnifique? Pourquoi plaça-t-elle un abîme là où Napoléon avait marqué le but de tous ses efforts, le triomphe du siècle, l'accomplissement de la révolution? Pourquoi un immense désastre pour prix d'un aussi vaste dessein et en échange d'un aussi grand résultat?

« Les hommes qui ont écrit ou médité l'histoire, dit M. de Maistre, ont admiré cette force secrète qui se joue des conseils humains. »

S'il est vrai, comme l'a proclamé Napoléon à Sainte-Hélène, que dans un temps prochain la civilisation et la barbarie doivent vider entièrement leur querelle, et que nous marchions au triomphe complet de l'une ou de l'autre, il est certain aussi que la cause du siècle ne pouvait pas être pleinement et irrévocablement gagnée par la consécration d'un système mitoyen, qui aurait fait vivre pêle-mêle la jeune et la vieille Europe, en conservant à l'une ses anciennes formes, ses institutions aristocratiques et sur quelques points même ses antiques dynasties, et en passant à l'autre ses idées nouvelles, ses tendances libérales et ses idées démocratiques.

Sous des apparences de modération, commandées par les circonstances, la révolution et l'ancien régime auraient toujours gardé au fond leurs dissidences radicales et leurs antipathies invincibles; leur réconciliation n'aurait jamais été que superficielle et éphémère. En essayant de les unir, de les marier, malgré l'incompatibilité absolue qui existait entre eux, Napoléon n'entreprit donc qu'une œuvre essentiellement transitoire, et ne fit, de son aveu, que compromettre sa popularité. D'un côté, l'ancienne société conserva ses rancunes, ses répugnances, ses appréhensions à l'égard de l'homme qui avait les principes et la confiance de la société nouvelle; d'autre part, la société nouvelle persista dans ses prétentions, et fut amenée à craindre que ses principes ne fussent plus aussi profondément enracinés dans l'homme qui s'efforçait de s'identifier avec la société ancienne.

Napoléon poursuivant une transaction définitive entre l'ancien et le nouvel ordre de choses; Napoléon méditant une sainte alliance des souverains, telle à peu près que ses ennemis l'établirent dans la suite sur les débris de sa puissance, et non point une sainte alliance des peuples, telle que Béranger l'a chantée dans ses vers prophétiques; Napoléon, médiateur entre le moyen âge et le dix-neuvième siècle, n'était plus en effet dans le rôle que lui avait assigné la Providence, rôle d'active propagande au profit de l'avenir, et non pas d'arbitrage impartial dans un but de ménagement pour le passé. Par cette conception, qui séduisit trop facilement son génie, il avait posé un *nec plus ultra* à l'esprit de réforme, dont les œuvres étaient encore loin d'être accomplies. Soit désir de conciliation et d'ordre, soit besoin de repos et de stabilité, le Verbe de la démocratie française s'était ainsi fait stationnaire; il en était venu à penser que l'idéal de la politique contemporaine et la tâche du héros des temps modernes consistaient à enfermer d'une main puissante le torrent révolutionnaire dans le lit étroit et entre les digues ruinées où la main débile de la vieille Europe n'avait pu le contenir. Mais quelque côté généreux que pût présenter cette tentative, elle n'en constituait pas moins une audacieuse négation des perfectionnements ultérieurs et fondamentaux que la jeune Europe avait droit d'espérer dans son organisation politique. C'était arrêter les développements de la régénération universelle que de chercher ainsi à raccommoder la révolution[1] avec ce qu'elle n'avait pas détruit, avec les restes toujours menaçants des monarchies et des aristocraties européennes; c'était laisser l'ancien régime sur un piédestal, et donner ce piédestal pour dernière limite au progrès social. Or, comme il avait été promis aux peuples par la Providence une émancipation plus franche, plus large et plus sérieuse que celle dont les aurait gratifiés la sainte alliance des souverains, la Providence arrangea tout pour l'accomplissement de ses promesses.

Elle livra d'abord le divan à l'influence anglaise, et séduisit Bernadotte aux conférences d'Abo, puis elle souffla l'orgueil aux uns, la tiédeur et l'envie aux autres,

---

[1] Que des hommes d'État conçoivent une transaction passagère entre les deux principes qui divisent l'Europe depuis cinquante ans, à la bonne heure! Qu'ils s'efforcent de prolonger les trêves qu'ils obtiennent et pendant lesquelles l'esprit humain poursuit son cours et marche à la fondation définitive de l'ordre nouveau, cette tâche ainsi restreinte peut être accomplie avec plus ou moins de succès; mais qu'on ne prenne pas la suspension d'armes pour la fin dernière de toute lutte, et le provisoire pour le définitif.

conseilla les lenteurs et les contre-marches de Schwartzenberg, frappa Junot de vertige à Valoutina, mit la torche aux mains de Rostopchin, rendit Alexandre sourd à toutes les insinuations pacifiques, et Napoléon accessible aux inspirations craintives de ses lieutenants; fit ainsi chanceler dans l'âme du héros la confiance absolue et jusque-là inébranlable qu'il avait toujours eue en lui-même, retint trois jours de trop le conquérant de Moscou au Kremlin, déchaîna prématurément contre lui le plus rigoureux

Carabinier. — 1812.

des hivers, ensevelit la plus belle armée sous la neige, changea l'enthousiasme et l'admiration en découragement et en doléances, sema partout l'oubli des miracles opérés et des bienfaits répandus par le grand homme, introduisit l'ingratitude dans le palais des monarques alliés qu'il avait trop épargnés, et jusque dans la royale demeure des parents qu'il avait couronnés, arma contre lui les deux mondes dont il s'était cru le médiateur naturel, et poussa à la fois les peuples à la révolte et les rois à la trahison.

Ce fut sans doute un épouvantable tableau que dessina la Providence dans la combinaison de tous ces événements, dans le déchaînement de toutes ces passions. Mais comme il n'y a point de hasard pour elle, qui a tout prévu et tout coordonné pour l'accomplissement de ses desseins; de même il n'y a point de désordre à ses yeux, parce que sa main souveraine, selon l'expression d'un grand écrivain, le plie à la règle et le force de concourir au but.

Les rois vont donc trahir! les peuples s'insurger! « Tant que la prospérité dure, dit à cette occasion Benjamin Constant, la haine des peuples n'est rien; mais au premier revers, cette haine éclate, et elle est invincible. Le terrible hiver de 1812 à 1813 détruisit l'armée française. La Pologne, la Prusse, la Bavière, le Rhin, virent Napoléon fugitif regagner la France... De la Vistule au Rhin la voix des peuples se fit entendre : les princes firent quelque temps la sourde oreille; mais les armées, qui, en définitive, sorties des rangs du peuple, partagent toujours ses penchants et ses vœux, se déclarèrent pour l'affranchissement de leur patrie. Le torrent populaire vainquit les résistances royales, et les sujets forcèrent leurs maîtres à redevenir libres. »

Le célèbre publiciste ne pouvait-il pas rendre cet hommage au patriotisme des peuples, sans faire honneur aux rois d'une résistance qui ne leur coûta pas beaucoup d'efforts, et qui était bien loin de leur pensée? Mais, selon lui, « les alliés du maître du monde le servaient très-loyalement; et quand ils se vantèrent de l'avoir trahi, ce fut de la fatuité de perfidie ».

L'histoire n'adoptera pas cette opinion. Les rois ne servaient Napoléon que malgré eux et sous le coup de la nécessité. Ils ne pouvaient lui pardonner ni l'origine de son pouvoir, ni les dangers, ni les humiliations qu'il leur fit subir. Jamais ils ne furent sincères dans leur alliance : la prospérité seule fit taire passagèrement leurs haines secrètes et persévérantes. Quant aux peuples, ils avaient été sincères, eux, dans leur admiration pour le génie qui gouvernait la France; et lorsqu'ils crurent avoir des griefs contre lui, ils ne l'entourèrent pas des embûches de la diplomatie; ils ne le trahirent pas dans de souterraines négociations, ou par de fausses manœuvres militaires, mais ils le combattirent ouvertement sur les champs de bataille.

Le sort en est donc jeté! la Providence entraîne les peuples contre Napoléon, parce que Napoléon entend désormais les intérêts populaires comme un chef de dynastie et non plus comme le premier magistrat d'un État libre. Écoutez-le plutôt répondant aux députations du sénat et du conseil d'État, envoyées pour le féliciter sur son retour de Russie. Ce n'est pas la raison du siècle qu'il invoque à l'appui de son établissement héréditaire, ni l'esprit de l'avenir qu'il interroge pour confondre les factieux qui oseraient menacer son trône : son regard est exclusivement tourné vers le passé; ce sont les traditions sacramentelles de l'ancien régime qu'il rappelle aux sénateurs pour bien caractériser le gouvernement qu'il a voulu donner à la France, et, faisant allusion à l'oubli de son fils lors de la conspiration de Mallet, il leur dit : « Nos pères avaient pour cri de ralliement : Le roi est mort, vive le roi! Ce peu de mots contient les principaux avantages de la monarchie. » Avec les conseillers d'État, il développe encore mieux sa pensée; il attaque de front le libéralisme, sous le nom d'*idéologie;* il accuse la métaphysique, qui a renversé les vieilles institutions de la France, d'avoir causé tous les malheurs du pays; il cite, en quelque sorte, le dix-huitième siècle tout entier à la barre de son conseil pour lui reprocher ses doctrines et ses actes révolutionnaires. «C'est à l'idéologie, dit-il, à cette ténébreuse métaphysique, qui, en recherchant avec subtilité les causes premières, veut sur ses bases fonder la législation des peuples, au lieu d'approprier des lois à la connaissance du cœur humain et aux leçons de l'histoire, qu'il faut attribuer tous les malheurs qu'a éprouvés notre belle France.

Ces erreurs devaient amener le régime des hommes de sang. En effet, qui a proclamé le principe d'insurrection comme un devoir? qui a adulé le peuple en l'appelant à une souveraineté qu'il était incapable d'exercer?... »

C'est par de telles récriminations que l'empereur aggrave les atteintes déjà portées à sa popularité. Ces atteintes ne laisseront pas sans doute de traces dans l'histoire, où les quelques lignes accordées à regret aux fautes du grand homme passeront inaperçues au milieu des innombrables et brillantes pages qu'exigeront les merveilles et les bienfaits de son règne et de sa vie, et qui seront les seules que le peuple voudra lire, les seules que la postérité écoutera [1]. Mais la génération contemporaine, sous le poids du malheur flagrant, ne sait pas juger de si haut. Ses impressions actuelles l'emportent momentanément sur son engouement de la veille et ne lui laissent pas prévoir qu'elle reviendra le lendemain à son admiration exclusive. Elle souffre de la prolongation de la guerre, et de toutes parts on lui crie que la guerre est l'œuvre du conquérant qui a fondé sa fortune et qui voudrait établir sa domination dans toute l'Europe sur la gloire des armes. Le peuple de 1813 ne connaît pas le secret des chancelleries; il ne sait pas que Napoléon n'a jamais été l'agresseur dans toutes les campagnes qu'il a faites, et on lui laisse ignorer que l'aristocratie anglaise et le royalisme continental poursuivent opiniâtrément dans l'empereur le représentant de la révolution française. Les puissances coalisées lui diront bientôt, au contraire, qu'elles marchent à la délivrance des nations, qu'elles n'en veulent qu'au despotisme qui pèse sur l'Europe. Elles se proclameront libérales, pour entraîner leurs peuples; et Napoléon, de son côté, au lieu d'avertir le peuple français que c'est le principe démocratique et l'héritage de la révolution qu'on attaque en sa personne, fera accuser les rois d'ingratitude au milieu de son sénat, en rappelant qu'il les a sauvés du débordement révolutionnaire, qu'il a « étouffé le foyer du volcan qui les menaçait tous [2] ».

Mais le moment d'éclater n'est pas venu pour les grandes puissances du continent, que Napoléon a traînées à sa suite en Russie; l'armée française couvre encore le sol entier de l'Allemagne.

L'empereur s'était montré fort mécontent, à son retour, de la conduite des principaux personnages de l'Empire à l'occasion du coup de main tenté par Mallet, et il avait rappelé avec intention, dans ses réponses au sénat et au conseil d'État, qu'un magistrat devait être toujours prêt à périr, à l'exemple des Harlay et des Molé, « pour défendre le souverain, le trône et les lois ».

« A mon arrivée, a-t-il dit dans la suite, chacun me racontait avec tant de bonne foi tous les détails qui les concernaient et qui les accusaient tous! Ils avouaient naïvement qu'ils avaient été attrapés; qu'ils avaient cru un moment m'avoir perdu... Mais le roi de Rome! leur dis-je. Vos serments, vos principes, vos doctrines! Vous me faites frémir pour l'avenir.... Et alors je voulus un exemple pour éclairer et tenir en garde les esprits. Il tomba sur le pauvre Frochot, le préfet de Paris, qui assurément m'était fort attaché. »

Frochot destitué, les hauts fonctionnaires de l'Empire admonestés et les félicitations

---

[1] La postérité a commencé pour Napoléon en deçà même de la tombe et le lendemain de sa chute. Il y a déjà longtemps que Benjamin Constant a écrit ce qui suit : « On a oublié aujourd'hui le sentiment de fatigue et d'aversion qui vers la fin de l'Empire s'attachait même aux victoires que la France était condamnée à remporter. On a oublié ce sentiment, comme à cette époque on avait oublié le fol enthousiasme avec lequel on avait reçu l'arrivant d'Égypte quatorze ans plus tôt. »

[2] Paroles de M. de Fontanes.

banales des grands corps de l'État terminées, l'empereur songea aux mesures urgentes que réclamait notre situation militaire. La conscription ordinaire ne suffisait plus ; il demanda et le sénat s'empressa de décréter une levée de trois cent cinquante mille hommes.

Cependant les débris de l'expédition de Russie, traversant la Pologne à la hâte, venaient se rallier sur les frontières de l'Allemagne. Dispersés, vaincus, accablés par les éléments, ils avaient encore battu les Russes dans une affaire d'arrière-garde, à

Chasseur à cheval. — 1812.

Kowno, sous les ordres du maréchal Ney ; et depuis lors, Platow et ses Cosaques, quoique suivant et harcelant incessamment les Français, avaient semblé craindre de se mesurer avec cette poignée de braves en qui résidaient toujours l'honneur, la gloire et le courage impérissables de la grande armée. Mais nous sommes arrivés à l'une de ces époques où l'héroïsme et le génie de l'homme se déploient en vain pour détourner les coups qu'une main invisible lui porte. Si la victoire s'attache encore à nos pas au milieu de nos malheurs, la fortune se plaît à se montrer de plus en plus infidèle et contraire. Elle nous avait donné des alliés douteux, elle va nous les retirer tous, l'un après l'autre, pour nous en faire des ennemis implacables. Le corps auxiliaire prussien commence. Son chef, le général Yorck, qui n'agit pas sans doute spontanément, et qui a reçu ses instructions du cabinet de Berlin, traite avec les Russes ; et Frédéric-

Guillaume, dont les États sont toujours sous la dépendance ou la menace des armées françaises, désavoue d'abord solennellement ce qu'il a secrètement ordonné, sauf à se montrer plus franc dans la suite par une défection complète et manifeste.

La capitulation du général Yorck avec le général Diébitch eut lieu le 30 décembre 1812. Vingt jours après (le 8 janvier 1813), Murat, dont Napoléon avait fait son lieutenant suprême, abandonna précipitamment l'armée française pour retourner à Naples,

Dragon et Sapeur de dragons.

après avoir remis le commandement en chef à Eugène. Dès que l'empereur fut averti de ce brusque départ, qu'il pouvait considérer comme une scandaleuse désertion, il en écrivit à sa sœur Caroline : « Votre mari, lui dit-il, est un fort brave homme sur le champ de bataille, mais il est plus faible qu'une femme quand il ne voit pas l'ennemi : il n'a aucun courage moral. » — « Je suppose, écrivit-il à Murat lui-même, que vous n'êtes pas de ceux qui pensent que le lion est mort. Si vous faisiez ce calcul,

414   HISTOIRE DE L'EMPEREUR NAPOLÉON.

il serait faux. Vous m'avez fait tout le mal que vous pouviez depuis mon départ de Wilna; le titre de roi vous a tourné la tête. »

Ce reproche n'était que trop fondé.

En quittant le poste éminent où l'empereur l'avait placé, Murat avait pris plus de soin de sa couronne que de sa gloire, et il lui arrivera de perdre l'une sans préserver l'autre. Avec quelle rapidité d'ailleurs marchent les événements! Napoléon est encore aux premiers jours de l'adversité; et déjà il peut pressentir toutes les noirceurs, toutes les perfidies qu'elle lui réserve. L'ingratitude a pénétré dans l'âme de ceux qui lui doivent tout, leur rang, leur célébrité, leur fortune; elle a gagné le cœur de l'un de ses proches et elle y couve la trahison. A quoi ne doit-il pas s'attendre après un pareil exemple?

La session du corps législatif s'ouvre, le 14 février, sous ces tristes auspices. Napoléon, qui, malgré la nullité silencieuse de cette assemblée, voit encore en elle le fantôme de la démocratie bruyante qu'il bâillonna autrefois à Saint-Cloud, continue, dans son discours d'ouverture, de frapper d'anathème les théories libérales qu'il a si peu ménagées avec le sénat et le conseil d'État. Il accuse le cabinet anglais, non pas de suivre les errements de la politique de Pitt et d'ameuter obstinément les rois d'antique origine contre les peuples affranchis de leur joug ou impatients de l'être, mais, au contraire, de propager parmi ces peuples l'esprit de révolte contre les souverains. Prenant d'ailleurs ou affectant de prendre pour une simple boutade de la fortune les revers qu'il vient d'essuyer, il dissimule les torts de ceux de ses alliés dont la coopération n'a été ni active ni franche, dans l'espoir de les retenir sur la pente de la défection par de nouveaux et éclatants succès; il se montre assez confiant dans l'avenir pour dire encore avec autant de fierté que d'énergie : « La dynastie française règne et régnera en Espagne. »

Mais, pour justifier cette confiance, pour préparer de nouveaux succès, les levées d'hommes ne suffisent pas, il faut aussi de nouvelles ressources financières. Napoléon ne cache rien de ses projets et de ses besoins au corps législatif. « Je désire la paix, dit-il, elle est nécessaire au monde! Quatre fois, depuis la rupture qui a suivi le traité d'Amiens, je l'ai proposée dans des démarches solennelles. Je ne ferai jamais qu'une paix honorable et conforme aux intérêts et à la grandeur de mon empire. »

ni à vous ni à moi   l'an 1812.
mais à ton nom.

CHAPITRE QUARANTE-TROISIÈME.

Campagne de 1813.

 AMAIS dans sa vie miraculeuse, qui semble appartenir autant à l'épopée qu'à l'histoire, Napoléon ne s'est montré plus grand que dans la lutte inégale qu'il est condamné à soutenir contre l'inexorable destinée. Triste et sublime spectacle! Tout ce qui a été donné à l'homme en force, en constance, en magnanimité, en génie, Napoléon le possède, Napoléon le déploie : la stature morale du héros s'élève à mesure que le colosse du potentat s'affaisse. C'est la grandeur humaine dans tout son éclat, dans toute son énergie, dans ses plus hautes proportions, aux prises avec les puissances surnaturelles qui la confondent sans l'abaisser.

L'empereur a dit ses malheurs, sa volonté, son espoir à la France. A sa voix, le peuple s'est ému; il a oublié ses griefs et donné ses enfants. En quelques mois une nouvelle armée a été formée; elle est prête à entrer en campagne. Les débris de la grande armée l'attendent sur l'Elbe.

Avant de quitter Paris, Napoléon, averti par l'échauffourée de Mallet, essaye de mettre son gouvernement à l'abri des dangers que son absence peut faire naître, en confiant l'exercice du suprême pouvoir à l'impératrice Marie-Louise et en établissant auprès d'elle un conseil de régence. Pour se débarrasser des inquiétudes que pourrait lui causer éventuellement la rupture avec le Saint-Siége, il s'efforce d'amener Pie VII à un arrangement, et il parvient à lui faire signer un nouveau concordat qui est aussitôt publié, bien que le pape, cédant à une nouvelle influence, ait déjà voulu le rétracter.

Mais, au milieu des vastes préparatifs qui s'exécutent sous son active et irrésistible impulsion, Napoléon prévoit qu'arrivé sur l'Elbe il n'aura plus seulement en face les armées du czar, et que ses alliés de Berlin et de Vienne, qui furent toujours ses ennemis secrets, laisseront éclater leurs dispositions hostiles. La dernière levée de trois cent cinquante mille hommes lui parait donc insuffisante, et il en ordonne une nouvelle de cent quatre-vingt mille. Le peuple, quoiqu'il n'ait plus son enthousiasme des temps voisins de Marengo et d'Austerlitz, se soumet encore avec une patriotique résignation au nouveau sacrifice que les circonstances lui imposent. Cependant les classes fortunées, qui sont les plus intéressées à la défense du sol, s'efforcent d'échapper, à prix d'argent, au tribut de la conscription. Chaque famille, émue par les dangers prochains du soldat, épuise ses dernières ressources pour libérer les siens du service militaire. Napoléon n'ignore pas que cette répugnance pour le métier des armes ne fait que s'accroître à mesure que les périls et les besoins de l'Empire augmentent. Mais c'est une contagion qu'il est devenu impossible d'arrêter; seulement on peut en atténuer les effets. Si les conditions élevées ont acheté chèrement jusqu'ici le droit de rester étrangères aux fatigues du soldat, on peut, quand le salut de l'État l'exige, rendre ce droit moins absolu, et les empêcher de s'isoler entièrement, au moyen de leur or, de la lutte sanglante dans laquelle le pays est engagé. Ce sera donc à elles à fournir un contingent de dix mille hommes, dont on formera quatre régiments de gardes d'honneur, et nul sacrifice pécuniaire ne pourra exempter de ce service extraordinaire les fils de famille que l'autorité désignera. Un sénatus-consulte du 3 avril 1813 consacre cette mesure.

Cependant le bruit du canon de la Bérésina avait été réveiller dans Hartwell le chef de la maison de Bourbon et relever ses espérances. La contre-révolution, conjurée jusque-là par un déploiement presque fabuleux de courage civil et d'héroïsme militaire, parut désormais possible à Louis XVIII. Il pensa que si la vertu guerrière du soldat français restait inaltérable au milieu des revers, l'enthousiasme patriotique du citoyen était du moins assez refroidi pour que l'étranger pût espérer de ne plus rencontrer en France l'élan universel qui avait rendu vaines toutes les coalitions antérieures. Plein de cette idée, le prétendant publia en Angleterre et fit répandre sur le continent une proclamation dans laquelle il s'adressait surtout à la lassitude du peuple, exploitant adroitement l'opinion commune qui attribuait à Napoléon la prolongation de la guerre, et promettant, entre autres choses, « d'abolir la conscription ». L'empereur sembla n'attacher aucune importance à cette publication; il n'en prit pas même occasion de surveiller ou d'écarter les anciens royalistes dont il avait rempli toutes les administrations, et auxquels il avait même confié quelques-uns des premiers postes de l'État. Mais ce qui se passait en Allemagne excitait davantage son attention et sa sollicitude.

L'orage grondait dans les villes hanséatiques; le sol de la Germanie, miné sur tous les points par les affiliations secrètes, était menacé d'effrayantes explosions; les insurrections populaires avaient même déjà amené la suspension de la constitution dans la 32ᵉ division militaire (Hambourg). La jeunesse des universités était à la tête de ce mouvement; elle prêchait la haine du nom français et l'horreur du joug étranger, en invoquant les idées libérales qui avaient fait le salut et la gloire de la France; et les princes, armés depuis si longtemps contre ces mêmes idées, encourageaient en secret ou favorisaient ouvertement ce qu'ils ont appelé plus tard des « menées démagogiques ».

Étrange situation! la guerre de 1813 n'est au fond, pour les rois, que la continuation de la guerre de 1792; c'est toujours la guerre contre la révolution, et leur langage offre néanmoins le contraste le plus frappant avec celui de Pilnitz et de Coblentz!

CHAPITRE QUARANTE-TROISIÈME.   417

Au lieu de continuer à appeler à leur aide les préjugés politiques et religieux des peuples contre la démocratie française, ils soulèvent aujourd'hui l'intelligence, la raison philosophique et le patriotisme des peuples, au nom de la liberté, contre le despo-

Hussard.

tisme de la France. La liberté a donc fait plus que vaincre les rois; elle les a condamnés à l'hypocrisie, et elle a converti les nations. C'est en Prusse surtout que se manifeste ce grand changement. Napoléon s'apercevra trop tard qu'une franche propagande lui aurait préparé de puissants auxiliaires là où ses revers lui font rencontrer

27

d'implacables ennemis, et on l'entendra dire alors avec regret : « Mon plus grand tort a peut-être été de n'avoir pas détrôné le roi de Prusse lorsque je pouvais si aisément le faire. Après Friedland, j'aurais dû retirer la Silésie à la Prusse, et abandonner cette province à la Saxe; le roi de Prusse et les Prussiens étaient trop humiliés pour ne pas chercher à se venger à la première occasion. Si j'en eusse agi ainsi, si je leur eusse donné une constitution libre et que j'eusse délivré les paysans de l'esclavage féodal, la nation aurait été contente. » (O'MEARA.)

La Prusse est donc décidément ennemie, et non-seulement la nation que Napoléon a laissée imprudemment dans les fers, mais aussi le prince qu'il a généreusement maintenu sur le trône. Le simulacre de réprobation dont fut frappé le général Yorck par son souverain n'a pu couvrir longtemps les dispositions du cabinet de Berlin, qui éclatent chaque jour en actes de malveillance et d'hostilité. L'empereur est impatient de tirer vengeance de cette défection, et de punir le mensonge qui l'a cachée pendant deux mois. Dès les premiers jours d'avril, il rend solennelle par une démarche officielle la guerre que le monarque prussien lui fait activement sans oser la déclarer, et il se prépare à marcher vers l'Elbe.

Mais un autre ennemi s'annonce parmi les puissances du Nord. Bernadotte ne se borne plus à traiter avec les Russes, il veut se battre contre les Français. En août 1812, et à la fameuse entrevue d'Abo, il avait dit à Alexandre, qui se montrait fermement disposé à repousser toute proposition pacifique : « Cette résolution affranchira l'Europe ! » Et le czar, touché des paroles et des manières obséquieuses du vieux soldat de la république française, lui avait garanti la possession du trône de Suède et fait espérer même la couronne de France. Après les désastres de la campagne de Moscou, Bernadotte croit le moment venu de marcher au but qu'on a laissé entrevoir à son ambition, et sous l'apparence d'un dévouement exclusif aux intérêts de sa patrie adoptive, il cherche à satisfaire la jalousie invétérée qu'il manifesta au 18 brumaire et à réaliser les chimériques espérances dont un prince habile l'a bercé. « S'il avait eu le jugement et l'âme à la hauteur de la situation, a dit Napoléon, s'il avait été bon Suédois, ainsi qu'il l'a prétendu, il pouvait rétablir le lustre et la puissance de sa nouvelle patrie, reprendre la Finlande et enlever Pétersbourg avant que j'eusse atteint Moscou. Mais il cède à des ressentiments personnels, à une sotte vanité, à de petites passions. La tête lui tourne, à lui Jacobin, de se voir recherché par des souverains d'ancienne race, de se trouver en conférence de politique et d'amitié avec un empereur de toutes les Russies, qui ne lui épargne aucune cajolerie ! »

Avant d'entrer en lice et de se ranger sous les drapeaux des ennemis de la France, Bernadotte voulut colorer sa résolution aux yeux de l'Europe et de la postérité en faisant intervenir les intérêts commerciaux de la Suède, compromis par le blocus continental. Il écrivit en conséquence à Napoléon une lettre qui devait servir de préambule apologétique à sa conduite, et dans laquelle il accusait celui qui fut tour à tour son rival et son maître d'avoir provoqué toutes les guerres précédentes et d'avoir fait couler le sang d'un million d'hommes pour le succès d'un système qui blessait les droits et ruinait le commerce de toutes les nations. « Les calamités du continent, disait-il en terminant, réclament la paix, et Votre Majesté ne doit pas la repousser. »

Napoléon ne repoussait pas la paix; il la voulait seulement, malgré ses malheurs, comme au milieu de ses triomphes, sur la base des engagements pris à Tilsitt; et Bernadotte, qui avait félicité Alexandre sur sa persévérance guerrière, savait bien que ce n'était pas au cabinet des Tuileries que la prolongation des hostilités devait être attribuée, mais à ceux qui ne tenaient aucun compte de la foi promise à Tilsitt et de l'amitié jurée à Erfurth.

Chevau-léger (Français). — 1812.

Ce n'était que sur le champ de bataille que Napoléon pouvait répondre aux sanglants reproches et aux insolentes récriminations dont il était l'objet de la part de son ancien lieutenant, qui allait « livrer à nos ennemis », selon les expressions du *Mémorial*, « la clef de notre politique, la tactique de nos armées, et leur montrer le chemin du sol sacré! » L'empereur quitta donc Saint-Cloud à la mi-avril pour courir au nouveau rendez-vous que l'Europe septentrionale lui donnait en Allemagne.

L'armée française, obligée de jeter de nombreuses garnisons dans les places fortes qu'elle avait laissées sur ses derrières, depuis Dantzick jusqu'à Magdebourg, était alors établie sur la Saale, et sous les ordres du vice-roi. Dresde et Leipsick étaient au pouvoir des Prussiens et des Russes; le roi de Saxe était contraint d'abandonner ses États et de chercher un abri sous le canon de la France; de toutes parts les ennemis de Napoléon gagnaient du terrain et mettaient à profit son absence du milieu de ses troupes.

Mais Napoléon va reparaître au camp. Il arrive à Erfurth le 25 avril, pendant que le maréchal Ney s'empare de Weissenfels, après un combat qui lui fait dire « qu'il n'a jamais vu à la fois plus d'enthousiasme et de sang-froid dans l'infanterie »; et la nouvelle campagne se trouve ainsi glorieusement ouverte par le même soldat qui, à travers tant de désastres, a si vaillamment fermé la dernière. Le résultat de ce premier succès est de rejeter l'ennemi sur la rive droite de la Saale, et d'opérer la jonction de l'armée que le vice-roi a ramenée de Pologne avec celle que l'empereur amène de France.

Napoléon porte son quartier général à Weissenfels et fait jeter trois ponts sur la Saale. Là, il apprend un de ces traits de courage et d'audace dont nos fastes militaires sont remplis, et qui lui fournit l'occasion de constater, à la satisfaction de l'orgueil national, que la mauvaise fortune n'a rien changé à la supériorité morale et au caractère indomptable du soldat français. Un colonel prussien, à la tête d'une centaine de hussards, a enveloppé quinze grenadiers du 13º de ligne, entre Saalfeld et Iéna, et il leur a crié de se rendre. Pour toute réponse, le sergent l'a ajusté et l'a étendu roide mort. Les autres grenadiers se sont aussitôt mis en tirailleurs, ont tué sept Prussiens, et les hussards ont pris la fuite.

Le 1er mai, le maréchal Ney, poursuivant ses succès sous les yeux de Napoléon, se

porte en avant avec la division Souham, dont il forme quatre carrés. Il passe au pas de charge et au cri de Vive l'empereur! le défilé de Poserna, que défendent six pièces de canon et trois lignes de cavalerie. Les divisions Gérard, Marchand, Brenier et

Ricard le suivent, et en quelques heures quinze mille cavaliers, sous les ordres de Wintzingerode, sont chassés par quinze mille fantassins de la belle plaine qui s'étend des hauteurs de Weissenfels jusqu'à l'Elbe. La cavalerie de la garde, commandée par le maréchal Bessières, a soutenu notre infanterie, et quoiqu'elle n'ait pas été engagée, c'est elle qui supporte la principale perte de la journée. « Par une de ces fatalités dont l'histoire de la guerre est pleine, dit Napoléon dans son rapport à l'impératrice, le premier coup de canon qui a été tiré dans cette journée a coupé le poignet au duc d'Istrie, lui a percé la poitrine et l'a jeté roide mort. Il s'était avancé à cinq cents pas du côté des tirailleurs pour bien reconnaître la plaine. Ce maréchal, qu'on peut à juste titre nommer brave et juste, était recommandable autant par son coup d'œil militaire, par sa grande expérience de l'arme de la cavalerie, que par ses qualités civiles et son attachement à l'empereur. Sa mort sur le champ d'honneur est la plus digne d'envie; elle a été si rapide qu'elle a dû être sans douleur. Il est peu de pertes qui pussent être plus sensibles au cœur de l'empereur. L'armée et la France entière partageront la douleur que Sa Majesté a ressentie[1]. »

Dans la nuit du 1ᵉʳ au 2 mai, Napoléon établit son quartier général à Lutzen, que le combat de la veille nous avait livré. La jeune et la vieille garde entouraient l'empereur et formaient la droite de l'armée. Ney, placé au centre, occupait Kaïa; le vice-roi commandait la gauche, appuyée à l'Elster.

Le 2, à dix heures du matin, dans cette même plaine qu'avait rendue célèbre la victoire de Gustave-Adolphe, l'armée s'ébranla sous les yeux mêmes de l'empereur de Russie et du roi de Prusse, qui étaient venus ranimer par leur présence l'ardeur guerrière de leurs soldats. La principale attaque des coalisés fut dirigée sur le centre de l'armée française. Des masses innombrables de Russes et de Prussiens marchèrent en rangs serrés vers Kaïa, où le maréchal Ney eut à soutenir un choc terrible. L'ennemi, favorisé à la fois par le nombre et par le terrain, semblait ne pas douter du succès. Il avait une cavalerie formidable, et la nôtre était restée sous les glaçons et dans les neiges de la Russie. Mais au commencement de l'action, l'empereur avait dit à ses troupes : « C'est une bataille d'Égypte; une bonne infanterie doit savoir se suffire. » Et les troupes étaient impatientes de justifier le mot du grand capitaine. Le village de Kaïa fut pris et repris plusieurs fois; il resta enfin au général Gérard, qui, blessé de plusieurs balles, ne voulut pas quitter le champ de bataille, disant que le moment était venu pour tous les Français qui avaient du cœur de vaincre ou de mourir.

Malgré ce premier avantage et toute l'intrépidité déployée par les cinq divisions du corps du maréchal Ney, la victoire était loin cependant d'être décidée en faveur de nos armes. Les Russes ne se lassaient pas de combattre, et s'attaquaient avec acharnement à notre centre, qu'ils espéraient toujours enfoncer. Un instant ils purent croire que le succès couronnerait leur valeureuse obstination. Quelques bataillons, accablés par le nombre, fléchirent un moment et se débandèrent ; le village de Kaïa tomba une fois encore au pouvoir de l'ennemi, mais Napoléon survint, et tout ce qui avait plié

---

[1] L'empereur se chargea d'annoncer lui-même à la maréchale Bessières la mort de son illustre époux; sa lettre commençait ainsi :

« Ma cousine, votre mari est mort au champ d'honneur. La perte que vous faites et celle de vos enfants est grande sans doute, la mienne l'est davantage encore. Le duc d'Istrie est mort de la plus belle mort et sans souffrir. Il laisse une réputation sans tache : c'est le plus bel héritage qu'il ait pu léguer à ses enfants. »

se rallia pour marcher en avant au cri de Vive l'empereur! C'était beaucoup d'avoir arrêté ce commencement de déroute ; il s'agissait maintenant de gagner la bataille

GARDE IMPÉRIALE. — Chevau-légers lanciers (premier régiment).

par une manœuvre décisive. Tandis que le prince Eugène et le maréchal Macdonald attaquaient les ailes et la réserve de l'ennemi, et que le général Bertrand accourait pour se mettre en ligne, Napoléon ordonne au maréchal Mortier de conduire la jeune garde tête baissée à Kaïa, d'emporter ce village et d'y faire passer par les armes tout ce qui résisterait. Il chargea ensuite son aide de camp, le général Drouot, de placer une batterie de quatre-vingts pièces en tête de la vieille garde, qui devait soutenir le

GARDE IMPÉRIALE. — Chevau-légers lanciers (deuxième régiment).

centre, et s'appuyer elle-même à notre cavalerie rangée en bataille sur les derrières. Ces ordres furent promptement exécutés. La batterie, dirigée par les généraux Dulauloy, Drouot et Devaux, porta rapidement l'épouvante et la mort dans les rangs ennemis. Ce fut le tour des Prussiens et des Russes de fléchir et de se débander. Mais cette fois la débandade ne fut pas partielle et instantanée, comme l'avait été celle de quelques-uns de nos bataillons; elle devint bientôt, dans l'autre camp, générale et définitive. Mortier reprit Kaïa sans coup férir, et le général Bertrand arriva à temps pour achever la déroute des vaincus.

Cette victoire remplit de joie l'âme de Napoléon. Il avait retrouvé dans ses jeunes soldats toute la valeur de ses vieux compagnons d'armes. « Il y a vingt ans, dit-il, que je commande des armées françaises; je n'ai pas encore vu autant de bravoure et de dévouement. » C'était la grande armée qui avait reparu pour détromper ceux qui la supposaient ensevelie à jamais dans les déserts du Nord. Avec elle l'empereur se flatte de rétablir facilement le prestige de son nom et l'ascendant de sa moralité en Europe. « Si tous les souverains et les ministres qui dirigent leurs cabinets, dit-il, pouvaient avoir été présents sur ce champ de bataille, ils renonceraient à l'espoir de faire rétrograder l'étoile de la France. » (Rapport officiel.) Une armée de cent cinquante à deux cent mille hommes avait été mise en pleine déroute par moins de la moitié de l'armée française, déjà si considérablement réduite par la fatale issue de la dernière campagne. Les Russes et les Prussiens avaient eu une trentaine de mille hommes tués ou blessés; la perte des Français s'éleva à dix mille.

Le lendemain de cette mémorable journée, Napoléon se livra avec son armée à l'un de ces épanchements solennels qu'il se plaisait tant à renouveler, parce qu'il en connaissait la magique influence, et dont le ton sublime de camaraderie, toujours accablant pour l'ennemi, était la plus belle des récompenses pour le soldat français, justement fier d'être interpellé et applaudi à la face du monde par le grand homme que le monde admirait. Voici un extrait de la proclamation qui fut publiée le 3 mai au quartier impérial de Lutzen :

« Soldats,

» Je suis content de vous! Vous avez rempli mon attente! Vous avez suppléé à tout par votre bonne volonté et par votre bravoure. Vous avez, dans la célèbre journée du 2 mai, défait et mis en déroute l'armée russe et prussienne, commandée par l'empereur Alexandre et le roi de Prusse. Vous avez ajouté un nouveau lustre à la gloire de mes aigles. Vous avez montré tout ce dont est capable le sang français. La bataille de Lutzen sera mise au-dessus des batailles d'Austerlitz, d'Iéna, de Friedland et de la Moscowa!... »

CHAPITRE QUARANTE-QUATRIÈME.

Suite de la campagne de 1813.

ATTUE à Lutzen, l'armée combinée d'Alexandre et de Frédéric-Guillaume se hâta de repasser sur la rive droite de l'Elbe. Le 11 mai Napoléon se rendit maître de Dresde, et le lendemain il fut à la rencontre du roi de Saxe, qui fit sa rentrée solennelle dans sa capitale au son des cloches et aux acclamations d'un peuple immense. L'empereur se tint constamment à cheval à côté de ce vénérable prince, et il le reconduisit ainsi jusqu'à son palais au bruit du canon.

Après cette restauration triomphale de son fidèle allié, le premier usage que fit Napoléon de sa victoire fut de proposer aux vaincus la réunion immédiate d'un congrès à Prague pour la négociation de la paix générale. Mais les offres du vainqueur de Lutzen ne furent pas mieux accueillies que celles du conquérant de Moscou. Napoléon s'aperçut même, aux menées diplomatiques dont ses agents lui apportaient le secret, que « l'abîme couvert de fleurs sur lequel il avait posé le pied en se mariant » était prêt à s'ouvrir devant lui, et que l'heure de la défection approchait pour son auguste beau-père. Il dissimula néanmoins ses griefs et ses inquiétudes, et se contenta d'envoyer le prince Eugène en Italie, avec mission d'y organiser une armée défensive pour le cas où l'Autriche viendrait à se déclarer contre nous. En se séparant du vice-roi, Napoléon n'oublia pas de lui donner un témoignage éclatant de sa satisfaction pour les services éminents qu'il avait rendus à l'armée depuis le commencement de la dernière campagne : il érigea en duché le palais de Bologne et la terre de Galliera, appartenant à son domaine privé, et il en fit don à la princesse de Bologne, fille aînée d'Eugène.

L'empereur était encore à Dresde lorsqu'il apprit la capitulation de Spandau. Cet événement, qui était d'un funeste exemple pour les autres garnisons, l'irrita vivement, et il fit aussitôt arrêter et traduire devant une commission de maréchaux le général qui commandait la place, ainsi que les membres du conseil de défense qui n'avaient pas protesté. « Si la garnison de Spandau, dit-il ensuite, a rendu sans siége une place forte environnée de marais, et a souscrit à une capitulation qui doit être l'objet d'une enquête et d'un jugement, la conduite qu'a tenue la garnison de Wittemberg a été bien différente. Le général Lapoype s'est parfaitement conduit et a soutenu l'honneur des armes dans la défense de ce point important, qui du reste est une mauvaise place, n'ayant qu'une enceinte à moitié détruite, et qui ne pouvait devoir sa résistance qu'au courage de ses défenseurs. » (Rapport officiel à l'impératrice.)

Napoléon, n'attendant plus rien de ses propositions pacifiques, sortit de Dresde le 18 mai pour se porter dans la Lusace et y poursuivre le cours de ses opérations militaires. En peu de jours il eut obtenu de nouveaux et éclatants succès. Le 19, Lauriston avait battu le général Yorck à Weissy; le 20 et le 21, l'empereur gagna en personne les batailles de Bautzen et de Wurtchen[1]; le 22, l'arrière-garde des Russes, vivement poursuivie par le général Reynier, fut atteinte et mise en déroute sur les hauteurs de Reichenbach. Mais la fin de cette journée fut signalée par une nouvelle perte, plus cruelle encore pour Napoléon que toutes celles qu'il avait subies jusque-là, plus douloureuse pour son cœur que celles même de Bessières et de Lannes. Vers les sept heures du soir, le grand maréchal du palais, Duroc, étant à causer, sur une petite éminence et à une assez grande distance du feu, avec le maréchal Mortier et le général Kirgener, tous les trois pied à terre, un boulet rasa de près le duc de Trévise, ouvrit le bas-ventre à Duroc et renversa le général Kirgener, qui resta mort sur le coup.

Dès que l'empereur fut instruit de ce funeste événement, il courut chez Duroc, qui

respirait encore, et qui avait conservé tout son sang-froid. Duroc serra la main de Napoléon et la porta à ses lèvres. « Toute ma vie, lui dit-il, a été consacrée à votre

---

[1] Napoléon rendit sur le champ de bataille de Wurtchen, un décret portant « érection d'un monument sur le mont Cenis, pour transmettre à la postérité la plus reculée le généreux dévouement du peuple français, dont douze cent mille enfants s'étaient levés pour défendre les frontières de la patrie, menacée par l'étranger ».

CHAPITRE QUARANTE-QUATRIÈME.

service, et je ne la regrette que par l'utilité dont elle pouvait vous être encore ! — Duroc, répondit l'empereur, il est une autre vie! c'est là que vous irez m'attendre, et que nous nous retrouverons un jour. — Oui, sire ; mais ce sera dans trente ans, quand vous aurez triomphé de vos ennemis et réalisé toutes les espérances de notre patrie... J'ai vécu en honnête homme ; je ne me reproche rien. Je laisse une fille, Votre Majesté lui servira de père. »

Napoléon, profondément attendri, prit alors la main droite de Duroc dans la sienne et resta un quart d'heure la tête appuyée sur la main gauche de son vieux camarade sans pouvoir proférer une parole. Duroc rompit le premier le silence, pour épargner un plus long déchirement à l'âme du grand homme qui n'avait pas cessé d'être son ami en devenant son maître. « Ah! sire, lui dit-il, allez-vous-en ! ce spectacle vous peine ! » Napoléon céda à cette dernière sollicitude de l'amitié ; il quitta Duroc sans pouvoir lui dire autre chose que ces mots : « Adieu donc, mon ami ! » et il eut besoin de s'appuyer sur le maréchal Soult et sur Caulaincourt pour retourner dans sa tente, où il ne voulut recevoir personne pendant toute la nuit.

Le jour suivant, le général Reynier obtint un nouvel avantage sur les Russes, au combat de Gorlitz. Le 24, le maréchal Ney força le passage de la Neiss, et le 25, au matin, il était au delà de la Queiss, faisant son entrée dans Buntzlau, où l'empereur arriva dans la soirée. C'était dans cette ville que le vieux Kutusow était mort depuis quelques semaines.

Un léger échec, essuyé le 26 par le général Maison devant la ville d'Haynau, n'arrêta pas longtemps le cours des succès et la marche victorieuse de l'armée française. Deux jours après le général Sébastiani s'emparait, à Sprottau, d'un convoi considérable, tandis que le maréchal Oudinot battait, à Hoyerswerda, le corps prussien de Bulow.

L'alarme, qui s'était déjà manifestée à Berlin, commençait à gagner Breslaw, menacé par Lauriston. Les souverains alliés, quoiqu'ils fussent toujours résolus à faire la guerre aussi longtemps que le droit public de la vieille Europe n'aurait pas remplacé le système français, sentirent toutefois la nécessité de suspendre les hostilités, soit pour se relever des défaites journalières qu'ils éprouvaient depuis un mois, soit pour donner à la lenteur autrichienne le temps de couver la défection qui devait faire tourner contre Napoléon toutes les chances de la campagne. Le 29, à dix heures du matin, le comte Schouwaloff, aide de camp de l'empereur de Russie, et le général prussien Kleist se présentèrent aux avant-postes français pour proposer un armistice que le duc de Vicence négocia avec eux, d'abord au couvent de Watelstadt, près de Lignitz, et ensuite au village neutralisé de Peicherwitz, où il fut conclu et signé le 4 juin, trois jours après l'entrée de Lauriston dans la capitale de la Silésie.

Le terme de l'armistice fut fixé au 20 juillet. Napoléon insista pour faire accepter l'offre d'un congrès à Prague ; et, afin de gêner la marche ténébreuse et hostile du conseil aulique, il proposa de s'en rapporter à la médiation de l'empereur d'Autriche.

La diplomatie étrangère évita de se prononcer. Elle ne voulait que gagner du temps ; et, dans ce but, M. de Metternich sut profiter des ménagements et de la déférence que Napoléon montrait envers son beau-père pour obtenir du vainqueur de Lutzen et de Bautzen la prolongation de l'armistice jusqu'au 10 août. Mais, ce délai expiré, la Prusse et la Russie trouvant les conséquences morales de nos premiers succès suffisamment affaiblies, et l'Autriche ayant pris à l'aise toutes ses mesures pour bien préparer sa défection et la rendre funeste le plus possible à l'armée française, les généraux d'Alexandre et de Frédéric-Guillaume dénoncèrent la fin de l'armistice le 11 août, à midi, pendant que le ministre de l'empereur François adressait à notre ambassadeur

Gendarme d'élite (garde impériale).

près la cour de Vienne, M. de Narbonne, la déclaration de guerre du cabinet autrichien contre la France. Ce fut alors que Napoléon découvrit toute la profondeur de l'abîme sur lequel il avait posé le pied en s'alliant à la maison de Lorraine, en cherchant à enter la gloire de sa jeune dynastie sur l'orgueil des vieilles races royales.

Un événement judiciaire venait de causer un grand scandale dans tout l'Empire. Les préposés de l'octroi d'Anvers, accusés de déprédation et notoirement coupables, avaient échappé à la peine qu'ils avaient encourue en corrompant des membres du jury. Dès que l'empereur fut instruit de ce déplorable acquittement, il en témoigna la plus vive indignation, et se hâta d'écrire au grand juge, ministre de la justice, pour qu'il eût à ordonner une enquête sur les manœuvres honteuses qui avaient préparé l'impunité et le triomphe du crime.

« Notre intention, lui dit-il, est qu'en vertu du paragraphe 4 de l'article 55 du titre 5 des constitutions de l'Empire, vous nous présentiez, dans un conseil privé, un projet de sénatus-consulte pour annuler le jugement de la cour d'assises de Bruxelles et envoyer cette affaire à la cour de cassation, qui désignera une cour impériale par-devant laquelle la procédure sera recommencée et jugée, les chambres réunies et sans jury. Nous désirons que, si la corruption est active à éluder l'effet des lois, les corrupteurs sachent que les lois, dans leur sagesse, ont su pourvoir à tout. »

C'était donner à la dictature impériale sa plus grande extension. La volonté du maître ne reconnaissait rien au-dessus d'elle, pas plus dans le domaine de la justice que dans celui de la politique, et, quand la morale publique lui paraissait scandaleusement outragée, il lui fallait une éclatante réparation, quelque violence que l'on dût faire aux textes constitutionnels. Quoique ce mépris des garanties et des formes légales n'eût pour but que d'assurer à la loi son efficacité, à la concussion et à la forfaiture leur juste châtiment, les hommes qui se préoccupaient avant tout des dangers de l'arbitraire et qui voyaient dans un pareil exemple la ruine complète de l'indépendance du pouvoir judiciaire, ces hommes s'écrièrent, appuyés sur l'autorité de Montesquieu, que là où le pouvoir exécutif intervenait dans les jugements il y avait monstruosité dans le gouvernement. De ce nombre fut le préfet même d'Anvers, l'intègre Voyer d'Argenson. Il aima mieux se démettre de ses fonctions que de prêter son concours à la séquestration des biens des accusés absous, durant la seconde prévention à laquelle ils furent soumis.

CHAPITRE QUARANTE-CINQUIÈME.

Suite de la campagne de 1813.

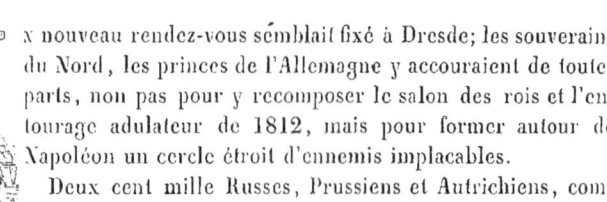

Un nouveau rendez-vous semblait fixé à Dresde; les souverains du Nord, les princes de l'Allemagne y accouraient de toutes parts, non pas pour y recomposer le salon des rois et l'entourage adulateur de 1812, mais pour former autour de Napoléon un cercle étroit d'ennemis implacables.

Deux cent mille Russes, Prussiens et Autrichiens, commandés par l'empereur de Russie, le roi de Prusse et le prince de Schwartzenberg, traversaient rapidement la Bohême pour envahir la Saxe, et prendre position sur la rive gauche de l'Elbe. Cent mille hommes, sous les ordres de Blücher et de Sacken, manœuvraient en Silésie; et cent dix mille hommes, parmi lesquels figuraient les nombreux corps de volontaires qu'avait produits l'élan du patriotisme germanique, s'avançaient, sur toute la ligne de Hambourg à Berlin, à la rencontre des Français.

L'avantage du nombre était donc incontestablement acquis aux puissances alliées, qui trouvaient d'ailleurs un formidable auxiliaire dans l'esprit insurrectionnel des populations allemandes. Tant de chances favorables, tant d'éléments de succès n'avaient pas suffi toutefois à la coalition pour lui faire espérer de vaincre la révolution française dans la personne du plus illustre de ses enfants. Il lui avait fallu gagner, séduire, embaucher deux autres enfants de cette même révolution, et obtenir d'eux le secret de la science militaire et du prestige guerrier qui avaient fait la grandeur de leur mère et leur propre élévation. Moreau, préférant tout à coup la familiarité d'un autocrate à l'hospitalité d'un peuple libre, avait abandonné l'heureuse terre de Washington pour aller exercer auprès d'Alexandre le rôle de conseiller intime, et il se trouvait alors à la grande armée de Bohême, sous l'étendard moscovite, en face du drapeau de la France. Bernadotte, selon l'expression du *Mémorial*, « donnait à nos ennemis la clef de notre politique, la tactique de nos armées; il leur montrait le chemin du sol sacré ! » c'était lui qui commandait en avant de Berlin.

Le peuple français avait donc bien sagement distribué son admiration, son estime et sa confiance, quand, aux approches du 18 brumaire ou sous le consulat, il avait refusé d'attacher les destinées de la révolution à tout autre nom qu'à celui de Bonaparte, et qu'il avait proclamé ce nom le premier parmi les patriotes, sans se laisser tromper par certaines allures de républicanisme inflexible, et en dépit de quelques protestations isolées qui voulaient faire de Bernadotte et de Moreau les Brutus et les Catons de l'époque. Que les vétérans du club du Manège et les anciens affiliés de la société des Philadelphes se hâtent d'abjurer leur imprévoyante prédilection et de reconnaître la supériorité, l'infaillibilité de l'instinct national. Le chef de l'opposition de l'an VIII remplace aujourd'hui Brunswick; le chef de l'opposition de 1804 a succédé à Souwarow… Dieu l'a voulu ainsi pour que la pensée et l'enthousiasme du grand peuple fussent justifiés et dans celui qu'il avait choisi et dans ceux qu'il avait repoussés.

Que Bernadotte et Moreau rendent maintenant le secours de leur expérience et de leur bras funeste à la fortune de Napoléon, peu importe : s'il succombe, il sera, lui, au moment de sa chute, ce qu'il fut au jour de son élévation, « l'homme de la France », tandis que ses anciens rivaux ne trouveront dans le succès même que la honte et le remords éternellement attachés au titre de transfuges et de serviteurs de l'étranger [1].

Murat a aussi fait craindre pour sa fidélité, pour sa gloire… Il est écrit sur l'une des pages de ses destinées qu'il reniera, qu'il trahira son bienfaiteur, son ami, son frère! Mais l'heure de la félonie et de l'opprobre n'a pas encore sonné pour lui. Le 14 août, Murat a reparu au camp de Dresde, et il vient combattre encore les ennemis de Napoléon et de la France.

Cependant la campagne recommence sous d'heureux auspices pour l'armée française. Napoléon s'est porté à la rencontre d'Alexandre et du roi de Prusse, a forcé les débouchés de la Bohême, s'est emparé de Gobel, de Rumbourg et de Georgenthal, et, après s'être avancé jusqu'à vingt lieues de Prague, il est revenu à Zittau, d'où il va rejoindre, en toute hâte, l'armée de Silésie, qui a besoin de sa présence. Le 21, à la pointe du jour, il est à Lœwenberg, où il fait jeter des ponts sur le Bober, qu'il passe dans la journée, malgré le feu de l'ennemi, qui est culbuté et poursuivi jusqu'à Goldberg. Le 23, nouvelle attaque. Le général Gérard, qui débouche par la gauche, enfonce et disperse une colonne de vingt-cinq mille Prussiens, tandis que sur la droite Flensberg est pris et repris, et que la déroute des alliés est enfin décidée par une charge impétueuse et meurtrière du 135e régiment.

Mais tous ces avantages remportés en Silésie restent sans influence sur la marche de la grande armée de Bohême, qui s'avance menaçante sur la capitale de la Saxe. Napoléon, averti de ce mouvement, laisse aussitôt le commandement de l'armée de Silésie au maréchal Macdonald, et accourt avec Ney au secours de Dresde. Arrivera-t-il à temps? Déjà la ville est enveloppée par des masses innombrables qui débouchent de toutes parts pour écraser la faible armée du maréchal Saint-Cyr, retranchée derrière les palissades des faubourgs. Des fenêtres de son palais, le vieux roi assiste à la dévastation des belles campagnes qui environnent sa capitale, et il mêle sa douleur à la consternation de ses sujets. Tout annonce que Dresde va tomber au pouvoir des Austro-Russes, et que le maréchal Saint-Cyr ne pourra résister longtemps à Schwartzenberg. La fidélité des corps allemands qui servent encore sous nos drapeaux en est

---

[1] Il est juste toutefois d'établir une distinction entre Bernadotte et Moreau. Bernadotte, s'abusant sur la nature et l'étendue de ses devoirs envers la France et envers sa patrie adoptive, ou méconnaissant même les vrais intérêts de celle-ci, pouvait se croire plus Suédois que Français et agir en conséquence. Moreau était sans excuse.

ébranlée; deux régiments de hussards westphaliens passent à l'ennemi. Bientôt les habitants parleront de se rendre.

Mais tout à coup Napoléon paraît : le 26, à dix heures du matin, il traverse au galop le pont de Dresde, et ses troupes le suivent au pas de charge. Dès ce moment le découragement a cessé, la confiance a reparu. Le peuple de Dresde, en voyant défiler les cuirassiers de Latour-Maubourg, pousse des cris de joie, comme s'il lisait sur ces figures guerrières le présage du salut de la ville.

En arrivant, l'empereur veut savoir d'abord quels préparatifs de défense l'on a faits, et il est bientôt satisfait d'apprendre qu'il n'a que son approbation à donner à toutes les mesures prises par le maréchal Saint-Cyr. Tranquille sur ce point, il monte alors au château, et y rassure par sa présence la famille royale, qui songeait à fuir.

Sa visite ne dure qu'un instant. Il est impatient de voir par lui-même le nombre, la position et les mouvements de l'ennemi, et il marche rapidement, dans ce but, vers l'une des portes de la ville, à travers une population bienveillante qui cherche sur le front calme et serein du grand capitaine le gage de sa propre sécurité. A une heure, Napoléon est à l'extrémité du faubourg de Pilnitz; il met pied à terre et parcourt toute l'enceinte extérieure de la ville, en se rapprochant assez des avant-postes ennemis pour qu'une balle morte vienne atteindre à ses côtés le jeune page qui l'accompagne.

A trois heures, le signal de l'attaque est donné par trois coups de canon qui partent des batteries de l'armée austro-russe. A ce signal, l'ennemi, qui couronne toutes les hauteurs dont la ville est entourée, descend dans la plaine et se porte avec impétuosité sur nos redoutes. Il est excité par la présence des souverains, et déjà, dans l'ivresse de ce premier élan, il s'est cru vainqueur, et s'est mis à crier : Paris! Paris! Mais bientôt le soldat français fait sentir à son tour la vigueur de ses coups, et son empereur est là aussi qui veille à l'honneur de ses aigles. En un instant la lutte devient générale et terrible. Les réserves elles-mêmes sont engagées; des obus et des boulets tombent dans la ville. Napoléon comprend qu'il n'a pas un moment à perdre pour fixer le sort du combat et pour sauver la capitale du seul allié qui lui reste fidèle. Il jette sur le flanc droit de l'ennemi Murat et sa cavalerie, et sur le flanc gauche le corps du duc de Trévise. Puis il fait déboucher par les portes de Pirna et de Plauen quatre divisions de la jeune garde, commandées par leurs dignes chefs, les généraux Dumoutier, Barrois, Decouz et Roguet, placés eux-mêmes sous les ordres du brave prince de la Moscowa. L'apparition de ces deux colonnes change aussitôt l'aspect de la bataille. Tout plie et se retire devant la jeune garde. Ces assaillants, naguère si fiers et si présomptueux, sont poursuivis maintenant dans toutes les directions, et abandonnent la plaine qu'ils avaient envahie avec tant d'ardeur, et que les cuirassiers balayent presque sans résistance.

« L'empereur est dans Dresde! il n'en faut plus douter, s'écrie alors le prince de Schwartzenberg; le moment favorable pour enlever la ville est perdu! ne songeons plus qu'à nous rallier. »

L'empereur venait en effet de constater sa présence non-seulement par les savantes dispositions et les habiles manœuvres qu'il avait ordonnées, mais aussi par son active participation aux efforts héroïques et aux périls de son armée. « Napoléon, au milieu d'une grêle de boulets et de balles, dit un écrivain allemand, témoin oculaire, passe au grand galop dans le Schloss-Gass, pour gagner la porte du lac et la barrière de Lippodiswalde. Après s'y être arrêté un instant, il court sur le champ de bataille; un officier de sa suite est tué à côté de lui, et plusieurs de ses aides de camp sont blessés. » (Récit de ce qui s'est passé à Dresde, par un Saxon, témoin oculaire, le major d'Odeleben.)

Ce n'est qu'à neuf heures du soir que le bruit du canon cesse de se faire entendre. A onze heures, l'empereur est encore debout, parcourant les bivacs, cherchant à reconnaître lui-même la ligne ennemie et préparant ses calculs et ses plans pour le lendemain. A minuit, il est rentré au château ; mais avant de se mettre au lit, il appelle Berthier dans son cabinet, et lui dicte des ordres qui sont aussitôt expédiés à tous les généraux commandant des corps d'armée, afin que chacun d'eux soit prêt dès le matin à seconder le génie de l'empereur pour le succès de la nouvelle journée qui se prépare.

Cependant un corps autrichien, qu'une distribution d'eau-de-vie a fait revenir de l'abattement où l'armée du prince de Schwartzenberg avait été plongée par sa défaite de la veille, a tenté une surprise, à la faveur de la nuit, sur la porte de Plauen. Mais il y a trouvé le général Dumoustier et le colonel Cambronne : Dumoustier qui a la jambe fracassée, et qui veut encore combattre ; Cambronne qui fait repentir les assaillants de leur audace, en leur prenant un bataillon tout entier et un drapeau.

Cette attaque nocturne annonce que les alliés, si complétement mis en déroute dans la journée du 26, ne se tiennent pas pour définitivement vaincus, et que l'on doit s'attendre à les voir revenir au combat. Napoléon l'a prévu quand il a envoyé dans la nuit à tous ses lieutenants des instructions si pressantes. Dès six heures du matin, malgré la boue et la pluie, il est à cheval, et il sort par la porte de Freyberg pour aller examiner encore les lieux, étudier le terrain où la lutte va recommencer. Sur les hauteurs qu'il a en face, une lacune se fait remarquer. Le corps du général autrichien Klenau n'a pas encore occupé la position qui lui a été assignée. L'empereur ordonne aussitôt à Murat et à Victor de se porter sur ce point et d'y devancer l'ennemi. Le roi de Naples et le duc de Bellune exécutent ce mouvement avec promptitude. A neuf heures du matin, ils sont maîtres de la position ; mais une vive canonnade s'est engagée au centre ; l'artillerie y soutient le principal effort de la bataille. « C'est là, dit le *Manuscrit* de 1813, que le soldat français subit les lois les plus dures de la tactique moderne. Rongeant le frein qui retient son ardeur, il reste des heures entières immobile, en butte aux boulets dont les deux lignes font un échange continuel. »

A onze heures, Murat est déjà au delà des gorges de Plauen. On l'a vu le sabre à la main, son manteau brodé d'or retroussé sur l'épaule, charger à la tête des carabiniers et des cuirassiers et se précipiter sur l'infanterie autrichienne. Son succès, auquel Victor et Latour-Maubourg ont glorieusement concouru, est désormais complet; l'aile gauche des alliés est écrasée.

Leur aile droite n'est pas plus heureuse; elle fuit devant la jeune garde, dont l'empereur est venu lui-même partager le danger et le triomphe.

Sur tous les points, la valeur française se montre aussi brillante et aussi soutenue qu'aux plus belles journées de notre histoire militaire. Deux bataillons de la vieille garde, les seuls de cette arme qui aient été engagés, n'ont combattu qu'à la baïonnette et ont culbuté tout ce qu'ils ont rencontré sur leur passage. Mortier, Saint-Cyr et Nansouty ne se sont pas moins distingués que Murat, Victor et Latour-Maubourg. Cet ensemble admirable de tous les courages et de tous les talents, formé sous les auspices du génie, devait être couronné d'un résultat décisif. A trois heures, la bataille de Dresde est définitivement gagnée par Napoléon. Les monarques alliés, menacés de perdre leur communication avec la Bohême, sont obligés de pourvoir à

leur sûreté et prennent le parti de la retraite, laissant au pouvoir du vainqueur vingt-cinq à trente mille prisonniers, quarante drapeaux et soixante pièces de canon. Le premier coup de canon, tiré des batteries de la garde impériale, a blessé mortellement le général Moreau. Le ciel n'a pas voulu que le vainqueur de Hohenlinden eût le temps d'aggraver son crime et de perpétuer sa honte sur les champs de bataille, et il a fait cesser le scandale de la présence d'un tel homme au milieu des Russes!...

L'empereur peut croire que la protection divine lui revient en voyant le parricide si promptement atteint et puni dans son ancien compétiteur et la défection si vigoureusement châtiée dans ses alliés de Vienne et de Berlin. Ce n'est malheureusement qu'une illusion qui passera vite. Il en est venu à ce point que les plus beaux faits d'armes ne le sauveront pas d'une chute prochaine. Séparé de l'esprit libéral qui se dresse fièrement contre lui du milieu de la jeunesse allemande, il se trouve poussé en dehors de sa mission primitive : l'homme politique va finir en Napoléon. Mais, comme son génie lui reste fidèle et que la nationalité française est toujours incarnée en lui, il tombera du trône sans être déchu de sa gloire; il tombera en grandissant toujours pour la postérité, en renouvelant jusqu'à la dernière heure de son existence souveraine les mêmes prodiges dont il étonnait le monde quand il travaillait encore à son élévation, ou qu'il était parvenu à l'apogée de sa puissance.

CHAPITRE QUARANTE-CINQUIÈME.

Le czar, le roi de Prusse, le prince de Schwartzenberg fuient donc encore une fois devant l'aigle de France, emportant avec eux Moreau expirant. Ils ont hâte de gagner les défilés de la Bohême. Napoléon les fait poursuivre vivement. Mais un de ses généraux, qui présume trop de la valeur de ses troupes et de sa propre bravoure, essaye avec une poignée de soldats intrépides de barrer le passage à toute une armée. Le général Vandamme oubliant, selon la remarque de l'empereur, « qu'il faut faire un pont d'or ou opposer une barrière d'acier à une armée qui fuit », et qu'il n'est pas assez fort pour former cette barrière d'acier, le général Vandamme se jette dans les gorges de Kulm et tente d'y arrêter la grande armée vaincue à Dresde. Mais après des efforts inouïs et une résistance désespérée qui font éprouver une perte considérable à l'ennemi, le général français est accablé par le nombre. Il disparait dans la mêlée; on le croit mort. Son corps d'armée tout entier est fait prisonnier, et l'on apprend bientôt qu'il est tombé lui-même au pouvoir des Austro-Russes.

Cet échec isolé, qui coûta plus de dix mille hommes à l'armée française, atténua les effets de la bataille de Dresde. De funestes événements se passaient ailleurs, presque en même temps, à l'armée de Silésie. Les grandes pluies avaient amené le débordement des rivières. L'eau couvrait toutes les routes; les ponts étaient emportés, nos divers corps privés de communications entre eux. Dans une position aussi périlleuse, le maréchal Macdonald fut obligé de repasser le Bober, la Queisse et la Neisse, après avoir perdu à Lœwenberg la plus grande partie de la division Puthod, dont les débris se sauvèrent à la nage.

Napoléon, laissant la grande armée ennemie comme enfermée dans les montagnes de la Bohême, s'achemina vers la Silésie, et rencontra le corps de Macdonald sur les hauteurs de Hochkirch le 4 septembre. Le même jour, il fit reprendre l'offensive à cette armée, attaqua l'ennemi, le débusqua des hauteurs du Wolenberg, le poursuivit pendant toute la journée du 5 jusqu'à Gœrlitz, le força à repasser précipitamment la Neisse et la Queisse, et rentra le 6, à sept heures du soir, à Dresde, où il apprit que le conseil de guerre du troisième corps d'armée venait de condamner à mort le général Jomini, Suisse de nation, chef d'état-major de ce corps, pour avoir déserté à l'ennemi au moment de la reprise des hostilités.

Cependant le maréchal Oudinot n'avait pas été plus heureux dans sa marche sur Berlin que Macdonald en Silésie. Battu le 24 août à Gross-Beeren, il avait été remplacé par Ney, qui, après avoir obtenu quelque avantage, le 5 septembre, sur le général Tauenzien, essuya le lendemain une défaite à Juterbock, où il fut attaqué par Bernadotte et Bulow.

Ainsi, les revers commençaient à devenir plus fréquents partout où l'empereur n'était pas. Napoléon avait dû être le premier à s'en apercevoir; aussi, faisant de Dresde le centre de ses opérations, s'y tint-il en quelque sorte à cheval sur l'Elbe, toujours prêt à accourir là où le danger serait le plus pressant, toujours en mesure de surveiller et de diriger les manœuvres et les mouvements des corps nombreux qui composaient son armée. Il passa de la sorte le mois de septembre et la première moitié d'octobre, marchant tantôt à Schwartzenberg, tantôt à Sacken, tantôt à Blücher et à Bernadotte; battant les uns à Geyersberg, les autres à Dessau, et leur faisant redouter à tous la rencontre du bras invincible qui semblait jouir du privilège de l'ubiquité. Mais ces triomphes ne faisaient que décimer son armée, déjà si affaiblie par les désastres de la campagne précédente, sans détruire les ressources sans cesse renaissantes des armées combinées. Les renforts arrivaient de toutes parts à l'ennemi.

De nouvelles défections allaient encore lui venir en aide. Le roi de Bavière imitait l'empereur d'Autriche, violant la foi des traités et brisant les liens de famille. L'insurrection se propageait ensuite sur nos derrières. Des corps de partisans s'étaient organisés en Saxe et en Westphalie. Le général saxon Thielmann avait abandonné nos drapeaux pour se mettre à la tête de trois mille coureurs russes et prussiens, et il avait surpris à Hauembourg trois ou quatre cents malades, qui lui furent repris à Freybourg par le général Lefebvre-Desnouettes. Dans ce mouvement général des populations allemandes contre la domination française, le roi de Westphalie, Jérôme Bonaparte, avait été chassé de sa capitale et obligé de se retirer sur le Rhin.

A la nouvelle de la défection de la Bavière et des dispositions insurrectionnelles qui se manifestaient dans l'Allemagne centrale, Napoléon comprit qu'il lui serait difficile de se maintenir sur l'Elbe, et il songea à se rapprocher des frontières de France, en conservant le plus possible son attitude victorieuse. Mais en face d'une armée innombrable que les défaites les plus complètes ne pouvaient amoindrir, parce qu'elle s'alimentait incessamment des recrues de toute l'Europe, il sentit qu'une levée d'hommes considérable lui était devenue nécessaire, et il fit demander au sénat deux cent quatre-vingt mille conscrits par l'impératrice régente, qui prononça à cette occasion, le 7 octobre, un discours que Napoléon lui avait adressé de son quartier général.

Le sénat, qui s'était toujours montré empressé à remplir les vœux de l'empereur, ne devait pas se faire indocile quand les besoins du pays devenaient plus grands et que la position de l'armée française à l'étranger nécessitait de prompts secours : la levée de deux cent quatre-vingt mille conscrits fut donc votée sans opposition.

Napoléon était encore sur l'Elbe maître des ponts de Dessau, d'Aken et de Wartenbourg, dont les généraux Reynier et Bertrand et le maréchal Ney s'étaient emparés, et son projet, dit le rapport officiel, « était de passer ce fleuve, de manœuvrer sur la rive droite depuis Hambourg jusqu'à Dresde, de menacer Potsdam et Berlin, et de prendre pour centre d'opération Magdebourg, lorsque la nouvelle de la défection des Bavarois le fit renoncer à ce dessein et le décida à se retirer sur Leipsick ».

Cette résolution combla de joie les censeurs du quartier général, qui voyaient avec peine Napoléon incliner à tenter un coup de main sur Berlin et à porter la guerre entre l'Elbe et l'Oder, quand ils ne désiraient rien tant eux-mêmes que de revenir au plus vite sur le Rhin.

L'empereur arriva le 15 octobre à Leipsick, où étaient déjà réunis les corps de Victor, d'Augereau et de Lauriston; les alliés l'y suivirent de près, et par un mouvement combiné de toutes leurs forces éparses, ils parvinrent à se concentrer dès le 16 autour de l'armée française, qui se trouva ainsi arrêtée dans sa marche, au midi et au couchant par Schwartzenberg et Giulay, tandis que Beningsen et Colloredo, Blücher et Bernadotte accouraient sur elle de l'est et du nord.

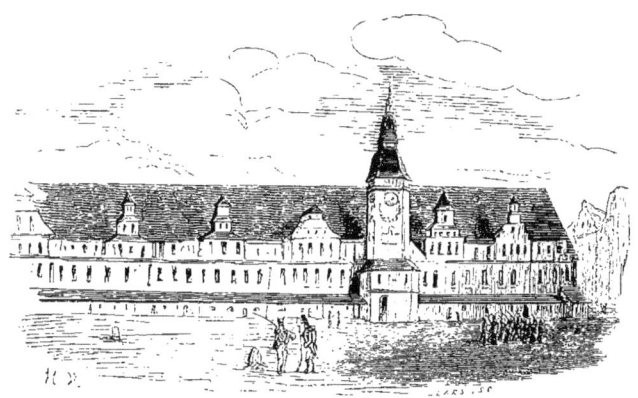

CHAPITRE QUARANTE-SIXIÈME.

Bataille de Vachau et de Leipsick. — Défection des Saxons. — Issue désastreuse de la campagne. — Retour de l'empereur à Paris.

Cinq cent mille hommes se trouvaient en présence sous les murs ou dans les environs de Leipsick; une grande bataille était encore devenue inévitable.

Dès le 15, Napoléon, après avoir rassuré le roi et la reine de Saxe, qui étaient venus le rejoindre à Leipsick, se mit à explorer les dehors de la ville et à visiter les divers corps d'armée établis dans les lieux environnants. Le reste de la journée et une partie de la nuit furent consacrés aux préparatifs de la bataille qui paraissait certaine pour le lendemain.

Le 16, à neuf heures du matin, le signal du combat fut en effet donné, au midi de Leipsick, par le prince de Schwartzenberg; mais cette attaque devint bientôt générale, et elle fut soutenue par deux cents pièces de canon. Les alliés eurent d'abord l'avantage; ils menaçaient les villages de Markleeberg et de Dolitz, et faisaient plier notre droite, lorsque l'infanterie de Poniatowski et d'Augereau et la cavalerie du général Milhaud parvinrent à arrêter de ce côté les progrès de l'ennemi.

Au centre, Victor et Lauriston conservèrent Vachau et Lieberwolkwitz malgré les efforts du prince de Wurtemberg et des généraux Gorzakoff et Klenau.

Mais ce n'était pas assez pour l'empereur de résister avec succès et de garder ses positions, il avait besoin plus que jamais d'un triomphe éclatant, d'une victoire décisive; et quand ses ennemis échouaient dans leurs premières attaques, il devait les attaquer vivement à son tour, sans leur donner le temps de faire cesser le désordre et le découragement dans leurs colonnes, et de remplacer par des troupes fraîches les corps fatigués et battus : c'est ce que fit Napoléon.

Lançant à gauche Macdonald et Sébastiani sur Klenau, et donnant ordre à Mortier d'aller soutenir Lauriston avec deux divisions de la jeune garde, il envoya à droite Oudinot pour appuyer Victor, tandis que Curial marcha sur Dolitz afin de renforcer

Poniatowski. Cent cinquante pièces de l'artillerie de la garde, dirigées par le général Drouot, vinrent protéger ces divers mouvements.

Tout le monde, généraux et soldats, remplit les vœux du grand capitaine. Victor et Oudinot, menant le prince de Wurtemberg l'épée dans les reins, le chassèrent devant eux jusqu'à Gossa. Mortier et Lauriston ne traitèrent pas mieux le corps de Klenau; Macdonald et Sébastiani obtinrent de leur côté un succès complet, et Poniatowski rendit vaines toutes les tentatives combinées des Prussiens, des Russes et des Autrichiens pour lui faire abandonner sa position sur les bords de la Pleiss.

L'empereur Alexandre, voyant que la bataille de Vachau allait être perdue, se décida à faire donner non-seulement ses réserves, mais son escorte même, au risque de compromettre sa propre sûreté; il accourut sur le point le plus menacé et lança les Cosaques de la garde sur la cavalerie française. Cette résolution extrême, aussi généreuse qu'imprudente, si elle pouvait compromettre la personne du czar, préserva toutefois l'armée des alliés d'une défaite complète. Les Cosaques reprirent vingt-quatre des vingt-six pièces de canon qui venaient d'être enlevées aux Russes; les réserves autrichiennes parurent ensuite. « Les alliés étaient si nombreux, dit le *Mémorial de Sainte-Hélène*, que, quand leurs troupes étaient fatiguées, elles étaient régulièrement relevées comme à la parade. » Avec une telle supériorité numérique, ils ne pouvaient guère être définitivement battus; aussi, malgré les prodiges de valeur que fit l'armée française, la victoire resta-t-elle à peu près indécise.

Mais on n'avait pas combattu seulement à Vachau; le canon s'était fait entendre aussi sur la Partha et du côté de Lindenau. Sur la Partha, Blücher, qui avait également pour lui l'avantage du nombre, avait fini par faire plier le corps de Marmont. A Lindenau, Giulay avait été moins heureux que le général Bertrand, qui avait défendu et sauvé la route de France.

Les alliés perdirent vingt mille hommes à Vachau. Le général autrichien Merfeld, tombé de cheval au milieu des baïonnettes françaises, rendit son épée au capitaine Pleineselve, de la division Curial. On compta, du côté des Français, deux mille cinq cents hommes tant tués que blessés. Le général Latour-Maubourg eut la cuisse emportée par un boulet. Napoléon donna des éloges à la conduite de ses lieutenants, Victor, Marmont, Ney, Oudinot, Macdonald, Augereau, etc.; il signala surtout la bravoure de Lauriston et l'héroïque intrépidité de Poniatowski, qu'il éleva à la dignité de maréchal.

Depuis quelque temps, les batailles qui semblaient devoir être décisives pour l'empereur Napoléon demeuraient sans résultat. Lutzen, Bautzen et Dresde n'avaient fait qu'accroître le nombre et l'ardeur de ses ennemis : que pouvait-il donc espérer d'une journée où le succès n'avait pas été marqué par la déroute, ni même par la retraite des coalisés? En rentrant dans sa tente, il dut se préparer à combattre le lendemain.

Dans la soirée, on lui amena son prisonnier, le général Merfeld, qu'il avait connu à Léoben, et à qui il s'empressa de faire rendre son épée. Le laissant partir ensuite sur parole, il le chargea de propositions pacifiques pour l'empereur d'Autriche, et il lui dit au moment de le renvoyer :

« On se trompe sur mon compte; je ne demande pas mieux que de me reposer à l'ombre de la paix, et de rêver au bonheur de la France après avoir rêvé sa gloire...

» Je dois finir par faire des sacrifices, je le sais; je suis prêt à les faire... Adieu, général; lorsque de ma part vous parlerez d'armistice aux deux empereurs, je ne doute pas que la voix qui frappera leurs oreilles ne soit pour eux bien éloquente en souvenirs. »

Le général Merfeld retourna au milieu des siens, qui furent aussi surpris que satisfaits de le revoir ; mais les paroles de paix dont il était porteur n'y obtinrent qu'un

Le prince Joseph Poniatowski.

très-froid accueil. Les sentiments personnels des monarques, les souvenirs invoqués par Napoléon étaient entièrement subordonnés aux exigences d'une politique commune et inflexible. La coalition ne devait pas rompre ses rangs, modérer ses prétentions et ralentir ses coups à mesure que les événements se prononçaient de plus en plus pour elle.

La bataille aurait donc recommencé le 17 si les grandes pluies et les mauvais chemins, qui avaient retardé l'arrivée du général Beningsen, n'avaient engagé les alliés à renvoyer leur attaque au lendemain. Si Napoléon eût pensé qu'on délibérait au camp ennemi sur les propositions confiées à M. de Merfeld, il eût été bien vite détrompé. Le 18, dès la pointe du jour, les alliés étaient en mouvement. Mais l'empereur avait tout prévu, et il avait passé la nuit à faire ses dispositions, courant de son bivac à la tente de ses généraux, réveillant Ney à Reidnitz, visitant Bertrand à Lindenau, et donnant partout ses ordres pour le lendemain.

A dix heures, la canonnade s'engagea sur toute la ligne. Les ennemis dirigèrent principalement leurs efforts sur les villages de Connewitz et de Probstheide, à l'enlèvement desquels ils attachaient le gain de la bataille. Quatre fois ils essayèrent d'emporter Probstheide, et quatre fois ils échouèrent. Sur tous les points, l'armée française défendit opiniâtrément et parvint à conserver ses positions. L'armée de Silésie tenta vainement de s'emparer du faubourg de Halle et de s'établir sur la rive gauche de la Partha. Si elle réussit à franchir cette rivière à plusieurs reprises, elle fut aussitôt assaillie et culbutée par le prince de la Moscowa, qui réussit toujours à la rejeter sur l'autre rive.

A trois heures, les chances de la bataille étaient pour l'armée française. Mais un de ces événements que la science militaire ne peut ni prévoir ni prévenir, et qui avaient dérangé tant de fois depuis un an les calculs de Napoléon, vint changer tout à coup la face des choses. L'armée saxonne et la cavalerie wurtembergeoise passèrent à l'ennemi ; le général en chef, Zeschau, qui resta fidèle à notre drapeau, ne put retenir que cinq cents hommes sous son commandement. L'artillerie tourna même ses quarante pièces de canon contre la division du général Durutte.

Cette défection inouïe, opérée sur le champ de bataille même, ouvrit un vide dans les lignes françaises, et livra aux alliés la position importante que l'armée saxonne avait été chargée de défendre. En peu d'instants, l'ennemi (c'était Bernadotte) eut passé la Partha et occupé Reidnitz. Il n'était plus qu'à une demi-lieue de Leipsick, lorsque Napoléon survint lui-même avec une division de la garde. La présence de l'empereur ranima l'ardeur de ses troupes. Reidnitz fut bientôt repris, et quand la nuit arriva, nous étions, comme la veille, maîtres du champ de bataille, plutôt vainqueurs que vaincus, mais réduits de plus en plus à recommencer chaque jour des luttes sanglantes qui n'avaient pour résultat que d'affaiblir nos rangs, et dont l'issue

Régiments suisses, Grenadiers. — 1812.

la plus heureuse ne pouvait plus nous procurer qu'un chemin péniblement disputé et une retraite glorieuse à travers le sol germanique.

Napoléon se retrouvait donc, après les héroïques efforts de son armée aux champs de Leipsick, comme après les beaux faits d'armes de la journée de Vachau, dans la nécessité de se préparer à un nouveau combat pour le jour suivant. Mais à sept heures du soir les généraux Sorbier et Dulauloy vinrent lui apprendre que les munitions de guerre étaient épuisées, et qu'on avait à peine de quoi entretenir le feu pendant deux heures. Depuis cinq jours l'armée avait tiré plus de deux cent vingt mille coups de canon, et l'on n'avait plus à choisir, pour se réapprovisionner, qu'entre Magdebourg et Erfurth.

Dans une pareille situation, il n'y avait pas à balancer. Napoléon se décida pour Erfurth, et donna aussitôt l'ordre de la retraite par les défilés de Lindenau, dont le général Bertrand avait si vaillamment défendu et conservé le libre passage contre le corps autrichien de Giulay.

L'empereur quitta son bivac à huit heures du soir et rentra dans Leipsick, où il logea dans une auberge (l'hôtel des Armes de Prusse). Le duc de Bassano lui rendit compte de l'entretien qu'il venait d'avoir avec le roi de Saxe. Ce vénérable prince s'était montré inconsolable de la conduite de son armée, et il ne voulut pas se séparer de l'empereur, dont il était décidé à suivre la fortune. « Excellent prince, dit Napoléon ; il est toujours le même ! je le retrouve tel qu'il était en 1807, quand il inscrivait sur des arcs de triomphe : A NAPOLÉON, FRÉDÉRIC-AUGUSTE RECONNAISSANT. »

L'empereur passa la nuit à dicter des ordres aux ducs de Bassano et de Vicence. Le 19, à la pointe du jour, la plus grande partie de l'armée avait effectué son mouvement de retraite. Victor et Augereau défilèrent les premiers. Marmont fut chargé de défendre le plus longtemps qu'il le pourrait le faubourg de Halle, Regnier celui de Rosenthal, et Ney ceux de l'est. Lauriston, Macdonald et Poniatowski, placés à l'arrière-garde, durent se maintenir dans les quartiers du midi et conserver les approches de l'Elster jusqu'à ce que les corps de Ney et de Marmont eussent franchi la rivière. Cet ordre fut donné à Poniatowski par l'empereur lui-même. « Prince, lui dit Napoléon, vous défendrez le faubourg du midi. — Sire, répondit-il, j'ai bien peu de monde. — Eh bien ! vous vous défendrez avec ce que vous avez. — Ah ! Sire, nous tiendrons ! nous sommes toujours prêts à périr pour Votre Majesté. » L'illustre et infortuné Polonais tint parole ; il ne devait plus revoir l'empereur.

On avait proposé à Napoléon de faire de Leipsick une tête de défilé et d'incendier ses vastes faubourgs afin d'empêcher l'ennemi de s'y établir, ce qui aurait laissé plus de temps à l'armée française pour opérer sa retraite et sortir du défilé de Lindenau.

« Quelque odieuse que fût la trahison de l'armée saxonne, dit le rapport officiel, l'empereur ne put se résoudre à détruire une des belles villes de l'Allemagne, il aima mieux s'exposer à perdre quelques centaines de voitures que d'adopter ce parti barbare. »

Cependant l'ennemi s'étant aperçu du mouvement rétrograde des Français, toutes ses colonnes se jetèrent à la fois sur Leipsick, impatientes d'y pénétrer et d'y signaler par la destruction de notre arrière-garde le grand événement qui livrait l'Allemagne à la coalition.

Mais elles rencontrèrent dans les faubourgs une résistance opiniâtre et inattendue. Macdonald et Poniatowski, chargés du salut de l'armée, remplirent héroïquement la noble et périlleuse mission qui leur avait été confiée. Pendant qu'ils arrêtaient l'ennemi aux portes de la ville, l'empereur était encore auprès du roi de Saxe. Il exprimait à ce vieillard la douleur qu'il ressentait de le laisser au milieu de ses ennemis ; et pour éloigner le moment de leur séparation, il prolongeait la conversation et retardait ses adieux, lorsque, au bruit d'une vive fusillade qui se fit entendre du côté du faubourg de Halle, le roi se leva et pressa l'empereur de quitter Leipsick au plus vite. « Vous avez assez fait, lui dit-il, et c'est maintenant pousser trop loin la générosité que de risquer votre personne pour rester quelques instants de plus à nous consoler. » Napoléon résista d'abord ; mais le bruit de la fusillade s'étant rapproché, la reine et la princesse Augusta joignirent leurs instances à celles du roi, et l'empereur céda. « Je ne voulais vous quitter, leur dit-il, que quand l'ennemi serait dans la ville, et je vous devais cette preuve de dévouement. Mais je vois que ma présence ne fait que redoubler vos alarmes; je n'insiste plus. Recevez mes adieux. Quoi qu'il puisse

Garde impériale. — Sapeur du génie.

arriver, la France acquittera la dette d'amitié que j'ai contractée envers vous. » Le roi reconduisit l'empereur jusqu'à l'escalier, et là ils s'embrassèrent pour la dernière fois.

Ce n'était pourtant qu'une fausse alerte qui avait mis en émoi les augustes alliés de Napoléon. Marmont, Ney, Reynier, Macdonald, Lauriston, Poniatowski, étaient toujours maîtres des positions confiées à leur garde. Toutes les attaques de Blücher et des autres généraux ennemis, malgré le retentissement alarmant qu'elles avaient eu dans la ville, avaient été vigoureusement repoussées. L'empereur put donc sortir de Leipsick sans obstacle et gagner tranquillement Lindenau.

Mais de nouveaux incidents, qui sont au-dessus de la prévoyance du génie, vont amener de nouveaux désastres.

Garde impériale. — Artillerie à cheval.

Pendant que l'arrière-garde défend pied à pied les faubourgs et opère lentement sa retraite sous les murs de Leipsick, les Saxons restés dans la ville tirent du haut des remparts sur les troupes françaises. On se presse alors vers le grand pont de l'Elster qui ouvre le défilé de Lindenau. Ce pont était miné, et le colonel Montfort avait mission de le faire sauter dès que les dernières colonnes de l'armée auraient passé sur

CHAPITRE QUARANTE-SIXIÈME.

l'autre rive, afin de retarder la marche de l'ennemi. Par la plus funeste des méprises, le sapeur à qui la mèche a été confiée croit que les Français ont entièrement défilé et que les alliés arrivent, en voyant tirer des boulevards et des remparts sur l'arrière-garde. Il met le feu aux fougasses, et une forte explosion va réveiller l'empereur, que le sommeil, aidé par la fatigue, a surpris au moulin de Lindenau. Le grand pont de l'Elster a sauté, et quatre corps d'armée ayant avec eux plus de deux cents pièces de canon sont encore sur les boulevards ou dans les faubourgs. Que vont devenir ces braves que commandent Macdonald, Reynier, Lauriston, Poniatowski? Accablés par le nombre, il ne leur est plus possible de résister, et la retraite vient de leur être fermée par une main française! Macdonald se jette dans l'Elster et se sauve à la nage.

Poniatowski lance son cheval dans la rivière, tombe dans un gouffre et ne reparaît plus. Reynier et Lauriston disparaissent aussi; on les croit tués ou noyés. Douze mille hommes ont péri ou sont tombés au pouvoir de l'ennemi dans ce funeste événement.

Les alliés sont maîtres de Leipsick. Le roi de Saxe est conduit à Berlin pour y expier, dans la disgrâce des grandes puissances de l'Europe, son inviolable fidélité à la France; et Bernadotte, partageant dans Leipsick le triomphe et l'ivresse des ennemis du nom français, s'assied familièrement à la table des superbes potentats qui poursuivent contre Napoléon la restauration du droit divin!

Les rois légitimes ont encore besoin de faire taire leurs répugnances, de cacher leurs arrière-pensées. Ils dissimulent avec le prince d'origine plébéienne comme avec le libéralisme allemand, dont ils ont aussi accepté les secours. La vieille Europe saura bien se redresser fièrement devant ses imprudents auxiliaires et leur dénier ses plus solennelles promesses quand elle aura bien abattu l'ennemi commun.

Napoléon a dû reconnaître au nouveau coup qui vient de l'atteindre l'inexorable et invincible puissance qui déjoue tous ses calculs, trompe toutes ses prévisions, et semble le mener fatalement à l'abîme à travers une série de victoires que suivent et annulent aussitôt des incidents inouïs et d'épouvantables catastrophes.

Après avoir payé un juste tribut de regret aux victimes de ce grand désastre, l'empereur fait traduire devant un conseil de guerre le colonel Montfort et le sapeur qui a fait sauter prématurément le pont de l'Elster ; puis il continue sa marche sur Erfurth, où le quartier général s'établit le 23, et « où l'armée française victorieuse arrive, dit le bulletin adressé à l'impératrice, comme arriverait une armée battue ».

Napoléon quitte Erfurth le 25 et poursuit sa marche vers le Rhin. Les Austro-Bavarois se portent à sa rencontre et essayent de lui barrer le passage à Hanau. Mais les malheurs de Leipsick n'ont pas tellement affaibli l'armée française qu'elle ne puisse faire repentir encore de leur audace les alliés infidèles qui osent tenter de lui fermer la retraite. L'empereur passera sur le ventre de soixante mille Autrichiens et Bavarois, commandés par de Wrède et protégés par quatre-vingts bouches à feu. En vain l'artillerie française paraîtra un instant compromise par les charges répétées d'une cavalerie nombreuse. Au moment où l'ennemi l'enveloppera de toutes parts et se flattera de l'enlever, les canonniers s'armeront de la carabine et défendront opiniâtrément leurs pièces derrière leurs affûts. Le brave Drouot leur donnera l'exemple, il

mettra l'épée à la main, et son attitude héroïque contiendra assez longtemps l'ennemi pour que Nansouty puisse arriver avec la cavalerie de la garde et dégager les intrépides artilleurs.

Les Bavarois perdirent dix mille hommes au combat de Hanau. Six de leurs généraux furent tués ou blessés, et ils laissèrent au pouvoir du vainqueur des canons et des drapeaux. Napoléon signala deux escadrons de gardes d'honneur comme ayant partagé les périls et la gloire des cuirassiers, des grenadiers à cheval et des dragons, dans cette brillante affaire.

Le 1er novembre, l'empereur arriva à Francfort. Il écrivit de là à Marie-Louise pour lui annoncer l'envoi de vingt drapeaux pris à Vachau, à Leipsick et à Hanau. C'étaient des trophées chèrement payés. Le lendemain, Napoléon entra à Mayence à cinq heures du matin. Il s'y occupa, pendant quelques jours, de la réorganisation de l'armée qui allait s'établir sur la ligne du Rhin, et partit le 8, dans la nuit, pour rentrer en France. Le 9, à cinq heures du soir, il était à Saint-Cloud.

CHAPITRE QUARANTE-SEPTIÈME.

Le sénat complimente l'empereur. — Levée de trois cent mille hommes. — Réunion et dissolution du corps législatif.

Pour la seconde fois, dans l'espace d'une année, Napoléon, qui avait si longtemps habitué les Parisiens aux chants de victoire et aux rentrées triomphales, était revenu dans sa capitale trahi par ses alliés et par la fortune, poursuivi par les armées de toute l'Europe, et n'ayant plus à opposer que les débris de la sienne, tombée glorieusement au champ d'honneur sous les coups de la félonie et de la fatalité.

Allait-on lui demander compte des caprices du sort et des trahisons qu'il avait subies? La France, oubliant qu'il n'avait point provoqué la guerre et qu'il ne l'avait soutenue que pour elle avec tant de constance et de vigueur, se préparait-elle à lui dire, comme autrefois le maître de Rome à Varus : « Rends-moi mes légions! »

Non, le grand peuple ne ternira pas sa gloire par cette injustice et cette ingratitude envers le grand homme. Il ne sera ni courtisan obstiné comme le sénat, ni frondeur intempestif comme le corps législatif; il déplorera les fautes politiques commises dans la prospérité, mais il se gardera d'en faire un sujet de récrimination ou de reproches dans l'adversité. Son instinct infaillible percera le masque royal dont le génie de la révolution s'est malencontreusement couvert, et il persistera à soutenir de ses vœux et de son sang le héros qui, sous la toge consulaire et paré des lauriers de l'Égypte et de l'Italie, célébrait en 1800, au Champ de Mars, l'anniversaire du 14 juillet, et saluait avec enthousiasme le peuple français comme son SOUVERAIN. Si les grands corps de l'État n'expriment pas sa pensée, il ira chercher dans la solitude un illustre patriote pour en faire son organe; et le tribun courageux qui résista seul au rétablissement de la monarchie viendra accuser, par l'offre de son bras à l'empereur, ces législateurs si longtemps muets qui auront attendu, pour manifester quelques velléités d'opposition, d'être encouragés par le bruit du canon étranger et soutenus par l'imminence des dangers de l'Empire. Carnot, qui s'exila des affaires publiques, et dont la voix resta pure de toute flatterie quand Napoléon voyait à ses pieds les mandataires officiels de la France et les rois les plus orgueilleux de l'Europe, Carnot écrira à l'empereur pour se mettre à sa disposition, parce que, malgré certains actes peu compatibles avec les tendances du siècle, il reconnaîtra toujours en lui le représentant de la nationalité française; et l'empereur lui répondra en le chargeant de la défense d'Anvers.

Le sénat s'est empressé de venir répéter à l'empereur ses éternelles flagorneries; l'empereur lui a dit dans sa réponse : « Toute l'Europe marchait avec nous il y a un an; toute l'Europe marche aujourd'hui contre nous : c'est que l'opinion du monde est faite par la France ou par l'Angleterre. Nous aurions donc tout à redouter sans l'énergie et la puissance de la nation.

» La postérité dira que si de grandes et critiques circonstances se sont présentées, elles n'étaient pas au-dessus de la France et de moi. »

Le lendemain, 15 novembre, une levée de trois cent mille conscrits fut demandée par le gouvernement et votée par le sénat.

Le corps législatif était convoqué, depuis le 25 octobre, par un décret daté de Gotha. A son arrivée à Paris, l'empereur avait été averti que des influences hostiles cherchaient à s'emparer de la direction de cette assemblée. Faisant aussitôt usage du pouvoir dictatorial qu'il savait si bien s'arroger quand les circonstances l'exigeaient, il décréta que le président du corps législatif serait nommé par lui, et son choix s'arrêta sur le duc de Massa, alors grand juge, qui fut remplacé au ministère de la justice par le conseiller d'État Molé.

La défense du territoire était l'objet des préoccupations les plus vives de Napoléon. Par un décret du 16 décembre, il ordonna la formation de trente cohortes de la garde nationale, qu'il destina à la défense des places fortes.

Le 19 du même mois, eut lieu l'ouverture de la session du corps législatif.

L'empereur fit communiquer aux députés et au sénat les pièces diplomatiques qui contenaient le secret des négociations pendant la dernière campagne, et qui pouvaient donner la mesure des dispositions actuelles des grandes puissances. Ces deux corps nommèrent chacun une commission pour procéder à l'examen de ces documents. M. de Fontanes fut le rapporteur de la commission sénatoriale; M. Lainé, député de la Gironde, parla au nom de la commission législative.

M. de Fontanes soutint son rôle de partisan inébranlable de la monarchie et de serviteur zélé de l'Empire. Il s'étonna de la déclaration des souverains coalisés, qui, dans leurs plus récents manifestes, affectaient de dire qu'ils n'en voulaient qu'à l'empereur et non point à la nation française. « Cette déclaration, dit l'orateur du sénat, est d'un caractère inusité dans la diplomatie des rois : ce n'est plus aux rois comme eux qu'ils développent leurs griefs et qu'ils envoient leurs manifestes, c'est aux peuples qu'ils les adressent. Cet exemple ne peut-il pas être funeste? Faut-il le donner surtout à cette époque où les esprits, travaillés de toutes les maladies de l'orgueil, ont tant de peine à fléchir sous l'autorité qui les protège en réprimant leur audace? Et contre qui cette attaque est-elle dirigée? Contre un grand homme qui mérita la reconnaissance de tous les rois; car en rétablissant le trône de France, il a fermé le foyer du volcan qui les menaçait tous. »

Ce langage, pour faire ressortir l'imprévoyance ou l'ingratitude des rois, mettait précisément en relief ce que, dans les circonstances présentes, l'empereur aurait eu besoin d'effacer de la mémoire des peuples. C'était par la toute-puissance de la démocratie disciplinée et avec la force irrésistible du mouvement révolutionnaire dont il s'était fait le suprême régulateur, que Napoléon avait tant de fois triomphé des ennemis de la France, et qu'il avait été réputé si longtemps invincible. En s'attachant à ne plus montrer en lui que le restaurateur des anciennes institutions et le libérateur de la vieille Europe, on lui enlevait son caractère primitif, sa nature populaire, le talisman qui l'avait aidé à opérer tous les miracles de sa vie. Ce n'était plus le génie du siècle, enchaînant la victoire au drapeau de la révolution française. L'Hercule plébéien, qui pendant tant d'années courba sous sa main redoutable le génie du passé, avait fini par en subir l'influence, et s'était fait le protecteur de la royauté et de l'aristocratie ; ses flatteurs rappelaient maintenant cette déviation et l'en félicitaient hautement. Mais, en le signalant ainsi à la reconnaissance de l'Europe monarchique, ne justifiait-on pas le soulèvement de l'Europe libérale, qui déployait alors ses bannières d'un bout à l'autre de l'Allemagne, et qui faisait promettre des constitutions à Berlin, tandis qu'elle en faisait à Cadix? N'était-ce pas aussi favoriser à l'intérieur le réveil et les menées de l'esprit de parti, que de s'attaquer aux tendances démocratiques de l'époque, et de présenter Napoléon comme l'ennemi de ces tendances? Cela était d'autant plus à craindre que les souvenirs auxquels en appelait M. de Fontanes ne manquaient pas de vérité. Il était incontestable, en effet, et nous avons eu plus d'une fois occasion de le reconnaître, que Napoléon, selon son propre aveu, avait cherché à s'identifier avec l'ancien ordre de choses.

Sans cette prétention fatale, la puissance indestructible attachée à l'ordre nouveau ne l'eût pas abandonné; la fortune eût été plus constante, la trahison moins active, et il n'eût pas étonné le monde, dans la même campagne, par le nombre de ses triomphes et par la rapidité de sa décadence.

Mais M. de Fontanes ne montrait que l'un des côtés de la vie politique de Napoléon, et c'était encore le côté le plus capable d'augmenter la tiédeur des uns et de servir la malveillance des autres. L'empereur ne se plaignait pas néanmoins de la manière dont ses actes et sa position à l'égard des peuples et des rois étaient envisagés et caractérisés. Le chef de la quatrième dynastie retrouvait sa propre pensée dans le discours du vieux royaliste que le sénat avait pris pour organe. Il remercia la députation de ce corps des sentiments qu'elle lui avait exprimés, et il peignit ensuite en termes peu rassurants la situation de la France.

« Vous avez vu, dit-il, par les pièces que je vous ai fait communiquer, ce que je fais pour la paix. Les sacrifices que comportent les bases préliminaires que m'ont proposées les ennemis, et que j'ai acceptées, je les ferais sans regret; ma vie n'a qu'un but, le bonheur des Français.

» Cependant le Béarn, l'Alsace, la Franche-Comté, le Brabant, sont entamés. Les cris de cette partie de ma famille me déchirent l'âme! j'appelle les Français au secours des Français ! »

Il n'était que trop vrai que la France était entamée. Les armées d'Espagne, forcées d'évacuer la Péninsule, repassaient les Pyrénées, poursuivies par les Anglo-Espagnols qui campaient déjà sur notre territoire. Au nord, le Rhin était franchi sur plusieurs points; et le vice-roi ne se soutenait plus qu'avec peine au delà des Alpes, tandis que les places fortes de l'Elbe et de l'Oder se rendaient et que Dantzick même capitulait. Le moment devait paraître favorable au parti contre-révolutionnaire, qui n'avait jamais désespéré, et dont les principes, défendus avec obstination par le torysme anglais, avaient été la cause plus ou moins avouée de toute coalition contre la France. Les Bourbons, dont le nom semblait oublié et qui étaient complétement étrangers aux générations nouvelles, reparurent sur les frontières d'Espagne et inondèrent les départements méridionaux de leurs proclamations. Imitant leurs puissants alliés d'outre-Rhin, qui avaient accepté le concours du *Tugend bund*, ils cherchèrent aussi à embaucher le libéralisme renaissant, et ne craignirent pas de se présenter comme les restaurateurs des libertés publiques, pendant que d'autres, par un contraste remarquable, recommandaient Napoléon comme le restaurateur de l'autel et du trône. Ainsi les ennemis les plus acharnés de la révolution se trouvaient réduits à lui rendre hommage et à proclamer qu'elle n'était plus avec l'empereur, pour que l'empereur cessât d'être invincible.

C'était surtout dans l'ouest et dans le midi que les partisans des Bourbons s'agitaient. En quelques endroits, des rassemblements de conscrits réfractaires, encouragés par des conspirateurs, commençaient à prendre une attitude menaçante. A Paris, un comité supérieur, dans lequel siégeaient des hommes qui ont marqué depuis parmi les constitutionnels les plus célèbres, servait de lien et de guide aux machinateurs du dedans et du dehors.

Eh bien! la commission du corps législatif choisit ce moment pour insinuer que le despotisme avait remplacé le règne des lois, et que la prolongation de la guerre ne devait être attribuée qu'à l'empereur, ses idées d'agrandissement et de domination étant les seuls obstacles à la pacification générale. Enhardie par les malheurs et les dangers publics, elle eut l'air de mettre des conditions au concours et aux sacrifices que Napoléon demandait aux députés de la nation pour préserver le pays de l'invasion étrangère. L'empereur s'indigna d'une hardiesse aussi tardive et aussi intempestive. L'impression et la distribution du rapport de M. Lainé avaient été votées par les quatre cinquièmes de l'assemblée : ce vote fut annulé par la volonté du maître. Le 30 décembre, l'impression arrêtée et les épreuves saisies, Napoléon vint s'épancher dans le sein du conseil d'État.

« Messieurs, dit-il, vous connaissez la situation des choses et les dangers de la patrie ; j'ai cru, sans y être obligé, devoir en donner une communication intime aux députés du corps législatif... mais ils ont fait de cet acte de ma confiance une arme contre moi, c'est-à-dire contre la patrie. Le corps législatif, au lieu d'aider à sauver la France, concourt à précipiter sa ruine ; il trahit ses devoirs, je remplis les miens, je le dissous. »

Malgré la mesure de réprobation que l'empereur venait de prendre contre eux, les membres du corps législatif se présentèrent à son audience, le 1er janvier, aux Tuileries, pour lui adresser leurs félicitations à l'occasion de la solennité du jour de l'an. Dès qu'ils parurent devant lui, il sentit revenir toute l'irritation dont il avait été saisi à la première nouvelle de leur résolution, et il les apostropha de la manière la plus vive en ces termes :

« J'ai supprimé l'impression de votre adresse : elle était incendiaire.

» Les onze douzièmes du corps législatif sont composés de bons citoyens, je le reconnais et j'aurai des égards pour eux ; mais l'autre douzième ne renferme que des factieux, et votre commission est de ce nombre. (Cette commission était composée de MM. Lainé, Raynouard, Maine de Biran et Flaugergue.) M. Lainé est un traître qui correspond avec le prince régent par l'intermédiaire de Desèze ; je le sais, j'en ai la preuve ; les autres sont des factieux.

» Vous cherchez, dans votre adresse, à séparer le souverain de la nation. Moi seul, je suis le représentant du peuple. Et qui de vous pourrait se charger d'un tel fardeau ?

Le trône n'est que du bois recouvert de velours. Si je voulais vous croire, je céderais à l'ennemi plus qu'il ne me demande: vous aurez la paix dans trois mois ou je périrai.

» C'est contre moi que les ennemis s'acharnent plus encore que contre les Français; mais pour cela seul faut-il qu'il me soit permis de démembrer l'État?

» Est-ce que je ne sacrifie pas mon orgueil et ma fierté pour obtenir la paix? Oui, je suis fier parce que je suis courageux, je suis fier parce que j'ai fait de grandes choses pour la France.

L'adresse était indigne de moi et du corps législatif; un jour je la ferai imprimer, mais ce sera pour faire honte au corps législatif. Vous avez voulu me couvrir de boue, mais je suis de ces hommes que l'on tue et que l'on ne déshonore pas.

» Retournez dans vos foyers... En supposant même que j'eusse des torts, vous ne devriez pas me faire des reproches publics; c'est en famille qu'il faut laver son linge sale. Au reste, la France a plus besoin de moi que je n'ai besoin de la France. »

29.

CHAPITRE QUARANTE-HUITIÈME.

Commencement de la campagne de 1814.

A France a plus besoin de moi que je n'ai besoin d'elle !

Sublime orgueil du génie qui a le sentiment de sa puissance, et qui connaît la haute et vaste portée de son bras et de son appui !

Mais le génie, à côté du secret de sa force, peut avoir ses illusions.

Sans doute Napoléon, comme homme et comme personnage historique, n'a plus besoin de la France pour jouir de sa gloire et la transmettre à la postérité; mais comme empereur, comme chef d'un grand État, que pourrait-il sans la France? Comment défendrait-il sans elle sa couronne et sa dynastie? Comment échapperait-il à la mort politique dont l'Europe entière le menace?

D'un autre côté, s'il est vrai que la France ait besoin plus que jamais de l'épée de Napoléon pour résister aux armées des rois coalisés et pour délivrer son territoire déjà souillé par l'ennemi, n'est-il pas certain aussi que le succès de l'invasion pourrait amener la dernière heure de l'Empire et la déchéance irrévocable du grand homme, et n'être cependant qu'un échec passager, qu'un accident dans la vie d'un grand peuple, dont le poëte dira un jour que, s'il peut tomber, c'est « comme la foudre qui se relève et gronde au haut des airs? » N'oublions pas que c'est à la France surtout qu'on doit appliquer ce que l'on a répété tant de fois, qu'au milieu des vicissitudes et des commotions qui emportent les princes, les dynasties et les institutions, les nations seules ne périssent pas.

Napoléon parut l'oublier quand il se laissa arracher par l'indignation les paroles orgueilleuses qu'il jeta à la face des députés de la France. Bien que le corps législatif eût, à coup sûr, cédé à de funestes influences et à d'imprudentes aspirations, et qu'il fût d'ailleurs peu populaire par ses antécédents, il y avait encore quelque danger à le traiter avec tant de dédain et presque avec colère. Malgré sa nullité constitutionnelle et sa longue docilité, il était toujours protégé par son titre. On était habitué à voir en

Artillerie à cheval. — 1812.

lui un reste de démocratie, l'ombre du système électif; c'en était assez pour rendre périlleuse toute attaque trop directe et trop violente dont il deviendrait l'objet. Plus d'une fois des potentats, se croyant inébranlables sur leur trône, ont éprouvé que la volonté individuelle la plus forte ne brusque et ne défie jamais en vain les corps qui ne représentent même qu'imparfaitement la volonté d'un pays; plus d'une fois le sceptre s'est brisé contre un simulacre de représentation nationale.

Le corps législatif avait fait beaucoup de mal sans doute par ses insinuations malveillantes contre Napoléon, dans un moment où le chef de l'Empire avait besoin de toute la confiance de la nation pour disputer à l'étranger le sol même de la patrie. Mais l'empereur aggrava peut-être le mal en donnant de l'éclat à l'opposition inopportune des députés et en les renvoyant chargés de sa réprobation solennelle. Cette dissidence entre le monarque et l'un des grands corps de l'État fut habilement exploitée par les factions de l'intérieur et par les agents de la diplomatie européenne. Les ennemis s'estimaient heureux, quand ils s'efforçaient de séparer Napoléon de la France pour le rendre plus vulnérable, d'entendre Napoléon se distinguer lui-même de la nation avec laquelle il s'était toujours identifié, et dire qu'elle avait plus besoin de lui qu'il n'avait besoin d'elle. Le peuple de France ne lui en voudra pas néanmoins de cette prétention superbe, et ses enfants courront sur les pas du héros, en Alsace, en Lorraine et en Champagne, pour l'aider à défendre le territoire et l'honneur du pays.

Avant de quitter Paris, Napoléon, par lettres patentes du 23 janvier, conféra le titre de régente à Marie-Louise, qui prêta serment, le 24, en cette qualité, entre les mains de l'empereur et dans un conseil composé des princes et des grands dignitaires de l'Empire, des ministres du cabinet et des ministres d'État.

Le même jour, Napoléon convoqua aux Tuileries les officiers de la garde nationale parisienne, dont il s'était déclaré le commandant en chef. « Je pars avec confiance, leur dit-il, je vais combattre l'ennemi, et je vous laisse ce que j'ai de plus cher au monde, l'impératrice et mon fils. » MM. de Brancas, de Brévannes, etc., figuraient parmi ces officiers, qui jurèrent tous de garder le dépôt confié à leur dévouement.

Ce fut ce jour-là encore que Napoléon reçut la lettre dont nous avons déjà parlé, et par laquelle Carnot lui offrait ses services. Quel contraste se présenta alors à l'esprit de l'empereur! Carnot, qui avait été le dernier organe de la république, et qui était resté étranger aux splendeurs de la nouvelle monarchie, Carnot se rapprochait, dans l'adversité, de celui dont il avait combattu l'élévation, tandis que Murat, l'un des premiers princes de l'Empire, le beau-frère, l'ami, le vieux camarade de l'empereur, comblé par lui de dignités et d'honneurs et doté d'une couronne, choisissait le moment où la fortune trahissait son bienfaiteur pour donner au monde le scandale d'une défection nouvelle, et pour porter aux Autrichiens et aux Russes le secours de cette bravoure toute française qui leur avait été si souvent fatale... Napoléon venait d'apprendre que le roi de Naples imitait le prince royal de Suède, et que, par un traité en date du 11 janvier, son beau-frère et son beau-père avaient conclu, sous les auspices des Anglais, une étroite alliance pour lui faire la guerre; de telle sorte que le prince Eugène, qui se soutenait à peine en face des armées autrichiennes, allait avoir sur ses derrières l'armée napolitaine, et ce brillant général dont il avait si longtemps admiré le courage et partagé la gloire, et qui avait été l'un des chefs les plus illustres de l'armée française[1].

Il fallait toute la force d'âme de Napoléon pour n'être pas ébranlé dans sa constance par tant d'incidents déplorables, tant de lâchetés, tant d'infamies. Mais il avait reçu de la nature un caractère fort et fier, ainsi qu'il l'avait dit lui-même dans une occasion récente, et il s'indignait de l'abandon universel dont chaque jour lui apportait un nouveau symptôme, sans se laisser abattre ni décourager.

[1] Le vice-roi publia à cette occasion un manifeste qui se terminait ainsi : « Quoique uni à Napoléon par les liens du sang et lui devant tout, il se déclare contre lui; et dans quel moment? lorsque Napoléon est moins heureux. »

Surmontant donc ses dégoûts et bravant l'orage qui grondait sur tous les points de la France, il marcha à la rencontre des alliés, qui avaient violé la neutralité suisse pour envahir les provinces de l'est. Il partit de Paris le 25 janvier, à trois heures du matin, après avoir brûlé ses papiers les plus secrets et avoir embrassé son épouse et

son fils... pour la dernière fois!! Il établit le 26 son quartier général à Vitry, et arriva le 27 à Saint-Dizier, d'où il chassa l'ennemi, qui y commettait depuis deux jours toutes sortes d'excès. La présence de l'empereur combla de joie les habitants. Un vieux soldat, le colonel Bouland, vint se jeter à ses pieds et lui exprimer la reconnaissance de la population, qui se pressait autour de son libérateur. Deux jours après, Napoléon enlevait la ville et le château de Brienne à Blücher, et lui faisait perdre quatre mille hommes. Un officier général, du nom de Hardenberg et neveu du chancelier de Prusse, fut pris au bas de l'escalier du château. Blücher, qui ne croyait pas que l'empereur se trouvât à l'armée, et surtout si près de lui, faillit subir le même sort au moment où il descendait du château, à pied, à la tête de son état-major. Pour protéger leur retraite, les Prussiens mirent le feu à la ville.

Le 1er février, Blücher et Schwartzenberg réunis débouchèrent sur la Rothière et Dienville, où se trouvait l'arrière-garde de l'armée française. Fiers de leur supériorité numérique, ils comptaient sur un facile triomphe. Les généraux Duhesme et Gérard les détrompèrent : Duhesme conserva la Rothière, et Gérard, Dienville. Le maréchal

Victor, posté au hameau de la Giberie, s'y maintint également pendant toute la journée. Mais à la nuit, une batterie de la garde, qui s'égara, tomba dans une embuscade

GARDE IMPÉRIALE. — Artillerie à pied et Train d'artillerie.

et resta au pouvoir de l'ennemi. Les canonniers se sauvèrent toutefois, avec leurs attelages, en se formant en escadron et en combattant vigoureusement dès qu'ils virent qu'ils n'avaient plus le temps de se mettre à leurs pièces.

Le combat de Brienne et la défense de la Rothière, de Dienville et de la Giberie, avaient ouvert glorieusement la campagne. Mais Blücher et Schwartzenberg disposaient de forces si considérables, que Napoléon pouvait craindre d'être enveloppé ou d'être coupé de sa capitale s'il persistait à garder ses positions dans les environs de Brienne. Des colonnes ennemies se dirigeaient d'ailleurs sur Sens par Bar-sur-Aube et par

Train d'artillerie. — Artillerie à pied. — 1809.

Auxerre. L'empereur devait accourir pour mettre Paris à l'abri d'une surprise. Il se retira donc sur Troyes, où il entra le 3 février, et ensuite sur Nogent, où son quartier général se trouvait le 7. Son but était aussi de séparer par ses rapides et habiles manœuvres les deux grandes armées prussienne et autrichienne, qu'il ne pouvait attaquer avec avantage tant que leur jonction durerait, et qu'il se promettait bien de battre l'une après l'autre s'il parvenait à les isoler.

Son plan eut un commencement d'exécution et un premier et éclatant succès, le 10 février, à Champaubert; mais ses coups tombèrent cette fois sur les Russes. Le général en chef Ousouwieff, à la tête de douze régiments, essuya une complète déroute.

Il fut pris avec six mille des siens, et laissa le reste noyé dans un étang ou mort sur le champ de bataille. Quarante pièces de canon, tous les caissons et les bagages demeurèrent au pouvoir du vainqueur.

Le lendemain, ce fut le tour de Blücher d'être battu. Napoléon l'atteignit à Montmirail, et en deux heures de combat lui fit éprouver de si grandes pertes que son corps d'armée parut entièrement détruit. Le jour suivant, nouveau succès. Une colonne ennemie qui cherchait à protéger la retraite de Blücher fut enlevée à Château-Thierry, où les troupes françaises entrèrent pêle-mêle avec les Prussiens et les Russes. Cinq généraux de ces deux nations se trouvèrent parmi nos prisonniers. L'empereur coucha au château de Nesle. Les débris de l'ennemi précipitaient leur retraite, qui ressemblait à une fuite, et comme en marchant sur Paris, pleins d'espoir et de jactance, les soldats de Blücher et de Sacken avaient commis beaucoup de vexations et de cruautés, ils furent exposés dans leur déroute aux poursuites des paysans champenois, qui les assaillirent dans les bois et en prirent un grand nombre qu'ils étaient fiers de conduire aux postes de l'armée française.

Mais ces armées alliées, chaque jour anéanties, reparaissaient incessamment, toujours disposées au combat. On ne saurait trop le redire, nous avions l'Europe entière sur les bras, et elle remplaçait incontinent par des troupes fraîches ses troupes battues et dispersées. Blücher, dont le corps était détruit le 12 à Château-Thierry, put rentrer en lice le 14 à Vauchamp. Ce village, attaqué par le duc de Raguse, fut pris et repris plusieurs fois. Pendant qu'on s'y battait avec acharnement, le général Grouchy tomba sur les derrières de l'ennemi, dont il sabra les carrés. L'empereur saisit ce moment pour faire charger ses quatre escadrons de service, qui enfoncèrent et prirent un carré de deux mille hommes. Toute la cavalerie de la garde vint après au grand trot; l'ennemi, déjà vaincu, pressa sa retraite devant elle. Mais il fut mené l'épée dans les reins jusqu'à la nuit, et il ne trouva même pas un refuge dans l'obscurité; car les vainqueurs continuèrent de le culbuter et de le poursuivre malgré la nuit, en forçant ses carrés, jonchant la terre de ses morts, lui faisant de nombreux prisonniers et s'emparant de ses canons. Son arrière-garde, formée par la division russe du général Ouroussoff, abordée à la baïonnette par le premier régiment de marine, ne put soutenir le choc et se dispersa, laissant entre nos mains mille prisonniers, parmi lesquels le commandant en chef lui-même.

La journée de Vauchamp coûta aux alliés dix mille prisonniers, dix drapeaux, dix pièces de canon, et beaucoup de tués et de blessés.

Pour marcher à la rencontre des corps qui opéraient sur la Marne et menaçaient Paris du côté de Reims et de Soissons, l'empereur avait dû laisser à des lieutenants le soin de contenir Schwartzenberg sur l'Aube et la Seine. Mais le généralissime autrichien, n'ayant devant lui que des forces trop inférieures aux siennes, s'était porté en avant après avoir été retenu pendant deux jours sous les murs de Nogent par le général Bourmont. Les maréchaux Victor et Oudinot n'avaient pas cru prudent de hasarder une bataille pour arrêter le feld-maréchal, et ne pouvant lui barrer le passage, ils s'étaient retirés, le premier sur Nangis, le second sur la rivière d'Yères, et Oudinot avait même ordonné, en prenant ce parti, de faire sauter les ponts de Montereau et de Melun.

Dès que l'empereur apprit les progrès de Schwartzenberg, il laissa Marmont et Mortier sur la Marne et accourut, avec la rapidité de l'éclair, sur le point menacé par l'armée autrichienne. Le 16 février, il était arrivé sur l'Yères, ayant son quartier général à Guignes. Le 17, il se porta sur Nangis, où se trouvait le corps russe de Wittgenstein, qui venait appuyer le mouvement des Austro-Bavarois. Une autre colonne russe, sous les ordres du général Pahlen, était à Mormant. L'empereur fit attaquer ces deux généraux, qui furent mis l'un et l'autre en pleine déroute. Le général Gérard emporta le village de Mormant, où le 32e entra au pas de charge. La cavalerie commandée par les généraux de Valmy et Milhaud, et soutenue par l'artillerie du général Drouot, rompit en un instant les carrés de l'infanterie russe, qui dans sa défaite fut prise presque en entier, généraux, officiers et soldats, au nombre de plus de six mille. Le général en chef Wittgenstein eut à peine le temps de se sauver et de gagner Nogent. Il avait annoncé, en passant à Provins, qu'il serait le 18 à Paris. Obligé de traverser en fuyard cette même ville, il avoua franchement la déroute complète qu'il venait d'essuyer en échange du grand succès qu'il s'était promis. « J'ai été bien battu, leur dit-il, deux de mes divisions ont été prises; dans deux heures vous verrez les Français. »

Cette fois, l'annonce du général russe se vérifia. Le comte de Valmy et le maréchal Oudinot marchèrent sur Provins et l'occupèrent, tandis que le général Gérard se porta sur Villeneuve-le-Comte, où il attaqua et battit les divisions bavaroises. Sans la faute d'un général, d'ailleurs officier très-distingué et qui négligea de charger à la tête d'une division de dragons placée sous son commandement, le corps du général de Wrède était entièrement détruit.

L'empereur passa la nuit du 17 au 18 au château de Nangis, résolu de se porter le lendemain sur Montereau, où le maréchal Victor devait avoir devancé l'armée autrichienne et pris position le 17 au soir.

Cependant, lorsque le général Château se présenta le 18, à dix heures du matin, devant Montereau, ce poste important était déjà occupé depuis une heure par le général Bianchi, dont les divisions avaient pris position sur les hauteurs qui couvraient les ponts de la ville. Quoique bien inférieur en nombre, le général Château n'écouta que son courage et attaqua vivement l'ennemi; mais les forces étaient trop inégales : privé de l'appui des divisions qui auraient dû arriver à Montereau la veille au soir, le général Château fut d'abord repoussé; la vigueur avec laquelle il soutint son attaque donna néanmoins le temps à d'autres corps d'arriver et de se mettre en ligne de bataille. Gérard, venu l'un des premiers, avait rétabli une

espèce d'équilibre dans les chances du combat, lorsque l'empereur survint au galop; sa présence fit redoubler les troupes d'ardeur et de bravoure; il se porta au plus fort du danger, au milieu des boulets et des balles; et comme les soldats murmuraient de le voir s'exposer ainsi, il leur dit : « Allez, mes amis, ne craignez rien, le boulet qui me tuera n'est pas encore fondu. » L'ennemi avait déjà plié sur le plateau de Surville, quand le général Pajol, débouchant tout à coup sur ses derrières par la route de Melun, le força de se jeter dans la Seine et dans l'Yonne. La garde n'eut pas besoin de s'engager ; elle ne parut que pour voir fuir l'ennemi dans toutes les directions, et assister au beau triomphe des corps de Gérard et de Pajol. Les habitants de Montereau s'associèrent à ce triomphe en tirant par leurs fenêtres sur les Autrichiens et les Wurtembergeois. L'armée française fit une perte qui affecta douloureusement l'empereur : le général Château, pour prix de la grande valeur qu'il avait déployée en cette journée, fut frappé à mort sur le pont de Montereau. Les gardes nationales de la Bretagne prirent part à l'action et s'emparèrent du faubourg de Melun ; l'empereur leur avait dit en les passant en revue : « Montrez de quoi sont capables les hommes de l'Ouest ; ils furent dans tous les temps les fidèles défenseurs de leur pays et les plus fermes appuis de la monarchie. »

Après avoir distribué des louanges et des récompenses aux généraux qui avaient contribué au gain de cette bataille, Napoléon songea à ceux qui avaient mis de la lenteur dans leur marche ou de la négligence dans leur commandement. Il reprocha au général Guyot, en face des troupes, de s'être laissé enlever quelques pièces d'artillerie au bivac de la nuit dernière. Le général Montbrun fut signalé dans le bulletin comme ayant abandonné sans résistance la forêt de Fontainebleau aux Cosaques, et le général Digeon se vit renvoyer devant un conseil de guerre pour y répondre du manque de munitions que les canonniers avaient éprouvé à l'attaque du plateau de Surville. L'empereur trouvait dans la gravité des circonstances des raisons de sévérité ; il révoqua toutefois la mesure prise à l'égard du général Digeon, sur la demande que lui en fit le général Sorbier, qui vint lui rappeler les anciens services de son vieux compagnon d'armes.

Mais de tous les reproches qui sortirent de la bouche de Napoléon et qui retentirent dans toute l'Europe, celui qui produisit le plus d'impression fut sans contredit celui qui atteignit le maréchal Victor, dont le rapport officiel disait : « Le duc de Bellune devait arriver le 17 au soir à Montereau, il s'est arrêté à Salins, c'est une faute grave. L'occupation des ponts de Montereau aurait fait gagner à l'empereur un jour, et permis de prendre l'armée autrichienne en flagrant délit. » L'empereur ne s'en tint pas à ce blâme solennel ; il envoya au maréchal la permission de se retirer de l'armée, et il disposa de son commandement en faveur du général Gérard.

Victor, déjà si affligé par la mort de son gendre, l'intrépide Château, ne se laissa pas accabler en silence ; il vint trouver l'empereur, lui expliqua ses retards par la fatigue des troupes, et ajouta que, s'il avait commis une faute, le coup qui frappait sa famille la lui faisait expier bien cruellement. L'image de Château expirant se présenta alors à Napoléon et l'attendrit ; le maréchal profita de ce moment pour lui dire avec émotion : « Je vais prendre un fusil ; je n'ai pas oublié mon ancien métier ; Victor se placera dans les rangs de la garde. » L'empereur fut vaincu par ce noble langage. « Eh bien ! Victor, restez, lui dit-il en lui tendant la main ; je ne puis vous rendre votre corps d'armée, puisque je l'ai donné à Gérard, mais je vous donne deux divisions de la garde ; allez en prendre le commandement, et qu'il ne soit plus question de rien entre nous. »

Les combats de Mormant et de Montereau eurent pour Schwartzenberg le même résultat que ceux de Montmirail et de Vauchamp, de Champaubert et de Château-Thierry avaient eu pour Blücher ; les Autrichiens, aussi malheureux que les Prussiens et les Russes dans leur marche sur Paris, furent contraints de rétrograder à leur tour, à travers une population aigrie par leurs violences et acharnée à leur poursuite. Napoléon rentra dans Troyes le 23 février; la présence de l'ennemi y avait encouragé des partisans des Bourbons à faire des manifestations publiques de leur opinion : un émigré et un ancien garde du corps avaient porté la décoration de Saint-Louis; l'empereur les fit traduire devant une commission militaire qui les condamna à mort; l'émigré seul fut exécuté, le garde du corps avait pris la fuite.

Battus sur la Seine et sur la Marne, et voyant leurs deux grandes armées, mises en déroute, se retirer découragées devant les troupes victorieuses de Napoléon, les souverains alliés pensèrent une fois encore à gagner du temps pour refaire le moral de leur armée et pour faire avancer leurs réserves. Dans ce but, ils proposèrent de reprendre les négociations stériles ouvertes à Francfort dans le mois de novembre précédent; et pour inspirer plus de confiance à Napoléon et ne lui laisser aucun doute sur la sincérité des dispositions pacifiques de la coalition, ce fut l'empereur d'Autriche, son beau-père, que l'on chargea des premières propositions.

CHAPITRE QUARANTE-NEUVIÈME.

Congrès de Châtillon. — Fin de la campagne de 1814. — Entrée des alliés à Paris.

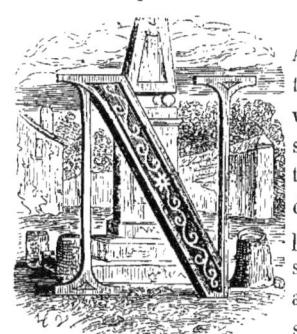

APOLÉON avait couché, le 22 février, au hameau de Châtres, où il occupait la chaumière d'un charron. Il s'y trouvait encore le 23 dans la matinée, se préparant à marcher sur Troyes, lorsqu'un aide de camp de l'empereur d'Autriche, le prince Wenzel-Lichtenstein, fut introduit auprès de lui. Le message du prince avait pour but apparent d'apporter la réponse de l'empereur François à une lettre que son gendre lui avait écrite de Nangis. L'aide de camp autrichien débuta par des paroles flatteuses. Son maître et ses augustes alliés avaient reconnu le bras de Napoléon aux coups redoublés qui venaient de les atteindre; ce n'était plus qu'à regret qu'ils devaient continuer une guerre aussi terrible, et dont les chances leur devenaient tous les jours plus funestes. Ainsi parlait le prince, et Napoléon de s'étonner d'un langage qui contrastait si complètement avec les bruits qui se répandaient de toutes parts sous la protection d'une diplomatie indiscrète. C'était le cas d'une franche explication, autant du moins que l'envoyé autrichien pouvait la donner. Napoléon lui demanda s'il n'était pas vrai que la coalition en voulût à sa personne et à sa dynastie, et qu'elle eût dessein de rétablir les Bourbons sur le trône de France, selon la vieille et constante pensée du cabinet anglais. Le prince de Lichtenstein n'hésita pas à déclarer qu'un pareil projet n'entrait point dans les vues des potentats du continent, et que l'on ne

Garde impériale. — Tirailleur et Voltigeur.

faisait intervenir les Bourbons que comme un moyen de guerre propre à susciter quelque diversion dans l'intérieur de la France. Cette réponse était loin d'être satisfaisante. Si les Bourbons n'avaient été représentés dans le camp des alliés que par des agents obscurs, à peine eût-on pu admettre l'étrange rôle que voulait leur faire jouer le prince de Lichtenstein; mais les Bourbons arrivaient en personne à la suite de l'étranger : le comte d'Artois était en Suisse, le duc d'Angoulême aux Pyrénées, tous les princes de la famille sous les drapeaux de la coalition. Comment donc cette coalition, dont l'Angleterre était toujours le lien et la tête, et qui poursuivait depuis vingt-cinq ans le triomphe du droit divin sur le principe populaire, se serait-elle moquée si cruellement des augustes personnages qui représentaient le mieux pour elle la légitimité monarchique, l'illustration et l'antiquité des races royales de l'Europe? Que les descendants de Louis XIV eussent été humiliés et proscrits par la France révolutionnaire, à la bonne heure! mais que la royauté européenne eût pensé à les abandonner et à les livrer à la risée du monde, au moment de clore victorieusement une lutte sanglante ouverte et soutenue pour eux pendant un quart de siècle! cela n'était ni dans son intérêt ni dans son droit; cela était tout à fait invraisemblable ou, pour mieux dire, moralement impossible; car s'il fût arrivé que les monarques alliés n'eussent pas songé au résultat inévitable de leur triomphe, le principe politique dont la coalition était issue aurait toujours trouvé dans le sein des cabinets des hommes d'État plus conséquents qui se seraient faits ses organes et qui auraient soumis les rois eux-mêmes à la suprématie de la logique.

Il n'y avait que la victoire qui pût préserver la France de la restauration des Bourbons, au point où en étaient les choses. Napoléon écouta cependant avec faveur les protestations du prince de Lichtenstein et ses ouvertures pacifiques. Il lui promit d'envoyer dès le lendemain un de ses généraux aux avant-postes pour y négocier un armistice.

A peine l'officier autrichien était-il sorti, que M. de Saint-Aignan, le négociateur de Francfort, se présenta à l'empereur. Il venait de Paris, et tout ce qu'il avait vu et entendu lui faisait sentir la nécessité de finir la guerre au plus vite, car personne n'en voulait plus; c'était une espèce de paix à tout prix que réclamait l'anxiété publi-

que et que M. de Saint-Aignan osait conseiller après elle. « Sire, s'écria-t-il, la paix sera assez bonne si elle est assez prompte. — Elle arrivera assez tôt si elle est honteuse, » repartit vivement Napoléon, dont l'œil sévère accompagna M. de Saint-Aignan jusqu'à la porte de la chaumière.

Nous avons dit que les alliés ne désiraient qu'une simple suspension d'armes pour avoir le temps de se renforcer, et aussi afin de rompre le cours trop rapide des succès de Napoléon et d'affaiblir la supériorité morale et l'ascendant que les événements militaires lui donnaient plus que jamais depuis huit jours. Le regard perçant de l'empereur sut démêler cette arrière-pensée à travers les déclarations contraires des parlementaires étrangers. Il exigea donc que les bases de la paix fissent partie des conditions de l'armistice, et il indiqua même ces bases, dans lesquelles il faisait entrer en première ligne la conservation d'Anvers et des côtes de la Belgique. Napoléon, qui prévoyait que les Anglais s'opposeraient de toutes leurs forces à une prétention menaçante pour leurs intérêts, tenait à ce qu'elle fût débattue préliminairement dans les pourparlers ouverts pour l'armistice, et non point au congrès de Châtillon, qui allait continuer l'œuvre dérisoire de Francfort; c'était le seul moyen d'échapper aux conditions et aux entraves qu'il redoutait de la part de la diplomatie britannique.

Mais les souverains du continent éludèrent une proposition qui était contraire à leurs vues, et ils refusèrent de s'isoler d'un allié qui était leur meneur et presque leur maître. Ils persistèrent à renvoyer au congrès toute négociation relative à la paix.

Napoléon dut se résoudre alors à pousser la guerre avec vigueur, tout en laissant parlementer pour un armistice à Lusigny et négocier pour la paix à Châtillon.

Cependant, tandis que les Autrichiens, les derniers battus de la coalition, se montrent conciliants sur la Seine et sur l'Aube, et cherchent à y retenir Napoléon par l'espoir d'une cessation prochaine des hostilités, les Prussiens, dont les défaites datent déjà de dix jours et qui se sont pressés de réparer leurs pertes, redeviennent menaçants sur la Marne, et Blücher profite de l'éloignement du grand capitaine pour tenter une nouvelle course sur Paris.

Napoléon apprit à Troyes, dans la nuit du 26 au 27 février, le mouvement de l'armée prussienne. Sa résolution fut bientôt prise. Il accourut de nouveau au secours de sa capitale et vint, avec la prodigieuse célérité qu'il savait si bien donner à sa marche et à ses manœuvres, se jeter sur les derrières de Blücher, qui avait toujours en face les corps de Marmont et de Mortier.

Mais il ne fallait pas que Schwartzenberg s'aperçût du départ de l'empereur, et qu'il sût n'avoir plus devant lui que les deux corps d'armée de Macdonald et d'Oudinot que Napoléon avait laissés sous le commandement en chef du premier de ces maréchaux. A cet effet, de grandes démonstrations eurent lieu sur toute la ligne de l'armée française, telles qu'on avait l'habitude d'en faire à l'apparition de l'empereur au camp.

L'empereur était pourtant déjà loin de là. Parti de Troyes le 27 dans la matinée, il arriva le soir sur les confins du département de l'Aube et de la Marne, et passa la nuit à Herbisse, où il s'installa dans le presbytère, qui ne se composait que d'une chambre et d'un fournil.

Le 28, à Sézanne, il apprit que Mortier et Marmont, après avoir opéré leur jonction le 26 à la Ferté-sous-Jouarre, s'étaient trouvés encore trop inférieurs en nombre à Blücher, et avaient reculé devant lui dans la direction de Meaux. Il marcha aussitôt de ce côté et porta son quartier général au château d'Estrenay, où il passa la nuit du 28 février au 1er mars.

Des officiers d'ordonnance envoyés par Macdonald et Oudinot vinrent l'y rejoindre. Ils annonçaient que le jour même que l'empereur avait quitté Troyes les Autrichiens avaient repris l'offensive, et qu'à la suite d'un engagement meurtrier sur les hauteurs de Bar-sur-Aube ils s'étaient facilement aperçus qu'ils n'étaient plus en présence du gros de l'armée française ni de son chef. Cette découverte les avait enhardis jusqu'à détacher le prince de Hesse-Hombourg et le général Bianchi sur Lyon pour empêcher le maréchal Augereau de tenter la moindre diversion par le bassin de la Saône, et pour lui enlever même la position importante qu'il occupait dans cette seconde

Tambour (infanterie de ligne). — Tambour-major des grenadiers à pied (garde impériale).

ville de l'Empire. Malgré un détachement aussi considérable, Schwartzenberg et Wittgenstein s'étaient crus assez supérieurs en nombre pour revenir sur Troyes, où les ducs de Tarente et de Reggio n'étaient pas eux-mêmes assez forts pour se maintenir.

Entre les périls de la capitale de l'Empire et ceux qui pouvaient menacer le chef-lieu d'un département, il n'y avait pas à balancer. Napoléon songea d'abord à arrêter l'ennemi, qui n'était plus qu'à quelques marches de Paris, et qu'il tenait déjà pour ainsi dire sous sa main redoutable. Il espère en finir assez tôt avec Blücher pour retourner au pas de course sur Schwartzenberg, et pour retomber à l'improviste sur les Autrichiens avant qu'ils eussent fait des progrès inquiétants. C'était le même génie qui avait donné au monde l'admirable spectacle de « la campagne des cinq jours »; seulement il répétait cette fois pendant plusieurs mois ce qu'il n'avait fait alors que pendant quelques jours, se multipliant en quelque sorte pour se trouver par tout où le danger devenait pressant, pour battre à de grandes distances et presque en même temps les divers corps de l'armée ennemie.

Dès que Blücher apprit que l'empereur approchait, il chercha à lui échapper : la marche de l'armée prussienne sur Paris n'avait pas été aussi facile et aussi rapide que Napoléon avait pu le craindre; Mortier et Marmont n'avaient cédé le terrain que pied à pied, et leur retraite avait même été marquée par quelques avantages remportés dans les environs de Meaux, aux combats de Gué-à-Trême et de Lisy.

L'empereur ne connut le mouvement rétrograde de Blücher que dans la journée du 1er mars, en arrivant sur les hauteurs qui dominent la Ferté. Il s'était flatté d'enfermer le généralissime prussien entre lui et les maréchaux de Raguse et de Trévise, et il le vit s'éloigner précipitamment dans la direction de Soissons, après s'être fait un rempart de la Marne en coupant les ponts.

L'ordre fut aussitôt expédié à Marmont et à Mortier de se mettre, sans perdre un instant, à la poursuite des Prussiens, tandis que Bacler d'Albe et Rumigny allaient annoncer la retraite des Prussiens, l'un à Paris et l'autre à Châtillon. La reconstruction du pont de la Ferté coûta un jour à l'empereur; enfin son armée put franchir la Marne dans la nuit du 2 au 3 mars et se porter d'abord sur Château-Thierry, pour prendre ensuite la route de Soissons, où l'empereur espérait acculer Blücher sous le canon de la place, dont les fortifications étaient en bon état, et qui avait une garnison de quatorze cents Polonais pour se défendre.

Mortier et Marmont exécutèrent avec autant de célérité que d'intelligence les ordres qui leur avaient été transmis; et leur marche sur Soissons, parallèle à celle de l'empereur, tint Blücher constamment resserré entre deux armées françaises. Les Prussiens semblaient donc perdus sans ressource; leur fuite ne pouvait les mener qu'à une capitulation ou à une destruction totale sous les murs de Soissons.

Mais la Providence ne veut pas que les Prussiens soient anéantis! elle a de tout autres desseins!... Au moment où Blücher va tomber sous les coups des troupes françaises qui le pressent et l'enveloppent, Soissons, qui devait le rejeter, lui ouvre ses portes; c'est que Soissons n'est plus gardé par la bravoure et la fidélité polonaises : les Russes de Wintzingerode et les Prussiens de Bulow en sont aujourd'hui les maîtres; un commandant français en a disposé ainsi.

Napoléon était à Fismes lorsqu'il apprit ce qui se passait à Soissons; son indignation fut égale à sa surprise. Pour retenir les faibles dans la ligne du devoir et contenir les malveillants, il rendit, le 4 mars, deux décrets, dont l'un ordonnait à tous les Français de courir aux armes à l'approche de l'ennemi, et l'autre prononçait la peine des traîtres contre tout fonctionnaire qui tenterait de refroidir l'élan des citoyens.

La diplomatie étrangère ne restait pas non plus inactive. Par un traité daté de Chaumont le 1er mars, les plénipotentiaires anglais avaient fait prendre l'engagement formel à toutes les puissances du continent de ne déposer les armes qu'après avoir renfermé la France dans ses anciennes limites. Napoléon apprit bientôt par M. de Rumigny que cette prétention était devenue à Châtillon l'*ultimatum* des alliés, et il prévit qu'on chercherait à rendre la paix impossible en lui faisant des conditions inacceptables, tout en paraissant désirer la fin de la guerre et se prêter aux moyens de conciliation.

L'armée française venait d'atteindre à Craonne (7 mars) et de battre complétement Blücher, qui, au lieu de s'enfermer dans Soissons, avait continué sa retraite sur l'Aisne, lorsque les dépêches du duc de Vicence annoncèrent à l'empereur que la coalition exigeait de lui non-seulement qu'il abandonnât toutes les conquêtes de la répu-

Voltigeur, Carabinier (infanterie légère).

blique et de l'Empire, mais que cet abandon fût posé comme préliminaire des négociations par les plénipotentiaires français eux-mêmes, à qui l'on interdisait toute proposition contraire aux résolutions irrévocables des hautes puissances. L'humiliation aurait été trop forte, le sacrifice trop grand pour Napoléon vaincu, que ne devait-ce pas être quand les exigences de l'ennemi lui parvenaient sur un champ de bataille où il venait de remporter une brillante victoire ! « S'il faut recevoir les étrivières, s'écria-t-il, ce n'est pas à moi à m'y prêter, et c'est bien le moins qu'on me fasse violence. »

Les plénipotentiaires de la vieille Europe avaient prévu cette réponse, qui entrait tout à fait dans leurs vues. Ils savaient bien que l'homme qui s'était élevé au-dessus de toutes les gloires anciennes et modernes, comme le représentant de la France nouvelle, ne consentirait jamais à descendre de cette hauteur pour aller proposer honteusement à des rois qui portaient tous encore l'empreinte de ses pieds sur leurs fronts superbes, de se rapetisser lui-même et d'abaisser le grand peuple à leur convenance. Une pareille concession ne pouvait être imposée qu'aux hommes de l'ancienne France,

Garde impériale. — Pupilles.

et ces hommes eux-mêmes n'auraient pas voulu en prendre l'initiative. Demander à Napoléon d'offrir lui-même pour base de la paix une condition qui devait blesser plus tard la susceptibilité patriotique et les sentiments nationaux des transfuges mêmes de la révolution et de l'Empire, c'était une nouvelle déclaration de guerre, une façon d'outrager, d'aigrir et de rendre irréconciliable l'ennemi avec lequel on affectait de négocier incessamment.

M. de Rumigny ne porta donc pas à Châtillon la nouvelle proposition que les alliés avaient exigée. Peu de jours après, les conférences pour l'armistice furent rompues et le congrès de Châtillon fermé. Napoléon, revenant depuis sur les prétentions des alliés, s'est exprimé en ces termes :

« J'ai dû m'y refuser, a-t-il dit, et je l'ai fait en toute connaissance de cause ; car, même sur mon roc, ici, en cet instant, au sein de toutes mes misères, je ne m'en repens pas. Peu me comprendront, je le sais ; mais pour le vulgaire même, et malgré la tournure fatale des événements, ne doit-il pas aujourd'hui demeurer visible que le devoir et l'honneur ne me laissaient pas d'autre parti? Les alliés, une fois qu'ils m'eussent entamé, en seraient-ils demeurés là? Leur paix eût-elle été de bonne foi, leur réconciliation sincère? C'eût été bien peu les connaître, c'eût été vraie folie que de le croire et de s'y abandonner. N'eussent-ils pas profité de l'avantage immense que leur traité leur eût consacré pour achever par l'intrigue ce qu'ils avaient commencé par les armes? Et que devenaient la sûreté, l'indépendance, l'avenir de la France? Je préférai de courir jusqu'à extinction les chances des combats et d'abdiquer au besoin. »

Napoléon courut en effet la chance des combats. Vainqueur à Craonne le 7, il marcha sur Laon, dont l'armée prussienne occupait les hauteurs. A l'avantage de la position, Blücher, malgré ses défaites, joignait toujours et plus que jamais celui du nombre. Depuis la Ferté, il n'avait cessé de se renforcer, en ralliant successivement, dans sa retraite, Wintzingerode, Bulow, Sacken, Langeron, etc. Mais un dernier appui, et le plus important, venait de lui arriver, et il pouvait attendre Napoléon avec une armée de plus de cent mille hommes. Bernadotte, qui semblait avoir hésité à passer le Rhin, et qui se traînait plus qu'il ne marchait à la suite des troupes de la coalition; Bernadotte, que les espérances données à Abo par le czar ne pouvaient plus tromper en présence des Bourbons assis sous la tente des alliés; Bernadotte formait la réserve de Blücher.

L'empereur résolut néanmoins d'attaquer les Prussiens, et il s'y préparait le 10, à quatre heures du matin, mettant ses bottes et demandant ses chevaux, lorsqu'on lui amena deux dragons qui arrivaient à pied du côté de Corbeny et qui annonçaient que le corps du duc de Raguse avait été surpris et mis en pleine déroute cette nuit même. A cette nouvelle, Napoléon suspendit l'ordre d'attaque qu'il avait transmis à ses généraux; mais l'ennemi, instruit par ses coureurs des événements de la nuit, prit lui-même l'offensive; et, après une lutte opiniâtre, dans laquelle la division Charpentier soutint vaillamment l'honneur de nos armes, l'empereur dut songer à se mettre en retraite. Il partit de Chavignon le 11 au matin, passa la journée du 12 à Soissons, où il laissa le duc de Trévise pour contenir de ce côté l'armée de Blücher, et se porta sur Reims, que le général Saint-Priest, Français au service de la Russie, venait d'enlever au général Corbineau. Cette ville fut aussitôt reprise qu'attaquée; l'empereur y entra dans la nuit du 13 au 14. Marmont, après avoir rallié ses troupes, était venu l'y rejoindre et avait pris part à l'attaque. Napoléon lui reprocha d'abord amèrement de s'être laissé surprendre et d'avoir compromis le succès de la journée du 10 devant Laon; mais il reprit ensuite le ton de bienveillance et d'affection auquel il avait habitué le maréchal.

Napoléon s'arrêta trois jours à Reims, et il y partagea son temps entre les combinaisons militaires et les mesures administratives.

Les événements se précipitaient.

Tandis qu'aux frontières du Nord le général Maison conservait les positions confiées à sa garde, que Carnot faisait échouer toutes les tentatives des Anglais sur Anvers, et que le général Bizannet enfermait et taillait en pièces dans Berg-op-Zoom quatre mille hommes de la même nation, qui s'étaient introduits la nuit dans cette place, et qui avaient espéré s'en rendre maîtres sans coup férir, à la faveur des intelligences criminelles qu'ils y avaient pratiquées, les chances de la guerre, rendues plus alarmantes par les machinations politiques, tournaient contre Napoléon sur tous les autres points de l'Empire. Soult avait été battu à Orthez et se retirait sur Tarbes et sur Toulouse. Augereau ne se soutenait plus qu'avec peine à Lyon et se préparait à l'évacuer pour aller prendre position derrière l'Isère. Bordeaux avait ouvert ses portes aux Anglais[1], et le duc d'Angoulême y était attendu. Le comte d'Artois arrivait en Bourgogne. Enfin Schwartzenberg, que Macdonald et Oudinot n'étaient pas assez forts pour arrêter, menaçait de nouveau Paris, où le comité royaliste redoublait d'ardeur et d'activité.

Dans cette situation extrême, dont il mesure en un clin d'œil la gravité et le péril, l'empereur sent qu'il ne peut plus se sauver que par un coup d'éclat, par une action décisive, et il n'hésite pas à diriger ce coup sur Schwartzenberg, dont l'approche jette déjà l'alarme dans la capitale. Il laisse donc une fois encore à Marmont et à Mortier le soin de contenir Blücher et de préserver Paris du côté de l'Aisne et de la Marne, et dans la crainte qu'ils ne puissent remplir cette tâche avec succès, et que quelque corps ennemi ne parvienne à leur échapper et à surprendre le siège du gouvernement, il recommande, il ordonne à son frère Joseph, qu'il a nommé son lieutenant général, de ne pas attendre que le danger soit trop imminent pour faire partir et mettre en sûreté l'impératrice et le roi de Rome; puis il s'achemine vers Épernay et va, par Fère-Champenoise et Méry, prendre à dos les Autrichiens, qu'il suppose arrivés à Nogent.

L'empereur avait quitté Reims le 17, dans la matinée. Le 19 il était aux portes de Troyes, et battait l'arrière-garde ennemie à ce même hameau de Châtre où il avait reçu le prince de Lichtenstein et M. de Saint-Aignan. Mais les Autrichiens ne marchaient pas sur Paris, comme on le lui avait annoncé; après s'être avancés jusqu'à Provins, ils avaient subitement rétrogradé. L'empereur Alexandre, en apprenant les succès de Napoléon à Craonne et à Reims, avait craint que Schwartzenberg, en se rapprochant seul de la capitale, ne se fît encore battre séparément, et que toutes ces défaites journalières et isolées ne finissent par décourager les troupes de la coalition,

---

[1] Le maire de Bordeaux, Linch, qui livra cette ville aux Anglais et aux Bourbons, avait dit à Napoléon trois mois auparavant : « Napoléon a tout fait pour les Français, les Français feront tout pour lui. »

déjà remplies d'appréhensions et d'alarmes par l'attitude de plus en plus hostile que prenaient les populations de la Champagne, de la Lorraine et de l'Alsace. Le czar avait donc insisté, dans un conseil de guerre tenu à Troyes, pour que les deux grandes armées alliées manœuvrassent incontinent de manière à opérer leur jonction dans les environs de Châlons, afin de marcher de là sur Paris et d'écraser tout ce qui s'opposerait à leur passage. Cet avis avait prévalu, et Napoléon rencontra, le 20, en avant d'Arcis, l'armée entière de Schwartzenberg qui se portait en masse sur cette ville pour y franchir l'Aube et gagner rapidement les plaines de la Champagne, où le ralliement devait s'effectuer. Ce brusque changement de système dans les opérations militaires des alliés dérangeait tout à fait les plans de l'empereur, qui s'aperçut d'ailleurs bien vite de la position difficile et périlleuse dans laquelle le plaçait la rencontre d'une armée trois fois plus forte que la sienne, là où il n'avait cru trouver qu'une arrière-garde. Il fit bonne contenance toutefois, et, comme en tant d'autres occasions, il demanda à la valeur de suppléer le nombre, en jetant dans la lutte le poids de son propre exemple, et en ne comptant pour rien ses dangers personnels. « Enveloppé dans le tourbillon de charges de cavalerie, dit le *Manuscrit de* 1814, il ne se dégage qu'en mettant l'épée à la main. A diverses reprises il combat à la tête de son escorte, et loin d'éviter les dangers, il semble au contraire les braver. Un obus tombe à ses

pieds : il attend le coup et disparaît bientôt dans un nuage de poussière et de fumée. On le croit perdu ; il se relève et se jette sur un autre cheval, et va de nouveau se placer sous le feu des batteries !... La mort ne veut pas de lui. »

Malgré les efforts prodigieux de l'armée française et l'héroïsme inaltérable de son chef, le combat d'Arcis ne put empêcher le passage de l'Aube par les Autrichiens. L'empereur se retira en bon ordre, après avoir fait beaucoup de mal à l'ennemi et l'avoir tenu pendant un jour en échec ; mais Schwartzenberg finit par se faire céder le chemin qui devait le mener au-devant de Blücher. Le même jour Augereau abandonna Lyon à Bianchi et à Bubna.

Ne pouvant plus s'opposer à l'exécution des plans de l'ennemi et à la redoutable jonction conseillée par Alexandre, Napoléon songe à déranger, à son tour, les nouvelles combinaisons des alliés, en cherchant à les entraîner malgré eux dans un nouveau cercle d'opérations, et en se jetant sur les limites de la Champagne et de la Lorraine, d'où il pourra, selon la marche des événements, rallier les nombreuses garnisons de l'est, organiser le soulèvement des populations, détruire les corps isolés, manœuvrer sur les derrières de Schwartzenberg et de Blücher, couper leurs communications avec la frontière, ou se rapprocher d'eux si les dangers de Paris l'exigent, pour les placer entre son armée infatigable et les troupes non moins intrépides de Marmont et de Mortier.

Dans ce dessein, l'empereur se dirige sur Saint-Dizier, où il va coucher le 23. Caulaincourt vient l'y rejoindre, et lui annonce la rupture définitive des négociations. Cette nouvelle devait être prévue, puisque les prétentions des alliés n'étaient point un mystère. Cependant, les mécontents du quartier général en prennent occasion de murmurer plus hautement que jamais contre l'empereur, qu'à l'exemple de ses plus acharnés ennemis ils accusent toujours de la prolongation de la guerre. « Il y a autour de Napoléon lui-même, dit un de ses secrétaires, trop de personnes qui s'éloignent de Paris avec regret. On s'inquiète tout haut, on commence à se plaindre. Dans la salle qui touche à celle où Napoléon s'est enfermé, on entend des chefs de l'armée tenir des propos décourageants. Les jeunes officiers font groupe autour d'eux. On veut secouer l'habitude de la confiance. On cherche à entrevoir la possibilité d'une révolution. Tout le monde parle, et d'abord on se demande : Où va-t-on ? Que devenons-nous ? S'il tombe, tomberons-nous avec lui ? »

Le 24, l'empereur se porta sous Doulevent, où il passa toute la journée du 25. Le lendemain, il revint à Saint-Dizier pour soutenir son arrière-garde attaquée par un corps ennemi qu'il croyait appartenir à l'armée de Schwartzenberg, et qui était un détachement de Blücher, commandé par Wintzingerode. Sa présence sauva l'arrière-garde ; Wintzingerode fut battu et poursuivi, dans sa fuite, sur les deux routes de Vitry et de Bar-le-Duc.

Mais ce faible avantage ne pouvait guère compenser la déroute complète que les ducs de Raguse et de Trévise avaient essuyée la veille à Fère-Champenoise. Maintenant, le chemin de Paris est ouvert, sans obstacle, aux alliés ; ils ne manqueront pas de le suivre et de pousser vigoureusement devant eux les débris de l'armée qu'ils viennent d'écraser.

Dès que Napoléon connut la défaite de ses lieutenants et le danger que courait la capitale, il n'hésita pas à revenir en toute hâte sur Paris. Parti de Doulevent le 29, au point du jour, il expédia le général Dejean, son aide de camp, pour annoncer aux Parisiens qu'il volait à leur secours ; et le 30, au soir, il n'était plus qu'à cinq lieues de sa capitale, relayant à Fromenteau, pour franchir la dernière distance qui le séparait de sa bonne ville de Paris, quand on lui apprit qu'il était trop tard, que cette grande cité venait de se rendre, et que l'ennemi devait y entrer le lendemain matin. Arrêté par cette funeste nouvelle, il revint à Fontainebleau. Paris avait en effet capitulé. Les ducs de Raguse et de Trévise, après le désastre de Fère-Champenoise, avaient fait de vains efforts pour arrêter l'ennemi. A son approche, Joseph, se fondant sur les ordres de Napoléon, avait exigé le départ précipité de l'impératrice et du roi de Rome, malgré l'avis presque unanime du conseil de régence ; et cette résolution avait fait dire à Talleyrand, au sortir du conseil : « Maintenant sauve qui peut ! » On ajoute que la reine Hortense, désolée de voir la régente et son fils abandonner la capitale aux intrigants et aux conspirateurs, la pressa vivement de rester, et lui dit avec l'accent d'une conviction qui était prophétique : « Si vous quittez les Tuileries, vous ne les reverrez plus. » Mais Joseph, que Cambacérès et Clarke soutenaient contre l'opinion des autres membres du conseil, entraîna Marie-Louise. « Une des choses les plus étonnantes du moment, dit l'historien de la bataille et de la capitulation de Paris (Pons de l'Hérault), est sans contredit l'opiniâtreté avec laquelle le roi de Rome refusa de partir. Cette opiniâtreté fut tellement marquée, qu'il fallut employer la violence pour emporter le jeune prince. Les cris de l'enfant-roi étaient déchirants. Il répéta maintes fois : « Mon père m'a dit de ne pas m'en aller... » Tous les spectateurs versaient des larmes. Qu'on ne s'imagine point entendre le récit d'une chose inventée pour plaire : cette scène de douleur eut lieu devant des témoins irrécusables. Il peut se faire qu'on eût inspiré au jeune prince ce qu'il devait dire; mais la vérité est qu'il fut étonnant par le choix de ses expressions et par la manière dont il les employa. »

Après le départ de Marie-Louise et de son fils, on fit dans Paris des préparatifs de défense; mais le désordre régnait dans toutes les administrations, et surtout à celle de la guerre, dont le chef, le duc de Feltre, tint une conduite si étrange, qu'elle fit peser sur sa tête les plus graves soupçons. Les armes manquaient d'un côté, les munitions de l'autre, et partout une main invisible semblait paralyser la défense et favoriser l'invasion. Malgré les mystérieuses entraves qu'éprouvait le patriotisme, la garde

nationale, sous le commandement du brave Moncey, fit des prodiges de valeur dans la journée du 30 mars. Les élèves d'Alfort, les pupilles de la garde impériale, les élèves de l'École polytechnique, s'associèrent glorieusement aux gardes nationaux. Ce fut surtout à la barrière de Clichy que les alliés rencontrèrent une vive résistance. Le doyen des soldats de la France, le vénérable Moncey, était là avec son fils et son chef d'état-major, Allent; des artistes célèbres, des écrivains distingués l'entouraient et partageaient ses périls[1]. « Nous avons bien commencé, leur disait-il, nous devons bien finir. C'est là notre dernier retranchement; faisons-y un dernier effort. L'honneur et la patrie nous le commandent. »

Garde d'honneur. — 1814.

Mais le courage devait succomber à la fin sous le nombre; il devait succomber partout, perdu comme il l'était au milieu de tant de lâchetés et de trahisons. Si Moncey retrouve aux barrières de Paris l'élan patriotique de la jeunesse, d'autres qui ont commencé comme lui finiront moins bien. Marmont s'est laissé envelopper par les habiles coureurs du comité royaliste; la trame du prince de Bénévent, qui a feint de partir avec les ministres et qui n'est pas sorti de Paris, enlace de toutes parts le duc de Raguse. On lui persuade que la capitale ne peut être sauvée que par une capitulation, et, pour sauver la capitale, il livre l'Empire. Le 31 mars 1814, l'étranger entre triomphalement à Paris pour y renverser le trône de Napoléon, et ceux qui lui en ouvrent les portes sont les mêmes hommes que les statuts impériaux du 30 mars 1806 avaient établis les soutiens héréditaires de la nouvelle dynastie !

[1] Parmi les braves qui abandonnèrent leurs travaux pacifiques pour courir à la défense de leur pays, M. Pons de l'Hérault cite Emmanuel Dupaty, Charlet, Aubert, Mauguin et Horace Vernet.

CHAPITRE CINQUANTIÈME.

Déchéance et abdication de Napoléon. — Rappel des Bourbons. — Adieux de Fontainebleau. — Départ pour l'île d'Elbe.

ome, Vienne, Berlin, Madrid, Naples, Lisbonne, Moscou, capitales de la vieille Europe, vous êtes donc toutes vengées! Paris subit à son tour la domination insolente de l'étranger; le Louvre et les Tuileries sont au pouvoir du Russe et du Germain; les Cosaques campent sur la place de la Révolution, et les Bourbons vont revenir! La barbarie se croit triomphante, la contre-révolution irrévocablement accomplie. La barbarie et la contre-révolution se trompent.

Elles n'ont pas vaincu la civilisation et la démocratie parce qu'elles en occupent la métropole. Si la coalition est maîtresse de Paris, les Français sont toujours les maîtres des alliés, car ils continuent pour eux, sous le poids de l'invasion, l'éducation libérale qu'ils ont commencé de leur donner par la conquête; plus que jamais ils vont leur enseigner les arts, les sciences, l'industrie, les mœurs, les lois, les idées du pays où l'esprit démocratique et le génie du progrès ont fixé le siége de leur empire; plus que jamais le peuple initiateur remplira sa mission de propagande, exercera son suprême patronage et constatera sa supériorité sur les autres peuples, en les renvoyant dans leurs foyers plus fiers et plus jaloux de ce qu'ils auront appris en France que des succès militaires qu'ils y auront obtenus avec le triple appui du nombre, du hasard et de la trahison.

Que l'ancien régime modère aussi sa joie. S'il parvient à ressaisir le sceptre, la nation française ne le lui verra reprendre qu'avec répugnance, et elle ne fera que s'attacher davantage aux principes nouveaux, que redoubler de sollicitude pour les intérêts créés par la révolution, que mettre plus de prix aux conquêtes sociales de la démocratie.

Ainsi, tous les efforts des rois depuis vingt-cinq ans n'auront abouti qu'à un triomphe qui doit tôt ou tard tourner contre eux-mêmes! D'une part, le grand homme, en tombant du trône, ne descendra pas de la haute position qu'il occupe déjà dans l'histoire; s'il perd une couronne, il gardera toute sa gloire, tout son génie, toute sa grandeur morale; d'un autre côté, le grand peuple, sous la domination combinée de l'étranger et de la contre-révolution, restera fermement révolutionnaire, conservera toute sa puissance civilisatrice et continuera de régner sur le monde policé. Ainsi procède la Providence! L'émancipation graduelle de l'humanité, l'élévation progressive du plébéianisme, comme dit M. Ballanche, l'affranchissement du travail, la consécration exclusive des droits du mérite, la fondation de l'aristocratie des vertus, des talents et des services, c'est-à-dire l'organisation définitive de la véritable démocratie : voilà les desseins que son immuable pensée a conçus dans l'éternité, et dont elle poursuit la réalisation successive dans le temps! Et sa main invisible, par des voies dont elle connaît seule les détours et les issues, fait même concourir à cette œuvre et marcher à ce but les puissances rebelles qui luttent avec opiniâtreté contre la venue inévitable de l'avenir, et qui se flattent aujourd'hui d'avoir assuré le retour du passé!

La capitale de l'Empire français est donc occupée par les armées étrangères; les alliés ne veulent plus de Napoléon ni de sa famille; l'empereur d'Autriche seul pense au roi de Rome et à la régente. Quant à Alexandre, il prend une attitude de modération et de générosité; il déclare qu'il respectera la volonté du peuple français, et il l'appelle à se donner le gouvernement qui lui conviendra le mieux, appel illusoire qui constitue une poignée d'agents du comité royaliste les interprètes du vœu national, et qui renferme les comices souverains de la France dans le salon de Talleyrand! Une députation, qui compte parmi ses membres le fameux comte Ferrand, se présente chez l'empereur de Russie : elle répond à l'appel du czar; elle vient dire ce que veut la France! Et le comte de Nesselrode, qui connaît la pensée intime de son maître, révèle à la députation que ce qu'elle désire est arrêté dans la pensée de l'autocrate. Lors donc qu'Alexandre proclamait la libre souveraineté de la France et faisait des objections à Talleyrand sur la possibilité du retour des Bourbons, ce n'était qu'une comédie de sa part, selon l'expression naïve de l'un des acteurs, M. de Bourrienne. Alexandre n'avait pas besoin de pressantes démonstrations du prince de Bénévent pour savoir que Louis XVIII était un principe et que la coalition avait combattu pour ce principe; mais il tenait à faire considérer la résolution à laquelle il avait dû s'arrêter depuis longtemps comme l'effet des manifestations de l'opinion publique, et il voulut cacher ses propres exigences et celles de ses alliés derrière l'autorité de l'un des grands corps de l'État que l'on pût prendre pour l'organe officiel de la nation. Talleyrand le mit à l'aise lorsque, après lui avoir fait entendre les bruyantes clameurs de quelques groupes isolés en faveur des Bourbons, il l'assura qu'il ferait décréter tout ce qu'il voudrait, la déchéance même de Napoléon et le rappel de Louis XVIII, par ce sénat qui ne refusait rien naguère à l'empereur, et que la nation avait couvert de son mépris et frappé de sa réprobation pour cette basse et infatigable complaisance. L'événement justifia la confiance de Talleyrand. Le 2 avril, le sénat déclara Napoléon Bonaparte et sa famille déchus du trône de France; puis il appela, par un autre acte, le chef de la maison de Bourbon à reprendre la couronne de ses pères; mais comme les membres de l'imperceptible minorité qui avait hasardé parfois quelque opposition sous l'Empire, et que Napoléon traitait dédaigneusement d'idéologues, avaient prêté leur appui au parti royaliste, dans l'espoir d'obtenir une constitution plus favorable aux libertés publiques, ils eurent leur influence d'un jour dans l'assemblée où leur vote n'avait jamais eu aucun poids jusque-là, et Talleyrand leur laissa élaborer un projet d'acte constitutionnel dont il se réservait de faire plus tard bon marché à Louis XVIII.

Tandis que Talleyrand, comme président d'un gouvernement provisoire dans lequel il s'était donné pour collègues Beurnonville, Jaucourt, Dalberg et l'abbé de Montesquiou, régnait dans la capitale pour le compte des étrangers et des Bourbons, Napoléon était à Fontainebleau au milieu d'une garde fidèle qui brûlait de venger la honte de la capitulation de Paris, mais entouré d'un état-major qui n'éprouvait pas la même ardeur ni la même impatience. Dans la nuit du 2 au 3 avril, le duc de Vicence vient lui annoncer que les monarques qu'il a épargnés tant de fois et dont il pouvait clore les royales destinées après Austerlitz, Iéna et Wagram, refusent de traiter avec lui et demandent son abdication. Cette prétention l'indigne et l'irrite d'abord; il voudrait tenter encore le sort des armes; mais tout est morne, silencieux autour de lui; ses vieux compagnons d'armes ne sont plus que les grands dignitaires d'une monarchie qui tombe et dont ils ne seraient pas jaloux de partager la chute. « Comblez un homme de bienfaits, dit Montesquieu, la première idée que vous lui inspirez, c'est de chercher les moyens de les conserver. » Napoléon l'éprouve aujourd'hui, et cette triste expérience le détermine à écrire de sa main les lignes qui suivent :

« Les puissances alliées ayant proclamé que l'empereur Napoléon était le seul obstacle au rétablissement de la paix en Europe, l'empereur Napoléon, fidèle à son serment, déclare qu'il est prêt à descendre du trône, à quitter la France et même la vie pour le bien de la patrie, inséparable des droits de son fils, de ceux de la régence de l'impératrice et du maintien des lois de l'Empire.

» Fait en notre palais de Fontainebleau, le 4 avril 1814.

» NAPOLÉON. »

Caulaincourt fut chargé de porter cet acte à Paris; on lui adjoignit Ney et Macdonald. Malgré la capitulation de Paris, Napoléon voulait que Marmont fît partie du message. Était-ce pour le retenir sur la pente de la défection, et pour l'empêcher d'aggraver sa première faute par quelque démarche moins excusable et plus criminelle?

Quoi qu'il en soit, les deux maréchaux prirent avec le duc de Vicence le chemin de la capitale, et l'empereur, qui apprit bientôt que Marmont venait de passer aux alliés, dénonça cette trahison à son armée par un ordre du jour où il flétrit aussi la conduite du sénat.

Les plénipotentiaires de Napoléon ne réussirent pas dans leur message. Le traité honteux que Marmont venait de faire avec le prince de Schwartzenberg et l'enlèvement nocturne de son armée pour la faire passer au milieu du camp ennemi permettaient aux alliés de se montrer plus exigeants que jamais, et de proclamer avec Talleyrand que Louis XVIII était un principe dont la coalition des rois avait poursuivi la consécration et qu'elle n'abandonnerait pas au moment du triomphe. Le duc de Vicence ne rapporta donc à Fontainebleau que la demande d'une nouvelle abdication, qui devait exclure du trône le prince impérial et la famille entière de Napoléon.

Cette proposition, aussi dure qu'humiliante, fut repoussée avec indignation par l'empereur. Il songea alors sérieusement à continuer la guerre, et il se mit à énumérer les ressources qui lui restaient au Nord, dans le Midi, aux Alpes et en Italie. Mais ses calculs, ses espérances, ses résolutions demeurent solitaires; et si quelqu'un rompt le silence pour lui répondre, ce n'est pas une parole d'adhésion, de sympathie et d'entraînement qu'on lui fait entendre. Les objections arrivent en foule, et le tableau de la guerre civile ne lui est pas épargné. L'empereur hésite, son âme est livrée à toutes les perplexités de l'incertitude : cependant l'idée de la guerre civile l'a profondément remué, et bientôt il s'écrie : « Eh bien ! puisqu'il faut renoncer à défendre plus longtemps la France, l'Italie ne m'offrira-t-elle pas encore une retraite digne de moi ? Veut-on m'y suivre encore une fois ?... Marchons vers les Alpes ! »

A ces mots, les fronts mornes, les visages soucieux de ses vieux camarades se rembrunissent encore davantage. Napoléon s'aperçoit que l'état-major de Lodi et d'Arcole n'est plus là pour le suivre, et que les ducs héréditaires de la monarchie impériale, après avoir goûté des douceurs de la cour, se sont lassés des aspérités du métier des armes. « Ah ! si dans ce moment, dit le baron Fain, Napoléon indigné fût passé brusquement de son salon dans la salle des officiers secondaires, il y aurait trouvé une jeunesse empressée à lui répondre ! quelques pas encore, et il aurait été salué au bas de ses escaliers par les acclamations de tous ses soldats ! leur enthousiasme aurait ranimé son âme ! Mais Napoléon succombe sous les habitudes de son règne : il croirait déchoir en marchant désormais sans les grands officiers que la couronne lui a donnés. »

L'empereur recueille donc le fruit de la réaction monarchique dans laquelle il s'est égaré : il lui faudrait les intrépides lieutenants qui lui juraient avec enthousiasme à Toulon de le suivre en Égypte, et il ne les retrouve plus aujourd'hui à ses côtés, quoiqu'il soit entouré des mêmes hommes. C'est que la république, en l'élevant, lui avait donné un cortège de héros, et que l'Empire a fait de ces héros des grands seigneurs qui n'ont plus ni la volonté ni la force de l'empêcher de tomber. Ce contraste est son œuvre : Napoléon, selon le mot si connu, « a refait le lit des Bourbons » ; il n'a plus qu'à se retirer à leur approche et à céder aux événements. C'est aussi ce qu'il va faire. L'empereur prit alors la plume, et au bout de quelques minutes il remit à Caulaincourt l'acte que les alliés lui faisaient demander. Il était conçu en ces termes :

« Les puissances alliées ayant proclamé que l'empereur Napoléon était le seul obstacle au rétablissement de la paix en Europe, l'empereur, fidèle à son serment, déclare qu'il renonce pour lui et ses enfants aux trônes de France et d'Italie, et qu'il n'est aucun sacrifice, même celui de la vie, qu'il ne soit prêt à faire aux intérêts de la France.

» Napoléon. »

Que deviendra maintenant le dominateur de l'Europe, désarmé et détrôné? Quel sort assigner à un homme qui fut placé si haut, et dont le bras peut à chaque instant remuer le monde? En quel lieu le reléguer?

Les souverains balancent entre Corfou, la Corse ou l'île d'Elbe. Cette dernière résidence est enfin préférée. Un traité va régler la destinée de la famille impériale tout entière. Mais Napoléon s'en offense; il ne veut pas de cette manière de procéder à son égard : « A quoi bon un traité, dit-il, puisqu'on ne veut pas régler avec moi ce qui concerne les intérêts de la France ? » Puis il envoie des courriers à Caulaincourt, dans le but de retirer son abdication. Mais il est trop tard, le sacrifice est consommé.

Le traité, repoussé par Napoléon, fut signé le 11 avril par les puissances alliées. Le lendemain, le comte d'Artois fit son entrée dans Paris. Il s'annonça par une proclamation qui promettait l'abolition de la conscription et des droits réunis. Les Bourbons savaient combien la popularité de Napoléon avait été compromise par l'impôt indirect et par la prolongation de la guerre. Ils ne pouvaient ignorer que si des manifestations de contentement et de joie apparaissaient dans le midi de la France, c'était le retour de la paix, ainsi que l'espoir d'un allégement dans les charges publiques, qui provoquaient ces démonstrations, bien plus qu'un souvenir d'affection pour l'ancienne dynastie. Leur politique consista donc d'abord à profiter des fautes de l'Empire; et le premier écrivain de l'époque ne craignit pas de se faire libelliste pour développer ou exagérer les griefs qui avaient pu nuire à l'empereur dans l'esprit du peuple. Au cri : « Plus de conscription! plus de droits réunis! » on ajouta la promesse d'institutions libérales et le solennel engagement de respecter et de tenir pour inviolables les intérêts matériels et moraux de la France nouvelle. Jamais la révolution ne montra mieux sa puissance! au moment où le génie succombait pour avoir cessé de s'appuyer absolument sur elle, après l'avoir rendue si longtemps glorieuse et forte, ses ennemis, que l'on prenait mal à propos pour ses vainqueurs, étaient obligés de la rassurer, de la flatter, de lui offrir des garanties et de lui donner des espérances!

La nuit qui suivit l'arrivée du comte d'Artois à Paris fut marquée à Fontainebleau par quelque événement dont le temps n'a pas encore dévoilé le mystère. Une agitation extraordinaire fut aperçue dans le palais; les serviteurs de Napoléon accoururent dans sa chambre et parurent en proie aux plus vives alarmes; les médecins furent mandés, on réveilla les amis fidèles, Bertrand, Caulaincourt et Maret. L'empereur, qui refusait obstinément de signer le traité du 11 avril, et dont la conversation faisait présager de sinistres desseins, surtout depuis qu'il avait appris qu'on avait refusé à sa femme et à son fils de venir le rejoindre, l'empereur éprouvait des douleurs intestinales si violentes que l'on crut à un empoisonnement. Cependant l'application des remèdes que l'on s'empressa de lui offrir amena un assoupissement dont l'illustre malade sortit pleinement guéri. Les écrivains qui penchent à admettre une tentative de suicide prétendent qu'il dit alors : « Dieu ne le veut pas! » Mais des personnes du service de l'empereur, parmi celles qui l'ont suivi partout, ont déclaré que les souffrances aiguës de Napoléon pendant cette nuit mystérieuse ne furent que le résultat naturel de la crise morale qu'il subissait depuis plus de dix jours, et elles ont repoussé l'idée d'une tentative d'empoisonnement. Le duc de Bassano a rendu, dit-on, un semblable témoignage.

Quoi qu'il en soit, l'empereur ne laissa rien apparaître de ce qu'il avait souffert dans la nuit. Son lever se passa comme à l'ordinaire; il se montra seulement plus résigné que la veille, car il demanda le traité qu'il avait rejeté jusque-là, et il y apposa sa signature.

Marie-Louise, qui avait reçu à Rambouillet la visite des souverains de l'Autriche et de la Russie, et à qui l'on avait interdit d'aller à Fontainebleau, n'attendait plus que d'apprendre le départ de son époux pour se laisser conduire tristement à Vienne avec le jeune prince dont l'empereur François, son auguste père, venait de contribuer à briser la destinée. Tout finissait à la fois pour Napoléon! les nobles jouissances de la grandeur politique et les douces consolations de la vie privée. L'île d'Elbe ne pouvait être pour lui qu'une étroite prison; il se soumit néanmoins à la nécessité qui lui en imposait la résidence. En vain le colonel Montholon vint l'assurer du dévouement des troupes et des populations de l'est pour l'encourager à tenter encore le sort des armes : « Il est trop tard, répondit-il, ce ne serait plus à présent que de la guerre civile, et rien ne pourrait m'y décider. » Le dernier coup de canon avait été tiré en effet le 10 avril, à la bataille de Toulouse, par le maréchal Soult, qui ne connaissait pas les événements de Paris et de Fontainebleau, et qui mit le sceau de la gloire à la dernière page de nos immortelles campagnes.

Des commissaires nommés par les puissances alliées devaient conduire Napoléon à l'île d'Elbe. Le départ fut fixé au 20 avril. Dans la nuit qui précéda ce départ, le valet de chambre Constant et le mameluk Roustan imitèrent les grands dignitaires de l'Empire et abandonnèrent leur maître.

Le 20, à midi, l'empereur descendit dans la cour du Cheval blanc, où la garde impériale formait la haie. Il n'y avait plus auprès de lui que quelques fidèles, parmi lesquels figuraient en première ligne le duc de Bassano et le général Belliard. A son approche, le cœur des soldats tressaillit et leurs yeux se remplirent de larmes. L'empereur annonça par un geste qu'il voulait parler, et il se fit aussitôt un silence religieux pour que chacun pût entendre et recueillir les dernières paroles du grand homme à l'élite des braves.

« Généraux, officiers, sous-officiers et soldats de ma vieille garde, dit-il, je vous fais mes adieux : depuis vingt ans, je suis content de vous; je vous ai toujours trouvés sur le chemin de la gloire.

» Les puissances alliées ont armé toute l'Europe contre moi; une partie de l'armée a trahi ses devoirs, et la France elle-même a voulu d'autres destinées.

» Avec vous et les braves qui me sont restés fidèles, j'aurais pu entretenir la guerre civile pendant trois ans; mais la France eût été malheureuse, ce qui était contraire au but que je me suis proposé.

» Soyez fidèles au nouveau roi que la France s'est choisi; n'abandonnez jamais notre chère patrie, trop longtemps malheureuse! Aimez-la toujours, aimez-la bien, cette chère patrie.

» Ne plaignez pas mon sort, je serai toujours heureux lorsque je saurai que vous l'êtes.

» J'aurais pu mourir : rien ne m'eût été plus facile; mais je suivrai sans cesse le chemin de l'honneur. J'ai encore à écrire ce que nous avons fait.

» Je ne puis vous embrasser tous; mais j'embrasserai votre général... Venez, géné-

CHAPITRE CINQUANTIÈME.

ral... (Il serre le général Petit dans ses bras.) Qu'on m'apporte l'aigle!... (Il la baise.) Chère aigle! que ces baisers retentissent dans le cœur de tous les braves!... Adieu, mes enfants!... Mes vœux vous accompagneront toujours; conservez mon souvenir. »

A ces mots, les sanglots des soldats éclatent; tout ce qui entoure l'empereur fond en larmes, et lui, non moins ému, s'arrache à cette scène déchirante, en se jetant dans une voiture où le général Bertrand était déjà placé. Le signal du départ fut immédiatement donné. Napoléon s'éloigna de Fontainebleau, accompagné du grand maréchal, des généraux Drouot et Cambronne, et de quelques autres personnes qui voulurent s'associer à la fidélité de ces braves guerriers. Partout sur son passage, et jusqu'aux confins de la Provence, il entendit autour de sa voiture les cris de Vive l'empereur! Cette constance du peuple l'attendrit et le consola.

Il comprit dès lors que, malgré la tendance impopulaire de quelques actes qui avaient pu contribuer à sa chute, les Bourbons ne parviendraient pas à abolir en France le culte de son nom.

Entre Lyon et Valence, l'empereur rencontra le maréchal Augereau, qui venait de lui reprocher, dans une proclamation, « de n'avoir pas su mourir en soldat ». Napoléon, qui ignorait encore l'ignoble et ridicule insulte de son camarade d'Arcole, descendit de voiture pour aller l'embrasser. En l'abordant, il mit le chapeau à la main, tandis que le maréchal affecta de rester couvert et garda sa casquette de voyage sur la tête tant que dura l'entrevue et même au moment des adieux. Une heure après, Napoléon trouva sur la route quelques détachements du corps d'Augereau qui lui rendirent les honneurs qu'il recevait lorsqu'il était sur le trône. Les soldats lui dirent hautement: « Sire, le maréchal Augereau a vendu votre armée. »

L'empereur fut obligé d'éviter Avignon, où les meneurs qui firent assassiner un an plus tard le maréchal Brune avaient organisé un coup de main et provoqué une fermentation dans les esprits qui faisait présager leurs sinistres desseins.

Arrivé près du Luc le 26 au soir, il coucha chez un député au corps législatif, où il rencontra la princesse Pauline. Le lendemain, il était à Fréjus; et après un séjour de vingt-quatre heures dans cette ville, il s'embarqua à huit heures du soir pour l'île d'Elbe.

CHAPITRE CINQUANTE ET UNIÈME.

Arrivée à Porto-Ferrajo. — Séjour à l'île d'Elbe. — Retour en France. — Débarquement à Cannes. — Marche triomphale sur Paris. — 20 mars 1815.

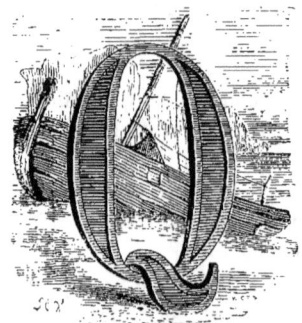

Quel rapprochement entre les phases de la vie du héros qui peuvent le plus frapper par leur contraste! Fréjus l'avait vu débarquer à son retour d'Égypte, lorsque, escorté des Marmont, des Murat, des Berthier, etc., il venait conquérir le pouvoir suprême sur les représentants de la France, et jeter les fondements d'un vaste et puissant empire : c'est à Fréjus qu'il est revenu quinze ans plus tard, dépouillé de ce pouvoir par l'étranger dont il faisait l'admiration et l'effroi, et par les corps muets et dociles qu'il avait donnés pour successeurs aux assemblées orageuses de la république; c'est à Fréjus qu'il s'est embarqué non pas cette fois pour aller prendre le timon d'un grand Etat et pour essayer de relever à son profit le premier trône de l'univers, mais déchu de ce trône et repoussé de ce gouvernail par ce même sénat qui lui prodigua si longtemps, jusqu'au dégoût, les plus basses adulations, et par ce même corps législatif qu'il chassait avec opprobre trois mois auparavant; mais trahi ou délaissé par ses vieux camarades et par ses proches, trahi par Marmont et par Murat, délaissé par Berthier et par tant d'autres!... Dieu l'a voulu ainsi, et Dieu ne fait rien en vain! Laissons faire sa toute-puissance!

Napoléon mouilla dans la rade de Porto-Ferrajo le 3 mai, le jour même de l'arrivée de Louis XVIII à Paris. Les autorités de l'île d'Elbe s'empressèrent d'aller complimenter leur souverain, à bord de la frégate anglaise qui l'avait amené. Le lendemain, l'empereur descendit à terre et fut salué par cent et un coups de canon. Toute la population, ayant en tête le corps municipal et le clergé, se porta à sa rencontre.

« C'était pour l'empereur et pour sa suite, dit un témoin oculaire, un spectacle curieux et touchant que la joie naïve des jeunes Elboises et l'enthousiasme de ces simples pêcheurs qui depuis longtemps se plaisaient à faire raconter à nos soldats tant d'exploits éclatants et de victoires mémorables où le nom de Napoléon était toujours associé. Sa renommée, ses revers imposaient également. Le calme, la gaieté même avec lesquels l'empereur questionnait les moindres citoyens contribuaient à accroître l'enthousiasme. »

Napoléon s'occupa de l'administration de l'île d'Elbe, comme s'il se fût proposé d'y régner sérieusement et longtemps, comme si l'activité de son génie n'eût pas dû se trouver bientôt gênée dans les limites d'une souveraineté aussi étroite. Il étudia les productions du sol et les ressources de l'industrie, parcourut toutes les parties de l'île, et prépara partout d'importantes améliorations.

Le 26 mai, Cambronne arriva avec les braves de la vieille garde qui avaient voulu partager l'exil de l'empereur. Plus tard, la princesse Pauline et madame Lætitia se rendirent auprès de Napoléon, qu'elles ne voulurent plus quitter.

Napoléon attendait impatiemment des nouvelles de France. Comme autrefois, lorsqu'il parcourait, aux bords du Nil, les journaux d'Europe avec avidité, pour voir si le moment n'était pas venu de franchir la mer et d'aller renverser le Directoire, de même il interroge aujourd'hui les feuilles publiques ou consulte les correspondances privées pour savoir comment la nation française supporte les étrangers et les Bourbons, et comment les Bourbons et les étrangers se conduisent envers la nation française. Quant aux injures quotidiennes dont il est l'objet dans toutes les gazettes, il s'en montre peu soucieux. « Suis-je bien déchiré ? dit-il un jour au général Bertrand, qui lui apportait les journaux français. — Non, Sire, répondit le grand maréchal, il n'est pas question

aujourd'hui de Votre Majesté. — Allons, reprit-il, ce sera pour demain ; c'est une fièvre intermittente, ces accès passeront. »

Cependant le gouvernement que la coalition avait imposé à la France se montrait digne de son origine. Les promesses du comte d'Artois restaient sans effet ; Louis XVIII fondait sa charte sur le bon plaisir et le droit divin. La noblesse redevenait insolente et le clergé intolérant. Toutes les faveurs du pouvoir pleuvaient sur l'émigration, ses haines et ses dédains tombaient sur la vieille armée. On anoblissait Cadoudal, on exaltait Moreau, on réservait une statue à Pichegru; et les fidèles guerriers de la France étaient abreuvés de dégoûts et d'humiliations. Toutes les grandes choses que le grand peuple avait faites sous la république et sous l'Empire étaient supprimées de son histoire, ou n'y paraissaient plus qu'entachées par l'usurpation et la révolte dont on les faisait dériver; le prince qui vivait obscurément au milieu des ennemis de la France, tandis que nos armes triomphaient à Fleurus, à Lodi, à Marengo et à Austerlitz, prétendait avoir régné sur la France au temps d'Austerlitz et de Marengo, et datait ses actes de la dix-neuvième année de son règne. La presse, qui aurait pu combattre les fausses doctrines, résister aux funestes tendances et flétrir les actes odieux; la presse, à peine proclamée libre, était rigoureusement bâillonnée, et la censure s'établissait en dépit de la charte, grâce à une synonymie imaginée avec autant d'audace que d'à-propos pour prouver à la France que *réprimer* et *prévenir* étaient deux mots identiques.

L'empereur, au moment même de son abdication, avait prévu les fautes des Bourbons et entrevu la possibilité de son retour. Le *Mémorial* nous retrace les pensées qui traversèrent alors son esprit, et nous donne la vraie explication du dessein hardi qu'il va bientôt exécuter. C'est Napoléon lui-même qui parle, en se reportant aux derniers jours qu'il passa à Fontainebleau :

« Si les Bourbons, me suis-je dit, veulent commencer une cinquième dynastie, je n'ai plus rien à faire ici, mon rôle est fini; mais s'ils s'obstinent par hasard à vouloir recontinuer la troisième, je ne tarderai pas à reparaître. On pourrait dire que les Bourbons eurent alors ma mémoire et ma conduite à leur disposition : s'ils se fussent contentés d'être les magistrats d'une grande nation, s'ils l'eussent voulu, je demeurais pour le vulgaire un ambitieux, un tyran, un brouillon, un fléau. Que de sagacité, de sang-froid, il eût fallu pour m'apprécier et me rendre justice! Mais ils ont tenu à se retrouver encore les seigneurs féodaux, ils ont préféré n'être que les chefs odieux d'un parti odieux à toute la nation! »

Si Napoléon fit dire de lui, en 1814, qu'il avait refait le lit des Bourbons, les Bourbons, à leur tour, vont donc lui rouvrir le chemin du trône. Dès que Napoléon connut bien la situation de la France et qu'il fut averti du sort que lui réservait le congrès de Vienne, il n'eut pas à balancer, et sa résolution fut bientôt prise. On a beaucoup parlé de ses intelligences en France et en Italie, de ses émissaires, de ses correspondants, de ses complices; car on a voulu attribuer sa sortie de l'île d'Elbe à un complot. Il est certain aujourd'hui que sa conspiration fut toute dans sa tête, et qu'il ne consulta personne sur ses projets, que tout le monde ignorait encore à Porto-Ferrajo la veille même du départ, à l'exception de Drouot et de Bertrand.

Ce fut le 26 février 1815, à une heure après midi, que Napoléon avertit sa garde de se préparer au départ. Le plus vif enthousiasme se manifesta aussitôt parmi ces braves, dont la mère et la sœur de l'empereur, placées aux fenêtres du palais, excitaient encore l'ardeur et le dévouement. On n'entendait plus de tous côtés que ce cri : « Paris ou la mort! »

Une proclamation vint bientôt annoncer officiellement aux habitants de l'île d'Elbe que l'empereur Napoléon se séparait d'eux. « Notre auguste souverain, y disait le gouverneur (le général Lapi), rappelé par la Providence dans la carrière de la gloire, a dû quitter votre île; il m'en a confié le commandement; il a laissé l'administration

CHAPITRE CINQUANTE ET UNIÈME.

à une junte de six habitants, et la défense de la forteresse à votre dévouement et à votre bravoure. »

« Je pars de l'île d'Elbe, a-t-il dit, je suis extrêmement content de la conduite des habitants; je leur confie la défense de ce pays, auquel j'attache le plus grand prix ; je ne puis leur donner une plus forte preuve de ma confiance qu'en laissant ma mère et ma sœur sous leur garde; les membres de la junte et tous les habitants de l'île peuvent compter sur ma bienveillance et sur ma protection particulière. »

A quatre heures du soir, les quatre cents hommes de la vieille garde étaient à bord du brick *l'Inconstant;* cinq autres petits bâtiments reçurent deux cents fantassins, cent chevau-légers polonais et un bataillon des flanqueurs. A huit heures du soir, l'empereur, accompagné des généraux Bertrand et Drouot, monta sur *l'Inconstant*. Un coup de canon donna aussitôt le signal du départ, et la flottille mit à la voile.

Le vent, d'abord favorable, devint tout à coup contraire et rejeta l'embarcation vers les croisières. On parla de rentrer à Porto-Ferrajo, mais l'empereur s'y refusa. Pendant la traversée, il s'occupa de rédiger des proclamations au peuple et à l'armée, et ses soldats s'empressèrent de les copier. Le 1er mars, à trois heures, il entra dans le golfe Juan. Avant de débarquer, il quitta et fit quitter à ses soldats la cocarde de l'île d'Elbe, et la cocarde tricolore fut arborée aux cris de Vive l'empereur ! vive la France! Le débarquement s'effectua incontinent sur la place de Cannes. L'empereur descendit à terre le dernier. Tandis que son état-major s'occupait du campement de la petite troupe et faisait préparer un bivac au bord de la mer, il se mit à se promener seul sur la route et à questionner les paysans. Vers une heure du matin, il fit lever le bivac et marcha, le reste de la nuit, à la tête de sa noble phalange, dans la direction de Grasse. Comme il faisait une partie de la route à pied, il lui arriva plusieurs fois de tomber. Un de ses soldats l'ayant vu se relever gaiement dit à ses camarades : « A la bonne heure! il ne faut pas que *Jean de l'épée* (c'était le nom familier par lequel ils désignaient entre eux Napoléon) se donne une entorse aujourd'hui, il faut avant qu'il soit *Jean de Paris.* »

L'empereur arriva le 4 mars à Digne. C'est là qu'il fit imprimer les belles proclamations qu'il avait rédigées à bord de *l'Inconstant,* et qui devaient exciter si vivement le patriotisme du peuple et de l'armée. Voici ces deux pièces remarquables, datées du golfe Juan, le 1er mars, et dans lesquelles Napoléon avait déployé toute la force et la grandeur de son style magique.

PROCLAMATION AU PEUPLE FRANÇAIS.

« Français, la défection du duc de Castiglione livra Lyon sans défense à nos ennemis ; l'armée dont je lui avais confié le commandement était, par le nombre de ses bataillons, la bravoure et le patriotisme des troupes qui la composaient, à même de combattre le corps d'armée autrichien qui lui était opposé, et d'arriver sur les derrières du flanc gauche de l'armée ennemie qui menaçait Paris.

» Les victoires de Champaubert, de Montmirail, de Château-Thierry, de Vauchamp, de Mormans, de Montereau, de Craonne, de Reims, d'Arcis-sur-Aube et de Saint-Dizier ; l'insurrection des braves paysans de la Lorraine, de la Champagne, de l'Alsace, de la Franche-Comté et de la Bourgogne, et la position que j'avais prise sur les derrières de l'armée ennemie, en la séparant de ses magasins, de ses parcs de réserve, de ses convois et de tous ses équipages, l'avaient placée dans une situation désespérée. Les Français ne furent jamais sur le point d'être plus puissants, et l'élite de l'armée ennemie était perdue sans ressource ; elle eût trouvé son tombeau dans ces vastes contrées qu'elle avait si impitoyablement saccagées, lorsque la trahison du duc de Raguse livra la capitale et désorganisa l'armée. La conduite inattendue de ces deux généraux, qui trahirent à la fois leur patrie, leur prince et leur bienfaiteur, changea le destin de la guerre. La situation désastreuse de l'ennemi était telle, qu'à la fin de l'affaire qui eut lieu devant Paris il était sans munitions par sa séparation de ses parcs de réserve.

» Dans ces nouvelles et grandes circonstances, mon cœur fut déchiré, mais mon âme resta inébranlable. Je ne consultai que l'intérêt de la patrie ; je m'exilai sur un rocher au milieu des mers. Ma vie vous était et devait encore vous être utile. Je ne permis pas que le grand nombre de citoyens qui voulaient m'accompagner partageassent mon sort, je crus leur présence utile à la France, et je n'emmenai avec moi qu'une poignée de braves nécessaires à ma garde.

» Elevé au trône par votre choix, tout ce qui a été fait sans vous est illégitime. Depuis vingt-cinq ans la France a de nouveaux intérêts, de nouvelles institutions, une nouvelle gloire, qui ne peuvent être garantis que par un gouvernement national et par une dynastie née dans ces nouvelles circonstances. Un prince qui régnerait sur vous, qui serait assis sur mon trône par la force des mêmes armes qui ont ravagé notre territoire, chercherait en vain à s'étayer des principes du droit féodal ; il ne pourrait assurer l'honneur et les droits que d'un petit nombre d'individus ennemis du peuple, qui depuis vingt-cinq ans les a condamnés dans toutes nos assemblées nationales. Votre tranquillité intérieure et votre considération extérieure seraient perdues à jamais.

» Français ! dans mon exil j'ai entendu vos plaintes et vos vœux ; vous réclamez ce gouvernement de votre choix, qui seul est légitime. Vous accusiez mon long sommeil ; vous me reprochiez de sacrifier à mon repos les grands intérêts de la patrie.

» J'ai traversé les mers au milieu des périls de toute espèce ; j'arrive parmi vous reprendre mes droits, qui sont les vôtres. Tout ce que les individus ont fait, écrit ou dit depuis la prise de Paris, je l'ignorerai toujours ; cela n'influera en rien sur le souvenir que je conserve des services importants qu'ils ont rendus ;

car il est des événements d'une telle nature, qu'ils sont au-dessus de l'organisation humaine.

» Français! il n'est aucune nation, quelque petite qu'elle soit, qui n'ait eu le droit de se soustraire et ne se soit soustraite au déshonneur d'obéir à un prince imposé par un ennemi momentanément victorieux. Lorsque Charles VII rentra à Paris et renversa le trône éphémère de Henri V, il reconnut tenir son trône de la vaillance de ses braves, et non d'un prince régent d'Angleterre.

» C'est aussi à vous seuls et aux braves de l'armée que je fais et ferai toujours gloire de tout devoir. »

PROCLAMATION A L'ARMÉE.

« Soldats! nous n'avons pas été vaincus. Deux hommes sortis de nos rangs ont trahi nos lauriers, leur pays, leur prince, leur bienfaiteur.

» Ceux que nous avons vus pendant vingt-cinq ans parcourir toute l'Europe pour nous susciter des ennemis, qui ont passé leur vie à combattre contre nous dans les rangs des armées étrangères, en maudissant notre belle France, prétendraient-ils commander et enchaîner nos aigles, eux qui n'ont jamais pu en soutenir les regards? Souffrirons-nous qu'ils héritent du fruit de nos glorieux travaux? qu'ils s'emparent de nos honneurs, de nos biens, qu'ils calomnient notre gloire? Si leur règne durait, tout serait perdu, même le souvenir de ces immortelles journées.

» Avec quel acharnement ils les dénaturent, ils cherchent à empoisonner ce que le monde admire! Et s'il reste encore des défenseurs de notre gloire, c'est parmi ces mêmes ennemis que nous avons combattus sur le champ de bataille.

» Soldats! dans mon exil j'ai entendu votre voix; je suis arrivé à travers tous les obstacles et tous les périls.

» Votre général, appelé au trône par le choix du peuple et élevé sur vos pavois, vous est rendu : venez le joindre.

» Arrachez ces couleurs que la nation a proscrites, et qui pendant vingt-cinq ans servirent de ralliement à tous les ennemis de la France; arborez cette cocarde tricolore : vous la portiez dans nos grandes journées.

» Nous devons oublier que nous avons été les maîtres des nations; mais nous ne devons pas souffrir qu'aucun se mêle de nos affaires. Qui en aurait le pouvoir? Reprenez ces aigles que vous aviez à Ulm, à Austerlitz, à Iéna, à Eylau, à Friedland, à Tudela, à Eckmühl, à Essling, à Wagram, à Smolensk, à la Moskowa, à Lutzen, à Wurtchen, à Montmirail. Pensez-vous que cette poignée de Français, aujourd'hui si arrogants, puissent en soutenir la vue? Ils retourneront d'où ils viennent, et là, s'ils le veulent, ils régneront comme ils prétendent avoir régné depuis dix-neuf ans.

» Vos biens, vos rangs, votre gloire, les biens, les rangs et la gloire de vos enfants, n'ont pas de plus grands ennemis que ces princes que les étrangers vous ont imposés; ils sont les ennemis de notre gloire, puisque le récit de tant d'actions héroïques qui ont illustré le peuple français combattant contre eux pour se soustraire à leur joug, est leur condamnation.

» Les vétérans de l'armée de Sambre-et-Meuse, du Rhin, d'Italie, d'Égypte, de l'Ouest, de la grande armée, sont humiliés; leurs honorables cicatrices sont flétries; leurs succès seraient des crimes, ces braves seraient des rebelles, si, comme le prétendent les ennemis du peuple, des souverains légitimes étaient au milieu des armées étrangères. Les honneurs, les récompenses, les affections sont pour ceux qui les ont servis contre la patrie et nous.

» Soldats! venez vous ranger sous les drapeaux de votre chef. Son existence ne se compose que de la vôtre; ses droits ne sont que ceux du peuple et les vôtres; son intérêt, son honneur, sa gloire, ne sont autres que votre intérêt, votre honneur et votre gloire. La victoire marchera au pas de charge; l'aigle avec les couleurs nationales volera de clocher en clocher jusqu'aux tours de Notre-Dame : alors vous pourrez montrer avec honneur vos cicatrices; alors vous pourrez vous vanter de ce que vous aurez fait; vous serez les libérateurs de la patrie.

» Dans votre vieillesse, entourés et considérés de vos concitoyens, ils vous entendront avec respect raconter vos hauts faits; vous pourrez dire avec orgueil : « Et moi aussi je faisais partie de cette grande armée » qui est entrée deux fois dans les murs de Vienne, dans ceux de Rome, de Berlin, de Madrid, de Moscou, qui a délivré Paris de la souillure que la trahison et la présence de l'ennemi y ont empreinte. Honneur à ces braves soldats, la gloire de la patrie! et honte éternelle aux Français criminels, dans quelque rang que la fortune les ait fait naître, qui combattirent vingt-cinq ans avec l'étranger pour déchirer le sein de la patrie! »

Ce langage annonçait à la nouvelle France que son glorieux interprète lui revenait, et que la démocratie avait retrouvé son représentant et son héros : aussi le peuple et l'armée se portèrent-ils avec enthousiasme et dans un concert admirable à la rencontre de l'illustre exilé.

Napoléon arriva à Gap le 5 mars. Il fut reçu dans cette ville avec les mêmes démonstrations d'allégresse qui avaient éclaté partout sur son passage. Après les tentatives de contre-révolution qui avaient marqué le retour, le règne éphémère de Louis XVIII, les Dauphinois, si profondément attachés à la révolution, saluaient avec transport le génie libérateur qui venait au secours de l'égalité, si longtemps défendue par lui et maintenant menacée par les Bourbons.

Napoléon quitta le chef-lieu des Hautes-Alpes suivi des acclamations de la population entière. En passant à Saint-Bonnet, les habitants lui offrirent de sonner le tocsin et de se lever en masse pour renforcer son escorte, qu'ils croyaient trop faible pour le conduire à Paris, à travers les nombreuses garnisons échelonnées sur la route. « Non, leur répondit-il; vos sentiments me font connaître que je ne me suis pas trompé; ils sont pour moi un sûr garant des sentiments de mes soldats; ceux que je rencontrerai se rangeront de mon côté; plus ils seront, plus mon succès sera assuré; restez donc tranquilles chez vous. »

L'épreuve était faite sur le peuple; Napoléon n'avait pas trop présumé de l'ascendant de son nom et de son génie. Restait l'armée, dont il se croyait plus sûr encore que du peuple, et avec laquelle il n'avait pas eu de rencontre. Mais on approchait de Grenoble, et l'on devait s'attendre à quelque démonstration hostile de la part des autorités et du commandant militaire. Le général Marchand avait en effet détaché un bataillon du 5ᵉ de ligne sur la route de Lamure, avec ordre de barrer le passage à Napoléon. L'avant-garde de l'empereur rencontra ce détachement près de Lafrète, et elle ne put le déterminer à lui ouvrir ses rangs et à se réunir sous le drapeau de l'ancienne armée. Un officier d'ordonnance du général Marchand était là qui contenait les soldats par l'empire de la discipline. Dès que Napoléon fut instruit de ce contre-temps, il accourut à l'avant-garde, mit pied à terre, et vint se placer en face du bataillon, qui menaçait de donner un funeste exemple au reste de l'armée. La garde le suivait l'arme baissée pour indiquer l'intention de ne rien emporter par la force. « Eh quoi! mes amis, s'écria-t-il, vous ne me reconnaissez pas; je suis votre empereur; s'il est parmi vous un soldat qui veuille tuer son général, son empereur, il le peut, me voilà! » En prononçant ces derniers mots, il découvrit sa poitrine. L'officier d'ordonnance voulut bien saisir ce moment pour commander le feu; mais sa voix fut aussitôt étouffée par les cris de Vive l'empereur! cris d'enthousiasme mille fois répétés que les paysans qui garnissaient les hauteurs et bordaient la route poussèrent simultanément avec les soldats. En un clin d'œil, le bataillon du 5ᵉ, les sapeurs et les mineurs se trouvèrent confondus avec les braves de l'île d'Elbe, qu'ils serrèrent fraternellement dans leurs bras, et les lanciers polonais poursuivirent jusqu'au delà de Vizille l'officier d'ordonnance, qui ne dut son salut qu'à la vitesse de son cheval. L'empereur continua ensuite sa marche vers Grenoble, au milieu de la foule, qui augmentait à chaque instant. Napoléon s'est rappelé à Sainte-Hélène que, dans une des vallées du Dauphiné, il avait vu sortir du milieu de cette foule immense qui se précipitait sur ses pas un soldat de haute stature, pleurant de joie et tenant dans ses bras un vieillard de quatre-vingt-dix ans. C'était un grenadier de l'île d'Elbe, dont la disparition avait fait suspecter la fidélité. Il ne s'était séparé momentanément de ses frères d'armes que pour aller chercher son père, qu'il voulait présenter à l'empereur.

Arrivé à Vizille, Napoléon y trouva l'enthousiasme des populations dauphinoises toujours croissant. « C'est ici qu'est née la révolution, s'écriait-on de toutes parts;

c'est ici que nos pères ont réclamé les premiers les priviléges des hommes libres; c'est encore ici que ressuscite la liberté française, et que la France recouvre son honneur et son indépendance. »

L'empereur, qui, en passant devant le château des Dauphins, où se tint la première assemblée patriotique en 1788, n'avait pu s'empêcher de s'associer aux réflexions de la foule, s'écria à son tour, avec l'émotion d'un homme en qui se faisait alors un rapprochement entre le grand souvenir invoqué par les Dauphinois et la position critique et solennelle dans laquelle la démocratie se retrouvait encore dans la personne de son représentant : « Oui, c'est de là qu'est sortie la révolution française. »

C'est là aussi, semblait-il se dire à lui-même, que la révolution française va obtenir un nouveau triomphe sur l'ancien régime ; car c'est là que le succès va être assuré à mon audacieuse entreprise.

En effet, tandis que l'empereur se livre à ses pressentiments et que son âme reste plongée dans la méditation, au milieu de l'ivresse générale que sa présence produit partout sur le peuple dauphinois, un officier du 7ᵉ de ligne fend la foule et annonce à Napoléon que son régiment, le colonel en tête, avance à pas précipités pour saluer le héros de la France. Toujours calme en apparence, comme à toutes les époques mémorables de sa vie, Napoléon laisse néanmoins apercevoir sur son visage l'impression profonde qu'il ressent d'un événement qui doit le conduire sans coup férir aux Tuileries. Sa physionomie, dépouillée soudain de la teinte sombre que les fatigues du corps et les tourments de l'esprit ont contribué à lui donner jusque-là, devient rayonnante de joie et d'espérance. Après avoir témoigné à l'officier du 7ᵉ tout ce qu'il éprouve pour ce régiment et pour le chef qui le commande, il pique son cheval et se lance en avant comme s'il était déjà en vue de l'arc de triomphe du Carrousel. Bientôt les cris du 7ᵉ, mêlés à ceux de la multitude qui l'accompagne, se font entendre. Le colonel marche le premier à pas accélérés ; c'est un homme de haute taille et d'une belle figure. Son caractère bouillant, son cœur affectueux, ses allures chevaleresques l'ont rendu puissant sur l'esprit du soldat et de l'officier. Il est sorti de Grenoble à trois heures après midi (le 7 mars), et à quelques centaines de pas de la ville il a ordonné aux tambours de cesser de battre, a commandé la halte et fait crever une caisse d'où l'on a retiré une aigle, qu'il a aussitôt montrée aux soldats en s'écriant : « Voilà le signe glorieux qui vous guidait dans nos immortelles journées ! Celui qui nous conduisit si souvent à la victoire s'avance vers nous pour venger notre humiliation et nos revers ; il est temps de voler sous son drapeau, qui ne cessa jamais d'être le nôtre. Que ceux qui m'aiment me suivent ! Vive l'empereur ! » Les soldats, qui ne contenaient qu'avec peine l'explosion de leurs sentiments tant que leur colonel parlait, ont éclaté au cri de Vive l'empereur ! et ils ont répété ce cri de leur chef dans les transports d'une joie délirante. Une affluence considérable d'individus de tout âge, de tout sexe et de toute condition les a suivis, et approche maintenant avec eux pour saluer de ses acclamations celui en qui furent si longtemps incarnés le principe de l'égalité et la gloire de la nation. L'impatience égale des deux parts a rapproché les distances. Déjà les acclamations se confondent. Les frères d'armes, que les événements de 1814 ont séparés, sont réunis maintenant et s'embrassent aux cris de Vive la garde ! Vive le 7ᵉ ! Vive l'empereur ! et les habitants de Grenoble, qui se sont portés à la rencontre du plus illustre des conquérants, mêlent leurs transports d'allégresse à ceux de la population des montagnes descendue de ses rocs escarpés à la suite du grand homme. Cependant le brillant et intrépide colonel du 7ᵉ, le noble et valeureux la Bédoyère, parvient à se faire jour à travers la foule et va se jeter dans les bras de l'empereur. Napoléon le presse vivement sur son cœur, et lui dit avec effusion : « Colonel, vous me replacez sur le trône. »

L'empereur arriva à la nuit sous les murs de Grenoble. Sa présence fut bientôt signalée aux habitants et à la garnison par l'empressement bruyant et tumultueux dont il était l'objet, et que l'obscurité n'empêchait pas de distinguer autour de sa personne. Des citoyens et des soldats, trompant la prévoyance du lieutenant général, qui avait donné l'ordre de fermer les portes dont il s'était même fait remettre les clefs, descendirent aussitôt par les remparts et allèrent grossir le cortége du héros. Tout à coup un bruit d'armes se fit entendre dans la place; on crut que les canonniers allaient faire feu, et la foule s'empressa de chercher un abri contre la mitraille derrière les maisons les plus prochaines. Napoléon, inaccessible à la peur, resta im-

mobile sur le pont en face des batteries; son attitude calme produisit une réaction rapide sur l'esprit de la multitude. « L'empereur prodigue sa vie, s'écria un citoyen, et nous, nous chercherions à ménager la nôtre! » et en disant ces mots, il s'élança à côté de l'immortel guerrier qui avait familiarisé tant de braves avec la bouche du canon. Cet exemple ramena la foule autour du grand homme.

Napoléon voulut pourtant connaître la nature du mouvement qu'on avait remarqué sur les remparts. Il fit approcher la Bédoyère, et il lui ordonna de haranguer les artilleurs. Le colonel monta alors sur un tertre, et, d'une voix forte, il s'écria : « Soldats, nous vous ramenons le héros que vous avez suivi dans tant de batailles, c'est à vous de le recevoir et de répéter avec nous l'ancien cri de ralliement des vainqueurs de l'Europe : Vive l'empereur ! » Les canonniers, que la discipline seule avait retenus à leur poste, ne firent pas attendre leur réponse. « Vive l'empereur ! » s'écrièrent-ils d'une voix unanime, et tout ce qui les entourait, militaires et citoyens, se joignit à eux pour prolonger le cri rassurant qu'avait provoqué Labédoyère.

Mais, au milieu de l'exaltation de toutes les têtes au dedans et au dehors de la ville, Napoléon se lassait de voir les portes fermées. On se donnait la main par les guichets, selon l'expression du *Mémorial;* mais on n'ouvrait pas. La population ouvrière des faubourgs, impatiente d'introduire l'empereur dans les murs de Grenoble, survint alors avec des poutres. La porte de Bonne tomba bientôt sous les coups redoublés de ces nouvelles machines de guerre improvisées par le dévouement des classes laborieuses, et les assiégés poussèrent des cris de victoire que purent à peine imiter les assiégeants.

« Il n'est pas de bataille où l'empereur ait couru plus de dangers qu'en entrant à Grenoble, dit Las Cases; les soldats se ruèrent sur lui avec tous les gestes de la fureur et de la rage; on frémit un instant, on eût pu croire qu'il allait être mis en pièces : ce n'était que le délire de l'amour et de la joie; il fut enlevé, lui et son cheval. »

Les proclamations du golfe Juan furent réimprimées à Grenoble et répandues avec profusion. L'empereur resta deux jours dans cette ville. Pendant son séjour, il passa en revue les troupes et la garde nationale, et reçut la visite des autorités, des corps académiques et du clergé.

A la revue, Napoléon, coiffé de son petit chapeau et revêtu de la fameuse capote grise, s'approcha des artilleurs du 4ᵉ régiment et leur dit :

« C'est parmi vous que j'ai fait mes premières armes; je vous aime tous comme d'anciens camarades; je vous ai suivis sur le champ de bataille, et j'ai toujours été content de vous; mais j'espère que nous n'aurons pas besoin de vos canons. »

Napoléon quitta Grenoble le 9 mars, et arriva le lendemain à Lyon au moment même où le comte d'Artois, après d'inutiles efforts pour déterminer les soldats à défendre la cause des Bourbons, venait de partir dans un abandon complet et sous la sauvegarde d'un seul volontaire royal. L'empereur fit donner à ce loyal serviteur de ses ennemis la croix de la Légion d'honneur pour prix de sa fidélité.

Persuadé de plus en plus que c'était à la démocratie, dont il procédait; et à l'opinion universelle qui le faisait considérer comme le Verbe de la révolution, qu'il devait attribuer l'accueil délirant qu'il recevait du peuple des villes et des campagnes, Napoléon, tout en se réservant de modérer plus tard ce grand mouvement démocratique, se vit dans la nécessité de faire des concessions à l'opinion libérale, pensant bien que ce serait elle, après tout, autant que l'entraînement du soldat, qui le conduirait triomphalement à Paris. Il rendit donc, le 13 mars, plusieurs décrets pour annuler tous les actes contre-révolutionnaires du gouvernement royal, et il remit en vigueur les lois de l'assemblée constituante portant abolition de l'ancienne noblesse et des ordres de chevalerie. Un dernier décret prononça ensuite la dissolution de la chambre des pairs et de la chambre des députés, et convoqua extraordinairement tous les collèges électoraux de l'Empire à Paris, pour y former une assemblée de *Champ de Mai* et s'y occuper de la révision des constitutions impériales.

L'empereur prit la route de la Bourgogne, où l'attendait une population non moins sympathique et aussi enthousiaste que celle du Dauphiné. Mais, tandis qu'il traverse la France porté jusqu'à la capitale par l'élan des citoyens et au milieu des acclamations, universelles, selon ses propres expressions, les Bourbons essayent de mettre sa tête à prix, et le congrès de Vienne appelle de nouveau toute l'Europe aux armes pour lui courir sus. A l'appui de ces mesures extrêmes, la presse de Paris et de l'étranger exhale le dépit et la fureur de la vieille royauté et de l'ancienne aristocratie, et traite comme un misérable *aventurier*, qu'un châtiment prompt va atteindre avec sa *bande*, le grand homme que tout un peuple accueille comme son libérateur. Ces folles injures, accompagnées des plus grossiers mensonges, n'empêchent pas Napoléon, que les gazettes soldées font fuir continuellement devant les princes de la famille royale, de se rapprocher chaque jour de Paris. Le 13 mars, il couche à Mâcon, pendant qu'à Lons-le-Saulnier le maréchal Ney se déclare pour lui dans une proclamation commençant par ces mots : « La cause des Bourbons est à jamais perdue ! » Le 14, il se rend à Châlons, dont il félicite les habitants sur la belle résistance qu'ils avaient opposée à l'ennemi dans la dernière guerre. Il voudrait adresser les mêmes éloges à ceux de Saint-Jean de Losne qui ont montré le même patriotisme, mais cette ville n'est pas sur sa route, et il se contente d'envoyer la décoration de la Légion d'honneur à son digne maire. A cette occasion, il dit aux paysans et aux ouvriers qui forment la plus grande partie de son immense cortége : « C'est pour vous, braves gens, que j'ai institué la Légion d'honneur, et non pour les émigrés pensionnés par nos ennemis. »

Le 15, Napoléon était à Autun, toujours environné des mêmes acclamations. Ce jour-là, les deux chambres, instituées par la charte, se réunirent à Paris en vertu d'une convocation extraordinaire que le débarquement de l'empereur avait provoquée. Louis XVIII et les princes de sa famille, frappés de stupeur à l'approche de l'illustre proscrit dont ils avaient en vain demandé la tête, dissimulèrent momentanément leurs dispositions contre-révolutionnaires et vinrent renouveler leur serment à la charte. Cette démonstration solennelle ne leur ramena pas la confiance des royalistes constitutionnels que la tendance réactionnaire du gouvernement avait bien vite désillusionnés, et elle ne fut considérée que comme un symptôme de peur par la masse de la nation, qui en fit un sujet de moquerie.

L'empereur continua donc sa marche rapide vers Paris, en dépit des mesures militaires, des hypocrisies officielles et des ordonnances homicides, sur le concours desquelles on avait compté pour l'arrêter dans sa course triomphale. Le 17 mars, il fit son entrée à Auxerre, où le 14ᵉ régiment de ligne était venu d'Orléans pour se porter à sa rencontre. Ce corps avait combattu longtemps en Espagne et s'y était distingué sans obtenir des récompenses proportionnées à ses services. L'empereur distribua des décorations aux officiers et aux soldats qui se trouvaient désignés comme en étant les plus dignes.

C'est à Auxerre que le maréchal Ney rejoignit l'empereur. Le brave des braves venait couronner l'œuvre de la Bédoyère. Sa présence combla les vœux et l'espoir de Napoléon.

Le gouvernement royal était aux abois. Il demandait aux chambres de le sauver par des lois de circonstance, et il forçait l'orgueil des grands à s'abaisser jusqu'à aller caresser les soldats dans les casernes. Inutiles démarches! vaines humiliations! les chambres étaient sans autorité sur la nation, et les princes sans influence sur le soldat, qui ne répondait à leurs supplications que par des refus souvent mêlés de paroles amères. Rien ne pouvait donc arrêter Napoléon.

Le 19 mars, il partit d'Auxerre et arriva à Fontainebleau le 20, à quatre heures du matin. Dans cette même nuit, Louis XVIII avait abandonné la capitale pour gagner rapidement la frontière belge. Si la marche de l'empereur, du golfe Juan à Paris, n'avait été qu'un triomphe continuel, la retraite du roi, de Paris à Gand, ne fut qu'une fuite. Les Bourbons s'étaient trompés sur les causes et le caractère de la chute de Napoléon. Ils avaient cru et proclamé que celui qui dispose des trônes et des empires avait marqué du sceau divin le renversement de la domination impériale, pour faire cesser en France le règne de ce qu'ils appelaient la révolte et l'impiété; ils disaient incessamment que c'était l'esprit du siècle, la philosophie moderne, la révolution, que la Providence avait voulu atteindre et qu'elle avait frappés dans Napoléon. La Providence, dont le regard est détourné du passé et fixé sur l'avenir, et qui suscite et mène toutes les révolutions pour régénérer les peuples et non pour restaurer les rois; la Providence, qui n'avait retiré sa protection au grand homme qu'elle avait tant favorisé que pour le punir de s'être trop rapproché des idées et des hommes de la société ancienne; la Providence devait manifester ses intentions avec éclat et désabuser, par quelque grand événement, les princes qui avaient pu se méprendre sur ses immuables desseins. Alors elle permit que le monarque qu'elle avait laissé tomber se relevât tout à coup et vînt reprendre le sceptre comme par enchantement, non pour rétablir et consolider sa dynastie, mais pour rendre témoignage au monde de la suprême puissance de la révolution et de la faiblesse de l'ancien régime.

Maintenant ce témoignage est porté. Le droit divin, venu de l'étranger, y retourne avec les Bourbons, dont il partage la fuite humiliante; et la souveraineté du peuple va rentrer triomphalement aux Tuileries avec Napoléon.

CHAPITRE CINQUANTE-DEUXIÈME.

Les cent jours.

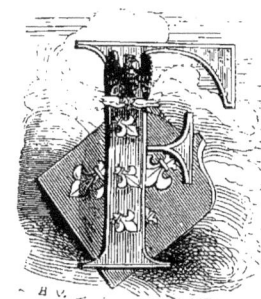

FONTAINEBLEAU, dans la journée du 20 avril 1814, avait vu l'empereur déchu, abandonné de ses vieux camarades, se séparer de sa garde pour se laisser conduire prisonnier à l'île d'Elbe; le 20 mars 1815, Fontainebleau revit Napoléon au milieu de sa garde, entouré du bataillon sacré [1], suivi des acclamations du peuple et de l'armée, et prêt à partir pour sa capitale, où il allait reprendre la souveraine puissance que lui déléguait une seconde fois le vœu national.

L'empereur arriva aux portes de Paris vers la fin du jour. Le drapeau tricolore flottait aux Tuileries depuis deux heures de l'après-midi : c'était le brave Exelmans qui l'y avait arboré.

Le peuple et l'armée se pressèrent autour de Napoléon, se ruèrent sur lui comme à Grenoble. C'était à qui verrait le héros de plus près. Quand il entra aux Tuileries, vers les neuf heures du soir, il y fut reçu par une foule d'officiers qui se jetèrent sur lui avec tant d'empressement et d'enthousiasme, qu'il fut obligé de leur dire : « Messieurs, vous m'étouffez. » M. de Montalivet, qui l'avait servi avec habileté et dévouement dans la prospérité, et qui lui avait été fidèle dans l'infortune, vint à sa rencontre au bas du grand escalier et le prit dans ses bras. L'empereur fut porté en quelque sorte dans ses appartements, où la reine Hortense l'attendait avec un grand nombre d'anciens dignitaires de l'Empire.

Le bataillon sacré bivaqua sur la place du Carrousel et fit le service du château, conjointement avec la garde nationale.

Le lendemain, l'empereur passa en revue toutes les troupes que renfermait alors la capitale. « Soldats, leur dit-il, je suis venu avec neuf cents hommes en France, parce que je comptais sur l'amour du peuple et sur le souvenir des vieux soldats. Je

---

[1] Ce bataillon s'était formé en route des officiers en demi-solde ou en retraite qui étaient venus à la rencontre de l'empereur pour partager les périls de son entreprise.

n'ai pas été trompé dans mon attente! Soldats! je vous en remercie. La gloire de ce que nous venons de faire est toute au peuple et à vous! La mienne se réduit à vous avoir connus et appréciés.

» Soldats! le trône des Bourbons était illégitime, puisqu'il avait été relevé par des mains étrangères, puisqu'il avait été proscrit par le vœu de la nation exprimé par toutes nos assemblées nationales, puisque enfin il n'offrait de garantie qu'aux intérêts d'un petit nombre d'hommes arrogants dont les prétentions sont opposées à nos droits. Soldats! le trône impérial peut seul garantir les droits du peuple, et surtout le premier des intérêts, celui de notre gloire.

» Soldats! nous allons marcher pour chasser du territoire ces princes auxiliaires de l'étranger; la nation non-seulement nous secondera de ses vœux, mais suivra notre impulsion. Le peuple français et moi nous comptons sur vous. Nous ne voulons pas nous mêler des affaires des nations étrangères, mais malheur à qui se mêlerait des nôtres! »

Les soldats accueillirent ce discours avec le même enthousiasme que leur avait toujours inspiré la parole de Napoléon, et l'air retentissait des cris de Vive l'empereur! lorsque parut le bataillon de l'île d'Elbe, commandé par Cambronne, et qui n'avait pu arriver à Paris aussitôt que l'empereur. A cette vue, Napoléon s'écria : « Voilà les officiers du bataillon qui m'a accompagné dans mon malheur. Ils sont tous mes amis. Ils étaient chers à mon cœur! toutes les fois que je les voyais, ils me représentaient les différents régiments de l'armée, car dans ces six cents braves il y a des hommes de tous les régiments. Tous me rappelaient ces grandes journées dont le souvenir est si cher, car tous sont couverts d'honorables cicatrices reçues à ces batailles mémorables! En les aimant, c'est vous tous, soldats de l'armée française, que j'aimais. Ils vous rapportent les aigles! Qu'elles vous servent de point de ralliement! En les donnant à la garde, je les donne à toute l'armée.

» La trahison et des circonstances malheureuses les ont couvertes d'un voile funèbre! Mais, grâce au peuple français et à vous, elles reparaissent resplendissantes de toute leur gloire. Jurez qu'elles se trouveront toujours partout où l'intérêt de la patrie les appellera! Que les traîtres et ceux qui voudraient envahir notre territoire n'en puissent jamais soutenir les regards! »

Les soldats répondirent : « Nous le jurons! » Tandis qu'ils défilaient devant l'empereur, la musique jouait l'air de la révolution : *Veillons au salut de l'Empire*.

Napoléon semblait revenu au temps du consulat : le malheur et les Bourbons l'avaient réconcilié avec la démocratie, qui avait essuyé plus d'une fois sa disgrâce sous l'Empire. Pour rendre plus manifeste cette réconciliation, il donna le ministère de l'intérieur à Carnot, et il appela Benjamin Constant au conseil d'État. C'était reconnaître la souveraineté de l'opinion publique et céder à l'impulsion libérale que représentaient, sous des nuances diverses, ces deux illustres citoyens. L'empereur s'expliqua franchement avec Benjamin Constant sur le caractère de la nouvelle politique qu'il se proposait de suivre. Sans se dire converti aux idées constitutionnelles et sans se montrer surtout disposé à encourager vivement les réminiscences démocratiques qui avaient si puissamment contribué à lui rendre le trône, il déclara qu'il se soumettait aux exigences du peuple et même à ses caprices, et qu'il marcherait dans la voie où les esprits paraissaient désormais entraînés. Voici quelques-unes des mémorables paroles qu'il prononça en cette circonstance, et que le célèbre publiciste à qui elles furent adressées nous a conservées.

« La nation, dit-il, s'est reposée douze ans de toute agitation politique, et depuis une année elle se repose de la guerre ; ce double repos lui a rendu un besoin d'activité. Elle veut, ou croit vouloir, une tribune et des assemblées ; elle ne les a pas toujours voulues. Elle s'est jetée à mes pieds quand je suis arrivé au gouvernement ; vous devez vous en souvenir, vous qui essayâtes de l'opposition. Le goût des constitutions, des débats, des harangues, paraît revenir... Cependant ce n'est que la minorité qui le veut, ne vous y trompez pas. Le peuple, ou, si vous l'aimez mieux, la multitude ne veut que moi. Ne l'avez-vous pas vue cette multitude se pressant sur mes pas, se précipitant du haut des montagnes, m'appelant, me cherchant, me saluant? A ma rentrée de Cannes ici, je n'ai pas conquis, j'ai administré... Je ne suis pas seulement, comme on l'a dit, l'empereur des soldats, je suis aussi celui des paysans, des plébéiens, de la France... Aussi, malgré tout le passé, vous voyez le peuple revenir à moi : il y a sympathie entre nous... Je n'ai qu'à faire un signe, ou plutôt détourner les yeux, les nobles seront massacrés dans toutes les provinces. Ils ont si bien manœuvré depuis six mois!... Mais je ne veux pas être le roi d'une jacquerie. S'il y a des moyens de gouverner par une constitution, à la bonne heure... J'ai voulu l'empire du monde, et, pour me l'assurer, un pouvoir sans bornes m'était nécessaire. Pour gouverner la France seule, il se peut qu'une constitution vaille mieux... Voyez donc ce qui vous semble possible. Apportez-moi vos idées. Des élections libres? des discussions publiques? des ministres responsables? la liberté? Je veux tout cela... La liberté de la presse surtout, l'étouffer est absurde, je suis convaincu sur cet article... Je suis l'homme du peuple ; si le peuple veut réellement la liberté, je la lui dois ; j'ai reconnu sa souveraineté, il faut que je prête l'oreille à ses volontés, même à ses caprices. Je n'ai jamais voulu l'opprimer pour mon plaisir; j'avais de grands desseins; le sort en a décidé, je ne suis plus un conquérant; je ne puis plus l'être. Je sais ce qui est possible et ce qui ne l'est pas; je n'ai plus qu'une mission : relever la France et lui donner un gouvernement qui lui convienne... Je ne hais point la liberté; je l'ai écartée lorsqu'elle obstruait ma route; mais je la comprends; j'ai été nourri dans ses pensées... Aussi bien, l'ouvrage de quinze années est détruit; il ne peut se recommencer. Il faudrait vingt ans et deux millions d'hommes à sacrifier... D'ailleurs je désire la paix, et je ne l'obtiendrai qu'à force de victoires. Je ne veux pas vous donner de fausses espérances; je laisse dire qu'il y a des négociations, il n'y en a point. Je prévois une lutte difficile, une longue guerre. Pour la soutenir, il faut que la nation m'appuie; en récompense elle exigera de la liberté, elle en aura... La situation est neuve. Je ne demande pas mieux que d'être éclairé. Je vieillis; l'on n'est plus à quarante-cinq ans ce qu'on était à trente. Le repos d'un roi constitutionnel peut me convenir... Il conviendra plus sûrement encore à mon fils. »

Les réponses de l'empereur aux diverses autorités qui s'empressèrent de lui offrir leurs félicitations portèrent toutes l'empreinte de l'esprit libéral dont il avouait la résurrection et la prédominance actuelle, et qu'il consentait à accepter comme auxiliaire. « Tout à la nation et tout pour la France! dit-il à ses ministres, voilà ma devise. » Il ne s'en tint pas même aux paroles; car, par un décret du 24 mars, il supprima la censure et la direction de la librairie. Cette mesure provoqua autour de lui quelques objections de la part des courtisans. « Ma foi, messieurs, leur dit-il, cela vous regarde; pour moi, je n'ai rien à craindre : je défie que l'on en imprime plus sur mon compte qu'on n'en a dit depuis un an. »

Cependant le duc et la duchesse d'Angoulême avaient essayé de soulever le Midi en faveur de la cause royale. La duchesse d'Angoulême avait déployé dans Bordeaux assez d'activité, de courage et de constance pour faire dire d'elle par l'empereur que c'était « le seul homme de la famille ». Ses efforts ne purent rien toutefois contre la force des événements : le général Clausel survint, et la contraignit sans combattre à quitter Bordeaux pour se réfugier une seconde fois sur la terre étrangère.

Le duc d'Angoulême était tombé dans les mains du général Gilly, à Lapalud, et il se trouvait prisonnier au Pont-Saint-Esprit, à la disposition de l'empereur, dont la décision à l'égard de ce prince était attendue avec anxiété par les amis des Bourbons. Le souvenir récent de l'ordonnance qui avait mis Napoléon *hors la loi* était bien fait pour donner de l'inquiétude aux royalistes, qui pouvaient craindre de terribles représailles. L'empereur fit connaître sa résolution au général Grouchy, commissaire extraordinaire dans le Midi, par une lettre qui accordait au prince la faculté de se retirer sur la terre étrangère, et qui lui permettait ainsi d'aller susciter la guerre contre Napoléon et contre la France.

Cependant un événement de la plus haute importance se passait au delà des Alpes. Murat, menacé par le congrès de Vienne, tentait de soulever l'Italie contre l'Autriche. Il accusait les rois de manquer de reconnaissance à son égard, comme si leur ingratitude n'était pas le châtiment providentiel de l'ingratitude plus noire dont il s'était rendu coupable envers Napoléon et envers la France. Cette levée de boucliers fit croire aux souverains que l'empereur n'était sorti de l'île d'Elbe qu'après s'être réconcilié avec son beau-frère, et qu'ils avaient arrêté ensemble leur double tentative. Il n'en fallait pas davantage pour rendre le cabinet de Vienne sourd à toutes les propositions pacifiques de Napoléon : aussi les ministres autrichiens adhérèrent-ils sans hésiter et restèrent-ils attachés invariablement à la clause du traité du 25 mars 1815, par laquelle la coalition se reconstituait plus compacte que jamais, et s'engageait à ne déposer les armes qu'après avoir renversé de nouveau le trône que l'empereur venait de relever d'une manière si merveilleuse. Ce contre-temps a fait dire à Napoléon dans ses Mémoires : « Deux fois en proie aux plus étranges vertiges, le roi de Naples fut deux fois la cause de nos malheurs : en 1814, en se déclarant contre la France ; et en 1815, en se déclarant contre l'Autriche. »

Quelque peu d'espoir que pût conserver l'empereur de détacher l'Autriche de la coalition et d'amener les autres puissances à désarmer, il renouvela les tentatives officielles qu'il avait faites si souvent, soit comme consul, soit comme monarque, pour déterminer ses ennemis à la paix, et pour leur laisser, dans tous les cas, la responsabilité de la guerre. Il écrivit, à cet effet, une lettre à tous les souverains.

Les monarques alliés ne daignèrent pas répondre à cette ouverture ; ils firent plus : les plénipotentiaires français ne furent pas même admis à présenter leurs lettres de créance. Alors Napoléon vit qu'il fallait se hâter et se préparer sérieusement à la guerre.

L'impopularité des Bourbons était profondément enracinée au cœur de la nation, et l'admiration pour Napoléon était vive et universelle. Cependant la paix était aussi l'objet de la sollicitude générale ; et quoique le peuple français se montrât résolu à de nouveaux sacrifices pour soutenir son honneur, sa dignité et son indépendance, il n'avait nul désir de recommencer la guerre, et il s'était flatté de voir la coalition se dissoudre par le retour de l'Autriche à notre alliance, quand Napoléon avait annoncé hautement dans ses décrets que Marie-Louise et le roi de Rome assisteraient à l'assemblée du Champ de mai. La tournure peu pacifique que prirent nos relations diplomatiques avec toutes les cours de l'Europe, et particulièrement avec celle de Vienne, trompa donc l'espérance d'une foule de patriotes qui ne voyaient pas sans de tristes pressentiments la France obligée de se remettre aux prises avec toute l'Europe. On se serait estimé trop heureux de goûter les douceurs de la paix et les bienfaits de la liberté sous le règne d'un héros qui nous avait donné tant de gloire. Mais la paix fut reconnue impossible ; qu'advint-il de la liberté ?

Le 22 avril, Napoléon promulgua un acte additionnel aux constitutions de l'Empire. Au lieu d'attendre l'œuvre de la nouvelle assemblée constituante qu'il avait convoquée par son décret du 13 mars, il se chargea d'élaborer tout seul la révision constitutionnelle si solennellement promise ; et, pour éviter une discussion incommode à cet égard, il réduisit les innombrables électeurs qui devaient former le Champ de mai aux fonctions de scrutateurs. Le peuple fut seulement consulté, comme au temps du vote pour le consulat à vie et pour l'Empire, sur l'acte suivant, qui fut déposé dans toutes les municipalités de France :

« Art. 1er. Les constitutions de l'Empire, nommément l'acte additionnel du 23 frimaire an VIII, les sénatus-consultes des 14 et 16 thermidor an X, et celui du 28 floréal an XII, seront modifiés par les dispositions qui suivent. Toutes les autres dispositions sont confirmées et maintenues.

» Art. 2. Le pouvoir législatif est exercé par l'empereur et deux chambres.

» Art. 3. La première chambre, nommée chambre des pairs, *est héréditaire*.

» Art. 4. L'empereur en nomme les membres, qui sont irrévocables, eux et leurs descendants mâles, d'aîné en aîné, en ligne directe. Le nombre des pairs est illimité, » etc., etc., etc.

Il est inutile de reproduire les autres dispositions de cet acte. Pour couronner l'élan sublime de la démocratie qui l'a reporté miraculeusement sur le trône, Napoléon impose à la France la plus redoutable des aristocraties en créant des législateurs héréditaires. Les statuts impériaux de 1806, qui blessaient tant l'esprit d'égalité dont l'empereur reconnaissait que la France était ardemment jalouse, ne laissaient du moins à la disposition aveugle du hasard de la naissance que des titres et des dignités sans attributions politiques : l'acte additionnel va beaucoup plus loin, il abandonne à ce hasard la première des fonctions publiques, le droit de participer à la confection des lois. Si Napoléon eût créé des pairs héréditaires lorsqu'il était encore sous le poids de ses ressentiments contre les républicains, et qu'il s'évertuait, avec toute l'ardeur d'un fondateur de dynastie, à donner de solides et brillants étais à son édifice monarchique, cette création, sans être moins contraire à la raison du siècle, aurait été plus conforme à la logique, et nul ne s'en fût étonné. Mais après ses manifestes du golfe Juan, après ce qu'il avait vu, entendu et proclamé de Cannes à Paris, après son décret de Lyon, dans lequel il avait répété, au milieu des acclamations de la France, l'arrêt de mort de la vieille aristocratie, proposer une pairie héréditaire à la France ! c'est démentir trop tôt les espérances que son langage libéral et ses allures populaires avaient fait concevoir. Carnot s'opposa de toutes ses forces à la publication de l'acte qui renfermait cette imprudente disposition. Il plaida « pour la gloire acquise contre la gloire héritée, pour les grands hommes contre les descendants des grands hommes ». C'était en ces termes mêmes que les orateurs du consulat, au nom de Napoléon, avaient signalé autrefois le caractère démocratique de la Légion d'honneur, et marqué la distance qui séparait cette nouvelle institution des distinctions aristocratiques de l'ancien régime.

Mais les tendances et les traditions de l'Empire l'emportent sur les souvenirs du consulat. La pensée monarchique conserve dans Napoléon toute son énergie, toute son intensité. L'empereur croit toujours, comme il l'a dit à Benjamin Constant, que c'est la minorité qui demande des constitutions; et quelque précises et éclatantes que puissent être les indications populaires de sa dernière ovation, il persiste à regarder comme un joug passager, comme une affaire de mode, la faveur dont jouit le système constitutionnel.

Napoléon compte sur l'antipathie persévérante du peuple français envers les hommes de l'ancien régime pour voir accueillir par de nombreux suffrages son acte additionnel, dans lequel il a eu soin d'insérer, à côté de l'institution d'une pairie héréditaire et de beaucoup d'autres dispositions peu libérales, un article qui renouvelle l'abolition des dîmes et des droits féodaux, l'extinction de l'ancienne noblesse et la proscription perpétuelle des Bourbons. Les votes favorables ne manquèrent pas en effet à ce malencontreux supplément aux constitutions de l'Empire ; mais l'opinion publique en reçut une fâcheuse impression, et l'enthousiasme populaire, si universel et si ardent au mois de mars, était déjà bien refroidi aux approches du Champ de mai.

Cependant il s'est formé dans l'Empire des associations patriotiques pour soutenir l'élan de la démocratie et veiller à la défense du territoire. Paris a ses fédérés de la ville et des faubourgs. Ceux des faubourgs Saint-Marceau et Saint-Antoine sont venus offrir leurs bras à l'empereur, lui ont demandé des armes et fait entendre des accents auxquels ses oreilles étaient autrefois peu habituées. Mais depuis le golfe Juan il y a été préparé. Il faut qu'il continue à céder, autant que possible, aux nécessités de sa position : il répond donc aux fédérés, qui se présentent d'ailleurs en auxiliaires :

« Soldats fédérés des faubourgs Saint-Antoine et Saint-Marceau,

» Je suis venu seul, parce que je comptais sur le peuple des villes, les habitants des campagnes et les soldats de l'armée, dont je connaissais l'attachement à l'honneur national. Vous avez tous justifié ma confiance. J'accepte votre offre. Je vous donnerai des armes; je vous donnerai pour vous guider des officiers couverts d'honorables blessures et accoutumés à voir fuir l'ennemi devant eux.

» Soldats fédérés, s'il est des hommes dans les hautes classes de la société qui aient déshonoré le nom français, l'amour de la patrie et le sentiment de l'honneur national se sont conservés tout entiers dans le peuple des villes, les habitants des campagnes et les soldats de l'armée. Je suis content de vous voir. J'ai confiance en vous. Vive la nation! »

Les électeurs réunis à Paris ayant dépouillé les votes sur l'acte additionnel, une députation centrale en présenta le résultat à l'empereur dans l'assemblée du Champ de mai. Treize cent mille citoyens avaient accepté cet acte; quatre mille l'avaient repoussé. Napoléon répondit au président de la députation par un discours qui fut le seul incident remarquable de cette grande journée nationale, d'a-

bord fastueusement annoncée comme une nouvelle ère de régénération, et réduite ensuite aux proportions mesquines d'un simple dépouillement de scrutin.

« Messieurs, dit-il, empereur, consul, soldat, je tiens tout du peuple. Dans la prospérité, dans l'adversité, sur le champ de bataille, au conseil, sur le trône, dans l'exil, la France a été l'objet unique et constant de mes pensées et de mes actions.

» Vous allez retourner dans vos départements. Dites aux citoyens que les circonstances sont grandes!!! qu'avec de l'union, de l'énergie et de la persévérance, nous sortirons victorieux de cette lutte d'un grand peuple contre ses oppresseurs; que les générations à venir scruteront sévèrement notre conduite; qu'une nation a tout perdu quand elle a perdu l'indépendance. Dites-leur que les rois étrangers que j'ai élevés sur le trône, ou qui me doivent la conservation de leur couronne, qui tous, au temps de ma prospérité, ont brigué mon alliance et la protection du peuple français, dirigent aujourd'hui tous leurs coups contre ma personne : si je ne voyais que c'est à la patrie qu'ils en veulent, je mettrais à leur merci cette existence contre laquelle ils se montrent si acharnés. Mais dites aussi aux citoyens que, tant que les Français me conserveront les sentiments d'amour dont ils me donnent tant de preuves, cette rage de nos ennemis sera impuissante.

» Français! ma volonté est celle du peuple; mes droits sont tous siens; mon honneur, ma gloire, mon bonheur, ne peuvent être autres que l'honneur, la gloire et le bonheur de la France. »

Napoléon était bien fort quand il se plaçait au point de vue national. Son langage avait alors la puissance d'une vérité profondément sentie. On aimait à le voir se reconnaître hautement plus qu'à tout autre le droit d'identifier son honneur et sa gloire avec l'honneur et la gloire de la France; c'était la pensée de tous qu'il exprimait; la conscience du grand homme reflétait et sa bouche divulguait l'opinion intime du grand peuple. Mais la nationalité n'était plus l'intérêt unique sur lequel fût portée la sollicitude publique. La liberté était rentrée dans le domaine de la discussion légale ; l'arène constitutionnelle se rouvrait, et ce n'était pas pour elle que Dieu avait formé Napoléon. Il s'efforça néanmoins d'imprimer à sa parole, si bien faite pour rendre les oracles du pouvoir absolu, un caractère plus approprié aux convenances du régime parlementaire.

Le 4 juin, il fit lui-même l'ouverture des chambres par un discours dans lequel il leur demanda leur concours, « pour faire triompher, disait-il, la cause sainte du peuple ».

Napoléon n'avait rien à redouter de la chambre des pairs, qui était son ouvrage; mais celle des représentants, choisie au milieu de l'effervescence démocratique dont les proclamations du golfe Juan avaient donné le signal, faisait craindre la formation d'une opposition libérale, qui pouvait non-seulement contrarier les tendances gouvernementales de l'empereur, mais troubler encore l'indispensable accord que réclamait la défense du pays entre les grands pouvoirs de l'État. La Fayette et Lanjuinais avaient reparu dans cette assemblée, et l'influence qu'ils y avaient exercée dès la première séance suffisait pour en indiquer la direction et l'esprit. Lanjuinais avait été porté à la présidence; il fut chargé d'exprimer à l'empereur les sentiments de la représentation nationale, et il se rendit aux Tuileries, à la tête d'une députation, pour déposer au pied du trône une adresse qui renfermait les vœux de l'assemblée, et à laquelle Napoléon répondit en ces termes :

« La constitution est notre point de ralliement, elle doit être notre étoile polaire dans ces moments d'orage. Toute discussion publique qui tendrait à diminuer directement ou indirectement la confiance qu'on doit avoir dans ses dispositions serait un malheur pour l'Etat; nous nous trouverions au milieu des écueils sans boussole et sans direction. La crise où nous sommes engagés est forte. N'imitons pas l'exemple du Bas-Empire, qui, pressé de tous côtés par les Barbares, se rendit la risée de la postérité en s'occupant de discussions abstraites au moment où le bélier brisait les portes de la ville. »

L'empereur quitta la capitale le 12 juin, et s'achemina vers la frontière belge. Arrivé à Avesnes le 14, il y publia la proclamation suivante :

« Soldats ! c'est aujourd'hui l'anniversaire de Marengo et de Friedland, qui décidèrent deux fois du destin de l'Europe. Alors, comme après Austerlitz, comme après Wagram, nous fûmes trop généreux; nous crûmes aux protestations et aux serments des princes que nous laissâmes sur le trône. Aujourd'hui cependant, coalisés entre eux, ils en veulent à l'indépendance et aux droits les plus sacrés de la France. Ils ont commencé la plus injuste des agressions; marchons à leur rencontre : eux et nous ne sommes-nous plus les mêmes hommes !

» Soldats ! nous avons des marches forcées à faire, des batailles à livrer, des périls à courir; mais, avec de la constance, la victoire sera à nous, les droits de l'homme et

CHAPITRE CINQUANTE-DEUXIÈME.

le bonheur de la patrie seront reconquis. Pour tout Français qui a du cœur, le moment est arrivé de vaincre ou de périr. »

Tandis que Napoléon stimulait ainsi le courage de ses soldats, la trahison pénétrait de nouveau dans nos rangs : le général Bourmont et quelques autres officiers supérieurs passaient à l'ennemi. Lorsque la nouvelle de cette défection parvint au quartier général, l'empereur s'approcha aussitôt de Ney et lui dit : « Eh bien, monsieur le maréchal, que dites-vous de votre protégé ? — Sire, répondit le brave des braves, j'aurais compté sur Bourmont comme sur moi-même. — Allez, maréchal, reprit Napoléon, les bleus seront toujours bleus, et les blancs toujours blancs. »

La campagne s'ouvrit, le 15, par le combat de Fleurus. Les Prussiens furent défaits ; ils perdirent cinq pièces de canon et deux mille hommes. Ce succès d'avant-garde coûta à l'armée française l'un de ses plus vaillants officiers : le général Letort, aide de camp de l'empereur, reçut une blessure mortelle dans le bas-ventre en chargeant à la tête des escadrons de service.

Les armées ennemies que Napoléon avait en face étaient commandées par Wellington et par Blücher. Elles comptaient plus de deux cent trente mille hommes dans leurs rangs, et l'armée française n'en avait pas plus de cent vingt mille. Pour échapper au danger qui pouvait résulter de cette trop grande infériorité de nombre, Napoléon chercha, dès le début de la campagne, à séparer les Anglais des Prussiens, et manœuvra activement pour se jeter entre eux. Son plan eut un succès éclatant, le 16, au combat de Ligny; Blücher, attaqué isolément, fut complétement battu et laissa vingt-cinq mille hommes sur le champ de bataille. Mais cette perte énorme n'affaiblissait que médiocrement un ennemi qui avait en ligne des masses de soldats, et derrière lui des réserves plus nombreuses encore. Dans la position où se trouvait l'empereur, il lui fallait un avantage plus décisif, une victoire qui anéantit l'armée de Blücher, et qui lui permit de tomber le lendemain sur Wellington, afin de l'écraser à son tour. Cette défaite successive des Prussiens et des Anglais avait bien été préparée par les ordres et les instructions qu'il avait envoyés de toutes parts. Mais, nous ne saurions trop le répéter, sa destinée était accomplie; et de funestes malentendus trompèrent les calculs de son génie. Du reste, il pressentait lui-même que quelque incident imprévu viendrait déranger ses combinaisons et que la fortune lui réservait de nouveaux coups. « Il est sûr que dans ces circonstances, a-t-il dit dans la suite, je n'avais plus en moi le sentiment du succès définitif; ce n'était plus ma confiance première. » Ses pressentiments se réalisèrent bien vite. Après deux journées brillantes, dont il était sorti vainqueur, il vint assister à une dernière et nouvelle catastrophe aux champs de Waterloo.

C'était le 18 juin. La fortune sembla d'abord vouloir continuer sa faveur à nos armes. « Après huit heures de feu et de charges d'infanterie et de cavalerie, dit le rapport officiel, toute l'armée voyait avec satisfaction la bataille gagnée et le champ de bataille en notre pouvoir.

» Sur les huit heures et demie, les quatre bataillons de la moyenne garde, qui avaient été envoyés sur le plateau au delà du Mont-Saint-Jean pour soutenir les cuirassiers, étant gênés par la mitraille, marchèrent à la baïonnette pour enlever les batteries. Le jour finissait; une charge faite sur leur flanc par plusieurs escadrons anglais les mit en déroute; les fuyards repassèrent le ravin; les régiments voisins, qui virent quelques troupes appartenant à la garde à la débandade, crurent que c'était de la vieille garde et s'ébranlèrent; les cris : « Tout est perdu! la garde est repoussée! » se firent entendre;

les soldats prétendent même que, sur quelques points, des malveillants apostés ont crié : « Sauve qui peut! » Quoi qu'il en soit, une terreur panique se répandit tout à la fois sur le champ de bataille ; on se précipita, dans le plus grand désordre, sur la ligne de communication : les soldats, les canonniers, les caissons se pressaient pour y arriver ; la vieille garde, qui était en réserve, en fut assaillie et fut elle-même entraînée.

» Dans un instant, l'armée ne fut plus qu'une masse confuse ; toutes les armes étaient mêlées, et il était impossible de reformer un corps. L'ennemi, qui s'aperçut de cette étonnante confusion, fit déboucher des colonnes de cavalerie ; le désordre augmenta ; la confusion de la nuit empêcha de rallier les troupes et de leur montrer leur erreur.

» Ainsi, une bataille terminée, une journée de fausses mesures réparée, de plus grands succès assurés pour le lendemain, tout fut perdu par un moment de terreur panique. Les escadrons mêmes de service, rangés à côté de l'empereur, furent culbutés et désorganisés par ces flots tumultueux, et il n'y eut plus d'autre chose à faire que de suivre le torrent. Les parcs de réserve, les bagages qui n'avaient point repassé la Sambre et tout ce qui était sur le champ de bataille sont restés au pouvoir de l'ennemi. Il n'y a eu même aucun moyen d'attendre les troupes de notre droite ; on sait ce que c'est que la plus brave armée du monde lorsqu'elle est mêlée et que son organisation n'existe plus.

» Telle a été l'issue de la bataille du Mont-Saint-Jean, glorieuse pour les armées françaises, et pourtant si funeste. »

Une méprise du maréchal Grouchy contribua à ce désastreux résultat. Il avait été chargé de poursuivre et de tenir en échec les corps prussiens de Blücher, et il les laissa marcher sur le canon de Waterloo sans s'y porter lui-même, comme le lui

CHAPITRE CINQUANTE-DEUXIÈME.

demandait instamment le général Gérard. Grouchy se croyait toujours en présence des Prussiens, quand il n'avait plus devant lui qu'un détachement de leur armée. Cette erreur, contre laquelle il a d'ailleurs énergiquement protesté, et que lui attribue néanmoins avec persévérance l'opinion commune, fondée sur celle de Napoléon et de tant d'autres généraux, témoins oculaires; cette erreur changea en moins d'une heure non-seulement les chances d'une grande bataille, mais le sort même de l'Europe entière.

L'empereur connaissait trop bien l'esprit qui régnait dans la chambre des représentants pour ne pas prévoir que la nouvelle de la dispersion de son armée soulèverait contre lui les orages de la tribune. Il sentit donc la nécessité de rentrer au plus tôt dans la capitale, pour y contenir par sa présence les ennemis de l'intérieur, et pour calmer ou prévenir la crise parlementaire. Il arriva à Paris le 20 juin, à neuf heures du soir, accompagné du duc de Bassano et des généraux Bertrand, Drouot, la Bédoyère et Gourgaud. Il manda aussitôt ses deux frères Joseph et Lucien, ainsi que l'archichancelier Cambacérès et les ministres à portefeuille. La situation était difficile; chacun présenta ses moyens de conjurer les dangers publics. Le conseil d'État fut appelé à son tour. L'empereur lui exposa ses malheurs, ses besoins et ses espérances. Comprenant combien il lui importait de ménager la chambre des représentants et de ne pas laisser trop apparaître la désharmonie qui pouvait exister entre elle et lui, il affecta de n'attribuer qu'à une minorité malveillante les dispositions hostiles qu s'étaient manifestées dans cette assemblée.

Mais Napoléon, s'il se fût abusé réellement sur les dispositions de la majorité des représentants de la France, aurait été bientôt détrompé par leurs actes. L'assemblée obéissait plus qu'il n'avait paru le croire à l'impulsion de Lanjuinais et de la Fayette. Sur la motion de ce dernier, elle se constitua en permanence, et déclara traître à la patrie quiconque tenterait de la dissoudre. Cette rupture, qui allait faire peser une grave responsabilité sur la représentation nationale, porta le dernier coup à l'existence politique de Napoléon. Les Bourbons et l'étranger s'en applaudirent et poussèrent des cris de joie. Ils prévirent qu'une rupture aussi éclatante entre l'empereur et les mandataires du pays amènerait inévitablement une seconde abdication ou un nouveau 18 brumaire, et que la France libérale sans Napoléon ne pourrait, pas plus que Napoléon sans la France libérale, résister longtemps aux armées coalisées.

Lorsque la résolution des représentants fut connue à l'Élysée-Bourbon, elle jeta la consternation autour de l'empereur. Ses plus zélés serviteurs se laissèrent gagner par le désespoir, et lui conseillèrent de se soumettre à l'inexorable destin qui réclamait de lui un nouveau sacrifice. Regnault de Saint-Jean d'Angely fut un de ceux qui insistèrent avec le plus de force pour le déterminer à s'immoler une fois encore sur l'autel de la patrie. Alors Napoléon, qui venait d'apprendre d'ailleurs que la chambre des pairs s'était empressée d'imiter celle des représentants, se sentit vaincu en même temps par ses amis et ses ennemis, et se déclara résolu à abdiquer en faveur de son fils. Un seul homme dans le conseil combattit cette résolution, comme devant livrer de nouveau la France aux étrangers, et cet homme était le même qui avait combattu seul aussi l'établissement du gouvernement impérial. Carnot, quoique toujours dévoué à la cause de la liberté, ne pensait pas que l'on dût compromettre l'indépendance nationale par excès de méfiance envers l'empereur, et il croyait que ce premier intérêt des nations serait mis en péril par l'éloignement du seul chef que l'armée et le peuple pussent ou voulussent suivre. Quand l'opinion contraire eut prévalu, il s'appuya sur une table, la tête dans ses deux mains, qu'il mouilla de ses larmes. Napoléon lui dit alors : « Je vous ai connu trop tard. » L'empereur rédigea ensuite la déclaration suivante :

« Français ! en commençant la guerre pour soutenir l'indépendance nationale, je comptais sur la réunion de tous les efforts, de toutes les volontés et le concours de toutes les autorités nationales. J'étais fondé à en espérer le succès, et j'avais bravé toutes les déclarations des puissances contre moi. Les circonstances paraissent changées. Je m'offre en sacrifice à la haine des ennemis de la France. Puissent-ils être sincères dans leurs déclarations, et n'en avoir jamais voulu qu'à ma personne ! Ma vie politique est terminée, et je proclame mon fils, sous le titre de Napoléon II, empereur des Français. Les ministres actuels formeront provisoirement le conseil du gouvernement. L'intérêt que je porte à mon fils m'engage à inviter les chambres à organiser sans délai la régence par une loi. Unissez-vous tous pour le salut public et pour rester une nation indépendante. »

Cette déclaration fut aussitôt portée aux deux chambres. Les représentants, qui l'avaient provoquée, l'accueillirent avec transport. Mais ils ne prirent aucune détermination explicite à l'égard de Napoléon II, dont la légitimité fut vivement soutenue par quelques orateurs, entre autres par M. Bérenger, de la Drôme. La discussion qui s'établit sur ce point amena à la tribune un homme qui fit dire de lui, dès ce début, qu'il venait recueillir l'héritage de Mirabeau : c'était Manuel.

La chambre des représentants crut devoir envoyer une députation à Napoléon pour le féliciter sur sa seconde abdication.

« Je vous remercie, dit-il à ces députés, des sentiments que vous m'exprimez ; je désire que mon abdication puisse faire le bonheur de la France, mais je ne l'espère point ; elle laisse l'État sans chef, sans existence politique. Le temps perdu à renverser la monarchie aurait pu être employé à mettre la France en état d'écraser l'ennemi. Je recommande à la chambre de renforcer promptement les armées ; qui veut la paix doit se préparer à la guerre. Ne mettez pas cette grande nation à la merci des étrangers. Craignez d'être déçus dans vos espérances. C'est là qu'est le danger. Dans quelque position que je me trouve, je serai toujours bien si la France est heureuse. »

Cependant les ennemis de la dynastie impériale triomphaient dans la chambre des représentants; ils avaient écarté la proclamation de Napoléon II et nommé une commission de cinq membres pour former un gouvernement provisoire, savoir : Fouché, Carnot, Grenier, Quinette et Caulaincourt. A cette nouvelle, Napoléon s'abandonna à son indignation :

Élève de l'École polytechnique. — 1812.

« Je n'ai point abdiqué en faveur d'un nouveau directoire! s'écria-t-il, j'ai abdiqué en faveur de mon fils. Si on ne le proclame point, mon abdication est nulle et non avenue. Les chambres savent bien que le peuple, l'armée, l'opinion le désirent, le veulent; mais l'étranger le retient. Ce n'est point en se présentant devant les alliés l'oreille basse et le genou en terre qu'elles les forceront à reconnaître l'indépendance nationale. Si elles avaient eu le sentiment de leur position, elles auraient proclamé spontanément Napoléon II. Les étrangers auraient vu alors que vous saviez avoir une volonté, un but, un point de ralliement; ils auraient vu que le 20 mars n'était point une affaire de parti, un coup de factieux, mais le résultat de l'attachement des Français à ma personne et à ma dynastie. L'unanimité nationale aurait plus agi sur eux que toutes nos basses et honteuses déférences. »

Cependant Paris renfermait dans son sein un grand nombre de patriotes qui pensaient, comme Carnot, qu'il fallait se préoccuper avant tout de la défense du pays, et que cette défense n'était guère possible sans le bras, sans le génie, sans le nom de l'empereur. Les militaires partageaient et proclamaient hautement cette opinion. On criait de toutes parts : « Plus d'empereur! plus de soldats! » La foule, qui allait toujours croissant autour de l'Élysée-Bourbon, où Napoléon résidait, finit par donner de l'inquiétude aux chambres et à Fouché, qui menait le gouvernement provisoire et négociait avec l'étranger. On craignait que l'abdication ne parût un jeu aux puissances alliées tant que l'empereur resterait à Paris. Carnot fut chargé de lui faire part des inquiétudes de ses collègues et de l'engager à s'éloigner de la capitale. Il se rendit dans ce but à l'Élysée, où il trouva Napoléon au bain et seul. Quand il lui eut exposé le sujet de sa visite, le potentat déchu parut surpris des alarmes que sa présence excitait. « Je ne suis plus qu'un simple particulier, dit-il, je suis moins qu'un simple particulier. »

Toutefois il promit de céder au vœu des chambres et du gouvernement provisoire, et il se retira le 25 juin à la Malmaison, d'où il voulut encore adresser à l'armée une proclamation ainsi conçue :

« Soldats! quand je cède à la nécessité qui me force de m'éloigner de la brave armée française, j'emporte avec moi l'heureuse certitude qu'elle justifiera par les services éminents que la patrie attend d'elle les éloges que nos ennemis eux-mêmes ne peuvent pas lui refuser.

» Soldats! je suivrai vos pas, quoique absent. Je connais tous les corps, et aucun d'eux ne remportera un avantage signalé sur l'ennemi que je ne rende hommage au courage qu'il aura déployé. Vous et moi nous avons été calomniés. Des hommes indignes d'apprécier vos travaux ont vu dans les marques d'attachement que vous m'avez données un zèle dont j'étais le seul objet; que vos succès futurs leur apprennent que c'était la patrie par-dessus tout que vous serviez en m'obéissant, et que si j'ai quelque part à votre affection, je la dois à mon ardent amour pour la France, notre mère commune.

» Soldats! encore quelques efforts, et la coalition est dissoute. Napoléon vous reconnaîtra aux coups que vous allez porter.

» Sauvez l'honneur, l'indépendance des Français; soyez jusqu'à la fin tels que je vous ai connus depuis vingt ans, et vous serez invincibles. »

A la Malmaison, Napoléon était encore trop voisin de Paris pour ne pas donner de l'ombrage à ses ennemis. Fouché appréhendait toujours quelques nouvelles résolutions de sa part; aussi le fit-il garder réellement à vue par le général Becker, sous prétexte de veiller à sa sûreté. Le 27 juin, sur le bruit de l'approche des alliés, dont une manœuvre imprudente lui paraissait offrir d'ailleurs l'occasion de les battre complétement, il écrivit au gouvernement provisoire pour se mettre à sa disposition comme soldat :

« En abdiquant le pouvoir, dit-il, je n'ai pas renoncé au plus noble droit de citoyen, au droit de défendre mon pays.

» L'approche des ennemis de la capitale ne laisse plus de doutes sur leurs intentions, sur leur mauvaise foi.

» Dans ces graves circonstances, j'offre mes services comme général, me regardant comme le premier soldat de la patrie. »

Invalide. — 1812.

Ceux qui avaient exigé l'abdication de l'empereur ne pouvaient guère replacer à la tête de l'armée le grand capitaine qu'ils avaient fait descendre du trône. Ils savaient bien qu'un soldat tel que lui n'avait d'autre rang que celui de généralissime, et que l'accepter pour auxiliaire c'était le reprendre pour maître. Ils refusèrent donc, et leur réponse causa la plus vive irritation à Napoléon. Il parla de se remettre à la tête de l'armée et de tenter un coup d'État, une répétition du 18 brumaire. Mais le duc de Bassano l'en dissuada, en lui faisant comprendre que les circonstances n'étaient plus les mêmes qu'en l'an VIII. Obligé de céder, il quitta la Malmaison et partit pour Rochefort, dans l'intention de passer aux États-Unis d'Amérique.

CHAPITRE CINQUANTE-TROISIÈME.

Arrivée de Napoléon à Rochefort. — Lettre au prince régent. — Il se rend sur *le Bellérophon*, et fait voile pour l'Angleterre. — La conduite du ministère anglais à son égard. — Contraste avec la vive sympathie que lui témoigne la nation britannique. — Napoléon proteste contre la destination que lui assigne le cabinet anglais. — Il est embarqué sur *le Northumberland* et dirigé sur Sainte-Hélène.

ECKER, à qui le gouvernement provisoire avait confié la tâche difficile de surveiller son illustre maître à la Malmaison, reçut l'ordre de l'accompagner jusqu'à Rochefort et de ne le quitter qu'à bord du vaisseau qui le conduirait au delà des mers. Ce brave général avait dit à l'empereur en l'abordant : « Je suis chargé d'une mission pénible, et je ferai tout ce qui dépendra de moi pour m'en acquitter à votre satisfaction. » Il eut le bonheur de tenir parole et de ne pas s'oublier un instant; jamais il ne s'écarta de la déférence et des égards qu'il devait à la grandeur déchue et au génie malheureux.

Napoléon, parti de la Malmaison le 29 juin, arriva à Rochefort le 3 juillet. Le lendemain, son frère Joseph vint l'y rejoindre. Pendant son séjour dans cette ville, l'empereur entendit constamment autour de sa demeure de vives acclamations; plusieurs fois il parut au balcon de la préfecture, où il était logé, et il reçut toujours de nouveaux témoignages de l'affection profonde que lui gardait le peuple. Il s'embarqua le 8 juillet avec l'intention de se rendre aux États-Unis, et avec la ferme confiance que les sauf-conduits que le gouvernement provisoire lui avait promis pour ce trajet lui seraient expédiés sans obstacle et sans retard par les alliés. Deux jours après, il envoya Las Cases et Savary à bord du *Bellérophon* pour savoir du commandant de la croisière anglaise s'il n'avait pas reçu des ministres de Sa Majesté Britannique l'ordre formel de ne pas s'opposer à son passage. Nulle instruction n'était encore parvenue au capitaine Maitland, qui commandait *le Bellérophon*, et qui se contenta de déclarer qu'il allait en référer à l'amiral. Le 14, Napoléon était toujours à l'île d'Aix à attendre une réponse. Ce silence prolongé lui causa quelque impatience, et il voulut sortir enfin de l'incertitude où on le laissait depuis quatre jours. Las Cases, accompagné de

Lallemand, retourna auprès du capitaine Maitland, qui persista dans ses déclarations négatives, et qui offrit du reste de recevoir l'empereur à son bord et de le conduire en Angleterre, où il trouverait tous les bons traitements et les égards qu'il pouvait désirer.

Lorsque Las Cases et Lallemand eurent rendu compte du résultat de leur mission, Napoléon réunit autour de lui ses compagnons d'infortune et les consulta sur le parti qu'il avait à prendre. On avait devant soi une croisière qu'il ne fallait pas espérer de forcer, et derrière une terre que l'invasion des étrangers et le retour des Bourbons allaient rendre inhospitalière pour tout ce qui portait le nom de Napoléon, et aussi pour tout ce qui s'était associé de trop près à sa gloire. Dans une situation aussi critique, l'empereur pensa qu'il n'avait rien de mieux à faire que de s'adresser à la générosité du peuple anglais et de le choisir solennellement pour son hôte. Il prit alors la plume et écrivit au prince régent ces lignes mémorables :

« Altesse Royale, en butte aux factions qui divisent mon pays et à l'inimitié des plus grandes puissances de l'Europe, j'ai consommé ma carrière politique. Je viens, comme Thémistocle, m'asseoir sur le foyer du peuple britannique : je me mets sous la protection de ses lois, que je réclame de Votre Altesse Royale, comme celle du plus puissant, du plus constant, du plus généreux de mes ennemis. »

Las Cases et Gourgaud portèrent cette lettre au capitaine Maitland, à qui ils annoncèrent que Napoléon se rendrait le lendemain matin à son bord. En effet, le 15, aux

premiers rayons du jour, le brick *l'Épervier* conduisit le grand homme sur *le Bellérophon*. Au moment d'aborder, l'empereur s'étant aperçu que le général Becker l'approchait, sans doute pour lui faire ses adieux, il lui dit vivement : « Retirez-vous, général ; je ne veux pas qu'on puisse croire qu'un Français est venu me livrer à mes ennemis. » Mais, en prononçant ces paroles, il lui tendit la main et ne le fit éloigner qu'après l'avoir serré une dernière fois dans ses bras.

En arrivant sur *le Bellérophon*, Napoléon dit au capitaine : « Je viens à votre bord me mettre sous la protection des lois de l'Angleterre. » Cet officier le conduisit aussi-

Capitaine de vaisseau.

tôt dans sa chambre, où il l'installa. Le lendemain, l'empereur se rendit à bord du *Superbe*, monté par l'amiral Hotham, qui commandait la station. Il revint, le même jour, sur *le Bellérophon*, qui cingla immédiatement vers l'Angleterre. L'amiral Hotham, dans la visite que lui fit Napoléon, déploya, selon le témoignage irrécusable de Las Cases, « toute la grâce et toute la recherche qui caractérisent l'homme d'un rang et d'une éducation distingués ». Du reste, « l'empereur, dit le même auteur, ne fut pas au milieu de ses plus cruels ennemis, de ceux que l'on avait constamment nourris des bruits les plus absurdes et les plus irritants, sans exercer sur eux toute l'influence de la gloire. Le capitaine, les officiers, l'équipage, eurent bientôt adopté les mœurs de sa suite ; ce furent les mêmes égards, le même langage, le même res-

Garde impériale. — Marins.

pect. S'il paraissait sur le pont, chacun avait le chapeau bas... Enfin Napoléon, à bord du *Bellérophon*, y était empereur. »

Arrivé à Torbay le 24 juillet, le capitaine Maitland fit prendre les ordres de lord Keith, son amiral général, qui lui enjoignit de se rendre à Plymouth, où *le Bellérophon* mouilla en effet le 26.

Dès qu'on eut appris sur les côtes d'Angleterre que l'empereur approchait, la curiosité la plus vive s'y manifesta. La rade de Torbay se couvrit de bateaux, et un empressement mêlé d'admiration éclata partout au nom de Napoléon. Cet accueil du peuple contrastait trop avec le sort que le gouvernement britannique réservait à l'empereur pour que les ministres du roi George ne cherchassent pas à prévenir et même à empêcher les démonstrations qui accusaient si hautement l'atroce politique dont ils allaient se faire les instruments. A Plymouth, le *Bellérophon* fut entouré de canots armés qui eurent ordre de faire feu sur les curieux pour les écarter. Malgré ces instructions sauvages, l'Angleterre tout entière sembla courir à Plymouth dans l'espoir de voir le héros de la France, et la mer continua à se couvrir de vaisseaux autour de celui qui servait de prison au grand homme.

Au milieu des acclamations dont il était l'objet de la part d'une nation qui avait été si longtemps son ennemie, Napoléon était impatient d'apprendre à quel parti le gouvernement britannique s'arrêterait enfin à son égard. Lord Keith était bien venu à bord du *Bellérophon*, mais sa visite, pleine de froideur et de réserve, n'avait duré qu'un instant. Il revint dans les derniers jours de juillet avec le chevalier Bonbury, et ce fut pour lever d'une manière cruelle l'incertitude de l'empereur : il était porteur d'une note ministérielle qui assignait l'île de Sainte-Hélène pour résidence au *général Bonaparte*. C'était un arrêt de déportation que le climat était chargé de commuer en sentence de mort. Quand Napoléon apprit de la bouche de l'amiral cette résolution du cabinet anglais, il laissa échapper son indignation, et protesta de toutes ses forces contre une violation aussi manifeste du droit des gens. « Je suis l'hôte de l'Angleterre, dit-il, je ne suis point son prisonnier ; je suis venu librement me placer sous la protection de ses lois ; on viole sur moi les droits sacrés de l'hospitalité ; je n'accéderai jamais volontairement à l'outrage qu'on me fait ; la violence seule pourra m'y contraindre. »

Pour rendre ensuite plus cruelle la déportation à laquelle on le condamnait, on voulut limiter à trois le nombre des personnes qui pourraient le suivre, et on eut même soin d'en exclure Savary et Lallemand. Ces deux fidèles serviteurs de Napoléon durent croire qu'ils allaient devenir victimes d'une extradition, et qu'on les destinait à l'échafaud que Louis XVIII venait de dresser par son ordonnance du 24 juillet, dans laquelle ils étaient compris l'un et l'autre.

Que se passait-il pourtant dans l'âme de Napoléon après la notification de l'arrêt homicide que lord Keith lui avait transmis ? La prison dans l'exil pour arriver à une mort lente et douloureuse, quelle destinée pour celui dont la vaste et sublime ambition se trouva plus d'une fois à l'étroit dans l'exercice de la suprématie européenne, pour le héros qui voyait affluer les souverains les plus orgueilleux dans ses antichambres ! Va-t-il donner au monde l'exemple d'une résignation inouïe ou le spectacle d'un vulgaire désespoir ? Il fait appeler Las Cases, il l'interroge sur Sainte-Hélène, il lui demande s'il sera possible d'y supporter la vie ; puis, s'interrompant tout à coup, il lui dit : « Mais après tout, est-il bien sûr que j'y aille ? Un homme est-il donc dépendant de son semblable quand il veut cesser de l'être ? Mon cher, j'ai parfois l'envie de vous quitter, et cela n'est pas bien difficile. »

Las Cases combat cette disposition d'esprit qui le remplit d'alarmes, et pour réconcilier Napoléon avec la vie dont il paraît fatigué, il fait passer devant lui une lueur d'avenir. « Qui connaît les secrets du temps ? » dit-il. Puis, comme l'empereur revient sur l'ennui qui l'attend à Sainte-Hélène, Las Cases lui laisse entrevoir la possibilité de *vivre du passé*, et l'empereur lui répond : « Eh bien ! nous écrirons nos *Mémoi-*

res. Oui, il faudra travailler; le travail est aussi la faux du temps. Après tout, on doit remplir ses destinées : c'est aussi ma grande doctrine ; eh bien ! que les miennes s'accomplissent. » Ainsi Napoléon est revenu à lui-même ! Si la méchanceté, la déloyauté, l'ingratitude des hommes le poussent un instant au désespoir par le dégoût et semblent l'avoir enfin accablé, il se relève aussitôt par le sentiment de sa gloire passée et de sa puissante nature.

Le Bellérophon sortit le 4 août de la rade de Plymouth ; mais il ne se dirigea pas vers le sud, et remonta au contraire la Manche. Napoléon apprit alors qu'il allait passer sur un autre bâtiment, *le Northumberland*, destiné à le transporter à Sainte-Hélène. Les paroles énergiques qu'il avait adressées à lord Keith lors de sa funeste communication pouvaient être perdues pour l'histoire; il les reproduisit dans une protestation formelle qui fut envoyée à l'amiral et qui mérite d'être citée textuellement :

« Je proteste solennellement ici, à la face du ciel et des hommes, contre la violence qui m'est faite, contre la violation de mes droits les plus sacrés, en disposant, par la force, de ma personne et de ma liberté. Je suis venu librement à bord du *Bellérophon*, je ne suis pas prisonnier, je suis l'hôte de l'Angleterre. J'y suis venu à l'instigation même du capitaine, qui a dit avoir des ordres du gouvernement de me recevoir et de me conduire en Angleterre avec ma suite, si cela m'était agréable. Je me suis présenté de bonne foi pour venir me mettre sous la protection des lois de l'Angleterre. Aussitôt assis à bord du *Bellérophon*, je fus sur le foyer du peuple britannique. Si le gouvernement, en donnant des ordres au capitaine du *Bellérophon* de me recevoir ainsi que ma suite, n'a voulu que me tendre une embûche, il a forfait à l'honneur et flétri son pavillon.

» Si cet acte se consommait, c'est en vain que les Anglais voudraient parler désormais de leur loyauté, de leurs lois et de leur liberté ; la foi britannique se trouvera perdue dans l'hospitalité du *Bellérophon*.

» J'en appelle à l'histoire : elle dira qu'un ennemi qui fit vingt ans la guerre au peuple anglais vint librement, dans son infortune, chercher un asile sous ses lois. Quelle plus éclatante preuve pouvait-il lui donner de son estime et de sa confiance ? Mais comment répondit-on en Angleterre à une telle magnanimité ? On feignit de tendre une main hospitalière à cet ennemi, et quand il se fut livré de bonne foi, on l'immola. »

L'empereur quitta *le Bellérophon* le 7 août et fut conduit sur *le Northumberland*, que commandait l'amiral Cockburn. On saisit ce moment pour désarmer toutes les personnes de sa suite : mais un reste de pudeur fit respecter son épée. Ses effets furent visités par l'amiral lui-même, aidé d'un officier de douanes. On lui enleva quatre mille napoléons, et on ne lui en laissa que quinze cents pour subvenir aux besoins de son service. Lorsqu'il avait fallu se séparer des fidèles amis à qui l'on avait refusé la faveur de partager sa prison et son lointain exil, Savary, tout en pleurs, s'était jeté à ses pieds et lui avait baisé les mains. « L'empereur, dit Las Cases, calme, impassible, l'embrassa, et se mit en route pour gagner le canot. Chemin faisant, il saluait gracieusement de la tête ceux qui étaient sur son passage. Tous ceux des nôtres que nous laissions en arrière étaient en pleurs ; je ne pus m'empêcher de dire à lord Keith, avec qui je causais en ce moment : « Vous observez, milord, qu'ici ceux qui pleurent sont ceux qui restent. »

CHAPITRE CINQUANTE-QUATRIÈME.

La traversée. — Arrivée à Sainte-Hélène. — Séjour dans cette île jusqu'au départ de Las Cases.

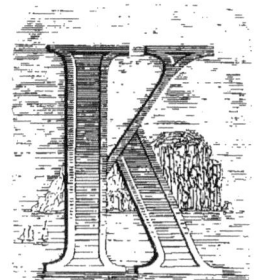EITH avait été d'une extrême politesse, mais aussi d'une grande réserve, dans ses relations avec les Français du *Bellérophon*. Cockburn ne fut pas moins poli, et montra plus d'intérêt et de respect pour le grand homme dont il se trouvait passagèrement l'involontaire geôlier.

Cependant les ministres anglais avaient été fort mécontents des égards que Napoléon avait obtenus du capitaine Maitland et de son équipage. Ils blâmèrent surtout cet officier d'avoir donné à son prisonnier le titre qu'il portait sur le trône, et ils prirent les précautions les plus sévères pour que rien de semblable ne se renouvelât sur *le Northumberland*. Ils déclarèrent, dans leurs instructions, que la qualification de *général* serait la seule permise envers le potentat déchu. Lorsque Napoléon apprit toutes ces petitesses, imaginées pour l'humilier, il s'écria : « Qu'ils m'appellent comme ils voudront, ils ne m'empêcheront pas d'être MOI ! »

Le 11 août, *le Northumberland* sortit du canal de la Manche. Lorsqu'il passa à la hauteur du cap de la Hogue, Napoléon reconnut les côtes de France. Il les salua aussitôt en étendant ses mains vers le rivage, et s'écria d'une voix émue : « Adieu, terre des braves ! adieu, chère France ! quelques traîtres de moins, et tu serais encore la maîtresse du monde ! » Tels furent les derniers adieux du grand homme à la noble terre du grand peuple !

Pendant la traversée, l'empereur fut un jour surpris sur le pont, dans sa promenade habituelle de l'après-dîner, par un violent orage. Il ne voulut pas rentrer, et se contenta de se faire apporter, pour braver une pluie abondante, la fameuse *redingote grise*, que les Anglais eux-mêmes ne considéraient qu'avec admiration et respect.

La lecture des journaux servait de passe-temps à l'empereur. Il était rare qu'il n'y rencontrât des injures et des mensonges dirigés contre lui. Mais tout cela ne pouvait l'atteindre, et il dit à Las Cases à ce sujet : « Le poison ne pouvait plus rien sur Mithridate : eh bien, la calomnie, depuis 1814, ne pourrait pas davantage contre moi. »

Le 15 octobre, *le Northumberland* mouilla dans la rade de Sainte-Hélène ; le 16, l'empereur descendit à terre avec l'amiral et le général Bertrand. Il s'établit d'abord au Briars, chez un négociant de l'île, nommé Balcombe.

Ce n'était là qu'une demeure provisoire : sa résidence définitive était fixée à Longwood, maison de campagne du gouverneur qu'il avait visitée en arrivant et qui n'était pas encore disposée pour le recevoir. Il trouva toutefois chez M. Balcombe tous les égards auxquels il avait droit et quelques ressources contre l'ennui. Cette digne famille ne négligeait rien de ce qui pouvait contribuer à adoucir les désagréments de sa situation.

Pendant son séjour au Briars, Napoléon ne sortit qu'une seule fois pour aller visiter le major du régiment de Sainte-Hélène. Il s'occupait de ses mémoires et faisait de longues dictées soit à Las Cases, soit à son fils, soit à Montholon, soit à Gourgaud et à Bertrand. Ses promenades habituelles se passaient dans les allées couvertes et les taillis du Briars, d'où l'on n'apercevait que d'affreux précipices.

Le jardin de M. Balcombe était cultivé par un vieux nègre nommé Tobie. C'était un Indien-Malais qu'un équipage anglais avait enlevé frauduleusement et vendu comme esclave. L'empereur, dans ses promenades, rencontrait souvent ce malheureux et lui témoignait beaucoup d'intérêt ; il paraissait décidé à payer son affranchissement et ne parlait jamais de son enlèvement qu'avec la plus vive indignation.

Un jour qu'il s'était arrêté devant lui, il ne put contenir les pensées qui se pressaient dans son âme, et il se mit à dire : « Ce que c'est pourtant que cette pauvre machine humaine ! pas une enveloppe qui se ressemble ; pas un intérieur qui ne diffère ! Faites de Tobie un Brutus, il se serait donné la mort ; un Ésope, il serait peut-être aujourd'hui le conseiller du gouverneur ; un chrétien ardent et zélé, il porterait ses chaînes en vue de Dieu et les bénirait. Pour le pauvre Tobie, il n'y regarde pas de si près ; il se courbe et travaille innocemment ! » Et après l'avoir considéré quelques instants en silence, il dit en s'éloignant : « Il est sûr qu'il y a loin du pauvre Tobie à un roi Richard!... Et toutefois, continua-t-il en marchant, le forfait n'en est pas moins atroce ; car cet homme, après tout, avait sa famille, ses jouissances, sa propre vie; et l'on a commis un horrible forfait en venant le faire mourir ici sous le poids de l'esclavage. » Et, s'arrêtant tout à coup, il dit à Las Cases : « Mais je lis dans vos yeux; vous pensez qu'il n'est pas le seul exemple de la sorte à Sainte-Hélène! Mon cher, il ne saurait y avoir ici le moindre rapport ; si l'attentat est plus relevé, les victimes aussi offrent bien d'autres ressources. On ne nous a point soumis à des souffrances corporelles, et l'eût-on tenté, nous avons une âme à tromper nos tyrans!... Notre situation peut même avoir des attraits!... Nous demeurons les martyrs d'une cause immortelle!... Des millions d'hommes nous pleurent, la patrie soupire et la gloire est en deuil!... Les malheurs ont aussi leur héroïsme et leur gloire!... L'adversité manquait à ma carrière!... Si je fusse mort sur le trône, dans les nuages de ma toute-puissance, je serais demeuré un problème pour bien des gens; aujourd'hui, grâce au malheur, on pourra me juger à nu ! »

Napoléon quitta le Briars le 18 décembre pour aller habiter Longwood. Cette nouvelle demeure lui offrit plus de commodités, mais il n'y rencontra pas moins de gêne et de tracasseries de la part de ses geôliers. On plaça des sentinelles sous ses fenêtres, et on l'entoura des précautions les plus vexatoires et les plus humiliantes. Il en fit écrire à l'amiral par Montholon, ne voulant pas traiter directement aucun de ces objets avec lui, afin de ne point se commettre, dit-il, à la discrétion de quelqu'un auquel il donnerait le droit de dire à faux : « L'empereur m'a dit cela. »

Dans une de ses promenades à cheval, vers la fin de décembre, il fut obligé de mettre pied à terre, à cause du mauvais état des chemins, et s'enfonça tellement des deux jambes dans la boue, qu'il n'en sortit pas sans de pénibles efforts et quelques appréhensions. « Voici, dit-il, une sale aventure. » Et, lorsqu'il se fut tiré d'embarras, il ajouta : « Si nous avions disparu ici, qu'eût-on dit en Europe ? Les cafards prouveraient sans nul doute que nous avons été engloutis pour nos crimes. »

Presque tous les Anglais qui passaient dans ces parages faisaient une station à Sainte-Hélène pour y voir l'illustre victime de leur gouvernement. Napoléon les accueillait toujours avec autant de grâce que de dignité; et, comme ils le trouvaient bien différent du portrait qu'on leur en avait fait pendant vingt ans, ils s'excusaient d'avoir pu croire les atrocités publiées sur son compte. « Eh bien, dit Napoléon à l'un d'eux en souriant, c'est à vos ministres pourtant que j'ai obligation de toutes ces gentillesses; ils ont inondé l'Europe de pamphlets et de libelles contre moi. Peut-être auraient-ils à dire pour excuse qu'ils ne faisaient que répondre à ce qu'ils recevaient de France même; et ici, il faut être juste, ceux d'entre nous qu'on a vus danser sur les ruines de leur patrie ne s'en faisaient pas faute et les tenaient abondamment pourvus. »

Cependant l'amiral avait à cœur de répondre aux plaintes que Montholon lui avait transmises. Il vint s'en expliquer avec l'empereur, et ils se séparèrent contents l'un de l'autre. Le sous-gouverneur, colonel Skelton, traitait également Napoléon avec beaucoup de prévenances. L'empereur le retint souvent à dîner avec sa femme.

Le 1er janvier 1816, tous les compagnons d'infortune du grand homme se réunirent pour lui présenter leurs hommages à l'occasion de la nouvelle année. Napoléon, à qui cette solennité rappelait les beaux jours de sa toute-puissance, ne laissa rien apercevoir de l'intime comparaison qui se faisait en lui entre la réception familière de Longwood et les audiences pompeuses des Tuileries. Il accueillit affectueusement les courtisans du malheur et les fit tous déjeuner chez lui en famille. « Vous ne composez plus qu'une poignée au bout du monde, leur dit-il, et votre consolation doit être au moins de vous y aimer. »

Tous les jours on apercevait autour de Longwood des matelots qui bravaient les sentinelles et les consignes pour s'approcher de la demeure et voir la figure du héros prisonnier. « Ce que c'est pourtant que le pouvoir de l'imagination ! disait Napoléon.

Tout ce qu'elle peut sur les hommes ! Voilà des gens qui ne me connaissent point, qui ne m'avaient jamais vu, seulement ils avaient entendu parler de moi ; et que ne sentent-ils pas, que ne feraient-ils pas en ma faveur ? Et la même bizarrerie se renouvelle dans tous les pays, dans tous les âges, dans tous les sexes ! Voilà le fanatisme ! Oui, l'imagination gouverne le monde ! »

L'espace dans lequel Napoléon pouvait se promener à cheval ne lui permettait pas une course de plus d'une demi-heure ; encore fut-il bientôt conduit à y renoncer. Tantôt c'était un officier anglais qui s'offensait d'être obligé de rester en arrière, et qui voulait se mêler à la compagnie de l'empereur ; tantôt c'était un soldat ou un caporal qui entendait mal sa consigne et qui le mettait en joue.

Le climat et la captivité ne tardèrent pas à porter leurs fruits. La santé de l'empereur s'altéra d'une manière sensible. Il n'avait pas une constitution aussi forte qu'on le supposait communément. Selon l'expression de l'un de ses compagnons d'infortune, « son corps était bien loin d'être de fer [1], c'était seulement son moral. » Le docteur

---

[1] Il est cependant peu d'hommes qui aient supporté d'aussi grandes fatigues que Napoléon. On cite parmi ces courses extraordinaires celle de Valladolid à Burgos (trente-cinq lieues d'Espagne) qu'il fit en cinq heures heures et demie à franc étrier.

CHAPITRE CINQUANTE-QUATRIÈME.

O'Meara, chirurgien anglais, lui donna ses soins et obtint dans la suite toute sa confiance.

Les journaux apportèrent successivement à Sainte-Hélène la nouvelle de la mort de Murat, du soulèvement et du supplice de Porlier, du procès et de l'exécution de Ney. Lorsque Las Cases lut, en présence de l'empereur, le journal qui annonçait la mort si tragique du roi de Naples, Napoléon lui saisit vivement la main et s'écria en même temps, sans ajouter un mot de plus : « Les Calabrais ont été plus humains, plus généreux que ceux qui m'ont envoyé ici. »

Il ne se montra nullement surpris de la tentative de Porlier. « A mon retour de l'île d'Elbe, dit-il, ceux des Espagnols qui avaient été les plus acharnés contre mon invasion, qui avaient acquis le plus de renommée dans la résistance, s'adressèrent immédiatement à moi : ils m'avaient combattu, disaient-ils, comme leur tyran; ils venaient m'implorer comme un libérateur. Ils ne me demandaient qu'une légère somme pour s'affranchir eux-mêmes et produire dans la Péninsule une révolution semblable à la mienne. Si j'eusse vaincu à Waterloo, j'allais les secourir. Cette circonstance m'explique la tentative d'aujourd'hui. Nul doute qu'elle ne se renouvelle encore. Ferdinand, dans sa fureur, a beau vouloir serrer son sceptre avec rage; un de ces beaux matins il lui glissera de la main comme une anguille. »

Il trouvait que Ney avait été aussi mal attaqué que mal défendu, et il s'indignait d'une condamnation qui violait une capitulation sacrée. L'exécution du maréchal n'était pas qualifiée moins sévèrement par le prisonnier de Sainte-Hélène, qu'elle ne l'a été plus tard, dans l'enceinte même de la chambre des pairs, par un grand écrivain et un illustre général.

Passant ensuite au refus de clémence qu'avait essuyé madame Lavalette et à l'évasion de son mari, l'empereur faisait ressortir l'imprudence de la politique inexorable des Bourbons. « Mais les salons de Paris, disait-il, montraient les mêmes passions que les clubs, la noblesse recommençait les jacobins... Nos Françaises du moins, ajoutait-il, illustraient leurs sentiments : madame la Bédoyère avait failli expirer de douleur; madame Ney avait donné le spectacle du dévouement le plus courageux; madame Lavalette allait devenir l'héroïne de l'Europe. »

Napoléon ne s'en tenait pas à la politique contemporaine. Quand d'un coup d'œil prompt et sûr il avait rapidement parcouru l'Europe actuelle et résumé le présent à grands traits, il se plaisait à se rejeter dans le passé et à faire comparaître devant lui les hommes et les événements remarquables de l'histoire, dont il revisait les jugements du haut de sa puissante raison et de son incomparable sagacité. Dans une de ces excursions dans le domaine de l'antiquité, il lui arriva de s'arrêter à la lutte opiniâtre des plébéiens et des patriciens de l'ancienne Rome, et il signala les erreurs et les contradictions que la postérité avait consacrées à l'égard des Gracques. « L'histoire, dit-il, présente en résultat les Gracques comme des séditieux, des révolutionnaires, des scélérats; et, dans les détails, elle laisse échapper qu'ils avaient des vertus, qu'ils étaient doux, désintéressés, de bonnes mœurs, et puis ils étaient les fils de l'illustre Cornélie, ce qui, pour les grands cœurs, doit être tout d'abord une forte présomption en leur faveur. D'où pouvait donc venir un tel contraste? Le voici : c'est que les Gracques s'étaient généreusement dévoués pour les droits du peuple opprimé contre un sénat oppresseur, et que leurs grands talents, leur beau caractère mirent en péril une aristocratie féroce qui triompha, les égorgea et les flétrit. Les historiens du parti les ont transmis avec cet esprit.

» Dans cette lutte terrible de l'aristocratie et de la démocratie qui vient de se renouveler de nos jours, ajouta-t-il ; dans cette exaspération du vieux terrain contre l'industrie nouvelle qui fermente dans toute l'Europe, nul doute que, si l'aristocratie triomphait par la force, elle ne trouvât partout beaucoup de Gracques et ne les traitât à l'avenant tout aussi bénignement que l'ont fait leurs devanciers. »

Au moment où Napoléon prononçait ces paroles, les fureurs de l'aristocratie contemporaine n'étaient plus une simple hypothèse. La réaction de 1815 désolait la France : le sang de la Bédoyère, de Ney, de Chartran et de Mouton-Duvernet se mêlait à celui de Brune et de Ramel. Les exécuteurs des hautes œuvres de l'étranger et de la couronne complétaient la tâche des assassins qu'avait vomis la populace de quelques cités méridionales.

Et n'était-ce pas le plus illustre et le plus redouté des démocrates que l'aristocratie avait entendu enfermer à Sainte-Hélène pour l'y assassiner lentement? Que Napoléon, sur son rocher, rappelle à Las Cases les services qu'il a rendus aux rois, qu'il les accuse d'ingratitude, et qu'il se vante « d'avoir retenu contre eux ce qu'ils ont déchaîné contre lui [1] », ce souvenir pourra servir à expliquer sa chute et à justifier l'abandon des peuples comme les rigueurs inattendues de la Providence ; mais les rois n'en ont pas moins persisté à poursuivre en lui « le premier soldat, le grand représentant, le messie » des principes démocratiques [2], titre glorieux dont il s'est justement paré et montré jaloux aussi à Longwood [3], et qu'il aurait dû toujours préférer à celui de sauveur de la royauté et de bienfaiteur de l'aristocratie.

Cependant l'idée funeste qui avait préparé sa décadence lui revenait parfois au fond de l'abîme. Le messie révolutionnaire se surprenait à vouloir être encore le médiateur du passé et de l'avenir, l'homme des rois et des peuples. Cette incompatibilité, que nous avons cherché à démontrer, s'effaça surtout devant lui à l'occasion de la déclaration des souverains du 2 août 1815. « Si l'on est sage en Europe, dit-il, si l'ordre s'établit partout, alors nous ne vaudrons plus ni l'argent ni les soins que nous coûtons ici ; on se débarrassera de nous ; mais cela peut se prolonger encore quelques années, trois, quatre ou cinq ans : autrement, et à part les événements fortuits qu'il n'est pas donné à l'intelligence humaine de prévoir, je ne vois guère que deux grandes chances bien incertaines pour sortir d'ici : le besoin que pourraient avoir de moi les rois contre les peuples débordés, ou celui que pourraient avoir les peuples soulevés aux prises avec les rois : car, dans cette immense lutte du présent contre le passé, je suis l'arbitre et le médiateur naturel ; j'avais aspiré à en être le juge suprême ; toute mon administration au dedans, toute ma diplomatie au dehors, roulaient vers ce grand but. L'issue eût été plus facile et plus prompte ; mais le destin en a ordonné autrement. Enfin une dernière chance, et ce pourrait être la plus probable, ce serait le besoin qu'on aurait de moi contre les Russes, car, dans l'état actuel des choses, avant dix ans toute l'Europe peut être cosaque ou toute en république. Voilà pourtant les hommes d'État qui m'ont renversé... »

L'empereur trouvait ensuite que la déclaration du 2 août à son égard était difficile à expliquer par le caractère personnel des souverains.

---

[1] *Mémorial*, tome II.

[2] Napoléon *disciplina* la démocratie et la rendit conquérante ; mais il ne l'*organisa* pas, comme on l'a prétendu à tort, puisque cette organisation est encore à faire. Quand il voulut instituer, ce fut le passé qu'il consulta, et il ne fit que de la monarchie et de l'aristocratie héréditaires.

[3] *Mémorial*, tome II, p. 72.

CHAPITRE CINQUANTE-QUATRIÈME.

« François I disait-il, est religieux, et je suis son fils.

» Alexandre! nous nous sommes aimés!

» Le roi de Prusse! je lui ai fait beaucoup de mal sans doute, mais je pouvais lui en faire davantage ; et puis n'y a-t-il donc pas de la gloire, une véritable jouissance à s'agrandir par le cœur!

» Pour l'Angleterre, c'est à l'animosité de ses ministres que je suis redevable de tout ; mais encore serait-ce au prince régent à s'en apercevoir, à interférer, sous peine d'être noté de fainéant ou de protéger une vulgaire méchanceté.

» Ce qu'il y a de sûr, c'est que tous ces souverains se compromettent, se dégradent, se perdent en moi... »

Grand homme, laissez donc les souverains se compromettre, se dégrader, se perdre en vous! cela rentre encore dans votre mission ; car vous n'avez pas été envoyé pour « affermir les Rois », bien qu'il vous soit échappé de le dire et que vous ayez agi quelquefois dans ce sens, mais au contraire pour continuer la démolition de l'édifice monarchique et pour contribuer à la ruine de la royauté, par vos revers autant que par vos triomphes!...

La décision souveraine qui excitait si vivement l'indignation de l'empereur, et qui le conduisait à rappeler ce qu'il avait fait pour ses augustes signataires, était ainsi conçue :

« Napoléon Bonaparte étant au pouvoir des souverains alliés, Leurs Majestés le roi du royaume-uni de la Grande-Bretagne et d'Irlande, l'empereur d'Autriche, l'empereur de Russie et le roi de Prusse, ont agréé, en vertu des stipulations du traité du 25 mars 1815, sur les mesures les plus propres à rendre impossible toute entreprise de sa part contre le repos de l'Europe :

» Art. 1er. Napoléon Bonaparte est considéré par les puissances qui ont signé le traité du 20 mars dernier comme leur prisonnier.

» Art. 2. Sa garde est spécialement confiée au gouvernement britannique, » etc., etc.

Le gouvernement anglais ayant ainsi consenti à se faire l'instrument des haines de la vieille Europe, au mépris du droit des gens, il ne manquait plus au royal geôlier de Windsor que de chercher à son tour un instrument subalterne que la nature eût formé à dessein pour l'exécution rigoureuse de l'arrêt prononcé par les souverains ; ses ministres, Castlereagh et Bathurst, trouvèrent Hudson Lowe.

CHAPITRE CINQUANTE-CINQUIÈME.

Hudson Lowe. — Lutte journalière de Napoléon contre les prétentions et les procédés odieux du gouverneur. — Souffrances et affaissement de l'empereur. — Las Cases forcé de se séparer de Napoléon.

udson Lowe! A ce nom, l'horreur et le dégoût soulèvent toutes les âmes honnêtes... Keith et Cockburn, vous aviez laissé apercevoir un reste d'admiration pour la gloire, quelque respect pour le génie, de la sympathie pour la grandeur de la renommée et de la fortune : que vous compreniez mal votre mission! Vous crûtes bonnement que l'on vous avait chargés de surveiller, de garder le héros de la France... Honneur à votre inintelligence! Voici venir un geôlier qui entendra mieux les intentions de ses augustes maîtres; il vous apprendra, lui, ce que la vengeance et la peur[1] exigeaient de vous, et ce qu'elles peuvent obtenir, en peu d'années, d'un climat comme celui de Sainte-Hélène, aidé d'un homme comme Hudson Lowe!

Le nouveau gouverneur débarqua à Sainte-Hélène le 14 avril 1816. A la première entrevue, Napoléon le trouva repoussant. « Il est hideux! dit-il; c'est une face patibulaire. Mais ne nous hâtons pas de prononcer : le moral, après tout, peut raccommoder ce que cette figure a de sinistre; cela ne serait pas impossible. »

La première mesure que prit Hudson Lowe fut d'exiger des compagnons d'exil de l'empereur une déclaration formelle portant qu'ils restaient volontairement à Longwood, et qu'ils se soumettaient à toutes les conditions que nécessiterait la captivité de Napoléon.

Hudson Lowe se complut ensuite à faire passer officieusement sous les yeux de l'empereur des écrits où son règne et son caractère étaient représentés sous les plus fausses

---

[1] Nul n'a mieux signalé et caractérisé cette peur que M. de Chateaubriand, lorsqu'il prononça à la tribune de la chambre des pairs ces paroles remarquables : « La redingote grise et le chapeau de Napoléon placés au bout d'un bâton sur la côte de Brest feraient courir l'Europe aux armes. »

CHAPITRE CINQUANTE-CINQUIÈME.   525

et les plus noires couleurs; l'un de ces libelles sortait de la plume de l'abbé de Pradt : c'était l'ambassade de Varsovie. Mais une malice de ce genre n'était qu'une innocente espièglerie pour un homme de la nature de sir Hudson. Il voulut faire comparaître devant lui tous les domestiques de l'empereur, afin de les interroger en particulier sur la spontanéité de leur résolution de rester à Sainte-Hélène, comme s'il eût suspecté la sincérité et la liberté de leur déclaration écrite. Cette exigence blessa Napoléon, qui finit néanmoins par se résigner à ce nouvel outrage. Quand le gouverneur eut terminé cet insolent interrogatoire, il aborda Las Cases et Montholon en leur disant qu'il était satisfait, et « qu'il allait mander à son gouvernement que tous avaient signé de plein gré et de leur bonne volonté ». Puis il se mit à vanter le site, et trouva que l'empereur et ses gens avaient tort de se plaindre, qu'après tout ils n'étaient pas si mâl. Sur ce qu'on lui fit remarquer qu'il n'y avait pas un seul arbre pour se procurer un peu d'ombrage sous un ciel aussi brûlant, il répondit malicieusement : « On en plantera! » et il se retira sans plus rien ajouter.

La santé de l'empereur s'altérait de plus en plus. A la fin d'avril, il se vit forcé de renoncer au peu de liberté qu'on lui laissait pour ses promenades, et il se priva même de sortir de sa chambre. Le gouverneur vint l'y voir. L'illustre malade le reçut,

étendu sur un canapé et non habillé. Sa première parole fut pour annoncer à sir Hudson qu'il allait protester contre la convention du 2 août. Après avoir rappelé qu'il avait refusé de se retirer soit en Russie, soit en Autriche, et qu'il n'avait pas voulu non plus se défendre en France jusqu'à la dernière extrémité, ce qui aurait pu lui valoir des conditions avantageuses, il ajouta : « Vos actes ne vous honoreront pas dans l'histoire! Et, toutefois, il est une Providence vengeresse; tôt ou tard vous en porterez la peine! Un long temps ne s'écoulera pas que votre prospérité, vos lois, n'expient cet attentat !... Vos ministres, par leurs instructions, ont assez prouvé qu'ils voulaient se défaire de moi ! Pourquoi les rois qui m'ont proscrit n'ont-ils pas osé ordonner ouvertement ma mort ? L'un eût été aussi légal que l'autre. Une fin prompte eût montré plus d'énergie de leur part que la mort lente à laquelle on me condamne. »

Le gouverneur ne répondit qu'en se retranchant derrière ses instructions, qui exigeaient même, disait-il, qu'un officier s'attachât incessamment aux pas de l'empereur. « Si elles eussent été observées ainsi, reprit Napoléon, je ne serais jamais sorti de ma chambre. » Sir Hudson annonça alors l'arrivée prochaine d'un vaisseau portant un palais de bois, des meubles et des comestibles, qui pourraient adoucir la situation des habitants de Longwood. Mais l'empereur parut peu touché des espérances qu'on voulait lui donner, et il se plaignit amèrement de ce que le ministère anglais le privait de toutes sortes de consolations, de livres et de journaux, et, ce qui était bien plus cruel, de nouvelles de son fils et de sa femme. « Quant aux comestibles, aux meubles, au logement, ajouta-t-il, vous et moi sommes soldats, monsieur ; nous apprécions ces choses ce qu'elles valent. Vous avez été dans ma ville natale, dans ma maison peut-être ; sans être la dernière de l'île, sans que j'aie à en rougir, vous avez vu toutefois le peu qu'elle était. Eh bien ! pour avoir possédé un trône et distribué des couronnes, je n'ai point oublié ma condition première : mon canapé, mon lit de campagne que voilà, me suffisent. »

En sortant, le gouverneur, qui avait proposé plusieurs fois son médecin à l'empereur pendant la conversation, renouvela son offre, qui fut constamment refusée. Napoléon raconta immédiatement ce qui s'était passé entre lui et sir Hudson. A la suite de son récit et après un moment de silence, il se mit à dire : « Quelle ignoble et sinistre figure que celle de ce gouverneur ! Dans ma vie, je ne rencontrai jamais rien de pareil !... C'est à ne pas boire sa tasse de café, si on avait laissé un tel homme un instant seul auprès !... On pourrait m'avoir envoyé pis qu'un geôlier !... »

Et comme si ce n'était pas assez des infâmes traitements de ses ennemis pour tourmenter et pour détruire cette grande existence, des contrariétés domestiques vinrent quelquefois rendre plus poignants les traits qui déchiraient de toutes parts l'âme de Napoléon. La dissension parvint à se glisser parmi les héros de la fidélité. « Il se trouvait parfois entre nous, dit Las Cases, des piquasseries, des bouderies qui gênaient l'empereur et le rendaient malheureux. Il est tombé sur ce sujet : « Vous devez tâcher, disait-il, de ne faire ici qu'une famille ; vous m'avez suivi pour adoucir mes peines ; comment ce sentiment ne suffirait-il pas pour tout maîtriser ? » Dans une occasion où un dissentiment grave avait éclaté entre deux des serviteurs qui s'étaient dévoués à sa mauvaise fortune, l'empereur, profondément affligé d'entendre parler de proposition de duel, leur adressa cette vive et touchante admonition :

« Vous m'avez suivi pour m'être agréables, dites-vous ! Soyez frères ! autrement vous ne m'êtes qu'importuns !... Vous voulez me rendre heureux ? Soyez frères ! autrement vous ne m'êtes qu'un supplice !

» Vous parlez de vous battre, et cela sous mes yeux ! Ne suis-je donc plus tout pour vos soins, et l'œil de l'étranger n'est-il pas arrêté sur nous ? Je veux qu'ici chacun soit animé de mon esprit... Je veux que chacun soit heureux autour de moi, que chacun surtout y partage le peu de jouissances qui nous sont laissées. Il n'est pas jusqu'au petit Emmanuel que voilà que je ne prétende en avoir sa part complète... »

La santé de l'empereur devenant chaque jour plus mauvaise et exigeant de plus grands soins, il voulut avoir une explication avec le docteur O'Meara, pour savoir s'il lui prêtait son ministère comme médecin du gouvernement anglais attaché à une prison d'État, ou comme médecin de sa personne. Le docteur répondit avec autant de noblesse que de franchise qu'il entendait être le médecin de Napoléon, et dès ce moment il fut honoré de la pleine confiance de son malade.

Le gouverneur, après avoir inutilement invité à dîner *le général Bonaparte*, se rendit à Longwood, vers le milieu du mois de mai, pour apprendre à son prisonnier que la maison de bois était arrivée. L'empereur le reçut fort mal; il lui déclara que, malgré certaines contrariétés, l'amiral avait mérité sa parfaite confiance, et qu'il ne paraissait pas que son successeur fût jaloux de lui en inspirer une semblable. Sir Hudson, blessé de ce reproche, répondit qu'il n'était pas venu pour recevoir des leçons.

« Ce n'est pourtant pas faute que vous en ayez besoin, reprit l'empereur; vous avez dit, monsieur, que vos instructions étaient bien plus terribles que celles de l'amiral. Sont-elles de me faire mourir par le fer ou par le poison? Je m'attends à tout de la part de vos ministres; me voilà, exécutez votre victime! J'ignore comment vous vous y prendrez pour le poison; mais quant à m'immoler par le fer, vous en avez déjà trouvé le moyen. S'il vous arrive, ainsi que vous m'en avez fait menacer, de violer mon intérieur, je vous préviens que le brave 53ᵉ n'y entrera que sur mon cadavre. »

Un peu d'amélioration s'était fait sentir dans la santé de Napoléon, on le pressa d'en profiter pour reprendre ses promenades à cheval. Il s'y refusa d'abord, ne voulant pas accepter les limites étroites qui lui étaient tracées, « et tourner sur lui-même comme dans un manége ». Il finit toutefois par céder, et passa au retour de sa course devant le camp anglais, dont les soldats quittèrent tout pour former la haie. « Quel soldat européen, dit-il alors, n'est pas ému à mon approche ? »

Hudson Lowe semblait craindre que l'empereur ne s'aperçût pas suffisamment qu'il était prisonnier à Longwood, et il s'appliquait chaque jour à le lui rappeler par quelque offense, quelque vexation, quelque brutalité nouvelle. Il retint d'abord ses lettres d'Europe, quoiqu'elles fussent arrivées ouvertes et par des voies non suspectes, sous prétexte qu'elles n'avaient pas passé sous les yeux d'un secrétaire d'État. Il fit saisir ensuite un billet de madame Bertrand pour avoir été écrit sans son autorisation, et il défendit officiellement à l'empereur et aux personnes de sa maison toute communication, écrite ou verbale, avec les habitants de l'île, qui n'aurait pas reçu préalablement son approbation.

Cependant le ministère anglais avait fait convertir en loi la décision diplomatique du 2 août[1], touchant la captivité de Napoléon. Le gouverneur, ayant reçu l'acte du parlement à ce sujet, s'en fit une nouvelle occasion de tourmenter son prisonnier. Il joignit à la publication du bill des réflexions offensantes sur les dépenses de l'empereur, et qui avaient pour objet de faire considérer comme trop nombreux les serviteurs fidèles qu'on n'avait pu séparer de leur maître.

Ainsi tracassé, harcelé, poursuivi à coups d'épingle, lui qui avait passé sa vie à braver le canon, l'empereur s'abandonna plus que jamais à l'ennui, et se tint renfermé dans sa chambre. Il ne sortit plus que pour aller voir quelquefois madame de Montholon, retenue chez elle par de récentes couches. Cette dame avait un fils de sept ou huit ans, du nom de Tristan. L'empereur s'amusa à lui faire réciter des fables; et comme l'enfant lui avoua qu'il ne travaillait pas tous les jours, « Ne manges-tu pas

tous les jours? lui dit-il. — Oui, Sire, répondit le jeune Montholon. — Eh bien! tu dois travailler tous les jours, car on ne doit pas manger si l'on ne travaille pas. — Oh bien! en ce cas, je travaillerai tous les jours. — Voilà bien l'influence du petit ventre, dit Napoléon en riant et en tapant sur celui de Tristan; c'est la faim, c'est le petit ventre qui fait mouvoir le monde. »

La famille Balcombe visitait souvent Napoléon, qui lui témoignait toujours beaucoup d'intérêt et d'estime. Le grand maître dans l'art des batailles, qui n'avait pas cru, au Briars, que le génie et la gloire dérogeassent en se mêlant à une partie de *colin-maillard* avec de jeunes filles, ne craignit pas non plus à Longwood de compromettre le lustre de son nom et la dignité de son caractère en continuant cette douce et inno-

[1] Lord Holland protesta noblement contre ce bill à la seconde lecture; le duc de Sussex, frère du prince régent, s'honora également par une protestation lors de la troisième lecture.

cente familiarité, et en se chargeant d'apprendre à jouer au billard à l'une des demoiselles Balcombe.

Les commissaires des puissances européennes venaient d'arriver à Sainte-Hélène, et ils désiraient être reçus par Napoléon. L'amiral Malcolm, dans une visite qu'il fit à Longwood, en parla à l'empereur, qui fut très-satisfait de ce brave marin, mais qui lui exprima l'impossibilité où il se trouvait d'admettre auprès de lui les commissaires des alliés. « Monsieur, lui dit-il, vous et moi, nous sommes hommes; j'en appelle à vous. Se peut-il que l'empereur d'Autriche, dont j'ai épousé la fille, qui a sollicité ce mariage à genoux, auquel j'ai rendu deux fois sa capitale, qui retient ma femme et mon fils, m'envoie son commissaire sans une seule ligne pour moi, sans un petit bout de bulletin de la santé de mon fils? Puis-je le bien recevoir? avoir quelque chose à lui dire? Il en est de même d'Alexandre, qui a mis de la gloire à se dire mon ami, contre lequel je n'ai eu que des guerres politiques et non des guerres personnelles. Ils ont beau être souverains, nous n'en sommes pas moins hommes; je ne réclame pas d'autre titre en ce moment! Ne devraient-ils pas tous avoir un cœur? Croyez, monsieur, que quand je répugne au titre de général, il ne peut m'effrayer. Je ne le décline que parce que ce serait convenir que je n'ai pas été empereur; et je défends ici plus l'honneur des autres que le mien. »

L'amiral avait remis à l'empereur des journaux qui annonçaient la mort de l'impératrice d'Autriche et le jugement de plusieurs des généraux compris dans l'ordonnance du 24 juillet. Cambronne avait été acquitté, et Bertrand condamné à mort. L'empereur reçut aussi à cette époque des lettres de sa mère, de sa sœur Pauline et de son frère Lucien.

La veille de la Saint-Napoléon, l'empereur eut la fantaisie de chasser la perdrix; mais il ne put aller longtemps à pied, et il fut obligé de monter à cheval. Le soir à dîner, ayant entendu rappeler que c'était la veille du 15 août, il dit avec émotion : « Demain, en Europe, bien des santés seront portées à Sainte-Hélène. Il est bien quelques vœux, quelques sentiments qui traverseront l'Océan. » Le lendemain il déjeuna avec tous ses fidèles, sous une grande et belle tente qu'il avait fait placer au jardin, et il resta toute la journée au milieu d'eux.

Les reproches accablants, la flétrissure directe que Hudson Lowe avait eu à subir de la bouche de Napoléon, ne faisaient qu'envenimer sa haine et que rendre sa surveillance plus tyrannique. M. Hobhouse ayant adressé à l'empereur son livre sur les cent jours, avec cette inscription en lettres d'or : *A Napoléon le Grand!* le gouverneur intercepta cet envoi, sous prétexte que Castlereagh était maltraité dans l'ouvrage; et, peu de jours après cet odieux procédé, il osa se présenter à l'empereur, qu'il surprit dans le jardin de son habitation, et il chercha à se justifier, en disant que si on le connaissait mieux on le jugerait moins sévèrement. Cette effronterie ne fit que lui attirer de nouvelles humiliations, en présence même de l'amiral Malcolm.

« Vous n'avez jamais commandé, lui dit Napoléon, que des vagabonds et des déserteurs corses, des brigands piémontais et napolitains. Je sais le nom de tous les généraux anglais qui se sont distingués; mais je n'ai jamais entendu parler de vous que comme d'un *scrivano* de Blücher, ou comme d'un chef de brigands. Vous n'avez jamais commandé des gens d'honneur, ni été accoutumé à vivre avec eux. » Sir Hudson ayant répondu qu'il n'avait pas recherché la mission dont il était chargé, Napoléon reprit : « Ces places ne se demandent pas, les gouvernements les donnent aux gens qui se sont déshonorés. » Le gouverneur invoqua alors son devoir et se retrancha derrière les ordres ministériels dont il ne pouvait s'écarter. « Je ne crois pas, repartit vivement l'empereur, qu'aucun gouvernement soit assez vil pour donner des ordres pareils à ceux que vous faites exécuter. » Hudson Lowe avait annoncé à son prisonnier que le gouvernement anglais tenait fortement à opérer une réduction dans la dépense de Longwood. « Ne m'envoyez rien pour ma nourriture, si vous le voulez, dit l'empereur, j'irai dîner à la table des braves officiers du 53⁰; je suis sûr qu'il n'y en aura pas un qui ne se trouve heureux de donner une place à un vieux soldat. Vous n'êtes qu'un sbire sicilien, et non pas un Anglais. Ne vous présentez plus devant moi que lorsque vous m'apporterez l'ordre de ma mort, et alors toutes les portes vous seront ouvertes. »

Se voyant ainsi un objet de mépris et d'horreur pour Napoléon et pour tous les Français de Longwood, Hudson Lowe s'efforça d'associer les Anglais de Sainte-Hélène à la position hostile qu'il s'était faite par ses mauvais procédés à l'égard de l'empereur et de ses gens. Il répandit en conséquence que si Napoléon refusait de le recevoir, ce n'était qu'en haine de la nation anglaise, et que cette haine s'étendait aux officiers du 53⁰, qu'il ne voulait pas voir. Mais ce bruit parvint aux oreilles de l'empereur, qui s'empressa de faire venir le plus ancien officier de ce corps, le capitaine Poppleton, à qui il donna l'assurance qu'il n'avait jamais rien dit ni pensé qui pût justifier le mensonge du gouverneur. « Je ne suis pas une vieille femme, lui dit-il; j'aime un brave soldat qui a subi le baptême du feu, à quelque nation qu'il appartienne. »

Après s'être fait couvrir de confusion par Napoléon, en cherchant à se justifier auprès de lui, sir Hudson ne vit rien de mieux, pour expliquer l'infamie de ses actes, que de recourir à de grossières insultes. Il fit appeler le docteur O'Meara, sous prétexte d'avoir des renseignements précis sur la santé de son prisonnier, et dans l'intention réelle de récriminer violemment contre lui, au sujet de leur dernière entrevue. «Dites au général Bonaparte, s'écria-t-il plein de colère, qu'il devrait faire plus d'attention à sa conduite, parce que, s'il continue, je serai forcé de prendre des mesures pour augmenter les restrictions qui sont déjà exercées. » Il accusa ensuite Napoléon d'avoir fait périr plusieurs millions d'hommes, et il dit en terminant « qu'il regardait Ali-Pacha comme un scélérat beaucoup plus respectable que Bonaparte ».

L'empereur se reprochait, du reste, la vivacité avec laquelle il avait parlé au gouverneur. « Il eût été plus digne de moi, disait-il, d'exprimer toutes ces choses de sang-froid; elles n'en eussent eu d'ailleurs que plus de force. » Le docteur O'Meara vint l'assurer que Hudson Lowe avait promis de ne plus mettre les pieds à Longwood.

Cependant les protestations verbales, quelque énergiques et éloquentes qu'elles fussent, ne suffisaient pas à Napoléon pour transmettre aux générations contemporaines et à la postérité l'arrêt infamant dont, à son tour, il avait frappé ses juges, du haut de son rocher, et dans l'exercice de cette suprématie morale que donnent la justice et le génie, et qu'un naufrage politique ne fait pas perdre. Il chargea donc le comte de Montholon de notifier au gouverneur une pièce officielle, dans laquelle ses griefs furent développés, et sa réprobation exprimée avec autant de force que de logique.

Hudson Lowe ne cessait de se récrier sur la dépense de Longwood. Chaque jour il élevait de misérables chicanes sur la nourriture, sans craindre de compromettre son autorité dans d'ignobles détails, pour quelques bouteilles de vin ou quelques livres de viande. Il proposa toutefois d'augmenter la dépense de l'empereur et de sa suite, pourvu que ce surplus passât par ses mains; et il menaça d'opérer des retranchements si sa proposition était refusée; ce qui fit dire à Las Cases, dans son journal : « On

CHAPITRE CINQUANTE-CINQUIÈME.

marchande notre existence. » L'empereur ne voulut jamais se mêler à un débat de cette nature, et il demanda qu'on ne lui fît aucune communication à ce sujet.

Cependant sir Hudson réalisa ses menaces : des réductions furent faites, le nécessaire manqua bientôt à Longwood. Un jour que l'empereur avait dîné dans son intérieur et qu'il était venu surprendre à la grande table ses commensaux habituels, il trouva qu'ils avaient à peine de quoi manger. Dès ce moment, il ordonna que l'on vendît chaque mois une partie de son argenterie pour suppléer à ce que retranchait odieusement le gouverneur.

Hudson Lowe, non content d'avoir réduit l'empereur à vendre son argenterie pour vivre, voulut se faire encore de cette circonstance un nouveau moyen d'inquiéter son prisonnier. Comme il y avait des acheteurs qui se disputaient l'avantage de posséder quelque chose qui eût appartenu au grand homme, et que cette concurrence avait fait offrir jusqu'à cent guinées d'une seule assiette, le gouverneur imagina d'exiger que l'argenterie ne pût être vendue qu'à la personne qu'il désignerait lui-même. Mais l'empereur avait déjà songé, de son côté, à faire cesser cette concurrence, et il avait ordonné qu'on effaçât de l'argenterie brisée toutes les marques qui auraient pu indiquer qu'elle provenait de sa maison. Il n'y eut de conservé que les petits aigles massifs qui surmontaient tous les couvercles.

Ces dégoûts journaliers usaient rapidement la vie de l'empereur. L'altération de ses traits avait fait des progrès inquiétants et changé tellement sa physionomie, que sa ressemblance avec son frère aîné devenait tous les jours plus frappante. Ses souffran-

ces et son dépérissement ne l'empêchaient pourtant pas de continuer les exercices et les travaux intellectuels qu'il avait entrepris depuis son arrivée dans l'île. D'une part, il continuait l'étude de l'anglais, que Las Cases s'était chargé de lui apprendre ; et il s'occupait toujours de ses belles dictées, soit à ses généraux, soit à Las Cases et à son fils, sur ses campagnes et sur toutes les circonstances mémorables de sa vie. Le jour même que Hudson Lowe chercha à le tourmenter par ses dernières exigences au sujet de l'argenterie, il dicta la bataille de Marengo au général Gourgaud, et s'occupa de relire avec Las Cases la bataille d'Arcole qu'il lui avait dictée précédemment.

« Dans le principe, dit le *Mémorial*, l'empereur faisait lire ces chapitres le soir. Mais une de ces dames s'étant endormie, il n'y revint plus, et dit à ce sujet : « Les entrailles d'auteur se retrouvent toujours. »

Après tant d'outrages et de persécutions dont il s'était rendu coupable envers l'empereur, et tant d'humiliations qu'il en avait reçues, Hudson Lowe demanda encore à le voir ; mais l'empereur fut inflexible, et répondit obstinément qu'il ne le verrait jamais. Alors le gouverneur se décida à lui envoyer, par l'entremise d'O'Meara, une lettre dans laquelle il déclarait n'avoir jamais eu l'intention de blesser ou d'insulter *le général Bonaparte;* ce qui lui donnait le droit, disait-il, d'exiger de lui des « excuses, à cause du langage peu modéré dont il s'était servi dans leur dernière entrevue ». Hudson Lowe voulait aussi des excuses de la part du général Bertrand, qui ne l'avait pas non plus ménagé dans un récent entretien. « L'empereur, dit O'Meara, sourit avec dédain à l'idée de faire ses excuses à sir Hudson Lowe. »

Deux jours après, le colonel Reade vint à Longwood, et demanda à être présenté à l'empereur. Il était porteur d'une note dans laquelle sir Hudson signifiait de nouvelles exigences. Le colonel, introduit auprès de Napoléon, lui fit la lecture de cette pièce, écrite en anglais, et la retint ensuite sans en laisser ni traduction ni copie. Hudson Lowe avait arrêté :

« Que les Français qui désireraient rester avec le général Bonaparte devraient signer la simple formule qui leur serait présentée, et consentir à se soumettre à toutes les restrictions que l'on pourrait imposer au général Bonaparte, sans faire aucune observation particulière à ce sujet. Ceux qui refuseraient seraient directement envoyés au cap de Bonne-Espérance. La maison serait réduite à quatre personnes : ceux qui resteraient devraient se considérer comme assujettis aux lois, de même que s'ils étaient sujets de la Grande-Bretagne, surtout à l'égard de celles qui avaient été faites pour la sûreté du général Bonaparte, et qui déclaraient crime de félonie toute complicité pour l'aider à s'évader. Quiconque parmi eux se permettrait des injures, des réflexions, ou se conduirait mal envers le gouverneur ou le gouvernement sous lequel il était, serait sur-le-champ envoyé au cap de Bonne-Espérance, où il ne lui serait fourni aucun moyen de retourner en Europe. »

Le docteur ayant communiqué à Napoléon ce décret souverain de son geôlier, l'empereur, après quelques observations sur cette tyrannie, termina par dire : « J'aimerais mieux qu'ils fussent tous partis, que d'avoir quatre ou cinq personnes autour de moi, tremblantes sans cesse, et menacées à chaque instant de se voir embarquer de force ; car, d'après cette communication d'hier, ils sont entièrement à sa discrétion. Qu'il renvoie tout le monde, qu'il place des sentinelles aux portes et aux fenêtres, qu'il ne m'envoie que du pain et de l'eau, peu m'importe. Mon esprit est libre. Ce cœur est aussi libre que lorsque je donnais des lois à l'Europe. »

Nous n'avons pas encore dit pourtant toutes les restrictions auxquelles Hudson Lowe voulait soumettre l'empereur. Il déclarait, en vertu de son omnipotence dans toute l'étendue de la prison confiée à sa garde, que Napoléon ne pourrait sortir de la grande route, ni entrer dans aucune maison, ni parler à aucune personne qu'il rencontrerait dans ses promenades à cheval ou à pied. Il était ensuite expliqué que les restrictions imposées au *général Bonaparte* s'appliquaient également aux personnes de sa suite.

On eut d'abord peine, à Longwood, à croire à une pareille aggravation d'un système déjà si rigoureux. Le docteur fut chargé d'obtenir du gouverneur une explication catégorique à ce sujet. Hudson Lowe la donna sans hésiter et sans chercher à en atténuer les dispositions révoltantes. Et comme il était fortement préoccupé de la protestation officielle que lui avait adressée M. de Montholon, il voulut savoir si cette dénonciation énergique avait été envoyée à Londres et dans le reste de l'Europe, et s'il en existait des copies dans l'île. Sur la réponse affirmative d'O'Meara, il fut saisi de la plus vive inquiétude.

Napoléon s'attendait à tout de la part d'Hudson Lowe, et il le lui avait déclaré à lui-même dès leurs premières entrevues. Cependant la dernière mesure l'irrita comme si elle avait été au delà de ses prévisions, et il hésitait à croire qu'aucun ministre anglais l'eût ordonnée, quoique le gouverneur lui eût fait dire par O'Meara qu'il ne faisait rien que d'après les instructions de son gouvernement. « Je suis sûr, dit-il, qu'aucun autre ministre que lord Bathurst ne voudrait donner son consentement à ce dernier acte de tyrannie. »

Dans l'expression de ses plaintes, Napoléon avait dit « qu'on abrégeait sa vie en l'irritant ». Son état empirait chaque jour; la fièvre l'avait gagné, et il éprouvait un malaise général. Nul de ses compagnons d'infortune ne voulut l'abandonner, quelque dures que pussent être les conditions d'Hudson Lowe. Ils renvoyèrent donc au gouverneur leur déclaration signée, telle qu'il l'avait demandée, en substituant toutefois « l'empereur Napoléon à Napoléon Bonaparte ». Hudson Lowe refusa d'adhérer à ce changement, et il renvoya la déclaration au général Bertrand pour rétablir sa première rédaction. Napoléon, instruit de ce démêlé, demanda qu'on y mît fin par un refus de signer, et qu'on se laissât transporter au Cap.

Le gouverneur vint en effet à Longwood pour informer le général Bertrand que, vu le refus des généraux, de Las Cases, des officiers et des domestiques de signer la déclaration telle qu'il l'exigeait, ils allaient tous être immédiatement envoyés au cap de Bonne-Espérance.

Cette résolution, dont l'exécution était imminente, produisit l'effet que s'en était sans doute promis le gouverneur. Les hommes qui s'étaient résignés à un exil lointain et à une réclusion étroite pour partager le sort du héros qu'ils admiraient et chérissaient par-dessus tout durent se soumettre à l'arbitraire plutôt que de subir la séparation dont Hudson Lowe les menaçait. A l'insu de l'empereur, ils se rendirent après minuit chez le capitaine Poppleton et y signèrent tous l'acte dressé par le gouverneur, à l'exception de Santini, qui s'obstina à repousser tout écrit où son maître ne serait pas qualifié du titre d'empereur.

Ce nouveau témoignage de dévouement donné à Napoléon par ses fidèles serviteurs ne l'étonna point. « Ils auraient signé *tiranno Bonaparte,* dit-il, ou tout autre titre ignominieux pour rester ici avec moi dans la misère, plutôt que de retourner en Europe, où ils pourraient vivre dans la splendeur. » L'empereur convenait, du reste, avec le docteur O'Meara, qu'il serait ridicule de sa part, si les ministres anglais ne l'y obligeaient par leur affectation à lui refuser ce titre, de se qualifier d'*empereur* dans la position où il était. « Je ressemblerais, disait-il, à un de ces pauvres malheureux de Bedlam qui s'imaginent être rois au milieu de leurs chaînes et de leur paille. » Mais c'était le droit du peuple français, bien plus qu'un intérêt de vanité, qui le rendait inflexible sur ce point.

La haine du gouverneur pour Napoléon s'étendait à tous les Français de Longwood, mais elle avait un caractère particulier d'intensité et d'énergie à l'égard de Las Cases, dans lequel Hudson Lowe voyait déjà l'indiscret révélateur de ses basses vengeances et de ses infamies journalières. Pour se débarrasser de ce surveillant incommode, sir Hudson imagina de lui enlever un jeune mulâtre qui était à son service, et qui reparut ensuite furtivement à Longwood pour offrir à son ancien maître de se charger de toutes les lettres et missives qu'il voudrait faire passer en Europe. Las Cases, qui croyait à la franchise et à l'honneur du jeune homme, lui confia entre autres une lettre pour Lucien Bonaparte. Hudson Lowe en fut immédiatement saisi. Las Cases avait donné dans le piége; l'atroce geôlier triomphait, la loi de terreur qu'il avait imposée aux habitants de Longwood allait être appliquée à celui d'entre eux dont il avait le plus d'envie de se défaire. Las Cases fut enlevé à la fin de novembre 1816 et mis au secret à Sainte-Hélène. Hudson Lowe, après la visite de ses papiers, lui fit subir un interrogatoire et finit par ordonner sa déportation au Cap[1]. La fidélité, victime d'une trahison, méritait d'être consolée. Napoléon y songea; il écrivit à Las Cases dans sa prison, mais sa lettre fut retenue par le gouverneur, et elle ne parvint à son adresse qu'après la mort du grand homme.

[1] Le docteur O'Meara ayant essayé d'adoucir Hudson Lowe en faisant valoir l'état critique du jeune Las Cases : « Eh! monsieur, lui répondit le gouverneur avec impatience, que fait après tout la mort d'un enfant à la politique? »

CHAPITRE CINQUANTE-SIXIÈME.

Dernières années de Napoléon. — Sa mort.

OURGAUD, qui avait eu avec Las Cases quelques-uns de ces moments d'humeur et de bouderie dont parle le *Mémorial*, ne voulut pas laisser partir cette victime privilégiée d'Hudson Lowe sans lui témoigner que le cœur n'avait été pour rien dans les contrariétés qu'ils avaient éprouvées entre eux. Il demanda donc à accompagner Bertrand, qui avait obtenu de voir Las Cases, et ils vinrent ensemble faire leurs adieux à leur infortuné compagnon, dont l'exil volontaire était commué en une affreuse déportation[1].

Après le départ de Las Cases, les vexations continuèrent comme auparavant à Longwood. Le docteur O'Meara prêtait toujours son entremise pour les communications pénibles que Napoléon avait à recevoir du gouverneur, et il s'acquittait de cette tâche difficile de manière à mériter chaque jour davantage la confiance de l'empereur et à se rendre de plus en plus suspect à Hudson Lowe. Celui-ci semblait s'attacher opiniâtrement à justifier le mot de Napoléon « qu'on lui avait envoyé pis qu'un geôlier ». La persécution se renouvelait tous les jours et sous toutes les formes. A l'occasion de l'ouvrage de Pillet sur l'Angleterre, que l'empereur avait désiré parcourir et qu'il avait fait demander par O'Meara, sir Hudson prit dans sa bibliothèque un livre intitulé *Les imposteurs insignes, ou Histoire des Hommes de néant de toutes nations,*

---

[1] Transporté d'abord au Cap, Las Cases obtint ensuite de passer en Europe, où il essuya encore des tracasseries et des persécutions.

qui ont usurpé la qualité d'empereur, de roi et de prince. « Vous ferez bien, dit-il ensuite au docteur en lui remettant cet écrit, de porter aussi cela au *général Bonaparte*. Peut-être y trouvera-t-il quelque caractère qui ressemble au sien. » Tel était l'homme que *le plus généreux* des ennemis de Napoléon avait choisi pour représenter dignement à Sainte-Hélène la pensée de haine et de vengeance des rois et des aristocrates européens à l'égard du héros qui les avait tous trop épargnés !

Napoléon avait donc bien jugé et caractérisé sir Hudson quand il lui avait jeté à la face l'épithète de sbire sicilien : c'était à peine même si ce mot pouvait rendre tout ce qu'il y avait de bassesse et d'abjection, d'astuce et d'atrocité dans l'âme de ce hideux geôlier. Son langage était le miroir de son âme, les termes les plus grossiers lui servaient habituellement à exprimer les sentiments les plus ignobles. Déblatérant un jour contre les fidèles compagnons de l'empereur, il en vint à dire que « le *général Bonaparte* s'en trouverait beaucoup mieux s'il n'était pas entouré de *menteurs* comme Montholon, et d'un *son of a bitch*[1] comme Bertrand, qui aimait toujours à se plaindre. »

Il est certain que l'entourage de Napoléon gênait l'exécuteur des hautes œuvres de la Sainte-Alliance. Hudson Lowe aurait voulu que la longue torture et le supplice lent du grand homme ne fussent point adoucis par les consolations et le dévouement de l'amitié ; il aurait désiré frapper sa victime dans la solitude, sans crainte du bruit et des échos. C'est dans ce but qu'il avait d'abord éloigné Las Cases, et qu'il s'efforça ensuite d'écarter le docteur O'Meara.

« Vous m'êtes suspect, avait dit plusieurs fois Hudson Lowe au docteur ; je me défie de vous. » Et il avait écrit en conséquence à Londres pour le faire renvoyer de Sainte-Hélène.

Tandis que cette dénonciation cheminait vers l'Europe, O'Meara, bravant les soupçons et les ressentiments du gouverneur, ne cessa pas de visiter assidûment son auguste malade et de lui fournir non-seulement les secours de son art, mais toutes les consolations que les circonstances pouvaient permettre. Comme il n'était pas soumis aux rigoureuses consignes dont les habitants de Longwood étaient l'objet, il les faisait profiter de la liberté de ses relations au dehors, et Napoléon l'en récompensait par la plus intime confiance.

Dans les rares moments de tranquillité que lui laissait le gouverneur, Napoléon, avons-nous dit, se plaisait à passer en revue les personnages historiques ou à traiter quelque point important de la politique contemporaine.

Mais c'était surtout la révolution considérée dans son principe et dans son ensemble que l'empereur caractérisait largement, de la hauteur philosophique et de la position impartiale où l'adversité l'avait porté en mettant fin prématurément à son existence politique. « La révolution française, disait-il, n'a pas été produite par le choc de deux familles se disputant le trône, elle a été un mouvement général de la masse de la nation contre les privilégiés... Guidée essentiellement par le principe de l'égalité, elle détruisit tous les restes des temps féodaux et fit une France nouvelle, ayant une division homogène de territoire, même organisation judiciaire, même organisation administrative, mêmes lois civiles, mêmes lois criminelles, même système d'impositions... La France nouvelle présenta le spectacle de vingt-cinq millions d'âmes ne formant qu'une seule classe de citoyens gouvernés par une même loi, un même

---

[1] Cette expression, dit O'Meara, n'est usitée que parmi les gens de la plus basse classe en Angleterre : elle veut dire : *fils de chienne*.

règlement, un même ordre. Tous ces changements étaient conformes au bien de la nation, à ses droits, à la marche de la civilisation. »

Si la révolution tire son origine du principe de l'égalité; si le génie de la civilisation lui sert de guide, que peuvent donc contre elle ses implacables et superbes ennemis? Ils ont beau détrôner, exiler, emprisonner, torturer le grand homme qui l'a représentée à leurs yeux, c'est à elle que l'avenir est promis, à elle que l'avenir appartient. Éloignée du gouvernement, elle se réfugiera dans la société. Après Napoléon, la presse lui servira d'organe, la presse lui rendra un jour le gouvernement. Le prisonnier de Sainte-Hélène, à travers ses fers, aperçoit dans le lointain ce nouveau triomphe de la cause sainte pour laquelle il souffre et il meurt. « Avant vingt ans, dit-il, lorsque je serai mort et renfermé dans la tombe, vous verrez en France une nouvelle révolution. » (O'Meara.)

Sa prédiction ne s'arrête pas à la France; le principe de l'égalité menace aussi l'aristocratie anglaise. « Vous avez vous-même un grand fonds de morgue aristocratique dans la tête, dit-il au docteur, et vous paraissez regarder votre canaille comme une race d'êtres inférieurs. Vous parlez de votre liberté! peut-il y avoir quelque chose de plus horrible que votre presse des matelots?... Et cependant vous avez l'impudence de parler de la conscription en France! Cela blesse votre orgueil, parce qu'elle ne faisait aucune distinction de rang. Oh! quelle humiliation que le fils d'un gentleman dût être obligé de défendre son pays comme s'il faisait partie de la canaille, et qu'il dût être obligé d'exposer sa vie ou de se mettre au niveau d'une vie plébéienne! Pourtant Dieu a fait tous les hommes égaux! Qui compose la nation? ce ne sont pas vos lords, ni vos gros prélats et vos hommes d'Église, ni vos gentlemen, ni votre oligarchie. Oh! un jour le peuple se vengera, et on verra des scènes terribles. »

De l'histoire et de la prophétie Napoléon aimait surtout à se jeter dans l'examen apologétique de son règne et de sa vie, qu'il résumait en quelques lignes éloquentes.

« Après tout, disait-il, ils auront beau retrancher, supprimer, mutiler, il leur sera bien difficile de me faire disparaître tout à fait. Un historien français sera pourtant bien obligé d'aborder l'Empire, et, s'il a du cœur, il faudra bien qu'il me restitue quelque chose, qu'il me fasse ma part, et sa tâche sera bien aisée, car les faits parlent, ils brillent comme le soleil.

» J'ai refermé le gouffre anarchique et débrouillé le chaos. J'ai dessouillé la révolution, ennobli les peuples et raffermi les rois. J'ai excité toutes les émulations, récompensé tous les mérites et reculé les limites de la gloire! Tout cela est bien quelque chose! Et puis, sur quoi pourrait-on m'attaquer qu'un historien ne puisse me défendre? Seraient-ce mes intentions? mais il est en fonds pour m'absoudre. Mon despotisme? mais il démontrera que la dictature était de toute nécessité. Dira-t-on que j'ai gêné la liberté? mais il prouvera que la licence, l'anarchie, les grands désordres étaient encore au seuil de la porte. M'accusera-t-on d'avoir trop aimé la guerre? mais il montrera que j'ai toujours été attaqué; d'avoir voulu la monarchie universelle? mais il fera voir qu'elle ne fut que l'œuvre fortuite des circonstances, que ce furent nos ennemis eux-mêmes qui m'y conduisirent pas à pas. Enfin sera-ce mon ambition? ah! sans doute, il m'en trouvera, et beaucoup; mais la plus grande et la plus haute qui fut peut-être jamais, celle d'établir, de consacrer enfin l'empire de la raison et le plein exercice, l'entière jouissance de toutes les facultés humaines. Et ici l'historien peut-être se trouvera réduit à devoir regretter qu'une telle ambition n'ait pas été accomplie, satisfaite!... En bien peu de mots, voilà pourtant toute mon histoire [1]. » (*Mémorial*.)

Hudson Lowe avait résolu d'enlever O'Meara à Napoléon, comme il lui avait arraché Las Cases. N'ayant pu obtenir à Londres le renvoi du docteur, il imagina de le soumettre à son tour à une consigne tellement odieuse et vexatoire qu'il ne put la supporter et qu'il dut chercher à s'y soustraire par une prompte démission. Ce moyen lui réussit. O'Meara, confiné dans l'enceinte de Longwood, privé de la société des Anglais et réduit à n'avoir de relation avec personne, excepté pour ce qui se rapportait à son service médical, essaya de faire révoquer cette séquestration en s'adressant à l'amiral Plampin, qui était au Briars; mais l'amiral n'ayant pas voulu le recevoir, il prit le parti de se démettre, et il écrivit immédiatement au gouverneur.

Mais les commissaires des puissances alliées, sachant que la santé de l'empereur exigeait des soins continus et craignant que le départ du docteur O'Meara, avant qu'on lui eût donné un successeur qui fût accepté par Napoléon, n'amenât des incidents fâcheux et capables d'aggraver la responsabilité de leurs cours respectives, insistèrent auprès du gouverneur pour que le médecin anglais reprit son service auprès du prisonnier de Longwood. Hudson Love, après de longues et vives discussions, finit par se rendre, mais en se réservant toutefois de renouveler ses calomnies et ses instances à Londres, comme ses machinations et ses tracasseries à Sainte-Hélène, pour parvenir un peu plus tard à son but.

Il commença par exciter le commandant du 66e régiment, qui avait remplacé le 53e, à exclure O'Meara de la table du corps; et, tandis qu'une correspondance était suivie activement de part et d'autre sur cet affront, le docteur reçut une lettre du lieutenant-colonel Édouard Wyniard, qui lui annonçait, au nom d'Hudson Lowe, que le comte Bathurst, par ordre du 16 mai 1818, lui enjoignait de cesser tout service auprès du général Bonaparte et de « s'interdire toutes entrevues ultérieures avec les habitants de Longwood ».

« L'humanité, dit O'Meara, les devoirs de ma profession et l'état actuel de la santé de Napoléon me défendaient d'obéir à ces ordres inhumains... Ma résolution fut prise aussitôt. Je me déterminai à désobéir, quelles qu'en pussent être les conséquences. La santé de Napoléon exigeait que je lui prescrivisse un régime et que je lui préparasse les médicaments nécessaires, en l'absence d'un chirurgien. » Le généreux docteur revint donc à Longwood et communiqua à l'empereur l'ordre du comte Bathurst. « Le crime se consommera plus vite, dit Napoléon; j'ai vécu trop longtemps pour eux. »

O'Meara s'empressa de donner à son malade les instructions médicales qui devaient lui servir de règle après son départ. Comme il finissait de parler, Napoléon prit vivement la parole et lui dit :

« Quand vous serez arrivé en Europe, vous irez vous-même trouver mon frère Joseph, ou vous enverrez vers lui. Vous lui direz que je désire qu'il vous donne le paquet contenant les lettres particulières et confidentielles qui m'ont été écrites par les empereurs Alexandre et François, le roi de Prusse, et les autres souverains de l'Europe, que je lui ai confié à Rochefort. Vous les publierez pour couvrir de honte ces souverains, et découvrir au monde l'hommage vil que ces vassaux me rendaient

---

[1] Napoléon savait bien qu'en dépit de la voix du peuple, qui est celle de Dieu, sa mémoire rencontrerait des détracteurs; mais il s'en inquiétait peu et se contentait de dire : « Ils mordront sur du granit. »

CHAPITRE CINQUANTE-SIXIEME. 539

lorsqu'ils sollicitaient des faveurs ou me suppliaient pour leurs trônes. Lorsque j'étais fort et que j'avais le pouvoir en main, ils briguèrent ma protection et l'honneur de mon alliance, et ils léchèrent la poussière de mes pieds. Maintenant que je suis vieux, ils m'oppriment lâchement et me séparent de ma femme et de mon enfant. Je vous prie de faire ce que je vous recommande; et si vous voyez publier contre moi des calomnies sur ce qui s'est passé pendant le temps que vous avez été avec moi, et que vous puissiez dire : « J'ai vu de mes yeux que cela n'est pas vrai, » contredites-les. »

L'empereur dicta ensuite au comte Bertrand une lettre, au bas de laquelle il mit un post-scriptum de sa main, pour recommander O'Meara à Marie-Louise. Il chargea le docteur de s'informer de sa famille et de dire sa position à ses proches.

« Vous leur exprimerez les sentiments que je conserve pour eux, ajouta-t-il; soyez l'interprète de mon affection auprès de ma bonne Louise, de mon excellente mère et de Pauline. Si vous voyez mon fils, embrassez-le pour moi, qu'il n'oublie jamais qu'il est né prince français! Témoignez à lady Holland le sentiment que j'entretiens de sa bonté et l'estime que je lui porte. Enfin, tâchez de m'envoyer des renseignements

authentiques sur la manière dont mon fils est élevé. » A ces mots, l'empereur, prenant la main du docteur, le serra dans ses bras en lui disant : « Adieu, O'Meara; nous ne nous reverrons plus. Soyez heureux! »

Toutes les séparations douloureuses n'étaient pourtant pas accomplies pour Napoléon. A peine O'Meara avait-il quitté Sainte-Hélène, que Gourgaud fut obligé à son tour d'abandonner cette île insalubre pour arrêter les progrès de la maladie qui le dévorait depuis longtemps. Quand le général arriva en Europe, il répandit partout les alarmes dont il était plein lui-même sur la santé de l'empereur. La famille du grand homme, déjà si profondément affligée, en ressentit la plus vive inquiétude. Sa mère surtout, en apprenant que le fils qui avait fait son bonheur, et qui faisait toujours sa gloire, était atteint d'un mal qui pouvait devenir mortel, sans avoir à côté de lui un médecin pour lui prodiguer les ressources et les soulagements de l'art; sa mère, toujours si tendre et si bonne pour lui, fut violemment remuée dans ses entrailles. Elle fit intervenir le cardinal Fesch, son frère, auprès de lord Bathurst; et le crédit de Son Éminence valut à madame Lætitia l'autorisation d'envoyer à Sainte-Hélène le docteur Antomarchi, avec un aumônier et deux autres personnes.

Antomarchi arriva à Sainte-Hélène le 18 septembre 1819. A son grand étonnement, il fut accueilli affectueusement par Hudson Lowe, qui se plaignit, du reste, de la fierté, de la rudesse et des protestations du *général Bonaparte*. Mais cet accueil n'empêcha pas les dignes agents du gouverneur, Reade et Gorrequer, de remplir le rôle odieux dont ils étaient chargés. Gorrequer s'excusa sur ce qu'il était forcé de visiter les lettres, manuscrits et plans qu'on voulait faire parvenir à Longwood, et Reade, sans présenter d'excuse, procéda à la visite minutieuse des effets d'Antomarchi et de ses compagnons, parmi lesquels figuraient deux ecclésiastiques, les abbés Buonavita et Vignali.

Antomarchi ne fut pas aussi bien reçu à Longwood qu'à Plantation-House (lieu de résidence du gouverneur). Comme l'empereur n'avait été prévenu de l'arrivée de son nouveau médecin ni par le cardinal Fesch, ni par aucun autre membre de sa famille, il hésita d'abord à l'admettre. Tout ce qui lui venait d'Angleterre, ou par l'entremise du ministère anglais, lui inspirait de la méfiance. Cependant Antomarchi dissipa ses soupçons à la première entrevue. Comme il avait failli être renvoyé avant d'avoir pu s'expliquer : « Vous êtes Corse, lui dit l'empereur; voilà la seule considération qui vous a sauvé. » La confiance une fois établie, Napoléon s'informa de sa mère, de sa femme, de ses frères et de ses sœurs, de Las Cases, d'O'Meara, de lord et de lady Holland. Après ces diverses questions, le docteur fut congédié; mais au bout de quelques heures on le rappela, et il dut procéder alors à l'examen des symptômes que présentait l'état du malade au secours duquel il était accouru du fond de l'Italie et à travers les mers.

« Eh bien! docteur, lui dit Napoléon, que vous en semble? Dois-je troubler longtemps encore la digestion des rois? — Vous leur survivrez, Sire. — Je le crois. Ils ne mettront pas au ban de l'Europe le bruit de nos victoires; il traversera les siècles, il proclamera les vainqueurs et les vaincus; ceux qui furent généreux, ceux qui ne le furent pas. La postérité jugera; je ne crains pas ses décisions. — Cette vie vous est acquise.... mais vous ne touchez pas au terme; il vous reste un long espace à parcourir. — Non, docteur, l'œuvre anglaise se consomme, je ne puis aller loin sous cet affreux climat. » Cependant il consentit à suivre les prescriptions de la médecine, à laquelle il s'était toujours montré rebelle. « Vous avez tout quitté pour m'apporter les secours de l'art, ajouta-t-il; il est juste que je fasse aussi quelque chose; je me résigne. » Puis il raconta au docteur ce qu'il avait eu à souffrir depuis le départ d'O'Meara. « Depuis plus d'un an, dit-il, ils m'ont interdit les secours de la médecine. Je suis privé de médecins qui aient ma confiance. Le bourreau trouve mon agonie trop lente; il la hâte, il la presse; il appelle ma mort de tous ses vœux. Il n'y a pas jusqu'à l'air que je respire qui ne blesse cette âme de boue. Croyez-vous que ces tentatives ont été prolongées, ouvertes; que j'ai failli tomber sous le poignard anglais? Le général Montholon était malade; il refusait de communiquer avec Bertrand; il voulait ouvrir une correspondance directe avec moi. Il me détachait ses satellites deux fois par jour. Reade, Wyniard, ses officiers de confiance, assiégeaient ces misérables cabanes, voulaient pénétrer jusqu'à mon appartement. Je fis barricader mes portes ; je chargeai mes pistolets, mes fusils, qui le sont encore, et menaçai de brûler la cervelle au premier qui aurait l'imprudence de violer mon asile. Ils se retirèrent en criant à tue-tête qu'ils voulaient voir Napoléon Bonaparte, que Napoléon Bonaparte eût à sortir ; qu'ils sauraient bien contraindre Bonaparte à paraître. Je croyais ces scènes outrageantes terminées ; mais elles se reproduisaient chaque jour avec plus de violence. C'étaient des surprises, des menaces, des vociférations, des lettres remplies d'injures. Mes valets de chambre jetaient ces placards au feu ; mais l'exaspération était au comble : une catastrophe pouvait avoir lieu d'un instant à l'autre. Jamais je n'avais été si exposé. Nous étions au 16 août : ces saturnales duraient depuis le 11. Je fis prévenir le gouverneur que mon parti était pris, ma patience à bout ; que le premier de ses sicaires qui franchirait le seuil de ma porte serait abattu d'un coup de pistolet. Il se le tint pour dit, et cessa ses outrages.... J'ai abdiqué librement et volontairement en faveur de mon fils et de la constitution. Je me suis plus librement encore acheminé sur l'Angleterre. Je voulais y vivre dans la retraite et sous la protection de ses lois. Ses lois ! l'aristocratie en a-t-elle ? y a-t-il un attentat qui l'arrête ? un droit qu'elle ne foule aux pieds ? Tous ses chefs ont été prosternés devant mes aigles. D'une part de mes conquêtes, j'ai fait des couronnes aux uns, j'ai replacé les autres sur des trônes que la victoire avait brisés. J'ai été clément, magnanime envers tous. Tous m'ont abandonné, trahi, se sont lâchement empressés de river mes chaînes. Je suis à la merci d'un flibustier. »

Pendant dix-huit mois, Antomarchi lutta, de toute sa science et de tout son zèle, contre les progrès d'un mal qui d'avance remplissait de deuil la triste prison de Longwood. Il s'aperçut longtemps avant le jour fatal que ses soins seraient inutiles. Au milieu de mars 1821, il écrivit à Rome, au chevalier Colonna, chambellan de madame Lætitia, une lettre qui faisait présager une catastrophe prochaine. « Les journaux anglais, lui disait-il, répètent sans cesse que la santé de l'empereur est bonne, n'en croyez rien ; l'événement vous prouvera si ceux qui les inspirent sont sincères ou bien informés. »

Peu de jours après, Napoléon, qui ne se faisait point illusion sur son état, s'en expliqua nettement avec Antomarchi, à qui nous devons le récit de la conversation suivante :

« Nous y sommes, docteur, en dépit de vos pilules ; ne le croyez-vous pas ? — Moins que jamais. — Bon ! moins que jamais ! Encore une déception médicale. Quel effet pensez-vous que ma mort produise en Europe ? — Aucun, Sire. — Aucun ? — Non, parce qu'elle n'arrivera pas. — Si elle arrivait ? — Alors, Sire, alors... — Eh bien ? — Votre Majesté est l'idole des braves ; ils seraient dans la désolation. — Les peuples ? — A la merci des rois, et la cause populaire à jamais perdue. — Perdue ! docteur. Et mon fils ! Supposeriez-vous.... — Non, Sire, rien. Mais quelle distance à franchir ! — Est-elle plus vaste que celle que j'ai parcourue ? — Que d'obstacles à surmonter ! — En ai-je eu moins à vaincre ? Mon point de départ était-il plus élevé ? Allez, docteur, il porte mon nom ; je lui lègue ma gloire et l'affection de mes amis ; il n'en faut pas tant pour recueillir un héritage ! » — « C'était l'illusion d'un père à l'agonie, dit Antomarchi ; je n'insistai pas : il eût été trop cruel de la dissiper. »

L'empereur était alité depuis le 17 mars. L'officier qui était chargé d'attester chaque jour sa présence à Longwood, ne le voyant plus paraître, en donna connaissance au gouverneur, qui se crut trahi, et qui vint rôder lui-même autour de la demeure de son prisonnier pour s'assurer qu'il ne s'était point évadé. Ses courses et ses recherches n'ayant pu lui rien apprendre sur ce qu'il était désireux et si impatient de savoir, il déclara que si son agent n'obtenait pas dans vingt-quatre heures la faculté de voir le *général Bonaparte*, il arriverait en personne avec son état-major et forcerait l'entrée de la chambre du malade, sans crainte des suites fâcheuses que son irruption pourrait avoir. En vain le général Montholon s'efforça de le détourner de ce dessein, en lui peignant l'affligeante situation de l'empereur. Sir Hudson répondit qu'il s'inquiétait fort peu que le *général Bonaparte* vécût ou qu'il mourût; que son devoir était de s'assurer de sa personne, et qu'il le remplirait. Il était dans ces sauvages dispositions lorsqu'il rencontra Antomarchi, qui lui reprocha avec amertume son langage et ses procédés infâmes. Sir Hudson n'en voulut pas entendre davantage; il se retira, écumant de colère, et Antomarchi continua de flétrir les bourreaux du grand homme, en s'adressant à Reade : « Il faut avoir l'âme pétrie du limon de la Tamise, lui dit-il, pour venir épier le dernier soupir d'un moribond! Son agonie vous tarde, vous voulez la presser, en jouir! Le Cimbre chargé d'égorger Marius recula devant le forfait... Mais vous!... Allez, si l'opprobre se mesure à l'attentat, nous sommes bien vengés! »

Sir Hudson, aigri par les réponses d'Antomarchi, et toujours inébranlable dans sa brutale résolution, se préparait à effectuer sa menace, lorsque l'empereur, sur les instances de Bertrand et de Montholon, consentit à prendre un médecin consultant, le docteur Arnolt, qui fut chargé d'attester régulièrement à l'agent du gouverneur la présence du prisonnier. Mais les soucis du geôlier allaient bientôt cesser. Le 19 avril, Napoléon annonça lui-même sa fin prochaine à ses amis qui le croyaient mieux.

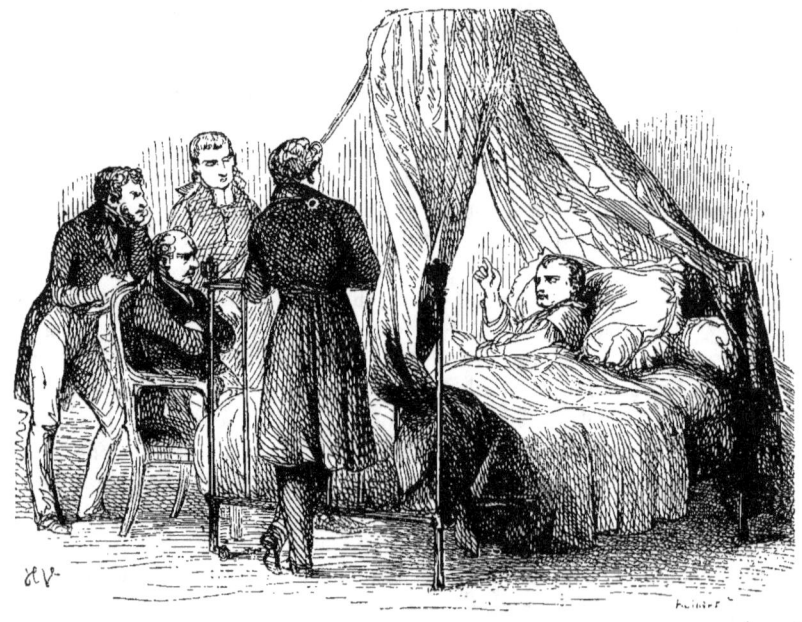

« Vous ne vous trompez pas, leur dit-il, je vais mieux aujourd'hui; mais je n'en sens pas moins que ma fin approche. Quand je serai mort, chacun de vous aura la douce consolation de retourner en Europe. Vous reverrez, les-uns vos parents, les autres vos amis, et moi je retrouverai mes braves aux champs Élysées. Oui, continua-t-il en haussant la voix, Kléber, Desaix, Bessières, Duroc, Ney, Murat, Masséna, Berthier, tous viendront à ma rencontre; ils me parleront de ce que nous avons fait ensemble. Je leur conterai les derniers événements de ma vie. En me voyant, ils redeviendront tous fous d'enthousiasme et de gloire! Nous causerons de nos guerres avec les Scipion, les Annibal, les César, les Frédéric! Il y aura plaisir à cela!... A moins, ajouta-t-il en riant, qu'on n'ait peur là-bas de voir tant de guerriers ensemble. »

Sur ces entrefaites, le docteur Arnolt arriva. L'empereur l'accueillit très-bien, lui parla de ses souffrances, de tous les accidents douloureux qu'il éprouvait, et lui dit ensuite, en s'interrompant brusquement et sur un ton solennel:

« C'en est fait, docteur, le coup est porté, je touche à ma fin, je vais rendre mon cadavre à la terre. Approchez, Bertrand; traduisez à monsieur ce que vous allez entendre: c'est une suite d'outrages dignes de la main qui me les prodigua; rendez tout, n'omettez pas un mot.

» J'étais venu m'asseoir aux foyers du peuple britannique; je demandais une loyale hospitalité, et, contre tout ce qu'il y a de droits sur la terre, on me répondit par des fers. J'eusse reçu un autre accueil d'Alexandre; l'empereur François m'eût traité avec égard; le roi de Prusse même eût été plus généreux. Mais il appartenait à l'Angleterre de surprendre, d'entraîner les rois et de donner au monde le spectacle inouï de quatre grandes puissances s'acharnant sur un seul homme. C'est votre ministère qui a choisi cet affreux rocher, où se consomme en moins de trois années la vie des Européens, pour y achever la mienne par un assassinat. Et comment m'avez-vous traité depuis que je suis exilé sur cet écueil? Il n'y a pas une indignité, pas une horreur dont vous ne vous soyez fait une joie de m'abreuver. Les plus simples communications de famille, celles mêmes qu'on n'a jamais interdites à personne, vous me les avez refusées. Vous n'avez laissé arriver jusqu'à moi aucune nouvelle, aucun papier d'Europe; ma femme, mon fils même n'ont plus vécu pour moi; vous m'avez tenu six ans dans la torture du secret. Dans cette île inhospitalière, vous m'avez donné pour demeure l'endroit le moins fait pour être habité, celui où le climat meurtrier du tropique se fait le plus sentir. Il m'a fallu me renfermer entre quatre cloisons, dans un air malsain, moi qui parcourais à cheval toute l'Europe! Vous m'avez assassiné longuement, en détail, avec préméditation, et l'infâme Hudson a été l'exécuteur des hautes œuvres de vos ministres. Vous finirez comme la superbe république de Venise, et moi, mourant sur cet affreux rocher, privé des miens et manquant de tout, je lègue l'opprobre et l'horreur de ma mort à la famille régnante d'Angleterre. »

Cette dictée épuisa les forces du malade, qui tomba peu d'instants après dans une espèce d'évanouissement. Le surlendemain il se trouva néanmoins avoir repris assez de vigueur pour se lever au point du jour et passer encore trois heures à dicter ou à écrire. Mais ce n'était qu'une lueur d'amélioration qui ne laissait aucune trace d'espoir. La fièvre reparut bientôt et le malade continua de marcher rapidement à la mort. Dans cette même journée (21 avril), il fit appeler l'abbé Vignali. « Savez-vous, lui dit-il, ce que c'est qu'une chambre ardente? — Oui, Sire. — En avez-vous desservi? — Aucune. — Eh bien, vous desservirez la mienne. » Cela dit, il expliqua minutieusement à l'aumônier ce qu'il avait à faire. « Sa figure, dit Antomarchi, était animée, convulsive; je suivais avec inquiétude les contractions qu'elle éprouvait, lorsqu'il surprit sur la mienne je ne sais quel mouvement qui lui déplut. « Vous êtes au-dessus de cette faiblesse, dit-il; mais que voulez-vous? je ne suis ni philosophe ni médecin; je crois à Dieu, je suis de la religion de mon père; n'est pas athée qui veut. » S'adressant ensuite à l'abbé Vignali, Napoléon continua : « Je suis né dans la religion catholique, je veux remplir les devoirs qu'elle impose et recevoir les secours qu'elle administre. »

L'abbé Vignali s'étant retiré, l'empereur revint à Antomarchi, en lui reprochant son incrédulité. « Pouvez-vous, lui dit-il, la pousser à ce point ? pouvez-vous ne pas croire à Dieu ? car enfin tout proclame son existence, et puis les grands esprits l'ont crue. » Antomarchi répondit qu'il n'avait jamais révoqué en doute cette existence, et que l'empereur s'était mépris sur l'expression de ses traits. « Vous êtes médecin, docteur, » répondit Napoléon en souriant; et il ajouta à voix basse : « Ces gens-là ne brassent que de la matière, ils ne croiront jamais rien. »

Malgré son affaiblissement continuel, l'empereur se trouva encore assez fort, dans les derniers jours d'avril, pour se lever et aller s'établir dans le salon, sa chambre, mal aérée, lui étant devenue insupportable. En vain les personnes qui l'entouraient lui offrirent de le transporter : « Non, dit-il, quand je serai mort; pour le moment il suffit que vous me souteniez. »

Le lendemain, après une mauvaise nuit et malgré l'intensité croissante de la fièvre, il fit appeler Antomarchi et lui donna, avec un calme et une sérénité inaltérables, les instructions suivantes :

« Après ma mort, qui ne peut être éloignée, je veux que vous fassiez l'ouverture de mon cadavre; je veux aussi, j'exige que vous me promettiez qu'aucun médecin anglais ne portera la main sur moi. Si pourtant vous aviez indispensablement besoin de quelqu'un, le docteur Arnolt est le seul qu'il vous soit permis d'employer. Je souhaite que vous preniez mon cœur, que vous le mettiez dans l'esprit-de-vin, et que vous le portiez à Parme à ma chère Marie-Louise. Vous lui direz que je l'ai tendrement aimée, que je n'ai jamais cessé de l'aimer; vous lui raconterez tout ce que vous avez vu, tout ce qui se rapporte à ma situation et à ma mort. Je vous recommande surtout de bien examiner mon estomac, d'en faire un rapport précis, détaillé, que vous remettrez à mon fils... Les vomissements qui se succèdent presque sans interruption me font penser que l'estomac est celui de mes organes qui est le plus malade, et je ne suis pas éloigné de croire qu'il est atteint de la lésion qui conduisit mon père au tombeau, je veux dire d'un squirre au pylore... Quand je ne serai plus, vous vous rendrez à Rome, vous irez trouver ma mère, ma famille; vous leur rapporterez tout ce que vous avez observé relativement à ma situation, à ma maladie et à ma mort, sur ce triste et malheureux rocher. Vous leur direz que le grand Napoléon est expiré dans l'état le plus déplorable, manquant de tout, abandonné à lui-même et à sa gloire; vous leur direz qu'en expirant il lègue à toutes les familles régnantes l'horreur et l'opprobre de ses derniers moments. »

Cependant le délire vint se joindre à la fièvre. Cette forte intelligence, qui avait apparu au monde comme une émanation de l'intelligence divine, subit la loi commune de l'humanité. « Steingel, Desaix, Masséna ! s'écrie Napoléon. Ah ! la victoire se décide ! Allez ! courez ! pressez la charge ! ils sont à nous ! » Puis il saute à terre, veut aller dans le jardin et tombe en arrière, au moment où Antomarchi accourait pour le recevoir dans ses bras. On l'emporte dans son lit, toujours en proie au délire, et il persiste à vouloir se promener au jardin. Enfin, le paroxysme cesse, la fièvre diminue, le grand homme se retrouve et reparaît avec son calme ordinaire. « Rappelez-vous, dit-il au docteur, ce que je vous ai chargé de faire lorsque je ne serai plus. Faites avec

CHAPITRE CINQUANTE-SIXIEME.   545

soin l'examen anatomique de mon corps, de l'estomac surtout. Les médecins de Montpellier avaient annoncé que le squirre au pylore serait héréditaire dans ma famille... Que je sauve du moins mon fils de cette cruelle maladie. Vous le verrez, docteur; vous lui indiquerez ce qu'il convient de faire; vous lui épargnerez les angoisses dont je suis déchiré; c'est un dernier service que j'attends de vous. » Trois heures après (2 mai à midi), la fièvre avait repris, et l'illustre malade disait à son médecin, en poussant un profond soupir : « Je suis bien mal, docteur; je le sens, je vais mourir. » Et ces paroles étaient à peine prononcées, qu'il avait perdu connaissance.

« Sa fin approchait, dit Antomarchi; nous allions le perdre; chacun redoublait de zèle, de prévenances, voulait lui donner une dernière marque de dévouement. Ses officiers, Marchand, Saint-Denis et moi nous nous étions exclusivement réservé les veilles; mais Napoléon ne pouvait supporter la lumière : nous étions obligés de le lever, de le changer, de lui donner tous les soins qu'exigeait son état au milieu d'une profonde obscurité. L'anxiété avait ajouté à la fatigue; le grand maréchal était à bout, le général Montholon n'en pouvait plus, je ne valais pas mieux : nous cédâmes aux pressantes sollicitations des Français qui habitaient Longwood, nous les associâmes aux tristes devoirs que nous remplissions. Pierron, Courtot, tous, en un mot, veillèrent conjointement avec quelqu'un de nous. Le zèle, la sollicitude qu'ils montraient touchèrent l'empereur; il les recommandait à ses officiers, voulait qu'ils fussent aidés, soutenus, qu'on ne les oubliât pas. « Et mes pauvres Chinois, ajoutait-il, qu'on ne les oublie pas non plus, qu'on leur donne quelques vingtaines de napoléons : il faut bien que je leur fasse aussi mes adieux. »

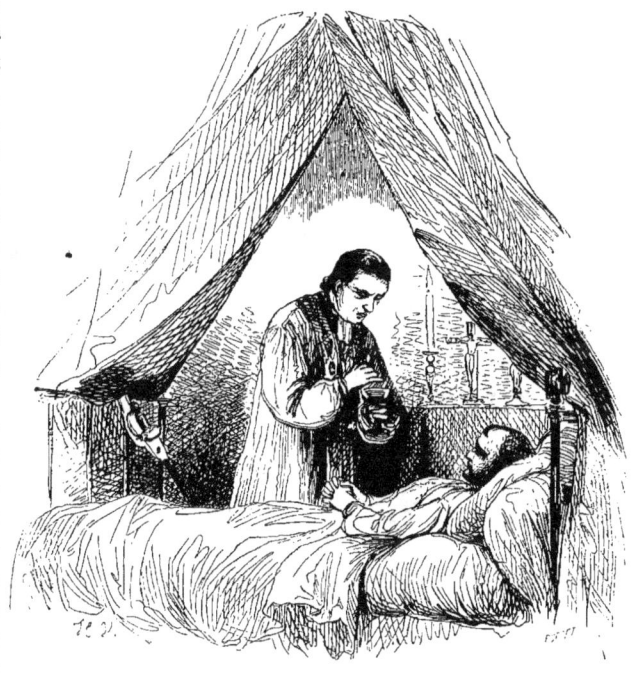

L'abbé Vignali n'attendait qu'un mot de l'empereur pour achever de remplir son ministère. Ce mot sortit de la bouche du grand homme, le 3 mai, à deux heures après midi. La fièvre était moins violente; tout le monde avait été congédié, excepté le digne prêtre; Napoléon reçut le viatique.

Une heure après, la fièvre avait augmenté, mais le malade conservait encore l'usage de ses sens. Il en profita pour recommander à ses exécuteurs testamentaires, Bertrand, Montholon et Marchand, de ne permettre à aucun médecin anglais, autre que le docteur Arnolt, de l'approcher dès qu'il aurait perdu connaissance. Puis il leur dit : « Je vais mourir, vous allez repasser en Europe, je vous dois quelques conseils sur la conduite que vous avez à tenir. Vous avez partagé mon exil, vous serez fidèles à ma mémoire, vous ne ferez rien qui puisse la blesser. J'ai sanctionné tous les principes; je les ai infusés dans mes lois, dans mes actes; il n'y en a pas un seul que je n'aie consacré. Malheureusement les circonstances étaient sévères; j'ai été obligé de sévir, d'ajourner; les revers sont venus; je n'ai pu débander l'arc, et la France a été privée des institutions libérales que je lui destinais. Elle me juge avec indulgence, elle me tient compte de mes intentions, elle chérit mon nom, mes victoires; imitez-la, soyez fidèles aux opinions que nous avons défendues, à la gloire que nous avons acquise; il n'y a hors de là que honte et confusion. »

La nuit suivante un violent orage éclata sur Sainte-Hélène. Toutes les plantations de Longwood furent déracinées. Le saule chéri de l'empereur, et dont l'ombrage lui servait d'abri contre l'ardeur du soleil dans ses promenades habituelles, ne fut pas épargné.

Pendant la journée du lendemain (4 mai) l'agonie continue. Le 5, au lever du jour, son corps annonce que la vie l'abandonne; il est déjà glacé. Cependant Napoléon respire encore; mais il est dans le délire et il ne prononce plus que ces deux mots :

« Tête... Armée. » Le moment solennel approche; « l'œuvre anglaise » est près d'être consommée; la vieille Europe va tressaillir; le héros de la jeune France touche au terme de sa miraculeuse carrière; il est sur le point d'expirer, et Hudson Lowe est là qui guette son dernier soupir, impatient d'annoncer aux aristocrates, aux oligarques et aux rois dont il est le mandataire, que sa mission est admirablement accomplie et que la victime est achevée.

CHAPITRE CINQUANTE-SIXIÈME.

Cependant un spectacle déchirant vient encore marquer les derniers moments du héros. Madame Bertrand, qui, malade elle-même, a oublié ses souffrances personnelles pour s'attacher au lit de Napoléon mourant, fait appeler sa fille et ses trois fils afin qu'ils puissent contempler encore une fois les traits du grand homme. Ces enfants arrivent aussitôt, se précipitent vers le lit de l'empereur et saisissent ses deux mains, qu'ils couvrent de baisers et de larmes. Le jeune Napoléon Bertrand, accablé par la douleur, tombe évanoui. Tous les assistants sont en pleurs ; on n'entend que des gémissements et des sanglots... un grand événement se prépare pour le monde... à six heures moins onze minutes, Napoléon a cessé d'être!

Le corps de l'empereur, après avoir subi l'autopsie [1] tant recommandée au docteur Antomarchi, fut exposé sur un lit de campagne, et le manteau bleu que le héros portait à Marengo servit de couverture. Tous les habitants de l'île accoururent et se pressèrent religieusement pendant deux jours autour de ce glorieux catafalque ; et quand la dépouille mortelle du grand homme eut été enlevée, on se disputa ce qu'il avait touché ou ce qui lui avait appartenu pour en faire de précieuses reliques.

Les funérailles de Napoléon eurent lieu le 8 mai. Il fut enterré à une lieue de Longwood. Sa tombe devint, dès le premier jour, l'objet d'une vénération et d'un empressement universels. Hudson Lowe, digne organe des haines qui devaient poursuivre l'illustre enfant de la révolution française au delà du trépas, s'en offensa et plaça autour du tombeau, pour en défendre l'approche, une garde qu'il annonça devoir être *perpétuelle*.  Malgré cette précaution, la dernière demeure du héros a toujours été fréquemment visitée. C'était un pèlerinage qui n'avait rien dont la philosophie pût s'offusquer, puisqu'il avait sa cause dans l'amour de la gloire et qu'il servait à perpétuer le culte des grands noms, en donnant une sorte de consécration religieuse à l'admiration et au respect que, sans distinction de lieux et de temps, le génie inspire.

Mais Napoléon ne pouvait avoir qu'une sépulture provisoire à Sainte-Hélène. Dans l'un de ses codicilles, en date du 16 avril 1821, il a marqué lui-même la place de sa

---

[1] Antomarchi trouva l'estomac tel, à peu près, qu'il l'avait présumé, tel que les indications du malade pouvaient le faire supposer.

tombe définitive. « Je désire, a-t-il dit, que mes cendres reposent sur les bords de la Seine, au milieu de ce peuple français que j'ai tant aimé. »

Pour que ce dernier vœu du grand homme fût réalisé, il fallait que le peuple français secouât le joug des Bourbons et que son gouvernement fût pleinement affranchi des influences étrangères. La restauration est tombée ; la prophétie de Napoléon s'est ainsi accomplie dans le temps qu'il avait fixé.

Quand le bruit de cette mort arriva en Europe, le peuple refusa d'y croire. L'idée d'immortalité était tellement attachée au nom de Napoléon, qu'il semblait n'avoir rien en lui de périssable et que l'on regardait sa vie comme inséparable de sa gloire. Cette incrédulité, que Béranger a célébrée dans les *Souvenirs du peuple*[1], est une véritable apothéose ; elle déifie le grand homme, autant que les grands hommes peuvent être déifiés dans notre siècle.

CHAPITRE CINQUANTE-SEPTIÈME.

Translation des cendres de Napoléon en France.

Un grand homme a cessé de vivre ! Tel fut le cri que la mort de Napoléon arracha au chef même de la maison de Bourbon. Mais si le génie, en s'éteignant, avait pu rendre ses ennemis plus équitables dans leurs paroles, il les trouva toujours rigoureux et implacables dans leur politique. La peur, dont la captivité étroite et lointaine du héros n'avait pu guérir les rois de la vieille Europe, continua de troubler leurs conseils, et les cendres du grand homme furent frappées de la proscription qui avait pesé sur sa tête. On eût dit que le bras redoutable qui avait

---

[1] Longtemps aucun ne l'a cru. (Béranger.)

CHAPITRE CINQUANTE-SEPTIÈME.

ébranlé ou renversé tant de trônes pouvait encore remuer les nations du fond de la tombe. Aux Tuileries, cette appréhension était naturellement plus vive que dans les autres cours de l'Europe. Le souvenir du 20 mars était là pour dire toute la puissance du nom de Napoléon sur les masses populaires, et la présence de ses restes mortels aurait pu raviver cette puissance, aux très-grands périls d'une dynastie chancelante. Aussi, tant que dura la restauration, l'exil du plus glorieux des enfants de la révolution française fut-il maintenu contre sa dépouille mortelle, en même temps que l'invocation de son nom était sévèrement réprimée comme un crime. Cependant la révolution ayant brisé en trois jours le replâtrage monarchique de quinze années, l'un des premiers vœux proclamés par le peuple vainqueur fut la restitution des cendres de l'empereur à la France. Ce vœu n'obtint pas d'abord l'assentiment des chambres, qui craignaient sans doute d'accroître les embarras du pouvoir nouveau en ramenant l'image de Napoléon au milieu des orages qui rendaient si pénible l'installation de la dynastie d'Orléans. Au grand étonnement du pays, l'ordre du jour, qui, sous le drapeau de l'ancien régime, repoussait toutes les réclamations inspirées par l'esprit national, l'ordre du jour conserva, sous le drapeau tricolore, son ancienne faveur auprès des majorités parlementaires pour faire rejeter la demande d'une sépulture sur le sol national pour l'homme qui avait le plus illustré la nation. C'est ce rejet qui fit dire à l'un de nos plus grands poëtes, M. Victor Hugo, dans son ode à la colonne :

> Vous n'avez pas voulu consoler cette veuve
> Vénérable aux partis !
> Tout en vous partageant l'empire d'Alexandre,
> Vous avez peur d'une ombre, et peur d'un peu de cendre.
> Ah ! vous êtes petits !

Mais enfin, des jours moins orageux étant venus, et avec eux un premier ministre dont la fortune politique et la gloire littéraire se rattachaient aux grandeurs de la France nouvelle, le sentiment national fit taire les craintes que la branche cadette des Bourbons avait trouvées dans l'héritage de ses aînés. M. Thiers, interpellé plusieurs fois par M. Emmanuel de Las Cases sur le sort des nombreuses pétitions [1] qui depuis 1830 avaient demandé la translation des cendres de l'empereur, lui répondit, dans les commencements de son dernier ministère, de manière à lui faire connaître qu'une négociation était entamée à Londres à ce sujet.

En effet, après une communication verbale de M. Thiers à lord Granville, l'ambassadeur français à Londres, M. Guizot, écrivit en ces termes dans les premiers jours de mai 1840 :

« AU VICOMTE PALMERSTON.

» Le soussigné, ambassadeur extraordinaire et plénipotentiaire de S. M. le roi des Français, conformément aux instructions qu'il a reçues de son gouvernement, a l'honneur d'informer S. Exc. le ministre des affaires étrangères de S. M. la reine des royaumes unis de la Grande-Bretagne et d'Irlande que le roi a fortement à cœur le désir que les restes de Napoléon puissent reposer en France, dans cette terre qu'il a défendue et illustrée, et qui garde avec respect les dépouilles mortelles de tant de milliers de ses compagnons d'armes, chefs et soldats, dévoués avec lui au service de leur patrie.

---

[1] Après le rejet dont nous avons parlé, les pétitionnaires ne se découragèrent pas, et les législatures suivantes, plus attentives au vœu national, renvoyèrent les pétitions au gouvernement.

» Le soussigné est convaincu que le gouvernement de S. M. Britannique ne verra dans ce désir de S. M. le roi des Français qu'un sentiment juste et pieux, et s'empressera de donner les ordres nécessaires pour que les restes de Napoléon soient transportés de Sainte-Hélène en France, etc., etc.

» Signé Guizot. »

Lord Palmerston, qui avait été déjà prévenu par lord Granville, répondit à M. Guizot, en lui transmettant copie de la dépêche suivante qu'il venait d'adresser à l'ambassadeur anglais à Paris :

« Le vicomte Palmerston au comte Granville.

» Milord, le gouvernement de Sa Majesté ayant pris en considération la demande faite par le gouvernement français à l'effet de rapporter de Sainte-Hélène en France les restes mortels de Napoléon Bonaparte, vous pouvez assurer M. Thiers que le gouvernement de Sa Majesté désire que la France regarde la promptitude avec laquelle nous donnons cette réponse comme un témoignage du désir de S. M. Britannique d'éteindre jusqu'aux derniers restes de ces animosités nationales [1] qui pendant la vie de l'empereur maintinrent en armes les deux nations ; et le gouvernement de S. M. Britannique a la conviction que si quelques traces de ces sentiments hostiles existaient encore, elles seraient enfermées dans la tombe qui va recevoir les restes mortels de Napoléon. Le gouvernement de S. M. Britannique et le gouvernement français prendront ensemble les mesures nécessaires pour la translation de ses cendres.

» Signé Palmerston. »

Lord Granville s'empressa d'informer M. Thiers de la dépêche qu'il avait reçue de Londres. Le gouvernement français, une fois assuré du consentement du cabinet anglais, se hâta, de son côté, de communiquer aux chambres le projet éminemment national qu'il avait conçu. Le 12 mai, M. de Rémusat, ministre de l'intérieur, monta à la tribune et s'exprima en ces termes :

« Messieurs, le roi a ordonné à S. A. R. Mgr le prince de Joinville de se rendre avec sa frégate à l'île de Sainte-Hélène pour y recueillir les restes mortels de l'empereur Napoléon.

» Nous venons vous demander les moyens de les recevoir dignement sur la terre de France et d'élever à Napoléon son dernier tombeau. Le gouvernement, jaloux d'accomplir un devoir national, s'est adressé à l'Angleterre ; il lui a demandé le précieux dépôt que la fortune avait remis dans ses mains. A peine exprimée, la pensée de la France a été accueillie. Voici les paroles de notre magnanime alliée :

« Le gouvernement de S. M. Britannique espère que la promptitude de la réponse
» sera considérée en France comme une preuve de son désir d'effacer jusqu'à la der-

---

[1] La révolution de 1830 avait rendu possible la translation des cendres de Napoléon, non-seulement parce qu'elle avait rétabli le principe de la souveraineté nationale en France, mais encore parce qu'elle avait ramené les whigs au pouvoir en Angleterre. Il est douloureux d'avoir à constater que dans une occasion toute récente ces derniers ont suivi les errements du torysme à l'égard de notre pays, et qu'au moment où ils parlaient de leur désir d'éteindre les restes des animosités nationales qui avaient existé si longtemps entre la France et l'Angleterre, ils tramaient sourdement au Foreign-Office ce fameux traité du 15 juillet, qui a fait dire à la face du monde par M. Thiers à M. Guizot, dans une discussion solennelle : « Convenez-en, monsieur Guizot, vous avez été trompé, et moi aussi. »

» nière trace de ces animosités nationales qui pendant la vie de l'empereur armèrent
» l'une contre l'autre la France et l'Angleterre. Le gouvernement de S. M. Britanni-
» que aime à croire que si de pareils sentiments existent encore quelque part, ils
» seront ensevelis dans la tombe où les restes de Napoléon vont être déposés. »

» L'Angleterre a raison, messieurs ; cette noble restitution resserrera encore les liens qui nous unissent ; elle achève de faire disparaître les traces douloureuses du passé. Le temps est venu où les deux nations ne doivent plus se souvenir que de leur gloire.

» La frégate chargée des restes mortels de Napoléon se présentera à l'embouchure de la Seine. Un autre bâtiment les rapportera jusqu'à Paris ; ils seront déposés aux Invalides. Une cérémonie solennelle, une grande pompe religieuse et militaire inaugurera le tombeau qui doit les garder à jamais.

» Il importe en effet, messieurs, à la majesté d'un tel souvenir que cette sépulture auguste ne demeure pas exposée sur une place publique, au milieu d'une foule bruyante et distraite. Il convient qu'elle soit placée dans un lieu silencieux et sacré, où puissent la visiter avec recueillement tous ceux qui respectent la gloire et le génie, la grandeur et l'infortune.

» Il fut empereur et roi ; il fut le souverain légitime de notre pays. A ce titre, il pourrait être inhumé à Saint-Denis ; mais il ne faut pas à Napoléon la sépulture ordinaire des rois ; il faut qu'il règne et commande encore dans l'enceinte où vont se reposer les soldats de la patrie, et où iront toujours s'inspirer ceux qui seront appelés à la défendre. Son épée sera déposée sur sa tombe.

» L'art élèvera sous le dôme, au milieu du temple consacré par la religion au Dieu des armées, un tombeau digne, s'il se peut, du nom qui doit y être placé. Ce monument doit avoir une beauté simple, des formes grandes, et cet aspect de solidité inébranlable qui semble braver l'action du temps. Il faudrait à Napoléon un monument durable comme sa mémoire.

» Le crédit que nous venons demander aux chambres a pour objet la translation aux Invalides, la cérémonie funéraire, la construction du tombeau.

» Nous ne doutons pas, messieurs, que la chambre ne s'associe avec une émotion patriotique à la pensée royale que nous venons d'exprimer devant elle.

» Désormais la France, et la France seule, possédera tout ce qui reste de Napoléon. Son tombeau, comme sa renommée, n'appartiendra à personne qu'à son pays. La monarchie de 1830 est, en effet, l'unique et légitime héritière de tous les souvenirs dont la France s'enorgueillit.

» Il lui appartenait sans doute, à cette monarchie qui la première a rallié toutes les forces et concilié tous les vœux de la révolution française, d'élever et d'honorer la statue et la tombe d'un héros populaire ; car il y a une chose, une seule, qui ne redoute pas la comparaison avec la gloire, c'est la liberté ! »

Il serait impossible de décrire l'enthousiasme que cette communication fit éclater dans l'assemblée. On eût dit qu'à la voix du ministre l'ombre du grand homme venait d'apparaître au milieu des représentants de la France, et qu'à son aspect l'esprit de parti, si injuste dans ses jugements, si misérable dans ses rancunes, s'était tout à coup condamné au silence, pour ne laisser entendre que le cri d'admiration et de reconnaissance, que le langage impartial d'une impatiente postérité. Plus de divisions, plus de diversité de couleurs et de nuances parmi les députés de la nation que le vainqueur d'Italie salua le premier du titre de GRANDE : au nom de Napoléon, tout ce qu'il y a d'étroit et de petit dans la politique du jour s'est effacé comme par enchantement ; les haines puissantes et les rivalités mesquines ont également éprouvé l'effet magique de cette évocation. Une trêve de quelques heures leur a été imposée d'en haut ; une trêve durant laquelle tous les cœurs, naguère si aigris les uns contre les autres, sont entraînés à se confondre dans un noble sentiment d'orgueil national, dans une pieuse et universelle sympathie pour le glorieux enfant de la France qui fut le maître du monde, et dont le sol de la patrie attendait les restes depuis vingt ans.

Ce fut au milieu de cette vive et profonde émotion que M. de Rémusat donna lecture d'un projet de loi qui ouvrait au ministère, sur l'exercice de 1840, un crédit spécial d'un million pour la translation des cendres de l'empereur Napoléon à l'église des Invalides et pour la construction de son tombeau.

Cependant l'impression produite au Palais-Bourbon s'était rapidement étendue sur toute la France. C'étaient la patrie et l'honneur français que l'on célébrait en saluant avec transport le nom de Napoléon. La nation, qui avait été si longtemps condamnée à entendre appliquer l'épithète d'*usurpateur* à celui qu'elle avait couronné de ses mains souveraines, remarquait surtout, avec une joie mêlée de reconnaissance, que le ministère avait pris à tâche de venger le peuple français des insolences et des mépris de l'aristocratie européenne en restituant à la volonté nationale sa toute-puissance, en consacrant comme indélébile le caractère qu'elle avait imprimé à Napoléon, en donnant le titre de SOUVERAIN LÉGITIME à celui que le préjugé de la naissance aurait exclu du trône, et que le suffrage de ses concitoyens y avait porté deux fois sous la seule influence du génie et de la gloire.

Le gouvernement, satisfait sans doute de l'accueil fait à sa généreuse pensée et du retentissement qu'obtenaient ses nobles paroles, s'occupa aussitôt de préparer l'expédition qui devait ramener en France les précieuses reliques déposées à Sainte-Hélène. Le roi chargea l'un de ses fils, le prince de Joinville, du commandement de la flottille, qui se composa de la frégate *la Belle-Poule* et de la corvette *la Favorite*.

L'expédition partit de Toulon le 7 juillet. A bord de *la Belle-Poule* étaient embarqués avec le prince, commandant, le capitaine de vaisseau M. Hernoux, son aide de camp, et l'enseigne M. Touchard, son officier d'ordonnance ; venaient ensuite M. de Rohan-Chabot, commissaire du roi ; M. de Las Cases fils, membre de la chambre des députés ; les généraux Bertrand et Gourgaud ; le docteur Guillard ; l'abbé Coquereau, aumônier ; Saint-Denis et Noverraz, anciens valets de chambre de l'empereur ; Pierron, son officier de bouche, et le piqueur Archambauld.

Ces personnages formaient la mission de Sainte-Hélène, avec le fidèle Marchand, que Napoléon avait traité en ami autant qu'en serviteur, et qui passa à bord de *la Favorite*, commandée par le capitaine Guyet.

Le général Bertrand voulut associer aussi à ce pieux voyage son jeune fils, Arthur, né à Sainte-Hélène, celui-là même que sa mère avait présenté à l'empereur comme « le premier Français qui fût entré à Longwood sans la permission du gouverneur ».

La flottille passa devant Gibraltar le 15 juillet, et mouilla le lendemain dans la rade de Cadix.

Le 24 juillet elle s'arrêtait à Madère, et le 29 elle célébrait dans l'île de Ténériffe l'anniversaire de la révolution de 1830. On parle français dans cette île, et l'on y cultive même la poésie dans cette langue. Un jeune homme présenta quelques vers écrits en français sur la translation des cendres de l'empereur, et il réclama l'indulgence pour l'œuvre d'un « jeune Canarien qui, dans un coin du monde, au milieu de l'Atlantique, partageait l'amour et l'admiration des Français pour le géant qu'on nomme Napoléon ».

Le 20 août elle traversa l'équateur, et le baptême de la ligne ne fut point oublié. Le 28 on était à Bahia, où l'on séjourna jusqu'au 14 septembre. Vingt-trois jours après, la flottille se trouvait en face de Sainte-Hélène, et le jeune Bertrand écrivait de là : « Le tableau que j'ai devant les yeux m'est inconnu. Trop jeune, il y a vingt ans, pour en juger la rudesse, les noirs et sauvages rochers qui défendent de tous côtés Sainte-Hélène n'avaient laissé dans mon esprit que de vagues souvenirs. Mon Dieu ! que ma terre natale se présente triste et abandonnée à l'œil qui l'examine ! Qu'elle était bien faite pour recevoir un tombeau ! »

C'était le 7 octobre. Vingt-cinq ans auparavant, et à peu près à la même époque, car c'était le 15 du même mois, un vaisseau anglais se présentait devant Sainte-Hélène. Il avait à son bord presque tous les mêmes voyageurs, et, de plus, un homme dont le monde avait pu contenir à peine la grandeur et la puissance, et que la vengeance des rois venait de mettre à la gêne dans cette île. Cet homme, comme le jeune Bertrand, parcourait des yeux le rocher sauvage qu'on lui avait assigné pour prison, et son visage demeurait calme. A côté de lui, un de ses fidèles serviteurs épiait ses mouvements et écrivait le soir même dans son journal : « Je n'ai pu surprendre la plus légère impression, et pourtant c'est là peut-être désormais sa prison perpétuelle ! peut-être son tombeau ! » (*Mémorial*.)

La Belle-Poule était là, le 7 octobre 1840, parce que les pressentiments du 15 octobre 1815 ne s'étaient que trop réalisés.

Au moment d'entrer en rade de Sainte-Hélène, la frégate du prince fut abordée par le commandant d'un brick de guerre qui amenait de Cherbourg un pilote de la Manche à *la Belle-Poule*. Le commandant n'était autre que le capitaine Doret, l'un des braves marins que le général Bertrand avait présentés à Napoléon, en 1815, lorsqu'il se trouvait à l'île d'Aix, et qui avait conçu le projet d'enlever l'empereur pour le transporter aux États-Unis.

Le mouillage de la flottille eut lieu le 8 octobre. Dès le même jour, le commissaire du roi et M. Emmanuel de Las Cases descendirent à terre.

Le lendemain, à onze heures, le prince et sa suite en firent autant. M. de Joinville se rendit d'abord à *Plantation-House*, habitation du gouverneur. Mais il se remit bientôt en marche, pressé qu'il était d'arriver au tombeau de Napoléon. L'impatience de ce jeune homme était bien légitime. Il sentait qu'il était là le représentant de la France, le mandataire de la révolution, venant chercher tardivement tout ce qui pouvait rester encore du plus grand de ses enfants ; venant réparer tout ce qu'il y avait désormais de réparable dans la vengeance inouïe des monarques européens, dans le crime ineffaçable de l'aristocratie anglaise.

« A deux heures vingt minutes, dit M. Emmanuel de Las Cases, nous entrions dans l'enceinte.... La tombe s'offrait à nos yeux.... Là, sans doute, n'était plus que poussière celui dont la gloire et la puissance avaient étonné le monde !

» Le prince de Joinville s'était découvert. M. l'abbé Coquereau, agenouillé à l'écart, à gauche de la porte d'entrée, au pied du cyprès, récitait une prière.... On voyait, étendu sur le sol, le tronc d'un des saules pleureurs qui existaient lors de l'inhumation ; l'autre ombrageait encore le tombeau. Nous étions silencieux.... chacun livré tout entier à ses réflexions.... Nous contemplions de près ces dalles noires.... Rien n'y était écrit.... et nous ne pouvions en détacher nos regards.... Le prince fit lentement le tour de la tombe ; il revint cueillir quelques feuilles de plantes bulbeuses que l'on avait fait pousser du côté où reposait la tête. Après avoir ordonné qu'on lui préparât des boutures du saule, il appela M. le commandant Hernoux, son aide de camp, et lui dit de donner au vieux soldat gardien du tombeau tout ce qu'il pourrait réunir d'argent. Ce fut une grosse poignée de napoléons, et nous partîmes. »

En quittant le lieu qui renfermait la cendre de Napoléon, le prince s'achemina vers la triste demeure où le grand homme avait rendu le dernier soupir. On comprend de quelles émotions devaient être saisis les anciens habitants de Longwood en approchant de cette prison. Là, ils avaient vu souffrir, vu mourir ce qu'ils avaient le plus aimé, le plus admiré, le plus vénéré, celui qui fut pour eux, de son vivant, l'objet d'un véritable culte, et dont le souvenir, vingt ans après sa mort, remplissait encore leur existence.

Le prince mit pied à terre en arrivant à Longwood. Le général Bertrand et ses anciens compagnons d'exil donnèrent au jeune commandant toutes les explications qu'il désira sur l'ancienne destination des lieux qu'il parcourait, et particulièrement sur tout ce qui se rapportait à Napoléon. Les bâtiments extérieurs avaient été convertis en étables, en hangars à bestiaux. La première salle qu'occupa l'empereur n'offrait plus que les quatre murs. En y entrant le prince et son cortège se découvrirent, et ils furent imités par les Anglais. On passa de là dans le salon où le héros mourant s'était fait transporter, où le sacrifice avait été consommé. « Il était couché là.... la tête tournée de ce côté.... » disaient à l'envi le général Bertrand et M. Marchand. Un moulin à blé remplissait presque cette pièce, dont le plancher, le plafond, les fenêtres, les portes et les murailles ne présentaient qu'un sale et dégoûtant aspect de délabrement et de ruine. Quant à la chambre à coucher, on en avait fait une écurie. Les officiers anglais évitèrent d'y suivre le prince, qui, s'étant retourné pour les questionner, s'aperçut qu'ils avaient disparu. Ces braves rougissaient sans doute pour leur gouvernement; ils rougissaient de sa négligence calculée, de son affectation insolente, de son cynisme persévérant; car si toutes les nations de la terre, même celles des trois royaumes, saluaient avec enthousiasme le nom de Napoléon; si elles entouraient d'unanimes acclamations l'apothéose du héros de la France, les superbes oligarques de Londres, dont la haine n'avait pu être assouvie par le rapide succès de la mission qu'ils confièrent à Hudson Lowe, n'en persistaient pas moins à outrager ce que l'univers entier admirait et respectait. L'immolation accomplie, ils avaient gardé toute leur fureur, toute leur injustice envers leur victime. Ne pouvant plus s'attaquer à la personne du grand homme, ils s'en étaient pris à son ombre, à son souvenir, à tout ce qui se rapportait à lui, jusqu'aux êtres inanimés sur lesquels s'était exhalé son dernier souffle, et qui pouvaient servir d'écho à ses dernières paroles. Grossiers profanateurs du culte du génie, ils avaient laissé envahir par la boue et la vermine les lieux que sa captivité avait illustrés, que son heure suprême avait sanctifiés, et dans lesquels le petit-fils de Henri IV, le petit-neveu de Louis XIV n'osait entrer sans se découvrir. O aristocratie anglaise, tu as beau faire! tu n'obtiendras pas qu'on oublie qu'entre ce plancher qui croule, ce plafond qui pourrit, ces murs qui se délabrent et se couvrent d'ordures, la voix qui aura le plus de retentissement dans les siècles à venir prononça un jour ces

CHAPITRE CINQUANTE-SEPTIÈME.

impérissables paroles : « Vous m'avez assassiné longuement, en détail, avec préméditation, et l'infâme Hudson a été l'exécuteur des hautes œuvres de vos ministres.... Vous finirez comme la superbe république de Venise, et moi, mourant sur cet affreux rocher, privé des miens et manquant de tout, je lègue l'opprobre et l'horreur de ma mort à la maison régnante d'Angleterre. »

A son retour de Longwood, le prince se rendit au dîner qui lui avait été offert par le gouverneur de l'île. Le lendemain on s'occupa de régler la cérémonie de l'exhumation, dont l'autorité anglaise voulut rester chargée, et qui fut fixée au 15 octobre. Dans l'intervalle, quelques membres de la mission française s'assirent à la table des officiers du 91e régiment, où ils rencontrèrent les officiers de l'artillerie et du génie. A la fin du repas, un Français proposa un toast « à l'union indissoluble des deux pays », et sa voix fut couverte d'applaudissements ; car, dans les deux pays, l'armée, comme le peuple, ne partage pas toujours les haines et les préjugés, et ne s'associe pas aveuglément aux projets et aux actes des gouvernements.

Le 15 octobre, à minuit, les commissaires des deux nations arrivèrent au tombeau de l'empereur pour voir procéder à son exhumation.

Les travaux commencèrent à minuit un quart. Lorsqu'on eut retiré environ cinq pieds de terre humide, on rencontra une couche très-dure que l'on prit tout d'abord pour la dalle dont le tombeau avait été recouvert. Mais en consultant le procès-verbal d'inhumation dressé par Hudson Lowe, M. de Rohan-Chabot apprit que « par-dessus la dalle qui couvrait le cercueil on avait établi deux couches de maçonnerie fortement cimentées, et même fortifiées par des crampons ». Après un court examen, les commissaires reconnurent que la maçonnerie indiquée dans ce rapport n'était pas autre que celle que les ouvriers venaient de découvrir.

On approchait du cercueil. L'abbé Coquereau se prépara à remplir les fonctions de son ministère.

« Nous allions enfin reconnaître, dit M. Arthur Bertrand, ce qui depuis trois mois était l'objet de nos conversations, de notre sollicitude. Ne trouverions-nous, comme il était présumable, que des restes méconnaissables de celui que nous devions rapporter à la patrie? Le recueillement était général, l'anxiété vive ; nous respirions à peine. Mon cœur semblait vouloir se briser et battait avec force.

» Aussitôt que le couvercle du cercueil en fer-blanc est coupé, nous apercevons une matière blanchâtre : c'était le matelas de satin qui s'était détaché. Le docteur Guillard le soulève en commençant par découvrir les pieds, et successivement jusqu'à la tête. Napoléon nous apparaît comme s'il vivait encore. Les doigts des pieds sont sortis des bottes, dont le fil s'est moisi sans doute ; son chapeau est sur ses genoux, sa main gauche repose sur sa cuisse ; ce n'est pas seulement de la peau sur des os : c'est une main vivante, blanche ; c'est de la chair.... Sa tête a conservé ses traits ; cependant la peau est un peu jaune ; les joues, qui étaient grasses, se sont affaissées, et semblent donner au bas de la figure plus de longueur qu'elle n'en avait de son vivant.

» Quelques dents blanches se laissent voir entre les lèvres ; la barbe, qui avait été coupée dans la nuit qui suivit le décès, a repoussé ; le bout du nez a été altéré ; ses paupières sont fermées. Il ne peut nous voir ; et nous, à travers nos larmes, nous l'apercevons à peine ; mais lui, peut-être, du haut des cieux, il connaît notre culte pour lui ; il sait que l'univers, ainsi qu'il l'a annoncé à son fils, s'entretient de sa gloire et de ses hauts faits. »

« C'était bien Napoléon ! dit un autre témoin oculaire, M. Emmanuel de Las Cases ;

Napoléon privé de vie, mais non détruit!... On eût presque dit qu'il était encore à ce dernier jour de sa carrière de travaux et de périls... au premier jour de l'éternité.... Qu'eût éprouvé mon père avec sa chaleur de cœur s'il eût assisté à ce spectacle? la force lui aurait manqué pour supporter une pareille épreuve; il aurait succombé. Le général Bertrand regardait avec l'attitude de quelqu'un qui va se précipiter. Plusieurs sanglotaient d'une manière convulsive. D'autres restaient mornes, les yeux tout humides. Le jeune comte de Chabot avait le visage inondé de larmes.....

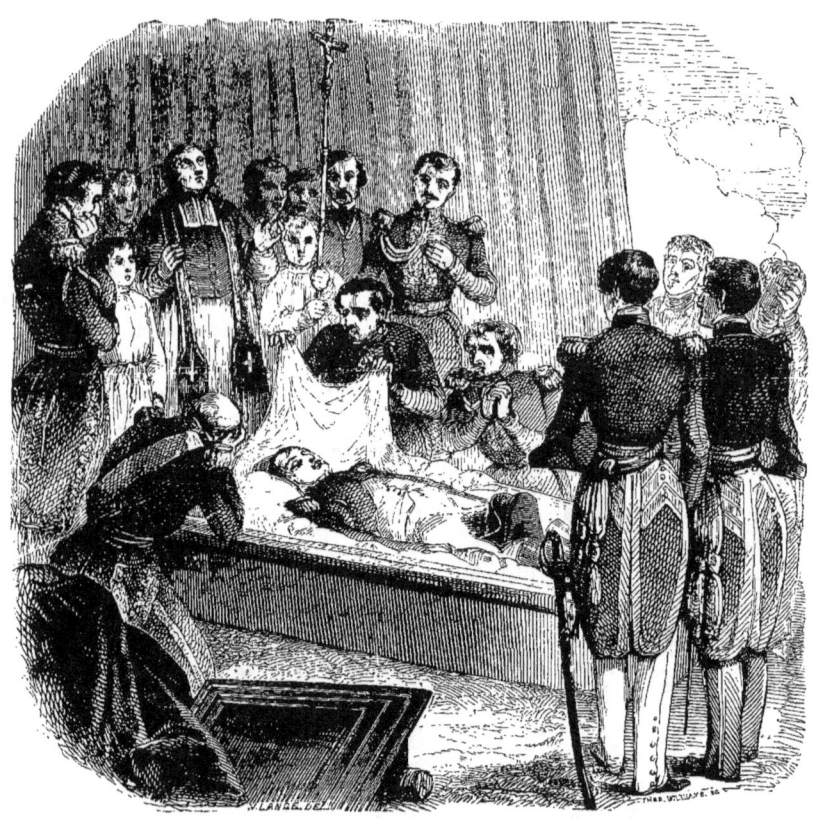

» Pour moi, qui si souvent avais cherché à imaginer, à me représenter Napoléon mourant, tout ce qui m'entourait, tout ce que je voyais, me paraissait les formes matérielles d'un rêve céleste!... »

L'état de parfaite conservation où se trouvaient les restes de Napoléon[1], quoiqu'il n'eût pas été embaumé, frappa M. Guillard, qui seul toucha le corps, et qui lui reconnut cet état de solidité que l'on qualifie de *momifié*. Le docteur pensa qu'il n'y avait rien de mieux à faire, pour continuer la merveilleuse conservation de la dépouille mortelle du grand homme, que de remettre les choses dans leur état primitif. Il s'occupa en conséquence, après avoir répandu quelques gouttes de créosote, de replacer successivement la soie ouatée, le couvercle de fer-blanc, celui d'acajou et la feuille en

---

[1] Napoléon avait été enterré avec son uniforme des chasseurs de la garde, le grand-aigle de la Légion d'honneur, la croix d'honneur et celle de la couronne de fer.

plomb, et le tout fut enfermé dans le nouveau cercueil en plomb, recouvert d'une immense plaque sur laquelle on lisait, écrit en lettres d'or :

NAPOLÉON
EMPEREUR ET ROI,
MORT A SAINTE-HÉLÈNE
LE V MAI
M DCCC XXI.

Quand cette plaque eut été soudée, le cercueil fut placé dans le sarcophage en ébène, sur le couvercle duquel était incrusté transversalement en lettres d'or :

NAPOLÉON.

La cérémonie de l'exhumation était terminée; l'autorité anglaise avait rempli sa tâche. Le capitaine Alexander lut et remit à M. de Rohan-Chabot une déclaration constatant que les restes mortels de l'empereur Napoléon étaient renfermés dans le sarcophage qu'avait envoyé le gouvernement français, et qu'ils allaient être dirigés vers le lieu de l'embarquement, sous les auspices du gouverneur lui-même.

Le cortége se mit en marche pour James-Town vers trois heures et demie. On remarqua, au moment du départ, la présence du major général Churchill, venu en grand deuil, avec deux officiers, et se tenant découvert malgré la pluie, comme pour attester par son recueillement que les braves de la Grande-Bretagne, aussi bien que ceux de toutes les nations, repoussaient la solidarité du crime commis sur le grand capitaine par les cabinets européens.

Le prince de Joinville attendait au débarcadère le dépôt précieux qu'il était chargé de transporter en France. A cinq heures et demie, le convoi arriva, et le major général Middlemore remit au jeune commandant de la flottille française les cendres de Napoléon, qui, selon le désir exprimé par le héros à son heure suprême, reposèrent alors sous le pavillon national. Le cercueil fut immédiatement découvert. « Le prince, immobile, dit M. de Las Cases, le regarda fixement. Une profonde émotion se peignait sur son visage et dans toute sa personne. On y voyait des sensations diverses : la douleur, la fierté. Il semblait dire en même temps : Voilà donc ce qui reste de tant de grandeur !... Je vais donc enfin remettre à la France les cendres de Napoléon !... Puisse ce jeune prince conserver toujours la pureté et l'élévation de sentiments qu'il a montrés dans cette circonstance ! »

Le soleil descendait alors sous l'horizon; ses derniers rayons éclairèrent la sortie de Napoléon de la terre d'exil et sa rentrée au milieu des enfants de la France. Dès que la chaloupe portant le cercueil s'éloigna du rivage, une triple salve d'artillerie, partie des forts et des navires, annonça au loin que l'illustre proscrit, réintégré dans ses droits vingt ans après sa mort, reprenait le chemin de la patrie en EMPEREUR et sous la protection du noble drapeau qu'il avait planté tant de fois de ses mains victorieuses sur les tours et sur les remparts de toutes les capitales du continent européen.

Le 15 octobre 1815, un amiral anglais était venu, au nom de l'aristocratie britannique et de tous les augustes restaurateurs de la maison de Bourbon, enterrer vivant à Sainte-Hélène le représentant de la démocratie française. Il fallait ce gage aux vainqueurs de Waterloo, aux signataires du traité de Vienne; l'exil et la mort de l'*usurpateur* pouvaient seuls donner de la sécurité aux *princes légitimes*. Eh bien, la garantie tant désirée par les rois a été complète. Le climat[1] et Hudson Lowe y ont pourvu, la mort a suivi de près l'exil du héros... Qu'est-il arrivé cependant? Avec toutes ses précautions odieuses, ses rigueurs inouïes, ses combinaisons insultantes et cruelles, l'aristocratie européenne s'est-elle délivrée à jamais des alarmes que lui causait, en la personne de Napoléon, le voisinage de la révolution française?

Écoutez la réponse de l'histoire dans ce simple rapprochement. Nous sommes au 15 octobre 1840, en face de Sainte-Hélène, avec la dépouille mortelle de celui dont l'existence avait été considérée comme le seul obstacle au triomphe définitif de la contre-révolution, et nous voyons un général anglais, organe des successeurs de Pitt et de Castlereagh, rivaliser de zèle, d'admiration et de respect avec un prince de la famille des Bourbons, pour faire rendre les honneurs souverains à l'élu du peuple, au proscrit de 1815, à l'ennemi des Bourbons et des Anglais!

Évidemment il y a quelque chose de plus que le prestige du génie et de la gloire, quelque chose de plus que la justice prématurée de la postérité, dans un changement de cette nature; c'est là que se révèle surtout la puissance du principe qui s'était incarné dans Napoléon; principe qui triompha avant lui, qui multiplia ses triomphes avec lui, et qui avait remporté après lui une éclatante victoire, car c'était bien la révolution qui ramenait en France son illustre représentant; la révolution, dont la réapparition miraculeuse avait frappé la vieille Europe de stupeur, et qui venait présider triomphalement aux funérailles, à la réhabilitation solennelle, à l'apothéose du grand homme dans la tombe duquel les cabinets européens s'étaient follement flattés de l'enfermer elle-même pour toujours.

L'empereur Napoléon a donc repris le chemin de la France, et c'est sous la bannière tricolore qu'il sera conduit à l'éternelle demeure qu'il réclama et fixa lui-même sur le sol de la patrie. Quand il arriva à bord de la frégate et qu'il traversa les états-majors rangés en haie, le sabre à la main, la musique se fit entendre et le tambour battit aux champs. C'était le peuple de France, représenté par une poignée de braves, qui saluait avec enthousiasme le retour du monarque de son choix sous le pavillon national. Le canon et le tambour servaient ici d'écho à la tribune française; ils répétaient les paroles du ministre qui attacha si honorablement son nom à la translation des cendres du héros; ils disaient comme M. de Rémusat : *Napoléon fut empereur et roi, il fut le souverain légitime de notre pays.*

La flottille mit à la voile le 18 octobre; elle repassa la ligne le 28, et rencontra, le 2 novembre, un navire hollandais, *l'Egmont,* qui donna des nouvelles de Paris à la date du 5 octobre. Ces nouvelles annonçaient la tentative du prince Louis, sa condamnation, le traité du 15 juillet, le bombardement de Beyrouth, le blocus de la Syrie et l'offre de démission du cabinet français. Les événements de Boulogne remplirent de douleur et d'amertume le cœur des compagnons d'exil de Napoléon; ces événements firent dire au jeune Bertrand dans ses lettres : « Quelle nouvelle fâcheuse au retour de Sainte-Hélène! Les révolutions sont des tempêtes dont les naufragés sont à plaindre. »

---

[1] « Cette localité, dit M. de Las Cases fils, avait-elle été choisie, ou plutôt ce séjour avait-il été conservé à dessein? Moi, témoin oculaire des passions de 1815 et de leur violence qu'on désavouerait aujourd'hui; moi qui ai su tout ce qu'avaient d'acerbe, de haineux et d'inattendu les mesures prises contre l'empereur; qui ai connu les injures calculées dont il a été l'objet; qui ai ressenti sur ma personne les effets destructifs de ce climat; qui ai vu son action presque immédiate sur la constitution robuste de Napoléon et sur plusieurs de ses serviteurs, *en mon âme et conscience, je crois pouvoir dire* : Oui. »

CHAPITRE CINQUANTE-SEPTIÈME. 559

Quant au bruit d'une rupture prochaine entre la France et l'Angleterre, il fut reçu à bord de la frégate et de la corvette comme on devait l'attendre de soldats et de marins français qui portaient avec eux les restes de l'homme qui fut le plus grand capitaine de France et le plus redoutable ennemi de l'aristocratie anglaise. Il semblait que du fond du caveau où il reposait dans son cercueil, Napoléon eût entendu les paroles insultantes de lord Palmerston, et que, soulevant, par un mouvement d'indignation, le suaire impérial qui le recouvrait, il se fût élancé sur le pont pour y donner le signal de nouveaux combats contre le pavillon britannique. On eût dit qu'après s'être reconnu, de son vivant, solidaire de tout pour la France, il fût jaloux de garder dans la tombe cette immense solidarité, et qu'il ne s'autorisât de son immortalité que pour rester identifié avec le grand peuple dans son avenir, ainsi qu'il avait voulu l'être dans son passé — selon ses propres expressions — *depuis Clovis jusqu'au comité de salut public*. L'esprit du camp de Boulogne reparaissait à bord de *la Belle-Poule ;* il s'échappait du sein du géant qui avait si longtemps remué le monde, et à la poussière duquel il semblait qu'on ne pût toucher sans ébranler encore les nations, sans agiter la terre et la mer, sans s'exposer à de nouvelles et profondes commotions.

Le brave commandant de la frégate subissait l'influence de cet esprit mystérieux, qui n'était autre que le génie de la France, celui-là même qui l'avait inspiré un an auparavant sur la plage de Saint-Jean d'Ulloa ; fier de trouver dans le rapprochement de sa naissance et de sa mission un point de contact entre l'illustration historique et la gloire contemporaine, ce jeune soldat se montrait le digne descendant du grand Henri et le digne dépositaire des cendres du grand Napoléon. Deux heures étaient à peine écoulées depuis les communications de *l'Egmont,* et déjà le prince, donnant la liberté de manœuvres à la corvette afin de ne pas être retardé dans sa marche, avait tout fait disposer pour la lutte, résolu de s'ensevelir dans les flots avec les restes du héros, plutôt que de les voir retomber en des mains anglaises. Les cloisons de son appartement furent bientôt détruites et les caronades placées aux sabords. « Après avoir ainsi donné l'exemple, dit M. de Las Cases, il vint nous dire en riant qu'il en était désespéré, mais qu'il fallait que nous lui rendissions ses canons. Il avait en effet permis qu'on nous construisît des chambres dans la batterie, et chacune d'elles occupait la place d'un canon qui se trouvait ainsi supprimé. Le 3, immédiatement après déjeuner, commença la démolition de nos chambres. Les cloisons et les meubles furent jetés à la mer ; le quartier du bord où les chambres avaient été établies prit le nom de *Lacédémone*. »

Inutiles précautions ! Si la vieille Europe s'est jouée de la nouvelle France ; si elle l'a exclue des conférences diplomatiques où devait se résoudre la question d'Orient ; si elle lui a envoyé de Londres des mépris et des insolences, la France nouvelle aura beau s'émouvoir, l'indignation qu'elle éprouvera, son ardeur belliqueuse resteront sans effet. Lord Palmerston aura bien deviné : on se sera agité, on aura beaucoup crié, et au moment décisif on aura cédé. C'est que la France de la révolution sera représentée par des amis, par d'anciens serviteurs de la vieille Europe ; et ces hommes, qui imaginèrent autrefois une étonnante synonymie pour étouffer la liberté de la presse, trouveront aujourd'hui une distinction non moins ingénieuse pour immoler l'honneur national. S'ils découvrirent, dans l'intérêt de la censure, que *réprimer* était la même chose que *prévenir*, ils ne seront pas moins heureux pour la paix à tout prix ; ils se chargeront d'apprendre au grand peuple, la veille des funérailles du grand homme, que l'exclusion prononcée contre la France par les potentats européens ne constitue qu'un *mauvais procédé* qui ne saurait être assimilé à une *offense!* Oh! alors toute illusion cessera, tout prestige disparaîtra; il sera aisé de reconnaître que ce Napoléon qui semblait revivre à bord de *la Belle-Poule* est réellement mort, bien mort, et la France ne pourra plus douter que le prince de Joinville ne lui rapporte que des cendres!

L'histoire qui enregistrera cet incroyable abaissement après tant de grandeur, cet excès de honte après tant de gloire, n'en tiendra pas moins compte au jeune chef de la mission de Sainte-Hélène de ses généreux sentiments et de ses nobles résolutions. Elle dira comme nous, comme tous ceux qui applaudissent au courage, au patriotisme : Honneur au prince de Joinville!

Les cloisons de son appartement ont donc été renversées et les chambres de ses officiers démolies pour faire place au canon. Mais ce canon, nous le répétons, ne répondra pas à celui de Beyrouth; car lorsque *la Belle-Poule* mouillera, le 30 novembre, dans le port de Cherbourg, elle apprendra que le traité du 15 juillet est pleinement exécuté sans opposition de la part de la France, et que le ministre qui avait cru voir dans ce traité une menace et une insulte pour son pays a dû se retirer avec ses collègues; de telle sorte que la mission de Sainte-Hélène ne pourra remettre la relique impériale au ministère qui lui en avait confié la translation, et que la dépouille de Napoléon, au lieu d'être portée au temple de Mars sous les auspices du brillant historien du vainqueur d'Italie, sera reçue sur le sol de la patrie par des écrivains qui, dans nos jours de revers, eurent le malheur de suivre ou de saluer les drapeaux de l'étranger.

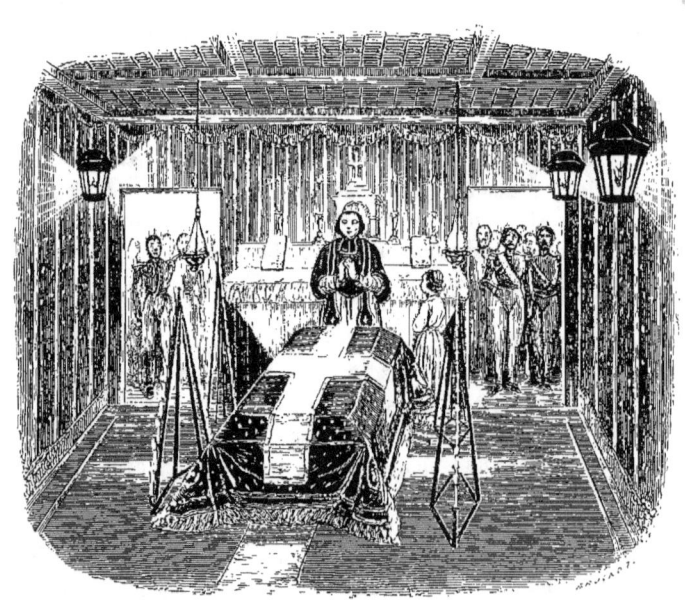

CHAPITRE CINQUANTE-HUITIÈME.

Funérailles de Napoléon.

Toutes les villes maritimes de France avaient ambitionné l'honneur de recevoir dans leur port les cendres de Napoléon; la plupart d'entre elles avaient exprimé un vœu formel à ce sujet, Toulon surtout, qui se regardait comme le berceau de la gloire du héros : le gouvernement se décida pour le Havre. Cette préférence fit dire qu'on avait recherché le trajet le plus court de la mer à Paris, afin de dérober autant que possible les restes du grand homme à l'enthousiasme des populations; soupçon injurieux sans doute, mais qui n'était que trop justifié par la composition du nouveau cabinet, où siégeaient, à côté d'anciens et d'illustres serviteurs de l'Empire, des hommes d'État fatalement dominés par des antécédents d'une autre sorte, et qui se faisaient d'ailleurs un mérite de nourrir en leur âme plus de peur de la démocratie française que de l'aristocratie européenne.

Lorsque *la Belle-Poule* entra dans le grand bassin de Cherbourg, elle fut saluée par toute l'artillerie des remparts, dont les salves furent aussitôt répétées au loin par les forts.

Trois bâtiments à vapeur, *la Normandie*, *le Véloce* et *le Courrier*, étaient venus se ranger autour de *la Belle-Poule*. Ils étaient destinés à recevoir et à conduire dans le bassin de la Seine la mission de Sainte-Hélène et son dépôt sacré. Le 8 décembre, le transbordement eut lieu.

La flottille longea les côtes qui avaient reçu les adieux de Napoléon lorsque, captif et conduit à Sainte-Hélène sur *le Northumberland*, il salua pour la dernière fois, de la voix et du geste, *la terre des braves, qui n'aurait pas cessé,* disait-il, *d'être la maîtresse du monde, s'il y avait eu quelques traîtres de moins.* La population de la Normandie était accourue sur le rivage et faisait retentir l'air de ses acclamations. C'était partout la même affluence, les mêmes transports, le même enthousiasme sur les bords de la Manche comme sur les rives de la Seine. Napoléon, caché au milieu des eaux dans un caveau funèbre et ne formant plus qu'une froide relique rapidement transportée au dernier asile qui l'attendait aux Invalides, soulevait encore au loin le peuple des villes et des campagnes, et parcourait en triomphateur cette même province que Charles X traversa dix ans auparavant en fugitif au milieu du plus morne silence et dans un abandon à peu près universel. Hommes du passé, quel avertissement dans ce contraste!

Le convoi arriva en vue du Havre dans la soirée du 8 et par un beau clair de lune. Le lendemain matin, dès cinq heures, les gardes nationales de la ville et des environs se mirent en mouvement pour fêter le passage de l'ombre du héros. « Aucun événement dans l'histoire, leur avait dit le préfet de la Seine-Inférieure dans une proclamation, ne se présente peut-être avec le caractère de grandeur qui accompagne la translation inespérée des restes mortels de l'empereur Napoléon... Vous rendrez à ce grand homme les derniers honneurs avec le calme et la dignité qui conviennent à des populations qui ont tant de fois ressenti les effets de sa puissance protectrice et de sa bienveillance particulière. »

La Normandie, portant les couleurs nationales et le pavillon royal au grand mât, entra dans le lit de la Seine au bruit du canon et au moment où le soleil, pur et radieux comme celui d'Austerlitz, apparaissait sur l'horizon. Les deux rives du fleuve étaient encombrées d'une foule immense qui s'étendait sur toutes les hauteurs environnantes. De partout ne cessaient de partir des cris d'enthousiasme et des coups de feu en signe de fête. Les mêmes démonstrations accueillirent et accompagnèrent le cortége dans toute sa marche. A Quillebœuf, il trouva réunie la plus grande partie des gardes nationales de la basse Normandie, qui lui rendirent les honneurs militaires. Il s'arrêta le 9 au soir au Val de la Haye pour y attendre la flottille de la haute Seine, qui devait porter l'empereur jusqu'à Courbevoie, et qui arriva le 10 dans la matinée. Le cercueil fut immédiatement transporté à bord de *la Dorade.*

La flotte approchait de Rouen. Depuis plusieurs jours cette grande et industrieuse cité, au sein de laquelle le nom de l'empereur avait toujours été en vénération, s'était préparée à recevoir dignement les restes du grand homme qu'elle avait tant aimé pour ses bienfaits et tant admiré pour ses prodiges. Un arc de triomphe avait été dressé au milieu du fleuve, sous un des arceaux du pont suspendu. Sur les deux rives s'élevaient des pyramides portant les noms des principales victoires de l'Empire.

Ce fut le 10, vers midi, que la flottille entra à Rouen. Un peuple immense garnissait les deux bords de la Seine et ne cessait de crier : Vive l'empereur! Les gardes nationales de la ville et des environs, et les troupes de toutes armes qui formaient la garnison, manifestaient le même enthousiasme. Le cardinal-archevêque, à la tête de son clergé, composé de plus de deux cents prêtres, était sorti de son église processionnellement dès six heures du matin pour aller au quai Saint-Sever, où les autorités civiles et mili-

CHAPITRE CINQUANTE-HUITIÈME. 563

taires s'étaient rendues de leur côté, ainsi que le corps municipal. Quand les bateaux furent arrivés entre les deux ponts, *la Dorade* s'arrêta, et le prélat commença la cérémonie religieuse, pendant laquelle l'artillerie de la garde nationale, placée sur les hauteurs de Sainte-Catherine, et celle des navires en rade tirèrent de minute en minute des coups de canon auxquels *la Dorade* fut exacte à répondre. Après l'absoute, une salve de cent coups de canon signala la fin de la cérémonie funèbre. Désormais ce n'était plus la simple poussière d'un héros que l'on transportait pieusement dans sa tombe dernière, c'était un puissant monarque qui allait revoir sa capitale en triomphateur. Tous les signes de deuil avaient disparu; les cloches sonnaient à grande volée, les tambours battaient aux champs, les troupes présentaient les armes, et la musique jouait des airs de victoire. Napoléon passait alors sous l'arc de triomphe que lui avaient élevé ses braves Rouennais, et les vétérans, qui l'attendaient impatiemment, lui jetèrent du haut du pont des couronnes d'immortelles et des branches de laurier, tandis qu'une salve de cent et un coups de canon apprenait au loin que le convoi avait repris sa marche.

A Elbeuf, à Pont-de-l'Arche, à Vernon, à Mantes, dans tous les lieux que la flottille traversa, elle trouva les populations empressées d'accourir au-devant du cercueil impérial. Parvenue au pont de Poissy, elle attendit les nouveaux bateaux à vapeur qu'on devait envoyer de Paris à sa rencontre. Dès que son arrivée fut connue dans la capitale, un mouvement immense se manifesta dans cette vaste cité. On n'était encore qu'au 13 décembre, et le gouvernement, qui hâtait d'ailleurs ses préparatifs, avait fixé au 15 l'entrée de l'empereur dans sa bonne ville de Paris. L'impatience était donc grande parmi les citoyens de toutes les classes; aussi les diverses routes qui pouvaient conduire à Poissy et sur les routes voisines furent-elles bientôt encombrées.

Cependant le bateau-catafalque expédié de Paris, quoique confectionné avec beaucoup d'art et de magnificence, ne parut pas au prince de Joinville offrir assez de sûreté pour recevoir le cercueil impérial, et *la Dorade* continua de porter son noble fardeau jusqu'au débarcadère de Courbevoie, où les restes de Napoléon commencèrent à toucher la terre de France.

L'entrée du cercueil impérial à Paris avait été fixée, ainsi que nous l'avons dit, au 15 décembre. Au jour marqué, dès cinq heures du matin, le tambour de la garde nationale et le canon des Invalides mirent toute la capitale en émoi. En un instant, malgré le froid qui était très-rigoureux et la nuit encore fort obscure, la population entière, que favorisa bientôt une illumination spontanée et universelle, se précipita dans les rues et par les chemins où devait passer le cortège. Quand le soleil parut, la garde nationale et les troupes de ligne étaient sous les armes, la garde nationale chargée de former la haie des deux côtés de la route de Neuilly depuis le pont jusqu'à la barrière de l'Étoile, et devant s'étendre ensuite, seulement sur le côté droit du passage du convoi, jusqu'à l'esplanade des Invalides, où la haie des deux côtés lui était encore réservée jusqu'à la grille de l'hôtel. Derrière cette milice civique et les troupes de ligne, s'agitaient sept ou huit cent mille âmes dans l'impatience de voir défiler le cortège.

La flottille était arrivée le 14 à Courbevoie, où s'étaient rendus dans la soirée, et malgré une température glaciale, une foule d'admirateurs du grand homme pressés d'honorer sa cendre. Parmi eux figuraient de vieux soldats, nobles débris de la grande armée, venus de loin à cette solennité, qui n'avaient pas dû prévoir que la présence et le voisinage de ceux dont l'épée se brisa à côté du héros à sa dernière bataille pourraient donner trop à rougir aux transfuges qui, à cette heure funeste, avaient confié leur célébrité naissante à la fortune de Wellington et de Blücher. Ces braves passèrent la nuit du 14 au 15 au pont de Neuilly par un froid de huit degrés, et ils s'estimèrent heureux d'avoir pu, vingt-cinq ans après Waterloo, bivaquer encore avec Napoléon et participer aux témoignages tardifs de la reconnaissance nationale envers leur immortel général. Le 15, dès huit heures du matin, ils virent accourir près du cercueil un vieillard en grand deuil, le crêpe au bras et à l'épée, et soutenu dans sa marche par deux personnes qui partageaient son émotion. C'était l'homme qui avait prodigué pendant tant d'années les ressources et les consolations de son art aux défenseurs de la patrie, le chirurgien en chef de la garde impériale et de toutes les armées françaises sous le règne de Napoléon, le vertueux citoyen à la probité duquel l'exilé de Sainte-Hélène avait rendu un hommage si éclatant dans son testament; c'était le vénérable Larrey, appuyé sur son fils et sur un ancien chirurgien des armées, M. Tscharner, qui avait fait partie du bataillon sacré à la retraite de Moscou, et dont l'empereur s'était fait accompagner jusqu'à Wilna. Avec ces appuis, le vieux Larrey put suivre à pied depuis le débarcadère jusqu'aux Invalides les restes de celui qu'il avait tant aimé, et qui avait si bien apprécié son dévouement et son caractère. Au moment où le cercueil impérial, enlevé du pont de *la Dorade*, fut descendu à terre et placé dans le char funèbre sous l'arc de triomphe qu'on avait dressé en avant du débarcadère, on remarqua la présence de plusieurs généraux aussi empressés que le baron Larrey de se retrouver près de Napoléon, et parmi lesquels on distinguait l'ex-ministre de la guerre, Despans-Cubières, en uniforme de colonel du 1er léger, qu'il commandait à Waterloo. Un cri de *Vive l'empereur!* se fit entendre à cet instant solennel : les restes du grand homme avaient touché le sol français.

Parti de Courbevoie vers dix heures du matin, le char impérial arriva à onze heures et demie, à travers une foule immense et d'innombrables acclamations, sous l'arc de triomphe de l'Étoile. Une salve de vingt et un coups de canon annonça aussitôt aux Parisiens que la relique tant désirée reposait sous un des monuments élevés par le héros à la gloire de la France.

Le cortége traversa lentement l'avenue des Champs-Élysées, bordée de cinq cent mille spectateurs pleins d'enthousiasme; il arriva vers une heure et demie sur l'esplanade des Invalides, tandis que la flottille qui avait amené le cercueil impérial de Rouen à Courbevoie mouillait devant le pont.

Il était plus de deux heures lorsque le canon annonça l'arrivée du char impérial à la grille des Invalides. Les marins de *la Belle-Poule* prirent aussitôt dans leurs bras le dépôt précieux qu'ils avaient ramené en France, et le confièrent ensuite aux sous-officiers de la garde nationale et de l'armée qui devaient le porter à l'église, où l'archevêque de Paris l'attendait, à la tête de son clergé. Le roi, les ministres, les maréchaux, les amiraux, les grands corps de l'État, étaient placés sous le dôme; les plus hauts dignitaires n'avaient pu parvenir que difficilement à travers la foule qui obstruait les avenues. Quant aux ambassadeurs de la vieille Europe, ils s'étaient tenus à l'écart, comprenant sans doute qu'elle ne devait pas assister officiellement à cette fête de la nouvelle France, à cette réparation tardive de la convention du 2 août 1815. C'était bien déjà trop, en effet, que les rancunes des anciennes coalitions fussent encore représentées à cette cérémonie par quelques-uns de ses ordonnateurs.

Parmi les maréchaux, il en était un, doyen des soldats de la France, qui depuis plusieurs jours ne cessait de demander à son médecin s'il vivrait au moins jusqu'au

CHAPITRE CINQUANTE-HUITIÈME.

15 décembre. C'était le vieux patriote qui combattait l'étranger aux portes de Paris, le 30 mars 1814, quand la trahison éclatait de toutes parts, et qui, dix-huit mois après, aimait mieux se faire retirer son bâton de maréchal et se laisser incarcérer au château de Ham que de devenir l'instrument des vengeances royales contre l'un de ses plus illustres compagnons d'armes. Le ciel avait exaucé le dernier vœu du vénérable gouverneur des Invalides. Le maréchal Moncey, bien qu'empêché de marcher par son grand âge et par les infirmités qu'il avait contractées à la guerre, était plein de vie le 15 décembre, et il s'était fait rouler, dans un fauteuil, jusqu'au pied de l'autel, pour se retrouver encore près de Napoléon, pour lui dire un éternel adieu, pour couvrir son cercueil de bénédictions et de larmes.

Au premier coup de canon tiré pour signaler l'arrivée du convoi à la grille d'honneur, l'archevêque de Paris et son clergé s'étaient rendus processionnellement sous le porche pour y recevoir le corps de l'empereur. Ils revinrent bientôt dans le même ordre, suivis du cortége, en tête duquel marchait le prince de Joinville. Les quatre coins du drap mortuaire étaient toujours portés par les maréchaux Oudinot et Molitor, l'amiral Roussin et le général Bertrand, qui n'avait pas cessé de fondre en larmes pendant toute la marche du convoi. Dès que le cercueil approcha du catafalque qu'on avait préparé au lieu même où sera élevé le tombeau définitif de Napoléon, le roi descendit de son trône, et alla au-devant du cortége jusqu'à l'entrée du dôme. Là, le prince de Joinville lui dit : *Sire, je vous présente le corps de Napoléon que j'ai ramené en France conformément à vos ordres.* Le roi répondit : « JE LE REÇOIS AU NOM DE LA FRANCE. »

L'épée de l'empereur était portée sur un coussin par le général Athalin ; le roi la prit des mains du maréchal Soult et la remit au général Bertrand en lui disant : *Général, je vous charge de placer la glorieuse épée de l'empereur sur son cercueil.*

Le général Bertrand ayant rempli cette dernière tâche, le roi retourna à sa place, et le cercueil fut placé dans le catafalque. L'office divin commença alors. Après la messe, l'archevêque vint jeter l'eau bénite sur le corps et présenta ensuite le goupillon au roi, qui remplit ce dernier devoir et se retira. Ce fut la fin de la cérémonie. La foule sortit de l'église, silencieuse et recueillie. Le vieux Moncey dit : *Maintenant, je puis mourir.*

Les jours suivants les visiteurs se comptèrent par centaines de mille auprès du cercueil impérial. Les admirateurs du grand homme se pressent toujours à la porte des Invalides, et on leur permet encore de circuler pendant quelques instants autour du catafalque qui renferme l'auguste relique. Dans les derniers jours de septembre de 1841, une centaine de personnes contemplaient en silence et dans un parfait recueillement ce tombeau provisoire de l'empereur. Tout à coup des sanglots se font entendre à la porte de l'église ; tous les yeux sont aussitôt tournés de ce côté, et l'on voit approcher un vieillard appuyé sur le bras d'un jeune homme. Alors, comme si une voix eût crié du fond du cercueil : *Laissez venir à moi ce vétéran de la grande armée ; il était avec moi à mon début en Italie ; il y était encore à l'époque de nos revers dans les glaces du Nord,* tout le monde se mit à dire : *Place ! place ! c'est sans doute l'un de ses vieux compagnons d'armes !* Et les rangs s'ouvrirent en même temps pour donner passage au vieux colonel du terrible 57e, fait général de brigade sur le champ de bataille de la Moscowa, et venu de plus de cent cinquante lieues, avec sa femme et son fils, pour pleurer sur la dépouille du héros qu'il avait suivi dans ses immortelles campagnes, depuis Montenotte jusqu'à Waterloo.

Nous nous sommes efforcé de mettre en relief à chaque page de notre livre le secret de cette puissance que le souvenir et le nom de cet homme ne cesseront pas d'exercer sur le peuple français ; Napoléon l'a indiqué lui-même dans le plus grand nombre de ses discours ; il l'a révélé surtout dans les paroles suivantes :

« Je ne suis pas seulement, comme on l'a dit, l'empereur des soldats, je suis celui des paysans, des plébéiens, de la France... Aussi, malgré tout le passé, vous voyez le peuple revenir à moi. Ce n'est pas comme avec les privilégiés ; la noblesse m'a servi, elle s'est lancée en foule dans mes antichambres ; il n'y a pas de places qu'elle n'ait acceptées, demandées, sollicitées. J'ai eu des Montmorency, des Noailles, des Rohan, des Beauvau, des Mortemart. Mais il n'y a jamais eu analogie. Le cheval faisait des courbettes, il était bien dressé ; mais je le sentais frémir. Avec le peuple, c'est autre chose : LA FIBRE POPULAIRE RÉPOND A LA MIENNE ; je suis sorti des rangs du peuple, ma voix agit sur lui. Voyez ces conscrits, ces fils de paysans ; je ne les flattais pas, je les traitais durement ; ils ne m'entouraient pas moins ; ils n'en criaient pas moins : *Vive l'empereur !* C'est qu'entre eux et moi il y a même nature ; ils me regardent comme leur soutien, leur sauveur contre les nobles. » (BENJAMIN CONSTANT. — *Mém. sur les cent jours.*)

Combien tout ce qui s'est passé depuis vingt-cinq ans, tout ce qu'on a vu et entendu à ses funérailles, a justifié ce sentiment profond de son impérissable popularité! Oui, malgré tout le passé, le peuple est revenu à lui et lui restera à jamais ; oui, malgré ses tentatives de réorganisation aristocratique, le soldat couronné sera pour les générations futures ce qu'il a été pour les royautés contemporaines, l'effroi de la vieille Europe, le génie de la nouvelle France, l'enfant de la démocratie, le Verbe glorieux de la révolution!

TABLE DES MATIÈRES.

Préface. 1
Introduction. 1
Chapitre I. — Origine et enfance de Napoléon. 5
Chap. II. — Depuis l'entrée de Napoléon au service jusqu'au siége de Toulon. 10
Chap. III. — Siége et prise de Toulon. — Commencement des campagnes d'Italie. — Destitution. 13
Chap. IV. — Destitution. — Treize vendémiaire. — Joséphine. — Mariage. 19
Chap. V. — Première campagne d'Italie. . . . 25
Chap. VI. — Voyage à Rastadt. — Retour à Paris. — Départ pour l'Égypte. 66
Chap. VII. — Conquête de l'Égypte. 74
Chap. VIII. — Désastre d'Aboukir — Établissements et institutions de Bonaparte en Égypte. — Campagne de Syrie. — Retour en Égypte. — Bataille d'Aboukir. — Départ pour la France. 85
Chap. IX. — Retour en France. — 18 brumaire. 101
Chap. X. — Établissement du gouvernement consulaire. 112
Chap. XI. — Translation de la résidence consulaire aux Tuileries. — Nouvelle campagne d'Italie. — Bataille de Marengo. 124
Chap. XII. — Organisation du Conseil d'État. — Congrès de Lunéville. — Fête de la fondation de la République. — Complot républicain. — Conspiration royaliste. — Machine infernale. 137
Chap. XIII. — Création des tribunaux exceptionnels. — Travaux publics. — Traité de Lunéville. — Essor donné aux sciences et à l'industrie. — Traité de paix avec l'Espagne, Naples et Parme. — Concordat. — Paix d'Amiens. — Te Deum à Notre-Dame. 141
Chap. XIV. — Depuis le traité d'Amiens (25 mars 1802) jusqu'à la rupture de la France avec l'Angleterre (22 mai 1803). . 147
Chap. XV. — Rupture de la France et de l'Angleterre. — Voyages de Bonaparte en Belgique et sur les côtes. — Conspiration de Pichegru et de Georges. — Mort du duc d'Enghien. — Fin du Consulat. 155
Chap. XVI. — Établissement du gouvernement impérial. — Actes de clémence. — Camp de Boulogne. — Voyage en Belgique. . . . 165
Chap. XVII. — Convocation du corps législatif. — Vérification des votes populaires. — Arrivée du pape Pie VII en France. — Couronnement de l'empereur. 180

Chap. XVIII. — Session du corps législatif. — Inauguration de la statue de Napoléon. — Lettre de l'empereur au roi d'Angleterre. — Réponse de lord Mulgrave. — Communication au sénat. 184
Chap. XIX. — Napoléon proclamé roi d'Italie. — Départ de Paris. — Séjour à Turin. — Monument de Marengo. — Entrée à Milan. — Réunion de Gênes à la France. — Nouveau sacre. — Voyage en Italie. — Retour en France. 188
Chap. XX. — Départ de Napoléon pour le camp de Boulogne. — Rassemblement des troupes françaises sur les frontières de l'Autriche. — Retour de l'empereur à Paris. — Rétablissement du calendrier grégorien. — La guerre imminente avec l'Autriche dénoncée au sénat, qui ordonne une levée de quatre-vingt mille hommes. — L'empereur part pour l'armée. — Campagne d'Austerlitz 192
Chap. XXI. — Résultat de la bataille d'Austerlitz. — Combat naval de Trafalgar. — Paix de Presbourg. — Les Bourbons de Naples détrônés. — La Bavière érigée en royaume. — Drapeaux d'Austerlitz envoyés à Paris. — Retour de Napoléon en France. 210
Chap. XXII. — Napoléon reconnu empereur par la Porte Ottomane. — Le Panthéon rendu au culte catholique. — Restauration de Saint-Denis. — Ouverture du corps législatif. — Travaux publics. — Code de procédure civile. — Université impériale. — Banque de France. — Statuts impériaux. — Joseph Bonaparte roi de Naples. — Murat grand-duc de Berg. — Louis Bonaparte roi de Hollande. — Fondation de la confédération du Rhin. — Grand sanhédrin réuni à Paris. — Traité avec la Porte. — Négociation pour la paix universelle. — Mort de Fox. 220
Chap. XXIII. — Campagne de Prusse. — Bataille d'Iéna. — Napoléon à Potsdam. . . . 228
Chap. XXIV. — Entrée de Napoléon à Berlin. — Son séjour dans cette capitale. — Blocus continental. — Suspension d'armes. — Message au sénat. — Levée de quatre-vingt mille hommes. — Proclamation de Posen. — Monument de la Madeleine. 239
Chap. XXV. — Campagne de Pologne. — Paix de Tilsitt 248
Chap. XXVI. — Retour de Napoléon à Paris. — Session du corps législatif. — Suppression du tribunat. — Voyage de l'empereur en Ita-

lie. — Occupation du Portugal. — Retour de Napoléon. — Tableau des progrès des sciences et des arts depuis 1789. 264
Chap. XXVII. — Affaires d'Espagne. 271
Chap. XXVIII. — Retour de l'empereur à Saint-Cloud. — Communications diplomatiques. — Envoi de troupes en Espagne. — Entrevue d'Erfurth. — Retour à Paris. — Visite au Musée. — Session du corps législatif. — Départ de l'empereur pour Bayonne. — Nouvelle invasion en Espagne. — Prise de Madrid. — Abolition de l'inquisition. — Symptômes d'hostilités avec l'Autriche. — Napoléon quitte précipitamment l'armée d'Espagne pour retourner à Paris et se rendre en Allemagne. 282
Chap. XXIX. — Campagne de 1809 contre l'Autriche. 294
Chap. XXX. — Démêlés avec le pape. — Réunion des États romains à la France. 312
Chap. XXXI. — Divorce de l'empereur. — Son mariage avec une archiduchesse d'Autriche. 320
Chap. XXXII. — Bernadotte appelé à succéder au roi de Suède. — Réunion de la Hollande à la France. 328
Chap. XXXIII. — Mesures contre la presse. — M. de Chateaubriand nommé à l'Institut pour remplacer Chénier. — Naissance et baptême du roi de Rome. — Fêtes publiques dans la capitale et dans l'Empire. — Concile national. — Le pape à Fontainebleau. 334
Chap. XXXIV. — Coup d'œil rétrospectif sur la marche des événements militaires en Espagne et en Portugal de 1809 à 1812. 341
Chap. XXXV. — Rupture avec la Russie. . . . 351
Chap. XXXVI. — Campagne de Russie (1812). 357
Chap. XXXVII. — Alexandre à Moscou. — Le gouverneur Rostopchin. — Résolution extrême. — Bataille de la Moscowa. 373
Chap. XXXVIII. — Marche sur Moscou. — Occupation de cette capitale par les Français. 381
Chap. XXXIX. — Incendie de Moscou. — Suites de ce désastre. — Napoléon attend vainement des propositions de paix. — Retraite des Français. — Le maréchal Mortier fait sauter le Kremlin. 385
Chap. XL. — Suite de la retraite des Français. — Napoléon à Smolensk. — Conspiration de Malet. 393
Chap. XLI. — Départ de Smolensk. — Affreuse situation de l'armée. — Bataille de la Bérésina. — Retour de l'empereur à Paris. . . . 399
Chap. XLII. — Réflexions sur l'issue désastreuse de l'expédition de Russie. — Napoléon reçoit les félicitations des grands corps de l'État. — Levée de trois cent cinquante mille hommes. — Défection du général prussien d'Yorck. — Murat abandonne l'armée. — Ouverture du corps législatif. 407
Chap. XLIII. — Campagne de 1813. 415
Chap. XLIV. — Suite de la campagne de 1813. 425
Chap. XLV. — Suite de la campagne de 1813. 430
Chap. XLVI. — Bataille de Vachau et de Leipsick. — Défection des Saxons. — Issue désastreuse de la campagne. — Retour de l'empereur à Paris. 437
Chap. XLVII. — Le sénat complimente l'empereur. — Levée de trois cent mille hommes. — Réunion et dissolution du corps législatif. 447
Chap. XLVIII. — Commencement de la campagne de 1814. 452
Chap. XLIX. — Congrès de Châtillon. — Fin de la campagne de 1814. — Entrée des alliés à Paris. 461
Chap. L. — Déchéance et abdication de Napoléon. — Rappel des Bourbons. — Adieux de Fontainebleau. — Départ pour l'île d'Elbe. 475
Chap. LI. — Arrivée à Porto-Ferrajo. — Séjour à l'île d'Elbe. — Retour en France. — Débarquement à Cannes. — Marche triomphale sur Paris. — 20 mars 1815. . . . 482
Chap. LII. — Les cent jours. 495
Chap. LIII. — Arrivée de Napoléon à Rochefort. — Lettre au prince régent. — Il se rend sur le Bellérophon, et fait voile pour l'Angleterre. — Conduite du ministère anglais à son égard. — Contraste avec la vive sympathie que lui témoigne la nation britannique. — Napoléon proteste contre la destination que lui assigne le cabinet anglais. — Il est embarqué sur le Northumberland et dirigé sur Sainte-Hélène. 510
Chap. LIV. — La traversée. — Arrivée à Sainte-Hélène. — Séjour dans cette île jusqu'au départ de Las Cases. 517
Chap. LV. — Hudson Lowe. — Lutte journalière de Napoléon contre les prétentions et les procédés odieux du gouverneur. — Souffrances et affaissement de l'empereur. — Las Cases forcé de se séparer de Napoléon. 524
Chap. LVI. — Dernières années de Napoléon. — Sa mort. 535
Chap. LVII. — Translation des cendres de Napoléon. 548
Chap. LVIII. — Funérailles de Napoléon. . . 561

FIN DE LA TABLE DES MATIÈRES.

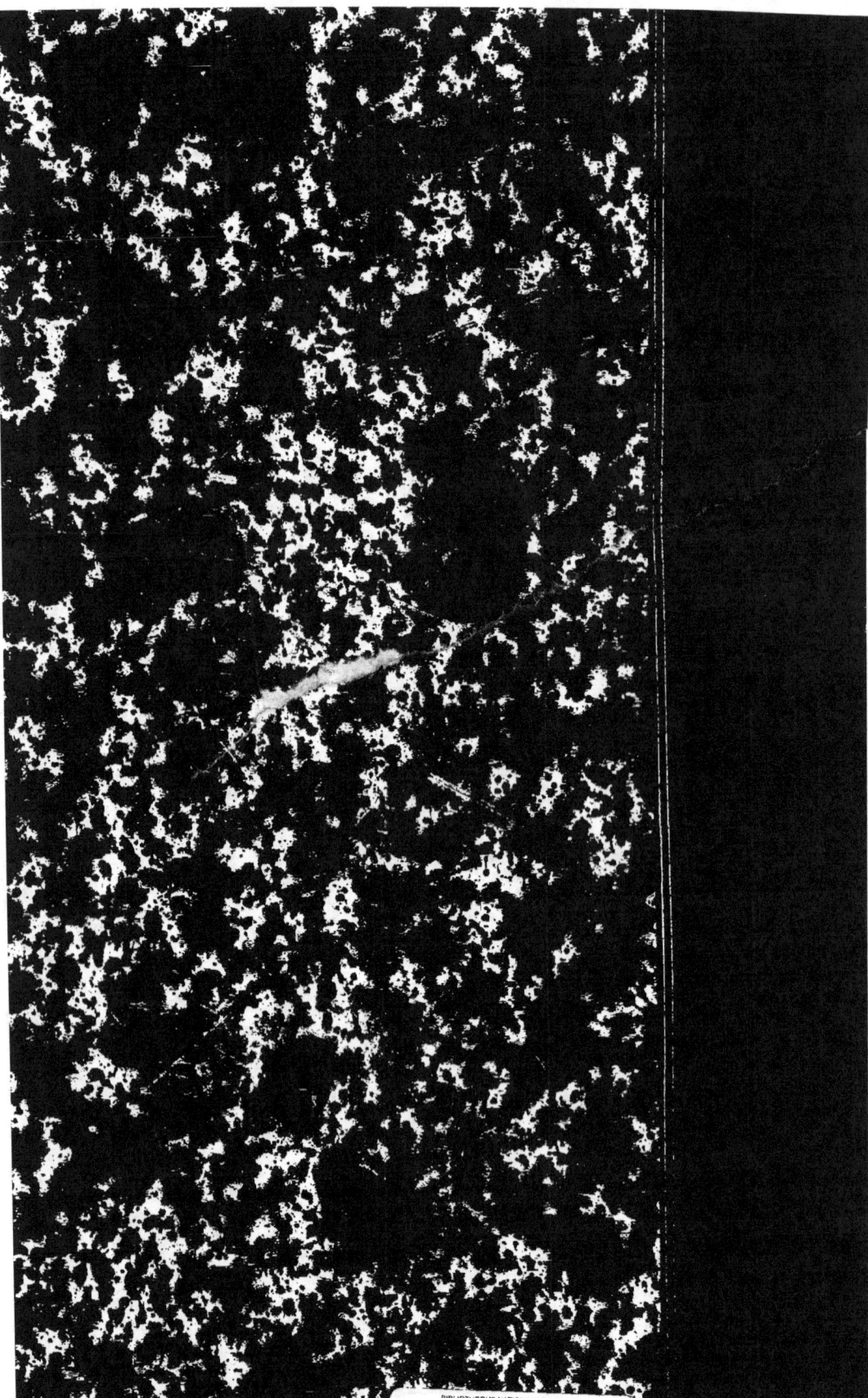

www.ingramcontent.com/pod-product-compliance
Lightning Source LLC
Chambersburg PA
CBHW070407230426
43665CB00012B/1281